Emotionsarbeit in der Pflege

Cornelia Schmedes

Emotionsarbeit in der Pflege

Beitrag zur Diskussion über die psychische Gesundheit Pflegender in der stationären Altenpflege

Springer VS

Cornelia Schmedes
Vechta, Deutschland

ISBN 978-3-658-31913-7 ISBN 978-3-658-31914-4 (eBook)
https://doi.org/10.1007/978-3-658-31914-4

Die Deutsche Nationalbibliothek verzeichnet diese Publikation in der Deutschen Nationalbibliografie; detaillierte bibliografische Daten sind im Internet über http://dnb.d-nb.de abrufbar.

Planung/Lektorat: Stefanie Eggert
Springer VS ist ein Imprint der eingetragenen Gesellschaft Springer Fachmedien Wiesbaden GmbH und ist ein Teil von Springer Nature.
Die Anschrift der Gesellschaft ist: Abraham-Lincoln-Str. 46, 65189 Wiesbaden, Germany

„Ein Beruf wie die Pflege, dessen Qualität also wesentlich durch die Art der Beziehungsgestaltung bestimmt wird, kann die dort Tätigen auf Dauer nicht zufriedenstellen, wenn genau dieser Bereich aufgrund von Zeitdruck, Personalmangel und hohem Arbeitsvolumen immer wieder vernachlässigt werden muss.“

(Bomball, Niebuhr, 2016, S. 168)

Geleitwort

Schon seit Jahren belegen wissenschaftliche Forschungen die hohe Arbeitsbelastung gerade in der stationären Altenhilfe und deren sehr negativen Auswirkungen auf die gesundheitliche Situation der Pflegekräfte, dem damit einhergehenden hohen Risiko einer Frühverrentung und der hohen Fluktuation im Sektor. In den Untersuchungen wurde ein komplexes Bild des Zusammenspiels der Ursachen der Belastungen, dem individuellen Umgang der Pflegekräfte mit den Belastungen und die Einbettung in betriebliche und politische Rahmenbedingungen erkennbar. Ergebnisse jüngerer Untersuchungen verweisen zunehmend auf die Bedeutung der emotionalen Belastung und deren negativen Folgen für das Erleben von Stress in der stationären und ambulanten Pflege.

Die vorliegende Dissertation von Cornelia Schmedes nimmt diese Frage der Bedeutung emotionaler Belastungen zum Ausgangspunkt und analysiert sie systematisch in ihrer Entstehung und ihren Auswirkungen in der stationären Altenhilfe. Die Fragen der Entstehung und der Konsequenzen betrachtet sie im Zusammenspiel sozialer oder gesellschaftlicher Entwicklungen auf der Makroebene, den Bedingungen in den Pflegeeinrichtungen auf der Mesoebene und auf der Mikroebene des Pflegealltags. Sie betritt damit Neuland, denn diese Fragestellung ist bisher kaum in dieser Komplexität wissenschaftlich systematisch und vertiefend für die stationäre Altenhilfe bearbeitet worden. Zur konzeptionellen Erfassung dieser Zusammenhänge verknüpft sie Ansätze der Belastungs- und Beanspruchungsforschung in der Arbeitspsychologie mit psychologischen Ansätzen zu Emotionen, Hochschild's Ansatz zur Emotionsarbeit und pflegewissenschaftlichen Ansätzen zur Pflegebeziehung. In der empirischen Umsetzung ist ihr besonders wichtig, die Wahrnehmung und das Erleben des Pflegealltags aus der Perspektive der Pflegekräfte zu erfassen. Dazu führte sie vertiefende Interviews mit Pflegekräften in der stationären Altenhilfe durch.

In ihren reichhaltigen empirischen Ergebnissen tritt die zentrale Bedeutung der Beziehungen für die Ausgestaltung der Emotionsarbeit und der Entstehung emotionaler Belastungen hervor. Die Ausgestaltung der Beziehungen und die weiteren Zusammenhänge werden wesentlich durch ihre Einbettung in den sozialen und betrieblichen Kontext bestimmt. Zentral ist dabei die Erkenntnis, dass die Pflegekräfte in ihrem Alltag in unterschiedliche, miteinander verwobene Beziehungen zu – Bewohner*innen, Angehörigen, Kolleg*innen im Team und Führungskräften – eingebunden sind. Eine systematische Analyse der Entstehung emotionaler Belastungen erfordert die Einbeziehung dieser verschiedenen Beziehungen in einen Forschungsansatz. Durch die neu hinzugewonnen Perspektiven wird diese Veröffentlichung die Diskussion zu Emotionen, Emotionsarbeit und Beziehungen in der Pflegewissenschaft und der Pflegepraxis inspirieren und weiterentwickeln.

Bremen
den 24. Juli 2020

Prof. Dr. Hildegard Theobald

Inhaltsverzeichnis

Abbildungsverzeichnis

Tabellenverzeichnis

Teil I
Grundlagen

Einleitung

1

Altenpflege gilt als stark belastendes Arbeitsfeld. Der Gesundheitsreport der Betrieblichen Krankenkassen 2016 stellt beispielsweise fest, dass Fehltage aufgrund psychischer Störungen am häufigsten in der Altenpflege auftreten (4,5 Arbeitsunfähigkeits(AU) -Tage je Beschäftigten pro Jahr). Knapp jeder zehnte Pflegende aus dem Kontext der Altenpflege erhielt 2015 mindestens ein Antidepressivum verordnet (BKK Gesundheitsreport 2016). Als mögliche Ursache hierfür werden die weit verbreiteten Stresserfahrungen gerade im zwischenmenschlichen Bereich genannt, denen Altenpflegende ausgesetzt sind (ebenda). Der Deutsche Berufsverband für Krankenpflege (DBfK) fügt in einer Pressemitteilung zum Gesundheitsreport an, dass Pflegende häufig über ein großes Pflichtbewusstsein und ein hochentwickeltes Verantwortungsgefühl gegenüber den ihnen anvertrauten Menschen verfügen und dafür bereit sind, ihre eigenen Bedürfnisse bis zur eigenen Belastungsgrenze zurückzustellen. Ihr Beruf und das andauernde Ungleichgewicht zwischen hoher Arbeitsintensität und zu niedriger Personalkapazität führen zu Krankheit und häufig sogar zu dauerhafter Erwerbsunfähigkeit. Der Berufsverband für Pflegende kritisiert die Arbeitgeber und die Politik, die gebotene Fürsorgepflicht für die Pflegenden zu vernachlässigen und mahnt zudem an, dass die Bedingungen zu schlecht sind, um ausreichend Nachwuchs für den Bereich zu finden (DBfK, 2016).

Die Arbeitsbelastung und die damit verbundene, notwendige Gesundheitsfürsorge gegenüber Pflegenden im Kontext der stationären Altenhilfe ist Gegenstand dieser Dissertation. Im Fokus steht dabei die bisher nur wenig erforschte Bedeutung der Emotionsarbeit von Pflegenden für die Entwicklung gerade psychischer

---

Elektronisches Zusatzmaterial Die elektronische Version dieses Kapitels enthält Zusatzmaterial, das berechtigten Benutzern zur Verfügung steht
https://doi.org/10.1007/978-3-658-31914-4_1

C. Schmedes, *Emotionsarbeit in der Pflege*,
https://doi.org/10.1007/978-3-658-31914-4_1

Belastungen. Diese Bedeutung wird dabei aus zwei Perspektiven betrachtet. Das ist zum einen der Umgang der Pflegenden selbst mit Emotionen oder der Emotionsarbeit, wie sie in der Forschung zu Methoden der Emotionsarbeit für verschiedene Arbeitsbereiche thematisiert werden. Zum anderen werden die Folgen der Emotionsarbeit auf die psychische Arbeitsbelastung betrachtet. Emotionsarbeit wird dabei aus einer individuellen, gesellschaftlichen und institutionellen Perspektive analysiert. Aus der Perspektive der Pflegekräfte wird nach den Motiven gefragt, die die Auswahl verschiedener Methoden der Emotionsarbeit bestimmen und weiterhin, ob oder inwieweit sie die Anwendung dieser Methoden als psychische Beanspruchung erleben. Grundlegend für die vertiefte und differenzierte Betrachtung ist die Einbeziehung von gesellschaftlichen und institutionellen Faktoren, denn die angewandten Methoden der Emotionsarbeit und deren Konsequenzen für das Erleben psychischer Beanspruchungen stehen in enger Wechselwirkung mit dem gesellschaftlichen und institutionellen Kontext der Altenpflege. Pflegende führen ihre Arbeit nicht unabhängig aus, sondern einerseits eingebettet in einen gesellschaftlichen Auftrag, der durch berufliche Vorgaben, wie sie in der Ausbildung vermittelt und im staatlichen Examen geprüft werden, bestimmt wird, und andererseits gleichzeitig verortet in den spezifischen institutionellen Rahmenbedingungen der Pflegeeinrichtungen.

Das Ziel dieser Forschungsarbeit ist es, aufzuzeigen, dass der Umgang insbesondere die Steuerung der Emotionen eine zentrale Aufgabe der Pflegenden im pflegerischen Alltag ist und diese Steuerung bzw. die gewählten Formen der Steuerung entscheidende Auswirkungen auf das psychische Beanspruchungserleben der Pflegenden haben. Die Betrachtung der Emotionsarbeit hilft, Pflege als eine komplexe, mehrdimensionale Arbeit zu begreifen und diese eben nicht auf der Basis klar abgegrenzter Tätigkeiten zeitlich und darauf aufbauend monetär zu erfassen. Theoretisch-konzeptionell werden dazu in einem eigenständigen Ansatz Konzepte zur Analyse der Emotionsarbeit mit Konzepten zum Zusammenhang von Belastungen und Beanspruchungen im Arbeitsalltag verbunden. Eine entscheidende Klammer liefert dabei die Betrachtung des pflegerischen Alltags aus einer Beziehungsperspektive. Empirisch werden auf der Basis von Interviews mit Pflegenden Facetten von Emotionsarbeit, deren Einbettung in Beziehungen und die Auswirkungen auf das psychische Beanspruchungserleben erfasst. Mit der Thematisierung des gesellschaftlichen und betrieblich-institutionellen Kontexts im Rahmen der Interviews werden entscheidende Einflussfaktoren von der Makro- und Mesoebene auf das Geschehen im pflegerischen Alltag erfasst. Für die Praxis soll die systematische Analyse der Wirkungen von Emotionsarbeit auf das psychische Beanspruchungserleben im Kontext der Altenpflege Zusammenhänge verdeutlichen, eine Wissensbasis für die Gestaltung und die Auswahl von

Möglichkeiten der Entlastung schaffen und somit die psychische Gesundheit des Pflegepersonals stärken.

Für den theoretischen Rahmen der Arbeit wird sich im Wesentlichen auf drei Theorien bezogen: dem Belastungs-Beanspruchungskonzept von Rohmert (1984), um die Begriffe Belastung und Beanspruchungen zu differenzieren, dem Existential Model of Burn-out von Pines und Aronson (1988) zur Betrachtung von Belastungsfolgen auf die Arbeitstätigkeit und der Theorie zur Emotionsarbeit nach Hochschild (1990). Hochschild liefert die theoretischen Eckpunkte zur Bestimmung der Emotionsarbeit als Teil der Arbeitsleistung. Mit der eigenständigen Kombination der verschiedenen Konzepte und deren Weiterentwicklung für das Tätigkeitsfeld der pflegerischen Versorgung in stationären Einrichtungen gelingt es, Emotionen und Emotionsarbeit und deren belastungsrelevanten Auswirkungen zu konkretisieren.

Der empirische Teil basiert auf einem phänomenologischen Untersuchungskonzept. Als Untersuchungsgegenstand werden 18 leitfadengestützte problemzentrierte Interviews, die mittels der qualitativen Inhaltsanalyse (Mayring, 2010) ausgewertet wurden, herangezogen. Die Interviewpartnerinnen sind Pflegende aus unterschiedlichen Einrichtungen der stationären Altenhilfe, die in den Gesprächen eine Momentaufnahme ihres Arbeitserlebens schilderten. Die subjektiven Schilderungen der Arbeitserlebnisse füllen diese Arbeit mit Leben. Damit dieses deutlich wird, werden umfangreich Zitate aus den jeweiligen Interviews verwendet.

Die Arbeit ist wie folgt aufgebaut: Zunächst wird die Relevanz der Thematik für die Altenhilfe dargestellt. Danach werden die theoretischen Konzepte der Belastung- Beanspruchungsforschung, der Burnout Forschung und der Emotionsarbeit dargelegt. Der Grundlagenteil endet mit der Beschreibung der stationären Altenpflege in Deutschland aus der gesellschaftlichen Perspektive. Darauf folgend werden die Forschungsfragen entwickelt sowie das Forschungsdesign, die Interpretationsmethodik zur Datenauswertung, Überlegungen zu Gütekriterien und zur Forschungsethik vorgestellt und diskutiert. Die Beziehungen am Arbeitsplatz werden entscheidend für die Möglichkeiten und Ausformung von Emotionsarbeit, wobei dem Kontext ein zentraler Einfluss zukommt. Die Einbettung in verschiedene Beziehungen am Arbeitsplatz vor dem Hintergrund des betrieblichen und sozialen Kontexts erweist sich daher als grundlegend für die Beantwortung der Forschungsfragen und bildet den Rahmen der Darstellung und Diskussion der empirischen Ergebnisse. Die Arbeit endet mit einem Ausblick auf Aspekte der Weiterentwicklung der Wissenschaft und Handlungsempfehlungen für die Praxis.

Aus Gründen der besseren Lesbarkeit wird darauf verzichtet, jeweils die weibliche und männliche Bezeichnung von Personen oder Personengruppen zu verwenden. Da der Kontext Altenpflege sowohl im Bereich der Akteurinnen als auch im Bereich der Bewohnerinnen weiblich dominiert ist[1], wird in dieser Arbeit ausschließlich die weibliche Form benutzt. Bei der Verwendung der weiblichen Form ist dabei auch gleichzeitig immer die männliche Form gemeint. Wenn also beispielsweise von „Bewohnerinnen“ oder „Pflegehelferin“ die Rede ist, sind damit sowohl „Bewohnerinnen“ und „Bewohner“ oder „Pflegehelferinnen“ und „Pflegehelfer“ gemeint.

[1] Der überwiegende Anteil der Pflegebedürftigen in Deutschland und rund 84 Prozent des Personals in Pflegeheimen sind weiblich (Statistisches Bundesamt, Pflegestatistik, 2017).

2 Problemstellung

Die zentralen gesundheitlichen Belastungen von Pflegenden entstehen in einer komplexen Wechselwirkung vielfältiger Faktoren, die sich einer Makro-, Meso-, und Mikroebene zuordnen lassen (folgender Überblick vgl. Höhmann, et al., 2016). Auf der Makroebene lassen sich soziokulturelle, politische und gesellschaftliche Faktoren unterscheiden. Hierzu zählen beispielsweise die mangelnde gesellschaftliche Anerkennung der (Alten)pflege und damit einhergehende Gratifikationskrisen, die Bürokratisierung der täglichen Arbeit, der Umgang mit Wirtschaftlichkeitsaspekten sowie die monetäre Vergütung. Zur Mesoebene gehören die organisationsbedingten Faktoren in Pflegeeinrichtungen, wie beispielsweise der Führungsstil, die Entwicklungs-, und Weiterbildungsmöglichkeiten, der geringe Einfluss auf die Gestaltung der Arbeit, die Arbeitsorganisation und Arbeitszeitorganisation sowie die quantitativen Arbeitsanforderungen. Zur Mesoebene zählen auch Beanspruchungen aus der räumlichen Arbeitsumgebung, körperliche Anforderungen und (nicht)vorhandene Hilfsmittel oder auch Infektionsgefährdung. Auf der Mikroebene geht es um die Belastungen durch interpersonale Bereiche, wie beispielsweise interdisziplinäre Kommunikation und Kooperation, interprofessionelle Spannungen und Feindseligkeiten und mangelnde soziale Unterstützung durch Kolleginnen und Vorgesetzte. Ebenso auf der Mikroebene zu betrachten sind die Beanspruchungen, die sich aus der personalen und psychischen Ebene ergeben. Hierbei geht es um die Konfrontation mit Tod, Krankheit und Leid, die Interaktion mit Bewohnerinnen, psychosomatische Beschwerden, Burnout, emotionale und psychische Belastungen und Stress, individuelle Persönlichkeitsmerkmale und Affektivität, Konflikte zwischen Arbeit und Familie, Rollenkonflikte und moralischer Stress.

Diese überblickhaften Ausführungen zeigen die Breite und die Komplexität der Einflussfaktoren auf. Eine systematische Analyse der Wirkungsweisen erfordert einen spezifischen Zuschnitt. Der Schwerpunkt dieser Arbeit liegt bei der

C. Schmedes, *Emotionsarbeit in der Pflege*,
https://doi.org/10.1007/978-3-658-31914-4_2

Betrachtung der Mikroebene, insbesondere werden die sozialen und personalen Ebenen der Pflegenden fokussiert. Allerdings sind die Ebenen der Beanspruchung nicht klar voneinander zu trennen und so wirken sich Faktoren aus der Mesoebene oder der Makroebene auf die sozialpsychische Ebene der Pflegenden aus, die im Verlauf der Forschungsarbeit genauer bestimmt und in ihren Wirkungsweisen untersucht werden. Aufgrund ihrer Zentralität im pflegerischen Alltag steht Im Fokus der Arbeit die Untersuchung der Bedeutung von Emotionsarbeit im Pflegealltag und deren Auswirkungen auf die psychische Beanspruchung der Pflegenden. Systematische, theoriebasierte Untersuchungen zu Ausformung, Bedeutung und belastungsbezogenen Konsequenzen von Emotionen und Emotionsarbeit in pflegerischen Alltag stellen trotz deren hoher Bedeutung für die Pflegenden einen bisher wissenschaftlich vernachlässigten Bereich der Forschungen zu Belastungen und Beanspruchungen in der Pflege dar. Emotionen und Emotionsarbeit sind eng mit dem Aufbau und Gestaltung von Beziehungen verknüpft. Das Verständnis für die Bedeutung von Emotionen und Emotionsarbeit erfordert daher ihre Betrachtung im Rahmen der Beziehungen im pflegerischen Alltag. Aufgrund der zentralen Relevanz der Pflegebeziehung soll in den folgenden Ausführungen zur Problemstellung zunächst die Bedeutung der Pflegebeziehung im pflegerischen Alltag dargelegt werden, bevor der Zusammenhang zwischen Interaktionen, Emotionsarbeit und Beanspruchungen, der Einfluss des Kontexts der Pflegearbeit und abschließend die Konsequenzen der Beanspruchungen für die Pflegenden diskutiert werden.

2.1 Die Bedeutung der Pflegebeziehung als Kern pflegerischer Tätigkeit

Auf der personalen, sozialen und psychischen Ebene ist im Kontext Pflege der Umgang mit Emotionen und Gefühlen sehr zentral. Die Interaktionen mit Menschen, hierzu zählen die Interaktionen mit Bewohnerinnen, Angehörigen, Kolleginnen aus dem eigenen Bereich und anderen Akteurinnen, ist ein Fundament der pflegerischen Tätigkeit. Die Interaktion mit den verschiedenen Menschen erfordert den Umgang mit eigenen Emotionen und den Gefühlen von Anderen. Emotionen und deren gezielter Einsatz bilden die Basis von Interaktionen und Beziehungen zwischen Pflegenden und Bewohnerinnen, die wiederum für das pflegerische Handeln von hoher Bedeutung sind. Ohne den aktiven Aufbau und die Weiterentwicklung von Beziehung (Beziehungsarbeit) kann Pflege nicht stattfinden. Bauer (2002) verbindet die Beziehungsarbeit mit der Bezugspflege und stellt dar, dass es keine Bezugspflege ohne Beziehungsarbeit geben kann. Der Beziehungsaufbau ist seiner Meinung nach die Voraussetzung für die Bezugspflege. Somit stellt er den Beziehungsaufbau in den Mittelpunkt der pflegerischen Handlung und postuliert, dass Pflege ohne Beziehung keine Pflege sei (Bauer, 2002). Auch weitere Forschungsergebnisse und Pflegetheoretikerinnen stellen dar, dass Pflegende die Beziehung zwischen ihnen und den Bewohnerinnen als Schwerpunkt ihrer Arbeit sehen (Weidner, 1995; Pohlmann, 2005; Hülsken-Giesler et al., 2010; Remmers, 2010).

Beziehungen weisen verschiedene Merkmale auf, die in ihren Ausprägungen variieren können. Sie unterscheiden sich in Bezug auf die Nähe, die die Beteiligten zu einander haben (eng – oberflächlich), die Zugewandtheit (freundschaftlich – feindselig), die Struktur (gleichberechtigt – hierarchisch) und den Auftrag (aufgabenorientiert – gesellig). Hieraus setzen sich Beziehungen mit unterschiedlichen ausgeprägten Kennzeichen zusammen, also beispielsweise eine kollegiale Arbeitsbeziehung innerhalb eines Teams oder die enge, liebevolle Beziehung zur Partnerin oder eben die professionelle, auf ein gemeinsames Ziel ausgerichtete Beziehung zwischen Bewohnerinnen und Pflegenden. Aufgrund dessen hat jede Beziehung ihre Besonderheiten und unterliegt Regeln. Das bedeutet aber nicht, dass Beziehungen statisch sind. Sie verändern sich über und mit der Zeit (Heidbrink, et al., 2009). Beziehungen sind demnach grundsätzlich gestaltbar. Allerdings entstehen sie erst und können erfolgreich geführt werden, wenn man sie aktiv formt. Dies ist verbunden mit Einsatz, Engagement und Arbeit, die von den beteiligten Akteuren geleistet werden muss. Der Anteil und die Bandbreite von Beziehungsarbeit wird in der Praxis oftmals unterschätzt (Steudter, 2015).

In der Pflege wird die Beziehungsarbeit, der professionelle Beziehungsaufbau und die Gestaltung der Beziehung zu den Bewohnerinnen zudem bagatellisiert (Steudter, 2015). Die Beziehungen zwischen Pflegenden und Bewohnerinnen sind besonders durch Nähe geprägt. Gerade räumliche Nähe, wenn Menschen sich auch physisch nahe sind, ermöglicht ihnen häufiger zu interagieren, woraus engere Beziehungen resultieren können. Häufige Interaktionen machen es Menschen auch möglich, sich gegenseitig besser kennenzulernen, denn sie eröffnen ihnen Möglichkeiten, sich nicht nur mehr, sondern auch intimere Aspekte ihres Lebens mitzuteilen (Altmann, Taylor, 1973). Häufigere Interaktionen verschaffen Menschen die Möglichkeit, miteinander vertraut zu werden. Vertrautheit schafft eine Verbundenheit zwischen Personen (Karremans, Finkenauer, 2014). Ferner führen häufige Interaktionen zu einer größeren Abhängigkeit zwischen Menschen, weil das Verhalten einer Person zunehmend stärker die Handlungsergebnisse der anderen Person beeinflusst (Berscheid, Snyder, 1989). Die gegenseitige und wechselseitige Abhängigkeit ist ein wesentliches Merkmal für Beziehungen (Karremans, Finkenauer, 2014).

Die Beziehung zwischen Pflegenden und Bewohnerinnen kann als nichtfreiwillige Beziehung eingestuft werden. Bei nichtfreiwilligen Beziehungen tragen formelle Bindungen zur Dauerhaftigkeit der Beziehungen bei (wie beispielsweise der Auszug aus dem Pflegeheim, Stellenwechsel des Personals oder Tod des zu Pflegenden) (Karremans, Finkenauer, 2014). In der Beziehung zwischen Bewohnerinnen und Pflegenden bringen beide Partnerinnen Persönlichkeit und Erfahrungen mit ein. Die Beziehungen zwischen Pflegenden und Bewohnerinnen sind allerdings nur scheinbar partnerschaftlich und gleichwertig. Denn die Gestaltung einer professionellen pflegerischen Beziehung unterscheidet sich von privaten sozialen Beziehungen, da die Akteurinnen mit unterschiedlichen Voraussetzungen eine Verbindung eingehen. Auf der einen Seite steht die Pflegekraft, die über entsprechendes Wissen verfügt und einen Dienstleistungsauftrag hat und auf der anderen Seite steht ein erkrankter, pflegebedürftiger mehr oder weniger abhängiger Mensch, der diese Dienstleistung in Anspruch nehmen muss. Trotz aller Bemühungen um ein gleichberechtigtes, partizipatorisches Miteinander ist die Beziehung durch diese Asymmetrie gekennzeichnet (Steudter, 2015).

Viele Pflegebeziehungen sind daher hierarchisch und beinhalten einen ungleichen oder komplementären Austausch. In einer Pflegebeziehung erhalten typischerweise die Bewohnerinnen die Zuwendung, während die Pflegekraft typischerweise Zuwendung gibt (Karremans, Finkenauer, 2014). Ein ungleicher Austausch kann immer dann verstärkt auftreten, wenn er von beiden Personen nicht freiwillig eingegangen wird. Dieses ist in der stationären Altenpflege häufig der Fall, da sich weder die Pflegekraft noch die Bewohnerin freiwillig für diese Beziehung entschieden hat. Für die Pflegekraft sind die Beziehungen zu den Bewohnerinnen ein Teil ihrer Beruflichkeit. Für die Bewohnerinnen kann die Beziehung zur Pflegekraft, besonders dann, wenn sonstige Beziehungen nicht (mehr) vorhanden sind, an Bedeutung gewinnen. Häufig entsteht aus Sicht der Bewohnerinnen eine sehr enge Bindung zur Pflegeperson, sodass sich Wünsche und Bedürfnisse auf diese eine Person konzentrieren.

Menschen erleben im Allgemeinen die stärksten negativen Gefühle, wenn sie allein sind (Diener, 1984). Mangelnder Kontakt zu nahestehenden Anderen kann Gefühle der Einsamkeit und Depression hervorrufen (Cacioppo, et al., 2006). Diese negativen Gefühle können durch Beziehungen mit Pflegenden möglicherweise zum Teil kompensiert werden. Für Pflegende kann diese Form von ungleicher Beziehung zu einer beruflichen Herausforderung führen.

Die Beziehung zwischen Pflegekraft und Bewohnerinnen ist auch durch Abhängigkeit gekennzeichnet. Emotional kann die Abhängigkeit von personellen Helferinnen vielfältige Auswirkungen auf die Bewohnerinnen haben. Sie kann mit der Angst und mit der Frage einhergehen, was das Eindringen in die Privatsphäre durch Andere mit sich bringen kann. Die eigene Verletzlichkeit wird schmerzlich bewusst. Diese Gedanken können ebenso zu Trauer oder Scham führen. Über das Gefühl Scham wird selten offen kommuniziert. Vielmehr findet sie ihren Niederschlag in Gefühlen der Wut, Verzweiflung oder Trauer. Diese Emotionen können die Pflegekraft, den Bewohnerinnen, deren Beziehung und die Qualität der Zusammenarbeit belasten (Steudter, 2015).

Im Bereich der Altenpflege erfolgt der Beziehungsaufbau in Pflegesituationen nur nebenbei. Häufig liegt der Fokus auf den pflegerischen Handlungen, auf dem Tun und weniger auf dem, was Menschen verbindet. Dadurch könnten wichtige und grundlegende Chancen ungenutzt bleiben, um die Handlungen auf einer tragfähigen Grundlage anbieten zu können. Steudter (2015) zur Folge kann eine tragfähige professionelle Beziehung nur entstehen, wenn die Pflegenden bewusst die ersten Kontakte mit den Bewohnerinnen gestalten und nach authentischen Begegnungen mit den Bewohnerinnen suchen und diese bewusst wahrnehmen (Steudter, 2015).

Ein wesentlicher Teil der Beziehungsarbeit ist die Kommunikation. Basierend auf den Axiomen der pragmatischen Kommunikationstheorie von Paul Watzlawick (1969) lassen sich drei Grundmerkmale der Kommunikation darstellen. Das erste Grundmerkmal umfasst, dass eine Nicht-Kommunikation unmöglich ist, d. h. das Kommunikation anhaltend stattfindet. Ein weiteres Merkmal ist, dass Menschen in Gesprächssituationen ihr eigenes Verhalten meist als Reaktion auf das Verhalten anderer erleben und als Drittes ist zu nennen, dass Kommunikation auch immer nicht-sprachlich, also nonverbal stattfindet. Besonders Letzteres ist interessant für die pflegerische Beziehungsarbeit. Denn besonders die nonverbale Kommunikation verläuft neben der inhaltlichen auch auf der emotionalen Ebene, diese Ebene spielt besonders beim Fortschreiten demenzieller Erkrankungen eine Rolle. Denn wenn die Sprache immer mehr an Bedeutung verliert, wird das Gefühl, das in dieser Mitteilung mitschwingt, bedeutsam. Der Beziehungsaspekt der Kommunikation lässt die Person erspüren, wie ihre Gesprächspartnerin über sie denkt (Watzlawick, Beavin und Jackson, 2011).

Doppelbotschaften, also, wenn Emotionen und Inhalt nicht übereinstimmen, verunsichern die Gesprächspartnerinnen. Einen Mangel an entgegengebrachtem Respekt wird die Betroffene spüren. In der konkreten Situation der pflegerischen Versorgung äußert sich ein unterschiedliches Verständnis von Sprache auf der Beziehungsebene im Sinne einer respektlosen Kommunikation (Kojer, 2016). Beispielsweise besteht eine solche Kommunikations- und damit Beziehungsstörung darin, dass sich die Pflegerinnen über den Kopf der Bewohnerinnen hinweg mit

Kolleginnen oder Angehörigen unterhalten ohne sie in das Gespräch mit einzubeziehen. Eine Steigerung dessen ist eine Unterhaltung, die sich direkt auf die Bewohnerinnen bezieht, aber den Anschein erweckt, als wären diese nicht im Raum. Verliert eine pflegebedürftige Person in vielen Lebensbereichen ihre Selbstständigkeit, erhöht dies die Gefahr solcher „unreflektierter Übergriffe“, die sich nicht nur auf verbaler Ebene abspielen müssen: Pflegende die nicht gemeinsam mit der Person, sondern stellvertretend für sie handeln, entziehen ihr auf dieser Weise die Entscheidungsfreiheit. Die Betroffene wird nach und nach von der Handelnden zur „Behandelten“. Gerade bei kognitiv eingeschränkten Bewohnerinnen läuft die Pflegende Gefahr, unmerklich zu ihrem Besten zu verfügen und stellvertretend für sie zu sprechen und zu handeln. Der Person wird so im besten Falle ein Recht zur Scheinmitentscheidung eingeräumt. Durch diese Haltung wird die professionell Pflegende für die Signale des Betroffenen „blind und taub“ (Kojer, 2016, S. 20).

Dies führt etwa dazu, dass man die Person vor vollendete Tatsachen stellt, sie beispielsweise ohne Vorbereitung anfängt zu waschen oder sie ungefragt mit dem Rollstuhl an einen anderen Platz fährt. Wird die Person mehr und mehr depersonalisiert – zum Objekt gemacht – verliert die Pflegende das Bewusstsein dafür, dass die Betroffene ein Mensch mit Wünschen, Vorlieben, Abneigungen und Bedürfnissen ist. Durch die Objektivierung des Gegenübers wird die Interaktion zur „bloßen Erledigung“ und eine Pflege, die sich von den Hinweisen auf Bedürfnisse dieser Person leiten lässt, kann nicht stattfinden (Meyer-Kühling, 2016, S. 26 f.). Ein Zitat von Böhle und Glaser (2006) fasst die Relevanz von Beziehungsarbeit in der Pflege treffend zusammen:

> *„In der personenbezogenen Dienstleistung nimmt die Interaktion zwischen Dienstleistern und Klienten einen direkten, bisweilen entscheidenden Einfluss auf die Qualität der Arbeit. Interaktion ist ein wechselseitiger Prozess und in hohem Maße situativ geprägt. Die Klienten müssen hierbei als mehr oder weniger eigenständig handelnde Subjekte verstanden werden bzw. dürfen umgekehrt keinesfalls als „Objekte“ der Dienstleistungsarbeit missverstanden werden“* (Böhle, Glaser, 2006, S. 29; entnommen aus; Sickau, Thiele, 2017, S. 40).

Auch Bartholomeyczik und Halek (2017) weisen darauf hin, dass es in der Begleitung von Bewohnerinnen um bestimmte Grundhaltungen und die Umsetzung eines humanistischen Menschenbildes geht. Ihrer Meinung nach ist die Grundlage einer fördernden Pflege eine anerkennende Beziehungsgestaltung, die die Chance hat, die Ich-Identität der Betroffenen zu stabilisieren (Bartholomeyczik, Halek, 2017). Hierzu kann der sozialpsychologische Theorieansatz von Kitwood herangezogen werden. Ein zentraler Begriff ist hierbei das Person-sein, das dem Menschen von anderen im Kontext sozialer Beziehungen durch Anerkennung, Respekt und Vertrauen zuerkannt wird (Kitwood, 2016). Auch kann eine wertschätzende pflegerische Grundhaltung als „Validieren" bezeichnet werden (Bartholomeyczik et al., 2007). Validation wurde in Deutschland zunächst über Naomi Feil bekannt, die auf Basis einer ausgewählten Theorie des Alterns eine Kommunikationsmethode speziell für Menschen mit Demenz entwickelte (Feil, 1993). Eine Weiterentwicklung findet sich in Deutschland durch Nicole Richard als „Integrative Validation" (Richard 1999) und in den Niederlanden durch van der Kooij unter dem Begriff der erlebnisorientierten Pflege oder Mäeutik (Van der Kooij, 2006). Kern der verschiedenen Formen ist eine empathische Grundhaltung, die versucht, die Verhaltensweisen von Menschen mit Demenz zu verstehen und die Gefühle der Betroffenen anzuerkennen und zu bestätigen (Bartholomeyczik, Halek, 2017). Letztlich geht es darum, eine Form der Kommunikation mit nicht-orientierten Menschen zu finden, um die Beziehung zwischen Pflegeempfänger und Pflegekraft zu fördern.

Auch bei der Betrachtung von pflegetheoretischen Ansätzen wird schnell die Relevanz der Beziehungsaspekte in der Pflege deutlich. Viele Pflegetheoretiker setzen sich mit der Pflegekraft-Bewohnerinnen-Beziehung auseinander. Zum Beispiel beschreibt die Pflegeforscherin Krohwinkel, an deren System der „fördernden Prozesspflege" sich viele Einrichtungen der Altenhilfe in Deutschland orientieren, die Relevanz von Beziehungen in der Pflege. Die Tätigkeit der Pflege wird als Prozess gesehen, in dem sich die Pflegekräfte immer wieder mit drei Kategorien auseinandersetzen müssen. Dazu gehört, die Lebensaktivitäten zu fördern, wie beispielsweise die Kommunikation, Bewegung und Nahrungsaufnahme, soziale Kontakte und Beziehungen aufrechterhalten und mit existenziellen Erfahrungen des Lebens umgehen und sich dabei entwickeln zu können. Die Pflegeperson ist in diesen Bereichen die unterstützende Hilfe für die Pflegebedürftigen und versucht Selbstständigkeiten dieser zu fördern (Krohwinkel, 2007). Um gemäß dieses Modells gute Pflege leisten zu können, ist eine gute Beziehung zwischen den Pflegepersonen und den Bewohnerinnen eine wesentliche Voraussetzung. Besonders der Unterstützung im Umgang mit existentiellen Erfahrungen bedarf ein hohes Maß an Vertrauen zwischen den Akteuren.

Der Fokus in der Pflegetheorie von Travelbee (1997) liegt auf zwischenmenschlichen Beziehungen und der Sinnfindung der Einzelnen in Leidenserfahrungen. Travelbees Grundannahme ist, dass das Ziel von Pflege über den Aufbau einer Pflege-Bewohnerinnen-Beziehung erreicht wird. Die Beziehung ist das Instrument zur pflegerischen Zielerreichung und weiter noch wird die gelungene Pflege-Bewohnerinnen-Beziehung als das geeignete Instrument zur Ermittlung und Erfüllung des Pflegebedarfs gesehen. Der Aufbau und die Aufrechterhaltung dieser Beziehung liegen im Verantwortungsbereich der Pflegekraft, obgleich Beziehungen wechselseitige Prozesse sind. Travelbee definiert Beziehung folgendermaßen „Die Pflege-Bewohnerinnen-Beziehung beruht auf Erfahrungen zwischen Pflegekraft und Bewohnerinnen beziehungsweise jener Person, die die Dienstleistungen der Pflege in Anspruch nimmt. Das Hauptmerkmal dieser Erfahrungen ist darin zu sehen, dass der Pflegebedarf des Betreffenden beziehungsweise seiner Familie erfüllt wird" (Travelbee, 1997, S. 107).

Nach Peplau (2009) findet ein dynamischer Beziehungsprozess in jedem Pflegeprozess statt und kann dort gezielt eingesetzt werden, wo eine längere Beziehung zwischen Pflegenden und Bewohnerinnen notwendig ist, um den Gesundungsprozess der Bewohnerin im Sinne „durch Pflege reifen und sich entwickeln" bestmöglich zu fördern. Peplau postuliert, dass eine Bewohnerin-Pflegekraft Beziehung nicht von Anfang an tragfähig ist. Vielmehr ist ihr Beginn durch seine Entwicklung gekennzeichnet. Peplau beschreibt das Zustandekommen einer Beziehung in der Pflege idealtypisch als ein schrittweises Aufeinanderzubewegen der Ziele von Bewohnerin und Pflegekraft. Grundlegend in dem Modell sind die Phasen der Beziehung zwischen Pflegekraft und Bewohnerin. Die Theoretikerin beschreibt, dass Pflegekräfte in interpersonalen Beziehungen unterschiedliche Rollen übernehmen. Hierzu zählen u. a. Rollen der Fremden, der Unterstützenden, der Lehrenden, der Rührenden und der Beratenden. Die Rollen, die Pflegende laut Peplau in ihrer Berufstätigkeit übernehmen, sind für das Erreichen des Pflegeziels notwendig, somit gehören die Übernahme von Rollen zur beruflichen Anforderungen einer Pflegekraft. Steppe schreibt dazu: „Die Art der Persönlichkeit, zu der sich eine Pflegekraft entwickelt, ist entscheidend dafür, was der Patient während seiner Krankheit lernen kann" (Steppe, 1990, S. 6).

In dieser Perspektive kann die Analyse pflegerischer Arbeit auch mit internationalen Diskussionen zur Care-Arbeit verknüpft werden. Care-Arbeit schließt die emotionale und beziehungsmäßige Dimension ein und betont Aspekte, wie Zuwendung und Vertrauen. In der Konzeption einer feministischen-demokratischen Care Ethik geht Tronto (2011) von folgenden, grundlegenden Dimensionen aus: 1. Individuen stehen miteinander in Beziehung. 2. Alle Menschen sind verletzbar und fragil und 3. Alle Menschen sind immer Care-Gebende und Care-Erhaltende zugleich. Tronto entwickelt ein Verständnis von Care-Arbeit, das „in einer Beziehung stehen" als grundlegende Voraussetzung des Menschseins betont. In ihren Überlegungen zu einer Care Ethik gewinnt die Beziehungsdimension in ihren verschiedenen Facetten eine besondere Bedeutung und stellt demgemäß auch den grundlegendsten Aspekt dar. Tronto (2011) hebt hervor, dass Menschen miteinander in Beziehung stehen und Care als notwendige gesellschaftliche Praxis zu verstehen ist.

Im Gegensatz dazu wird in der Praxis Care-Arbeit im Sinne von Beziehungsarbeit oftmals unter prekären Umständen geleistet und vielfach abgewertet. Sie ist als unsichtbare und unbezahlte Arbeit und zumeist von Frauen ausgeführte Tätigkeit gekennzeichnet. Auch wird Care-Arbeit häufig in die Privatsphäre und gezielt an Angehörige und ehrenamtlich Tätige ausgelagert. Die entlohnte Care-Arbeit wird gesellschaftlich wenig anerkannt und findet sich häufig im Niedriglohnsektor wieder. Dieser Umgang mit Care-Arbeit ist auch im stärker anerkannten Bereich professioneller Pflege zu beobachten (Müller, 2016). Auch Remmers et al. (2014) verweisen auf das geringe Prestige der Altenhilfe, das sich vor allem in einem gesellschaftlichen geringen Ansehen und einer unzureichenden Lobby ausdrückt. Sie benennen neben den Arbeitsbedingungen die mangelnde Wertschätzung als einen der Hauptbelastungsfaktoren. Zudem problematisieren sie die geringe Entlohnung, die sie als unter der Armuts- und Prekärlohnschwelle liegend einstufen (Remmers et al., 2014).

Care-Arbeit in dem umfassenden Sinne eingebettet in Beziehungen entspricht zwar dem eigenen Anspruch von Pflegenden, ist ein Bestandteil der Erwartung in den Pflegeeinrichtungen, wie sie beispielsweise in Leitbildern dargestellt werden, und damit der Führungskräfte, der Angehörigen und auch der Bewohnerinnen, dennoch gehören diese Tätigkeiten nicht zu den vergüteten Leistungen von Pflegenden und somit nicht zum Aufgabenrepertoire. Pflegende erfüllen Care-Arbeit oftmals in ihrer Freizeit, nebenbei oder leiden darunter, dass es zu wenige Möglichkeiten gibt um Care-Arbeit zu leisten (Müller, 2016).

Tronto (2011) stellt dar, dass Care-Beziehungen nicht gegeben sind, sondern sich im Caring-Prozess entwickeln. Der Caring-Prozess umfasst mehrere Stufen und setzt die Beteiligung aller Involvierten voraus. Care-Beziehungen sind demnach kein Zufallsprodukt, sondern das Ergebnis einer sensiblen und vertrauensvollen Beziehungsarbeit. Tronto entwickelt das Konzept der „engagierten Care-Arbeit“ und beschreibt dieses anhand von vier Stufen:

- **Caring about:** Dieses wird von Conradi (2011) als Anteilnahme übersetzt. Diese Phase betont besonders die emotional-affektive Seite. Hier ist wichtig, Care- Bedürfnisse zu erkennen und sich in die andere Person hineinzuversetzen.
- **Taking care of:** Hier geht es um die Unterstützung und darum, die Verantwortung für die Befriedigung der vorher festgestellten Bedürfnisse zu übernehmen.

- **Caregiving:** In dieser Phase des „Versorgens“ wird direkte Care-Arbeit geleistet. Direkte Care-Arbeit umfasst die körperliche Arbeit wie auch das In-Kontakt-Treten, hierzu werden auch Kompetenzen benötigt.
- **Care receiving:** Die Reaktion auf die Versorgung ist in der vierten Phase von Bedeutung, wobei hier die „Resonanz“ bzw. Empfänglichkeit von Bewohnerinnen benötigt wird. Dabei geht es darum, die Reaktion der Person zu berücksichtigen, die Care erhält, denn nur so kann deutlich werden, ob der Care-Prozess erfolgreich und beispielsweise die Unterstützung angemessen und ausreichend war. (Tronto, 2011, S. 165).

Conradi (2001) kritisiert die (Rollen)Zuschreibung von Care-Nehmenden und Care-Gebenden. Sie versteht stattdessen unter Care ein Zusammenspiel von „Zuwenden und Annehmen“ der Zuwendung. Alle Beteiligten sind, wenn auch in unterschiedlicher Weise, in diesem Prozess aktiv. Denn auch das Annehmen von Zuwendung bedeutet eine Beteiligung am Geschehen (ebenda). Conradi geht davon aus, dass in Care-Interaktionen asymmetrische und symmetrische sowie reziproke mit irreziproken Anteilen verwoben sind (ebenda). Die Care-Beziehung ist allerdings – anders als monetäre Tauschbeziehungen- weder auf Reziprozität noch auf Symmetrie angewiesen (ebenda). Damit wird auch deutlich, dass nicht einseitig von machtvollen Care-Gebenden und ohnmächtigen Care-Nehmenden ausgegangen werden kann. Statt von Macht und Ohnmacht auszugehen, spricht Conradi dagegen von einer Dynamik der Macht und von Machtunterschieden, die wandelbar sind (ebenda).

Care-Arbeit ist nicht nur emotionale, sondern vor allem körperliche Arbeit, die sich allerdings nicht nur auf den äußerlichen tast- und objektivierbaren Körper bezieht, sondern die leibliche Dimension umfasst. Care-Arbeit, besonders in der Versorgung von Menschen, hat mit direkter körperlicher Berührungen und intimer Nähe zu tun. Care-Arbeit ist körperliche Arbeit, da zum einen die Körper der Care-Gebenden wie auch der Care-Nehmenden in den Arbeitsprozess involviert sind und es sich zum anderen um Arbeit am und mit dem Körper, häufig auch mit negativen Aspekten des Körpers, wie beispielsweise Ausscheidungsprodukten, heterogener Körperhygienen und auch mit kranken, behinderten und verstorbenen Körpern, handelt (Müller, 2016).

Die Beziehungsgestaltung und Care Arbeit in dem umfassenden Sinne ist maßgeblich für die Tätigkeit Pflegender in der Altenhilfe. Sie werden insbesondere virulent im Rahmen der Interaktion und Kommunikation zwischen Pflegenden und Bewohnerinnen und deren Gestaltung. Diese Gestaltung setzt die Kontrolle und das Management der eigenen Emotionen durch die Pflegenden voraus (vgl. Abschnitt 3.2). Zunächst soll jedoch die allgemeine Beanspruchung durch Interaktionen im Berufsleben Pflegender diskutiert werden.

2.2 Beanspruchung Pflegender durch Interaktion

Die Möglichkeit zu Interaktionen und die Ausformung der Emotionsarbeit bilden die Basis für die Entwicklung und Ausgestaltung der Pflegebeziehung. Interaktionen und Emotionsarbeit sind eng mit Momenten der Be- und Entlastung in der pflegerischen Tätigkeit und damit zur Entwicklung von Beanspruchungserleben bis hin zu Erfahrungen emotionaler Erschöpfung verbunden (vgl. Abschnitt 3.2.3.1). Auch wenn die Auswirkungen von Emotionsarbeit im dritten Kapitel noch ausführlich betrachtet werden, sollen hier relevante Beanspruchungen durch Interaktionen und Emotionsarbeit einführend vorgestellt werden.

Die Arbeit mit Menschen und die damit einhergehenden Beziehungen können als beanspruchend erlebt werden. Häufig wird in diesem Zusammenhang das Burn-out-Syndrom eingebracht und diskutiert. Das Krankheitsbild Burn-out ist nur schwer, von anderen Krankheiten abzugrenzen und soll nicht im Fokus dieser Arbeit stehen. Relevant für die Diskussionen im Rahmen der Arbeit sind die aus dem Krankheitsbild vorkommenden Kriterien für das Beanspruchungserleben. In der Burn-out-Forschung wird das Syndrom mit drei Kriterien beschrieben und gemessen: mit der emotionalen Erschöpfung, der Leistungsunzufriedenheit und der Depersonalisierung (Maslach, 2001, Schmidt, 2015, S. 35; Burisch, 2014).

Die emotionale Erschöpfung beschreibt das Gefühl, durch den Kontakt mit Bewohnerinnen, Kolleginnen oder anderen Menschen in der Arbeit überbeansprucht, emotional überfordert und ausgelaugt zu sein (Büssing, et al., 1999). Sie muss quantitativ und qualitativ von einer befindensförderlichen psychischen Ermüdung unterschieden werden. Quantitativ übersteigt emotionale Erschöpfung in ihrer Ausprägung das Ausmaß einer psychischen Ermüdung und benötigt eine längere Zeit der Erholung. Qualitativ unterscheidet sich emotionale Erschöpfung von psychischer Ermüdung durch eine gefühlsmäßige Beteiligung in Form von Angst, das Erforderliche nicht bewältigen zu können, Gereiztheit, innerer Leere oder Widerwillen (Hacker, Reinhold, 1999).

Grundlegend für die Entwicklung des Burn-out-Syndroms ist der (mögliche) Widerspruch zwischen dem Geben von Hilfe und Fürsorge und einem geringen oder sogar fehlenden Rückfluss an Dank oder Zuwendung. Dieses Phänomen wird als Kernwiderspruch von Helfer-Berufen bezeichnet und kann langfristig eine körperliche, psychische oder emotionale Erschöpfung verursachen, die schließlich zu einer Abwendung oder im Extremfall zu einer Aversion gegen die Klientinnen bzw. den Bewohnerinnen führt (Hacker, Reinhold, 1999). Als Aversion wird eine gefühllose oder abgestumpfte Umgangsweise gegenüber den Bewohnerinnen bezeichnet (Zellhuber, 2005). Vorherrschend sind Gefühle der Reizbarkeit und Sättigung sowie Desinteresse und Zynismus gegenüber der Pflegebedürftigen (Fischer, 2006). Das Konzept der Aversion gegenüber Bewohnerinnen steht in engem Zusammenhang zum Burn-out-Syndrom und wird häufig mit dem Leitsymptom der Depersonalisation oder des Zynismuses gleichgesetzt bzw. als Folge oder als Unterskala der Depersonalisation verstanden (Hacker, Reinhold, 1999; Zellhuber, 2005).

Bei Pflegenden in der stationären Altenpflege tritt Klientenaversion nur in niedriger Ausprägung hervor (Zellhuber, 2005). Die Mitarbeiterinnen praktizieren in der Regel ein durchweg positives, von Empathie getragenes Verhältnis zu den Bewohnerinnen. Zimber et al. (2000) konnte darüber hinaus feststellen, dass sich die Aversion gegen Bewohnerinnen nach Einführung der Pflegeversicherung als einzige Unterskala die psychische Arbeitsbeanspruchung zwischen 1996 und 1998 nicht veränderte. Hochsignifikante Zunahmen der emotionalen Erschöpfung sowie hochsignifikante Abnahmen der intrinsischen Motivation und Arbeitszufriedenheit belegen zwar eine deutliche Verschärfung der belastenden Arbeitsbedingungen in diesem Zeitraum, die sich jedoch nicht auf die Klientenaversion auswirkt. Hieraus lässt sich schließen, dass Klientenaversion in der stationären Altenpflege relativ stabil auftritt und kaum von äußeren Einwirkungen beeinflusst wird. Zellhuber (2005) interpretiert dies dahingehend, dass belastende Arbeitssituationen in der Altenpflege in der Regel nicht den zu Betreuenden, sondern den vorliegenden Arbeitsbedingungen zugeschrieben werden. Frerichs et al. (2004) fanden weiterhin heraus, dass sich Pflegekräfte bei Überbelastung eher abschirmen, als dass sie Aversionen gegenüber Bewohnerinnen entwickeln. Zu anderen Ergebnissen kommen Jenull et al. (2008). Sie führten eine Untersuchung zur Beanspruchung durch berufliche Interaktionen bei examinierten Pflegekräften durch. Die Ergebnisse zeigen, dass 23 Prozent der Befragten eine hohe emotionale Erschöpfung aufweisen, 22 Prozent eine geringe intrinsische Motivation erfahren, 17 Prozent eine kritische Aversion gegen Klienten verspüren und 13 Prozent eine Tendenz zum reaktiven Abschirmen beschreiben (ebenda).

Studien der letzten zwei Jahrzehnte zeigen, dass sowohl die objektiven Arbeitsbelastungen als auch das subjektive Belastungserleben im Pflegebereich konstant bleiben und im Vergleich mit anderen Berufsgruppen überdurchschnittlich hoch sind. Sie entscheiden hauptsächlich auf zwei Wegen, ob die Betroffenen den Beruf aufgeben. Der eine Weg führt über eine belastungsbedingte Berufs- und Arbeitsunfähigkeit zum Ausscheiden aus dem Beruf. Der andere zeichnet sich durch individuelle Ausstiegsentscheidungen aus, die vor dem Hintergrund sinkender Berufsattraktivität, zunehmender persönlicher Motivationsprobleme oder potenzieller beruflicher Alternativen getroffen werden (Höhmann, et al., 2016).

Personen, die vielen Interaktionen ausgesetzt sind, gilt es in ihrer Gesunderhaltung und Einsatzfähigkeit zu unterstützen. In der Altenpflege ist die Beziehungsarbeit wie in oben beschrieben das zentralste Element der Beruflichkeit (vgl. Abschnitt 2.1). Emotionale Erschöpfung, Leistungsunzufriedenheit und Aversion oder Depersonalisierungstendenzen gilt es demnach unbedingt zu vermeiden. Pflegende brauchen Entlastungs- und Reflexionsmöglichkeiten in der Praxis und Rahmenbedingungen, die Räume bieten für Beziehungsgestaltung und Care-Arbeit. Jedoch stehen diese Forderungen im Spannungsfeld von Ökonomisierungsprozessen im Kontext der professionellen Pflege. Diese Ökonomisierungsprozesse haben Auswirkungen auf die Praxis, Motivation und letztlich auch auf die Gesundheit von Pflegenden.

2.3 Die Pflegebeziehung in den Zwängen der Ökonomisierung

Unter Ökonomisierung kann eine konsequente Anwendung von betriebs- und marktwirtschaftlichen Methoden und Verfahrensweisen, die zur Steigerung der Umsätze und Gewinne dienen, verstanden werden. Im pflegerischen Kontext wird mit Ökonomisierung ein marktorientierter Wandel im Gesundheits- und Pflegebereich angezeigt. Mit Ökonomisierung werden sowohl die Einführung von betriebs- und marktwirtschaftlichen Methoden im Pflegebereich sowie auch die notwendige Entwicklung von Instrumenten zur effizienten Gestaltung von Dienstleistungen im Bereich Gesundheit und Pflege und schließlich das Eindringen betriebs- und marktwirtschaftlicher Methoden in Handlungs- und Lebensbereiche von Pflege und Gesundheit bezeichnet (Maurer, 2016). Die Ökonomisierung im Bereich des elften Sozialgesetzbuches (SGB XI) ist vom Gesetzgeber gewollt und durch die Einführung von Wettbewerbs- und Wirtschaftskriterien (§29 SGB XI) in Gang gebracht worden (Maurer, 2016).

Bode (2013) unterscheidet vier Dimensionen der Ökonomisierung. Diese bestehen aus (1) Defamilisierung (Verlagerung der Pflege aus der Familie in professionellen Dienstleistungen), (2) Rationierung (politisch-administrative Begrenzung universeller Leistungsansprüche), (3) Vermarktlichung (soziale Dienstleistungen werden erwerbswirtschaftlich organisiert; Einführung einer Wettbewerbsstruktur) und (4) Taylorisierung (spezifische Organisation in der Pflege, um das Maximale aus einer begrenzten Ressource herauszuholen; die Leistungserwartungen sind formalisiert und können kontrolliert werden). Maurer (2016) ergänzt diese vier Dimensionen von Bode (2013) um den Aspekt, wie sehr die Ökonomisierung das Bewusstsein, das Denken und die Kultur des Umgangs verändert. Dabei beschreibt er, dass Menschen zu Adressaten und Beziehungen zu kontrollierbaren Einheiten werden. Die fünfte Dimension besteht aus der Funktionalisierung aller Beteiligten und des Beziehungsgeschehen. Nach Maurer (2016) führt diese Funktionalisierung zur Verdinglichung im Pflegesektor und so zur Vernachlässigung der Menschlichkeit (Maurer, 2016).

Zudem beschreibt Maurer (2016), dass Ökonomisierung mehr als Wirtschaftlichkeit und Rationierung bedeutet. Er weist darauf hin, dass die Komponenten der Ökonomisierung aus der Einführung von Budgetierung, Controlling, Transparenz, Kontraktmanagement, Kundenorientierung, Qualitätsmanagement, marktlichen und quasimarktlichen Wettbewerb besteht (Maurer, 2016). Zudem wurden Leistungs- und Qualitätsvereinbarungen eingeführt; privat-gewerbliche Anbieter wurden anerkannt und den gemeinnützigen Trägern gleichgestellt. Vermehrt wirkt sich die Ökonomisierung auf das Verhältnis von Pflegenden und Bewohnerinnen aus. Unter ökonomischen Gesichtspunkten wird die Bewohnerin zunehmend zur Kundin, die Pflegende zur Dienstleisterin und der Pflege- und Betreuungsprozess zum effizienten „Produktionsprozess" (ebenda). Die oben dargestellte Relevanz von Beziehungen in der Pflege wäre damit bedroht.

Gemäß Büscher und Dorin (2014) hat die Ökonomisierung der Pflege bereits 1995 mit der Einführung der Pflegeversicherung in Deutschland begonnen. Pflege wurde seit den frühen 1990er Jahren ausschließlich tätigkeitsorientiert definiert (ebenda). Begrenzt wurden die Tätigkeiten auf Verrichtungen in den Bereichen Körperpflege, Ernährung, Mobilität und hauswirtschaftlicher Versorgung. Zudem wurde der Zeitfaktor zur Tätigkeitsverrichtung in den Fokus gestellt. Die Zeit, die eine ausgebildete Pflegekraft zur Verrichtung benötigt, war relevant für die Pflegestufeneinteilung der Pflegebedürftigen (Wingenfeld et al., 2008). Dieser Faktor ist stark kritikwürdig, da die Zeiten für einzelne Pflegetätigkeiten sehr individuell unterschiedlich sind. Die Zeiteinteilung ist abhängig von den individuellen Bedürfnissen, der Qualität der Beziehung zwischen pflegender und der zu pflegenden Person, der Umgebungssituation und der Frage der adäquaten Nutzung von Hilfsmitteln, der Anwendung von fachlichen Standards und der Frage nach der Durchführung der Handlungen verfolgten Pflegezielen. Hierzu zählt beispielsweise, dass es oftmals schneller geht, eine Handlung für eine pflegebedürftige Person zu übernehmen, als diese zu motivieren und anzuleiten, ihre Selbstständigkeit weiter zu trainieren (Büscher, Dorin, 2014).

In der gegenwärtigen tätigkeitsorientierten Pflegepraxis wird zu wenig betrachtet, dass bei der Ausführbarkeit jeglicher Tätigkeit die beziehungsförmige Interaktion im Mittelpunkt steht. Lanoix (2013) gibt dazu ein Beispiel. Demnach kann beispielsweise die Mobilisation einer Bewohnerin vom Bett in einen Stuhl auch durch einen Roboter übernommen werden. Der Roboter kann die Tätigkeit zwar durchführen, kann aber nicht in Beziehung treten und interagieren oder auf Bedürfnisse reagieren. Lanoix weist darauf hin, dass auch Menschen wie Roboter agieren können, wenn beispielsweise ihr Zeitplan eingeengt ist oder sie sich gestresst fühlen. Umfassend-verkörperlichte Arbeit beinhaltet mehr als den rein physikalischen Prozess. Vielmehr produziert sie in diesem Sinn auch Affekte und interagiert so in einem Netz von körperlichen Empfindungen und Bedürfnissen. Berührung kann Vertrauen aufbauen, was als zentral für eine gelingende Care-Beziehung betrachtet wird (Müller, 2016). In diesem Fokus auf die Verrichtung von ganz bestimmten alltäglichen Bedürfnissen, wie sie im Rahmen der Pflegeversicherung bestimmt wird, sieht Müller (2016) eine Abjektion der Pflege, die zur Folge hat, dass Pflegearbeit auf einzelne Komponenten und Aufgaben verkürzt wird und dass Anteile der Arbeit, wie beispielsweise die Beziehungsarbeit privat und unbezahlt von den Pflegenden geleistet wird (Müller, 2016).

Festzuhalten ist, dass Altenpflege auf die Begleitung und Versorgung im Leben, in Phasen von Krankheiten, bei Pflegebedürftigkeit und beim Sterben hin orientiert ist. Wichtiger als die Durchführung von Tätigkeiten ist daher der Umgang mit den Bewohnerinnen. Der Aufbau und die Gestaltung einer Beziehung werden gerade in der Altenpflege sehr relevant. Für eine professionelle Pflege ist es wichtig, dass Care-Beziehungen in der Pflege entstehen und Pflegende emotionale und körperliche Care-Arbeit leisten können. Die Gestaltung und das Ausüben von Care-Beziehungen und Care-Arbeit sind (vermutlich) das, was im Kern das professionelle Können einer Pflegekraft ausmacht.

Demgegenüber ist es eine Tatsache, dass der Aufbau der Beziehungen in der Praxis zunehmend schwieriger wird. Zum einen verkürzt sich die Verweildauer in stationären Einrichtungen, das bedeutet, die lang andauernden und intensiven Beziehungen über mehrere Jahre werden zunehmend weniger. Hinzu kommt, dass viele Menschen erst sehr spät, das heißt mit vielen Einschränkungen auch im Bereich der Kommunikation und/oder Bewusstseinseintrübungen, in die stationäre Altenhilfe einziehen. Hier sind besondere Herausforderungen im Bereich des nonverbalen Beziehungsaufbaus mit den Bewohnerinnen geboten. Ferner findet eine Leistungsverdichtung in der stationären Altenpflege statt, welches bedeutet, dass mehr und komplexere Tätigkeit im gleichen Zeitraum mit einem gleichbleibenden Anteil von Tätigen stattfindet. Auch dieses führt dazu, dass Pflegende weniger Zeit haben um Beziehungen aufzubauen. Auch der Fachkräftemangel sowie die Quotenregelungen der Fachkräfte führen letztendlich dazu, dass Aufgaben an Kompetenzen und Qualifikationen gekoppelt sind und die Pflege funktionaler wird. Das bedeutet, dass die intensiven Kontakte mit wenigen Bewohnerinnen seltener werden und Fachkräfte beispielsweise für ärztlich delegierte Aufgaben alle

Bewohnerinnen versorgen und so grundpflegerische Aufgaben an Pflegehilfskräfte delegieren (Greß, Stegmüller, 2018).

Die Konsequenzen der oben dargestellten Ökonomisierung, die mit der Verdinglichung der Pflege (Maurer, 2016) und somit mit der Reduzierung von Care- und Beziehungsarbeit einhergeht, ist die Verhinderung des Einsatzes von Fähigkeiten, Qualifikationen und Erfahrungen. Pflegende erleben dadurch ihre Tätigkeit durch Ambivalenzen und Widersprüche geprägt, dadurch fühlen sich Pflegende belastet und gestresst und erleben Gewissenskonflikte während der Arbeit (Müller, 2015).

2.4 Potentielle Folgen von Fehlbeanspruchung

Dass die Beziehungs- und Care-Arbeit im pflegerischen Kontext trotz ihrer Relevanz zu wenig Aufmerksamkeit bekommt und dadurch „nebenbei" geleistet wird, wurde bereits hinreichend dargestellt. Auch die Beanspruchungen durch Interaktionen wurden diskutiert. Im Folgenden wird auf die möglichen Auswirkungen von Fehlbeanspruchungen eingegangen, die zunehmend entstehen können, wenn weiterhin politisch und institutionell nicht oder zu wenig auf die psychischen Belastungen Pflegender eingegangen wird.

Ob die Ausfallzeiten im kausalen Zusammenhang mit der psychischen Beanspruchung steht, kann nicht direkt dargestellt werden. Allerdings können sich arbeits- und organisationsbedingte Arbeitsbelastungen auf die psychische Gesundheit sowie auf die Motivation, und den Verbleib im Beruf und in der Arbeitsstelle auswirken.

Die Ergebnisse der Umfrage „Gesundheit und Arbeit" des BKK Gesundheitsatlas (Kliner et al., 2017) zeigt dieses anhand von Umfrageergebnissen und Darstellung von Fehlzeiten auf. Demnach gelten Pflegende als eine gesundheitlich stark beanspruchte Berufsgruppe zumindest, wenn man die Selbsteinschätzung der Berufsangehörigen und die Fehlzeiten als Beleg für diese Argumentation betrachtet. Mehr als jede fünfte Pflegende in der Altenpflege (21,4 Prozent) sieht sich sowohl physisch als auch psychisch durch die Arbeit gefährdet; gegenüber dem Gesamtdurchschnitt (4,4 Prozent) sind dies fast fünfmal so viele Beschäftigte (Kliner et al., 2017, S. 9 ff.). Besonders weibliche Mitarbeiterinnen in Heimen und im Sozialwesen weisen überdurchschnittlich viele Fehltage auf. Besonders bei den psychischen Störungen sind viele Arbeitsunfähigkeitstage zu finden; hier sind es fast doppelt so viele wie bei den weiblichen Beschäftigten insgesamt. Dies gilt auch für die depressive Episode und das Burn-out-Syndrom (ebenda). Die Beschäftigten in der Altenpflege haben mit durchschnittlich 24,1 AU-Tagen mehr als eine Kalenderwoche höhere Fehlzeiten als alle Beschäftigten insgesamt (16,1 AU-Tage je Beschäftigte). Pflegende fallen im Mittel pro AU-Fall deutlich länger aus (15,6 AU Tage je Fall), als die Beschäftigten insgesamt, und sind auch deutlich häufiger von Langzeiterkrankungen (mehr als sechs Wochen) betroffen als alle Beschäftigten insgesamt. Interessant ist zudem, dass sich im Altersgruppenvergleich zeigt, dass zum einen die Fehltagequote in nahezu allen Altersgruppen über der aller Beschäftigten liegt und sich zum anderen dieser Abstand noch mit zunehmendem Alter vergrößert. Besonders die Pflegenden in der Altenpflege weisen über alle Altersgruppen die höchsten Werte auf. Bei den über 65-Jährigen sind es sogar weit mehr als doppelt so viele AU-Tage wie bei den Beschäftigten insgesamt (43,4 AU-Tage vs. 16,3 AU-Tage (cbenda, S. 33 ff.).

Unter Arbeitsmotivation wird der gezielte Einsatz von Bereitschaft, Fähigkeiten und Fertigkeiten zur produktiven und zielorientiertem Arbeit verstanden (Kleinbeck, 1996). Sie ist zentral für die Ausführung (z. B. Leistung) und das Erleben (z. B. Zufriedenheit) von Arbeit (Frieling, Sonntag, 1999). Arbeitsmotivation wird einerseits geprägt durch persönliche Motive (z. B. soziale Motive wie Kontakt zu anderen Menschen finden) und andererseits durch den Anregungsgehalt der Arbeitssituation bzw. der Arbeitsaufgabe für die Verwirklichung des entsprechenden Motivs. Unterschiede und Veränderungen in der Ausprägung der Arbeitsmotivation werden folglich bedingt durch Wechselwirkungen zwischen den persönlichen Motiven eines Arbeitenden und dem Motivierungspotenzial der Arbeitsaufgabe (Frieling, Sonntag, 1999). Die intrinsische Motivation spiegelt die individuelle Grundeinstellung zum Beruf wider und ist definiert als eine Motivation, die aus der Arbeitstätigkeit selbst entsteht (Zellhuber, 2005). Entsteht die Motivation für eine Arbeit hingegen deswegen, weil mit dieser Tätigkeit eine erwünschte Folge (z. B. Bezahlung) erzielt wird, so wird dies als extrinsische Motivation bezeichnet, d. h. die Arbeit wird in diesem Fall als Mittel zum Zweck gesehen (Nerdinger, et al. 2014). Die Leistung von Personen in Organisationen nimmt mit steigender Motivation zu (Locke, 2001). Intrinsische Motivation zu erzielen ist daher ein wichtiges Ziel arbeitspsychologischer Interventionen. Pflegende sind besonders bei der Wahl ihres Berufes und auch bei der Ausübung ihrer Tätigkeit häufig intrinsisch motiviert (Ensing, 2014). Auch Hacker und Reinhold (1999) gehen davon aus, dass Altenpflegenden nur selten extrinsische Motivatoren zur Verfügung stehen, da hohe Bezahlung oder gesellschaftliche Anerkennung überwiegend fehlen. Kommt es zu einer unzureichenden intrinsischen Motivation, dann ist zu erwarten, dass sich die betroffene Altenpflegerin zur Arbeit zwingen muss und sich psychische Beanspruchung wie emotionale Erschöpfung einstellen (Hacker, Reinhold, 1999). Dieses Phänomen tritt in der stationären Altenpflege besonders häufig auf. Es führt dazu, dass hier eine überdurchschnittlich starke

Veränderung der Arbeitsmotivation über die Zeit zu beobachten ist (Kalytta, Metz, 2003; Engelkamp, 2001).

Becker und Meifort (1997) fanden eine überdurchschnittlich hohe intrinsische Motivation bei Berufseinsteigerinnen, die insbesondere durch das soziale Motiv „Kontakt zu anderen Menschen finden“ geprägt wird (94 Prozent). Diese hohe soziale Arbeitsmotivation wird aber bereits im Verlauf der Ausbildung enttäuscht, da wichtige Themen zur Steigerung der sozialen Kompetenz wie beispielsweise Kommunikation oder Interaktion mit Klientinnen oder Teamkolleginnen kaum oder gar nicht als Ausbildungsinhalte integriert werden und die erwartete professionelle Anwendung sozialer Kompetenzen ausbleibt (Engelkamp, 2001). Diese Enttäuschung ist laut Becker und Meifort (1997) eine Ursache dafür, dass ein Drittel eines Ausbildungsjahrgangs bereits im ersten Berufsjahr den Berufsausstieg für die unmittelbare Zukunft plant. Die ursprünglich überdurchschnittlich hohe intrinsische Motivation von Berufseinsteigerinnen in der Altenpflege fällt also innerhalb kürzester Zeit ab auf einen deutlich unterdurchschnittlichen Motivationsstand, der wiederum eine überdurchschnittlich hohe Berufsausstiegsquote von Altenpflegenden bedingt (ebenda).

Besonders pflegefachlich stark motivierte und gut gebildete Pflegekräfte reagieren sensibel darauf, dass ihre Arbeitsbedingungen zu oft vom organisational wenig reflektierten „Import betriebswirtschaftlicher Organisationsprinzipien“ (Bauer, 2007, S. 99) bestimmt sind, die ihre fachlichen und wertebezogenen Arbeitsmotive konterkarieren (Bauer 2007). Ein stark an ökonomischen Handlungslogiken ausgerichteter Pflegealltag, der in der Regel gleichzeitig mit hohen Qualitäts- und Werteerwartungen und einem steten Innovationsdruck einhergeht, führt zu häufigen Reorganisationen und Restrukturierungen in den Einrichtungen. Damit ist meist zusätzliche Personalknappheit verbunden, außerdem werden psychosoziale und kommunikative Aspekte der Bewohnerversorgung vernachlässigt und die Arbeit mit Bewohnerinnen wird medizinischen oder verwaltungsbezogenen Tätigkeiten untergeordnet. Dies zieht neben moralisch belastenden Versorgungsmängeln bei den Bewohnerinnen auch erhebliche Motivationsprobleme bei den Beschäftigten nach sich und erhöht Mobbingpotentiale (Stahl, Nadj-Kittler, 2015). Verliert so die ursprüngliche Berufsmotivation ihre Verwirklichungsbasis und kommen belastende, demotivierende Diskrepanzerfahrungen hinzu, begünstigt dies wiederum einen frühzeitigen Berufsausstieg.

Jedoch verfügen viele Pflegekräfte über eine berufliche Resilienz, eine starke Berufsbindung und ein hohes Interesse, langfristig im Beruf tätig zu sein. So möchte die Mehrheit der Pflegekräfte ihren Beruf grundsätzlich gerne bis zum Rentenalter ausüben (Kuratorium Deutsche Altershilfe; 2012). Allerdings kann es sich nur jede zweite Pflegeperson vorstellen, den Arbeitsanforderungen unter den bestehenden (Arbeits-)Bedingungen bis zum Eintritt der Altersrente gewachsen zu sein (Buxel, 2011, Isfort et al., 2011). Korrespondierende Studienergebnisse thematisieren jedoch eben hier ein erhebliches organisationales Defizit, denn in den Praxisfeldern der Befragten mangelt es offensichtlich an tragfähigen Konzepten und gezielten Kompetenzentwicklungsstrategien, die ein Berufsverbleib bis zum Rentenalter unterstützen und ermöglichen (Isfort, et al., 2011). Empirische Befunde (Höhmann et al., 2010) zeigen, dass gerade diese individuelle Ressource sowie die Belastungsgrenzen der Pflegenden gedehnt wird, indem sie beispielsweise bei Personalknappheit immer wieder einspringen und auf die eigene Freizeit verzichten müssen (Höhmann, et al., 2010). Diese Überstrapazierung personaler Ressourcen führt dann statt zu einer Lösung zur Verschiebung des Problems, nämlich zu neuen, zum Teil sogar stärkeren Belastungserfahrungen (ebenda).

Die Ergebnisse der NEXT-Studie ermitteln auch einen Zusammenhang zwischen Wunsch nach Berufsausstieg und Arbeitsbelastungen bei Pflegenden (Hasselhorn, 2005; Simon et al. 2005). Darüber, den Pflegeberuf zu verlassen, denkt demnach fast jede fünfte Pflegekraft mehrmals im Jahr nach (Simon et al., 2005). Das Alter (Jüngere denken häufiger an einen Ausstieg als Ältere), die Qualifikation (Personen mit hoher Qualifikation denken eher an Ausstieg als Personen mit geringerer Qualifikation), die Berufsdauer (mit zunehmender Berufsdauer nimmt der Wunsch nach Ausstieg ab) und die Verweildauer in der Pflegeeinrichtung (je länger in der Pflegeeinrichtung, desto geringer der Wunsch nach Ausstieg) sind Faktoren, bei denen Unterschiede im Wunsch nach einem Berufsausstieg deutlich werden. Bei den potenziellen Aussteigerinnen lassen sich die Gruppe der motivierten (jung und gut ausgebildet) und die Gruppe der resignierten (schlechte Gesundheit, niedrige Arbeitsfähigkeit, erschöpft) Aussteigerinnen unterscheiden (Pick et al., 2004). Hierzu ist die Betrachtung der Ergebnisse der Untersuchung von Behrens et al (2009) interessant. Hier wurde erhoben, dass im Bundesland Rheinland-Pfalz 3,2 Prozent der Absolventinnen nach dem Pflegeexamen (Alten-, Kranken- und Kinderkrankenpflegenden) nicht mehr in die Pflege gingen. Von den frisch examinierten Altenpflegenden suchten 98,8 Prozent eine Tätigkeit in der Pflege. In Rheinland-Pfalz verbleiben zehn Jahre nach Beginn der erstmaligen pflegerischen Tätigkeit bei den Altenpflegenden noch 52 Prozent im Beruf. Insgesamt sind in der Bundesrepublik Deutschland noch 46 Prozent in ihrem Beruf tätig (Behrens, et al., 2009).

Sowohl die Absicht zum Berufsausstieg als auch die Absicht zum Berufswechsel gehen einher mit geringer sozialer Unterstützung durch Kolleginnen und Vorgesetzten, hohen psychischen Arbeitsbelastungen und geringem Handlungsspielraum im eigenem Arbeitszusammenhang (Nolting et al., 2006). Der tatsächliche Berufsausstieg von Pflegenden ist nach Hackmann (2010) allerdings auch abhängig vom Alter und der Qualifikation. Durchschnittlich arbeiten Beschäftigte in der Altenpflege ca. 8,4 Jahre in ihrem Beruf. Zu einem etwas anderen Ergebnis kommt das Institut Wirtschaft, Arbeit und Kultur (IWAK). Demnach weisen Altenpflegekräfte eine sehr hohe berufliche Bindung auf, die sich in relativ langen Berufsverweildauern von durchschnittlich 19 Jahren widerspiegelt und der Tatsache, dass viele nach Unterbrechungen wieder in den Beruf zurückkehren (Institut für Wirtschaft, Arbeit und Kultur, 2009). Zudem stellten sie in ihrer Datenanalyse fest, dass die Berufsbindung von Altenpflegenden sehr ausgeprägt war. Als Begründungen hierfür fanden sie in ihren Studien zwei Faktoren heraus: Zum einen identifizieren sich viele Altenpflegende mit ihrem Beruf wohl wissend, dass ihre Arbeit fachlich anspruchsvoll und wichtig für die Gesellschaft ist. Damit verbunden war oft ein hoher Anspruch an die pflegerische Arbeit sowie die Erwartung, diese Ansprüche im Arbeitsalltag auch umsetzen zu können. Zum anderen ermöglichten flexible Arbeitszeitstrukturen oft eine hohe Passfähigkeit mit den familiären Bedürfnissen der überwiegend weiblichen Beschäftigten (ebenda).

Altenpflegende haben möglicherweise eine hohe berufliche Bindung, aber ihre Berufsverläufe sind oft von Unterbrechungen gekennzeichnet. Bindung ist ein vielschichtiger Aspekt, der sowohl die gefühlsmäßige Sympathie gegenüber der Institution, die „Kosten", die mit dem Verlassen der Einrichtung verbunden sind, und die Verpflichtung gegenüber der Einrichtung umfasst. Es besteht eine mittelstark ausgeprägte Beziehung zwischen dem Zugehörigkeitsgefühl zur Einrichtung und der Absicht, diese und den Beruf zu verlassen: Je geringer das Zugehörigkeitsgefühl zur Institution, desto größer die Absicht, den Beruf zu verlassen. In Pflegeheimen liegt die Bindung insgesamt bei 65,5 Prozent (Simon, et al., 2005). Mit fortschreitender Berufszugehörigkeit nimmt die Bindung einen u-förmigen Verlauf. Die Bindung ist im ersten Jahr nach Ausbildungsbeginn am höchsten und fällt dann bis etwa zum fünfzehnten Jahr (11–15) der Berufszugehörigkeit ab. Danach steigt sie, wenn auch nicht ganz auf das Ausgangsniveau, wieder an. Pflegende unterbrechen ihre Berufsverläufe aufgrund von Familienphasen etc. häufig, diese Unterbrechungen scheinen aber nicht zur Aufgabe des Berufes zu führen. Das Kuratorium Deutscher Altershilfe (KDA) befragte hierzu Altenpflegende und kommt zu dem Ergebnis, dass 92,4 Prozent der Befragten ihre Arbeit als „sinngebend" und 89,4 Prozent als „sehr wichtig" wahrnehmen und ihren großen Stolz darüber äußern, in der Altenpflege zu arbeiten (79,1 Prozent). Die überwiegende Mehrheit möchte den Beruf bis zum Rentenalter ausüben (69,2 Prozent) (Kuratorium Deutsche Altershilfe, 2012). Bei der Studie von Buxel (2011), in der 618 Pflegende aus der stationären Altenpflege in Deutschland bzgl. Motivation, Jobverhalten und Arbeitsplatzzufriedenheiten befragt wurden, gaben 65 Prozent der

Befragten an, zufrieden zu sein mit ihrer Entscheidung als Pflegekraft zu arbeiten und 83 Prozent identifizieren sich auch mit ihrem Beruf. Auch machen 85 Prozent ihre Arbeit generell gerne. Die wichtigsten Merkmale der befragten Pflegenden für die Zufriedenheit waren: die Beziehung zu den Bewohnerinnen, einen sicheren Arbeitsplatz zu haben und die Anzahl der Kolleginnen pro Schicht. Jedoch würden nur etwa 40 Prozent der Befragten die Berufswahl weiterempfehlen (Buxel, 2011).

Erheblich sind auch die Ergebnisse der Studien über Berufsrückkehrer aus dem Bereich Pflege von Flieder (2002) und Blum et al. (2004). Die Studien kommen zu dem Ergebnis, dass die Gründe, die ursprünglich zum Verlassen des Pflegeberufs führen, nicht zwangsläufig an die beruflichen Inhalte gebunden sind. Sie werden in hohem Maße auch durch spezifisch-individuelle Belastungs- und Ressourcenkonstellationen beeinflusst, die es erschweren, mit den oft schwierigen Rahmenbedingungen des Berufes umzugehen. Der Wiedereinstieg in den Pflegeberuf ist dagegen häufig stark von berufsintrinsischen Motiven geprägt, wie beispielsweise der Zusammenarbeit mit Bewohnerinnen (83,8 Prozent) oder dem Wunsch, anderen Menschen zu helfen (79,5 Prozent). Arbeitsbedingungen zu schaffen, die es Pflegenden erleichtert, ihrer Motivation zu folgen, erscheint auch angesichts des bis zum Jahr 2025 deutlich auf ca. 26 Prozent ansteigenden Anteils älterer Erwerbsfähiger ab 55 Jahren sinnvoll (Schulz 2012, S. 11 f.). Neuere Studien zeigen, dass gerade diese Gruppe aufgrund ihrer langfristigen Arbeitsmotivation und ihres langjährig entwickelten, oft informellen Wissens höhere fachliche Autonomiebedürfnisse hat und sich größere Handlungsspielräume wünscht, als jüngere Mitarbeiterinnen (SVR, 2011). Gerade die Bedeutung von Autonomiebedürfnissen und identifikationsstiftendem Handlungsspielraum bei der Erfüllung von Arbeitsaufgaben sowie im Umgang mit Bewohnerinnen und Angehörigen wird durch viele ökonomische Rationalisierungsprozesse reduziert. So verweisen nationale und internationale Studien darauf, dass vor allem ökonomisch geprägte organisationale Veränderungsprozesse wie beispielsweise implizite Rationalisierungseffekte, die sich u. a. darin zeigen, dass zu wenig Zeit für die Bewohnerinnen bleibt, signifikant mit einer als belastend wahrgenommenen Arbeitsumgebung einhergehen. Dies führt zu erheblicher Arbeitsunzufriedenheit beim Pflegepersonal (Aiken et al., 2012; Zander, Busse 2012).

Auch Müller (2016) kritisiert, dass durch den vorherrschenden Umgang mit Zeit und der Fokussierung auf Pflegetätigkeiten keine ausreichenden Zeitkorridore für die Beziehungsarbeit sowie emotionale Entlastungen zur Verfügung gestellt werden und Rahmenbedingungen geschaffen werden, die sich von den Bedürfnissen der Pflegenden entfremden. Dieses kann letztlich systematisch die intrinsische Motivation der Pflegenden zerstören. Auf diese Weise reduzieren sich die Attraktivität des Berufsbildes und auch die Zufriedenheit der Pflegenden. In der Pflegeversicherung gab es inhaltliche Ausschlüsse, d. h. zentrale Facetten der Pflegetätigkeit, wie beispielsweise die emotionale Interaktion, empathische Bezugnahme und Kommunikation werden nicht einbezogen und können daher strukturell, im Rahmen der Vorgaben nicht geleistet werden (Müller, 2016). Durch die Zeitknappheit gewinnen nicht nur Beziehungsaspekte eine geringe Relevanz, denn dies führt auch zu einer Zergliederung der pflegerischen Arbeit in der Praxis. Damit ist auch, eine De-Qualifizierung der Pflegenden zu beobachten. Die Verhinderung des Einsatzes von Qualifikationen und Kompetenz verstärkt die Belastungen in der Arbeit der Pflegerinnen und führt zu widersprüchlichen Anforderungen zwischen professionellem Anspruch und engen Arbeitsvorgaben, die zur Folge haben, dass die Pflegerinnen oftmals versuchen, den eigentlich nicht vorgesehenen Teil der Arbeit dennoch zu leisten. Dabei zeigt sich immer wieder, dass die Trennung von Verrichtungen und eher relational-leiblichen und daher auch unstrukturierten Bedürfnissen und Notwendigkeiten sehr schwierig erscheint. In der Forschungsarbeit von Müller (2016) und auch in der Literatur (z. B. Büssing, et al., 2005) wird diese Trennung als schwierig bis gar nicht umsetzbar dargestellt. Neben vielfachen Belastungen zeigen sich zahlreiche, zum Teil auch widerständige Praxen, wenn Pflegende versuchen, die abjekte Arbeit dann zumeist als unsichtbare, teilweise als unbezahlte oder intensivierte Arbeit dennoch zu leisten. Gleichwohl kann dieser strukturelle Ausschluss natürlich nicht vollumfänglich und auch nicht immer von den Pflegerinnen aufgefangen werden, womit die vielfachen Widersprüchlichkeiten und Ambivalenzen nicht aufgelöst werden können. Pflegende wissen über die mangelhaften Zustände im Praxisfeld. Bei der Reflexion über ihr berufliches Handeln folgt daraus ein schlechtes Gewissen. (Müller, 2016). Abjektive, unsichtbare und unbezahlte Arbeitsteile können sich negativ auf das Berufserleben auswirken. Auch das Erleben von (inneren) Widersprüchen kann für die Pflegenden zur Beanspruchung führen.

Die Ausführungen haben die Bedeutung einer umfassenden Bestimmung von Pflegearbeit gezeigt, die durch die Einbettung in Beziehungen und Emotionsarbeit gekennzeichnet ist. Gleichzeitig gestatten die Rahmenbedingungen, d. h. der soziale und betrieblich-institutionelle Kontext insbesondere die Konsequenzen der Ökonomisierung im Pflegealltag kaum deren Realisierung, was mit Belastungen für die Pflegenden, dem Erleben von Beanspruchungen und Berufsunterbrechungen und -ausstiegen einhergeht. Eine systematische Untersuchung des Zusammenhangs erfordert die Entwicklung eines konzeptionellen Rahmens, der die Wirkungsweisen erfassen kann und damit zur Grundlage der eigenen empirischen Forschungsarbeit wird. Im nachfolgenden Kapitel werden die für diese Arbeit relevanten Konzeptionen und Erkenntnisse aus der Belastungs-, und Beanspruchungsforschung sowie der Emotionsarbeit dargestellt und diskutiert sowie mit Forschungen zu einem möglichen Transfer in den Bereich der Pflege verknüpft. Im Anschluss daran werden in dem folgenden Kapitel die für die Forschungsfrage relevanten Entwicklungen des sozialen und betrieblich-institutionellen Kontext ausgeführt.

3 Theoretisch-konzeptioneller Hintergrund

3.1 Theoretische Betrachtungen von Belastungen

Ein Fokus der Arbeit liegt in der systematischen konzeptionellen und darauf aufbauenden empirischen Analyse der Entwicklung von Beanspruchungen bzw. Beanspruchungsfolgen im pflegerischen Alltag, wobei insbesondere die Frage der emotionalen Beanspruchung betrachtet wird. Im für diese Thematik zentralen Bereich der Belastungs- und Beanspruchungsforschung ist es zu erheblichen terminologischen und konzeptionellen Unschärfen gekommen (Richter, Hacker, 1998). Ursachen dafür sind u. a. die unterschiedlichen Terminologien der Stress-, der Belastungs- und der Beanspruchungsforschung. So stehen den Begriffen „Belastung" und „Beanspruchung" die Begriffe „Stressoren" und „Stress" gegenüber, die wiederum disziplinintern häufig unterschiedlich verwendet werden. Die vorliegende Arbeit schließt sich der Tradition des Belastungs-Beanspruchungskonzepts an. Dieses Konzept hat sich in der deutschsprachigen Arbeitswissenschaft und Arbeitspsychologie weitestgehend durchgesetzt und wird auch den spezifischen Forschungen in der Altenpflege üblicherweise zugrunde gelegt (Weißer-Horn, Landau, 1999). Das Konzept ist in der Lage, die in der Arbeit gewünschten Zusammenhänge konzeptionell zu modellieren. Zudem wird das Existential Model of Burn-out von Pines und Aronson (1988) hinzugezogen, denn hieran kann die Zuspitzung der emotionalen Beanspruchung verdeutlicht und mögliche Folgen einer Beanspruchung aufgezeigt werden.

Im Unterschied zur Umgangssprache sind in der arbeitswissenschaftlichen Fachsprache die Begriffe der „Belastung" und „Beanspruchung" neutral und ohne wertende Konnotation besetzt. Sie dienen der Unterscheidung von objektiven, auf jeden Menschen in gleicher Weise einwirkenden Ursachen im Arbeitssystem (Belastungen) auf der einen Seite und von subjektiven, durch Menschen

C. Schmedes, *Emotionsarbeit in der Pflege*,
https://doi.org/10.1007/978-3-658-31914-4_3

moderierte und daher bei jedem Menschen etwas unterschiedlich eintretenden Folgen (Beanspruchungen) auf der anderen Seite. Auch Rohmerts Belastungs-Beanspruchungsmodell geht von diesem Verständnis der Begriffe aus (Rohmert, 1984, vgl. Abbildung 3.1). Welche Auswirkungen emotionale Belastungen in Form von emotionaler Beanspruchung im Einzelfall tatsächlich haben, hängt daher letztlich auch von den persönlichen Voraussetzungen (insbesondere von Qualifikationen und Kondition, Konstitution und Disposition) der betroffenen Menschen ab (Oppolzer, 2010).

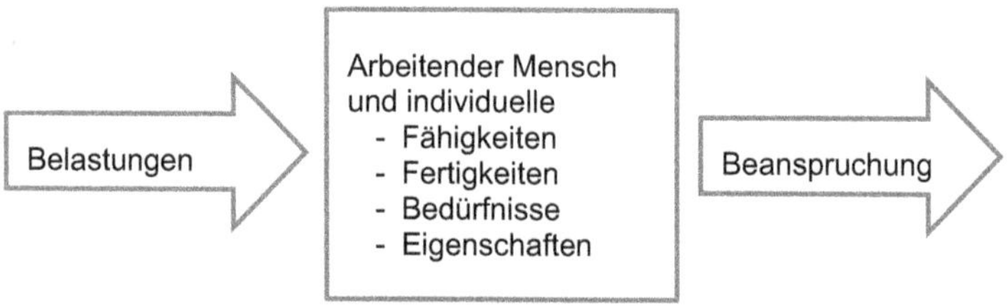

Abbildung 3.1 Zusammenhang zwischen Belastung und Beanspruchung im vereinfachten Belastungs-Beanspruchungskonzept (Rohmert, 1984)

Cohen-Mansfield (1995) hat das Belastungs-Beanspruchungsmodell für ihre Untersuchung in der Altenpflege weiterentwickelt. Hier wurde der Begriff der „Ressourcen“ hinzugefügt. Sie integrierte zudem auch den außerberuflichen Kontext der Pflegekräfte, da auch in den außerberuflichen Bereichen Belastungen auf das Individuum einwirken, die sich wiederum auf die Beanspruchung auswirken. Positiv zu bewerten ist, dass das Modell nach Cohen-Mansfield davon ausgeht, dass berufliche und außerberufliche Belastungen Einfluss nehmen auf die Beanspruchungsreaktionen einer Person sowie auf die Beanspruchungsfolgen für die Arbeit und das Individuum (Cohen-Mansfield, 1995). Die Stärke der Beanspruchung wird dabei beeinflusst von den zur Verfügung stehenden Ressourcen, die wiederum in berufliche und außerberufliche Faktoren unterschieden werden. Cohen-Mansfield integriert alle Faktoren der Belastung sehr umfassend, jedoch bleibt eine Gewichtung der Faktoren aus und damit bleibt unklar, ob im beruflichen oder privaten Bereich interveniert werden sollte.

Bei der vorliegenden Untersuchung stehen die beruflichen Beanspruchungen im Vordergrund. Bei der Betrachtung von emotionalen Beanspruchungen des Individuums spielen die Belastungen und Ressourcen, die aus den nicht-beruflichen Kontext auf das Individuum einwirken eine wichtige Rolle, jedoch ist eine Differenzierung zwischen beruflicher und privater Belastung und Ressource sehr komplex und dient nicht der Beantwortung der Fragestellung. Eine Konzentration auf den beruflichen Kontext wird angestrebt, wobei eine Vermischung zwischen privaten und beruflichen Erleben nicht vermieden werden kann.

Cohen-Mansfield (1995) differenziert den Belastungsbegriff in die Begriffe der Belastung und der Ressourcen, wobei ersterer die negativen Facetten, die eine Beanspruchung begünstigen, und letzterer die positiven Facetten, die eine Beanspruchung entgegenwirken, beschreibt (Cohen-Mansfield, 1995). Diese Trennung ist auch für das vorliegende Vorhaben eine sinnvolle Veränderung des Ursprungsmodells, da dadurch konkreter zwischen Belastungen und Ressourcen differenziert werden kann.

Oppolzer (2010) beschreibt zwei Arten von Einflussfaktoren, die entscheidend dafür sind, ob und inwieweit es zu beeinträchtigenden Fehlbeanspruchungen kommt: Hierzu zählen die Einflüsse der objektiven Situation, in der sich die Arbeitenden befinden, und die subjektiven Merkmale der Person, die den jeweiligen psychischen Belastungen ausgesetzt ist. Auch Rohmert (1984) geht in seinem Modell von diesen zwei Arten von Einflussfaktoren aus. In der vorliegenden Arbeit werden die objektiven Einflussfaktoren differenziert nach den betrieblichen Faktoren und den sozialen Faktoren betrachtet. Die sozialen Einflussfaktoren beinhalten gesellschaftliche, berufspolitische und sozialpolitische Elemente. Obgleich diese sozialen Faktoren in der Berufsgruppe der Pflegenden zukünftig an Bedeutung gewinnen, werden diese sozialen Faktoren in der Belastungsforschung von Pflegenden bisher wenig berücksichtigt (Abbildung 3.2).

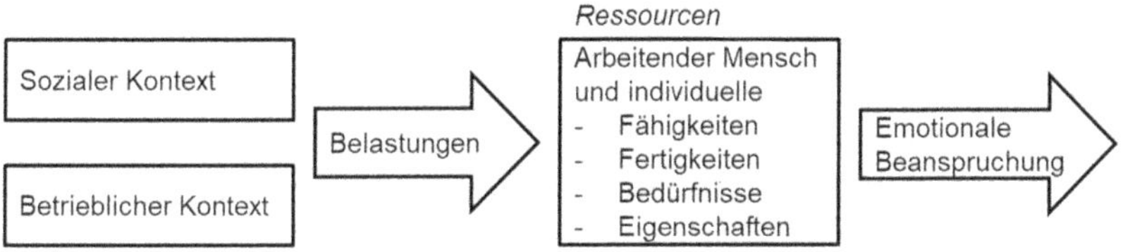

Abbildung 3.2 Modell der emotionalen Beanspruchung. Eigene Darstellung in Anlehnung an das Belastungs-Beanspruchungsmodell nach Rohmert (1984)

Für eine differenzierte Betrachtung der Ressourcen kann auch das Existential Model of Burn-out von Pines und Aronson (1988) hinzugezogen werden, in dem insbesondere das Streben nach Erfolg und Fragen der Motivation sowie die Einbettung in unterschiedliche Umweltbedingungen hinzugefügt werden (Abbildung 3.3).

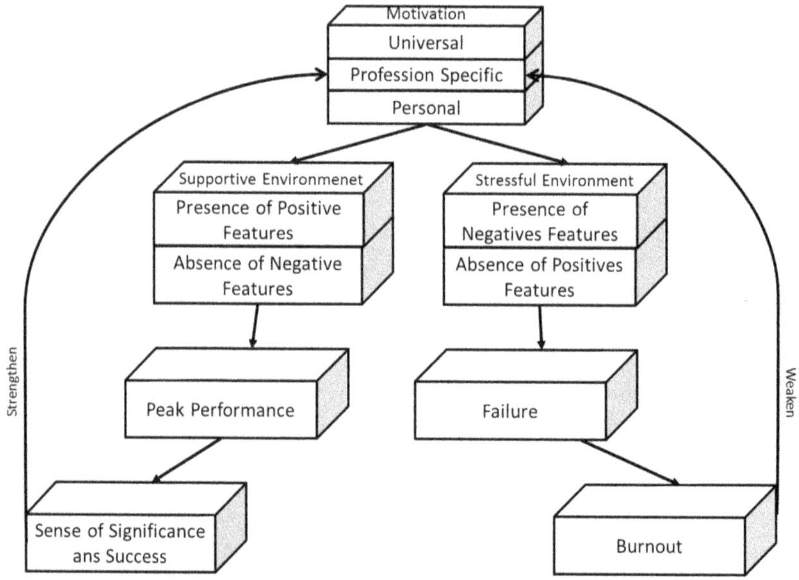

Abbildung 3.3 Existential Model of Burn-out von Pines und Aronson (1988)

Das Modell veranschaulicht, dass Menschen nach Erfolg streben und um erfolgreich zu sein, unterschiedliche Formen der Motivation als Ursprünge aufweisen. Zu den Motivationsformen zählen die universelle (Sinnerkennung der Arbeit, Anerkennung, zu einem Team zu gehören, Handlungsspielraum bei der Arbeitsverrichtung, gerechte Lohnerhaltung), die berufsspezifische (z. B. das Verlangen Menschen zu helfen, einen positiven Einfluss auf Menschen auszuüben, die Arbeit als Berufung anzusehen) und die persönliche Arbeitsmotivation (z. B. Einfluss spezieller Personen, Streben nach Idealbild im Beruf). Die Bedingungsfaktoren sind entscheidende Faktoren des Modells. Gemäß dem Modell erzielen motivierte Personen in einer unterstützenden Umwelt Perfektion, sodass der Sinn in der getätigten Arbeit erkannt wird. Dieselben Personen scheitern in einer stressvollen Umwelt und erleiden einen Misserfolg (Pines, Aronson, 1988).

Insgesamt formen die universellen, berufsspezifischen und persönlichen Arbeitsmotivatoren die Erwartung, dass die Arbeit einen starken Einfluss auf den Erfolg des Individuums hat. Ob die jeweilige Erwartung auch umgesetzt werden kann, hängt dem Modell zufolge von den auftretenden Umgebungsfaktoren ab. Gemäß Pines und Aronson (1988) können in einer Umgebung, die viele unterstützende Faktoren aufweist, motivierte Personen in der Regel ihre Ziele und Erwartungen erreichen. Eine unterstützende Arbeitsumgebung ist eine, die ein Maximum an positiven Merkmalen umfasst. Die positiven Umweltfaktoren minimieren dabei auch die negativen Merkmale, welche mit der Zielerreichung korrelieren. Allerdings können motivierte Personen ihre Ziele und Erwartungen in der Regel nicht erreichen, wenn sie sich in einer Umgebung befinden, die viele belastende Faktoren aufweist. Eine stressvolle Umgebung ist dadurch gekennzeichnet, dass Belastungen maximal sind, während Belohnungen, Anforderungen und Unterstützungen minimal sind. Dazu gehören die notwendigen Handlungsspielräume, die Ressourcen, die allgemeine kollegiale Unterstützung und das Feedback für die getätigte Arbeit (Pines, Aronson, 1988).

Nach dem „Existentiellen Burn-out-Modell" können Tätige in einer Einrichtung, die viele unterstützende Faktoren aufweisen, durch die ihnen anvertraute Entscheidungsmacht autonom handeln. Sie fühlen sich durch das Umfeld beruflich angeregt, herausgefordert und durch Kolleginnen und Vorgesetzte unterstützt. Dadurch werden berufliche Erfolgserlebnisse gesichert und das Gefühl existentieller Bedeutung entflammt. Dementsprechend würden die Altenpflegekräfte einen Wert in ihrer getätigten Arbeit sehen und die Nützlichkeit der persönlichen Fähigkeiten würde erkennbar werden.

Das Modell zeigt auf, dass Burn-out auftreten kann, wenn ein Ungleichgewicht zwischen positiven (unterstützenden) und negativen (stressvollen) Umgebungsfaktoren besteht. Zu den Belastungsfaktoren zählen schlechte Arbeitsbeziehungen zu Kolleginnen, bürokratischer und administrativer Druck, Arbeitsüberlastung, Entscheidungslast und das Gefühl nicht ausreichende Leistungen zu erzielen. Die angestrebten Ziele können nicht erreicht werden, weil die Tätigen in ihrem Arbeitsfeld nicht alle Möglichkeiten ausspielen können. Die notwendigen Ressourcen können durch das Umfeld nicht beansprucht werden, um die eigenen Erwartungen zu erfüllen. Hinzu kommt der bürokratische Druck, welcher die Nachgestellten dazu zwingt, wertvolle Zeit für Probleme einzusetzen, die als zweitrangig betrachtet werden. So kann Entscheidungsdruck zur Überlastung führen. Widersprüchliche Forderungen führen schließlich dazu, dass das Gefühl, erheblichen Einfluss nehmen und Erfolg erlangen zu können, ausbleibt. Für Personen, die versuchen, aus ihrer Arbeit ein Gefühl existentieller Bedeutung abzuleiten, ist der Misserfolg nach dem Modell eine verheerende Erfahrung und eventuell eine Vorstufe des Burn-out-Syndroms.

Wie bereits im Modell von Rohmert (1984) dargestellt, spielen auch im Modell von Pines und Aronson (1988) die betriebliche- und soziale-Ebene eine relevante Rolle für das Erleben von Motivation und das Erleben von psychischer Gesundheit am Arbeitsplatz. Das Modell von Rohmert wird für die vorliegende Arbeit, inspiriert durch Pines und Aronson, weiterentwickelt. Belastungen aus den sozialen und betrieblichen Kontexten haben einen Einfluss auf die Ressourcen der Arbeitnehmerinnen. Diese Ressourcen bestehen aus den individuellen Fähigkeiten, Fertigkeiten, Bedürfnissen und Eigenschaften, welche einen Einfluss auf die individuell geprägten Motivatoren haben. Die Motivatoren lassen sich in universelle, berufsspezifische und persönliche Motivatoren differenzieren. Belastungen aus dem sozialen und betrieblichen Kontext können nur abhängig von den individuellen Ressourcen zu empfundener emotionaler Beanspruchung werden. Emotionale Beanspruchungen sind demnach also individuell. Die Ressourcen, die betrieblichen und die sozialen Kontexte beeinflussen das Erleben der Beanspruchung. Allerdings gibt es nicht die eine Belastung, die zu Beanspruchung führt, sondern die Interpretation des Individuums ist für das „Wie-Erleben" entscheidend (Abbildung 3.4).

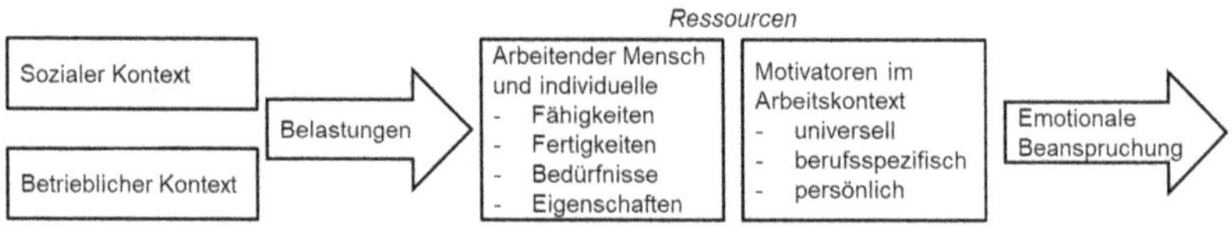

Abbildung 3.4 Modell der emotionalen Beanspruchungen. Eigene Darstellung in Anlehnung an Rohmert (1984) und Pines und Aronson (1988)

3.2 Emotionsarbeit

Gegenstand der vorliegenden Arbeit ist die emotionale Beanspruchung eingebettet in die allgemeine Betrachtung des Einflusses oder der Bedeutung von Emotionen in der Arbeitstätigkeit in der Pflege. Zu einer konzeptionellen Erfassung der Zusammenhänge wird zunächst aufgezeigt, was sich aus psychologischer Betrachtung unter dem Begriff der Emotion verbirgt, und welche Relevanz und Bedeutung diese bei der Ausführung der Altenpflege haben. Danach wird das Modell der Emotionsarbeit nach Hochschild (1990) dargestellt. Hochschild (1990) untersuchte bei Stewardessen, wie belastend das Management von Emotionen im Arbeitskontext ist. Dieses Modell wird in dieser Arbeit in die Altenpflege transferiert und an die Situationsbedingungen angepasst und liefert damit eine entscheidende Grundlage für die eigene empirische Arbeit zur Emotionsarbeit in der Altenpflege. Im Fokus stehen dabei die Fragen nach den unterschiedlichen Facetten von Emotionsarbeit und deren Folgen für die Beanspruchung der Pflegenden.

3.2.1 Psychologische Betrachtung von Emotionen

Aus psychologischer Perspektive beschreibt die emotionale Beanspruchung einen Teil der psychischen Beanspruchung. Unter psychisch werden in diesem Zusammenhang menschliche Vorgänge des Erlebens und Verhaltens verstanden, also kognitive (Denken, Lernen, Gedächtnis), informative (Sinneseindrücke, Wahrnehmung) und emotionale Vorgänge (Gefühle, Empfindungen, Antriebe) im Menschen. Im Arbeitssystem wirkende psychische Belastungen (Einflüsse, die von außen auf den Menschen zukommen und psychisch auf ihn einwirken) rufen demzufolge im Menschen psychische Beanspruchungen (Auswirkungen der psychischen Beanspruchung im Individuum) hervor, die sowohl positiv, anregend und förderlich für Gesundheit, Wohlbefinden und Persönlichkeit sein können als auch negative, beeinträchtigende Effekte (beeinträchtigende Beanspruchungen) bewirken können. Die emotionale Beanspruchung ist demnach ein Teil der psychischen Beanspruchung und wird in der Literatur oft mit dem Begriff der emotionalen Erschöpfung beschrieben (Maslach, Jackson, 1984). Der Begriff der emotionalen Erschöpfung wird zumeist bei der Beschreibung des Burn-out-Syndroms verwandt. Die chronische emotionale Erschöpfung gilt als ein Leitsymptom des Burn-out-Syndroms (Maslach, Jackson, 1984; Burisch, 2010).

3.2.1.1 Begriffsbestimmung von Emotionen

Emotionen gehören der Kategorie der Gefühle an. Gefühle werden in affektive und nicht-affektive Gefühle unterschieden. Die beiden Sektoren lassen sich in ihrer Dispositionalität und Aktualität differenzieren (Mees, 2006), (siehe Abbildung 3.5). In dieser Arbeit werden die aktuellen Gefühle, die durch den Arbeitskontext erlebt werden, betrachtet. Der Arbeitskontext ist ein äußerer Anlass, der Gemütserregungen stimulieren kann. So kann ein Lob einer Bewohnerin den Affekt Freude auslösen und ist durch ein Lächeln der Pflegekraft erkennbar. Diese aktuellen Gefühle (Emotionen) werden im Wesentlichen betrachtet. Individuelle Dispositionen zum Umgang mit affektiven Gefühlen werden in den Hintergrund gestellt, da die Betrachtung und der Umgang mit Emotionen der Kern der Arbeit ist und nicht die Betrachtung von individuellen Persönlichkeitsdispositionen.

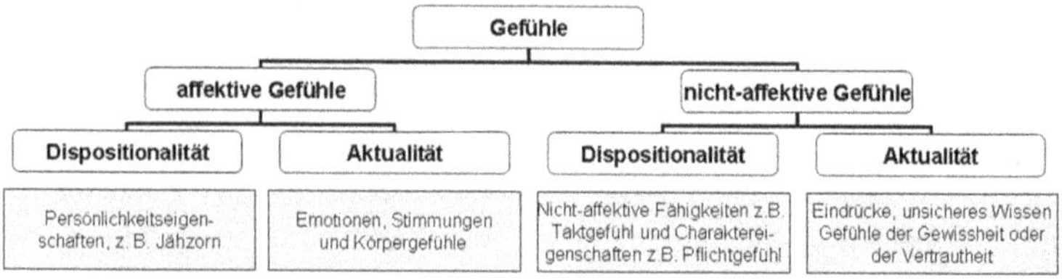

Abbildung 3.5 Einteilung der Gefühle. Eigene Darstellung in Anlehnung an Mees (2006)

Unter Emotionen werden seelische, gefühlsmäßige und/oder körperliche Reaktionen verstanden, mit dessen Hilfe die Umwelt oder bestimmte Ereignisse wahrgenommen, interpretiert und bewertet werden. Im Vordergrund steht dabei eine bestimmte Empfindung, die ausgelöst wird. Die Entstehung von Emotionen findet über zwei unterschiedliche Wege statt (Lazarus 1991, Clore, Ortony, 2000). Zum einen können sie aufgrund der aktuellen Einschätzung der emotionalen Bedeutung von Ereignissen, Taten und Personen bzw. Objekten für die Anliegen der bewertenden Person entstehen und zum anderen durch die Wiederherstellung einer früheren emotionalen Bedeutung (Clore, Ortony, 2000). So können Emotionen durch beispielsweise angeborene Auslöser (Ekel bei bestimmten Geruchs- und Geschmacksreizen), durch Lebens- und Umweltbedingungen (Lärm fördert Gereiztheit) oder aber auch durch das Erinnern emotionsauslösender Ereignisse ausgelöst werden (Wegge 2004). Emotionen sind objektgerichtete Zustände, die sich üblicherweise auf ein bestimmtes Objekt beziehen, beispielsweise ist man verärgert wegen jemandem oder man freut sich über etwas. Zudem äußern sich Emotionen in Veränderungen des Erlebens (qualitative Veränderungen des Erlebens (Gefühle, Gedanken und Wahrnehmung), der körperlichen Erregung (Veränderungen von Herzschlag, Blutdruck, Atemfrequenz, Schweißdrüsenaktivität, Aktivität von Magen und Verdauung etc.) und in Veränderungen im Verhalten (z. B. führt Ärger zu Angriff, Furcht zur Flucht, Traurigkeit zum Weinen etc.) (Horstmann, Dreisbach, 2017).

3.2.1.2 Komponenten von Emotionen

Nach den Erkenntnissen der Emotionspsychologie bestehen Emotionen aus fünf unterschiedlichen Komponenten, hierzu werden die kognitive-, physiologische-, motivationale und Ausdruckskomponente sowie auch die Erlebenskomponente gezählt (Rothermund, Eder, 2011) (Abbildung 3.6).

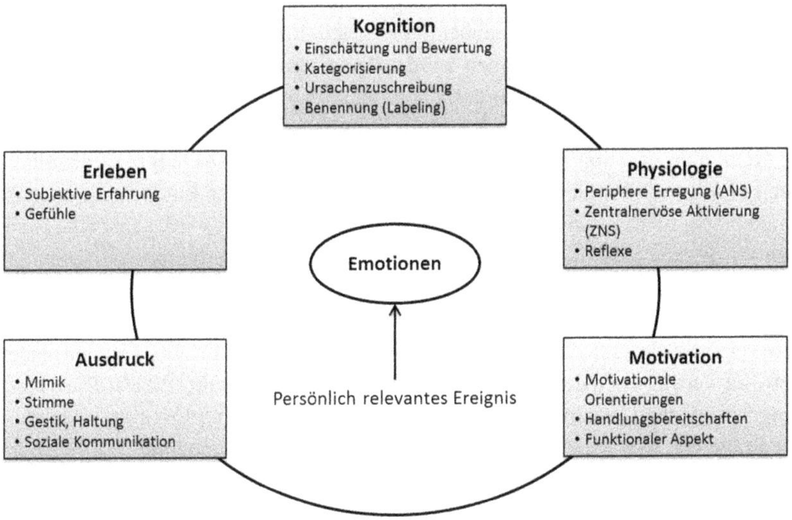

Abbildung 3.6 Das Komponentenmodell der Emotion (Rothermund, Eder, 2011)

Auf die unterschiedlichen Komponenten und ihre Bedeutsamkeiten wird im Folgenden eingegangen.

Die kognitive Komponente bezieht sich auf die Einschätzung bzw. Bewertung relevanter Aspekte der Welt, so wie die bewertende Person sie auffasst (Rothermund, Eder, 2011). Die Bewertung entscheidet über die Art (z. B. wie Freude oder Angst erlebt wird) sowie auch über die Intensität (Mees, 2006; Lazarus 1991; Scherer et al., 2001; Ortony, et al., 1988). So treten angenehme Gefühle auf, wenn der Sachverhalt positiv bewertet wird und unangenehme Gefühle, wenn der Sachverhalt negativ bewertet wird. Zur weiteren Differenzierung ist die Anwesenheit – Abwesenheit sowie die Bewältigbarkeit eines Sachverhaltes ausschlaggebend (Arnold, 1960). Für die Arbeitstätigkeit von Pflegenden bedeutet dies, dass durch die kognitive Komponente Arbeitsinhalte und Arbeitssituationen bewertet werden und dadurch (mit)entschieden wird, ob Arbeitssituationen und Arbeitsinhalte als Ressource oder Beanspruchung gesehen werden.

Ein weiterer Aspekt stellt die physiologische Komponente dar. So gelten Emotionen als exemplarische Fälle für das Studium der Beziehung zwischen Psyche und Soma. Bei dieser Komponente werden die psychophysiologischen Wechselwirkungen bei Emotionen mit Hilfe physiologischer Messmethoden erfasst. Untersuchungen des Zusammenhangs zwischen Erleben von Emotionen und den körperlichen Reaktionen sind auch für Gesundheitsfragen von Bedeutung (Gross,

Levenson, 1997). Für den Kontext Pflege ist diese physiologische Komponente relevant, da sie den Zusammenhang zwischen Emotionen und Körperlichkeit darstellt, und damit angenommen werden kann, dass eine emotionale Fehlbeanspruchung durchaus auch zu körperlichen Beeinträchtigungen führen kann (Gross, Levenson, 1997).

Nicht jede Emotion hat eine spezifische Handlungsbereitschaft bzw. Handlung zur Folge (z. B. Wohlergehen-Emotionen wie Freude oder Entzücken), aber im Umkehrschluss ist es so: Wenn eine Handlung durchgeführt wird, so ist eine Emotion ihr direkter oder indirekter Grund. Unterschieden wird hierbei zwischen den emotionalen Zielen und den emotionalen Gründen. Handlungen haben subjektiv den Zweck, die affektive Qualität des Erlebens entweder zu erhalten, zu verbessern oder die Verschlechterung der affektiven Qualität des Erlebens zu vermeiden bzw. zu verringern (Mees, 1991; 1999; 2006; Mees, Schmitt, 2003). Die Handlungsbezogenheit macht deutlich, dass hinter jeder Handlung Emotionen stehen – die Frage der Arbeitsmotivation entsteht durch diese Komponente.

Die expressive Komponente beschreibt den Ausdruck von Emotionen. Durch den Ausdruck von Emotionen wird der innere Seelenzustand für die Außenwelt transparent gemacht (Darwin, 1872, 2007). So werden in vielen Kulturen einige wichtige (Basis-) Emotionen (wie Angst, Freude, Ärger, Ekel, Leid und Traurigkeit) sehr ähnlich durch die Mimik ausgedrückt (Ekman, 1992). Anzunehmen ist, dass die speziellen emotionalen Mimiken universell sind, weil sie im Verlauf der Evolution entstanden sind und wichtige soziobiologische Funktionen haben (Ekman, 1992, 1999). Neben den biologisch fundierten Angelegenheiten, besitzen Emotionen zudem auch wichtige soziale bzw. kulturell vermittelte Aufgaben. Besonders die Mimik und die Stimme sind die spezifischen Ausdrucksformen, da mit ihrer Hilfe einzelne Basisemotionen so ausgedrückt werden können, dass sie von Menschen aus verschiedenen Kulturkreisen mit hoher Genauigkeit erkannt werden können. Emotionale Zeichen können aber auch zum Vortäuschen von Emotionen verwendet werden, zum Beispiel um Beziehungswünsche auszudrücken und Appellfunktionen zu haben. Das emotionale Ausdrucksverhalten tritt häufiger auf, wenn andere Menschen anwesend sind oder potentielle Empfängerinnen vermutet werden (Merten, 2009). Allerdings wird der mimische Ausdruck einer Person sehr stark vom sozialen Kontext und von sozialen Darstellungsregeln beeinflusst, weshalb ein direkter Schluss vom Ausdruck einer Person auf ihre Befindlichkeit nicht zulässig ist (Fridlund, Russell, 2006; zitiert in Rothermund, Eder, 2011, S. 172). Der sozialkonstruktivistische Ansatz geht davon aus, dass die Emotionen das Erzeugnis der jeweiligen Kulturen sind, die neben individuelle auch soziale Funktionen besitzen (Averill, 1982). Für beruflich Pflegende ist die expressive Komponente relevant für die Beziehungsgestaltung, besonders im Umgang mit kommunikationseingeschränkten Bewohnerinnen ist der Ausdruck und das Verstehen von Emotionen wesentlich und auch erheblich für die nonverbale Kommunikation und die Validation.

Die Komponente des subjektiven Erlebens ist das zentrale Bestimmungsstück einer Emotion. Zwar müssen die kognitiven Bewertungsprozesse als Voraussetzung einer Emotion nicht unbedingt bewusst sein, jedoch wird uns häufig erst durch eine erlebte Emotion zu Bewusstsein gebracht, wie stark wichtige Anliegen von bestimmten Umständen betroffen sind. Auf diese Weise ermöglichen Emotionen erst eine bewusste, präzise Handlungsplanung, sie übernehmen also eine wichtige Informationsfunktion für das Individuum (Mees, 2006).

3.2.1.3 Betrachtungen der Entstehung von Emotionen

Emotionstheorien suchen nach den Bedingungen und Prozessen, die zur Entstehung von (unterschiedlichen) Emotionen führen. In der Emotionspsychologie haben sich drei Erklärungsansätze herausgebildet. Zum einen sind es die biologischen Ansätze (z. B. Basic Emotion Theorie (Ekman, 1992); Affect Circuit Theorie (Panksepp, 2005). Diese vermuten einen biologischen Ursprung von Emotionen in funktional spezialisierten Emotionsmodulen. Die kognitiven Ansätze (z. B. Component Process Model (Scherer et al., 2001), OCC Model (Ortony, Clore, Collins, 1988) behaupten, dass Emotionen von kognitiven Einschränkungen der Umwelt in Bezug auf das eigene Wohlergehen und Wohlbefinden verursacht werden. Und zuletzt zählen zu den Erklärungsansätzen auch die Konstruktivistischen Ansätze (Core-Affekt Theory (Russell, 2003), Conceptual Act Theory (Barrett, 2006)). Sie nehmen an, dass Emotionen aus soziokulturell vereinbarten Kategorisierungen von unspezifischen affektiven Zuständen hervorgehen (Rothermund, Eder, 2011).

In dieser Arbeit geht es um die Anwendung von Emotionsarbeit im pflegerischen Arbeitskontext und die Betrachtung der potentiellen Folgen der Emotionsarbeit. Gerade kognitive Emotionstheorien können Prozesse der relevanten subjektiven Arbeitsbewertung erhellen. Kognitive Emotionstheorien verstehen Emotionen als psychophysiologische Reaktionen auf die Bedeutung einer Situation. Ändert sich die Bedeutung, so ändert sich auch die emotionale Reaktion auf diese Situation. Je nach Einschätzung können unterschiedliche Emotionen in ähnlichen (aber unterschiedlich bewerteten) Situationen und ähnliche Emotionen in unterschiedlichen (aber ähnlich bewerteten) Situationen auftreten. Die kognitiven Emotionstheorien heben also die Bedeutungen, Bewertungen und Einschätzungen für die Emotionsentstehung hervor. Entscheidend für die Entstehung einer Emotion ist nicht die objektive Situation, sondern ihre subjektive Einschätzung im Hinblick auf Werte, Ziele und Wünsche der Person. Diese kognitive Einschätzung ist eine Voraussetzung für das Entstehen von Emotion, weshalb diese Theorien auch appraisal (engl. für kognitive Einschätzung) genannt werden. Die Appraisaltheorien betonen die kognitive Natur von Emotionen, dass nämlich Emotionen nicht durch die Wahrnehmungen selbst entstehen, sondern durch Gedanken und Bewertungen der wahrgenommenen Sachverhalte (Rothermund, Eder, 2011). So erklären Appraisaltheorien auf natürliche Weise, warum verschiedene Menschen unterschiedlich auf das gleiche Ereignis reagieren, aber auch auf verschiedene Ereignisse mit der gleichen Emotion reagieren können (Horstmann, Dreisbach, 2017). Die kognitiv-motivationale Theorie der Emotion von Lazarus (1991) postuliert, dass bei der Emotionsentstehung zwei Einschätzungen eine maßgebliche Rolle spielen, nämlich die Einschätzung der Situation und die Einschätzung der Bewältigungsmöglichkeiten (hierzu entwickelte Lazarus das Modell der primären und sekundären Appraisals). Einige Experimente aus den 60er Jahren (z. B. Speisman et al., 1964) belegen, dass die kognitive Einschätzung einer Situation entscheidenden Einfluss auf die emotionale Reaktion auf eben diese Situation hat. Für Pflegende ist es demnach notwendig, dass sie ihre Emotionen durch die kognitive Einschätzung der Situationen unter Kontrolle bringen können. So ist es beispielsweise in Notfallsituationen wichtig, dass Pflegende handeln können und sich nicht auf das Leiden der Bewohnerinnen fokussieren. Auch beim Umgang mit Ausscheidung muss das Helfen der Person im Vordergrund stehen und nicht der Ekel vor Ausscheidungsprodukten (Horstmann, Dreisbach, 2017).

Die kognitiven Emotionstheorien haben kognitive Variablen identifiziert, die das Auftreten von Emotionen in einer Situation erklären. Zu den wichtigsten dieser Variablen zählen Einschätzungen der Zielrelevanz, der Zielkongruenz, sowie Zuschreibung der Kontrollierbarkeit und Verantwortlichkeit. Mit der Zielrelevanz eines Ereignisses wird die Bedeutung dieses Ereignisses für die eigene Person eingeschätzt. Nur wenn ein Ereignis persönliche Relevanz besitzt, löst es eine emotionale Reaktion aus. Zum Beispiel erzeugt eine aggressive Bewohnerin deshalb Angst und Unsicherheit, weil die Bewohnerin durch das Bedürfnis der Pflegekraft nach physischer Unversehrtheit und Kontrollierbarkeit der Situation bedroht wird. Je stärker die Zielrelevanz eines Ereignisses, desto intensiver ist die ausgelöste Emotion. Fehlt eine Zielrelevanz, so entsteht auch keine Emotion. Unter der Zielkongruenz wird verstanden, dass persönlich bedeutsame Ereignisse entweder kongruent oder inkongruent mit den Zielen, Wünschen und Normen einer Person sein können. Zielkongruente Ereignisse erleichtern die Realisierung von Zielen und erzeugen positive Emotionen (z. B. Freude, Dankbarkeit), während zielinkongruente Ereignisse eine Zielerreichung gefährden und negative Emotionen (z. B. Angst, Ärger) auslösen. Je nach eingeschätzter Zielkongruenz kann dasselbe Ereignis eine positive oder eine negative Emotion hervorrufen: Die

Krankenhauseinweisung einer als anstrengend erlebten Bewohnerin kann sowohl positiv und als vorübergehende Arbeitserleichterung der Pflegenden im Altenpflegeheim erlebt werden, als auch negativ, wenn das die Sorge oder das Mitleid mit der Krankheitssituation der Bewohnerinnen im Vordergrund steht.

Weitere wichtige Kognitionen sind Einschätzungen der Verantwortlichkeit und der Kontrollierbarkeit eines Ereignisses. Je nach Ursachenzuschreibung, und darauf beruhenden Urteilen über die Kontrollierbarkeit und Verantwortlichkeit von Ereignissen, können sich unterschiedliche Emotionen ergeben. Ein berufliches Versagen, beispielsweise einen Sturz eine Bewohnerin nicht verhindert zu haben, kann zum Beispiel Ärger, Schuld, Scham oder Traurigkeit hervorrufen. Dabei kommt es darauf an, ob die Person das Versagen einer kontrollierbaren, äußeren Ursache (Ärger über zu wenig eingesetztes Personal), einer kontrollierbaren, inneren Ursache (Schuld, aufgrund Versäumnisse in der Betreuung der Bewohnerinnen), einen unkontrollierbaren, inneren Grund (Scham aufgrund fehlender Fachkompetenz oder Unwissenheit) oder einer unkontrollierbaren, äußeren Ursache (Traurigkeit aufgrund einer ungünstigen Situation, die zum Sturz führte) zuschreibt. Je mehr Dimensionen in die kognitive Einschätzung eines Ereignisses einbezogen werden, desto differenzierter ist das emotionale Erleben der Person in der Situation (Rothermund, Eder, 2011).

Je nach den unterschiedlichen Objekten der Bewertung lassen sich drei Hauptklassen von Emotionen unterscheiden: Die ereignisbezogenen Emotionen, die handlungsbezogenen Emotionen und die Beziehungsemotionen (Reisenzein, 2009) (Abbildung 3.7). Die Hauptklassen der Emotionen differenzieren sich anhand ihrer Bewertungskriterien, aus denen sich als Konsequenz unterschiedliche emotionale Zustände ableiten (Mees, 2006; Försterling, 2009).

In den Stimulus Evaluation Checks (Scherer et al., 2006) werden die wichtigsten Informationsklassen, die ein Organismus benötigt, um sich anzupassen, um auf ein auffallendes Ereignis reagieren zu können, in vier Dimensionen organisiert. Hierzu zählt die Relevanz (Wie unmittelbar relevant ist das Ereignis für die Betreffende? Welche Konsequenzen wird es haben?), die Implikationen (Was sind die konkreten Implikationen oder Konsequenzen dieses Ereignisses, wie beeinflusst es das Wohlbefinden und die unmittelbaren oder langfristigen Ziele der Person?), das Bewältigungspotential (Wie gut kann die Betreffende diese Konsequenz bewältigen oder sich dieser anpassen?), sowie die normative Signifikanz (Wie wichtig ist das Ereignis für das Selbstkonzept und für die sozialen Normen und Werte der betreffenden Person?) (Brosch, Scherer, 2009). Jeder ausgeführten Handlung liegt eine Emotion zu Grunde, aber nicht auf jede Emotion wird reagiert. Emotionen spielen im Kontext Handlung eine gewichtige Rolle. Ortony und Kolleginnen (1988) haben eine Herangehensweise für eine Strukturierung des

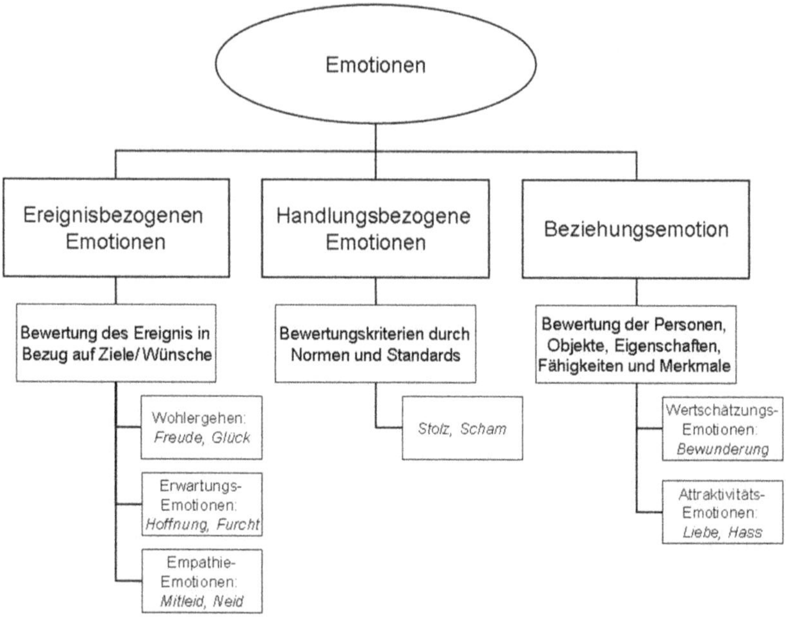

Abbildung 3.7 Hauptklassen der Emotionen. Eigene Darstellung in Anlehnung an Reisenzein, 2009; Mees, 2006; Försterling, 2009

Emotionsraums vorgelegt (OCC-Modell). Die Autorinnen unterscheiden Emotionen und Sachverhalte, beispielsweise ob sich die Emotionen auf ein Ereignis, eine Handlung oder ein Einzelobjekt beziehen, ob die eigene oder eine andere Person im Fokus steht oder ob eine Erwartung bestätigt oder gebrochen wurde. Gemäß dem OCC-Modell werden Handlungen danach beurteilt, ob sie lobens- oder tadelnswert sind. Eine solche Beurteilung der eigenen Handlung führt zu Stolz oder Scham; die Beurteilung der Handlungen anderer Personen führt zu Bewunderung oder Empörung. Eine besondere Gruppe von handlungsbezogenen Emotionen beruht auf eine gleichzeitige Bewertung einer Handlung und eines Ereignisses. Befriedigung resultiert bei gleichzeitiger Aktivierung von Freude (über ein wünschenswertes Ereignis) und Stolz (über die Lobenswürdigung der Handlung, die zu dem Ereignis geführt hat), Reue resultiert bei Leid (wegen eines unerwünschten Ereignisses) und Scham (über die Tadelnswürdigkeit der Handlung), Dankbarkeit beruht auf einer Kombination von Freude und Bewunderung. Ärger wiederum auf Leid und Empörung (Ortony, et al., 1988; Horstmann, Dreisbach, 2017).

3.2.2 Emotionen im Kontext Arbeit

Jede Arbeit hat nicht nur kognitive und motorische Anforderungen, sondern auch Anforderungen an die Wahrnehmung, das Erleben und die Regulation eigener und oft auch fremder Emotionen (Wegge, 2004; 2014). Im Arbeitskontext sind Emotionen als unabhängige Variable (Ärger fördert antisoziales Verhalten), als vermittelnde Größe (positive Stimmung vermittelt zwischen Arbeitsumgebung und Hilfeverhalten) und auch als abhängige Variable von Belang (Herstellung affektiver Bindung an die eigene Arbeitsgruppe durch gerechte Führung). Zudem sind Emotionen und Stimmungen zugleich Arbeitsziel (Zufriedenheit der Bewohnerinnen und Angehörigen), Arbeitsmittel (echter oder vorgetäuschter Emotionsausdruck zur Beeinflussung anderer) und Arbeitsvoraussetzung (Ermüdung oder Angst verhindert die angemessene Ausführung von Arbeitstätigkeit). Emotionen sind also im Arbeitsalltag in multidimensionaler Weise präsent und kommen in verschiedenen Kontexten vor. So treten Emotionen sowohl vor Beginn der Arbeit (Vorfreude, Angst, Hoffnung, Verzweiflung), bei der Ausführung von Arbeitstätigkeiten (Interesse, Langweile, Angst, Ekel, Überraschung), bei der Bewertung von Arbeitsergebnissen (Stolz, Scham, Freude, Ärger, Flusserleben, Ekel, Überraschung) auf, sowie auch im Kontakt mit Kolleginnen, Vorgesetzten oder Kundinnen/ Klientinnen/ Bewohnerinnen/ Angehörigen (Freude, Liebe, Wut, Eifersucht, Neid, Dankbarkeit, Hass) (Wegge, 2007). Schallberger und Pfister (2001) gehen davon aus, dass Emotionen in Organisationen oft intensiver und häufiger erlebt werden als im Privatleben (Schallberger, Pfister, 2001).

3.2.2.1 Emotionen und Handeln

Emotionen sind nicht aufgrund ihrer Entstehung von besonderer Bedeutung, sondern vor allem wegen ihrer Folgen. Mögliche Auswirkungen von Emotionen sind die Aktivierung von Handlungsimpulsen. Die evolutionstheoretischen Emotionstheorien nehmen an, dass Emotionen Reaktionsmuster auf Ereignisse darstellen, die für das Überleben und die Reproduktion wichtig sind (Rothermund, Eder, 2009). Eine weitere Theorie unterscheidet die Emotionen in acht Basisemotionen, denen jeweils unterschiedliche Handlungsimpulse zugeordnet sind (Plutchik, 1980). Ebenso belegt die Untersuchung von Frijda, Kuipers, ter Schure (1989) einen engen Zusammenhang zwischen Handlungsbereitschaften und Emotionen. Auch in lerntheoretischen Modellvorstellungen wird eine enge Verbindung zwischen Emotionen und Verhalten angenommen. Positiven Emotionen werden Annäherungstendenzen, negative Emotionen dagegen Vermeidungstendenzen zugeschrieben. Emotionen werden hier als (konditionierte oder unkonditionierte) Reaktionen auf entsprechende Reize aufgefasst (Dickinsin, Dearing, 1979). Negative Emotionen haben häufig auch handlungshemmende Wirkungen. Sie können zur Blockierung adaptiven Handelns führen und das Verhalten lähmen. Solche Behinderungen durch emotionale Zustände sind besonders dann zu beobachten, wenn intensive Emotionen in Situationen auftreten, die flexibles und einfallsreiches Handeln verlangen. Negative Emotionen wie Trauer, Verzweiflung und Depressivität, die in der Regel mit Zuständen der Niedergeschlagenheit, Inaktivität und Antriebslosigkeit einhergehen, sprechen gegen eine ausschließlich energetisierende Funktion von Emotionen. Diese „verhaltenshemmenden" Emotionen entstehen häufig als Reaktion auf Verlusterfahrungen und Misserfolge, die einen endgültigen, irreversiblen Charakter haben. In solchen Situationen stellt eine Aktivitätsreduktion durchaus ein Element der Handlungssteuerung dar (Rothermund, Eder, 2009).

Die Arbeitstätigkeit besteht aus unterschiedlichen Handlungen, deren zentraler Bestandteil die Zielverfolgung ist. Durch zielgerichtetes Handeln wird versucht, erwünschte Ereignisse und Zustände hervorzubringen bzw. das Auftreten von unerwünschten Situationen zu verhindern. Die Emotionen regulieren Kognition, Motivation und Verhalten in vielfältiger Weise und wirken so auf das zielgerichtete Handeln zurück (Rothermund, Eder, 2009). Die Einschätzung einer Situation sowie das eigene Bewältigungsvermögen gehören zu den wichtigsten Bewertungsaspekten, die die Art und Richtung von Emotionen bestimmen. Erwünschte und unerwünschte Handlungsergebnisse sind der primäre Gegenstand von Zieleinschätzung und das Bewältigungsvermögen bemisst sich in erster Linie an den subjektiv verfügbaren Handlungsmöglichkeiten (ebenda). Carver und Scheier (1990) gehen davon aus, dass das affektive Erleben von der Geschwindigkeit abhängt. Wird das Ziel in der erwarteten Zeit nicht erreicht, folgen negative Emotionen und positive Emotionen bei einer schnelleren, als erwarteten Zielannäherung. Higgins (1997) unterscheidet hierbei zwischen einem Annäherungsfokus, der durch eine Ausrichtung auf die Erreichung positiv definierter Ziele gekennzeichnet ist, und einem Vermeidungsfokus, der sich als Versuch, Verluste abzuwehren und Normen einzuhalten, charakterisieren lässt. Der regulatorische Fokus bestimmt auch das emotionale Erleben während der Zielverfolgung. Ein Annäherungsfokus geht mit Gefühlen der Freude und Euphorie bzw. der Niedergeschlagenheit, Unzufriedenheit, Traurigkeit oder Scham einher; ein Vermeidungsfokus dagegen führt zu Gefühlen der Zufriedenheit und Entspannung bzw. der Beunruhigung, Aufregung, Angst oder Schuld (Higgins, 1997).

Empirische Befunde sprechen für eine flexible und indirekte Verbindung zwischen Emotion und Handeln, die durch situative Gegebenheiten, subjektive Kontrollüberzeugungen und individuelle Handlungsziele moduliert wird. Emotionale Zustände nehmen insbesondere Einfluss auf die Breite und Richtung der Informationsverarbeitung (Derryberry, Tucker, 1994). Ein positiver Affekt geht mit einer Öffnung des Aufmerksamkeitsfokus einher: Es fällt leichter, entfernte und ungewöhnliche Assoziationen zu generieren, semantische Kategorien werden weiter gefasst und Perseveration wird verhindert. Diese Öffnung unterbindet das Verharren in etablierten Handlungsroutinen und bereitet auf eine motivationale Neuorientierung vor, etwa nach erfolgreicher Zielverfolgung (Carver, 2003). Handeln erfolgt stets im Dienste motivationaler Orientierungen. Eine weitere, indirekte Form der emotionalen Steuerung des Handelns besteht daher in einer Veränderung aktueller Zielorientierungen und/oder ihrer motivationalen Stärke. Empirische Untersuchungen zu negativen Emotionen haben ergeben, dass sie sowohl das Handeln zur Zielerreichung erhöhen, aber auch ebenso zu einer Ablösung von Zielen führen können (Rothermund, Eder, 2009).

Emotionen regulieren das Verhalten und Erleben der Person (Regulation durch Emotionen). Emotionen können aber auch selbst zum Gegenstand der Regulation werden (Regulation von Emotionen). Emotionsregulation bezeichnet alle Wege und Mittel, über die Personen Einfluss darauf zu nehmen, welche Emotionen sie haben, wann sie diese haben und wie sie Emotionen erleben und ausdrücken. Die Gründe für eine Emotionsregulation können vielfältig sein. Ein wichtiger Antrieb ist eine hedonistische Motivation, die auf eine Maximierung von Lust (positiver Emotionen) und einer Vermeidung von Unlust (negative Emotionen) drängt. In vielen Situationen kommt es aber eher darauf an, die richtige Emotion zu haben, die den aktuellen Handlungsanforderungen entspricht (funktionale Motivation). Personen verstärken beispielsweise ihre Gefühle von Ärger, um aggressives Verhalten in einer erwarteten Konfrontation strategisch vorzubereiten. Menschen regulieren ihre Emotionen auch aufgrund von prosozialen Motiven. Die Enttäuschung über ein unpassendes Geschenk wird zum Beispiel verborgen, um die Gefühle des Gebers nicht zu verletzen. Emotionsregulation kann auch Selbstschutz zum Ziel haben. Psychologische Abwehrmechanismen wie Verdrängung, Distanzierung oder strategische Umdeutung reduzieren Stress und bewahren den Selbstwert der Person. Emotionen werden schließlich auch gezielt für ein Eindrucksmanagement eingesetzt. Die Schadenfreude über das Scheitern einer Konkurrentin oder das Lampenfieber vor dem Auftritt werden maskiert, um eine positive Selbstinszenierung nicht zu gefährden. Das Lächeln der Verkäuferin und die gute Laune der Gastgeberin sind häufig vorgetäuscht, um soziale Gepflogenheiten einzuhalten (Rothermund, Eder, 2011). Dabei können unterschiedliche Arten der Emotionsregulationsstrategien unterschieden werden: Erstens die Situationswahl: dabei können Personen das Auftreten von bestimmten Emotionen steuern, indem sie emotionsauslösende Situationen strategisch aufsuchen (z. B. Kinobesuch) oder vermeiden (z. B. Zahnarztbesuch). Zweitens die Situationsmodifikation: hier können emotionsauslösende Situationen aktiv verändert werden, damit sie den eigenen Wünschen und Bedürfnissen besser entsprechen. Bei der Aufmerksamkeitskontrolle, können Personen Reaktionen verstärken, indem sie ihre Aufmerksamkeit auf die emotionalen Aspekte einer Situation richten (Konzentration). Umgekehrt können sie ihre Aufmerksamkeit auf nicht-emotionale Aspekte einer Situation oder irrelevante Reize lenken (Ablenkung), um Emotionen abzuschwächen. Bei der kognitiven Umbewertung handelt es sich um eine besonders effektive Methode für eine Emotionsregulation. Zu dieser Klasse von Regulationsstrategien zählen neben Neubewertungen und Attributionen auch Abwehrmechanismen wie Verdrängungen, Leugnung und Intellektualisierung. Zu den Regulationsstrategien gehören ferner die Reaktionskontrollen. Dabei können emotionale Reaktionen willentlich verstärkt oder unterdrückt werden. Eine Unterdrückung des Emotionsausdrucks ist besonders dann wahrscheinlich, wenn die emotionale Befindlichkeit vor anderen verborgen werden soll.

Für Waldron (2007) ist der Arbeitskontext bedeutsam für die Konstruktion von Emotionen. Er nimmt den Arbeitskontext als spezifischen und einzigartigen Bereich emotionaler Erfahrungen an, da es innerhalb des Arbeitskontextes zeitgleich private und öffentliche oder formale und informale Beziehungen zwischen den Organisationsmitgliedern gibt. Dadurch werden die emotionalen Erfahrungen komplexer und die Intensität der emotionalen Reaktionen wird verstärkt. Nach Waldron sind typische emotionale Erfahrungen öffentliche Tyrannei, wenn Schwache durch machtvolle Akteure gedemütigt werden. Aber auch Loyalitätskonflikte, Konflikte zwischen persönlichen Loyalitäten und Loyalitäten gegenüber der Organisation und ihren Zielen können zu emotionalen Erfahrungen werden. Auch sind Emotionen häufig im Arbeitsalltag an Fragen von Fairness und Gerechtigkeit gebunden und werden durch die Verletzung von Fairness- und Gerechtigkeitserwartungen hervorgerufen (Waldron, 2007, entnommen aus Senge, 2013, S. 120 f.).

Pratt und Doucet (2007) thematisieren das Problem der emotionalen Ambivalenz. Nach ihrer Auffassung lassen sich emotionale, organisationale Erfahrungen nur selten eindeutig mit Termini wie negativ, positiv, traurig, langweilig etc. beschreiben, sondern in der Regel ist eine ambivalente emotionale Erfahrung vorherrschend, die mit typischen Konsequenzen bzw. Reaktionen einhergeht: Verpflichtung, Vermeidung, Unentschlossenheit im Handeln. So müssen Pflegende die Bewohnerinnen zum einen als „menschliche Wesen“ behandeln, denen mit Würde und Achtung begegnet wird, zum anderen als „ökonomische Einheiten“, die Gegenstand monetärer Kalkulationen sind (Pratt, Doucet, 2007, entnommen aus Senge, 2013, S. 125). Interessant ist die These von Meyerson (2007). Sie stellt zur Debatte, ob Organisationen die Emotionen der Akteurinnen wertschätzen. Sie diskutiert über die Wertschätzung und Nichtwertschätzung von

Emotionen im Kontext Krankenhaus am Beispiel der Burn-out Erkrankung. In der ersten Situation wird Burn-out als berufsbedingt und typisch angesehen. Burn-out-Erkrankungen werden hier sogar insofern wertgeschätzt, da sie wichtige Zentralfunktionen und Signale für die Mitarbeiterinnen darstellen, um in ihrem Arbeitsalltag entsprechende Veränderungen vorzunehmen. Im zweiten Fall sieht man Burn-out-Erkrankungen als Resultat persönlicher Schwäche und als individuelles Problem (Meyerson, 2007; entnommen aus Senge, 2013, S. 125).

Im Kontext Pflege wäre es wichtig und zielführend, nicht die Krankenstände zu erfassen, sondern das Erleben des Erschöpfungssyndroms als Alarmsignal in der Organisation wahrzunehmen. Dieses würde neben der Wertschätzung für Emotionen auch mit einem verantwortlichen Umgang mit dem Beanspruchungserleben der Mitarbeitenden in den Organisationen einhergehen.

3.2.2.2 Emotionen und Beziehungen

Wie oben dargestellt, sind Emotionen in Organisationen ein zentrales Element. Im Kontext Altenpflege wird das Thema noch weitaus komplexer, da es sich um einen Dienstleistungsbereich, der nach dem Uno-actu Prinzip ausgestaltet wird, handelt. Hier muss die Leistung von Pflegenden interaktiv produziert werden, welches hohe psychologische Anforderungen an die Dienstleisterin stellt. Dabei ist die Beziehung zwischen den Akteurinnen von enormer Relevanz. Im Dienstleistungssektor sind zwei Ebenen wesentlich. Zum einen ist es die Lösung des Problems. In der Regel suchen Kundinnen eine Dienstleisterin auf, um Unterstützung bei der Problemlösung zu erhalten und zahlen dafür einen Betrag. Das ökonomische Prinzip lautet, „Leistung (Problemlösung) gegen Betrag". Dienstleisterinnen, wie beispielsweise Pflegende, müssen also über technische Kompetenzen verfügen, d. h. sie müssen instrumentelle Handlungen zur Lösung des Problems beherrschen. Dazu gehören beispielsweise die Körperpflege, die Wundversorgung und die Förderung der Mobilität. Bei der Ausführung instrumenteller Handlungen ist die Pflegende auf die Zusammenarbeit mit der Kundin angewiesen; d. h. auch die Kundinnen (hier die Bewohnerinnen und auch die Angehörigen) sind mehr oder weniger an der Leistungserstellung beteiligt. Die Leistungserstellung verlangt daher eine bestimmte Form der Kooperation zwischen beiden Akteurinnen. Um eine Zusammenarbeit realisieren zu können, müssen beide Akteurinnen persönlich in Beziehung treten, denn in den meisten Dienstleistungsbereichen wird die Leistung von Angesicht zu Angesicht erbracht.

Somit ist die zweite relevante Ebene die Interaktion bzw. die Beziehung zwischen Dienstleisterinnen und Kundinnen. Damit geht einher, dass Dienstleisterinnen neben den fachlichen auch über soziale Kompetenzen verfügen sollten. Dazu zählen kommunikative und empathische Fähigkeiten (Nerdinger, 2012). In den meisten Dienstleistungsbereichen entsteht die Zufriedenheit der Kundinnen nicht zuletzt aus der Begegnung mit der Dienstleisterin und, da es sich hier um Begegnungen zwischen Menschen handelt, treten immer mehr oder weniger intensive Emotionen auf. Solche Emotionen können alle kognitiven Prozesse überstrahlen und den Grad der Zufriedenheit bestimmen (Nerdinger, 2014a). Heinlein und Anderson (2004) stellten in ihrer Untersuchung in einem Pflegeheim fest, dass im Kontext Pflege die Beziehung zu den Bewohnerinnen und auch das Erfahrungswissen bis hin zum biographischen Wissen fundamental ist. So stellen die Autorinnen dar, dass dieses Wissen der Fachkompetenz in einigen Bereichen überlegen ist, beispielsweise in Krisensituationen oder bei der Förderung der Lebensqualität der Bewohnerinnen. Insbesondere im Kontext Altenpflege ist ihnen zufolge, die ganzheitliche und individuelle Wahrnehmung der Bewohnerinnen mit seiner gesamten Biographie eine Besonderheit im Dienstleistungssektor. Pflegende nutzen auch biographische Elemente um eigene Emotionen zu lenken, beispielsweise um Bewohnerinnen mit herausfordernden Verhaltensweisen zu verstehen und als sympathisch wahrzunehmen (Heinlein, Anderson, 2004). Letztlich regulieren Emotionen und ihr Ausdruck im Verhalten die zwischenmenschlichen Beziehungen, indem sie emotionale Befindlichkeiten kommunizieren und selektive Reaktionen in anderen Personen hervorrufen (Keltner, Haidt, 1999; Rothermund, Eder, 2011). Emotionale Ausdrucksweisen sind folglich soziale Signale, die neben Befindlichkeiten auch Verhaltensabsichten und Verhaltensaufforderungen anderen Personen kommunizieren. Emotionale Ausdrucksweisen, wie das Lächeln, werden auch gezielt für eine Regulation von zwischenmenschlichen Beziehungen eingesetzt. Kinder lächeln z. B., wenn sie sich Fremden annähern, und sie nähern sich Fremden häufiger an, wenn diese lächeln. Menschen lächeln zudem aus Verlegenheit, wenn ihnen eine Situation peinlich ist. Lächeln ist somit nicht zwingend Ausdruck einer positiven Befindlichkeit, vielmehr dient es auch sozialen Zwecken der Begrüßung, der Beschwichtigung und einer Auflockerung von Beziehungen (Rothermund, Eder, 2011).

Waldron (2007) sieht Emotionen als relevanteste Ressource für organisationale Beziehungen. Durch Emotionen können erst Beziehungen entstehen. Gleichzeitig werden viele Beziehungen in Organisationen durch eine emotionale Sprache ausgedrückt: Sympathie, Respekt, Vertrauen oder Angst. Diese emotionale Sprache wird von Organisationen zum Teil bewusst eingesetzt, um organisationale Ziele zu erreichen. So ist das Streben nach und die Gutierung eines persönlichen Engagements für die Arbeit durchaus im Arbeitsleben gewollt, um die Organisationsmitglieder persönlich an die Organisation zu binden. Die Bedeutung von Emotionen als wichtige Ressource für Organisationen zeigt sich auch in Formen emotionaler Arbeit. Hier wird zum einen versucht, bei Kundinnen oder Klientinnen spezifische, gewünschte Emotionen hervorzurufen. Zum anderen wird versucht, den Angestellten durch die Manipulation ihrer Emotionen organisationale Realitäten zu vermitteln, wie Statusunterschiede durch die Erzeugung von Angst und Verlegenheit oder das Auflösen von Konflikten durch den Einsatz von Humor (Waldron, 2007 entnommen aus Senge, 2013, S. 120 f.). Waldron (2007) meint auch, dass es für Organisationen vorteilhaft ist, wenn negative Emotionen nicht unterdrückt werden, da dann die Beziehungen nicht langfristig von negativen Effekten beeinflusst werden (ebenda). Damit berufliche Interaktionen und Beziehungen überhaupt gelingen, müssen Pflegende die Fähigkeit haben eigene Emotionen zu kontrollieren, mit dem Ziel, den Dienstleistungsnehmerinnen einen bestimmten emotionalen Eindruck zu vermitteln. Diese Leistung wird als Emotionsarbeit bezeichnet (Nerdinger, 2012).

3.2.3 Modell der Emotionsarbeit nach Hochschild

Hochschild veröffentlichte Ende der 1970er Jahre die ersten Arbeiten zum Thema Emotionsarbeit und beschreibt darin, dass Emotionen und der Umgang mit den eigenen Emotionen, ein Teil der Arbeit von Dienstleistenden ist. Den Gebrauch und Ausdruck eigener Emotionen im Beruf nannte sie „emotional labor“. Unter dem Begriff Emotionsarbeit wird seit Ende der 80er Jahre auch in Deutschland untersucht, wie Dienstleistende ihr Gefühlserleben und ihren Gefühlsausdruck beeinflussen und kontrollieren (Unger, 2014).

Hochschild (2006) konzentrierte sich in ihrer Forschung vor allem auf die Arbeit von Stewardessen. Sie beschreibt, dass diese neben ihren körperlichen und geistigen Arbeiten dazu angehalten waren, eine zusätzliche Leistung zu erbringen, nämlich stetige Anstrengung um Freundlichkeit und emotionale Angemessenheit in Reaktion und Ausdruck. Sie erkannte, dass diese „im Tausch für Lohn“ verrichtet wurden und ebenso wie andere Facetten der Erwerbsarbeit bestimmten normativen Darstellungen des beruflichen Umfelds zu genügen hat. Dieses erfordert eine Koordination von Geist und Gefühl, eine Anstrengung, die an für unsere Individualität bedeutsamen Ressourcen zehrt (Hochschild, 2006). Emotionsarbeit ist nach Hochschild (2006) psychisch erschöpfend, da diese Art von Arbeit mit einer Entfremdung des eigenen Selbst einhergeht. Eine negative Konsequenz von Emotionsarbeit kann also auch durch das Erleben von Stress oder eines Burn-out-Syndroms verbunden sein (Hochschild, 2006).

Hochschild beschreibt in ihrer Arbeit, dass Kundinnen für sich das Recht reklamieren, anders zu empfinden und sich anders präsentieren zu können als die

Dienstleisterinnen. Das Gefühlskonto wird dabei angeblich durch Geld ausgeglichen. Die Emotionsarbeit wird also gegen Geld verkauft und besitzt daher einen Tauschwertcharakter (Hochschild, 2006). Bei stetig wachsendem wirtschaftlichem Druck im Bereich Pflege, fühlen sich Angehörige und Bewohnerinnen zunehmend als Kundinnen und haben möglicherweise auch Erwartungen an die emotionalen Ausdrucksweisen der Dienstleistung Pflege.

Die Arbeit mit Emotionen findet in allen Dienstleistungsberufen statt. Somit ist Aufmerksamkeit, Freundlichkeit und Lächeln laut Hochschild nicht das Produkt einer positiven Lebenseinstellung oder eines individuellen Arbeitsstils, sondern sie werden im Interesse des Unternehmens erbracht und von diesem gefordert (Hochschild, 2006). Das Pflegepersonal ist dazu angehalten, die Bewohnerinnen nicht unbedingt in der Krankenrolle zu bestärken, sondern zur Übernahme von Selbstverantwortung zu ermutigen (Zapf, et al., 2009). Die Regeln der Gefühlsdarstellung variieren gewöhnlich auf zwei Dimensionen. Und zwar den Anforderungen, positive Emotionen darzustellen bzw. der Forderung negative Gefühle nicht zu zeigen (Nerdinger, 2012). Im Kontext Pflege finden sich aber noch andere Anforderungen, so sollen Pflegende auch beispielsweise Trauer gegenüber den Angehörigen zeigen, wenn Bewohnerinnen verstorben sind.

Bewohnerinnen, die eine negativ bewertete Situation erlebt haben, verlangen häufig, dass die Pflegenden Anteilnahme (Sympathieemotionen) zeigen So muss eine Altenpflegerin gegenüber schwerkranken Bewohnerinnen Mitgefühl und trostspendende (hoffnungsvolle) positive Emotionen ausdrücken, obwohl die Situation für den Betroffenen selbst äußerst unangenehm ist (Zapf, et al., 2009). Für Pflegende sind Empathie und Fürsorge Bestandteile der Arbeit, die eine bestimmte Koordination von Selbst und Empfinden erfordert, damit die Arbeit mühelos erscheint. Wird sichtbar, dass die Empathie und Fürsorge anstrengend ist, heißt das, dass man die Arbeit schlecht verrichtet. Ganz ähnlich gehört es zur Arbeit, Erschöpfung und persönliche Herausforderungen mit Veränderung zu verbergen, um das Wohlbefinden der Bewohnerinnen nicht zu beeinträchtigen. Auch wenn es, zumindest kurzzeitig, leichter ist, Erschöpfung und Ärger zusammen wegzustecken, erfordert dieses dennoch Emotionsarbeit (Hochschild, 2006). So definiert Dunkel (1988) auch Emotionsarbeit als „beruflich-fachlichen Umgang mit Gefühlen“, die immer als Arbeitsanteile innerhalb personenbezogener Dienstleistungstätigkeiten zu betrachten sind. Um diese emotionale Arbeitsdimension analytisch greifbar zu machen, unterteilt der Autor die Emotionsarbeit in drei Dimensionen: Gefühle als Arbeitsgegenstand (die Beeinflussung der Gefühle eines anderen Menschen); Gefühle als Mittel (gemeint ist hiermit der Einsatz von empathischen Fähigkeiten, Gestaltwahrnehmung und Erfahrungswissen sowie auch Körperausdrucksmöglichkeiten); Gefühle als Bedingung (hierbei geht es um die Arbeit an den eigenen Gefühlen, die emotionale Selbstkontrolle, die notwendig ist, um eine adäquate Selbstdarstellung leisten zu können.).

In der Forschung der Emotionsarbeit haben sich drei Kategorien der Regulationsprozesse der Gefühle durchgesetzt. Hierzu zählen die automatische Emotionsregulation, das Tiefenhandeln (Deep Acting) und das Oberfächenhandeln (Surface Acting). Unter der automatischen Emotionsregulation versteht man, dass die geforderte Emotion bei den Dienstleisterinnen automatisch und ohne die bewusste Regulation eigener Emotionen auftritt. In diesem Fall hat die Dienstleisterin die geforderten Gefühle tatsächlich – dies ist insbesondere dann der Fall, wenn für die Person der Dienstleisterin die geforderte Emotion in der Situation durch geeignete Reize ausgelöst wird. Dies kann der Fall sein, wenn eine freundliche Stammkundin den Laden betritt und die Dienstleisterin mit ihrer positiven Emotion ansteckt. In diesem Fall wird die geforderte Emotion ohne bewusste Kontrolle und Zuwendung ausgedrückt (Zapf, et al., 2009).

Das Tiefenhandeln wird als eine innere Produktion eines gewünschten, für richtig und notwendig erachteten Gefühls verstanden, und/oder die Unterdrückung eines empfundenen, aber nicht gewollten Gefühls. Bei dauerhafter Selbstinduktion, die immer mit einem Willensakt verbunden ist, werden diese Gefühle dann wirklich erlebt. Das Tiefenhandeln ist also eine Strategie, die auszudrückenden Gefühle tatsächlich zu empfinden. Diese Strategie der Emotionsregulation ist ein Prozess, der eine tiefergehende Regulation des eigenen Gefühlshaushalts impliziert (Zapf, et al., 2009). In den Arbeiten des Emotionspsychologen Gross werden vier Möglichkeiten beschrieben, Einfluss auf seine inneren Gefühle zu nehmen: Die Situationswahl (man sucht bestimmte Situationen, Personen oder Plätze auf, die bestimmte Gefühle erleichtern), die Situationsveränderung (aktive Veränderung der Situation, um die Emotionen zu verändern), die Aufmerksamkeitssteuerung (wenn man die Aufmerksamkeit auf einen bestimmten Aspekt der Situation lenkt und sich beispielsweise bewusst auf nichtemotionale Aspekte einer Situation konzentriert), können eine Emotion in positiver Weise beeinflussen. Ebenso ist denkbar, bewusst eine positive Situation zu denken. Die kognitive Restrukturierung (bezeichnet den Prozess der Umbewertung der Dienstleister-Kunden-Interaktion durch die Dienstleisterin). Diese Umbewertung kann durch eine Perspektivenübernahme geschehen: Die Dienstleisterin nimmt die Perspektive der Kundin ein, wodurch es ihr leichter fällt, die geforderten positiven Emotionen tatsächlich nachzuempfinden. Weitere Strategien der kognitiven Restrukturierung wären, etwas herunterzuspielen oder mit Humor zu betrachten. Diese Strategie kann man einsetzen, um bei einer konflikthaften Interaktion negative Gefühle nicht zu sehr aufkommen zu lassen. Schließlich kann man gezielt versuchen, sich innerlich von etwas zu distanzieren (Zapf et al., 2008).

Die Strategie des Oberflächenhandelns, wird angewandt, wenn die Dienstleisterin ein Gefühl zum Ausdruck bringen muss, dass sie zunächst einmal nicht hat. Also die Darstellung des emotionalen Ausdrucks in Mimik, Gestik und Körperhaltung, wobei jedoch die tatsächlichen Gefühle unberührt bleiben. Die Emotionspsychologen Ekman und Friesen (1982) haben die unterschiedlichen Möglichkeiten beschrieben, wie man den Ausdruck von Emotionen regulieren kann. Man kann Emotionen unterdrücken, man kann sie intensivieren oder deintensivieren, man kann simulieren, neutralisieren oder maskieren. Das Oberflächenhandeln birgt die Gefahr, dass die Strategie der Dienstleisterin unauthentisch wirkt und damit bei Kundinnen einen negativen Effekt auslöst (Zapf, et al., 2009). Im Sinne der Kundenorientierung sind Organisationen daran interessiert, dass die von der Dienstleisterin transportierten Emotionen möglichst authentisch wirken. Durch das Oberflächenhandeln können sich auch negative Konsequenzen für die Dienstleisterin ergeben, so können sich dargestellte und erlebte Emotionen widersprechen. Hochschild bezeichnet dieses Phänomen als emotionale Dissonanz (Hochschild, 2006).

Die emotionale Dissonanz tritt auf, wenn die geforderten und gezeigten Emotionen nicht erlebt werden. Auf Dauer wird das Erleben emotionaler Dissonanz von negativen Konsequenzen begleitet. Dies ist insbesondere dann der Fall, wenn Emotionen zu häufig gezeigt werden müssen, beispielsweise, wenn täglich zu lange mit Klientinnen oder Kundinnen interagiert wird oder es sehr strikte Regeln ohne persönlichen Freiraum zum emotionalen Ausdruck gibt. Besonders Situationen, die per se eine negative Emotion hervorrufen, in denen aber der Ausdruck positiver Emotionen gefordert wird, führen zur Entstehung emotionaler Dissonanz (Zapf, et al., 2009). In vielen Studien zeigte sich, dass emotionale Dissonanz einen wichtigen kunden- oder klientenbezogenen Stressor darstellt, der sich negativ auf das Befinden auswirkt und zu psychosomatischen Beschwerden, Arbeitsunzufriedenheit, Depersonalisation und emotionaler Erschöpfung führt (Zapf, 2002; Zapf, et al., 2009). Besonders problematisch ist es, wenn Einrichtungen ihre Mitarbeiterinnen zur Einhaltung von Darstellungsregeln drängen oder zwingen. Dabei kann es sich um formale oder auch informelle Darstellungsregeln handeln. Der Zwang zur Einhaltung von Darstellungsregeln führt zur gehäuften emotionalen Dissonanz. Im Bereich von Pflegearbeit werden Darstellungsregeln selten explizit vorgegeben. Oft entstammen sie hier einem im Verlauf der Ausbildung vermittelten Pflichtbewusstsein und dem mit dem Pflegeberuf normativ verbundenen Ethos (Zapf, 2002). Sie entsprechen der übereinstimmenden Auffassung einer beruflichen Gruppe darüber, was im Umgang mit Emotionen angemessen sei (Diefendorff et al., 2011).

Emotionale Dissonanz weist in vielen Aspekten Parallelen mit anderen Stressoren (Zeitdruck, Rollenkonflikte) auf. Dies bedeutet, dass die Auswirkung von emotionaler Dissonanz auf die Gesundheit einer Dienstleisterin nicht nur mit der Art und dem Umfang der emotionalen Anforderung zusammenhängt, sondern auch mit dem Ausmaß der Ressourcen, die die Dienstleisterin hat, um mit diesen Belastungen umzugehen. Es zeigen sich günstigere Effekte, wenn die Dienstleisterin hohe soziale Unterstützung erhält oder ihr Handlungsspielraum umfangreich ist. Dienstleisterinnen, die vor allem von ihrem Vorgesetzten, aber auch von ihren Kolleginnen oder im privaten Bereich Rückhalt bekommen, erleben weniger negative Effekte. Ein hoher Handlungsspielraum ergibt sich beispielsweise, wenn eine Dienstleisterin selbst entscheiden kann, wie lange eine Interaktion mit den Kundinnen dauert (Zapf, et al., 2009).

Das Erleben von emotionaler Dissonanz kann sich negativ auf das Wohlbefinden der Dienstleisterin auswirken (Nerdinger, 2011). Am Frankfurter Institut für Psychologie konnte in experimentellen Studien gezeigt werden, dass emotionale Dissonanz, häufig ausgelöst durch Oberflächenhandeln, mit erhöhtem Puls und Blutdruck einhergeht (Rohmann et al. 2009). Auch Hochschild (2006) und Zapf et al. (2003) gehen davon aus, dass als Konsequenz der emotionalen Dissonanz die Burn-out Erkrankung entstehen kann. Der Zusammenhang zwischen emotionaler Dissonanz und des Burn-out-Syndroms ist wissenschaftlich bestätigt (Hülsheger, Schwewe, 2011). Uneinheitlich hingegen sind die Befunde zum Zusammenhang zwischen der Anzahl emotional belastender Interaktionen und Burn-out (Nerdinger, 2011). So könnte die Qualität der emotional belastenden Interaktionen relevanter sein, als die Quantität.

Beanspruchungen im Arbeitsleben können das Privatleben tangieren. So ergeben sich Spillover-Effekte zwischen Arbeit und Privatleben. Es werden Stimmungen, Beanspruchungen und Verhaltensweisen in der Arbeit auf das Familienleben übertragen (Schaper, 2014). In der Emotionsforschung wird Spillover als Folge von Emotionsarbeit beschrieben. Besonders bei dem Erleben von starken Emotionen, die in dem Arbeitskontext nicht abgeschlossen werden konnten erleben Mitarbeitende emotionale Ausbrüche, Grübeleien oder Gedankenschleifen. Spillover-Situationen können sich negativ auf die Gesundheit und das Privatleben auswirken (Unger, 2014).

Im sozialwissenschaftlichen Kontext hat sich die Bedeutung von Gefühlen in der Dienstleistungsarbeit inzwischen als zentrales Thema soziologischer und arbeitspsychologischer Forschung etabliert. Zwei Begriffe dominieren diese Debatte: „Emotionsarbeit“ und „Gefühlsarbeit“ (Unger, 2014). Die Gefühlsarbeit beschreibt den Einfluss auf die Gefühle des Gegenübers. Die Idee hinter diesem Begriff geht auf Strauß und Kolleginnen (1980) zurück. Sie untersuchten die

Arbeit von Krankenschwestern und beschrieben die Gefühlsarbeit als das Segment der Arbeit, dass neben der „technischen“ Arbeit wie der Blutabnahme oder der Wundversorgung auf die Patientin spezifisch eingeht, sie streichelt oder tröstet, und so auf ihre Gefühle Einfluss nimmt. Patienten sollen sich durch die Gefühlsarbeit ernst genommen und wichtig fühlen und sich nicht als Objekt vorkommen. Strauss und Kolleginnen (1980) bestimmen ihr Konzept der Gefühlsarbeit explizit in Bezug auf den Hauptarbeitsprozess und damit in Abgrenzung zu dem von Hochschild (2006), deren Fokus im Wesentlichen auf dem Selbst-Management von Emotionen liegt. Obgleich Strauss und Kolleginnen (1980) und Hochschild, ihre jeweilige Konzeption ausdrücklich für die Arbeit mit Emotionen auf beiden Seiten, also bei sich selbst und dem Gegenüber geöffnet haben, hat sich mittlerweile eine recht strikte definitorische Grenze durchgesetzt. Emotionsarbeit meint dann die Beeinflussung der eigenen Gefühle und die Gefühlsarbeit die Gefühle der anderen (Giesenbauer, Glaser, 2006).

Bei der Betrachtung von Pflegenden aus dem Kontext der Langzeitpflege ist es schwierig die Gefühlsarbeit von der Emotionsarbeit zu trennen. Gerade die intensive Beziehung führt dazu, dass Gefühlsarbeit geleistet wird und dabei die eigenen Emotionen reguliert werden, um die Beziehung langfristig nicht zu stören. Unger (2014) sieht die Unterteilung zwischen Gefühls- und Emotionsarbeit als nicht hilfreich an. Die eigenen Gefühle unabhängig von der Beeinflussung auch der des Gegenübers zu betrachten ist angesichts komplexer Wechselwirkungen problematisch. Die eigenen Emotionen beeinflussen den anderen und werden zugleich beeinflusst durch die Emotionen des anderen (Unger, 2014). In der vorliegenden Arbeit beziehe ich mich auf die Grundkenntnisse nach Hochschild (1990, 2006). Die Trennung von Gefühls- und Emotionsarbeit wird für diese Arbeit als nicht gewinnbringend gesehen und so werden auch immer wieder Anteile der Gefühlsarbeit mit einbezogen.

3.2.3.1 Potentielle Auswirkungen von Emotionsarbeit

Bei einer Dienstleisterin, die häufig Emotionen ausdrücken muss, kann es sowohl zu negativen als auch zu positiven Effekten kommen. Nach Zapf und Holz (2006) besteht zum einen die Möglichkeit, dass eine Dienstleisterin positive Emotionen zeigen soll, die sie auch automatisch empfindet, oder dass sie eine Tiefenhandeln-Strategie erfolgreich anwendet. In diesem Fall zeigt sich ein positiver Effekt bei der persönlichen Zufriedenheit mit der eigenen Leistung. Auch allein durch die Interaktion mit anderen Menschen können sich positive Gefühle der Leistungserfüllung ergeben (Zapf, 2002). Zudem kann nach einer positiven Bewältigung der Serviceinteraktion eine Anerkennung der Kundinnen erfolgen, wobei dieses zu positiven emotionalen Feedbackschleifen zwischen Kundinnen und Dienstleisterinnen führen kann; einer Form der gegenseitigen emotionalen Ansteckung. Eine emotionale Ansteckung liegt vor, wenn die nonverbal, durch Mimik, Gestik, Körpersprache und paralinguistischen Merkmalen ausgedrückten Emotionen der einen Interaktionspartnerin einen unmittelbaren Einfluss auf die Emotionen der anderen haben (Hatfield et al., 1994, Nerdinger, 2009, Nerdinger, 2014). Da sowohl die Häufigkeit, positive Emotionen auszudrücken, als auch die Wahrnehmung der Gefühle der Interaktionspartnerinnen mit Zufriedenheit und dem Gefühl persönlicher Leistungserfüllung verbunden sind, sollten trotz des nachfolgenden Aufzeigens der negativen Facetten, diese positiven Facetten der Emotionsarbeit berücksichtigt werden.

Hochschild (2006) fand in ihren Untersuchungen mit Flugbegleiterinnen und Fahrkartenkontrolleurinnen heraus, dass Emotionsarbeit mit Substanzmissbrauch, Kopfschmerzen, Fernbleiben von der Arbeitsstelle und sexuellen Störungen verbunden war. Zudem gingen sie davon aus, dass Emotionsarbeit hauptsächlich negative Folgen mit sich bringt. Sie vertritt die Meinung, dass die Anforderungen, Emotionen gegen Bezahlung zu zeigen, auf Dauer zu einer Entfremdung von den eigenen Gefühlen führt, was unweigerlich mit negativen gesundheitlichen Folgen einhergeht. Die empirischen Arbeiten zur Emotionsarbeit zeigen, dass es nicht in erster Linie das Zeigen von Emotionen als solches ist (wie lange oder wie häufig man Emotionen ausdrücken muss), das sich negativ auswirkt. Das Entscheidende ist, dass man Emotionen ausdrücken muss, die man in der Situation nicht hat (emotionale Dissonanz) und damit verbunden sind gesundheitsbeeinträchtigte Faktoren (s. o.). Auch Hülsheger, Lang und Maier (2010) belegen in ihrer Längsschnittstudie an Lehramtsanwärterinnen, dass Oberflächenhandeln die ein Jahr später gemessene emotionale Beanspruchung erklären kann, wogegen Tiefenhandeln zu einer Steigerung der Leistung nach einem Jahr führt (entnommen aus Nerdinger, 2012, S. 16). Scott und Barnes (2010) stellen in ihrer Fragebogenuntersuchung mit Busfahrerinnen dar, dass, je mehr Oberflächenhandeln während der Arbeit gezeigt wird, die negativen affektiven Zustände im Laufe der Arbeit zunehmen, und je mehr Tiefenhandeln gezeigt wird, desto weniger affektive Zustände aufgezeigt werden. Bislang wurden keine negativen Konsequenzen des Tiefenhandelns nachgewiesen. Aber Oberflächenhandeln steigert die negativen affektiven Zustände und die emotionale Dissonanz. Dabei hat Oberflächenhandeln nicht immer eine negative Auswirkung, sondern erst dann, wenn es gegen die eigenen Überzeugungen angewendet werden muss. Eine empirische Arbeit von Nerdinger und Röper (1999) zeigt bei der Untersuchung von Mitarbeiterinnen, eines Pflegebereichs im Krankenhaus auf, dass Emotionsarbeit nicht zwangsläufig mit der Burn-out-Wahrscheinlichkeit korrelieren muss. So unterscheiden auch diese Autorinnen deutlich die Einstellung zur Tätigkeit. Es kann verzeichnet werden, dass Mitarbeiterinnen die aus eigener Überzeugung die Emotionsarbeit anwenden, weniger emotional erschöpft sind, als Personen, die Emotionsarbeit entgegen der eigenen Überzeugung anwenden (Hatfield, Cacioppo, Rapson, 1994; Bakker, Schäufele, 2000) (Abbildung 3.8).

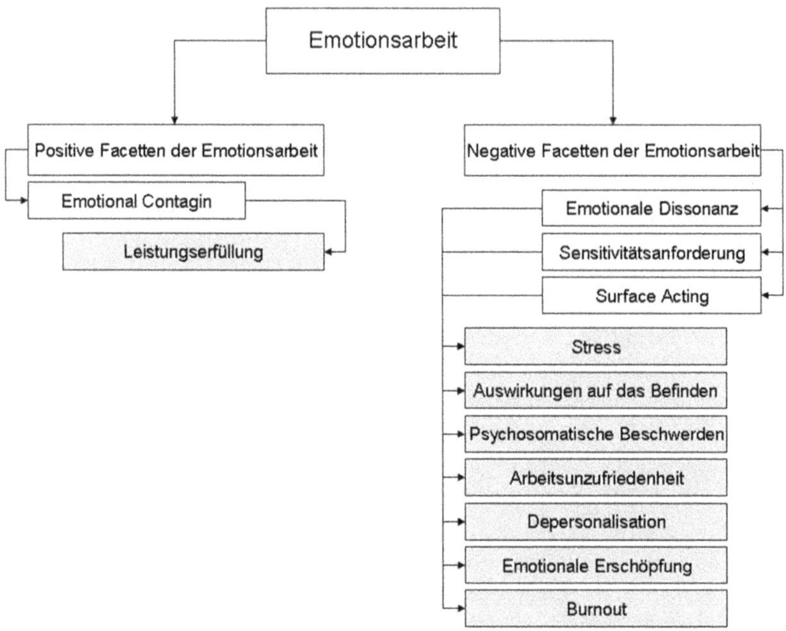

Abbildung 3.8 Positive und negative Fassetten der Emotionsarbeit (Zapf et al., 2009)

Die Wahrnehmung der Gefühle von Interaktionspartnerinnen wird in der Emotionsarbeit mit Sensitivitätsanforderungen beschrieben. In Interaktionen ist es erforderlich, die Gefühle des anderen wahrzunehmen, um die eigenen Gefühle danach zu richten. Je höher die Sensitivitätsanforderungen sind, desto anspruchsvoller dürfte die zugrundeliegende soziale Interaktion mit der Klientin sein und desto mehr kann sich ein Gefühl der Leistungserfüllung einstellen. Bei den Sensitivitätsanforderungen kann es zu positiven und negativen Effekten kommen. Positive Effekte und das Gefühl persönlicher Leistungserfüllung lassen sich damit erklären, dass das Ausmaß an Sensitivitätsanforderungen zeigt, wie interessant und herausfordernd eine Interaktion mit einer Kundin ist. Da Interaktionen, die hohe Sensitivitätsanforderungen an die Dienstleisterin stellen, meist schwieriger und anstrengender sind, zeigen sich aber auch Effekte auf emotionale Erschöpfung (Zapf, et al., 2009). Anspruchsvolle Beziehungen sind demnach jene mit einer hohen Sensitivitätsanforderung.

Bisherige Untersuchungen weisen einen positiven Zusammenhang zwischen dem Ausdruck positiver Emotionen und der Höhe des Trinkgeldes bei Servicemitarbeiterinnen in der Gastronomie und der positiven Einschätzung der Servicequalität nach. Dormann und Kaiser (2002) haben festgestellt, dass psychosomatische Beschwerden von Erzieherinnen einen negativen Effekt auf die Dienstleistungsqualität hatten, die von den Eltern der Kinder im Kindergarten beurteilt wurde. Insofern ist denkbar, dass sich Emotionsarbeit aufgrund der teils negativen Effekte auf die Gesundheit und auch negativ auf die Performanz der Dienstleisterin auswirken kann. Insgesamt zeigt sich, dass emotionale Strategien, die mit einem authentischen Gefühlsausdruck verbunden sind (automatische Emotionsregulation und Tiefenhandeln), mit verschiedenen Leistungsparametern positiv verbunden sind, während Oberflächenhandeln, und in noch stärkerem Maße die emotionale Dissonanz, eher negativ auf Leistungsparameter wirken (Zapf, et al., 2009)

Verschiedene Untersuchungen zeigen die hohe Bedeutung authentischer Beziehungen. Der Ausdruck von Emotionen ist kein Selbstzweck. Damit soll beispielsweise eine vertrauensvolle Beziehung mit einer Kundin weiterentwickelt werden (Zapf, et al., 2009). Ob Emotionen beispielsweise über Mimik tatsächlich gezeigt werden, hängt stark von kulturell geprägten Darstellungsregeln ab. Eine Darstellungsregel beinhaltet Konventionen, wer wem wann welche Mimik zeigt. Darstellungsregeln bestimmen etwa, dass man beispielsweise in einem vollen Fahrstuhl nicht laut singt oder dass Wut von kultivierten Menschen höchstens in sehr abgeschwächter Form gezeigt wird (Horstmann, Dreisbach, 2017) (Abbildung 3.9).

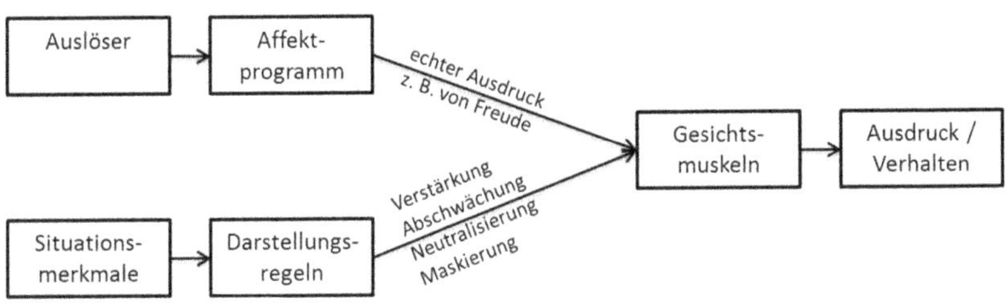

Abbildung 3.9 Eigene Darstellung in Anlehnung an Horstmann und Dreisbach (2017)

Einige Darstellungsregeln gelten für ganze Kulturkreise, andere können sich auf soziokulturelle Milieus oder Subkulturen beschränken; zuletzt gibt es auch individuelle Darstellungsregeln. Darstellungsregeln können den Ausdruck und das Verhalten von Emotionen verstärken, abschwächen, neutralisieren oder maskieren. (Horstmann, Dreisbach, 2017). In vielen Dienstleistungsunternehmen wird ein Regelwerk festgelegt, welche Emotionen gegenüber Klientinnen und Kundinnen von den Mitarbeiterinnen auszudrücken sind, auch diese Regelwerke können als Darstellungsregeln verstanden werden. Diese werden im Sinne einer möglichst großen Dienstleisterqualität und damit Kundenzufriedenheit aufgestellt. Aus arbeitspsychologischer Sicht ergeben sich die emotionalen Arbeitsanforderungen aus eben diesen Darstellungsregeln. Im Kern geht es bei den emotionalen Arbeitsanforderungen um Rollenerwartungen der Organisation sowie der Kundinnen an die Dienstleisterin. Die organisationalen Darstellungsregeln knüpfen an allgemeinen sozialen Regeln an. Der Sozialpsychologe Goffman (1969) hat deutlich gemacht, dass wir in sozialen Situationen immer mit Erwartungen konfrontiert sind, bestimmte Emotionen zu zeigen (Knoblauch, Herbrik, 2013). Um Kundinnen zu binden und ihnen gerecht zu werden, übernehmen Organisationen diese Erwartungen in ihren Darstellungen (Zapf, et al., 2009).

Für die Darstellungsregeln gibt es zwei Probleme. Zum einen werden die Erwartungen vonseiten der Organisation nicht immer klar definiert oder festgelegt. Sie sind häufig ein Ergebnis organisationaler Kommunikationsprozesse, in denen die Meinungen darüber, was angemessenes Verhalten in Kundeninteraktionen ist, auseinandergehen. Zweitens unterliegen emotionsbezogene Rollenerwartungen einem größeren Interpretationsspielraum als andere Erwartungen an die Arbeit der Mitarbeiterinnen (Zapf, et al., 2009). Allen, et al. (2010) belegen empirisch, dass die Wahrnehmung von Standards in Form von Darstellungsregeln zu Emotionsarbeit führt, und zwar unabhängig von der Persönlichkeit der befragten Dienstleisterin. Dabei reagieren aber nicht alle Menschen auf Darstellungsregeln gleich, d. h. nicht alle Menschen übernehmen die Normen als Soll-Wert und richten daran ihre Emotionsregulation aus. Die Einhaltung der Regeln hängt vielmehr von der Bindung an die Regeln ab. Je mehr sich Dienstleisterinnen an die Regeln gebunden fühlen, desto ausgeprägter ist ihre Emotionsarbeit und desto besser entsprechen die im beruflichen Kontakt mit Kundinnen gezeigten Gefühle den Darstellungsregeln der Organisation (Gosserand, Diefendorff, 2005). Zu beachten gilt, dass sich Darstellungsregeln nicht nur im Kontakt mit Kundinnen ergeben, sondern auch im Kontakt mit Kolleginnen und Vorgesetzten.

Ein weiterer bedeutsamer Aspekt für das Arbeiten in Organisationen ist die oben beschriebene emotionale Ansteckung. Denn nicht nur positive Emotionen zwischen Kundinnen und Dienstleisterinnen können sich multiplizieren, sondern auch negative Emotionen. Schlechte Laune, Demotivation und sogar auch Burn-out-Tendenzen und Erkrankungen können sich durch emotionale Ansteckung in der Organisation unter den Dienstleisterinnen verbreiten (Hatfield, Cacioppo, Rapson, 1994; Bakker, Schäufele, 2000).

Insgesamt ist anerkannt, dass die Auswirkungen von Emotionsarbeit durch eine Vielzahl unterschiedlicher Faktoren begründet werden, also nur in Verknüpfung mit unterschiedlichen arbeits- oder personenbezogenen Merkmalen zu emotionaler Erschöpfung und weiteren psychischen Symptomatiken führt. Zwar besteht Konsens darüber, dass emotionale Dissonanz ein bedeutsamer Stressor im Rahmen kundenbezogener Dienstleistungsarbeit ist (Zapf et al., 2003), doch gilt dies nicht in jedem Einzelfall im selben Maße. Ein relevanter Aspekt ist die Nachvollziehbarkeit der Darstellungsregeln und ihre Übereinstimmung mit dem eigenen Kompass von Angemessenheit. So betrachten beispielsweise Rafaeli und Sutton (1987) die Übereinstimmung der betrieblichen Gebote mit der eigenen Überzeugung als zentralen Faktor für psychisches und körperliches Wohlbefinden. Danach hat das Vortäuschen von Emotionen nur dann negative gesundheitliche Konsequenzen, wenn in schlechter Absicht simuliert werden muss. Wenn Mitarbeiterinnen die institutionellen Gefühlsregeln als unpassend und dementsprechend nicht als sinnhaften Teil der Arbeit empfinden, fällt es ihnen schwer, sich dauerhaft entsprechend zu verhalten, was zu einem höheren Stresslevel beitragen kann. Solche negativen Effekte sind deutlich geringer ausgeprägt, wenn eine Arbeitnehmerin die Normen ihres Berufs internalisiert hat und Gefühle in guter Absicht vortäuscht, weil sie diese als berechtigten Teil des Anforderungskatalogs „guter“ Arbeit versteht. Deutlich wird also, dass der Niederschlag der Emotionsarbeit in der persönlichen „Emotionsbilanz“ nicht nur von äußeren, sondern in erster Linie von starken interindividuellen Gegebenheiten abhängt (Unger, 2014).

3.2.4 Emotionsarbeit in der Pflege

> *„Gute Pflege kommt nicht ohne Informationen über den sozialen und biographischen Kontext der zu Pflegenden aus. Gerade diese berufsbedingte ‚Ganzheitlichkeit‘ der Betreuung kann Pflegende in überfordernde emotionale und moralische Belastungssituationen und Konfliktlagen bringen.“ (Schwerdt, 2002, S. 26).*

Die pflegerische Arbeit kann als ein Bereich von Dienstleistungsarbeit nach dem Uno-Actu-Prinzip verstanden werden. Die Pflegeleistung, die in Interaktionen „produziert“ wird, ist anspruchsvoll und stellt hohe psychische Anforderungen an die Dienstleisterin, denn die eigenen Emotionen müssen kontrolliert werden können, um den Kundinnen einen erwünschten Gefühlsausdruck zu präsentieren. Diese Anforderung bezeichnet man als Emotionsarbeit. Dienstleistungsunternehmen erwarten diese Fähigkeit aus ökonomischen Gründen von ihren Mitarbeiterinnen (Nerdinger, 2012). Denn Kundinnen bewerten die Qualität und den Wert einer Dienstleistung nach der Form, in der sie erbracht wird (Nerdinger, 2011). Diese Interaktion mit Kundinnen erfordert eine Auseinandersetzung mit den eigenen Emotionen. Empathiefähigkeiten, sich auf die Gefühle von anderen Menschen einlassen, authentisch sein, seinen eigenen Gefühlen Raum geben und gleichzeitig eine professionelle Distanz zu bewahren, ist eine Herausforderung im Tätigkeitsfeld der Altenpflege.

Im Privatleben kann man oft frei entscheiden, mit wem man wann und wie intensiv in Beziehung tritt. Bei Unzufriedenheit können wir uns der Situation entziehen. Viele Freundschaften und Ehen gehen an tatsächlicher und empfundener Ungleichheit zu Bruch. Allerdings gehört in der Arbeitswelt die Hinnahme ungleicher Austauschbedingungen häufig zur beruflichen Tätigkeit dazu; man wird mit mangelndem Respekt behandelt oder muss sich mit dem Ärger einer Bewohnerin auseinandersetzen und ist dazu gezwungen, die eigene Wut und den Ärger in den Hintergrund zu stellen. Wo die Kundin Königin ist, ist ungleicher Austausch an der Tagesordnung. Dieser ungleiche Austausch erfordert das Managen der eigenen Emotionen.

Die Emotionsarbeit im Feld Pflege stellt sich in vielen Punkten anders dar, als in dem Kontext von Flugbegleiterinnen, wie bei Hochschild (2006) oder anderen Dienstleistungen. Denn die Arbeit von Pflegenden unterscheidet sich massiv von der Arbeit von Stewardessen oder anderen Dienstleisterinnen. Die Arbeit im Bereich von Heilung und Pflege, der Umgang mit Kranken und körperlich wie emotional pflegebedürftigen Menschen stellt insofern eine Besonderheit innerhalb der Dienstleistungsbranche dar, als sie sich in gewisser Weise kühler wirtschaftlicher Betrachtung ein Stück weit entzieht. In der Tabelle 3.1 wird der Unterschied der Emotionsarbeit zwischen Pflegenden und Flugbegleiterinnen veranschaulicht.

Tabelle 3.1 Diversitäten der Emotionsarbeit zwischen Pflegerinnen und Flugbeleiterinnen (eigene Darstellung in Anlehnung an Unger, 2014, S. 297 ff.)

Emotionsarbeit/Kontext	**Dienstleisterinnen (alg. Bsp. Flugbegleiterinnen)**	**Pflegekräfte (Arbeitskontext stationäre Altenhilfe)**
Emotionsregulation/Selbstkontrolle	Überwiegend eigene Emotionen die aus der Interaktion mit Kundinnen entstehen	Eigene Emotionen kontrollieren und auch die Emotionen, die über die Bewohnerinnen und ihr Schicksal transportiert werden
Emotionsregulation	Im Umgang mit Kundinnen kaum Emotionen, die in die Tiefe gehen	Regulation von starken Emotionen in Gegenwart von Leid oder Tod der Bewohnerinnen
Beziehung	Meist kurze Kontakte, Kundin und Dienstleisterin lernen sich selten intensiv kennen	Beziehungen entstehen, z. T. auch über Jahre. Durch körperliche Pflegearbeit auch sehr intime Beziehungen; Beziehungen sind durch hohe Sensitivitätsanforderungen gekennzeichnet
Ende der Beziehung	Oft sind nur wenige Kontakt vorgesehen, Beziehungen müssen nicht aktiv beendet werden	Meist durch Kündigung, Berufsaufgabe oder Tod. Abschiede werden gestaltet und begleitet
Ziel der Beziehung	Meist nur wirtschaftliche Interessen	Neben wirtschaftlichen Interessen auch Pflegeziele (präventive-, kurative, rehabilitative oder palliative Pflegeziele); Vertrauensbasis schaffen, um handlungsfähig zu sein
Zweck von Emotionsarbeit	Oft Luxus und nur zur Kundenbindung	Steht im Fokus, auch zur Erreichung von Therapieerfolgen

Anders als in den normalen Dienstleistungen sind es nicht nur die eigenen Emotionen, mit denen die Pflegenden umgehen müssen, wenn sie etwa Ärger, Abneigung oder die eigene Erschöpfung vertuschen. Denn in der Pflegearbeit gilt es, auch solche Emotionen zu kontrollieren, die über die Bewohnerinnen und deren persönliches Schicksal transportiert werden. Während die Schwierigkeiten, die einer Kellnerin in der Kundenbeziehung begegnen, in der Regel emotional wenig in die Tiefe gehen, sind die starken Emotionen die eine Pflegekraft in Gegenwart von Leid oder gar dem Tod einer Bewohnerin zu regulieren hat, eine spezifische Herausforderung der Pflegearbeit (Unger, 2014). Während sich Dienstleisterin und Kundin im Flugzeug kurz eher flüchtig und oberflächlich begegnen, haben beide Seiten im Pflegeheim regelmäßigen, sich wiederholenden Kontakt und lernen sich im Laufe der Zeit kennen. Während im ersten Fall über den Weg der Kundenbindung wirtschaftliches Interesse im Zentrum des Dienstleistungsverhältnisses steht, soll diese eigennützige Zielsetzung im Rahmen von Pflegetätigkeiten zugunsten einer gemeinsamen Interessen- und Vertrauensbasis zumindest nicht mehr einzige Motivation sein (Unger, 2014). Im Dienstleistungsverhältnis ist die Kundin überlegender Gast, die für die Leistungen und auch die Freundlichkeit bezahlt. In einer Pflegeeinrichtung sind die Positionen der Abhängigkeit und Unabhängigkeit weniger klar verteilt. Allerdings darf sich die Bewohnerin mehr erlauben, als die Pflegerin. Auf Beschimpfungen oder persönliche Beleidigungen darf eine Altenpflegerin aufgrund der gültigen Verhaltens- und Emotionsausdrucksregeln weder verbal noch nonverbal ungehalten reagieren (ebenda). Auch im Flugzeug ist die Emotionsarbeit ein kleiner Luxus, um die Reise für die Passagiere so angenehm wie möglich zu machen. In der Pflegearbeit sind Emotionen konkreter Teil der Dienstleistungen (ebenda). Für Strauss et al. (1980) ist die Emotionsarbeit fundamental, denn sie trägt entscheidend zu dem Erfolg einer Dienstleistung bei und prägt so den Nutzen (Strauss et al., 1980). In der Pflegearbeit ist anzumerken, dass psychologische, emotionale und soziale Faktoren den Heilungsprozess, die Rehabilitationserfolge und die Steigerung des Wohlbefindens beeinflussen und somit die Emotionsarbeit ein zentraler Bereich von Pflege darstellt (Unger, 2014).

Hochschild (2006) machte in der Arbeit der Flugbegleiterinnen drei abgrenzbare Tätigkeiten aus: die körperliche, die geistige und die emotionale Arbeit. Sie unterscheiden sich hinsichtlich ihres Ziels, der durch die jeweils beanspruchten Ressourcen sowie der Beteiligung der Kundinnen am konkreten Prozess. Diese Bedingungen gelten für Humandienstleistungen allgemein und können insofern als grundsätzliche Gesetzmäßigkeiten auf Dienstleistungsarbeit in der Pflege übertragen werden. Hier wie dort geht es um die Herstellung eines Ergebnisses, um interaktive Arbeit mit Menschen und um ein Gleichgewicht zwischen autonomer, relationaler, heteronomer Arbeit (Unger, 2014). Übertragen auf den Kontext Altenpflege bedeutet das Konzept der Emotionsarbeit, bei den Bewohnerinnen ganz bestimmte Emotionen durch den eigenen Gefühlsausdruck hervorzurufen: *„Zu diesem Zweck wird von Pflegenden und anderen Berufsgruppen erwartet, dass sie den Patienten gegenüber neutrale oder positive Gefühlsausdrücke zeigen – letztlich mit dem Ziel, bei den Patienten negative Gefühle über den eigenen Zustand zu vermeiden, da diese den Heilungsprozess behindern können“* (Nerdinger, Röper 1999, S. 188).

Berufe bei denen Emotionsarbeit zur Tätigkeitsanforderung gehört, weisen gemäß Hochschild (2006) folgende drei gemeinsame Merkmale auf: Kundenkontakte, Gefühlszustände, die durch Kundenkontakte hervorgerufen werden (sollen) und ein bestimmtes Maß an Kontrolle über das Gefühlsverhalten der Angestellten durch den Arbeitgeber. In welchen Ausmaß sich im Tätigkeitsfeld der Altenpflege, diese Merkmale widerspiegeln, wird nun diskutiert.

Hochschilds (2006) erstes Merkmal ist der Kundenkontakt. Die Interaktion mit Menschen gehört zu den Kernelementen pflegerischer Tätigkeiten. Dabei spielen unterschiedliche Dimensionen eine Rolle. Zum einen die Beziehung zu den Pflegebedürftigen, hier ist die Beziehung und auch das gegenseitige Vertrauen besonders relevant. Zapf et al. (2003) konstatieren speziell für den Arbeitskontext Krankenhaus: *„Mit einer Krankenpflegerin, die stumm ihre Verrichtungen am Patienten vornimmt, wird man nicht zufrieden sein. Vielmehr besteht die Erwartung, einfühlsam behandelt zu werden, dass die Schwester Verständnis zeigt und vielleicht auch einmal ein paar freundliche Worte für den Patienten bereithält“* (Zapf et al., 2003, S. 268). Eine nächste Dimension ist der Kontakt und die Arbeit mit den Angehörigen der Pflegebedürftigen. Je nach Quantität, Pflegeintensivität und Beziehungsqualitäten zwischen Bewohnerinnen und Angehörigen sowie zwischen Pflegekraft und Angehörigen ist der Kontakt mehr oder weniger intensiv. Die Pflegebedürftige zusammen mit ihren Angehörigen kann aus organisationsperspektivischer Sichtweise als Kundin verstanden werden und ist somit auch als Zielgruppe relevant für das Handeln der Organisationsmitglieder.

Als zweites Merkmal für Berufe, die Emotionsarbeit als Tätigkeitsanforderung haben zählt die Aufgabe, dass Mitarbeiterinnen bei den Kundinnen einen bestimmten Gefühlszustand hervorrufen sollen. Betrachtet man hierzu die berufliche Entstehungssituation der Krankenpflege, waren es zunächst noch zahlreiche konfessionelle Schwesternschaften, die in ihren Mutterhäusern die Ausbildung der jungen Schwestern übernahmen. Hierbei wurden die religiösen Inhalte der tätigen Nächstenliebe immer mit vermittelt. Diese, sowie die teilweisen romantischen Vorstellungen der jungen bürgerlichen Frauen, die in dem Krankenpflegedienst gingen, passten schließlich nicht mehr zu den Vorstellungen einer aufstrebenden, naturwissenschaftlich orientierten Medizin. So spielt heute der Mitleidsbegriff eine eher untergeordnete Rolle bzw. ist negativ besetzt. Professionalität, wie sie heute angestrebt und in der Ausbildung vermittelt wird, bedeutet Fähigkeit zur Empathie. In der Entwicklung zu diesem professionellen Vermögen, sich einfühlen zu können, wird vermehrt gefordert, sich von der Identifikation mit dem Leid abzugrenzen (Overlander, 2001). Obgleich die Fähigkeit der Distanzierung zum heutigen Bild der professionellen Pflegekraft gehört, spielt die Emotionsarbeit weiterhin eine bedeutende Rolle. Geißner und Kellnhauser (2004) stellen fünf

Möglichkeiten für Pflegekräfte dar, die Emotionsarbeit zu leisten. Dabei werden Gefühle speziell dazu angewandt, um bei den Klientinnen bestimmte Gefühle entstehen zu lassen. Zu den Möglichkeiten zählen vertrauensbildende Arbeiten (1). Diese Tätigkeiten zielen darauf ab, dass sich die Bewohnerinnen als mündige und wertgeschätzte Partnerinnen fühlen. Studien zeigen, dass Patientinnen den Pflegenden vertrauen, weniger Angst haben, sich sicherer fühlen, belastbarer sind und eine bessere Adhärenz aufweisen. Dies führt zu besseren Behandlungserfolgen, weniger Therapieabbrüchen und einer höheren Kundenbindung (Hener et al., 1997). Mit Vertrauen geht auch ein intensiveres Beziehungsverhältnis einher. Eine Studie des Picker-Instituts zufolge betrachten Bewohnerinnen das Verhältnis zu den Pflegenden als einen der wichtigsten Faktoren für ihre Zufriedenheit (Picker Institut Deutschland, 2013). Eine weitere Möglichkeit ist die haltungserhaltende Arbeit (2), hierzu zählen Maßnahmen, die die Bewohnerinnen unterstützen, ihre Haltung, ihren Selbstrespekt und ihre Selbstkontrolle zu bewahren. Die biographische Arbeit (3) besteht aus der Sammlung von Informationen über die Bewohnerinnen, hiermit soll den Bewohnerinnen emotional geholfen werden, Krisen zu bewältigen. Zur Vermeidung eines Identitäts- und Selbstwertverlustes der Bewohnerinnen durch krankheits- bzw. pflegebedingte Rollenaufgabe wird die Identitätsarbeit (4) eingesetzt. Zur letzteren Möglichkeit zur Leistung von Emotionsarbeit zählt die Wiedergutmachungsarbeit (5). Diese besteht aus Maßnahmen zur Kompensation bzw. Wiedergutmachung von emotionalen Verletzungen bei den Bewohnerinnen (Geißner, Kellnhauser, 2004).

Strauss (1987) weist zudem auf die Trostarbeit, die die innere Ruhe und die Stimmung der Klientinnen beeinflusst und die Fassungsarbeit hin, welche unmittelbaren Einfluss auf die Interaktionsbeziehungen des Klienten nimmt. Bei unheilbar Kranken gehen in der letzten Lebensphase die therapeutisch zielgeleiteten Pflegemaßnahmen über zur Trostbehandlung, um physische und psychische Leiden zu reduzieren. Abhängig von der Intensität der Beziehung zu der sterbenden Patientin wird dann eine noch weitere Form der Emotionsarbeit geleistet, die Fassungsarbeit, sowohl bei sich selbst als auch bei Mitarbeiterinnen. Dieser Typ der Emotionsarbeit muss jedoch ebenso geleistet werden, wenn eine zu verrichtende Pflegemaßnahme für die Patientinnen beispielsweise außerordentlich unangenehm oder schmerzhaft ist (Glaser; Strauss, 1974).

Der Pflegesektor ist gekennzeichnet von einem überdurchschnittlichen Teil an weiblichen Arbeitnehmerinnen und auch einem erheblichen Anteil von Teilzeittätigkeiten. Hier kann angenommen werden, dass viele der Berufsangehörigen familiäre Anforderungen und Beruf in Einklang bringen müssen. Im Bereich der Emotionsarbeit ist dieses auch wesentlich. Denn der berufliche Alltag und das familiäre Leben beeinflussen sich wechselseitig. Privates Wohlbefinden oder private Konflikte können sich auch auf die Arbeit übertragen. Für viele Menschen ist es nicht leicht, die innere Stimmung auszuwechseln, wenn man von der Sphäre der Familie in den Betrieb oder umgekehrt wechselt. Die Eindrücke und Erlebnisse der einen Sphäre werden von den Personen, die in dieser ihre Erfahrungen machen, auch in die andere Sphäre übertragen. Zuhause von der Familie nichts wissen zu wollen, weil Streitigkeiten im Arbeitsleben noch nicht bewältigt wurden, werden als besonders problematisch empfunden, denn die Familie und der Freundeskreis gelten als Sphäre, in der die wünschenswertesten Formen des zwischenmenschlichen Umgangs im Idealfall verwirklicht werden können. Doch die Sphäre der Familie und Freundschaft ist nicht absolut von der Sphäre des Arbeitslebens zu trennen. Täglich werden die Grenzen zwischen diesen beiden Lebensbereichen überschritten. (Senghaas-Knobloch, 2000) Dieser wechselseitige Einfluss der beiden unterschiedlichen Sphären wirkt sich auch auf den direkten Umgang mit Bewohnerinnen, Angehörigen und Mitarbeitenden aus.

Zudem ist die Selbstregulation, besonders im Umgang mit Bewohnerinnen mit herausfordernden Verhaltensweisen, auch eine Aufgabe von Pflegenden. Dass dieses schwer einzuhalten ist, zeigt die Befragung von Görgen (2010). Von den 361 befragten Pflegenden in stationären Einrichtungen sagten 72 Prozent über sich selbst, in den letzten zwölf Monaten mindestens eine Form von Gewalt gegenüber den ihnen anvertrauten pflegebedürftigen Personen ausgeübt zu haben. 54 Prozent der Pflegekräfte sprachen von psychischen Misshandlungen oder verbalen Aggressionen, ebenso viele von pflegerischer Vernachlässigung. 24 Prozent berichteten von körperlicher Gewalt; überwiegend handelte es sich um grobes Anfassen während pflegerischer Tätigkeiten, selten um typische Formen interpersoneller Gewalt wie Schlagen oder Schubsen. Sexuelle Belästigungen wurden nicht berichtet. 71 Prozent der Pflegekräfte gaben in der gleichen Studie an, entsprechendes Verhalten von Kolleginnen beobachtet zu haben, darunter 62 Prozent psychische Misshandlungen, 60 Prozent pflegerische Vernachlässigung, 35 Prozent physische Misshandlung und ein Prozent sexuelle Belästigung (Görgen 2010; entnommen aus Blättner, Grewe, 2017, S. 196 f.). Als gewaltbegünstigenden Faktor wird oft vor allem das Gefühl von Überforderung der Pflegenden, beispielsweise aufgrund von erkrankungsbedingten Besonderheiten der Pflegebedürftigen, diskutiert (Görgen 2010; entnommen aus Blättner, Grewe, 2017, S. 197).

Das dritte Merkmal gemäß Hochschild (2006) beinhaltet, dass der Arbeitgeber ein bestimmtes Maß an Kontrolle über das Gefühlsverhalten der Mitarbeitenden hat. Im Kontext stationärer Altenpflege gelten Bewohnerinnen und Angehörige aus Sichtweise der Organisation als Kundinnen. Fehlleistungen im Bereich der Emotionsarbeit fördern bei den Pflegebedürftigen das Gefühl der Erniedrigung, der verletzten Privatsphäre, des Unbehagens, der Angst sowie das Gefühl der

Entpersönlichung bzw. Verbitterung darüber, als Objekt behandelt zu werden. Bewohnerinnen und Angehörige können aufgrund fehlender Emotionsarbeit mit der Qualität der Betreuung und Pflege unzufrieden sein und dieses könnte sich negativ auf das Image des Unternehmens auswirken. Des Weiteren könnte ein Großteil der pflegerischen Arbeit nicht so leicht, so effizient oder gar nicht ausgeführt werden, wenn die Emotionsarbeit inadäquat geleistet würde (Strauss, et al. 1980). Besonders durch die Zunahme der Ökonomisierung wird die Marktwirtschaft relevanter und damit auch das Verhalten der Mitarbeiterinnen, die die Dienstleistung Pflege für ihre Unternehmen darstellen und letztlich auch vermarkten.

Auch aus der Organisationsperspektive ist die Emotionsarbeit relevant. Wenn die Organisation nach Außen gut dastehen möchte, bedarf es ausgeglichener Pflegekräfte, die Geduld, Ruhe und Zeit signalisieren. Dazu gehört, dass die Gefühle der eigenen Unsicherheit im Umgang und im Verhalten gegenüber Bewohnerinnen mit offensichtlich schlechter Prognose beherrscht werden. Hierzu zählt das Mitgefühl und das Mitleiden mit den Bewohnerinnen, also eine zu starke Identifizierung mit dem Leid, was andererseits von niemanden mehr mitgetragen und ertragen werden muss, als von den Pflegepersonen. Diese müssen die Bewohnerinnen ständig umgeben bzw. sind durch die Rufanlagen stets ansprechbar und abrufbereit. Zudem soll die eigene Anpassung beherrscht werden, bedingt durch den fast kontinuierlichen Zeitdruck, auch wenn das eigentliche Verweilen bei einer Bewohnerin oft durch die vorgegebene Zeitökonomie unmöglich gemacht wird (Overlander, 2001). Die Fähigkeit des Mitfühlens, der Geduld, der Freundlichkeit und des Einfühlungsvermögens werden den Angehörigen der Pflegeberufe dauernd abverlangt. Dabei ist es für jede Einzelne in diesem Beruf Tätige notwendig, aufgrund der dauernden Nähe zu den Bewohnerinnen, die innere Balance zwischen einem intensiven „Mitleiden“ durch ein Klima der Identifikation mit den Bewohnerinnen und einer professionellen Distanz, bei der trotzdem Bedürfnisse der Betroffenen erfasst werden, immer erneut herzustellen (ebenda).

Unger (2014) kritisiert, dass in den Kriterien des MDKs (Medizinischen Dienst der Krankenhassen) für eine hohe Pflegequalität Merkmale wie Zuwendung, Empathie oder der Bereich Emotionalität nicht berücksichtigt werden. So werden Darstellungsvorgaben nicht aus unternehmerischen Regelkomplexen abgeleitet, sondern gemäß den kollektiven Normen von humaner Pflege und des darauf basierenden Selbstbildes der Pflegekräfte. Die Emotionsarbeit wird in den Organisationen mit geringer Relevanz betrachtet und der individuellen Gestaltung überlassen. Die Emotionsnormen, an denen sich Pflegenden im Sinne ihres eigenen Anspruchs orientieren, können sich so von den äußeren Vorgaben deutlich unterscheiden (Unger, 2014).

Neben den dargestellten Erwartungen seitens der Organisationsleitung an die Pflegekräfte stehen auch etwaige Zufriedenheitsbefragungen der Bewohnerinnen und deren Angehörigen, Arbeitsplatzbeschreibungen, in denen auch der Umgang mit Bewohnerinnen und Angehörigen definiert wird sowie auch Leitbilder der Einrichtungen. Alle diese Instrumente zielen mitunter darauf ab, das Gefühlsverhalten der Angestelltinnen zu kontrollieren bzw. zu definieren.

Der Umgang mit den eigenen Emotionen und denen anderer wird in den meisten Berufen als selbstverständlich vorausgesetzt, es ist eine „stille und unkodifizierte Fähigkeit" (Gray, 2009), die bei der Rekrutierung von Personal kein Auswahlkriterium darstellt. Die Bearbeitung und der Ausdruck eigener Gefühle erfolgen im Beruf nebenher, die eigentliche Aufgabe ist rational denkender und ausführender Natur. Mit Gefühlen beschäftigt man sich erst dann, wenn sie zum Problem werden bzw. aus wirtschaftlicher Perspektive Kosten verursachen, die es zu vermeiden gilt. Selbstverständlich sagt eine Pflegekraft morgens freundlich „Guten Morgen" zu den Bewohnerinnen und zum professionellen Selbstverständnis gehört auch, sich nicht durch eine patzige Bemerkung einer Angehörigen aus der Ruhe bringen zu lassen. Diese „Services" sind normal und selbstverständlich. Erst wenn von ihnen abgewichen wird, erregt dies die Aufmerksamkeit, bis hin zum Missfallen (Unger, 2014).

Nach Hochschilds (2006) Merkmalen für die Analyse der emotionsarbeitsrelevanten Tätigkeitsfelder kann durch die Betrachtung der Merkmale festgehalten werden, dass die Altenpflege zu den Berufsfeldern angehört, welche Emotionsarbeit als Tätigkeitsanforderung beinhaltet hält. Die bisherigen Ausführungen zu den Charakteristika der Pflegetätigkeit verweisen auf die Besonderheit der Einbettung der Tätigkeit in eine Beziehung zwischen Pflegenden und Gepflegten. Die Gestaltung von Beziehungen und die darin eingebettete Regulation von Emotionen sind ein zentraler Teil des beruflichen Handels. Vor dem Hintergrund kann angenommen werden, dass Pflegende in ihrer Emotionsarbeit facettenreicher agieren.

Altenpflege in Deutschland 4

4.1 Betrieblicher Kontext

4.1.1 Altenpflege als personenbezogene Dienstleistung

Im Vergleich 2017 mit 2015 ist die Zahl der Pflegebedürftigen (gem. Pflegeversicherung) im Zuge der Einführung des neuen Pflegebedürftigkeitsbegriffs deutlich um 19,4 % (554 000) gestiegen. Dieser erhebliche Anstieg liegt neben der demographischen Entwicklung allerdings in der veränderten Definition von Pflegebedürftigkeit begründet. Die Gruppe der Pflegebedürftigen ohne Pflegestufe mit erheblichen eingeschränkten Alltagskompetenzen erhielten 2015 zwar Leistungen der Pflegeversicherung, galten aber nach dem damaligen Begriff nicht als pflegebedürftig (Statistisches Bundesamt, Pflegestatistik, 2017). Insgesamt werden in Deutschland 818.289 Pflegebedürftige in 14.480 Pflegeheimen (gem. SGB XI zugelassen) gepflegt und betreut (ebenda). Der im Pflegeheim versorgte Anteil umfasst damit 24 Prozent (ebenda). Heime haben sich in den vergangenen Jahren zunehmend von Orten des Wohnens zu Einrichtungen der Bewältigung der Spätstadien chronischer Krankheit und der Pflege am Lebensende entwickelt (Schäffer, Wingenfeld, 2004) (Abbildung 4.1).

Insgesamt leben in Alten- und Pflegeheimen Menschen des vierten Lebensalters. Wie bereits oben beschrieben, steigen mit dem ansteigenden Lebensalter die Prävalenzen für Krankheiten und Pflegebedürftigkeit. Die Wahrscheinlichkeit im vollstationären Langzeitpflegearrangement versorgt zu werden steigt mit der Vielfalt an gesundheitlichen Einschränkungen. In 2017 galten 773.551 Pflegebedürftige als schwerst beeinträchtigt in ihrer Selbstständigkeit (Pflegegrad 4 und 5). Knapp die Hälfte dieser Personen leben bereits in stationären Pflegeheimen

C. Schmedes, *Emotionsarbeit in der Pflege*,
https://doi.org/10.1007/978-3-658-31914-4_4

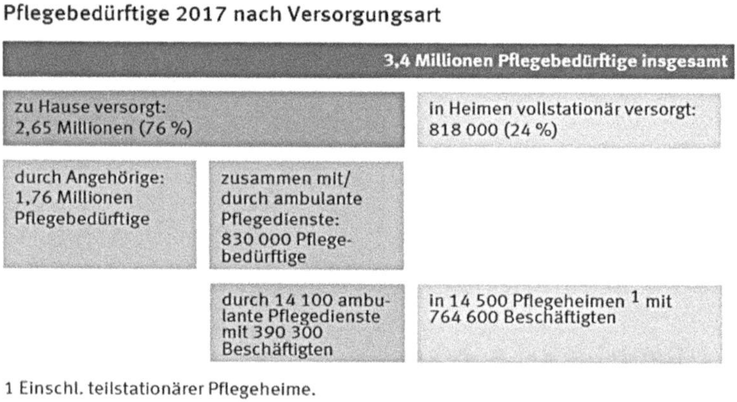

Abbildung 4.1 Eckdaten der Pflegestatistik 2017 (Statistisches Bundesamt, Pflegestatistik 2017, Deutschlandergebnisse)

(48 Prozent), lediglich 19 Prozent werden mit oder durch ambulante Pflegedienste in deren Zuhause versorgt (Statistisches Bundesamt, Pflegestatistik 2017).

In Altenpflegeheimen besteht heute die Herausforderung, die multimorbiden, stark beeinträchtigten und daher umfassend von personeller Unterstützung abhängigen Menschen zu versorgen und zu begleiten. Mit dem Ziel, die Lebensqualität und das Wohlbefinden, trotz der starken Beeinträchtigungen, durch pflegerische Versorgung und soziale Interaktion zu fördern und zu erhalten (Bartholomeyczik, 2014). Im Zuge der Ökonomisierung der Pflege und der damit einhergehenden Etablierung eines Pflegemarkts mit der Einführung der Pflegeversicherung wurde die Bedeutung betriebswirtschaftlicher Betrachtungsweisen gestärkt. Betriebswirtschaftlich gesehen geht es um das Angebot der Dienstleistung Pflege und dessen „effizienter Herstellung". Um als Pflegeeinrichtung auf dem Pflegemarkt wirtschaftlich erfolgreich zu sein, findet eine zunehmende Ausrichtung des Angebots von Pflegeleistungen an ökonomischen Prinzipien statt (vgl. Abschnitt 2.3).

Pflegeleistungen sind über einen längeren, manchmal unübersehbaren und daher unbestimmten Zeitraum angelegt. Sie werden von einer Gruppe von Individuen erbracht, die gemeinsam in Arbeitsteilung ein verbindlich formuliertes Pflegeziel anstreben, nämlich die eingeschränkten Fähigkeiten der älteren Menschen und ihre Bedürfnisse, mit pflegerischen Handlungen so zu begleiten und zu ergänzen, dass ihnen ein angemessenes Leben ermöglicht wird. Dienstleistungen sind immateriell. Da Produkt und Konsum zusammenfallen, wird von der Unteilbarkeit der Dienstleistung gesprochen. (Meyer et al., 1987). Eine weitere Besonderheit der personenbezogenen Dienstleistungsarbeit liegt in ihrer Kontrollierbarkeit bzw. ihrer Nichtkontrollierbarkeit im doppelten Sinn. Eine Dienstleistungsarbeit beruht zum einen auf dem ökonomischen bzw. bürokratischen Rationalitätsprinzip. Das heißt, die Dienstleistung erfordert effektives Handeln und eine vertikale Effizienzkontrolle bei geringem Dispositionsspielraum. Zum anderen und teilweise im Widerspruch beruht die Dienstleistungsarbeit auf einer eher spezifischen Dienstleistungsrationalität, die durch Ungewissheit im Zweck-Mittel-Verhältnis gekennzeichnet ist. Damit geht einher, dass die Dienstleistungsarbeit im Wesentlichen durch Formen innerer Kontrolle, wie beispielsweise professionelle Selbstkontrolle und Autonomie zu sichern ist. Personenbezogene Dienstleistungen haben einen Prozesscharakter, sind wenig standardisierbar und von nicht vorhersehbaren Anforderungen gekennzeichnet (Rabe-Kleberg, 1997).

Zeitgleich werden Denken, Fühlen und Handeln gefordert. Das Verhältnis von Input und Output ist schwierig nachzuvollziehen, da es sich schwer messen und sicher nicht allein ökonomisch berechnen lässt. Diese Tatsachen führen dazu, dass die Erbringer der personenbezogenen Dienstleistungen Unsicherheiten über die Wirkung ihrer Arbeit erleben und sich auch nicht jede Tätigkeit auf Erfolg oder Nutzen überprüfen lässt (Rabe-Kleberg, 1997). Zur Regelung dieser Unsicherheit ist ein hohes Maß an Verantwortungsbereitschaft erforderlich, die das tägliche Handeln im sozialen Beruf prägt. Die Fähigkeit und Bereitschaft, gegenüber anderen Menschen persönliches Engagement in die Arbeit einfließen zu lassen, ist Basis der Dienstleistung Pflege. Die Erbringer der Dienstleistungen benötigen Geduld, was in diesem Zusammenhang bedeutet, den Prozessen ein angemessenes Zeitmaß einzugestehen. Auch das System Pflege braucht deshalb Personen mit Kompetenzen, die zwischen dem notwendigen Zeitmaß von Prozessen und ökonomischen Erfordernissen vermitteln können. Und ein Höchstmaß an persönlichem Engagement, an Fähigkeiten, das Spannungsfeld zwischen sozial Gebotenem und wirtschaftlich Machbarem auszuhalten und kompensieren zu können, sowie an innerer Reflexion und Evaluation (Coburger, 2009).

Die Einführung der Pflegeversicherung und die damit verbundenen Prozesse der Ökonomisierung reflektieren sich stark, in den zunehmenden Bemühungen die Pflege zu kontrollieren und hierzu Qualitätskontrollmechanismen zu etablieren. Besonders die Bemühungen des MDKs im Rahmen externer Kontrollen haben dazu beigetragen, dass versucht wird, die Pflege bzw. spezifische Merkmale zu quantifizieren. Dabei entstand zunehmend ein aufgabenorientiertes Pflegeverständnis. Die vermehrte externe Kontrolle des Pflegesektors kann dazu führen, dass Pflegende verunsichert werden und ihren eigenen professionellen Fähigkeiten nicht mehr vertrauen. Wichtig für den Berufsstand wäre eine Weiterentwicklung der Professionalisierung, um Autonomie über die Definition von Qualität und Formen ihrer Kontrolle zu erhalten und nicht in der Abhängigkeit von Organisationen und externen Prüfinstanzen zu sein (vgl. Maurer 2016).

Wettreck (2001) zeigt in seinen entwickelten „Pflegefallen“ auf, dass an den Pflegeberuf, als personenbezogene Dienstleistungen, viele Werte und Ideale gekoppelt sind, die sich gegen die Weiterentwicklung bzw. Professionalisierung des Berufes stellen können. So stellt er dar, dass gerade die sozialen Kompetenzen der Berufsangehörigen vom System (z. B. Pflegeorganisationen) benützt aber nicht anerkannt werden und so systematisch eine Weiterentwicklung der Berufsprofession verhindert wird. Auch Müller (2016) beschreibt, dass besonders in Dienstleistungsunternehmen „unsichtbare“ Fähigkeiten bzw. Fertigkeiten zwar erwartet, aber nicht wertgeschätzt und somit auch nicht entlohnt werden. Hierzu zählen beispielsweise Fähigkeiten wie Einfühlungsvermögen, Kommunikationsfähigkeiten, Trost- und Trauerarbeit. Diese Fähigkeiten werden häufig als natürliche Fähigkeiten Frauen zugeschrieben, damit abgewertet, nicht gesehen und nicht entlohnt, aber sie werden gleichwohl im pflegerischen Alltag erwartet.

4.1.2 Qualität und Zielsetzung

Altenpflegeheime entstanden, da familiäre Systeme die alten Menschen nicht mehr zuhause versorgen konnten oder wollten und es in der Vergangenheit keine soziale Unterstützung für erwerbsunfähige alte Menschen gab. Zu Beginn übernahmen Ordensleute die Versorgung. Die sogenannten Siechenheime, die in den Klöstern angesiedelt waren, sind die Vorgänger unserer heutigen Alten- und Pflegeheime (Hähner-Rombach, 2011). Auch wenn sich im Bereich der sozialen Absicherung von alten und kranken Menschen in den westlichen Ländern viel getan hat, so sind auch heute Alten- und Pflegeheime notwendig zur Versorgung von pflegebedürftigen Menschen (Pflegegrad 2 bis 5), die nicht ambulant, teilstationär oder von Familien betreut und gepflegt werden können (§43 SGB XI). Heute sind Altenpflegeheime nach Bau, Ausstattung und Personalbesetzung darauf ausgerichtet, verbliebene Ressourcen der alten Menschen mit ärztlicher Hilfe zu erhalten sowie eine Besserung des Allgemeinzustandes, insbesondere durch aktivierende Pflege, herbeizuführen. In Pflegeeinrichtungen werden also Leistungen der Grundpflege, der medizinischen Behandlungspflege und soziale Betreuungsleistungen angeboten. Das Ziel der vollstationären Pflege ist dem Pflegebedürftigen zu helfen, ein möglichst selbstständiges und selbstbestimmtes, der Würde des Menschen entsprechendes Leben zu führen. Dabei soll den Pflegebedürftigen ein qualitätsgerechtes, differenziertes, ausreichendes und umfassendes Leistungsangebot zur Verfügung gestellt werden, welches dem allgemein anerkannten Stand medizinisch-pflegerischer Erkenntnisse entspricht (siehe Sozialgesetzbuch XI, vollstationäre Pflege).

Die öffentliche Diskussion über die Qualität der pflegerischen Versorgung wird maßgeblich durch Medienberichte über die Heimversorgung geprägt. Heime stehen fortwährend in starkem Maße in der Kritik der Öffentlichkeit. Sie sind das bevorzugte Ziel medialer Inszenierungen von Missständen in der Versorgung pflegebedürftiger alter Menschen, sie werden auch fachlich häufig zum Gegenstand von Qualitätskritik (Schneekloth, Wahl, 2007; Dörner, 2007; Wingenfeld, 2015). Damit wird der Eindruck erweckt, dass in der Heimversorgung problematische Zustände und akute Gefährdungen keine Ausnahme, sondern ein Massenphänomen seien. Medial werden Einzelfälle aufgegriffen und als charakteristischer Ausdruck der Versorgungssituation insgesamt beschrieben. Auch die Veröffentlichung der Ergebnisse von Qualitätsprüfungen führen zu Fehlinterpretationen, so wird in den Medien beispielsweise nicht zwischen gesundheitlicher Schädigung von Bewohnerinnen oder Dokumentationsfehlern unterschieden und auch Versorgungsmängel und gesundheitliche Risiken werden in den Medien verwechselt (Wingenfeld, 2015).

Voges (2002) beschreibt, dass mit der Arbeitstätigkeit der Altenpflege in der Öffentlichkeit eine Vielzahl von Negativvorstellungen verbunden sind. Besonders auch, weil unter Arbeit nicht nur Tätigkeiten verstanden werden, sondern vor allen deren Ergebnisse. Bei der Pflege handelt es sich um eine Tätigkeit, deren Ergebnis nicht unmittelbar sichtbar ist (Voges, 2002). Anders ist dies bei der Krankenpflege: Die Klientinnen sind hier zumeist episodenhaft krank und eine mögliche Rehabilitation kann als Ergebnis der Pflegearbeit betrachtet werden. Die Altenpflege hat es dagegen mit Klientinnen zu tun, die gleichzeitig unter mehreren, zumeist chronischen Krankheiten leiden und bei denen ein Rehabilitationserfolg manchmal völlig ausbleibt. Das Ergebnis der Arbeit lässt sich dadurch kaum vermitteln. Das Ausbleiben von Rehabilitationserfolgen oder die Erhaltung einer Pflegesituation, bzw. das Aufhalten einer Situationsverschlechterung sind die Ergebnisse der Altenpflege, wobei dieses für die Öffentlichkeit weniger sichtbar ist. „Pflegeskandale" – also die öffentliche Diskussion über die Nicht-Zielerreichung schädigen hingegen das Image der Altenpflege (ebenda).

Hinzu kommt, dass Altenheime in der Gesellschaft für die Marginalisierung des Alters, speziell des hohen, kranken, und pflegebedürftigen Alters stehen, und gleichzeitig gelten sie als jene Versorgungsform, die auch dann „noch" trägt, wenn alle anderen Versorgungsoptionen versagen (Schneekloth, Wahl, 2007). Die Altenpflegeheime verlieren durch veränderte individuell-gesellschaftliche Sichtweisen vom Altern und sich abzeichnende Einstellungsveränderungen in Bezug auf „gutes“ Altern und „gutes“ Wohnen zunehmend an Attraktivität. Heute werden Heime von alten Menschen als tragfähige Alternative zum Wohnen in Privathaushalten abgelehnt bzw. als möglichst zu vermeidende „Notfallentscheidung“ angesehen (Schneekloth, Wahl, 2007; Backes, Clemens, 2002). Goffmanns (1973) Theorie zur totalen Institution ist zumindest in den Sorgen und Befürchtungen der Pflegebedürftigen und Angehörigen den Einzug betreffend noch aktuell. So ist der Einzug in ein Pflegeheim meist nicht Folge eines selbstständig gefassten Beschlusses. Er resultiert häufig aus der nicht mehr möglichen Pflege und Versorgung im eigenen Zuhause, kann also ein Resultat einer sozialen Zwangslage sein. Eine der grundlegenden mit dem Übergang in ein Pflegeheim verbundenen Befürchtungen ist der von Goffman (1973) dargestellte Identitäts- und Würdeverlust. Zwangsweise Eingriffe in die Privatsphäre, nicht Beachtung persönlicher Tabugrenzen, Einschränkungen der Bewegungsfreiheit und Medikamentenversorgung zur Ruhigstellung sind hierfür Beispiele. Bis heute ist teilweise, noch eine Nachrangigkeit von persönlicher Zuwendung im Verhältnis zur Sicherstellung von Versorgungsabläufen zu beobachten (Wingenfeld, Schnabel, 2002; Büscher, Dorin, 2014). Diese Befürchtungen und Ängste tragen zum problematischen Image der Altenpflege bei und zur Aufforderung, die Qualität in den Pflegeeinrichtungen transparenter zu gestalten.

Mit der Einführung der Pflegeversicherung 1995/96 wurden verschiedene Anforderungen und Formen der Qualitätssicherung in Pflegeheimen festgelegt, die das Versorgungssystem maßgeblich prägen sollten. Neben der Heimaufsichtsbehörde entstand die neue Prüfinstanz des medizinischen Diensts der Kranken-, und Pflegeversicherung (MDK). Externe Qualitätsprüfungen bestimmen seitdem maßgeblich die Qualitätsdiskussion, aber auch den Alltag der internen Qualitätssicherung, die sich mehr und mehr an den Erwartungen der Prüfdienste orientiert (Wingenfeld, 2015).

Seit dem Bestehen der Pflegeversicherung hat sie einige Reformen und Novellierungen hinter sich gebracht, die auch die Qualitätsentwicklung der stationären pflegerischen Versorgung betreffen. Relevant für die stationäre Langzeitpflege war hier beispielsweise das Pflegeleistungsergänzungsgesetz (01.04.2002). Das Gesetz bewirkte, dass Demenzerkrankte, psychisch Kranke und geistig-behinderte Menschen mit anerkannt eingeschränkter Alltagskompetenz und der sog. „Pflegestufe 0“ erstmals zusätzliche Betreuungsleistungen (Gespräche, Spiele, Spaziergänge etc. durch geschulte ehrenamtliche Kräfte) zu ihrer Aktivierung in Gruppen oder als Einzelne erhielten. Durch das erste Pflegestärkungsgesetz (PSG I) stiegen 2015 u. a. die Leistungssätze der Pflegekassen für Versicherte mit Demenz und Pflegebedürftige mit den Pflegestufen „0", 1, 2 und 3. Besonders relevant für die Pflegeheime ist die Refinanzierung von mehr Betreuungskräften in den Pflegeheimen. Eine grundsätzliche Reform der Pflegeversicherung hat das zweite Pflegestärkungsgesetz (PSG II) eingeleitet, das seit 2016 gilt und seit dem 01.01.2017 große Veränderungen bewirkt. Damit insbesondere die vielen demenzerkrankten Älteren, aber auch dauerhaft psychisch Kranke oder geistig behinderte Versicherte die gleichen Leistungen wie körperlich Pflegebedürftige erhalten, wurde das Begutachtungssystem für Hilfs- und Pflegebedürftige zu Januar 2017 komplett umgestellt. Mit dem „Neuen Begutachtungsassessment" (NBA) wird seitdem überprüft, wie selbstständig Antragstellerinnen noch sind. Dieses Begutachtungsverfahren hat zum 01.01.2017 das bisherige Gutachten nach der Minutenpflege abgelöst. Entsprechend ihrer noch vorhandenen Selbstständigkeit weisen die Pflegekassen seitdem ihren Versicherten einen der fünf neuen Pflegegrade zu und gewähren entsprechende Leistungen. Die Einteilung der Leistungsempfängerinnen nach Pflegegraden 1, 2, 3, 4 und 5 hat die bisherige Einstufung nach den Pflegestufen „0", 1, 2 oder 3 komplett abgelöst (Richter, 2017).

Damit verbunden steht auch die Qualitätsdebatte derzeit vor einem Umbruch. Denn einerseits wird in der öffentlichen Diskussion das Bild von katastrophalen Zuständen in der pflegerischen Versorgung gezeichnet, andererseits bescheinigen die sog. Pflegenoten den stationären Einrichtungen bis auf seltene Ausnahmen eine scheinbar gute und vielfach sogar sehr gute Qualität (Wingenfeld, 2015). Die Forderung nach mehr Transparenz, neuen Qualitätskriterien und neuen Prüfmethoden wird lauter und 2019 wurde der neue Pflege-TÜV mit wissenschaftlich evaluierten Überprüfungskriterien in der Praxis etabliert. Da in dieser neuen Qualitätsbeurteilung der tatsächliche Zustand bzw. die Veränderungen im Zustand der Bewohnerinnen im Zentrum stehen, ist damit die Hoffnung verbunden, dass sich die tatsächliche Qualität der Pflegeeinrichtung in Hinblick auf die Pflegequalität verbessern wird. Auch wird davon ausgegangen, dass durch die zwei Säulen der Qualitätsüberprüfungen (Übertragung der Versorgungsergebnisse aller Bewohner an die Datenauswertungsstelle und die Ergebnisse der Stichproben durch die externe Qualitätsüberprüfung durch den MDK), die Beurteilung der Qualität auf eine wesentlich breitere Grundlage gestellt wird. So wird davon ausgegangen, dass es zu einer erheblichen Ausdifferenzierung der Einrichtungen untereinander kommen wird. Anstelle des Schulnotensystems lassen sich nun die Ergebnisse in Bereichen zwischen weit über bis weit unter dem Durchschnitt zu den einzelnen Qualitätsindikatoren darstellen (CareKonkret, 2019).

Im Dienstleistungssektor der Altenpflege ist die Qualität sehr stark an das Personal und die empfundene Qualität sehr subjektiv an die Zufriedenheit des

Klientels gekoppelt. Die ausgeprägten Konkurrenzen auf dem Pflegemarkt und die rasante Entwicklung im Pflegesektor beeinflussen die Qualitätsdebatten in Pflegeeinrichtungen, die sich gerade im Zuge der Ökonomisierung teilweise an vom privaten Dienstleistungsbereich transferierten Qualitätsmanagementsysteme orientieren. Die Modelle DIN EN ISO und das EFQM betonen die Bedeutung der Kundenzufriedenheit, wobei die Komponente der Zufriedenheit in Altenpflegeeinrichtungen bis zur Einführung des Pflegeversicherungsgesetzes sehr stark vernachlässigt. Im Zuge der mittlerweile vorgeschriebenen qualitätssichernden Maßnahmen sollen sie ihre Pflegekonzepte daraufhin ausrichten. Der Gesetzgeber wiederum verlangt eine ganzheitliche Pflege, die die Würde des Menschen und ihre individuellen Bedürfnisse berücksichtigt (MDS, 2000).

Im Rahmen der Qualitätsdebatte werden unterschiedliche Qualitäts-Begriffe verwendet, zu dem jeweils ein unterschiedliches Verständnis von Pflege und Qualität in der Pflege enthalten ist. So kann die Qualität funktional verstanden werden, die basierend auf einem merkmalorientierten Verständnis davon geprägt ist, dass bestimmte Anforderungen oder Merkmale an einer Dienstleistung exakt definiert sind, die erfüllt werden müssen. Bei den merkmalsorientierten Definitionen von Qualität ist ein starker Bezug zur vergleichenden Bewertung von Industrieprodukten erkennbar. In den DIN-Normen ist der Begriff Qualität als „die Gesamtheit von Eigenschaften und Merkmalen eines Produktes oder einer Dienstleistung, die sich auf deren Eignung zur Erfüllung festgelegter oder vorausgesetzter Erfordernisse bezieht" (DIN EN ISO 8402:1995-08) definiert. Pflegequalität zeigt sich auch in der Erfüllung von normativen Standards, die festlegen, wie Strukturen und Abläufe zu gestalten sind. Die Pflegebedürftige wird zur Kundin und dabei werden die Abhängigkeitsverhältnisse und das daraus komplexe Beziehungsgeflecht zwischen Pflegebedürftiger und Pflegekraft ignoriert und vernachlässigt. Bei den objektiven Qualitätsbegriffen wird davon ausgegangen, dass sich die Pflegequalität nicht in der Erfüllung von Standards zeigt, sondern dass der Fokus auf dem Handlungsinhalt liegen muss und davon ausgegangen wird, dass die Qualität ein Unterscheidungsmerkmal darstellt, das sich jeweils in der individuellen Pflegesituation aus der Angemessenheit und Begründbarkeit ergibt (Schöninger, 2002).

Besonders populär sind in der Pflege die analytisch-evaluativen Qualitätsbegriffe. Sie orientieren sich am kategorialen System von Donabedian und es werden Strukturen, Prozesse sowie Ergebnisse betrachtet. Qualität formuliert diesem Verständnis nach den Grad der Übereinstimmung zwischen zuvor festgesetzten Kriterien und der tatsächlich erbrachten Leistung im Sinne eines Ist-Soll-Vergleichs. Unter Strukturqualität werden die Rahmenbedingungen für die pflegerische Versorgung gefasst (z. B. personelle Voraussetzungen nach Bestand und Qualifikation, Regelungen über Aus-, Fort- und Weiterbildung, die räumliche und apparative Ausstattung, die organisatorischen und finanziellen Gegebenheiten). Die Prozessqualität beinhaltet sämtliche pflegerischen Aktivitäten (z. B. Anamnese, Pflege, Versorgung, Begleitung der Angehörigen, medizinische Versorgung). Die Ergebnisqualität umfasst die End-, bzw. Zielpunkte pflegerischer Versorgung im eigentlichen Sinne. Sie beschreibt die durch das medizinische Handeln bewirkten Veränderungen des Gesundheitszustands einschließlich weiterer von der pflegerischen Versorgung ausgehender Wirkungen (z. B. subjektive Befindlichkeit, Zufriedenheit der Bewohnerinnen). Zur Ergebnisqualität zählt auch das öffentliche Meinungsbild der Altenpflege (Schwartz, et al., 2006).

Interessant ist das normative Qualitätsverständnis. Hierbei ist Pflege auf die Erzielung größtenteils nicht gegenständlicher, nicht greifbarer und für Dritte nicht sichtbarer oder nur mittelbar erkennbarer Wirkungen und Ergebnisse ausgerichtet. Die professionelle Pflege sollte nach berufsethischen Qualitätskriterien entwickelt werden, die sowohl fachliche und persönliche Kompetenzen und Einstellungen als auch moralische Haltungen beschreiben und den beruflichen Alltag handlungsleitend bestimmen. Diese Kriterien müssen sich jenseits ökonomischer Maßstäbe und Messgrößen bewegen und mit einer gesellschaftlichen Wertediskussion einhergehen, vor allem aber die Sicht der Pflegeempfängerinnen berücksichtigen (Schöninger, 2002). Letztlich hängt die Pflegequalität sehr stark von der Ausübung, also der Performance in einer pflegerischen Situation ab. Diese werden durch affektive und affektbeeinflussende Persönlichkeitsmerkmale geprägt, die von den Pflegenden selbst nur bedingt reflektiert werden können und die auf deren Handeln wirken. Bewusste Affektsteuerung (z. B. Achtsamkeitstraining) wäre zwar für die beruflich Pflegenden sinnvoll, ist allerdings kein Gegenstand von Pflegebildung (Luderer, Meyer, 2018).

Die affektive Natur, Einstellungen und das Moralverständnis einer Person gelten als schwer messbare Konstrukte, die in der Überprüfung der Pflegequalität kaum eine Rolle spielen (Kuis et al., 2014). Doch genau jene Konstrukte sind es, die bestimmen, ob Pflege außerhalb von qualitätsüberprüfenden Situationen nachhaltig entsprechend der vorgegebenen Kriterien „qualitätskonform" umgesetzt wird. Dies wird sichtbar in der Einhaltung hygienischer Richtlinien oder in der Wahrung der Persönlichkeitsrechte Pflegebedürftiger und daran, ob Zuständigkeiten in den Kontexten erkannt und wahrgenommen werden, der anwaltschaftlichen Vertretung von Bewohnerinnen und deren Angehörigen in hierarchisch geprägten Interaktionen im Gesundheitswesen. Dazu kommt auch die Zusammenarbeit im Team oder mit Netzwerkpartnerinnen, die Wahrung interkultureller und interreligiöser Bedürfnisse, die Identifikation besonderer Bewohnerinnenbedürfnisse, beispielsweise bei Fragen der Palliation und bei der beruflichen Interessenvertretung. Auch wie und ob reflexiv mit Situationen und Fehlern umgegangen wird und, ob und in welchem Maße eine Bereitschaft zur Veränderungen und zu Investitionen besteht und entsprechendes Engagement übernommen wird, ist entscheidend für die Pflegequalität.

In der Debatte um Qualität in der Pflege betont Maurer (2016) die Reduktion der Menschlichkeit in den dominanten Methoden. Als Ursache führt er an, dass sich die Altenpflege an folgenden Leitbildern orientiert. Zum einen benennt er das Leitbild der Messbarkeit (1). Dies ist der Versuch die Wirklichkeit in der Pflege anhand von Zahlen darzustellen. Die Gefahr besteht darin, nicht mitzubekommen, dass es sich hierbei nur um eine Modellkonstruktion handelt. Maurer (2016) hält es für gefährlich, den Bedeutungsverlust nicht zu bemerken. Wenn Menschen und menschliche Beziehungen in rein linearen quantifizierbaren Modellen dargestellt werden, besteht die Gefahr, dass der Mensch aus dem Blick gerät. Zum anderen benennt er das Leitbild der administrativen Erfassung und Kontrolle (2). Als „Organisationswahn und Regelwut" (Maurer, 2016, S. 186) bezeichnet er die Idee, Vorgänge zu dokumentieren und an Kennzahlen zu kontrollieren. Dabei werden Menschen und menschliche Beziehungen ausgeblendet. Zudem kritisiert er die Orientierung am Leitbild der industriellen Herstellungsprozesse (3). Hier wird die Dienstleistung Pflege und damit die menschlichen Beziehungen nach dem Vorbild von industriellen Herstellungsprozessen gestaltet. Dabei werden Menschen und Dinge, Herstellung und Handeln, menschliche Beziehungen und industrielle Herstellung, Produkt und Dienstleistung nicht differenziert und die Unterschiedlichkeiten zudem nicht beachtet (Maurer, 2016).

Auch wenn in Einrichtungen der Langzeitpflege die Qualität funktional oder analytisch-evaluativ interpretiert wird, ist es für Pflegende ratsam, sich an den Bewohnerinnen zu orientieren. Letztlich zeichnet sich eine qualitative hochwertige Pflege dadurch aus, dass sie an den Bedürfnissen und Vorlieben der Pflegeempfängerinnen ausgerichtet ist und Maßnahmen mit nachgewiesener Wirksamkeit unter Berücksichtigung der Wirtschaftlichkeit anbietet (Hasseler et al., 2016). Um die Angemessenheit von Zeit und Rahmenbedingungen in Synchronisation mit den Bedürfnissen der Pflegebedürftigen zu erfassen, benötigen Pflegende ein ausgeprägtes Maß an Perspektivübernahmefähigkeit (Batson, 2009), dass in der Emotionsforschung auch mit Sensitivitätsanforderungen beschrieben wird. Zudem ist auch ein Ethikkodex für die Berufsgruppe Pflege sinnvoll, der Empfehlungen für die Priorisierung des pflegerischen Handlungsauftrages (im Fokus die Bewohnerinnen und deren Gesundheit) (Luderer, Meyer, 2018). Ein Ethikkodex verpflichtet die Pflegenden zur aktiven Mitwirkung und Mitgestaltung der Pflegeforschung und zur Umsetzung der jeweils aktuellen wissenschaftlichen Erkenntnisse zum Wohl der Patienten (ANA, 2015, Riedel et al., 2017).

Berger und Tegtmeier (2016) schlagen vor, die internen Qualitätsentwicklungen durch die Professionsentwicklung in stationären Einrichtungen zu befördern. Einrichtungen sollen demnach die interne Qualitätsentwicklung neu forcieren, um sich von der externen Normierung der Prüfinstanzen zu lösen. Dazu bedarf es vor allen, den Fokus verstärkt auf die Professionsentwicklung (dieses beinhaltet auch die Etablierung eines Ethikkodexes) sowie auf die Frage zu legen, wie neues Wissen in die Pflege gelangen kann (Berger, Tegtmeier, 2016).

Isfort (2018) beschreibt, dass die Arbeitsdichte im Bereich Pflege durch die ansteigenden Zahlen an Pflegebedürftigen und komplexen Anforderungen von den Pflegenden als hoch eingeschätzt wird. Dadurch sehen die Pflegenden den Anspruch an die nötige emotionale Zuwendung und empathische Pflege nicht als erfüllt an, zumal viele der von ihnen geleisteten unsichtbaren Tätigkeiten nicht wertgeschätzt werden (Sasso et al., 2017). Amiri et al. (2018) verdeutlichen dabei einen Zusammenhang von moralischen Konflikten Pflegender und schlechter Pflegequalität, was wiederum zu einer Verschärfung der Arbeitssituation führen kann (Schürmann, Gather, 2018).

4.1.3 Beschäftigungsstrukturen

Hinreichend bekannt ist, dass die Arbeitsbedingungen für die Pflegekräfte in den Pflegeeinrichtungen nicht befriedigend sind. Auf Grund dieser seit Jahren bestehenden Situation entsteht der Eindruck, dass die Pflege als personenbezogene Dienstleistung von den Verantwortlichen in Politik und sozialer Selbstverwaltung nicht zur Kenntnis genommen wird und daraus dann auch die entsprechenden Konsequenzen in Bezug auf die Personalausstattung und entsprechende Bildungsarbeit nicht gezogen werden (Sickau, Thiele, 2017). Pflegende und Pflegeeinrichtungen werden hier von der Politik allein gelassen und in den Einrichtungen wächst die Relevanz der Personalplanung mit den knappen zur Verfügung stehenden Ressourcen. Denn letztlich ist die Personalplanung eine relevante Stellschraube für den wirtschaftlichen Erfolg einer Pflegeeinrichtung. Die Personalintensität der personenbezogenen Dienstleistung Altenpflege hat zur Folge, dass der größte Teil der Betriebskosten für den Faktor menschliche Arbeitskraft aufgewendet wird. Durch den erhöhten Wettbewerb der Dienstleistungsanbieter auf dem Pflegemarkt wird eine „sparsame" Wirtschaftsführung beim Einsatz dieser Ressource zu einem wichtigen Wettbewerbsvorteil. Die daraus entstehende Personalplanung hat Auswirkungen auf die Arbeitsbelastung der Pflegenden (Voges, 2002).

In den rund 26.000 Pflegeheimen und –diensten waren Ende des Jahres 2015 rund eine Mio. Personen beschäftigt, 2005 waren es noch 760.000 gewesen. Die Zahl der im Pflegesektor Beschäftigten ist folglich um 42,7 Prozent angestiegen. Etwas mehr als zwei Drittel (67,2 Prozent) der Beschäftigten waren Ende 2015 im stationären Bereich tätig, dies entspricht rund 730.000 Arbeitnehmerinnen. Im stationären Kontext überwiegt der Anteil der Personen, die (noch) keine Berufsausbildung aufweisen oder Personen mit anderen Abschlüssen (darunter auch Heilerziehungspflege und Medizinalfachberufe) und Personen mit Abschlüssen zur Pflegehilfe. Lediglich 33,4 Prozent des Ende 2015 beschäftigten Personals in Pflegeheimen hatte eine dreijährige Ausbildung als Pflegefachkraft. Der Anteil ist innerhalb der letzten Jahre rückläufig, 2005 betrug er noch 38,0 Prozent. Betrachtet man ausschließlich die Personen, die in der direkten Pflege und Betreuung tätig sind, so lag der Anteil an pflegefachlich qualifizierten Kräften in den Pflegeheimen jedoch deutlich höher. Rund die Hälfte der hier Tätigen (49 Prozent) besaß eine dreijährige Ausbildung (Pflegestatistik 2005–2015; Schwinger, Tsiasioti, 2018, S. 195 f.). Die Mehrzahl der Beschäftigten in Pflegeheimen war weiblich (84 Prozent) und nahezu jede dritte Beschäftigte in der Altenpflege (32,9 Prozent) weist ein befristetes Arbeitsverhältnis auf, wesentlich mehr als bei den Beschäftigten insgesamt (14,6 Prozent) (Kliner et al., 2017, S. 33 f.). Auch arbeiten mehr als zwei Drittel (69 Prozent) der Beschäftigten in der Altenpflege in Teilzeit (Statistisches Bundesamt, Pflegestatistik, 2017).

In vielen Bundesländern, wie Bremen, Brandenburg, Rheinland-Pfalz etc. arbeiteten 2015 mehr als die Hälfte der Altenpflegerinnen in Teilzeit (Statistisches Bundesamt, Pflegestatistik, 2017). Über das Ursachen-Wirkungs-Verhältnis ist nur zu mutmaßen: Nach Simon gibt es vor allem „einen Mangel an adäquaten Vollzeitäquivalenten und an Arbeitsbedingungen, die eine langfristige Vollzeitbeschäftigung ohne Beeinträchtigung der Gesundheit ermöglichen“ (Simon 2011). Simon hält diese Entwicklung zu großen Teilen für arbeitgeberinitiiert. Denn eine hohe Teilzeitquote erzeugt Rationalisierungspotentiale bei den Mitarbeiterinnen, da diese in Zeiten starker Arbeitsverdichtung als quantitative „Reservearmee“ flexibler einsetzbar und eher zu Überstunden bereit sind oder sich aus arbeitsfreien Zeiten zurückholen lassen (Simon, 2011). Allerdings ist die starke Verbreitung der Teilzeit auch auf arbeitsorganisatorische Gründe zurückzuführen, da der höchste Arbeitsanfall in der Pflege auf die Morgen- und Abendstunden entfällt. (Bogai, Hirschenauer, 2015). Umgekehrte Wechselwirkungen konstatiert

Simon jedoch ebenfalls: Pflegekräfte reduzieren ihre Arbeitszeit immer häufiger von sich aus, um sich angesichts zunehmender Belastungen vor potenziellen gesundheitlichen Folgen zu schützen (Simon, 2011). Theobald und Kolleginnen beschreiben, dass sich die negativen Folgen von Teilzeitarbeit (besonders geringfügiger Beschäftigung) in der Erwerbsbiographie zeigen, in geringen Partizipationschancen, geringeren Einkommens- und Karrieremöglichkeiten sowie einem eingeschränkten Zugriff auf Leistungen der sozialen Sicherung (Theobald, et al., 2013).

Obgleich es einen personellen Anstieg im Pflegesektor zu verzeichnen gibt, reichen die bisherigen Beschäftigen nicht aus, um den Bedarf an Pflege abzudecken. In der Studie „Pflegewirtschaft 2011" wurde ermittelt, dass aufgrund der demographischen Entwicklung der Bedarf an Voll- und Teilzeitbeschäftigten bis zum Jahr 2050 voraussichtlich auf bis zu 2,1 Mio. steigen wird (Bernhard, 2014). Auch aus einer Pressemitteilung des Statistischen Bundesamtes geht hervor, dass im Jahr 2025 in der Pflegebranche vermutlich rund 152.000 Beschäftigte fehlen werden. Umgerechnet auf die tarifliche Arbeitszeit entspreche das etwa 112.000 Pflegevollkräften in Kliniken, ambulanten und stationären Pflegeeinrichtungen. Im Jahr 2025 stehe dem Bedarf an 940.000 Pflegevollkräften ein Angebot von lediglich rund 828.000 Pflegenden gegenüber (Maier, 2011). Obgleich die Zahlen nicht identisch sind, weisen Zukunftsszenarien übereinstimmend darauf hin, dass es eine erwartbare Diskrepanz zwischen Fachkräfteangebot und Fachkräftebedarf geben wird (Simon, 2011).

Aus Konsequenz dieser Diskrepanz ist bereits heute erkennbar, dass sich der Arbeitsmarkt im Gesundheitswesen immer mehr zu einem Arbeitnehmerinnenmarkt entwickelt. Pflegefachkräfte haben mittlerweile die Wahl: Sie können sich für den Arbeitgeber entscheiden, der ihnen die besten Bedingungen bietet – denn der Konkurrenzkampf um gut ausgebildete Pflegekräfte ist groß. Daraus folgt unweigerlich, dass Klientinnen und Pflegeeinrichtungen gezielte Anstrengungen zur Steigerung der Attraktivität und Verbesserung der Arbeitsqualität unternehmen müssen, um die richtige Kandidatin zu gewinnen (Stockinger, 2014).

Die oben diskutierten qualitativen Schwächen in der Pflegebranche können das Resultat von zu wenig Personal sein. So wird das Personal in Bezug auf den steigenden Pflegeaufwand der Bewohnerinnen nicht angepasst. Auch die im Heimgesetz vorgeschriebene Fachkraftquote[1] wird nicht flächendeckend erreicht

[1] In der Heimpersonalverordnung des Bundes zum Heimgesetz (HeimPersV) ist in § 5 Abs. 1 die sogenannten Fachkraftquote geregelt, nach der betreuende Tätigkeiten nur durch Fachkräfte oder unter angemessener Beteiligung von Fachkräften wahrgenommen werden dürfen. Hierbei muss mindestens einer, bei mehr als 20 nicht pflegebedürftigen Bewohnerinnen oder mehr als vier pflegebedürftigen Bewohnerinnen mindestens jeder

(Gress, Stegmüller, 2016, Schneekloth, Wahl, 2007). In Pflegeheimen ist zwar ein überdurchschnittlicher Zuwachs an Pflegenden, gegenüber den anderen Tätigkeitsfeldern von Pflegeberufen zu verzeichnen, aber dieser Zuwachs resultiert auch an dem veränderten Bedarf an pflegerischer Kompetenz in der stationären Langzeitversorgung. Simon (2011) beschreibt, dass besonders seit 2007 eine Stagnation bei der Anzahl von examinierten Altenpflegenden bei der Beschäftigung in stationären Altenpflegeheimen zu verzeichnen ist, da der Anteil an Hilfskräften stark ansteigt. Die deutlichen Beschäftigungszuwächse in Pflegeheimen sind – wie auch in den anderen Versorgungsbereichen – vor allem das Ergebnis einer Ausweitung der Teilzeitbeschäftigung. Sie erfolgte in den Pflegeheimen deutlich stärker als in den anderen Einrichtungen.

Pflegekräfte, besonders im Altenpflegeheim, gehören zu einer stark beanspruchten Berufsgruppe. Ein hoher Krankheitsstand und auch lange Fehlzeiten durch Krankheit kommen in der Pflegebranche häufig vor. Dies ist eine besondere Herausforderung für die betroffenen Einrichtungen, die betriebswirtschaftlich und kosteneffizient planen und haushalten müssen.

Zudem gehören Altenpflegende zu einer Hochrisiko-Gruppe bezüglich der Ausbildung einer Burn-out-Symptomatik in Folge von beruflichen Fehlbelastungen (Bradley, Cartwright, 2002). Die für die LASA-Studie durchgeführte Unternehmensbefragung hat ergeben, dass besonderer Handlungsbedarf in den Pflegeberufen besteht. Die physischen und psychischen Belastungen der Pflegenden in Verbindung mit der niedrigen Entlohnung werden als die Hauptursache für den Fachkräftemangel bei Altenpflegenden angesehen (Frei et al., 2010).

Die mangelnde Personalausstattung in der Altenpflege führt allerdings nicht nur zu einer hohen psychischen und physischen Beanspruchung der Beschäftigten und engt die Möglichkeiten zur Umsetzung von entlastenden Strategien ein. Zumindest Studien aus dem Ausland zeigen, dass eine verbesserte Personalausstattung die Qualität der Pflege erhöht – zum Beispiel durch Reduktion von Pflegefehlern und eine verbesserte Versorgung von schwerstpflegebedürftigen Personen (Chen, Grabowski, 2015). Die Befürchtung dieser Ergebnisse ist, dass eine mangelnde Personalausstattung die Gefahr von Pflegefehlern erhöht und damit die Qualität gefährdet. Im zweiten Pflegestärkungsgesetz (siehe §113c, SGB XI) ist hierzu eine Personalbemessung in Pflegeeinrichtungen vereinbart worden. Bis zum 30. Juni 2020 wird hierzu die Entwicklung und Erprobung eines wissenschaftlich fundierten Verfahrens zur einheitlichen Bemessung des

---

zweite weitere Beschäftigte eine Fachkraft sein. In Heimen mit pflegebedürftigen Bewohnerinnen muss auch bei Nachtwachen mindestens eine Fachkraft ständig anwesend sein. Die Fachkraftquote benennt nicht spezifische Berufe, wie beispielsweise Angehörige der Pflegeberufe (Igl, 2016)

Personalbedarfs in Pflegeeinrichtungen nach qualitativen und quantitativen Maßstäben vorgeschrieben (Greß, Stegmüller, 2018). Greß und Stegmüller analysieren die Strukturen der USA, wo bereits Mindeststandards bei der Personalbemessung in der Langzeitpflege umgesetzt wurde, und begrüßen auch für Deutschland die geplanten Entwicklungen. Resümierend kommen sie zum Ergebnis, dass die gesetzlichen Vorgaben für Mindeststandards bei der Personalbemessung grundlegend zu einer verbesserten Personalausstattung in Pflegeheimen führen und es dadurch zu positiven Effekten auf die Pflegequalität vor allem durch die Neueinstellungen von Pflegefachkräften kommt. In den USA wurde in vielen Regionen besonders in Hilfskräften investiert, die Investition in Fachkräfte hat aber mehr Auswirkungen auf die Qualität (Greß, Stegmüller, 2018). Greß und Stegmüller sehen auch für Deutschland die Gefahr, dass Einrichtungen zur Erfüllung der Mindeststandards vor allem in die Neueinstellung von Pflegehilfskräften investieren. Eine fachliche hochwertige Versorgung setzt daher die Vorgabe einer ambitionierten Fachkraftquote und eine hinreichende Finanzierung der Einrichtungen voraus. Im Rahmen des deutschen Finanzierungssystems würde dies bedeuten, dass sowohl die Versicherungsträger als auch die Träger der Sozialhilfe und die Pflegebedürftigen selbst zusätzlich finanzielle Belastungen zur Finanzierung einer adäquaten Personalausstattung in den Einrichtungen tragen müssten (Greß, Stegmüller, 2018)

Auch bei der Erfüllung von zukünftigen Mindeststandards wird die Herausforderung darin bestehen, genügend Mitarbeiterinnen zur Verfügung zu haben. Neben der Akquirierung von Pflegenden, die Gesunderhaltung der Berufsangehörigen, die Ausweitung von Vollzeitäquivalenten wird auch die Berufsbindung ein wesentliches Element der Personalpolitik in der Altenhilfe sein.

Wie in Abschnitt 2.4 bereits beschrieben, ist die Pflegebranche von hohen Personalmangel und Personalrotationen geprägt. Aber auch die Absichten den Beruf oder die Arbeitsstelle zu verlassen scheinen erhöht zu sein. 25–30 Prozent der Pflegenden, denken ein bis mehrfach in der Woche an einen Ausstieg aus dem Beruf (Simon, et al., 2005). Auch die europäische Next-Studie ergab, dass in Deutschland die Absicht, den Pflegeberuf zu verlassen, vor allem im zweiten und vierten Beschäftigungsjahr am stärksten war (Hasselhorn et al., 2005). Dass sich die Erwartung, den Pflegeberuf frühzeitig zu verlassen häufig schon während der Ausbildung manifestiert, belegt eine Studie der Universität Greifswald (Golombek, Fleßa, 2011). Eine Befragung von Gesundheits- und Krankenpflegeschülerinnen in Berlin und Brandenburg zu ihrer erwarteten Verweildauer im Beruf kommt zu folgendem Ergebnis: 30 Prozent der Schülerinnen in Berlin beabsichtigten, gar nicht oder maximal fünf Jahre in ihrem Ausbildungsberuf tätig zu sein. In Brandenburg betrug der Anteil 20 Prozent (ebenda, S. 3). Zu den Gründen für den erwarteten Berufsausstieg nannten in beiden Bundesländern 40 Prozent der jungen Berufsanwärterinnen die Unvereinbarkeit von Beruf und Familie, Betriebsklima und Unternehmenskultur sowie physische und psychische Belastungen. Von jeder dritten Schülerin wurde auch das zu geringe Gehalt als Hauptmotiv genannt (Bogai, Wiethölter, 2015). In einer Untersuchung zu Pflegekräften in Rheinland-Pfalz wurden ebenfalls nennenswerte Unterschiede in der Verweildauer von Helferinnen in der Krankenpflege und Altenpflegerinnen einerseits und examinierten Krankenschwestern anderseits festgestellt (Behrens et al., 2007). Insbesondere die jüngeren Beschäftigen verlassen den Pflegeberuf häufig: Über die Hälfte der Ausstiege von Pflegenden fand in den ersten Jahren nach Abschluss der Ausbildung statt (ebenda). Zudem scheint die Zeit bis ca. fünf Jahre nach Berufseintritt eine Phase zu sein, in der Pflegende tatsächlich ihren Beruf oder zumindest ihre Tätigkeit im Patientenkontakt häufiger verlassen als später (Rudman et al., 2010). Begründet wird dies mit der Aufnahme weiterführender Studiengänge und Familiengründung, aber auch mit dem ständigen Erleben von Stress, Überforderung und Frustration bei einem gleichzeitig hohen Anspruch an eine professionelle Berufsausübung. Die dabei entstehenden Konflikte werden v. a. von den in ihrer Kompetenzentwicklung noch am Anfang stehenden Berufsanfängerinnen als besonders belastend erlebt. Einen Lösungsweg sehen sie dann im Berufsaustritt (Rudman, 2010; Missen et al., 2014).

Findet der Einstieg in den Beruf erst im Alter von 35 bis 44 Jahren statt, sind zehn Jahre nach dem Berufseinstieg noch 70–80 Prozent der jeweiligen Berufsangehörigen in ihrem Beruf tätig (Behrens, et al., 2007). Trotz aller Unterschiede im Erhebungsverfahren kommt auch Hackmann (2010) zu einem ähnlichen Ergebnis. Danach nehmen die Abbruchraten in höheren Altersklassen ab. Geringe Berufswechselkosten und weniger familiäre Verpflichtungen in jungen Jahren werden als Gründe für höhere Berufsabbruchraten bzw. Berufswechsel genannt (Bogai, Wiethölter, 2015).

Tourangeau et al. (2010), die die Arbeitsbeziehungen von Pflegenden im Altenpflegeheimen mit den Schwerpunkten Arbeitszufriedenheit und Wechselbereitschaft analysiert haben, kommen in ihrer Studie zum Ergebnis, dass Aktivitäten zur Optimierung der Arbeitsplatzzufriedenheit (in)direkt auf die Wechselbereitschaft wirken. Sie empfehlen mehr Aufmerksamkeit auf den Zusammenhalt innerhalb der Teams zu richten, auf die Anerkennung erreichter Ziele und Erfolge sowie die Reduzierung von Burn-out (insbesondere: emotionale Belastungen, depersonalisiertes Umfeld sowie persönlicher Beitrag zu den Erfolgen im Wohnbereich). (Tourangeau et al., 2010).

4.1.4 Arbeitsbedingungen in der Altenpflege

Die Arbeitsbedingungen in der Pflege sind das Ergebnis der Ressourcenverteilung im Gesundheitswesen. Der Beruf der Pflege, insbesondere der Bereich der stationären Langzeitpflege, gilt als schlechtbezahlter Beruf mit herausfordernden Arbeitsbedingungen. Bis Mitte Mai 2013 betrug der Mindestlohn in der Pflege 8,50 Euro und lag damit unter dem Mindestlohn für ungelernte Reinigungskräfte. Damit wird die geringe gesellschaftliche Wertschätzung pflegerischer Arbeit mehr als deutlich zum Ausdruck gebracht. Inzwischen ist der Mindestlohn auf 11,35 Euro[2] angehoben worden (Bundesministerium für Gesundheit, 2019). Das Budget für die Personalkosten ergibt sich aus den Pflegesatzverhandlungen, die im Zuge der Selbstverwaltung ermittelt werden. In diesem System existieren zwei Problematiken. Zum einen muss der verhandelte Pflegesatz durch die Beiträge der Bewohnerinnen refinanziert werden. Das bedeutet, ein höheres Verhandlungsergebnis lässt die Heimkosten steigen, welches sich negativ auf die Wettbewerbsfähigkeit im Markt auswirkt und somit zu einer reduzierten Belegzahl führen kann. Ein weiteres Problem ist, dass die Parteien am Verhandlungstisch nicht an einem Anstieg des Pflegesatzes interessiert sind. Die Einrichtungsträger wollen wettbewerbsfähig bleiben. Die Pflegekassen, also Kostenträger, sind auch an geringeren Kosten interessiert. Auch die Kommunen wollen keinen Anstieg des Pflegesatzes, denn viele Heimbewohnerinnen sind bei der Heimfinanzierung auf den Sozialhilfeträger angewiesen und so verhandeln die Kommunen letztlich ihren Beitrag selber. Leistungsempfängerinnen, deren Betreuerinnen oder Angehörige sowie auch Staat und Kostenträger mögen es möglichst billig (Maurer, 2016).

Im Markt von Pflegeeinrichtungen hat besonders der Anteil der privaten Anbieter zugenommen, kommunale und gemeinnützige Anbieter stagnieren bzw. sind rückläufig. Es gibt offenkundigen Wettbewerb und zum Teil Verdrängungsversuche. Wem es gelingt, seine Ausgabenseite zu beschränken (v. a. durch niedrigere Personalkosten; z. B. Haustarif), hat eindeutig Wettbewerbsvorteile und kann eine akzeptable Rendite erzielen (Maurer, 2016), zu Lasten von (Pflege)Personal und damit letztlich auf Kosten der Bewohnerinnen.

Mit diesem marktwirtschaftlichen System ist eine flächendeckende gute Entlohnung der beruflich Pflegenden nur schwer vorstellbar. Auch deshalb wurde in den vergangenen Jahren die „Konzertierte Aktion Pflege" etabliert, mit dem Ziel Pflegearbeit an Attraktivität zu stärken. Ein Ergebnis hieraus ist die Verabschiedung des Gesetzes für bessere Löhne in der Pflege im November 2019.

[2] gilt vom 01.01.2020 bis 30.04.2020 für die alten Bundesländer in Deutschland

Die gesetzlichen Grundlagen bieten nun Wege zu besseren Entlohnung in der (Alten)pflege zu gelangen. Zu den Möglichkeiten zählen die Untergrenzen der Mindestlöhne anzuheben und auch für Fachkräfte Mindestlöhne zu etablieren. Zudem besteht die Möglichkeit, einen flächendeckenden Tarifvertrag für die Pflegebranche zu etablieren. Die Sozialpartner debattieren derzeit über die Umsetzung. Die aktuellen Mindestlöhne in der Pflege gelten noch bis April 2020 (Bundesministerium für Gesundheit, 2019).

Die marktwirtschaftlichen Nuancen in der Pflegebranche haben auch auf die Bewohner direkte Auswirkungen. So sind beispielsweise bei den Pflegesatzverhandlungen die Interessenvertreterinnen der Bewohnerinnen nicht anwesend. Pseudomäßig geht es um die Bedürfnisse der Bewohnerinnen und um eine ganzheitliche Versorgung. Faktisch spielen die Bewohnerinnen bei den Pflegesatzverhandlungen aber keine Rolle. Es geht einzig und allein darum, notwendige Dienstleistungen möglichst kostengünstig in das hierfür vorgesehene Budget zu pressen. Begründung hierfür bietet § 29, SGB XI Abs. 1 „Die Leistungen der Pflegeversicherung müssen wirksam und wirtschaftlich erbracht werden. Sie dürfen das Maß des Notwendigen nicht übersteigen." Die Umsetzung dieser Vorschrift hat dazu geführt, dass Pflegebedürftigkeit an Zeitfaktoren festgelegt wurde. In den Pflegebedürftigkeits- und den Begutachtungsrichtlinien werden einzelne Aspekte der Pflegebedürftigkeit erfasst und zeitlich gewichtet. Die von der Pflegeversicherung geforderte Qualitätssicherung ist inzwischen durch eine Taylorisierung von Arbeitsabläufen gekennzeichnet, statt Zuwendung und menschlicher Begegnung, erschöpft sich Pflege heute zunehmend und zwangsläufig in der Erbringung und Buchführung pflegerischer Einzeltätigkeiten (Maurer, 2016).

Auch bei der Einstufung der Pflegebedürftigkeit von Bewohnerinnen, was letztendlich für die Einrichtungen budgetrelevant ist, gibt es einen Systemfehler. Der MDK – als Berater und Begutachterdienst der Kranken- und Pflegekassen – ermisst den individuellen Versorgungsbedarf der zu Pflegenden. Dadurch, dass der MDK die Begutachtung übernimmt, werden die Kostenträger (Pflegekassen) in die Fragen der Leistungsart und –inanspruchnahme direkt mit einbezogen. Hier kann es zu einem Interessenskonflikt zwischen den Interessen der Pflegekassen, Kosten einzusparen, und dem Interesse der zu Pflegenden, gut versorgt zu werden, kommen. Es besteht zumindest die Möglichkeit, dass diese Bewilligungspraxis, die maßgeblich durch das Gutachten des MDK beeinflusst ist, aufgefordert wird, zu sparen, und so bei Pflegebedürftigen ein niedrigeres Maß an Pflegebedürftigkeit begutachtet wird (Slotala, 2011).

Die Arbeitsbedingungen sind an den Personalmangel in der Pflege gekoppelt, der bereits schon heute spürbar ist und sich mit Blick auf die demographischen Entwicklungen in Deutschland noch weiter verschärfen könnte. Pflegende müssen in Zukunft voraussichtlich mit steigenden Bewohnerinnenzahlen und zunehmender Arbeitsverdichtung umgehen (Schulz, 2012). Laut der NEXT-Studie sind in Alten- und Pflegeheimen die quantitativen Anforderungen übermäßig ausgeprägt. Deutschland scheint hier im internationalen Vergleich an der Spitze zu liegen. Zudem zeigen die qualitativen Anforderungen erhebliche Korrelationen mit Burn-out, Fehlzeiten und Fluktuationsneigungen (Simon et al., 2005). Zu hohe Anforderungen im Arbeitsalltag können unter anderem auf eine zu geringe Personaldichte zurückzuführen sein. Diesen Eindruck haben auch die Pflegenden selbst. In einer Befragung des DBfK sind 81,8 Prozent der Altenpflegekräfte der Ansicht, dass die Personalausstattung in den Arbeitsbereichen und in der Schicht unangemessen ist (Tackenberg et al., 2009). Auch der DGB-Index Gute Arbeit kommt zum Ergebnis, dass die Arbeitsbedingungen in vielen Bereichen Mängel aufweisen. In den Bereichen emotionale und körperliche Anforderungen, Arbeitsintensität, Einkommen und betriebliche Sozialleistungen werden die Pflegeberufe mit dem Prädikat schlechte Arbeit von den befragten Berufsangehörigen bewertet (DGB-Index Gute Arbeit, 2018).

Unterschiedliche Untersuchungen kommen zu dem Ergebnis, dass Pflegende ihre Situation oft als belastend erleben. Der DAK Gesundheitsreport (2003) berichtet von diversen Erhebungen, die aufzeigen, dass die Altenhilfe ein Arbeitsfeld ist, in dem häufig Mehrfachbelastungen auftreten. Diese Beanspruchungen sind Auslöser für sowohl körperliche als auch psychische Risikofaktoren, welche durch schwere Tätigkeiten, wie Heben und Tragen, hinzukommendem hohen Arbeitsdruck und geringen Entscheidungsspielraum entstehen können (DAK, 2003). Der psychische Gesundheitszustand in der Altenpflege ist im Vergleich zu den durchschnittlich beruflich Tätigen in Deutschland um zwölf Prozent schlechter (DAK, 2003, S. 53). Die psychischen Beanspruchungen, die bei der Versorgung von alten, pflegebedürftigen Menschen auftreten können, resultieren vorwiegend aus dem fast alltäglichen Umgang mit dem Thema Tod von Bewohnerinnen und bereits bestehenden oder sich entwickelnden Krankheiten während der stationären Versorgung. Dazu zählt beispielsweise die Erkrankung an Demenz (Klein, Gaugisch, 2005; Theobald et al., 2013). Auch sind Pflegende häufig mit aggressivem Verhalten und Gewalthandlungen von Bewohnerinnen konfrontiert, wodurch das jeweilige Stressniveau erhöht wird (Zimber, 1998; Klein, Gaugisch, 2005). Von Berufsangehörigen wird eindringlich bemängelt, dass die Arbeit in der dafür vorgesehenen Zeit nicht zu schaffen ist. Besonders für die Erledigungen der Aufgaben, die Zuwendung zur Bewohnerin wird die Zeit von den Pflegenden als nicht ausreichend bewertet (Buxel, 2011). Die Resultate des DGB-Index Gute Arbeit zeigen auf, dass knapp die Hälfte (46 Prozent) der befragten Altenpflegenden den Eindruck haben, dass sich ihr Arbeitspensum innerhalb der letzten zwölf

Monate erhöht hat. Lediglich 20 Prozent der Befragten in der Altenhilfe gehen davon aus, unter ihren derzeitigen Arbeitsbedingungen bis zur Rente durchhalten zu können (DGB-Index Gute Arbeit, 2018). Auch Zimber et al (1999) kommen in ihrer Langzeitstudie zum Resultat, dass der hohe Zeitdruck neben der mangelnden gesellschaftlichen Anerkennung zu den höchsten Beanspruchungen der beruflich Pflegenden zählt. Befragte Pflegende äußerten, dass das berufliche Selbstverständnis nicht der tatsächlichen Arbeit (wenig Zeit, viel Arbeit) entspricht. (Falkenstein, 2001).

Müller (2016) beschreibt, dass es zu einer Vernachlässigung von Werten in der pflegerischen Arbeit gekommen ist. Die Pflege hat sich als Quasi-Berufsarbeit neben der Medizin entwickelt und wurde durch das Aufgabenprofil Care- und Hausarbeit abgewertet. Diejenige Arbeit, die sich auf relational-leibliche Ebene bezieht wurde aus der Medizin ausgelagert und Frauen zugewiesen. Im Bereich der Pflegeversicherung wiederum werden alle Bereiche ausgeschlossen, die mit relationaler Leiblichkeit in Verbindung stehen und den eigentlichen Inhalt von Ganzheitlichkeit und Achtsamkeit (Care-Arbeit) ausmachen. Somit bleibt eine Pflegearbeit, die auf die Erledigung einzelner Verrichtungen fokussiert ist und dabei möglichst viele Verrichtungen durchführen soll. Nur dann „rechnet sich der Lohneinsatz" (Müller, 2016).

Die Beschränkung der Pflegeversicherung auf Verrichtungen ist auch die Voraussetzung dafür, dass die Verrichtungen einer pauschalen Zeitbegrenzung zugeordnet werden können, die diese wiederum abrechenbar macht. Das Wegstreichen von Care-Arbeit kann dazu führen, dass Pflegende ihre Arbeit als leer bis sinnlos empfinden oder merken, dass sich ihr eigener Aufgabenfokus stark von den Vorgaben der Organisation unterscheidet. Hierzu kann auch die ressourcenfördernde bzw. ressourcenerhaltende Pflege im Versorgungsalltag erwähnt werden. Aus fachlicher Perspektive ist die Ressourcenförderung ein Schwerpunkt pflegerischen Inhaltes. Aber auch aufgrund angespannter Personalsituationen hat sich eine Praxis herausgebildet, in der die Mitarbeiterinnen eher danach streben, Maßnahmen so rasch wie möglich zu erledigen, statt die Eigeninitiative der Bewohnerin zu fördern. Dies kostet in der Regel mehr an Zeit. Konsequente Ressourcenförderung ist unter den gegenwärtigen Bedingungen des Versorgungsalltags schwer zu realisieren. Wenig bewirkt hat die allgemeine Forderung, nach Möglichkeit jede pflegerische Maßnahme nach den Grundsätzen der Ressourcenförderung zu gestalten (Wingenfeld, 2012).

Pflegende erleben auch geringe Entscheidungs- und Gestaltungsmöglichkeiten als belastend (DGB-Index, Gute Arbeit, 2018). Dieses spiegelt sich in strukturellen und einengenden Vorgaben, engen Handlungsspielräumen wider und damit verbunden in der Tatsache, dass viele Aspekte des Fachwissens nicht in der Praxis umgesetzt werden können. Heine (2009) stellt zudem dar, dass sich auch die Behinderung beruflicher und persönlicher Entwicklungschancen negativ auf die Berufsinhaber auswirkt. Zu diesem Aspekt zählen insbesondere die Rationalisierung von Fortbildungsmöglichkeiten, schlechte Entlohnung und fehlende Aufstiegsmöglichkeiten Pflegender. Auch fühlen sich Mitarbeitende in Heimen durch ihre Kolleginnen zeitweilig belastet. Zwar arbeiten Pflegekräfte in Teams und sind auch bereit sich gegenseitig zu unterstützen, damit die kollegiale Hilfsbereitschaft aber dauerhaft nicht zur Beanspruchung wird, müssen interpersonelle und strukturelle Voraussetzungen erfüllt sein. Zu diesen Voraussetzungen gehört, dass die Hilfsbereitschaft nicht zum Nachteil der Helfenden gerät und nicht auf Dauer einseitig bleibt und sie somit überfordert wird. Im betrieblichen Arbeitsleben geht es immer auch um die Verteilung knapper guter Arbeit und Positionen, aber auch reichlich vorhandener ungeliebter Arbeit und schlechter Positionen. Der Zusammenhalt wird dauerhaft gestört, wenn es bei der Verteilung dieser Positionen nicht gerecht zugeht, beispielsweise, wenn ein einzelner sich selbst Verbesserungen zu Lasten der Kolleginnen verschafft (Senghaas-Knobloch, 2000).

Auch das Verhältnis zum Vorgesetzten ist ausschlaggebend für das Wohlbefinden im beruflichen Kontext. Nach Simon et al. (2005) ist in Pflegeheimen das Verhältnis zur Pflegedienstleitung auf relativ hohem Niveau angespannt oder auch feindselig (19 Prozent) (Simon, et al., 2005). Zudem sind auch Rollenkonflikte ein Faktor, die das Gleichgewicht der Berufsausübung stört. So besteht bei vielen weiblichen Pflegekräften ein Konflikt zwischen der Arbeit und dem Familienleben. Die beiden Rollen behindern sich gegenseitig, besonders aufgrund von Zeitmangel (Schichtdienste) und Erschöpfung (Simon, 2011). Nach übereinstimmenden Ergebnissen bislang vorliegender Studien scheinen Konflikte, Arbeitsanforderungen mit dem Privatleben zu vereinbaren, deutlich stärker ausgeprägt zu sein, als Konflikte, die vom Privatleben ausgehen und sich schlecht mit der Arbeit vereinbaren lassen (Simon, et al., 2005). Die Vereinbarung von Privatleben mit den Arbeitsanforderungen ist laut der NEXT-Studie der wichtigste Prädikator für ein gesundheitsbezogenes Outcome im Pflegeberuf (Nübling et al., 2010). Die Vereinbarkeitsmöglichkeiten werden von Einflussfaktoren wie den quantitativen Arbeitsanforderungen, dem Stellenumfang, der Anzahl der Überstunden sowie der Schichtform und der Anzahl der Arbeitswochenenden beeinflusst. Dabei hat eine geringe Vereinbarkeit des Dienstplans mit den Wünschen größeren Einfluss auf ein negatives Arbeitserleben als das Schichtsystem an sich. Dennoch zählen zu den stark belastenden Faktoren im Sektor Pflege die als herausfordernd erlebten strukturellen Defizite, die sich besonders in den Arbeitszeiten widerspiegeln. Die Gestaltung der Arbeitszeiten ist ein wichtiger Faktor der Arbeitsbelastung und beeinflusst die Arbeitsfähigkeit, die Arbeitszufriedenheit und die Gesundheit (Galatsch et al., 2009). Einschlägige Studien zur Arbeitszeit im Gesundheitswesen sowie anderen Arbeitsbereichen belegen die negativen gesundheitlichen Folgen von Schicht- und Nachtarbeit (Berermann, 2010; Hoffmann, Michaelis, 1999). Hinzu kommt, dass viele Pflegende bemängeln, zu wenig Pausen zu bekommen. Nach einer Befragung (3500 Teilnehmerinnen) des DBfK sagten 65 Prozent, dass sie nur dann eine Pause nehmen könnten, wenn es der Arbeitsanfall zulasse. 20 Prozent berichteten sogar, nie eine vollständige und ungestörte Pause zu haben, für weitere 20 Prozent gab es sie seltener als einmal im Monat (DBfK, 2017).

4.2 Sozialer Kontext im Spiegel der demographischen Herausforderungen

Die demographische Entwicklung basiert auf vier parallellaufenden Faktoren, die relevant für den Kontext Altenpflege sind. Diese Faktoren bestehen aus einem Ungleichgewicht zwischen Mortalität und Fertilitätsrate (1), seit 1972 ist die Sterberate höher als die Geburtenrate. Dieses wirkt sich auf die Quantität der Gesamtbevölkerung in Deutschland aus. Durch die höhere Lebenserwartung der Bevölkerung und die rückläufige Geburtenrate (2) entwickelt sich und existiert bereits heute ein Ungleichgewicht zwischen älteren Menschen gegenüber dem Anteil der Jüngeren. Ein dritter Faktor der demographischen Entwicklung ist die Rate von Zuzügen durch Migration (3). Durch die Einwanderung von Menschen aus den Nachbarländern aufgrund von besseren Arbeitssituationen ergibt sich in Deutschland ein „Verjüngungseffekt“, der aber die Alterung der Gesamtbevölkerung insgesamt nicht aufhebt. Zudem ist der Faktor Auswanderung (4) ein Aspekt, der mit im Konzept der demographischen Entwicklung eine Rolle spielt. Im Jahre 2017 sind 1.140.618 Menschen aus Deutschland ausgewandert. Im gleichen Zeitraum sind 1.545.638 in Deutschland zugezogen (Statistisches Bundesamt, 2017). Die Konsequenz der demographischen Entwicklung in Deutschland ist ein Anstieg des Anteils Älterer in der Bevölkerung. Der Höhepunkt des Anstiegs des Anteils alter Menschen wird Prognosen zur Folge etwa ab dem Jahr 2030 in Deutschland erwartet (Statistisches Bundesamt 2017). Auch wenn die gegenwärtigen Diskussionen über die Folgen des demographischen Wandels vorwiegend die Betrachtung der Zukunft fokussieren, soll hier kurz skizziert werden, in welchen Bereichen der Kontext Altenhilfe mit dem begonnenen Prozess der demographischen Veränderung aus heutiger Sichtweise tangiert wird.

4.2.1 Relevanz der Einrichtung Altenpflegeheim

Pflegeheime sind eine stationäre Unterbringungsform für ältere Frauen und Männer mit ausgeprägtem Pflegebedarf. Diese Form der vollstationären Pflege ist darauf ausgerichtet, alten Menschen, die nicht mehr eigenständig in der Lage sind, ihren Haushalt zu führen und eine besondere pflegerische Betreuung benötigen, eine umfassende vollstationäre Betreuung zu gewährleisten (BMG, 2014). Service und Pflege werden durch die jeweiligen Träger wahrgenommen. Die vollstationäre Pflege ist eine vergleichsweise kostspielige Versorgungsform (Wingenfeld, 2008). Je nach Pflegegrad zahlt die Pflegekasse einen Beitrag (bis zur jeweiligen Leistungsgrenze), der jedoch lediglich einen Teil der Kosten für Pflege deckt. Für Unterkunft und Verpflegung muss der Pflegebedürftige selbst aufkommen. Vollstationäre Pflege im Rahmen der Pflegeversicherung findet erst dann statt, wenn häusliche oder teilstationäre Pflege nicht ausreicht und folglich eine sogenannte Heimbedürftigkeit besteht. Letztere wird von den Pflegekassen in Zusammenarbeit mit dem MDK festgestellt. Trotz des Grundsatzes „ambulant vor stationär" bleiben Alten- und Pflegeheime quantitativ immer noch die bedeutendste Sonderwohnform für Ältere (Teti, 2015). Im Mittelpunkt dieser Forschungsarbeit stehen die vollstationären konventionellen Altenpflegeheime der dritten Generation (KDA-Positionen, 2005)[3]. Dieses sind Einrichtungen die in den 80er Jahren entstanden und bis heute Bestand haben. Die Heime sind Wohnheimen ähnlich und der Leitgedanke lautet: „Pflegebedürftige Bewohnerin wird aktiviert" (KDA-Positionen, 2005).

Eine besondere Herausforderung besteht aktuell darin, dass zwar die Altenpflegeheime der dritten Generation weiterhin Bestand haben, aber sich die Bewohnerinnenstruktur in diesen Einrichtungen massiv verändert hat. Die Strukturen und das Klientel stehen divergierend zueinander. So leben heute in Einrichtungen der stationären Altenhilfe schwerstpflegebedürftige, schwerstkranke und psychisch veränderte Menschen (Blüher, et al., 2017).

Stationäre Formen der pflegerischen Versorgung haben sich in den vergangenen 20 Jahren erheblich verändert. Die Bedeutung jeder Form, deren Schwerpunkt im Bereich des Wohnangebots mit einigen ergänzenden Serviceleistungen lag (Seniorenwohnheime), sind stark zurückgegangen. Die stationäre Langzeitpflege

---

[3]Die dritte Generation entwickelte sich ab den 1980er-Jahren. Hier nahm neben der Pflege nun auch das Wohnen einen deutlich höheren Stellenwert ein. Sie orientierte sich am Leitbild Wohnraum. Es sollten Lebensräume entstehen, in denen der Blick nicht länger allein auf die Defizite der Bewohner gerichtet sein sollte, sondern vielmehr auf die Förderung der verbleibenden Ressourcen. Individualität und Privatsphäre wurden verstärkt ermöglicht und es entstanden großzügige Wohn- und Schlafbereich (Büscher, Dorin, 2014, S. 75).

für schwer- und schwerstpflegebedürftige Menschen mit komplexem Hilfebedarf (vollstationäre Pflege) hat hingegen einen stetigen Aufwärtstrend erlebt, der bis heute anhält. Vor allem vor dem Hintergrund der steigenden Lebenserwartung sowie des Rückgangs des familiären Hilfepotentials ist davon auszugehen, dass dieser Trend anhält (Wingenfeld, 2012).

Dennoch möchte die Mehrheit der in Deutschland lebenden Frauen und Männer im Falle des Eintretens einer Pflegebedürftigkeit zu Hause versorgt werden (Böcken et al., 2006 und 2013; COMPASS-Studie 2010). Mit diesem Wunsch ist die Hoffnung verbunden, ein hohes Maß an Selbstständigkeit und Kontinuität im Leben im Hinblick auf vertraute Personen im bekannten Wohnumfeld bewahren zu können (Kuhlmey, Blüher, 2015). Die Herausforderung in der Zukunft wird darin liegen, eine überzeugende Alternative zu der nach wie vor dominierenden Vorstellung vom Ideal der Pflege und Versorgung in der eigenen Häuslichkeit zu bieten. Es gilt also, eine häusliche Versorgung in ein außerhäusliches Setting zu implementieren. Dazu gehören die Beibehaltung einer möglichst großen Eigenständigkeit und Selbstbestimmung, der Verbleib in vertrauten Lebensräumen (Ortsteil, Quartier, Dorf usw.) sowie auch die Durchlässigkeit von Hilfen und die Verzahnung von professionellen und familiären Pflege- und Bezugsperson (ebenda). Kümpers und Wolters sprechen sich auch für die Fokussierung von sozialer Teilhabe bei Wohnformen im Alter aus (Kümpers, Wolters, 2015). Die Träger der stationären Altenhilfe sind vermehrt den Anspruch ausgesetzt, die Erwartungen der Bewohnerinnen, der Angehörigen sowie von der Gesellschaft insgesamt im Hinblick auf eine möglichst hohe Lebensqualität mit der Maxime zu verbinden, traditionelle Heimkonzepte zu einer weiterhin gesellschaftlich akzeptierten „modernen“ Gruppenwohnform für Ältere mit möglichst wenig „Sonderwohncharakter“ weiterzuentwickeln. Aktuelle innovative Wohnkonzepte verbinden, dass ältere Menschen möglichst in kleinen Gruppen, wohnortnah, im Quartier, im vertrauten Stadtteil, als (ambulante) Wohngruppe versorgt werden. Auch der Punkt Pflege steht hierbei nicht im Fokus, sondern eher der Lebensraum und die Beziehungen untereinander (Praxisbeispiele „Pflege im kleinen Kreis“ [Senioren-Wohngemeinschaften], Wohnen im Viertel [Bremer Heimstiftung], Haus Sonnenweid etc. werden im Pflegereport 2015 vorgestellt).

Umfragen nach, bestehen die Kriterien einer guten Versorgung außerhalb der Häuslichkeit, aus gut ausgebildetem Pflegepersonal, einer guten medizinisch-therapeutischen Versorgung, der Sauberkeit der Einrichtung sowie einer angenehmen Atmosphäre bzw. einem höflichen Miteinander (TNS Emnid-Umfrage, 2010). Für mehr als zwei Drittel der Befragten sind die Kosten des Heimaufenthaltes sowie ein ansprechendes Verpflegungsangebot maßgeblich und auch die Lage sowie Umgebung, in der sich das Heim befindet. Für jede zweite Befragte sind der Ruf bzw. die Bekanntheit des Heimes sowie seine ansprechende (innere und äußere) architektonische Gestaltung und einrichtungsinterne Qualitätsüberprüfungen von Bedeutung (Kuhlmey et al., 2010). Mit dem hohen Anspruch der Kundinnen übersteigen die durchschnittlichen Kosten für einen Heimplatz oft das Budget der Hilfebedürftigen. Bei einer vollstationären Unterbringung sind erhebliche Anteile der entstehenden Kosten nicht durch die Pflegeversicherung abgedeckt (Schneekloth, Törne von; 2009, Rothgang, Müller, Unger, 2013). Obwohl zur Finanzierung nicht nur die Betroffenen selbst, sondern neben den Ehepartnerinnen auch die Kinder herangezogen werden, erhalten 35 Prozent der Pflegeheimbewohnerinnen Sozialhilfe (TNS Infratest Sozialforschung 2017, S. 22)

Zur Relevanz von Pflegeeinrichtungen für ältere Menschen gibt Baltes (2006) eine gesellschaftspezifische Sichtweise. So glaubt er, dass sich die Gesellschaft, durch die Alten im vierten Lebensalter bedroht fühlen. Alte Menschen leiden an schweren Mehrfacherkrankungen, häufig in einer komplexen Konstellation von kognitiven Einbußen und mehreren somatischen Funktionsverlusten in den Bereichen der Sensorik und Motorik. Hinzu werden die gesundheitlichen Einschränkungen kombiniert mit schwerwiegenden weiteren kritischen Lebenserfahrungen wie dem Tod der Ehepartnerin und jenseits von 95 Jahren stark zunehmend auch bereits dem Tod von eigenen Kindern. Offensichtlich brauchen stark alternde Gesellschaften „Schutzräume" vor allem für das vierte Alter. In der Gegenwart bilden in starkem Maße Heime diese „Schutzräume" (Schneekloth, Wahl, 2007). Dörner (2009) ist anderer Meinung und ist davon überzeugt, dass niemand in einem Heim leben möchte. Er betont, dass nach der mehr als 100-jährigen Separierung von fitten und nicht-fitten Menschen heute die Integration und Mischung der Gesellschaft wichtig ist. Für ihn sind Altenpflegeheime das Überbleibsel dieser Separierung und die lange ausgebliebenen Alternativen an Wohnformen. Besonders wichtig ist ihm, dass die Hilfe zum Menschen kommen sollte und nicht, wie im Altenpflegeheim, umgekehrt. Dörner nimmt an, dass die Gruppe der Alterspflegebedürftigen und Dementen weiter ansteigen und sich von einer ausgegrenzten Randgruppe zu einem großen und als normal empfundenen Bestandteil der Bevölkerung entwickeln wird (Dörner, 2009). *„Damit endet die Rechtfertigung, sie institutionell auszugliedern, was auch für das Sterben und den Tod gilt: Man empfindet wieder stärker, dass all das zum normalen Leben gehört" (Dörner, 2009).*

4.2.2 Demographischer Wandel, Gesundheit und Pflegebedarf

Die Bewohnerinnen von stationären Pflegeeinrichtungen sind überwiegend ältere Menschen, die pflegebedürftig im Sinne des XI. Gesetzbuches sind. Dieses sind Personen, die dauerhaft gesundheitlich bedingte Beeinträchtigungen der Selbstständigkeit aufweisen und deshalb der Hilfe durch Andere bedürfen. Maßgeblich sind dabei Beeinträchtigungen in der Mobilität, in den kognitiven und kommunikativen Fähigkeiten, in den Verhaltensweisen und psychischen Problemlagen, in der Selbstversorgung, in der Bewältigung von krankheits- oder therapiebedingten Anforderungen und Belastungen sowie in der Gestaltung des Alltagslebens und sozialer Kontakte (siehe § 14 SGB XI). Je nach Schwere der Beeinträchtigung der Selbstständigkeit erhalten die Pflegebedürftigen einen von fünf Pflegegrade (geringe Beeinträchtigungen der Selbstständigkeit (Pflegegrad 1) bis schwerste Beeinträchtigungen mit besonderen Anforderungen an die pflegerische Versorgung (Pflegegrad 5) (§15 abs. 3, SGB XI)). Die Zielgruppe von Pflegeheimen sind Pflegebedürftige mit erheblichen Beeinträchtigungen (ab Pflegegrad 2), die nicht in der Häuslichkeit, ambulant oder teilstationär versorgt werden können.

Unterstützungsbedarfe oder Pflegebedürftigkeit korrelieren mit fortschreitendem Alter. Je älter ein Mensch wird, desto wahrscheinlicher ist es, dass er Unterstützung in seiner Lebensführung bedarf. Damit steigt auch die Wahrscheinlichkeit, in eine Pflegeeinrichtung einzuziehen und daraus ergibt sich auch, dass im Wesentlichen die älteren Menschen im vierten Lebensalter in Pflegeheimen leben. Und auch die Wahrscheinlichkeit im vollstationären Langzeitpflegearrangement versorgt zu werden, steigt mit der Vielfalt an gesundheitlichen Einschränkungen. Ein Blick auf die Zahlen der Alters-, Pflege- und Gesundheitsentwicklung in Deutschland geben einen Eindruck darüber, welchen Stellenwert das Thema Pflege und vollstationäre Versorgung hat und zukünftig noch erreichen wird.

Die Zahlen des Statistischen Bundesamt (2015) geben an, dass im Jahr 2015 21 Prozent 65 Jahre und älter war, Prognosen zu Folge werden bereits ab dem Jahr 2030 knapp 30 Prozent der Menschen in Deutschland mindestens 65 Lebensjahre durchlebt haben und es werden doppelt so viele 70-Jährige leben, wie Kinder geboren werden. Die Alterung schlägt sich besonders gravierend in den Zahlen der Hochaltrigen nieder. 2009 lebten etwa vier Millionen 80-Jährige und Ältere in Deutschland, dies entsprach fünf Prozent der Bevölkerung. Ihre Zahl wird kontinuierlich steigen und mit über zehn Millionen im Jahr 2050 den bis dahin höchsten Wert erreichen. Zwischen 2050 und 2060 sinkt dann die Zahl der Hochaltrigen auf neun Millionen (Doblhammer, Dethloff, 2012).

Auch die Lebenserwartung der älteren Menschen, auch der Hochaltrigen steigt weiter an. Bei 60-jährigen Männern ist die fernere Lebenserwartung 21 Jahre und bei Frauen 24,8 Jahren, bei 85-järigen Männern beträgt sie 5,5 Jahren und bei Frauen 6,3 Jahre. In Deutschland, wie in anderen entwickelten Ländern, steigt die Lebenserwartung durchschnittlich drei Monate pro Jahr an (Christensen et al., 2009, entnommen aus: Doblhammer, Dethloff, 2012, S. 4).

Das Lebensalter ist ein Risikofaktor für die Pflegebedürftigkeit. Pflegebedürftigkeit wird in Deutschland seit 2017 als Grad der Beeinträchtigung der Selbstständigkeit und der Abhängigkeit von personeller Hilfe in unterschiedlichen Lebensbereichen und bei Aktivitäten definiert. Einen international vereinbarten und gültigen Begriff von Pflegebedürftigkeit gibt es weiterhin nicht, aber der Konsens besteht darin, dass Pflegebedürftigkeit in jedem Falle aus einer Abhängigkeit von personeller Hilfe besteht (Büscher, Dorin, 2014). Mitte des Jahres 2017 waren 3,1 Mio. Personen in Deutschland pflegebedürftig, das entspricht 4,3 Prozent der gesetzlich versicherten Bundesbürger (Schwinger, Tsiasioti, 2018). Beobachtbar in den letzten Jahren ist eine Zunahme der Pflegebedürftigen, auch aufgrund des ansteigenden Anteil an älteren Menschen (ebenda, S. 176). Viele Prognosen in Deutschland gehen davon aus, dass die Pflegebedürftigkeit in Deutschland in den kommenden Jahren weiter zunehmen wird. Weder die Status-quo-Analyse sowie die These der sinkenden Pflegequote haben bei ihren Berechnungen berücksichtigt, dass die Definition von Pflegebedürftigkeit (Begriffsdefinition bis 2016) aus fachlicher Sicht wesentliche Aspekte von Pflegebedürftigkeit ausklammert und entsprechend damit berechnen die Prognosen eher die Untergrenze des Phänomens (Büscher, Dorin, 2014).

Bei der Betrachtung von Altersgruppen, steigt der Anteil der Pflegebedürftigen erst in den Altersgruppen ab 60 Jahren deutlich an. Sind bei den 60- bis 65-Jährigen nur 2,8 von 100 Bundesbürgern pflegebedürftig, so ist dies bei den 75 bis 79-Jährigen bereits mehr als jede Zehnte (11,1 Prozent) und bei den 80- bis 84-Jährigen jeder Fünfte (21,4 Prozent) in dieser Altersgruppe. Danach verdoppelt sich die Prävalenzrate nahezu: Bei den 85- bis 89-Jährigen sind 40,2 Prozent und bei den über 90-Jährigen sind mit 61,7 Prozent sogar die Mehrzahl der Personen in diesem Alter pflegebedürftig (Schwinger, Tsiasioti, 2018). Zudem unterscheidet sich die Pflegeprävalenz zwischen Männern und Frauen mit zunehmendem Alter immer stärker: Bei Personen bis 80 Jahren liegt diese relativ eng beieinander. In den folgenden Altersgruppen sind die Frauen zunehmend deutlich stärker betroffen: Während beispielsweise bei den 85- bis 90-jährigen Männern 32 Prozent pflegebedürftig sind, gilt dies bei den gleichaltrigen Frauen für 44,5 Prozent.

Bei den über 90-jährigen Männern ist schließlich beinahe jeder Zweite (49,3 Prozent) betroffen, bei den gleichaltrigen Frauen hingegen sind es beinahe zwei von drei (65,5 Prozent) (ebenda).

Die Pflegebedürftigkeit ist zu einem zentralen Gesundheitsrisiko in Deutschland geworden. Immer mehr Menschen sind mit dem Thema Pflege in unterschiedlicher Weise konfrontiert. Zum Beispiel gab weit über die Hälfte der Befragten des Gesundheitsmonitors 2013 an, mit dem Thema Pflegebedürftigkeit in Berührung gekommen zu sein. Darunter hatte jeder Fünfte zu einem früheren Zeitpunkt einen Angehörigen gepflegt bzw. versorgte derzeit ein Familienmitglied (Kuhlmey et al., 2013). Auch die Angst vor der eigenen Pflegebedürftigkeit ist in Deutschland schon recht weit verbreitet. So äußerte jede Zweite in einer Infratest-Umfrage (2012), von einer kostenlosen Assistenz beim Freitod Gebrauch machen zu wollen, um dem Schicksal der Pflegebedürftigkeit zu entgehen. Auch die Ergebnisse der Generali-Altersstudie bestätigen diese Angst. Im Sorgenkatalog der Befragten 65- bis 85-Jährigen steht die Angst vor einer dauerhaften Pflegebedürftigkeit ganz oben in der Rangfolge (Kuhlmey, Blüher, 2015).

Diese Ängste sind geschürt durch Erfahrungen, die in einer alternden Gesellschaft durch den steigenden Betroffenheitsgrad zunehmen. Von den rund 3,1 Millionen pflegebedürftigen Menschen in Deutschland wird jeder Vierte (25,8 Prozent) Pflegebedürftige stationär in einem Pflegeheim versorgt[4] (Schwinger, Tsiasoti, 2018). Bundesweit befinden sich etwa eine Mio. Menschen in Einrichtungen der Langzeitpflege. Die Wahrscheinlichkeit in ein Pflegeheim einzuziehen, steigt bei den Pflegebedürftigen mit dem Lebensalter. Während in der Altersgruppe zwischen 60 und 80 Jahren 22 Prozent der pflegebedürftigen Männer und 24 Prozent der pflegebedürftigen Frauen in einem Pflegeheim versorgt werden, steigt der Anteil auf 44,5 Prozent bei den Frauen und 31,7 Prozent bei den Männern in der zehnten Lebensdekade an (Statistisches Bundesamt 2017, Pflegestatistik, 2015; Schwinger, Tsiasoti, 2018). Obgleich der überwiegende Anteil der Pflegebedürftigen zuhause, ambulant oder in alternativen Wohnformen verbleibt und dort versorgt wird, ist das Pflegeheim relevant für alte Pflegebedürftigen mit einer hohen Pflegeintensität und Belastungen durch Krankheiten.

Der zahlenmäßige Anteil von pflegebedürftigen Menschen die stationär in Pflegeeinrichtungen versorgt werden, steigt trotz der großen informellen Hilfesysteme in der Häuslichkeit und des ambulanten Pflegearrangements weiter an. Hintergrund ist, dass viele Menschen zwar in Privathaushalten gepflegt werden,

[4]Hierbei wurden die Pflegebedürftigen, die in der Stufe 0 eingruppiert wurden mit betrachtet. Ohne diese Gruppe, läge der Anteil der in Heimen gepflegten Personen bei 26,8 Prozent (Schwinger, Tsiasoti, 2018, S. 184).

allerdings oftmals nicht bis zu ihrem Lebensende. Häufig kommt es vor, dass sich nach einer langen Pflege in der Häuslichkeit eine Phase in einer Pflegeeinrichtung anschließt. So ist festzuhalten, dass während in der ambulanten Pflege mehr als die Hälfte (52 Prozent) der Pflegebedürftigen einen Pflegegrad 2 haben, dies in vollstationären Pflegeheimen lediglich auf jede vierte Bewohnerin (24,7 Prozent) zu trifft. Ferner sind Pflegegrad 4 mit 28,6 Prozent und Pflegegrad 5 mit 16,5 Prozent im vollstationären Setting deutlich überproportional besetzt (Schwinger, Tsiasioti, 2018).

Als Folge der steigenden Lebenserwartung nehmen Pflegebedürftigkeit und altersassoziierte Erkrankungen zu. Als relevante Erkrankungen sind Krebserkrankungen, Herz-Kreislauf-Erkrankungen, Diabetes mellitus, Osteoporose, Sekundärerkrankungen durch Mobilitätseinschränkungen (z. B. Dekubitus), Funktionsstörungen (z. B. Inkontinenz), neurologische Erkrankungen (z. B. Schlaganfall, Parkinson) und psychische Erkrankungen, wie Depressionen und Demenzen zu nennen (Hintzpeter, et al., 2011). Dabei ist die Frage zu betrachten, inwieweit die hinzugewonnenen Lebensjahre in guter Gesundheit oder als gesundheitlich eingeschränkte Jahre verbracht werden.

Bei der Betrachtung von Gesundheit im Alter werden zwei Thesen diskutiert, die Kompressionsthese und die Expansionsthese (Medikalisierungsthese). Die Kompressionsthese altersspezifischer Krankheitsbetroffenheit nimmt an, dass sich der gesundheitliche Zustand der Bevölkerung durch einen verbesserten Arbeits- und Gesundheitsschutz, durch den medizinisch-technischen Fortschritt sowie durch die zunehmende Inanspruchnahme von präventiven Leistungen verbessern wird. Demnach erhöht sich die Lebenserwartung bei gleichzeitiger Verkürzung der Krankheitsphase. Die durch eine höhere Lebenserwartung gewonnenen Jahre werden so vornehmlich in Gesundheit verlebt. Erst spät vor ihrem Ableben treten chronisch-irreversible Krankheiten auf. Nach dieser These wird es zukünftig keine wesentliche Nachfragesteigerungen geben, da die Menschen gesünder älter werden (Bogai, Herschenhauer, 2015).

Die Expansionsthese nimmt an, dass die Lebenserwartung durch die gesunkene Mortalität gesteigert wird. Die gewonnenen Lebensjahre gehen aber mit gesundheitlichen Beeinträchtigungen einher, so dass der Gewinn an Lebensjahren mit einem Mehr an Krankheit und Behandlungsbedarf erkauft wird. (Nowossadeck in Bundesgesundheitsblatt, 2013). Evident mit der Expansionsthese ist die Annahme, dass die steigende Pflegebedürftigkeit im höheren Alter einen immensen Pflegebedarf aufgrund der starken Zunahme der Hochbetagten auslösen wird. Denn eine steigende Lebenserwartung korreliert mit einer Ausweitung der Pflegenachfrage (Bogai, Herschenhauer, 2015). Als Synthese beider Theorien wird davon ausgegangen, dass die Zahl der gesunden Jahre zwar zunimmt, das Altern der Bevölkerung jedoch insgesamt zu einem Anstieg der Nachfrage nach Gesundheits- und Pflegeleistungen führen wird – wenn auch nicht in dem Ausmaß, wie es die Medikalisierungsthese erwarten lässt (ebenda). Derzeit sind in Deutschland chronische ischämische Herzkrankheiten die häufigste Todesursache. Auch hier ist festzustellen, dass sich die Sterblichkeit in den letzten Jahren durch diese Erkrankungen verringert hat, während die nicht tödlichen Ereignisse und Komplikationen anstiegen (Statistisches Bundesamt, 2017).

Auch Personen in Pflegeheimen weisen zahlreiche altersassoziierte und chronische Krankheiten auf. Die häufigsten Diagnosen in der vollstationären Langzeitpflege umfassen Schlaganfall, Herzinsuffizienz, chronische Lungenerkrankungen, Parkinson und Demenz (Rösch, Kittelberger, 2016). Der steigende Anteil demenziell erkrankter Menschen im Heim ist ein belastender Faktor. Mehr als die Hälfte der Menschen im Heim ist von kognitiven Störungen betroffen (ebenda). Zudem ist es für ältere Menschen charakteristisch, dass mehrere Krankheiten gleichzeitig auftreten. Durchschnittlich handelt es sich bei den über 65-Jährigen um drei Diagnosen (Hessel, et al., 2000). Auch sind bei der Mehrzahl der Heimbewohnerinnen sogenannte geriatrische Symptome zu finden, wie beispielsweise Harninkontinenz und Gangunsicherheiten bzw. Stürze. Aus den hier genannten Erkrankungen und der Gebrechlichkeit der Heimbewohnerinnen resultiert eine Polypharmazie, hieraus ergeben sich neben den bekannten Risiken für Nebenwirkungen und deren Konsequenzen (Eckardt et al., 2014) noch die zusätzliche Problematik, dass die Betroffenen weitgehend von pflegerischer Hilfe abhängig sind, sich nur schlecht zu ihren Problemen äußern können und Nebenwirkungen der Medikamente oftmals als neues Krankheitssymptom interpretiert werden (Jaehde, Thürmann, 2012).

Mit zunehmendem Alter steigt auch das Risiko, an einer Depression zu erkranken. So weist die unipolare Depression bei Personen ab 60 Jahre eine Prävalenz von sieben Prozent auf. Die Prävalenz leichter Formen von Depressionen ist wesentlich höher (WHO, 2016). Als altersspezifische Auslöser für Depression bei älteren Menschen gelten beispielsweise die Umstellung des sozialen Umfeldes mit Beendigung des Arbeitsverhältnisses, der vermehrte Verlust von körperlicher und sozialer Selbstständigkeit und gehäufte Verluste von Partnern und gleichaltrigen Freunden, die zu großer seelischer Beanspruchung führen können. Besonders gekennzeichnet ist die Depression durch das Symptom der Angst und der Leitsymptomatik der Suizidalität. Die Zahl der Selbsttötung im Alter steigt insbesondere bei Männern ab dem 80. Lebensjahr stark an. Auch hier besteht eine große Dunkelziffer, da selbstzerstörerische und suizidale Lebensweisen, die mit Nahrungsverweigerung und Medikamentenmissbrauch einhergehen, schwer zu erkennen sind (Statistisches Bundesamt, 2015). Inwieweit psychisches Wohlbefinden und Depression mit dem Risiko einer Pflegebedürftigkeit einhergehen bzw. welche Wechselwirkungen zwischen Wohlbefinden/Depression, kognitiven/physiologischen Abbauprozessen und einer Pflegebedürftigkeit bestehen, ist bisher noch weitestgehend unklar. Allerdings zeigt sich eine signifikante Prävalenz von Depression unter den Pflegebedürftigen (Rothgang et al, 2008; Blüher, et al., 2017).

Neben der Depression gibt es auch einen altersbedingten Anstieg bei anderen psychischen Erkrankungen. Hier sind insbesondere die Demenzen zu nennen. Je nach Schätzung der gegenwärtigen Verbreitung der Demenz sowie der angewandten Prognosetechnik wird es bis 2050 zu einer Zunahme der Demenzerkrankungen von gegenwärtig eine bis anderthalb Millionen auf anderthalb Millionen bis dreieinhalb Millionen kommen (Robert Koch Institut, 2015). Der medizinische und pflegerische Versorgungsbedarf wird sich aufgrund dieser Trends verändern. Von den in Deutschland derzeit geschätzten eine bis anderthalb Millionen Menschen mit Demenz wird ein großer Teil zu Hause versorgt, etwa 30 Prozent mit zusätzlicher professioneller Pflege und ungefähr 30 Prozent leben in Altenpflegeheimen. Je nach Alter steigt der Anteil der in Pflegeheimen versorgten Menschen mit Demenz auf bis zu 70 Prozent (Rothgang et al., 2010; Schäufele et al., 2013). Eine fortschreitende Demenz, insbesondere, wenn sie mit herausforderndem Verhalten einhergeht, gilt als einer der wichtigsten Gründe für einen Umzug in eine stationäre Langzeitversorgung (Afram et al., 2014). Denn bei einer Demenzerkrankung geht eine Zunahme der kognitiven und funktionellen Einschränkungen auch mit einer erhöhten Pflegebedürftigkeit einher (Gutzmann et al., 2017). Bei fortschreitender Erkrankung und Nachlassen der Hirnfunktion verändert sich auch das psychische Erleben des Erkrankten. Dies bewirkt Apathie und Depression, aber auch Angst, Aggressivität oder Verhaltensweisen wie „Schreien" und „Umherwandern". Man spricht von „herausforderndem Verhalten" oder von psychischen und Verhaltenssymptomen bei Demenz. Herausforderndes Verhalten bei Demenz bzw. die psychopathologischen Symptome finden in den letzten Jahren zunehmend Beachtung, denn sie kommen im Arbeitsalltag der Pflegenden sehr häufig vor und stellen für sie eine weitaus größere Beanspruchung dar als die kognitiven Beeinträchtigungen (Palm, Holle 2016). Vor allem ist herausforderndes Verhalten oft als Ausdruck unverstandener Bedürfnisse zu interpretieren (Cohen-Mansfield, et al., 2015). Dass die Bedürfnisse der Menschen mit Demenz unverstanden bleiben, darauf deutet auch eine Kohortenstudie hin. Das Ergebnis der Studie deutet auf eine Tendenz hin, dass Menschen mit Demenz in Deutschland mehr Neuroleptika erhalten als in anderen europäischen Ländern. Diese Arzneistoffe werden in Kenntnis der damit verbundenen Risiken angewendet, wobei nicht-medikamentöse Therapien bekannt und wirksam sind (Thürmann, 2017).

Auch charakteristisch für die Pflegebedürftigkeit der Mehrheit der Heimbewohnerinnen ist schon seit langen die Kombination von Problemlagen auf körperlicher, psychischer und sozialer Ebene (Zimber et al, 1998; Wingenfeld, 2012). Neben den Bewohnerinnen, die diagnostiziert an Demenz erkrankt sind, gibt es zudem noch eine hohe Anzahl von Bewohnerinnen, die an Beeinträchtigungen von geistigen Funktionen leiden. Die Versorgung in der stationären Langzeitpflege ist stark von gerontopsychiatrischen Anforderungen geprägt. Der Anteil der Bewohnerinnen mit kognitiven Störungen liegt in den meisten Einrichtungen zwischen 60 und 80 Prozent (Wingenfeld, 2012). Auch eine erhöhte Gewaltbereitschaft scheint es unter den Bewohnerinnen in Pflegeheimen zu geben. Untersuchungen aus dem angloamerikanischen Raum und Europa kommen zum Ergebnis, dass zwischen 61 Prozent und 90 Prozent der Pflegekräfte in der Altenpflege innerhalb von zwölf Monaten verbal angegriffen werden und 36 Prozent bis 84 Prozent körperlicher Gewalt ausgesetzt waren (Zeh et al., 2009). Die Ursachen für aggressives Verhalten pflegebedürftiger Menschen wird überwiegend in ihrem Erkrankungsspektrum gesehen, das beispielsweise dazu führen kann, dass sie sich von pflegerischen Aktivitäten bedroht fühlen oder sich gegen von ihnen als Übergriff empfundene Handlungen wehren. Aber auch Persönlichkeitseigenschaften oder Rahmenbedingungen vor allem institutionalisierter Pflege können Ursache oder auslösender Faktor sein (Blättner, Grewe, 2017). Auch die Themen soziale Verluste, Einsamkeit und Traurigkeit über die fehlenden sozialen Kontakte sind bei den Bewohnerinnen in den Pflegeheimen oftmals sehr präsent (Peters, 2018).

Auch die Gründe für einen Umzug in ein Pflegeheim sind häufig eine Kombination von Gesundheitszustand, Netzwerkressourcen und der im Heim abrufbaren Unterstützung (Kuhlmey, Blüher, 2015). Koppitz et al (2014) arbeiten in ihrer Studie an einer Schweizer Pflegeeinrichtung drei Auslöser heraus, die zu einem Einzug in eine Pflegeeinrichtung führen. Zum einen sind es krisenhafte Ereignisse, die oft mit einem Krankenhausaufenthalt verbunden sind. Nicht selten ist eine Rückkehr in die eigene Wohnung durch Verschlechterung der Pflegebedürftigkeit oder der Erkrankung nicht mehr möglich. Die Pflegebedürftigen ziehen in eine Pflegeeinrichtung, ohne sich von ihrem Zuhause verabschieden zu können. Eine frühzeitige, präventive Entscheidung wird als zweiter Auslöser genannt, wobei noch keine massiven Gesundheitseinbußen (Einschränkungen) vorhanden sind. Dieser Trend ist in Deutschland rückläufig, da die Unterbringung in eine Pflegeeinrichtung von hohen Kosten geprägt ist, besonders dann, wenn die Pflegeversicherung hier noch keine Finanzierung mit übernimmt. Viele Pflegeeinrichtungen nehmen auch keine Bewohnerinnen ohne Pflegegrad auf. Die Menschen, die sich präventiv für eine Unterstützungsmöglichkeit entscheiden, findet man eher in Wohngemeinschaften, in betreuten Wohneinheiten oder

Service-Wohneinheiten. Als einen dritten Auslöser benennen die Autorinnen die Einsicht, dass das Leben/Wohnen zuhause aufgrund der bestehenden Pflegebedürftigkeit/Erkrankung nicht mehr möglich ist. Diese Einsicht kann auch von pflegenden Angehörigen kommen, die am Ende ihrer Beanspruchungsgrenze angekommen sind (Koppitz et al 2014). Schneekloth und Wahl (2006) identifizieren als Gründe für den Einzug eine erhebliche Verschlechterung der gesundheitlichen Situation, den Zusammenbruch der häuslichen Versorgungssituation sowie den Ausfall der Hauptpflegeperson, die Unfähigkeit, nach einem Krankenhausaufenthalt wieder selbstständig leben zu können, den Wunsch nach geeigneter Betreuung, die Suche nach Sicherheit bei eingeschränkten Selbstversorgungsfähigkeiten, den Wunsch nach besserer sozialer Einbindung sowie die Befürchtung, Angehörigen zur Last zu fallen (Schneekloth, Wahl, 2006). Auch die COMPASS-Studie bestätigt, dass die Entscheidung für eine Pflege im Heim begründet wird mit der Beanspruchung von nahen Angehörigen: 67 Prozent der Befragten würden in ein Heim gehen, um pflegende Angehörige zu entlasten. Ein weiterer gravierender Grund sind kognitive Einschränkungen: 60 Prozent geben dies als ausschlaggebend für einen Heimeintritt an (Kuhlmey, Blüher, 2015).

Dem Einzug in ein Pflegeheim geht ein komplexer und emotional geprägter Entscheidungsprozess der Familien voraus. Denn der Mensch gibt nicht nur die eigene Wohnung, sondern auch seine bisherige Beständigkeit auf, er verliert das Zuhause und damit auch ein Stück der eigenen Identität. Der Einzug in ein Pflegeheim ist daher nicht nur ein Umzug, sondern auch ein kritisches Lebensereignis (Kuhlmey, Blüher, 2015). Insbesondere, wenn der Heimeinzug nach einer häuslichen Pflege erfolgt, die über Jahre gedauert haben kann, bedeutet dieser Schritt ein Bruch im Leben aller Beteiligten. Da der Heimeinzug oft auf belastende Verhaltensweisen des pflegebedürftigen Menschen und eine zunehmende Erschöpfung pflegender Angehöriger zurückgeht, kann er mit unmittelbaren Entlastungen pflegender Angehörigen einhergehen, da die Notwendigkeit der permanenten Präsenz und Aufmerksamkeit nicht mehr gegeben ist. Es kann aber nicht davon ausgegangen werden, dass die Angehörigen ihre Rolle als pflegende Angehörige mit dem Beginn der stationären Betreuung aufgeben. Stattdessen zeigt sich die Kontinuität der Pflegebeziehung auch im Alten – und Pflegeheim. Für manche Angehörige ist der Heimeinzug mit Schuldgefühlen verbunden. Sie haben das Gefühl, ihrem erkrankten Familienmitglied nicht in ausreichendem Maß gerecht geworden zu sein oder gar versagt zu haben. Diese Einschätzungen führen dazu, dass die entlastende Funktion, die dem Heimeinzug zugeschrieben wurde, zurücktritt hinter eine hohe emotionale Anspannung. In den Pflegeeinrichtungen führen diese Schuldgefühle nicht selten dazu, dass Angehörige alles versuchen, um Schaden von ihren Familienmitgliedern abzuwenden. Dabei kann es auch zu unrealistischen

Erwartungen gegenüber der Versorgung durch die Pflegekräfte kommen, woraus Konflikte entstehen können (Büscher, Dorin, 2014).

Der Umgang mit Tod, Sterben und Trauer bildet ein weiteres wichtiges Merkmal, das den Alltag in den Heimen stark prägt und ein Beanspruchungselement für Pflegende sein kann. Die Zahl von Menschen, die in stationären Einrichtungen versterben, nimmt zu. Anzunehmen ist, dass das Pflegeheim der Sterbeort mit der zukünftig höchsten Zuwachsrate wird. Bereits heute versterben bereits etwa 20 Prozent der Bundesbürger in Pflegeheimen (Dasch et al., 2015). Die Sterberaten in den Pflegeeinrichtungen selbst schwanken stark, aber Einrichtungen mit 50–60 Prozent Sterbefällen pro Jahr sind keine Seltenheit mehr (Rösch, Kittelberger, 2017). Die durchschnittliche Verweildauer der im Zeitraum zwischen 2007 und 2014 verstorbenen Heimbewohnerinnen beläuft sich auf 29,9 Monate; dies entspricht einem Zeitraum von ca. zwei Jahren und sechs Monaten. Besonders nach dem Einzug ist die Sterberate in Pflegeheimen sehr hoch. Knapp ein Fünftel (17,9 Prozent) der Bewohnerinnen versterben in den ersten vier Wochen nach dem Einzug. Bis zum dritten Monat erhöht sich die Mortalitätsrate auf 29 Prozent und nach einem Jahr sind knapp die Hälfte (46,8 Prozent) aller Bewohnerinnen verstorben. Der Anteil von Bewohnerinnen mit einer Verweildauer von mehr als fünf Jahren liegt bei lediglich 16 Prozent (Techtmann, 2015). Im Durchschnitt ist die gesamte Bewohnerschaft innerhalb dreier Jahre verstorben, in einigen Regionen auch eher (Rösch, Kittelberger, 2016). In einigen Fällen werden die Bewohnerinnen nur noch für wenige Tage oder gar Stunden aufgenommen. Das Pflegeheim ist, ganz anders als das Altenwohnheim der vergangenen Jahrzehnte, ein Ort des Sterbens geworden (Rösch, Kittelberger, 2016). Insgesamt nähert sich die Sterberate von Heimen den von Hospizen an. Allerdings arbeiten Pflegeheime unter wesentlich ungünstigeren personellen und räumlichen Rahmenbedingungen und sind auch konzeptionell zum Teil noch nicht darauf ausgerichtet, einen so hohen Anteil schwerstkranker und sterbender Bewohnerinnen adäquat zu betreuen (Schröppel, 2009).

Die Pflegebedürftigkeit, die Krankheit, die Persönlichkeiten der Klientinnen sowie auch die Art- und Weise des Einzugs, also ob die Personen freiwillig eingezogen sind oder aufgrund von fehlender Gesundheit, fehlender informeller Hilfesysteme oder Pflegebedürftigkeit sowie auch das soziale Umfeld und die momentane Situation der Pflegebedürftigen haben einen Einfluss auf die berufliche Beanspruchung der Pflegenden. Pflegende erleben heterogene Beanspruchungen im Umgang mit den Bewohnerinnen des Pflegeheims. In stationären Pflegeeinrichtungen ist der Anteil der Pflegebedürftigen mit schwersten Beeinträchtigungen der Selbstständigkeit mit besonderen Anforderungen an die pflegerische Versorgung (Pflegegrad 5) im Pflegesektor am höchsten (BMG,

2017, entnommen aus: Schwinger, Tsiasinoti, 2018, S. 181). Neben physischen Beeinträchtigungen, die vor allem den Bereich von Bewegung und Beweglichkeit betreffen, leiden Pflegebedürftige unter ihrer eingeschränkten kognitiven Leistungsfähigkeit und depressiven Verstimmungen (Blüher, et al., 2017). Diese aufgezeigten Kompetenzverluste müssen Pflegende durch Motivation, edukative Maßnahmen, Unterstützung oder volle Übernahme der Maßnahme kompensieren. Zudem kommt es in der Betreuung alter Menschen zu der Konfrontation mit Verlusten (körperliche oder soziale Verluste), zur Konfrontation mit dem eigenen Älterwerden, Konfrontation mit der Sexualität älterer Menschen (tabuisiert) und zur Konfrontation mit politischen Einstellungen und Handlungen (ebenda).

4.2.3 Berufsbild Altenpflege

„Der Schwesternberuf ist ein echter Frauenberuf. Im Pflegen und Umsorgen der Kranken kommen die natürlichen Anlagen der Frau zur vollen Entfaltung. In diesem Beruf finden viele Frauen eine Lebensaufgabe, andere erhalten eine gute Vorbereitung auf Ehe und Familie" (Henriettenstift, o. J.) (aus Overlander, 2001, S. 13).

Der Beruf der Altenpflege konstituierte sich erst Ende der 1950er Jahre als eigener Berufsstand und folgte dem Vorbild der Krankenpflege, dabei war er aber von vornhinein als kostengünstigere Variante der Krankenpflege konzipiert (Schweiger, 2011; Voges, 2002). Der Grund für die Forderung nach einer Ausbildung des Personals in Altenheimen kann einerseits darin gesehen werden, dass sich in den 1950er-Jahren der Neuzugang von Ordensschwestern in die Altenheime verringerte und zunehmend deutlich wurde, dass es an Personal fehlte. Krankenschwestern wurden vermehrt in Krankenhäusern nachgefragt und standen daher den Altenheimen nicht zur Verfügung. Aus dieser Situation heraus entwickelte sich das Anliegen, Personal für die Altenheime zu schulen, allerdings herrschte eine sehr genaue Vorstellung von der Art der „Ausbildung": Es galt, dass keine speziell ausgebildete Pflegekraft benötigt wurde, sondern dass es eine „lebenserfahrene, seelisch ausgeglichene, tatkräftige und gütige Pflegerinnen" (Voges, 2002) bedurfte. Dabei wurde eine spezielle Zielgruppe ins Auge gefasst: Frauen, die nach der Kinderphase erwerbstätig sein wollten. Grundlage sollte daher statt einer spezifischen Ausbildung, das im Haushalt und in der Kindererziehung erworbene „weibliche Arbeitsvermögen" sein (Voges, 2002, S. 105 f.).

Auch heute noch ist der professionelle, bezahlte Altenpflegebereich in Deutschland ein traditionell weiblich dominierter Arbeitsmarkt. 84,3 Prozent der Beschäftigten in den Pflegeheimen waren 2015 weiblich (Pflege-Report,

2018). Der hohe weibliche Anteil in den Pflegeberufen lässt sich auch historisch betrachtet erklären. Seit dem 4. Jahrhundert wurde die institutionalisierte Pflege hauptsächlich von Frauen sichergestellt. Während zunächst wohlhabende Frauen in der Pflegetätigkeit eine sinnvolle Beschäftigung sahen, wird die Aufgabe der Pflege auch in der weiteren Entwicklung der Verberuflichung und Professionalisierung gesellschaftlich als traditioneller Frauenberuf definiert und mit der Vorstellung typisch weiblicher Tugenden wie Hingabe, Liebesfähigkeit und Bereitschaft zu totalem Einsatz in Verbindung gebracht (Plümpe, 2000). Bei der Betrachtung der hohen Anzahl von weiblichen Pflegenden ist noch zu erwähnen, dass das Berufsfeld Altenpflege in hohem Maße von einer horizontalen und vertikalen Segregation gekennzeichnet ist (Kellner, 2011; Voges, 2002): Auf der horizontalen Ebene besteht eine ungleiche Verteilung von Frauen und Männern auf verschiedene Berufsfelder. Die vertikale Dimension bezieht sich auf die unterschiedlichen hierarchischen Positionen von Frauen und Männern innerhalb eines Berufes. Obwohl der Pflegebereich fast ausschließlich durch weibliches Fachpersonal geprägt ist, zeichnet sich dieser durch einen höheren Männeranteil in den Führungspositionen aus. In Pflegeheimen wurden 2016 sechs von zehn Führungspositionen von Männern besetzt (Statista, 2018)

Von Altenpflegenden werden informale Bestandteile zur Berufsausübung, also „erwartete Fähigkeiten“, die die Person vor der Berufsausübung mitbringen sollten, erwartet. Diese informalen Bestandteile bestehen zumeist aus Qualifikationen wie Freundlichkeit, Geduld, Empathie, Gabe von Zuwendung u. a. Mitunter wird in diesem Zusammenhang von einer „allgemeinen Disposition“ oder auch von „Grundfähigkeiten“ gesprochen. Diese Verhaltensmerkmale sind jedoch keineswegs nur „nützliche Tugenden“ einzelner Berufsinhaberinnen, sondern vielmehr erforderliche Vorbedingungen für die Erledigung einer Arbeitsaufgabe im Bereich personenbezogener Dienstleistungen (Voges, 2002). Für die Tätigkeit der Pflege werden Sozialkompetenzen und Grundfähigkeiten des Rollenhandelns vorausgesetzt und in der Ausbildung vertieft. Zudem wird eine intrinsische Motivation des Helfenwollens vorausgesetzt sowie die Betrachtung der Tätigkeit als Berufung. Die Sinnhaftigkeit des Helfens und die emotionale Betrachtung des Klientels stellen die Berufe in der Pflege auf eine Ebene, die sich von anderen Berufsfeldern unterscheidet. Hier steht die Tätigkeit als Sinnfindung im Mittelpunkt, dieses wird auch durch Leitfiguren der Pflege, meist Ordensschwestern, verstärkt. Zu nennen sind hier u. a. Florence Nightingale und Nancy Rooper. Übersehen wird dabei, dass jede Berufsausübung zunächst der Existenzsicherung und erst dann einer Selbstbestätigung durch Einsatz dieser Arbeitsfähigkeiten dient (Eylmann, 2015; Voges, 2002).

Die gesellschaftliche Vorstellung einer durch typisch weibliche Fähigkeiten geprägte Tätigkeit der Frauen hat sich jedoch bis heute nicht vollständig verloren. Sie trifft insbesondere für die Altenpflege zu und steht mit mangelnder gesellschaftlicher Wahrnehmung und Anerkennung der Tätigkeit in Zusammenhang. Es wird der Stereotyp aufrechterhalten, dass eine Jede pflegen könne und hierzu keine berufliche Qualifikation benötige (Eylmann, 2015; Plümpe, 2000). Auf dem Teilarbeitsmarkt für Jedermann-Qualifikationen hat Erwerbsarbeit weitaus häufiger Jobcharakter als im beruflichen Arbeitsmarktsegment. Daher ist es nicht verwunderlich, dass eine Jobmentalität unter Altenpflegekräften häufiger zu finden ist, was auf Grund der hohen Beziehungsdichte und sozialen Verantwortung unter ethischen Gesichtspunkten nicht vertretbar ist. Der Personalmangel in der Altenpflege hat jedoch dazu geführt, dass hier zunehmend Arbeitsuchende beschäftigt sind, die die Versorgung Älterer als vorübergehenden Job betrachten. Nur durch deren Beschäftigung ist der Personalnotstand und die Gefahr der Unterversorgung ansatzweise zu bewältigen (Voges, 2002). Coburger (2009) vermisst eine hinreichende gesellschaftliche Anerkennung. Diese fehlende Anerkennung spiegelt sich für die Berufsangehörigen auch in der Bezahlung wieder. Das generell eher niedrige Einkommensniveau für das gesamte Berufsfeld ist eng mit der niedrigen Bewertung von „Frauenarbeit“ verbunden. Daher wird die Einkommensfrage von den Pflegekräften selbst eher implizit mit Anerkennung verknüpft (Krenn et al., 2005). Wie andere traditionelle Frauenberufe im Bereich der personenbezogenen und sozialen Dienstleistungen ist auch die berufliche Altenpflege mit geringen Verdienst-, Aufstiegs- und Entwicklungsmöglichkeiten, ungünstigen Arbeitsbedingungen sowie einem geringeren Grad an Berufsausbildung und Interessenvertretung verbunden (Backes, et al., 2008).

Auch erkennen die Pflegenden selbst ihren Beruf nicht an. Zu der sinkenden Berufsattraktivität wird der Aspekt der körperlichen Arbeit der Altenpflegenden gesehen. Die unmittelbare Körperarbeit wird in der Regel auch als niedrige Tätigkeit wahrgenommen. Der berufliche Status in der Pflege steigt mit der Distanz zu den körperbezogenen Tätigkeiten. Die mit einem höheren Status verbundenen Tätigkeiten sind in der Forschung, dem Management und der Ausbildung zu finden, in deren Kontexten keine Körperarbeit geleistet wird. Die direkten Pflegeaufgaben, werden oft als „niedrigere Aufgaben“ wahrgenommen. (Moers, 2012; Büscher, Dorin, 2014). Höhmann (2012) bringt die Anforderungen der Pflege auf dem Punkt und beschreibt, dass neben den körperbezogenen Tätigkeiten die Altenpflege vor allem Beziehungsarbeit ist (ebenda). So sind Pflegende Wegbegleiter. Beziehungspflege setzt auf einen sprachlichen, aber auch körpersprachlichen Austausch, der den alten Menschen dabei unterstützen soll, seine Fähigkeiten so lange wie möglich zu erhalten. Hierzu bedarf es der Einschätzung des Pflegebedarfs anhand pflegerischer Einschätzungsinstrumente, einer Beratung sowie einer individuell abgestimmten Pflegeprozessplanung. Die Koordination und Steuerung, insbesondere die Zusammenarbeit mit externen Berufsgruppen, aber auch die Evaluation des individuellen Pflegeprozesses, werden von den Pflegenden erbracht (Berger, Tegtmeier, 2015). Höhmann (2012) beschreibt die Anforderungen an die Pflege in stationären Einrichtungen wie folgt:

> *„Je nach Situation erfordert die Versorgung das ganze Spektrum zwischen ermunternder Beziehungsarbeit und intensivmedizinischer Behandlung, Prävention und Palliativmaßnahmen, aber auch Angehörigenarbeit und Umgang mit den unterschiedlichsten Schnittstellen, Hausärztinnen, Gutachterinnen des MDK, Ämtern, Apotheken, Hilfsmittelversorgern, Caterern, Reinigungskräften.“ (Höhmann, 2012, S. 107)*

Für Pflegende in der Altenpflege ist es oft schwer, die Erfolgserlebnisse der eigenen Arbeit zu erkennen. Trotz großer Anstrengungen ist eine Verschlechterung des Gesundheitszustandes der pflegebedürftigen Bewohnerinnen oft nicht aufzuhalten. So fällt es den Pflegekräften meist schwer, auch kleine positive Veränderungen wahrzunehmen, diese als Erfolge des eigenen Handelns einzuordnen und ihre gesamte berufliche Tätigkeit als sinnvoll zu erleben, besonders dann, wenn das Pflegeziel einen rehabilitativen Ansatz verfolgt (Kruse, et al, 1999). Die Auseinandersetzung um das Thema Pflegebedürftigkeit ist vielfach mit starken Ängsten besetzt. Pflegebedürftig zu werden ist assoziiert mit dem Gefühl von Abhängigkeit und der Angst vor dem Verlust der persönlichen Autonomie. Im Gegensatz zur Krankheit, bei der es die Hoffnung auf eine Genesung gibt, geht der Gedanke an Pflegebedürftigkeit mit der Einschätzung einer dauerhaften und kaum rückgängig zu machenden Beeinträchtigung einher (Büscher, Dorin, 2014).

Die Ausbildung in der Altenpflege wurde Ende der 1960er Jahre in das staatliche Bildungssystem integriert. Es wurde in Schulen, die von Wohlfahrtsverbänden und Kirchen getragen wurde, unterrichtet. Die Schulen wurden landesrechtlich reguliert, was zu höchst unterschiedlichen Ausbildungsformen führte (Voges, 2002). Im Jahr 1984 führte das Bundesland Berlin als erstes Bundesland die dreijährige Altenpflegeausbildung ein. Schließlich erließ die Bundesregierung im Jahr 1993 in Ergänzung zum Heimgesetz 1990 eine Heimpersonalverordnung, in der bundesweit die Qualifikationsvoraussetzung für die in stationären Pflegeheimen tätigen Pflegekräften geregelt wurde. (Hackmann, 2010). Erst 2003 kommt es zu einer Vereinheitlichung der Ausbildung zur Altenpflege auf Bundesebene und einer zeitgleichen Anhebung der Qualität der Ausbildung. Nach der Ausbildungsreform im Bereich der Altenpflege 2003 verschlechterten sich, bedingt durch die Einführung der Pflegeversicherung und der damit einhergehenden Ökonomisierung, auch die Beschäftigungsbedingungen. Gleichzeitig entstand eine Polarisierung der Bedingungen für verschiedene Beschäftigungsgruppen in der Pflege. So werden zunehmend Pflegetätigkeiten an Hilfskräfte, geringfügige Beschäftigte oder Laien übertragen (Krampe, 2003). Die Veränderung der Arbeitsverhältnisse lässt sich als Prekarisierung von Pflegearbeit bezeichnen (Auth, 2013).

Durch die Ausbildungsreform der Altenpflege in 2003 bleiben die Berufe der Altenpflege, der Gesundheits- und Krankenpflege und der Gesundheits- und Kinderkrankenpflege grundständig voneinander getrennt. Nicht nur die Ausbildungsgesetze, sondern auch die Arbeitsfelder sind stark auf die Ausbildung fokussiert. So ist es beispielsweise für Altenpflegende schwer, eine Beschäftigung in der akuten Erwachsenenpflege zu bekommen und in der Kinderkrankenpflege tätig zu werden ist für Altenpflegende nicht möglich. Die doch eher schmale Bandbreite der Einsatzfelder im Bereich Altenpflege führte dazu, dass Berufsangehörige die Altenpflege als Sackgassenberuf mit wenigen Entwicklungspotentialen sehen (Schröder, 2018).

Durch das Pflegeberufegesetz aus 2017 wird eine Möglichkeit gegeben, diese aufgezeigte Problematik zu beheben. Ab 2020 soll es in Deutschland möglich sein, die ausgebildeten Pflegekräfte unter der einheitlichen und gesetzlich geschützten Berufsbezeichnung „Pflegefachfrau“ bzw. „Pflegefachmann“ zu firmieren (bei akademischen Qualifikationen soll der Abschlussgrad hinzugefügt werden). Da die generalistische Ausbildung einen unkomplizierten Berufswechsel zwischen der Alten-, Gesundheits- und Krankenpflege ermöglichen würde, erhoffen sich die Befürworterinnen, dass der Pflegeberuf aufgrund der flexiblen Einsatzbereiche eine höhere Anziehungskraft und mehr berufliche Entwicklungsmöglichkeiten haben wird und damit die Nachfrage im Berufsfeld intensiver und die Versorgungsqualität verbessert werden (Kälble, Pundt, 2016). Was für die Berufsangehörige mit vermehrter Flexibilität, Aufwertung des Berufsstandes und Wertschätzung einhergeht, wird von den Altenpflegeverbänden kritisch gesehen, da befürchtet wird, dass durch die Generalisierung der Pflege, mehr Probleme in der Fachpersonalgewinnung zu erwarten sind. So spricht sich das 2013 gegründete „Bündnis für Altenpflege“[5] gegen das Modell einer generalistischen Pflegeausbildung bzw. für den Erhalt der Altenpflegeausbildung aus (Bündnis für Altenpflege,

[5]Beteiligt am „Bündnis für Altenhilfe“ sind der Bundesverband privater Anbieter sozialer Dienste, der Bundesverband der Arbeiterwohlfahrt, der Verband Deutscher Alten- und Behindertenhilfe e. V., der Arbeitskreis Ausbildungsstätten Altenpflege, der Deutsche Berufsverband Altenpflege, die Deutsche Gesellschaft für Gerontopsychiatrie und –psychotherapie e. V. sowie der Deutsche Verband der Leistungskräfte von Alten- und

2015). Sie befürchten, dass die Zielgruppe der alternden Menschen bzw. Pflegebedürftigen zu wenig Berücksichtigung finden und sehen deshalb das Berufsbild der Altenpflege mit seinen spezifischen Aufgaben gefährdet (Kälble, Pundt, 2016).

Den fachlichen Hintergrund der Zusammenführung der pflegerischen Berufe bilden die Veränderungen in der Pflegelandschaft. Die Unterscheidung der Pflegeberufe nach Altersstufen (Kinder, Erwachsene, ältere Menschen) entspricht nicht mehr dem Stand der Pflegewissenschaft. Eine zukunftsgerechte Pflegeausbildung müsse Pflegekräfte zur Pflege von Menschen aller Altersgruppen in allen Versorgungsformen befähigen, heißt es in der Begründung (Bund-Länder Arbeitsgruppe, 2012; entnommen aus Kälble, Pundt, 2016, S. 41). Auch in vielen europäischen Ländern ist eine solche Einteilung unüblich, so werden Pflegekräfte in vielen Ländern gemeinsam grundqualifiziert und Möglichkeiten für fachliche Spezialisierungen angeboten. Besonders im Zuge der demographischen Entwicklungen wird deutlich, dass die Trennung von Gesundheits- und Krankenpflege und Altenpflege nicht immer sinnvoll ist. Denn die Kompetenzen der Altenpflege werden zunehmend in den Krankenhäusern beispielsweise bei dementen Patientinnen benötigt und zugleich wird auch in den Pflegeheimen vermehrt medizinisches Wissen gebraucht. Auch die sozialpflegerischen Tätigkeiten gehören weniger zu den Kernaufgaben der Altenpflege. Der Schwerpunkt der Altenpflege verlagert sich vermehrt von der eher sozialpflegerischen Schwerpunktsetzung in Richtung (kranken)pflegerischer Kompetenzen und Tätigkeiten (Pick, et al., 2004).

Bemerkenswert ist in Deutschland neben der Dreiteilung der Pflegeausbildung, dass der Zugang mit der mittleren Reife oder dem erfolgreichen Abschluss einer sonstigen mindestens zehnjährigen allgemeinen Schulausbildung (unter bestimmten Bedingungen reicht auch der Hauptschulabschluss oder eine gleichwertige Schulbildung) international vergleichsweise niedrigschwellig ist. Hinzu kommt, dass die jeweiligen Berufsabschlüsse zwar geschützt sind, aber nicht definiert ist, welche Tätigkeiten an die jeweiligen Abschlüsse gekoppelt werden. Es existieren in Deutschland somit keine Tätigkeiten, die der Pflege vorbehalten sind (Kälble, Pundt, 2016). Auch gibt es keine gesetzlichen Regelungen, die bezogen auf einen bestimmten Beruf eine berufliche Tätigkeit auf dem Gebiet der Langzeitpflege in bestimmter Weise zulassen oder die Personen dafür ausschließen. Das bedeutet, dass es keinen exklusiven Berufsvorbehalt gibt. Im Pflegeberufegesetz von 2017 wird dem Pflegeberuf für bestimmte Tätigkeiten bei der Gestaltung des Pflegeprozesses ein Vorbehalt eingeräumt. Daraus ergibt sich eine indirekte Berufszulassung für diesen Beruf auf dem Gebiet Pflege (Igl, 2016).

Behinderteneinrichtungen. Nach eigenen Angaben vertritt das Bündnis über 60 Prozent der Altenpflegeeinrichtungen

In 2017 wurde die Selbstverwaltung der Pflegenden in Niedersachsen beschlossen. In vielen Bundesländern (bis auf Saarland, Bremen, Hamburg und Sachsen) gibt es bisher keine Berufsordnung[6] für examinierte Pflegekräfte (Schwinger, 2016). Mit definierten Berufsordnungen (Kammern können Berufsordnungen erlassen) und definierten vorbehaltenen Aufgaben öffnet sich ein großes Fenster und die Berufsgruppe erhält die Chance, sich als Profession neu darzustellen und ein neues Selbstverständnis zu definieren.

4.2.4 Fachkräftemangel in der Pflege

Die oben diskutierten qualitativen Schwächen in der Pflegebranche können das Resultat von zu wenig Personal und der Personalstruktur sein (vgl. Abschnitt 4.1.4). So wird die Anzahl und die Qualifikation des Personals in Bezug auf den steigenden Pflegeaufwand der Bewohnerinnen nicht angepasst. Auch die im Heimgesetz vorgeschriebene Fachkraftquote[7] wird nicht flächendeckend erreicht (Stegmüller, Gress, 2016; Schneekloth, Wahl, 2007). Der sich in Pflegeheimen zeigende überdurchschnittliche Zuwachs an Pflegenden – gegenüber den anderen Tätigkeitsfeldern von Pflegeberufen -, basiert auf dem veränderten Bedarf an pflegerischer Kompetenz in der stationären Langzeitversorgung (Bernhard, Michael, 2014). Die Veränderungen werden den Anforderungen nicht gerecht.

Im Dezember 2017 gab es 764.648 Beschäftigte in deutschen Pflegeheimen. Der Anteil von Pflegefachkräften (dreijährige Ausbildung) umfasste in 2017 30,4 Prozent (Statistisches Bundesamt, Pflegestatistik, 2017). Auch wenn der Anteil der Beschäftigten in der Pflege ansteigt, kann die wachsende Nachfrage an Pflegekräften nicht befriedigt werden. Dieser Pflegeengpass ist nicht erst zukünftig durch den demographischen Wandel zu erwarten, sondern entsprechend der Arbeitsmarktberichterstattung der Bundesagentur für Arbeit (Stand 2015) bereits

---

[6]Berufsordnungen definieren die Aufgaben und Berufspflichten von Berufsangehörigen, hier examiniertes Pflegepersonal

[7]In der Heimpersonalverordnung des Bundes zum Heimgesetz (HeimPersV) ist in § 5 Abs. 1 die sogenannten Fachkraftquote geregelt, nach der betreuende Tätigkeiten nur durch Fachkräfte oder unter angemessener Beteiligung von Fachkräften wahrgenommen werden dürfen. Hierbei muss mindestens einer, bei mehr als 20 nicht pflegebedürftigen Bewohnerinnen oder mehr als vier pflegebedürftigen Bewohnerinnen mindestens jeder zweite weitere Beschäftigte eine Fachkraft sein. In Heimen mit pflegebedürftigen Bewohnerinnen muss auch bei Nachtwachen mindestens eine Fachkraft ständig anwesend sein. Die Fachkraftquote benennt nicht spezifische Berufe, wie beispielsweiseAngehörige der Pflegeberufe (Igl, 2016, S. 234 f.)

derzeit vorzufinden. Anhand der Stellenangebote für examinierte Altenpflegefachkräfte lässt sich erkennen, dass diese Stellenangebote für durchschnittlich 138 Tage offen, also nicht besetzt waren. Das entspricht einem Plus von 62 Prozent gegenüber dem Durchschnitt aller Berufe. Dementsprechend kommen auf 100 gemeldete Stellen etwa 40 Arbeitslose (BMG, 2016). Als Konsequenz dieser Diskrepanz entwickelt sich zunehmend der Arbeitsmarkt im Gesundheitswesen hin zu einem Arbeitnehmerinnenmarkt. Pflegefachkräfte haben mittlerweile die Wahl: Sie können sich für die Arbeitgeberin entscheiden, die ihnen die besten Bedingungen bietet – denn der Konkurrenzkampf um gut ausgebildete Pflegekräfte ist groß. Daraus folgt unweigerlich, dass die Pflegeeinrichtungen gezielte Anstrengungen zur Steigerung der Attraktivität und Verbesserung der Arbeitsqualität unternehmen müssen, um die richtige Kandidatin zu gewinnen (Stockinger, 2014).

Wenn die geburtenstarken Jahrgänge in den nächsten Jahren aus dem Erwerbsleben aussteigen, wird sich die Nachfrage vergrößern, die nicht mehr vollständig mit in Deutschland ausgebildeten Fachkräften behoben werden kann. Längst sind Einrichtungen und Agenturen in Ländern wie China, Vietnam sowie Süd- und Osteuropa mit der Akquisition ausländischer Kräfte beschäftigt.

Gemäß unterschiedlicher Prognosen wird sich zudem das Arbeitskräfteangebot im Bereich der Pflege auch aufgrund des demographischen Wandels auf dem Arbeitsmarkt weiter reduzieren. Es wird zu einer gegenläufigen Entwicklung von einerseits erhöhtem Pflegebedarf, einer Reduktion des familiären Pflegepotentials und dem Wandel der Präferenzen bei der Inanspruchnahme der verschiedenen Pflege-, Betreuungs-, und Wohnangebote im Alter und andererseits einem reduzierten Fachkräfteangebot kommen (Bräutigam et al., 2015). Damit wird es zu einer Versorgungslücke kommen, die ohne weitere Anstrengung nicht geschlossen werden kann.

Das Rheinisch-Westfälische Institut für Wirtschaftsforschung (RWI) schätzt, dass es einen Mehrbedarf von 325.000 Vollzeitkräften gibt, darunter 140.000 Pflegefachkräfte in ambulanten und stationären Einrichtungen bis 2030 (Augurzky, Mennicken, 2011). Andere Untersuchungen nennen unter Berücksichtigung weiterer Einflussfaktoren beispielsweise einen Bedarf von 278.000 Pflegefachkräften im Bereich ambulanter und stationärer Pflege (Prognos, 2012) oder gehen von einer Personallücke zwischen 263.000 Vollzeitäquivalenten (bei steigendem Anteil informeller Pflege) und 492.000 Vollzeitäquivalenten (bei Zunahme formeller Pflege) bis 2030 aus (Rothgang et al., 2012). Vermutlich bleibt die stationäre Versorgung quantitativ mit großem Abstand die bedeutendste Wohnform außerhalb der eigenen Wohnung. In 2030 wird für diesen Bereich ein Personalbedarf von 442.000 Vollzeitstellen für Pflege und Betreuung (davon 228.000 Pflegefachkräfte [Vollzeitstellen]) vermutet (Bräutigam, et al., 2015 mit Daten aus Statistischem Bundesamt 2013). Bei der Betrachtung von Prognosen von fehlenden Pflegefachkräften gilt es zu beachten, dass auch die Abwanderung von Pflegenden aus der stationären Langzeitpflege in andere Kontexte zu berücksichtigen ist (durch die geplante Verschmelzung der Pflegeberufe in der Praxis ist dies mehr möglich als bisher).

Für die Pflegeeinrichtungen besteht bereits heute schon das Problem, die geforderte Fachkraftquote von 50 Prozent einzuhalten und freigewordene Planstellen wieder zu besetzen. Da sich dieser Trend in den nächsten Jahren weiter verstärken wird, befürchten Wissenschaftler u. a. in Alten- und Pflegeheimen deutliche Einschränkungen in der Versorgungsqualität (Hackmann, 2010). Für die Gesundheitsberufe ebenso wie für deren Ausbildung ist ein Wandel in Form von Reformen und zugleich ein Anpassungsszenarium notwendig. Die neuen Herausforderungen lassen eine Neuzuschneidung, Erweiterung und Ausdifferenzierung des Qualifikations-, Kompetenz- und Aufgabenspektrums der Berufe in einem sich ständig wandelnden Gesundheitswesen erwarten. Diesen Wandlungsprozess gilt es zu gestalten: Die Strategien liegen zwischen Generalisierung und Spezialisierung, High- und Low-Level-Qualifikation, mono- und interdisziplinarer Orientierung, institutioneller Verankerung und unter-nehmerischer Selbstständigkeit, hoher Eigenverantwortung und Delegation. Sie sind für die zukünftige Strukturierung, Professionalisierung und Attraktivität der Gesundheitsberufe sowie für die Qualität der Versorgung hoch relevant (Görres, et al., 2016).

Als Einflüsse auf die Personalentwicklung und insbesondere die Personalstruktur in der stationären Altenpflege gilt u. a. das Kostenargument. Über die Kosten von Pflegepersonal wird viel diskutiert und bei einer reinen Kostenargumentation gilt, dass Hilfskräfte kostengünstiger sind. Auch die Einbeziehung von ehrenamtlich engagierten Personen könnte künftig zunehmend unter diesem Aspekt thematisiert werden, denn im sozialen Bereich wird immer wieder mehr ehrenamtliches Engagement gefordert. Mit dem Kostenargument einher geht gleichzeitig der Anspruch an Fachlichkeit und Qualität. Mit den steigenden Anforderungen (evidenzbasierter Pflege, Multimorbidität, Demenzerkrankungen usw.) ist aus fachlicher Sicht nicht davon auszugehen, dass die gesetzliche Fachkraftquote von 50 Prozent sinken wird, da ansonsten Qualitätsreduktion in Kauf genommen wird.

Zudem haben durchaus widersprüchliche politische Entwicklungen einen Einfluss auf die künftige Personalentwicklung. So wird derzeit ein personeller Mindeststandard für pflegerische Bereiche in Krankenhäusern diskutiert, der dort zu höherem Bedarf führen und in anderen Arbeitskontexten für einen Sogeffekt sorgen könnte, der die Verfügbarkeit von Pflegenden in der stationären Langzeitpflege einschränkt (Bräutigam et al., 2015). Gleichzeitig wird auch im Kontext Altenpflege über Personalstandards diskutiert und im zweiten Pflegestärkungsgesetz (§113c, SGB XI) ist hierzu eine Personalbemessung in Pflegeeinrichtungen vereinbart worden, die bis Mitte 2020 erarbeitet wird (Greß, Stegmüller, 2018).

Um mittel- und langfristig eine differenzierte, bedarfsgerechte und den fachlichen Standards entsprechende Pflegeinfrastruktur mit der erforderlichen personellen Ausstattung vorhalten zu können, bedarf es weiterer umfassender politischer und gesellschaftlicher Anstrengungen (Bräutigam et al., 2015). Hierzu zählen die Verbesserung der personellen Ausstattung und Finanzierung in einer Situation des Fachkräftemangels sowie der Organisations- und Personalentwicklung in den Einrichtungen. Der Arbeitsmarkt in der Pflege ist bereits jetzt stark Arbeitnehmerinnen orientiert und deshalb müssen die Arbeitsbedingungen attraktiv für die Arbeitssuchenden sein um dem Fachkräftemangel entgegenzuwirken.

Der zukünftige Arbeitsmarkt wird von weniger jungen Menschen gekennzeichnet sein, womit auch eine Konkurrenz zwischen Branchen um Nachwuchskräfte hinzukommt. Besonders in den jüngeren Kohorten gilt der Pflegeberuf als wenig attraktiv (Bomball, et al., 2010) und steht somit in Konkurrenz mit anderen Trendberufen. Die verminderte Attraktivität des Pflegeberufes kann auch dazu führen, dass zukünftig immer weniger Menschen den Pflegeberuf ergreifen oder Pflegende verstärkt, das Berufsfeld verlassen. Denn obwohl der Pflegeberuf Bevölkerungsumfragen zufolge gesellschaftlich als „wichtig“ und „vertrauenswürdig“ wahrgenommen wird (Institut für Demoskopie Allensbach, 2005), wirkt sich diese Wertschätzung offenbar nicht auf die Wahrnehmung der Arbeitsbedingungen und den damit einhergehenden beruflichen Möglichkeiten aus. Der Sachverständigenrat zur Begutachtung der Entwicklung im Gesundheitswesen betont sogar den berufspolitischen niedrigen Status des Pflegeberufs und die Wahrnehmung der Pflegeberufe als „Sackgassenberuf“ mit geringen Aufstiegsmöglichkeiten, Schichtdiensten, befristenden Arbeitsverträgen, z. T. schlechter Bezahlung und schwierigen Arbeitsbedingungen (SVR-G, 2012; Bogai, Wiethölter, 2015; Simon et al., 2005).

Vor dem Hintergrund der skizzierten Entwicklungen wird in politischen und berufspolitischen Bereichen zur Sicherung und Gewinnung einer angemessenen Anzahl an (Fach)Pflegekräfte aktiv gearbeitet. Im Folgenden werden zentrale Ansätze, die Vorstellungen zu einer verbesserten Personalakquise im Zusammenhang mit der Reform des Pflegeberufegesetzes, die angestrebte Akademisierung der Pflegetätigkeit und die Etablierung der Selbstverwaltung für den Pflegeberuf, vorgestellt. Des Weiteren werden Ansätze zur Verbesserung der Arbeits-, und Beschäftigungssituation, wie Ansätze einer verbesserten Bezahlung, die Ausweiterung des Beschäftigungsumfanges und die Verlängerung der Verweilzeit im Beruf als Strategien gegen den Fachkräftemangel diskutiert (vgl. Abschnitt 4.1.4).

Die Generalisierung der Pflegeberufe, d. h. die Zusammenfassung der Pflegeberufe zu einem wurde viel diskutiert und ist ab 2020 möglich. Dieses hat den Vorteil, dass die Berufsfelder durchlässiger werden und eine Festlegung auf einen spezifischen Bereich nicht vorgesehen ist. Dieses führt zu mehr Flexibilität der Berufsangehörigen auf dem Arbeitsmarkt Pflege. So soll die generalistische Qualifikation dabei helfen, die Berufe der Pflege aufzuwerten und die Schwerpunktsetzung in die Berufslaufbahn zu verlegen (Augurzky, Mennicke, 2011).

Auch die Akademisierung der Pflege soll die Attraktivität der Berufe optimieren. Zwar ist das zentrale Anliegen der Akademisierung, die Professionalisierung des Pflegeberufes voranzutreiben, um die Versorgungsqualität in der Pflege aufrechtzuerhalten und zu verbessern (Behrens, Langer 2010; WR 2012), dennoch geht es zusätzlich auch darum, das Ansehen und die Attraktivität des Pflegeberufs zu steigern, um mehr Bewerberinnen anzuziehen und so dem Personalmangel entgegenzuwirken (SVR 2007, 2012; DPR und DGP, 2014; Lehmann, Behrens, 2016). Durch die Einbeziehung von akademisch ausgebildeten Pflegekräften in der Pflegepraxis sollen die Konzepte und Ergebnisse der jungen Pflegewissenschaft einen Zugang zur Pflegepraxis und besser mit den Anforderungen der Praxis verknüpft werden. Studienergebnisse zeigen, dass eine akademische Ausbildung Vorteile gegenüber der Qualifizierung im sekundären Bereich aufweist. Das betrifft besonders die Kompetenz zur Erschließung und Übertragung wissenschaftlicher Erkenntnisse in die Praxis sowie zur Umsetzung reflektierter Entscheidungsprozesse (Isfort, 2018). Internationale Studien belegen zudem, dass eine höhere Dichte an Pflegenden mit einer akademischen Ausbildung mit einer sichereren und effektiveren Versorgung einhergehen. Umgekehrt korrelieren eine schlechtere Versorgungsqualität, einschließlich höhere Mortalitätsraten, oft mit geringen Qualifikationsniveaus der Pflegenden und Unterbesetzung (Aiken et al., 2002, 2003, 2014, Needleman et al., 2011).

Studiengänge im Bereich Pflege werden bereits seit 25 Jahren entwickelt. Mittlerweile gibt es mehr als 90 (SVR, 2014), allerdings sehr heterogen strukturierte Pflegestudiengänge, die in der Mehrzahl an (Fach-)Hochschulen angesiedelt sind. Bewohnernahe Handlungsfelder sind erst in den letzten Jahren verstärkt zum Gegenstand dieser Studiengänge geworden, da die anfänglich geschaffenen Pflegestudiengänge primär für Management- und Leistungsfunktionen qualifizieren sollten (Moers et al., 2012). Studierende, die sich für eine primäre akademische Pflegeausbildung entscheiden, schließen zugleich mit einem Hochschulgrad und der Berufszulassung ab. Damit sind die Voraussetzungen geschaffen, dass wissenschaftliches Knowhow in die Pflegepraxis Einzug halten kann. Nach Auffassung des Sachverständigenrats (2014) wird dadurch auch die Basis für eine Evidenzbasierung gelegt, die es perspektivisch ermöglicht, sich schrittweise für neue anspruchsvolle Aufgaben zu qualifizieren, beispielsweise die Übernahme von bislang Ärztinnen vorbehaltener Tätigkeiten (Kälble, Pundt, 2016). Auch die Praxis entwickelt sich weiter und so entstehen zunehmende Praxisfelder für akademische Pflegekräfte. Allerdings ist ein Trend zu erkennen, dass viele Absolventinnen nicht direkt in die Praxis die Bewohnerversorgung gelangen, sondern eher Managementtätigkeiten übernehmen. Im Pflegesektor wird keine Vollakademisierung der Pflegenden angestrebt. Das Ziel ist, eine Akademikerquote von zehn bis 20 Prozent in den pflegerischen Arbeitsfeldern zu erreichen (Kälble, Pundt, 2016). Heute sind ein- bis zwei Prozent der Pflegenden akademisch qualifiziert (SVR; 2014). Auch wenn die Akademisierung der Pflege die Professionalisierungsprozesse unterstützt, ist die Akademisierung keine Lösung für die Fachkräftegewinnung. Auch in Ländern, in denen die Ausbildung von Pflegefachpersonen vollständig akademisiert ist, besteht Personalmangel. Dieser liegt vor allem in den Arbeitsbedingungen begründet (Lehmann, Behrens, 2016).

Ein weiterer Ansatz zur Aufwertung des Berufsbilds ist die Etablierung von Pflegekammern in den Ländern. So wurden bis 2020 in Rheinland-Pfalz, Schleswig-Holstein und in Niedersachsen Pflegekammern gegründet und gesetzlich verankert. Hierbei geht es darum, die Professionalisierung des Berufes voranzubringen, die Einflussnahme zu vergrößern, Qualität und Einheitlichkeit in die Fort- und Weiterbildungsbereiche zu bringen, sich für die Rechte der Pflegenden einzusetzen und an der Gestaltung einer Berufsordnung beteiligt zu sein. Die Schlagkraft der Pflegekammern ist heute noch nicht abzuschätzen, da sie bundesweit erst im Beginn der Entstehung stehen. Weitere Bundesländer stehen in den Startlöchern und es bleibt abzuwarten, ob es gelingt, die Landeskammern in Form einer Bundespflegekammer zu vernetzen, um so bundesweit die etwa 1,4 Millionen Beschäftigten (und damit die „größte Berufsgruppe im Gesundheitswesen" (Isfort et al., 2010) einheitlich zu vertreten und sprechen zu lassen. Aktuell ist der Deutsche Pflegerat damit beauftrag die Gründung einer Bundespflegekammer voranzutreiben.

Ein weiterer Bereich ist die Ausweitung des Beschäftigungsumfanges. Denn wie oben beschrieben ist weniger als die Hälfte der Beschäftigten vollzeitbeschäftigt. Hier gilt es zu intervenieren, um das Beschäftigtenpotential besser ausschöpfen zu können. Der Trend zur Teilzeitarbeit in der Branche muss sich umkehren und auch die qualifizierten Pflegekräfte, die derzeit keiner Erwerbstätigkeit nachgehen oder in anderen Tätigkeitsfeldern arbeiten, gilt es für das

Arbeitsfeld zu akquirieren. Für die Minimierung der Teilzeitquote, sind Arbeitsmodelle für die Einrichtungen zu entwerfen und Pflegende zu ermutigen, mehr wöchentliche Arbeitszeit aufzunehmen. Die derzeitige mangelhafte Personalsituation führt dazu, dass die Pflegenden den Mangel an Pflegekräften in ihrer täglichen Arbeit kompensieren müssen, auch dadurch steigt für die Pflegenden die tägliche Arbeitsbelastung.

Ein weiterer Grund für das Belastungserleben Pflegender ist die qualifikationsgebundene Aufgabenverteilung. Immer häufiger werden beispielsweise Hilfskräften bewohnernahe Pflegetätigkeiten übertragen, für die diese nicht ausreichend qualifiziert sind. Examinierte Pflegefachkräfte übernehmen wiederum das Management der Hilfskräfte, für das sie auch nicht ausgebildet sind. Sowohl Fach- als auch Hilfskräfte sind mit dieser Situation häufig überfordert und fühlen sich fehlqualifiziert (Höhmann, 2014). Eine Weiterqualifizierung der Hilfskräfte zu Fachkräften und die Entlastung der Fachkräfte von berufsfremden und eben nicht pflegenahen Aufgaben kann zur Entlastung des Personals und gleichzeitig zur Gewinnung von Fachkräftepersonal führen (Bräutigam, et al., 2015). Die Reduktion der hohen Arbeitsbelastung kann auch dem überdurchschnittlich häufigen Trend zur Frühverrentung entgegenwirken und damit die Verweildauer vergrößern. Besonders für ältere Erwerbstätige gilt es zudem altersgerechte Arbeitsplätze zu entwickeln, mit dem Ziel, dass die Berufsangehörigen bis zum regulären Renteneintrittsalter aktiv erwerbstätig sein können (Bräutigam, et al., 2015).

Die Ausführungen zum betrieblichen und sozialen Kontext haben aufgezeigt, dass Pflege im Alltag der Einrichtungen in einen komplexen Rahmen eingebettet ist, die deutlich die Handlungsmöglichkeiten und die situativen Bedingungen der Pflegenden beeinflussen. Der Kontext Altenpflege in Deutschland mit den organisationsbezogenen Herausforderungen, wie beispielsweise den Personalstrukturen und davon ausgehenden Effekte auf die Formen der Zusammenarbeit und der Belastung, im Hintergrund stehende Fragen der Rekrutierung, der Attraktivität des Berufsfelds und berufspolitischer Aktivitäten und die gleichzeitigen Anforderungen vorgegebene Qualitätsstandards einzuhalten, beeinflussen sehr stark die alltägliche Arbeit. Die Anforderungen an die Qualität verändern sich noch einmal deutlich durch die Veränderung der Bewohnerstrukturen und deren zunehmende Bedarfe.

Teil II
Methodologie

Forschungslücke und Forschungsfragen 5

Der gegenwärtige Forschungsstand weist viele Arbeiten und Ergebnisse zur Arbeitsbelastung und Beanspruchung in der Pflege auf. Zum Beispiel diskutiert Rieder (1999) das negative Arbeitserleben in Form von Beanspruchungen von Pflegenden. Die Ergebnisse zeigen, dass Pflege im Kontext der Altenpflege ein stark beanspruchendes Arbeitsfeld ist und mit gesundheitlichen Gefährdungen einhergeht. Neben den körperlichen sind auch psychische Beanspruchungen Bestandteil der Arbeitsrealität von Pflegenden. Die Rahmenbedingungen, d. h. der betriebliche und soziale Kontext verschärfen diese Beanspruchungen (vgl. Kapitel 4).

Zimber, und Weyerer (1999) benennen als einen wesentlichen Belastungsfaktor der Pflegenden die zu gering bemessene Zeit für die psychosoziale Betreuung der Zupflegenden, die aufgrund des Zeitdrucks und der Zuständigkeit für zu viele Bewohnerinnen resultiert. Auch Büssing und Glaser (2003) konzentrieren sich in ihren Forschungen auf negative Folgen von Arbeitsbedingungen, die Burnout, emotionale Erschöpfung und Depersonalisation begünstigen. Zimber et al. (2000) und Backes et al. (2008) betrachten die Auswirkungen von hoher körperlicher und psychischer Beanspruchung und stellen einen Zusammenhang zum Gesundheitszustand sowie zur Arbeits- und Bleibemotivation der Pflegenden dar. Ebenso belegen Anderson und Heinlein (2004) dass in der Altenpflege schwierige Rahmenbedingungen und enge Vorgaben vorherrschen, die zu Engpässen und einer Überforderung des Pflegepersonals führen, was mit einem negativen Arbeitserleben einhergeht. Dazu zählen auch Beanspruchungen emotionaler Art, wie beispielsweise „ein schlechtes Gewissen" gegenüber den Bewohnerinnen. Die Arbeitsbelastungen und Beanspruchungen in der stationären Altenpflege haben im Zuge der Veränderungs-, insbesondere der Ökonomisierungsprozesse im Gesundheits- und Pflegebereich deutlich zugenommen (Glaser, Höge, 2005;

C. Schmedes, *Emotionsarbeit in der Pflege*,
https://doi.org/10.1007/978-3-658-31914-4_5

Zimber et al., 2000, Amrhein, 2002, Zellhuber, 2005). Diese Arbeitsbedingungen werden von den Pflegenden als nicht befriedigend eingestuft (INIFES, 2015)

Zu diesen schwierigen Arbeitsbedingungen hinzu kommen die besonderen Anforderungen in der stationären Altenhilfe. Umgang mit Leiden, Sterben und Tod, häufige Arbeitsunterbrechungen eingebettet in den hohen Zeitdruck und teilweise auch der Umgang mit schwierigen Angehörigen scheinen eine zentrale Stellung im Hinblick auf die psychischen Arbeitsbelastungen in der stationären Altenpflege einzunehmen (Glaser, Höge, 2005; Zimber 2000, BGW-DAK 2003, Siegrist, Rödel, 2005). Böhle und Glaser beschreiben die Pflege als Interaktionsarbeit und beziehen diese auf die pflegerische Zuwendung, die zwischen den Zupflegenden und der Pflegekraft erbracht wird. Basierend auf dem analytischen Konzept der Interaktionsarbeit beschreiben die Autoren besondere Merkmale, hierzu zählen die Kooperationsarbeit, die Emotionsarbeit, die Gefühlsarbeit und das subjektivierende Arbeitshandeln (Böhle, et al., 2015). Einige Forschungsarbeiten setzen sich explizit mit den negativen und positiven Auswirkungen von Emotionen am Arbeitsplatz auseinander. Negative Folgen von Beziehungsarbeit sind beispielsweise emotionale Erschöpfung (Morris, Feldman, 1996), die Burn-out-Erkrankung (Nerdinger, Röper, 1999) oder Interaktionsstress (Badura, 1990; Büssing, Glaser, 2003). Den Zusammenhang von positiven Emotionen und Motivation von Altenpflegenden diskutiert Bornheim-Gallmeister (2013). Tourangeau et al. (2010) untersuchen den Zusammenhang zwischen emotionaler Belastung und der Intention, den Arbeitsplatz zu wechseln. Trotz der zunehmenden Thematisierung von Emotionsarbeit und emotionaler Belastungen wurden bisher die Emotionsarbeit und deren Auswirkungen auf das Beanspruchungserleben der Pflegenden noch nicht eingebettet in eine systematische Analyse des Einflusses des Kontextes der stationären Altenhilfe untersucht.

Im Fokus dieser Forschung steht daher die Betrachtung der Emotionsarbeit und ihrer Auswirkungen in der alltäglichen Pflegearbeit vor dem Hintergrund des betrieblichen und sozialen Kontextes in Einrichtungen der stationären Altenhilfe. Vor dem Hintergrund der hohen Relevanz von Beziehungen und der Beziehungsarbeit für die pflegerische Tätigkeit in der Altenhilfe wird die Entstehung der Emotionsarbeit, deren konkrete Ausformung und Bedeutung sowie ihre Auswirkungen im pflegerischen Alltag in ihrem Zusammenhang mit den Beziehungen untersucht werden. Die Beziehungskomponente ist bei Altenpflegenden deutlich höher als in anderen Dienstleistungsbereichen oder auch der klinischen Pflege, da sich in der Arbeit im Pflegeheim Beziehungen über einen längeren Zeitraum zu den Bewohnerinnen und Angehörigen entwickeln. Diese konkrete Ausformung und Bedeutung der Emotionsarbeit, deren Auswirkungen und die Einbettung in Beziehungen im Kontext der stationären Altenhilfe sind derzeit noch nicht erforscht. Den Ausgangspunkt der Untersuchung bilden die Forschungen zur Emotionsarbeit in der Dienstleistungsarbeit insbesondere deren grundlegenden Formen, wie sie Hochschild (1990) beschrieben hat, die im Kontext der stationären Altenhilfe neu definiert und in die Rahmenbedingungen der stationären Altenhilfe verortet werden sollen. Dabei wird angenommen, dass der soziale und betriebliche Kontext, der eine hohe Bedeutung für die Entwicklung der Beziehungen einnimmt, wesentlich für die Entstehung, Ausformung und Bedeutung der Emotionsarbeit und deren Auswirkungen wird. Ansätze aus der Arbeitsforschung zu Beanspruchungen, Belastungen und Burn-out bilden die Grundlage der Analyse der Auswirkungen der Emotionsarbeit auf Belastungen und das Beanspruchungserleben (vgl. Kapitel 2). Eine besondere Relevanz für die Entwicklung von Emotionsarbeit und deren Auswirkungen wird dabei den Ökonomisierungstendenzen und dem tätigkeitsorientierten Pflegeverständnis zugeschrieben, dass die Relevanz von Beziehungen nicht anerkennt und damit die Beziehungsarbeit unsichtbar werden lässt (vgl. Kapitel 2 und 4).

Vor diesem Hintergrund dieser Ausführungen soll mit der vorliegenden Untersuchung die folgende grundlegende Forschungsfrage beantwortet werden:

- Welche Bedeutung hat die Emotionsarbeit für Pflegende in der stationären Altenhilfe, wie ist diese in Beziehungen eingebettet und, welchen Einfluss hat diese auf die Beanspruchung?

Diese grundlegende Forschungsfrage wird in Teilschritten auf der Basis von differenzierten Forschungsfragen beantwortet. In einem ersten Schritt sollen zum Ausgangspunkt die sich in den Beziehungen im pflegerischen Alltag entwickelnden unterschiedlichen Facetten der Emotionsarbeit systematisch erhoben, beschrieben und im pflegerischen Alltag verortet werden. Damit ergeben sich folgende Fragen:

- Welche Facetten hat die Emotionsarbeit in der Pflege?
  In welchen Zusammenhängen treten diese Facetten der Emotionsarbeit auf?
  Wie sind die Facetten der Emotionsarbeit mit Beziehungen in der Pflege verknüpft? ①

Die Ausführungen zum betrieblichen und sozialen Kontext der stationären Altenhilfe lassen vermuten, dass dieser einen erheblichen Einfluss auf die Arbeit der Pflegenden, auf die Beziehungsarbeit und somit auch auf die Emotionsarbeit haben (vgl. Kapitel 4). Vermutet wird, dass besonders die Einflüsse aus der Ökonomisierung, die sich in der Praxis durch Zeit- und Personalknappheit darstellen, die Arbeit mit den Emotionen beeinflusst. Um diesen Aspekt zu untersuchen und Hinweise auf weitere Einflussmöglichkeiten zu generieren, gilt es in einem zweiten Schritt, die folgende Frage zu klären:

- Welchen Einfluss haben betriebliche und soziale Kontexte auf die Emotionsarbeit? ②

Forschungen zur Arbeitssituation in der stationären Altenhilfe haben die hohe Belastung des Tätigkeitsfelds und daraus resultierende physische und psychische Beanspruchungen belegt. Ein bisher wenig erforschter Teilaspekt der psychischen Beanspruchung ist die Entwicklung von emotionaler Beanspruchung. Dies soll im dritten Schritt systematisch untersucht werden. Zunächst sollen dazu die vorhandenen emotionalen Belastungen im Zusammenhang mit der Emotionsarbeit im pflegerischen Alltag erarbeitet werden. Daraus leitet sich folgende Fragestellung ab:

- Wie sehen emotionale Belastungen aus? ③

Das Belastungs- und Beanspruchungskonzept von Rohmert (1984) geht davon aus, dass nicht alle Belastungen zu Beanspruchungen werden. Denn Forschungsergebnisse zeigen, dass vergleichbare Belastungen nicht für alle Personen zu einem entsprechenden Beanspruchungserleben führen. In dem Modell von Rohmert (1984) werden den Ressourcen von Menschen, die aus individuellen Fähigkeiten, Fertigkeiten, Bedürfnissen und Eigenschaften bestehen, einen erheblichen Einfluss in dem Zusammenspiel zugesprochen. Nach dem Ansatz von Pines und Aronson (1988) können Motivatoren[1] dazu führen, dass Belastungen nicht als Beanspruchungen wahrgenommen werden. Im Fokus der nächsten Fragestellung stehen damit der Umgang der Pflegenden mit den emotionalen Belastungen:

- Welche individuellen Strategien zum Umgang mit emotionalen Beanspruchungen haben Pflegende? ④

Während es viele Belege dafür gibt, dass Pflegende ihre berufliche Tätigkeit als anspruchsvoll und beanspruchend erleben, ist noch unerforscht, inwieweit

[1]Motivatoren bilden jene Bestandteile der Arbeitssituation, die langfristig die Arbeitszufriedenheit bedingen und zugleich die Leistungsbereitschaft verbessern. Wichtige Motivatoren sind Leistung, Anerkennung, Aufgabeninhalt, Verantwortung, Aufstiegsperspektive sowie Wachstumsmöglichkeit (Der Begriff der Motivatoren kommt aus der Zweifaktorentheorie der Zufriedenheit von Herzberg (1959))

Pflegende die empfundene Beanspruchung mit der Emotionsarbeit verknüpfen (können). Erkenntnisse zum Zusammenspiel von Emotionsarbeit und Beanspruchung und deren individueller Wahrnehmung stellen ein wichtiges, noch kaum erforschtes Verbindungsglied zwischen dem Konzept der Emotionsarbeit und den Forschungen zum Zusammenspiel von Belastungen und Beanspruchungen dar. Dieses Wissen kann zudem eine zentrale Grundlage für Ansätze der Reduktion der Belastung und Beanspruchung in der pflegerischen Praxis liefern. Wenn Pflegende nicht wissen, dass in diesem Teilaspekt psychischer Gesundheit Beanspruchungsquellen existieren, sind Möglichkeiten der personalen Arbeit als Entlastungsintervention nicht gestaltbar. Demzufolge wird diese Frage mit in die Untersuchung aufgenommen:

- Inwieweit fühlen sich Pflegende durch die Emotionsarbeit beansprucht? ⑤

Eine Übersicht der vorliegenden Untersuchung bietet das nachfolgende Modell. In der Abbildung 4.1 ist der theoretische Hintergrund dargestellt, aus dem sich die (Teil)Forschungsfragen ableiten. Belastungen werden ausgehend von den sozialen und betrieblichen Anforderungen im Kontext Altenpflege betrachtet, hierbei bilden das Zentrum alle Belastungen, die im Bereich der emotionalen Belastungen einzuordnen sind. Bis zu diesem Punkt sind die ersten drei Forschungsfragen eingebettet. Weiter geht es mit der Betrachtung der Ressourcen des Individuums, welche in der vierten Frage thematisiert werden. Am Ende steht die emotionale Beanspruchung. Rohmert (1984) definiert in seinem Modell die Belastung als objektive und ohne Wertung darzustellende Größe und Beanspruchung als subjektive erlebte Anforderung. Unikausale Zusammenhänge zwischen Belastungen und Beanspruchung sind nicht existent. Entscheidend ist hier das subjektive Erleben des Individuums. Zur empirischen Untersuchung der Beanspruchung wird deshalb die phänomenologische Sichtweise herangezogen.

Anhand der Nummerierung kann die inhaltliche Platzierung der Forschungsfragen in dem Modell dargestellt werden. Zur Beantwortung der grundlegenden Fragestellung stehen die fünf aufgeführten Fragen gleichberechtigt nebeneinander (Abbildung 5.1).

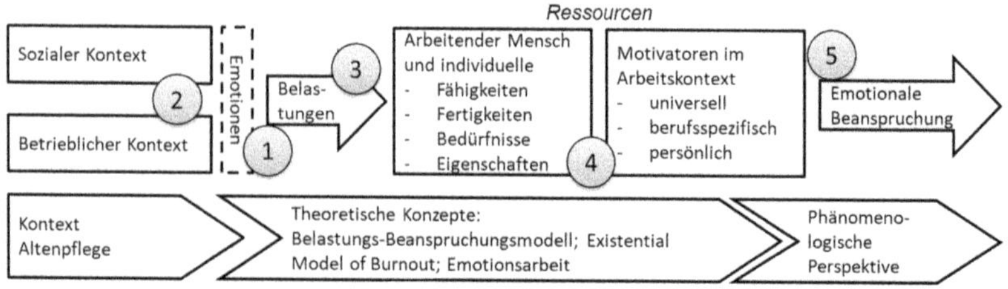

Abbildung 5.1 Forschungsmodell Emotionsarbeit in der Pflege. Eigene Darstellung in Anlehnung an Rohmert (1984) und Pines und Aronson (1988)

Forschungsdesign 6

6.1 Forschungsperspektive

Im Fokus der Forschungsfragen steht die subjektive Wahrnehmung der Emotionsarbeit, die subjektive Wahrnehmung von Belastung und Beanspruchungserleben durch die Pflegekräfte selbst. Denn Emotionsarbeit, die Wahrnehmung emotionaler Belastungen und Beanspruchungen lassen sich nur aus der Perspektive der Pflegekräfte erheben. Dies gilt auch für den betrieblichen und sozialen Kontext, der in der Relevanz für die Wahrnehmung von Belastungen und Beanspruchungen beispielsweise nur aus der individuellen Perspektive bewertet werden kann.

Vor dem Hintergrund wird auf Ansätze der qualitativen Forschung, die auf die subjektive Wahrnehmung und das subjektive Erleben fokussieren, zurückgegriffen. Die qualitative Forschung ist ein systematischer, subjektiver Ansatz, der dazu dient Lebenserfahrungen zu beschreiben und ihnen Bedeutungen zu verleihen. Dabei konzentriert sich die qualitative Forschung auf das Verständnis des Ganzen und untersucht in einem holistischen Bezugsrahmen die Tiefe, Reichhaltigkeit und Komplexität eines Phänomens. Qualitative Forschungsansätze basieren auf einer Weltanschauung, die folgende Grundsätze umfasst: Es gibt nicht nur eine einzige Realität (1); Realität, die auf individuellen Wahrnehmungen basiert, wird von jeder Person anders wahrgenommen und verändert sich im Laufe der Zeit (2); Was wir wissen, besitzt nur in einer bestimmten Situation oder in einem bestimmten Kontext einen Sinn (3) (Burns, Grove, 2005). Um sich diesen subjektiven Sichtweisen der Pflegenden zu nähern, wird ein phänomenologischer Forschungsansatz gewählt. Zur Erkennung von Sinnzusammenhängen im Kontext Altenpflege werden Interviews von Pflegenden untersucht und analysiert

C. Schmedes, *Emotionsarbeit in der Pflege*,
https://doi.org/10.1007/978-3-658-31914-4_6

6.2 Die Phänomenologie als theoretische Position

Zu den wichtigsten Schulen der qualitativen Forschung zählt die Phänomenologie. Die Phänomenologie geht auf das Werk des deutschen Philosophen Husserl zurück, das von mehreren Autorinnen weiterentwickelt wurde. Die in der Tradition von Husserl, Schütz und Luckmann entwickelten Ansätze einer Phänomenologie der Lebenswelt beschäftigen sich mit der Art und Weise, wie in natürlichen Kontexten gemeinsam Sinn konstituiert wird und wie Verstehensprozesse ablaufen. Dabei wird subjektiven Interpretationen im Verständnis und in der Herstellung von Sinn große Bedeutung beigemessen. In der Phänomenologie werden „kleine soziale Lebenswelten" untersucht und analysiert (Flick, 2010, S. 554). In der vorliegenden Arbeit bildet der Arbeitskontext Altenpflege die soziale Lebenswelt.

Phänomenologie ist sowohl eine Philosophie als auch eine Forschungsmethode. Der Zweck von phänomenologischer Forschung besteht darin, Erfahrungen so zu beschreiben, wie sie gelebt werden.

Philosophische Ausrichtung
Phänomenologinnen betrachten den Menschen als einen integralen Bestandteil seiner Umwelt. Die Welt formt das Selbst und das Selbst formt die Welt. Die Realität wird als subjektiv betrachtet; das bedeutet, dass eine Erfahrung für jedes Individuum anders und einzigartig ist. Somit wird auch die Realität der Erfahrungen der Forschenden während der Datensammlung und –analyse als subjektiv erachtet. Die Wahrheit ist in der Phänomenologie die Interpretation eines Phänomens. Je mehr Menschen die Interpretation teilen, umso faktischer wird sie (Burns, Grove, 2005).

Wesentliche Kernpunkte der Phänomenologie (van Mannen, 2011; Morse et al., 1998; Lamnek, 1995b, Flick, 2010):

- im Mittelpunkt steht die „erlebte Erfahrung" der Probandinnen
- unter Erfahrung wird die Wahrnehmung der eigenen Gegenwart in der Welt in dem Moment verstanden, in dem sich Dinge, Wahrheiten oder Werte konstituieren
- Wahrnehmungen beweisen die Existenz der Welt, nicht durch Gedanken, sondern durch das Erleben. Wahrnehmungen sind subjektiv. Sie sind die individuellen Erfahrungen der Personen. (Was ist Beanspruchung? → subjektive Einschätzung)

- erkenntnistheoretische Fragestellung: Wie entsteht die Welt in unserem Bewusstsein?
- möglichst vorurteilsfreie Erfassung der sozialen Wirklichkeit
- menschliches Verhalten geschieht im Kontext von Beziehungen zu Dingen, Personen, Ereignissen und Situationen.
- verstehen, wie Menschen sich mit jeweils ihrer Welt auseinandersetzen und dabei bedenken, dass in jeder subjektiven Beschreibung auch Interpretationen enthalten sind (Abbildung 6.1)

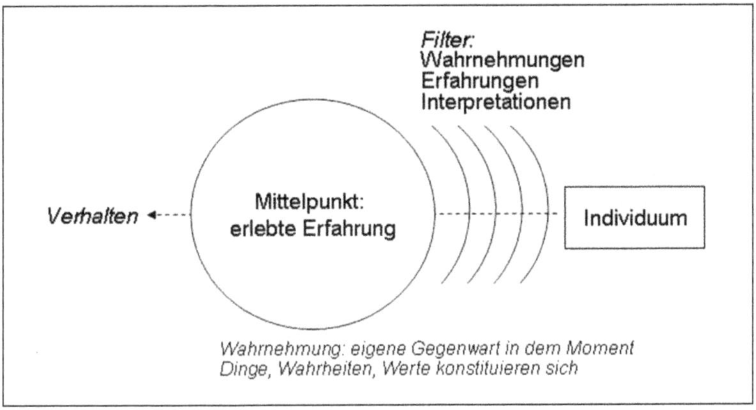

Abbildung 6.1 Phänomenologie. Eigene Darstellung

Kernpunkte der phänomenologischen Forscherin

Die Tradition der Phänomenologie versucht die erlebten Erfahrungen von Individuen und ihre Absichten in ihrer „Eigenwelt" zu verstehen. Die Wissenschaftlerinnen stellen sich die Frage: „Was bedeutet es, ein bestimmtes Erlebnis zu haben?" Die Phänomenologie ist also die Untersuchung von Phänomenen und von der Erscheinungsweise der Dinge sowie die Aufdeckung ihres Wesens als dem letzten Zweck einer derartigen Forschung (van Manen, 1990). Die vier Wesenheiten, die die phänomenologische Reflexion leiten, sind der erlebte Raum (Räumlichkeit), der erlebte Körper (Körperlichkeit), die erlebte Zeit (Zeitlichkeit) und die erlebte Beziehung zu Anderen (Kommunalität). Phänomenologinnen versuchen die Erfahrung als solche zu beschreiben und dies direkt zu tun, d. h. ohne den Rückgriff auf kausale Erklärungen. Die wichtigsten Eigenschaften der phänomenologischen Methode sind: die Fokussierung auf die Natur der gelebten

Erfahrung (1), sich zunächst frei machen von den wissenschaftlichen Annahmen über ein Phänomen (2), intensive Gespräche mit bestimmten Personen über die Bedeutung ihrer Erfahrungen führen (3), aus den Dialogen thematische Schwerpunkte ableiten (4), und über die Bedeutung der gesamten Erfahrung intensiv reflektieren (5). Die Forscherinnen versuchen die Bedeutung der Erfahrung der Informantinnen bezüglich eines bestimmten Phänomens in einem tieferen und umfassenderen Sinn zu verstehen. Die Zielfrage der phänomenologischen Forschung lautet: Was ist die Bedeutung der gelebten Erfahrung eines Individuums? Die verlässliche Informationsquelle hierzu ist das Individuum selbst.

Ziel der phänomenologischen Forschung

Das Ziel der Phänomenologie ist die Beschreibung des Wesens einer Verhaltensweise, basierend auf meditativen Überlegungen und mit der Absicht, das Verständnis des Menschen zu vertiefen (Omery, 1983). Im Unterschied zur Grounded Theory, bei der die Theorieentwicklung das Ziel ist, beinhaltet die Zielsetzung der Phänomenologie eine genaue Beschreibung der untersuchten Gegenstände. Die Phänomenologie nimmt die Erfahrung so, wie sie im Bewusstsein der Person existent ist. Phänomenologinnen behaupten, dass Intuition wichtig für die Erweiterung des Wissens sei, obschon Bedeutung nicht allein aufgrund des sinnlichen Eindrucks interpoliert werden kann (Morse et al, 1998). Die Phänomenologie will keine allgemeingültige Erklärung finden, sondern Phänomene am Subjekt beschreiben.

Vorgehensweisen in der qualitativen Forschung werden als phänomenologische eingestuft, wenn der Fokus der Forschung auf die Erfahrung gerichtet ist. (Morse et al, 1998). In der vorliegenden Arbeit ist der Schwerpunkt auf das subjektive Erleben der Pflegenden in ihrem Berufskontext gelegt. Die Erfahrungen der Befragten bilden den Schwerpunkt und den Ausgangspunkt der Betrachtung des Themas. Das vorliegende Forschungsprojekt basiert dabei auf Momentaufnahmen. Die Teilnehmerinnen gehen in den Interviews auf ihre aktuelle Situation im beruflichen Kontext ein. Auch wenn in die Interviews entsprechende Beispiele aus früheren Zeitpunkten einfließen, liegt der Schwerpunkt nicht auf der retrospektiven Rekonstruktion des Prozesses, sondern vielmehr wird eine Zustandsbeschreibung zum Zeitpunkt der Forschung gegeben. Im Zentrum stehen die derzeitig beschriebenen Belastungen und empfundene Beanspruchung aus der subjektiven Perspektive der Befragten.

6.3 Leitfaden-Interviews als Methode der Datenerhebung

In der qualitativen Forschung ist die Interviewform in der Regel offen. Obwohl die Forschende den Schwerpunkt des Interviews definiert, gibt es keine feste Abfolge von Fragen. Vielmehr verändern sich die Fragen, die in den Interviews gestellt werden, da die Forscherinnen zunehmende Einsichten aus vorherigen Interviews und Beobachtungen gewinnen. Die Befragten können und sollen wichtige Aspekte ansprechen, die die Forschende vielleicht übersehen hat (Burns, Grove, 2005). Forschende und Teilnehmerinnen sind aktiv an der Konstruktion einer bestimmten Weltsicht beteiligt, um tieferes gegenseitiges Verständnis zu erzielen. Das Ziel von Leitfaden-Interviews ist es, einen möglichst authentischen Einblick in die Erfahrungen der Teilnehmerinnen zu gewinnen. Leitfaden-Interviews können relativ offen gestaltet sein und stellen damit sicher, dass die Sichtweise des befragten Subjektes zur Geltung kommt.

6.3.1 Problemzentriertes Interview

Witzel (1985) schlägt vor, problemzentrierte Interviews anhand eines Leitfadens durchzuführen. Der Leitfaden soll dazu beitragen, den von den Befragten selbst entwickelten Erzählstrang zum Tragen kommen zu lassen. Jedoch ist er vor allem die Grundlage dafür, etwa bei stockendem Gespräch, bzw. bei unergiebiger Thematik dem Interview eine neue Wendung zu geben. Die Interviewerin soll anhand des Leitfadens entscheiden, wann sie zur Ausdifferenzierung der Thematik ihr problemzentriertes Interesse in Form von Fragen erbringen soll (Witzel, 1985 entnommen aus Flick, 2010, S. 210 ff.).

Im problemzentrierten Interview werden anhand eines Leitfadens, der aus Fragen und Erzählanreizen besteht, insbesondere biographische Daten mit Hinblick auf ein bestimmtes Problem thematisiert. Dieses Interview ist durch drei zentrale Kriterien gekennzeichnet: Problemzentrierung (für die Untersuchung: Emotionsarbeit, Belastung und Beanspruchung Pflegender im Kontext der Altenpflege), Gegenstandsorientierung (Leitfaden-Interview ist an den Pflegenden orientiert) und Prozessorientierung (Weiterentwicklung der Analyseinstrumente und auch die Auswahl der Befragten im Forschungsprozess).

Von zentraler Bedeutung für ein problemzentriertes Interview ist der Gesprächseinstieg. Wichtig ist, dass die Forscherin eine offene Atmosphäre schaffen kann, damit es im Laufe des Interviews zu einer Vertrauensbasis kommt und sich die

Befragte thematisch öffnet, um möglichst viele beispielhafte Erlebnisse darzustellen. Zudem ist die Strategie des Nachfragens (allgemeine und spezifische Sondierung) für die Erhebung der Daten wichtig.

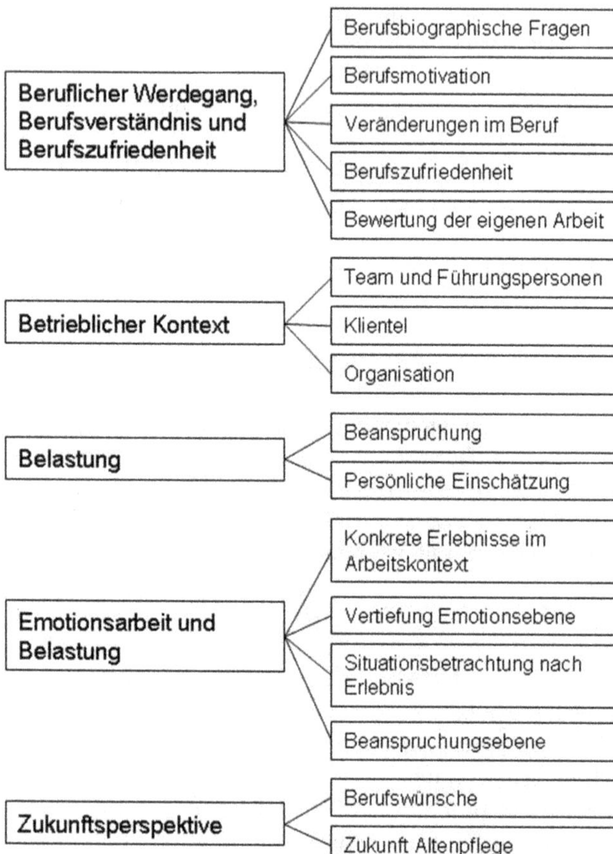

Abbildung 6.2 Aufbau der Interviews (Leitfaden). Eigene Darstellung

Witzel (1985) schlägt als Hilfsmittel einen Kurzfragebogen vor, um demographische Daten, die für das Interview weniger relevant sind, möglichst zeitsparend zu erheben. Zudem schlägt er Forscherinnen vor, ein Postskriptum nach jedem

Interview anzufertigen, in dem Eindrücke über die Kommunikation, zur Person, Auffälliges während des Gesprächs, äußere Einflüsse etc. notiert werden. So werden möglicherweise aufschlussreiche Kontextinformationen dokumentiert, die für die spätere Interpretation der Aussagen im Interview hilfreich sein können (Witzel, 1985 entnommen aus Flick, 2010, S. 210 ff.).

Die vorliegenden Daten wurden mittels eines leitfadengestützten, problemzentrierten Interview erhoben. Aus den Interviews wurden Gesprächssituationen entwickelt, die eine offene Kommunikation ermöglichten. Zudem wurden Kurzfragebögen für persönliche Daten (siehe Anhang) und auch Postskriptum der Forscherin (siehe Anhang) eingesetzt.

Aufbau des Interviews (Abbildung 6.2):

Anhand dieser Struktur wurde der Leitfadenfragebogen aufgebaut und ausformuliert (siehe Anhang 1).

6.4 Sampling Strategie

Bei der qualitativen Forschung geht es nicht um eine große Zahl von Fällen, sondern um für die Fragestellung typische Fälle. Entscheidendes Auswahlkriterium ist also die Angemessenheit für die theoretische Fragestellung. Deshalb werden auch keine statistischen-wahrscheinlichkeitstheoretischen Stichproben gezogen, sondern die Fälle werden gezielt und willkürlich nach theoretischen Vorstellungen in die Analyse einbezogen (Lamnek, 2010). Die Auswahl der Teilnehmerinnen liegt einem selektiven Sampling zugrunde. Die Auswahl der Untersuchungsteilnehmerinnen orientiert sich an relevanten soziodemographischen Merkmalen. In einer Wechselbeziehung zwischen den bisherigen Informationen über gemeinsame Muster in bestimmten Handlungsfeldern und neuen, möglichst abweichenden Einzelfällen, soll so eine „theoretische Sättigung" des Wissens entstehen. Die Entscheidung, keine weiteren Teilnehmerinnen mehr auszuwählen, wird dann gefällt, wenn die Forschende keine neuen Informationen mehr erhält (Redundanz von Informationen) oder wenn theoretische Ideen vollständig erscheinen (theoretische Sättigung) (Burns, Grove, 2005).

Um die Emotionsarbeit in der Pflege untersuchen zu können, wurden Pflegekräfte aus dem Kontext der stationären Altenhilfe mittels eines problemzentrierten Interviews befragt. Dabei bestand die Anforderung, dass alle Befragten aktuell in der stationären Altenhilfe in der Pflege tätig sind. Die Befragten sollten über eine Berufserfahrung von mindestens fünf Jahren (inklusive Ausbildungszeiten) verfügen und sind in einer stationären Altenhilfe-Einrichtung in Niedersachsen mit mindestens 50 Prozent einer Vollzeitstelle beschäftigt sein. Um ein möglichst differenziertes Bild zu erhalten, wurde das Sample sehr heterogen ausgewählt.

Die Interviewpartnerinnen wurden durch Aushänge, persönliche Kontakte und Kontaktaufnahme durch Dritte rekrutiert. Diese Auswahlmethode hatte zur Folge, dass einige Interviewpartnerinnen der Forscherin schon im beruflichen Kontext begegnet waren. So waren einige Befragte ehemalige Teilnehmerinnen von diversen Fortbildungsveranstaltungen der Forscherin. Die Teilnahme an den Interviews war freiwillig. Der Erstkontakt fand meist via E-Mail oder Telefon statt. Im ersten Kontakt wurde der grobe inhaltliche und zeitliche Rahmen des Forschungsvorhabens erwähnt und der Ort des zu führenden Interviews vereinbart. Die Interviews fanden in ungestörter Atmosphäre statt, zumeist in Büroräumen oder Aufenthaltsräumen von Einrichtungen, Verbänden, Kirchengemeinden, Bildungszentren, Gemeinden und zum Teil bei den Interviewpartnerinnen zuhause.

Die Interviews wurden im Zeitraum von April 2013 bis September 2013 geführt. Die Dauer der Interviews betrug zwischen 91 und 134 Minuten, bezogen auf die Dauer der Tonbandaufzeichnung. Bei jedem Interview wurden zusätzlich ein Vor- und Nachgespräch durchgeführt, das nicht aufgezeichnet wurde. Die Tonbandaufzeichnungen waren im Durchschnitt 1 h und 48 Minuten lang und betrugen in der Summe aller Interviews 32 Stunden und 28 Minuten.

6.5 Zusammensetzung der Stichprobe

Die Gruppe der Interviewpartnerinnen wies folgende Merkmale auf (vgl. Tabelle 6.1):

Die Gruppe der Teilnehmerinnen bestand aus 17 weiblichen und einem männlichen Befragten. Nach dem Abschluss der 18 Interviews zeigte sich Im Rahmen der begleitenden Datenanalyse zunehmend, dass neben den bereits analysierten

Tabelle 6.1 Stichprobe

Nr	Alter	Berufserfahr.	Beruf	Funktion	Stellenumfang	Dauer des Interviews
1	32	12 Jahre	Altenpfleger	Pflegefachkraft, stelv. WBL[a], MAV[b]/BR[c]	39 h/W	120 Minuten
2	48	30 Jahre	Krankenschw.	Pflegefachkraft, MAV/BR	22 h/W	128 Minuten

(Fortsetzung)

Tabelle 6.1 (Fortsetzung)

Nr	Alter	Berufserfahr.	Beruf	Funktion	Stellenumfang	Dauer des Interviews
3	23	5 Jahre	Altenpflegerin	Pflegefachkraft	30 h/W	105 Minuten
4	51	12 Jahre	Altenpflegerin	Pflegefachkraft, MAV/BR	30 h/W	125 Minuten
5	56	10 Jahre	Pflegehelferin	Pflegehelferin, MAV/BR	25 h/W	115 Minuten
6	25	8 Jahre	Altenpflegerin	Pflegefachkraft	39 h/W	124 Minuten
7	32	7 Jahre	Altenpflegerin	Pflegefachkraft	39 h/W	93 Minuten
8	25	6 Jahre	Altenpflegerin	Pflegefachkraft	28 h/W	108 Minuten
9	51	16 Jahre	Altenpflegerin	Pflegefachkraft, WBL	37 h/W	134 Minuten
10	55	20 Jahre	Altenpflegerin	Pflegefachkraft	35 h/W	101 Minuten
11	44	26 Jahre	Altenpflegerin	Pflegefachkraft,	38,5 h/W	94 Minuten
12	48	27 Jahre	Altenpflegerin	Pflegefachkraft	28 h/W	98 Minuten
13	56	14 Jahre	Krankenschw.	Pflegefachkraft	40 h/W	110 Minuten
14	32	13 Jahre	Altenpflegerin	Pflegefachkraft	40 h/W	90 Minuten
15	45	20 Jahre	Krankenschw.	Pflegefachkraft, WBL,	30 h/W	96 Minuten
16	27	10 Jahre	Altenpflegerin	Pflegefachkraft, stellv. Pflegedienstleitung	32 h/W	107 Minuten
17	28	11 Jahre	Altenpflegerin	Pflegefachkraft	37,65 h/W	91 Minuten
18	55	34 Jahre	Altenpflegerin	Pflegefachkraft	30 h/W	109 Minuten
D:						1948 Minuten = 32 h 28 Minuten D: 1h 48min

[a]WBL = Wohnbereichsleitung
[b]MAV = Mitarbeitervertretung (betriebliche Interessenvertretungen nach kirchlichem Arbeitsrecht)
[c]BR = Betriebsrat

Dimensionen keine weiteren neuen Dimensionen hinzukamen und damit eine theoretische Sättigung eingetreten zu sein schien. Es wurden daher keine weiteren Pflegekräfte in die Befragung einbezogen. Da in den Interviews keinerlei Hinweise auf unterschiedliche geschlechterspezifische Aussagen zu finden waren, wurde die Dominanz weiblicher Pflegefachkräfte in der Stichprobe toleriert.

Das Durchschnittsalter der Befragten lag bei 40,7 Jahren. Die Jüngste war zum Zeitpunkt der Befragung 25 Jahre und die Älteste 56 Jahre alt. Die Berufserfahrung variiert zwischen fünf und 34 Jahren. Im Durchschnitt lag sie bei 14,6 Jahren. 17 Interviewpartnerinnen verfügten über eine dreijährige Berufsausbildung in der Kranken- oder Altenpflege Eine Befragte hat eine Pflegehelferinnenausbildung im Umfang von sechs Wochen abgeleistet. Alle Interviewpartnerinnen waren zum Zeitpunkt der Befragung mit mind. 50 Prozent einer Vollzeitstelle beschäftigt und befanden sich derzeit in einem aktiven Beschäftigungsverhältnis. Im Durchschnitt betrug die Wochenarbeitszeit 33,34 Stunden Vier der Befragten sind politisch in der Mitarbeiterinnenvertretung (Betriebsrat) aktiv und vier Personen sind in mittleren Leitungsfunktionen (Wohnbereichsleitungen) oder in deren Stellvertretung vertreten. Die Interviewpartnerinnen repräsentieren einen breiten Querschnitt an Fachqualifikationen, Positionen, Alter, Berufserfahrung und an einem Umfang der Arbeitszeit jenseits der vorgegebenen Arbeitszeit von mindestens 50 Prozent.

Alle Interviewpartnerinnen waren in Niedersachsen tätig und kamen aus 18 unterschiedlichen Einrichtungen an verschiedenen Standorten. Die Einrichtungen der Interviewpartnerinnen unterscheiden sich sehr nach Größe, Trägerschaft und Philosophie. Die Einrichtungen sind alle Einrichtungen der Regelversorgung SGB XI/SGB V und fast alle sind Altenpflegeheime der dritten Generation. Eine Einrichtung ist ein spezialisiertes Heim für psychisch veränderte Klientel (Demenz). Die Einrichtungen sind Mitglieder der Wohlfahrtspflege (Caritas, Diakonie, DRK, Paritäten) sowie auch der privaten Trägerschaft.

7 Qualitative Inhaltsanalyse als Interpretationsmethode

Eine Inhaltsanalyse will den Inhalt einer Kommunikation analysieren. Mayring (2010) beschreibt die Zielsetzung einer Inhaltsanalyse umfassender und legt sechs Zieldimensionen einer Inhaltsanalyse vor, die aus Analyse (1) und einer fixierten (2) Kommunikation besteht. Zudem setzt Mayring eine systematische (3) und regelgeleitete (4) Arbeitsweise voraus. Die Analyse der Kommunikation muss theoriegeleitet (5) sein und als Ziel will die Inhaltsanalyse Rückschlüsse auf bestimmte Aspekte der Kommunikation ziehen (6) (Tabelle 7.1).

Der qualitativ-verstehende Ansatz „versteht" sich dabei immer dahingehend Gegenstände, Zusammenhänge und Prozesse nicht nur analysieren zu können, sondern sich in sie hineinzuversetzen, sie nachzuerleben oder sie sich zumindest nacherlebend vorzustellen. Ein solches Wissenschaftsverständnis wird als Introspektion, als Forschungsmethode zugelassen (Mayring, 2010).

Qualitative Wissenschaft als verstehende Wissenschaft will also am Einmaligen, am Individuellen ansetzen und versteht sich eher als induktiv (Mayring, 2010). In der vorliegenden Forschungsarbeit gab es vor dem Feldzugang theoretische Vorkenntnisse, es wurde demnach nicht rein induktiv vorgegangen, sondern die Vorgehensweise orientiert sich eher eine abduktiven Herangehensweise (Steinke, 1999).

Einer der Hauptschlagworte qualitativer Analyse ist, die volle Komplexität ihrer Gegenstände erfassen zu wollen.

> *„Qualitative Verfahren streben Erkenntnisse an, bei denen „isolierte" Daten und Fakten gefunden werden, die möglichst frei von allen störenden Nebeneffekten, wie sie in der Alltagsrealität vorhanden sind, bestimmte Zusammenhänge, kausale Verknüpfungen usw. nachweisen. Dagegen berufen sich qualitative Verfahren auf die Erkenntnis der Sozialwissenschaften, dass menschliche Wirklichkeit (…) vielfältig und komplex konstituiert wird" (Schön, 1979, S. 20).*

C. Schmedes, *Emotionsarbeit in der Pflege*,
https://doi.org/10.1007/978-3-658-31914-4_7

Tabelle 7.1 Überprüfung der Zieldimension nach Mayring (2010) mit dem vorliegenden Vorhaben

Zieldimension der Inhaltsanalyse	Überprüfbarkeit der Zieldimension mit der vorliegenden Forschungsarbeit
Kommunikation analysieren	Verbale Kommunikation in der Methode des Interviews ist der Gegenstand der Forschungsarbeit
Fixierte Kommunikation analysieren	Interviews wurden mit Hilfe eines Tonbandes aufgezeichnet und transkribiert.
Systematische Vorgehensweise	Die Interviews werden systematisch und nicht frei interpretiert.
Regelgeleitete Vorgehensweise	Analyse ist nachvollziehbar und überprüfbar und hält sich an die Standards der Sozialwissenschaften.
Theoriegeleitete Vorgehensweise	Den theoretischen Rahmen zur Vorbereitung auf die Kommunikation bilden die Theorien von Rohmert (1984) (Belastungs-Beanspruchungsmodell), Pines und Aronson (1988) (Model of Burn-out) und Hochschild (1990) (Emotionsarbeit) und die Kontextfaktoren im Bereich der Altenhilfe.
Rückschlüsse auf Kommunikationsprozesse	Die gewonnenen Ergebnisse leisten einen wissenschaftlichen Beitrag zur Entwicklung der Forschung zur Emotionsarbeit, zur Erweiterung der Belastungsforschung und zudem werden für die Praxis Handlungsempfehlungen erarbeitet.

Die Aufgabe der vorliegenden qualitativen Analyse ist die Klassifizierung des Datenmaterials (Mayring, 2010). Als qualitative Technik wird die Zusammenfassung und induktive Kategorienbildung gewählt, da das Ziel darin besteht, das Material so zu reduzieren, dass die wesentlichen Inhalte erhalten bleiben. Durch Abstraktion wird ein überschaubarer Korpus geschaffen, der immer noch Abbild des Grundmaterials ist (Mayring, 2010).

7.1 Vorgehensweisen: Zusammenfassung und induktive Kategorienbildung

Zentral bei einer Zusammenfassung des Materials ist die Differenzierung einer aufsteigenden (textgeleiteten) und einer absteigenden (schemageleiteten) Verarbeitung sowie das Formulieren von Makrooperatoren der Reduktion (Auslassen, Generalisation, Konstruktion, Integration, Selektion, Bündelung) (Mayring,

2010). Hierzu müssen Abstraktionsebenen der Zusammenfassung genau festgelegt werden, auf die das Material durch Einsatz der Makrooperatoren transformiert wird. Diese Abstraktionsebene kann nur schrittweise verallgemeinert werden; die Zusammenfassung wird immer abstrakter (Tabelle 7.2).

Tabelle 7.2 Ablaufmodell zusammenfassender Inhaltsanalyse (Mayring, 2010)

1. Schritt	Bestimmung der Analyseeinheiten	Kodiereinheit: Satz Kontexteinheit: 1 Seite Auswertungseinheit: Reihenfolge der Forschungsfragen (Reihenfolge theoretisches Modell)
2. Schritt	Paraphrasierung der inhaltstragenden Textstellen	Streichung aller nicht inhaltstragenden Textbestandteile Einheitliche Sprachebene Grammatikalische Kurzform
3. Schritt	Generalisierung der Paraphrasen	Textstellen werden auf Abstraktionsebene generalisiert, bei Unklarheiten mit Hilfe von theoretischen Vorannahmen.
4. Schritt	Erste Reduktion durch Selektion, Streichen bedeutungsgleicher Paraphrasen	Streichung bedeutungsgleicher Paraphrasen Streichung von Paraphrasen, die als nicht inhaltstragend erachtet werden; Übernahme der Paraphrasen, die als inhaltstragend erachtet werden; Theoretische Vorannahmen im Zweifel als Hilfe.
5. Schritt	Zweite Reduktion durch Bündelung, Konstruktion, Integration von Paraphrasen.	Paraphrasen mit ähnlichen Aussagen zusammenfassen Paraphrase mit mehreren Aussagen zu einem Gegenstand zusammenfassen. Theoretische Vorannahmen im Zweifel als Hilfe
6. Schritt	Zusammenstellung der neuen Aussagen als Kategoriensystem	
7. Schritt	Rücküberprüfung des zusammenfassenden Kategorie-Systems am Ausgangsmaterial	

Eine induktive Kategoriendefinition leitet die Kategorien direkt aus dem Material in einem Verallgemeinerungsprozess ab, ohne sich auf vorab formulierte Theoriekonzepte zu beziehen. Die induktive Vorgehensweise ist für die qualitative Forschung sehr fruchtbar, da es nach einer möglichst naturalistischen, gegenstandsnahen Abbildung des Materials ohne Verzerrungen durch Vorannahmen der Forscherin, zu einer Erfassung des Gegenstands in der Sprache des Materials kommt. Der Prozess der induktiven Kategorienbildung wird in Abbildung 7.1 aufgezeigt.

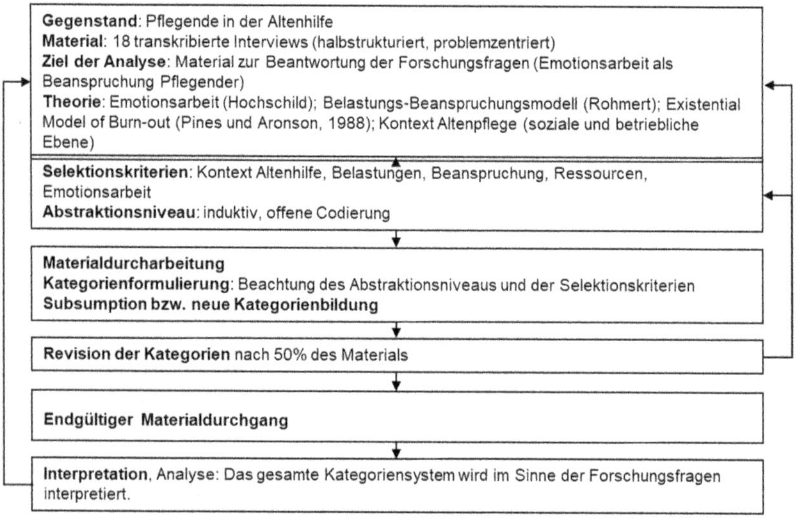

Abbildung 7.1 Prozessmodell induktiver Kategorienbildung nach Mayring, 2010

Die Interpretation erfolgt anhand der gesamten inhaltlichen Zusammenfassung und orientiert sich an den Forschungsfragen und dem entwickelten theoretischen Modell.

8 Gütekriterien qualitativer Forschung

Die Sozialwissenschaftliche Methodenlehre teilt die Gütekriterien in Maße der Reliabilität ein, also der Stabilität und Genauigkeit der Messung sowie der Konstanz der Messbedingungen (Friedrichs, 1990) und in Maße der Validität, die sich darauf beziehen, ob das gemessen wird, was gemessen werden sollte. Üblicherweise werden bei der Überprüfung der Reliabilität Methoden wie der Re-Test, Parallel-Test und die Testung der Konsistenz eingesetzt. Die Gültigkeit der Messung (Validität) kann durch Extremgruppen, Testung der Außenkriterien, der Vorhersagevalidität und der Konstruktvalidität überprüft werden. Wurden diese „klassischen" Gütekriterien auf inhaltsanalytische Forschung übertragen, wird oft Kritik geübt. Beispielsweise erscheinen bei der Reliabilitätsbestimmung Paralleltestverfahren und die Split-half-Methode problematisch, da es sich um umfangreiches sprachliches Material handelt, wobei sowohl die Äquivalenz zweier Instrumente nur selten beweisbar ist und das Gesamtergebnis bei der Betrachtung einzelner Teile veränderbar sein kann. Auch gibt es Kritik des Intercodereliabilitätsverfahrens durch Gruppendiskussionen, da hier eher die Objektivität der Forscherin überprüft wird, als die Unabhängigkeit (Mayring, 2010).

Die Untersuchungsergebnisse einer wissenschaftlichen Studie müssen immer in den Strom der Erkenntnis, Stand der Forschung, den Theoriehintergrund eingeordnet werden, um sinnvoll anwendbar zu sein und zu weiteren wissenschaftlichem Fortschritt führen zu können, obgleich der Forschungsstand als nie absolut gesichert oder abgeschlossen erscheint (Mayring, 2010). Wegen der Kritik an den „klassischen" Gütekriterien werden heute für qualitative Forschung eigene Gütekriterien diskutiert. Solche Kriterien sind beispielsweise Verfahrensdokumentation, argumentative Interpretationsabsicherung, Nähe zum Gegenstand, Regelgeleitheit, kommunikative Validierung und Triangulation.

C. Schmedes, *Emotionsarbeit in der Pflege*,
https://doi.org/10.1007/978-3-658-31914-4_8

Unter der Verfahrensdokumentation ist die detaillierte Dokumentation des Verfahrens gemeint, mit dem die Ergebnisse gewonnen wurden. Für diese Arbeit wurde deshalb Wert daraufgelegt, die einzelnen Schritte des Forschungsprozesses nachvollziehbar darzustellen. Dies bezieht sich auf die Explikation des Vorverständnisses, die Zusammenstellung des Analyseinstrumentes, die Durchführung der Datenerhebung und die Datenauswertung. Durch die Anwendung einer EDV-gestützten Strukturierung und Verwaltung des Datenmaterials wird sichergestellt, dass das Material verwaltet und verbundene Textstellen schnell wieder auffindbar sind. Zudem können inhaltsähnliche Aussagen schnell gesucht und gefunden werden.

Die argumentative Interpretationsabsicherung spielt einerseits eine entscheidende Rolle in qualitativen Ansätzen, lässt sich aber andererseits nicht wie Rechenoperationen beweisen. Interpretationen und Deutungen sind nicht voraussetzungslos möglich, sondern werden durch das eigene Vorverständnis beeinflusst. Hieraus ergibt sich einerseits die Forderung, dass das Vorverständnis adäquat zur Interpretation sein muss, und andererseits, dass das Vorverständnis offengelegt werden muss, um es am Gegenstand weiterzuentwickeln. Somit kann der Einfluss des Vorverständnisses auf die Interpretation überprüft werden (Mayring, 1999). Für diese Erhebung wurde das Vorverständnis durch die Literaturanalyse expliziert und kann somit auch auf seine Adäquatheit für die Interpretation beurteilt werden.

Die Übertragbarkeit zum Forschungsgegenstand soll durch ausführliche Beschreibung der Ergebnisse innerhalb des Kontextes, indem sie vorgefunden wurden, erreicht werden. Dies bedeutet außerdem, dass für die Darstellung der Ergebnisse möglichst viele plausible Zitate verwendet werden. Hierdurch wird dem Leser die Möglichkeit gegeben selbst eine Übertragbarkeit der Ergebnisse vorzunehmen. Die Nähe zum Gegenstand soll erreicht werden, indem in dieser Untersuchung an die Alltagswelt der Betroffenen angeknüpft und an den konkreten Problemen der Beforschten angesetzt wird.

Unter Regelgeleitheit ist die systematische Bearbeitung des Interviewmaterials zu verstehen, die sich an bestimmte Verhaltensregeln halten muss. Die Datenerhebung erfolgte mit dem Instrument des problemzentrierten Interviews (Witzel, 1985 entnommen aus Flick, 2010, S. 210 ff.). Anschließend wurde das Material transkribiert. Nach den Regeln von Mayring (2010) zur qualitativen Inhaltsanalyse fand eine inhaltliche Strukturierung statt. Das konkrete Vorgehen ist in Kapitel 7 ausführlich erläutert und wurde für das gesamte Material konsequent eingehalten.

Die Gültigkeit und Glaubwürdigkeit der Interpretationsergebnisse wurden auf verschiedene Wege validiert: Zum einen wurde für diese Untersuchung die kommunikative Validierung mit Hilfe einer Gruppe (Doktorandenkolloquium, Institut für Gerontologie (IfG), Universität Vechta) durchgeführt. Hier wurden die Rohdaten, die Analyseergebnisse und die Interpretationen in diesen Gruppen dargestellt und diskutiert und somit wurde eine intersubjektive Absicherung der Ergebnisse vorgenommen. Des Weiteren wurden ein Interview und weitere unklare Passagen von einer Kollegin gegencodiert, somit wurde das Instrument überprüft.

9 Forschungsethik

Die vorliegende Forschungsarbeit beschäftigt sich mit der Realität von Menschen, die im pflegerischen Kontext aktiv sind. In den Interviews werden persönliche, z. T. sehr intime Erlebnisse besprochen, die an einigen Stellen auch weitere Personen, wie beispielsweise Bewohnerinnen, Angehörige, Leitungen und Kolleginnen mit einbeziehen. Auch in der Rolle der Forscherin ist man Teil der Gesellschaft, deren Werte auch die eigenen sind. Man interagiert in der empirischen Untersuchung mit Nichtwissenschaftlerinnen und muss die Rechte und Interessen der Untersuchten ernst nehmen.

Gegenüber Menschen außerhalb der Wissenschaft besteht das ethische Verhalten der Forscherin darin, dass Schädigungen der Probanden vermieden werden, insbesondere im Hinblick auf Datenschutz und der freiwilligen informierten Einwilligung. Alle Befragten nahmen an der Untersuchung freiwillig teil, es gab auch keine Beziehung zwischen Forscherin und Befragten, die ungleiche Hierarchien oder Abhängigkeiten aufweisen und somit ein Machtgefälle hätte entstehen können. Zudem sind alle Befragten über die Untersuchung umfangreich informiert worden und auch darüber, dass die Ergebnisse in anonymisierter Form publiziert werden. Darüber hinaus werden die Forschungsergebnisse vollständig publiziert und nicht aus dem Zusammenhang gerissen und somit verfälscht. Die Ergebnisse werden mit der Angabe des Vorwissens der Forscherin und der Vorgehensweise der Ermittlung der Ergebnisse dargestellt.

Besonders wird bei der Präsentation der Ergebnisse darauf geachtet, dass die Anonymität der Befragten auch nicht durch Querverbindungen möglich ist. In vielen Interviews sind sensible Daten enthalten, beispielsweise Kritik an der Leitung, negative Erfahrungen im Arbeitskontext, Konflikte im Team und in der Organisation. Besonders hier ist es wichtig, dass die Anonymität der Teilnehmerinnen gegeben ist, damit keine Schädigung in Form von Arbeitsplatzverlust oder durch zusätzliche Konflikte entsteht.

C. Schmedes, *Emotionsarbeit in der Pflege*,
https://doi.org/10.1007/978-3-658-31914-4_9

Die Arbeit wurde ohne Unterstützung Dritter angefertigt. Alle Daten befinden sich ausschließlich auf dem privaten Computer der Forscherin. Der digitale Ordner, in dem die Interviews enthalten sind und auch der PC sind passwortgeschützt und für Dritte nicht zugänglich.

Teil III

Ergebnisse

10 Emotionsarbeit in Beziehungen im sozialen und betrieblichen Kontext

Durch die induktiv orientierte Analyse ergaben sich während der Auswertung sechs große Themenfelder, die für eine differenzierte Analyse der sich zeigenden Facetten der Emotionsarbeit, deren Ausformungen, Entstehungsbedingungen und deren Auswirkungen auf Belastungen und das Beanspruchungserleben im beruflichen Alltag relevant werden. Eine besondere Bedeutung für die Entwicklung und die Ausformung der Facetten der Emotionsarbeit gewinnt die Ausgestaltung der zentralen Beziehungen im beruflichen Alltag. Diese Ausgestaltung wird zunächst durch die zentralen Personen in den Beziehungen bestimmt und im Folgenden in vier Themenfeldern zusammengefasst. Diese sind: „Beziehungen zu Bewohnerinnen", „Beziehungen zu Angehörigen", „Beziehungen im Team" und „Beziehungen zu Führungskräften". Einen entscheidenden Rahmen und damit einen wichtigen Einfluss auf die Gestaltung der Beziehung und die damit verknüpfte Emotionsarbeit liefert – wie aufgrund des Forschungsstands angenommen – der soziale und betriebliche Kontext -, womit diese beiden als weitere Themenfelder in die Analyse hinzukommen. Die empirischen Ergebnisse zeigen, dass der betriebliche und soziale Kontext auch unabhängig von den Beziehungen zu einem entscheidenden Faktor für das emotionale Beanspruchungserleben werden kann.

Die erarbeiteten Themenfelder bilden die Struktur der folgenden Darstellung der Ergebnisse, denn sie ermöglichen eine systematische Beantwortung der Forschungsfragen. Wenn keine grundlegenden Unterschiede in den Aussagen der befragten Pflegenden erkennbar werden, werden diese zusammenfassend präsentiert. Vorhandene Unterschiede in den Aussagen werden selbstverständlich aufgezeigt. Die Darstellung der Ergebnisse beginnt mit der Analyse des Einflusses des betrieblichen und sozialen Kontexts als zentrale Rahmung des Arbeitsalltags Pflegender für die Emotionsarbeit bzw. das emotionale Beanspruchungserleben bevor anschließend die Emotionsarbeit, ihre Einbettung und Konsequenzen im Rahmen der genannten Beziehungen diskutiert werden.

C. Schmedes, *Emotionsarbeit in der Pflege*,
https://doi.org/10.1007/978-3-658-31914-4_10

10.1 Kontexte pflegerischen Handelns

Im folgenden ersten Analyseschritt werden die zentralen Elemente des sozialen und betrieblichen Kontexts der pflegerischen Tätigkeit und deren Konsequenzen für das Erleben von Beanspruchungen vorgestellt und diskutiert. Der soziale Kontext umfasst zentrale gesellschaftliche, sozial-, und berufspolitische Einflussfaktoren, die die Bedingungen der pflegerischen Arbeit in den Einrichtungen und damit den betrieblichen Kontext grundlegend beeinflussen. Der Kontext im Bereich Altenpflege ist aktuell sehr stark durch die Auswirkungen der Ökonomisierung geprägt, was deutlich in den Interviewaussagen zu erkennen ist.

10.1.1 Auswirkungen von Ökonomisierungsprozessen

In den Interviews mit den Pflegenden treten die Dominanz der Zielsetzung Wirtschaftlichkeit und die damit einhergehenden fehlenden finanziellen Ressourcen als entscheidende kontextuelle Einflussfaktoren für ihre pflegerische Tätigkeit hervor. Nach Einschätzung der Befragten erschweren die fehlenden Ressourcen grundlegend eine adäquate Versorgung der Bewohnerinnen und die Berücksichtigung der Interessen der Pflegenden an einer angemessenen Arbeitssituation.

> *P3: „(...) Die Bewohner kommen oft schon fast sterbend zu uns. Das ist einfach so, die Pflege ist schneller geworden, das ist fast Akkord geworden. Das ist im Minutentakt. Es ist ja auch so gewollt von der Pflegeversicherung. Ist einfach so. Das hat sich sehr geändert. Das hat sich mit dem Tag der Pflegeversicherung, als die in Kraft getreten ist, hat sich das verändert. (...) Mehr Zeitdruck ist da. Also, es geht einfach nur ums Geld. Ist einfach so. Und der Bewohner steht nicht im Mittelpunkt. Der Bewohner vielleicht noch ein bisschen, aber der Mitarbeiter überhaupt nicht mehr. Und im Mittelpunkt steht das Geld." (P3, Z. 289 f.)*

Insbesondere die Auswirkungen von Kürzungen und Sparvorhaben werden von den befragten Pflegenden im beruflichen Alltag deutlich wahrgenommen. So reduzieren die Pflege-, und Krankenkassen zunehmend Leistungen der Versicherungsnehmerinnen, lehnen spezifische Leistungen für hochbetagte Bewohnerinnen ab oder stellen die Pflegebedürftigkeit bzw. die Einstufung in eine bestimmte Pflegestufe infrage. Nach Einschätzung der Pflegenden wird hierbei die politisch angestrebte Balance zwischen Einnahmen und Ausgaben der Pflegeversicherung höher geschätzt als eine adäquate Versorgung. Aber auch die nicht angemessene Bezahlung des Personals wird als „Sparmaßnahme" im System Pflege wahrgenommen. Die Forderung an die Träger, möglichst wirtschaftlich zu agieren, schließt auch einen „kosteneffizienten Personaleinsatz" ein. Die Forderung wird nicht nur in der Politik oder den Verhandlungen mit der Pflegeversicherung erhoben, sondern entsteht auch als Konsequenz der Konkurrenz auf dem Pflegemarkt. Es liegt im Interesse des Trägers, den Pflegesatz und damit auch den Eigenanteil, den die Bewohnerinnen zu zahlen haben, auf einem mäßigen Niveau zu halten, um am Markt attraktiv zu bleiben. In den Interviews wird ein Dilemma erkennbar zwischen der geforderten Orientierung an Wirtschaftlichkeit in den Einrichtungen und der nur schwer möglichen gleichzeitigen Erfüllung der Forderungen der Bewohnerinnen und der Angehörigen als bezahlende Kundinnen (vgl. Abschnitt 11.1.4).

Die Grundprinzipien des Pflegemarkts – Wahlfreiheit und Preiskonkurrenz – werden auch im Verhalten der Bewohnerinnen und der Angehörige zunehmend spürbar. Monetäre Interessen der Bewohnerinnen und der Angehörigen gewinnen immer mehr an Bedeutung für die Auswahl der Einrichtungen. So interessieren sich diese sehr für die Höhe des privaten Beitrags und die Leistungen. Die befragten Pflegenden beschreiben eine zunehmende Bereitschaft, zwischen den hiesigen Pflegeeinrichtungen zu wechseln. Dabei kann ein Umzug in ein andere Pflegeeinrichtungen aus ausschließlich monetären Gründen auch bei einer hohen Zufriedenheit der Bewohnerinnen erfolgen. Gleichzeitig steigt die Anzahl von Bewohnerinnen, die sich einen Heimaufenthalt nicht oder kaum noch leisten können.

> *P12: „(...) Die werden sparen. Wenn ich das schon mitbekomme, ab einem gewissen Alter gibt es die und die Behandlungsmethode nicht mehr, ist zu alt, lohnt sich nicht. Kostenfaktor steht im Vordergrund. Bestes Beispiel ist für mich immer Inkontinenzmaterial. Ich bin hochallergisch. Ich werde später diese geschlossenen Systeme wahrscheinlich nicht vertragen, sondern die teuren Pants. Das wird meine Kasse nicht bezahlen. (...) oder auch Asthmaspray:,Lohnt sich doch nicht. Ist doch schon alt genug.' Das wird in Zukunft noch extremer werden. (...) Die Kassen werden weiter sparen, mehr Privatvermögen müsste investiert werden, wenn es denn so sei, also müssen noch mehr die Sozialkassen zahlen. Und wer soll in diese Sozialkassen einzahlen? Es fehlen die jungen Menschen. Es wird vielleicht so seine, wie in den 50er Jahren, Krankenhausatmosphäre, zehn Betten, eine Betreuung. Also, das ist wirklich ganz düster. (...) Ich habe einen Bewohner, der ist privat versichert. Der kriegt überall sofort einen Termin. Wenn ich aber für Bewohner anrufe, die bei der normalen Kasse sind, dann bekomme ich Termine, mit der die Hoffnung verbunden ist, dass die Bewohner bis dahin schon verstorben sind. Das Kostensystem wird es nicht aushalten und ich habe immer gesagt, ich möchte mit 75 Jahren in einem Rotweinglas ertrinken. Mal gucken, ob es klappt (lacht)." (P12, Z. 800 ff.)*

Die wirtschaftliche Dimension im Verhalten der Angehörigen lässt sich auch in weiteren Facetten beobachten: So wird von Angehörigen berichtet, die der Einstufung in einer höheren Pflegestufe widersprechen, damit eine Kostensteigerung (der Eigenanteil für die vollstationäre Versorgung erhöht sich bei Pflegestufenerhöhung im System der Pflegeversicherung) verhindert wird. Einige Angehörige empfinden die Heimversorgung als zu teuer und schreiben auch den Pflegenden eine Verantwortung dafür zu, beschweren sich oder lassen ihren Unmut an den Pflegenden aus.

Als zentrale Konsequenz der Ökonomisierung auf ihre Arbeits-, und Pflegesituation benennen die Pflegenden in erster Linie die hohe Arbeitsbelastung, die sie bei ihrer beruflichen Tätigkeit erleben. Diese Arbeitsbelastung beschreiben sie als das Resultat von zu geringen Personal-, Zeit- und monetären Ressourcen für die geforderte pflegerische Tätigkeit. Die fehlenden Ressourcen nehmen sie als ein Ergebnis der zunehmenden wirtschaftlichen Orientierung auf dem Pflegemarkt und den damit verbundenen verhaltenen Pflegesatzverhandlungen (durch die Organe der Selbstverwaltung) wahr. Durch die hohe Arbeitsbelastung und den hohen Zeitdruck erleben Pflegende auch zu wenige Freiräume und Gestaltungsspielräume während der Arbeit. Zudem empfinden sie ihren Beruf als unterbezahlt, denn verglichen mit anderen Branchen ist das Lohnniveau für die körperlich anstrengende und anspruchsvolle Pflegearbeit niedrig. Pflegende wünschen sich eine angemessene Bezahlung. Die unangemessene Bezahlung für die berufliche Tätigkeit wird auch als eine unzureichende Wertschätzung für die geleistete Arbeit betrachtet.

> *P17: „Der Beruf hat eigentlich noch einen höheren Stellenwert wie früher, finde ich. Aber der wird irgendwie nicht belohnt, oder man wird dafür nicht belohnt, für die Arbeit die man leistet. (...) Vom Gehalt – ja, wir kriegen wirklich zu wenig Geld, finde ich." (P17, Z. 131 f.)*

Die Ökonomisierung in der Pflege führt neben der hohen Arbeitsbelastung, der fehlenden Wertschätzung der Tätigkeit, die sich in den niedrigen Löhnen reflektiert, auch zu einer Diskrepanz der Vorstellungen der Pflegenden zu einer guten Pflege und den Realitäten der pflegerischen Versorgung. Durch die Sparmaßnahmen der Pflege- und Krankenkassen erhalten einige Bewohnerinnen nicht mehr die Leistungen, die sie benötigen. Die Pflegenden zeigen kein Verständnis für diese Entscheidungen

Der Widerspruch zwischen guter, angemessener und im Pflegesystem finanzierter Pflege und der damit einhergehende Zwiespalt ist ein wichtiger Teil der Arbeitsrealität der Befragten. Diese erlebte Diskrepanz zeigt sich auch, wenn die Pflegenden aufgrund fehlender Ressourcen den Wünschen und Forderungen der Angehörigen und Bewohnerinnen nicht nachkommen können. Als weitere Diskrepanz im Alltag in einem marktorientierten Pflegesystem benennen sie unterschiedliche Vorstellungen zu den Pflegezielen, Interventionen bzw. der Rollenverteilung zwischen Pflegenden und Angehörigen, die aus ihrer Perspektive eine angemessene Versorgung erschweren. So sehen sich Pflegende als fachliche Akteurinnen, die beispielsweise Sekundärerkrankungen oder Immobilität verhindern möchten, die Bewohnerinnen und Angehörigen sehen sich als zahlende Kundinnen, die primär ihre Wünsche und Anliegen erfüllt bekommen möchten.

10.1.2 Imageproblem Altenpflege

Die Pflegenden sehen einen Zusammenhang zwischen der Wahrnehmung älterer Menschen als Belastung und der überwiegend negativen Wahrnehmung der Altenpflege. Dies gilt besonders für die negativen Vorstellungen gegenüber der Institution des Altenpflegeheims und der dort tätigen Pflegenden. Die niedrige Qualität, die den Altenpflegeheimen zugeschrieben wird, wird auch im Zusammenhang mit der negativen öffentlichen Berichterstattung gesehen. Pflegende sind irritiert über derartige Berichte und fühlen sich durch Negativmeldungen besonders dann belastet, wenn Pflegefehler betont bzw. Begriffe wie „totgepflegt" verwendet werden. Die befragten Pflegenden schildern, dass viele Menschen glauben, dass Pflegebedürftige zuhause besser versorgt werden können und nur, wenn es keine Alternative gibt, ein Umzug in ein Altenpflegeheim erwogen werden sollte. Bei vielen Personen halten sich Vorurteile, wie beispielsweise, dass es in den Altenpflegeeinrichtungen nach Urin riecht oder dass alle Bewohnerinnen um 18 Uhr zu Bett gebracht werden und zu viele Beruhigungs- und Schlafmedikationen erhalten. Altenpflege wird als eine Tätigkeit mit geringen Qualifikationsvoraussetzungen wahrgenommen, da als Ergebnis guter Pflege die „satte und saubere" Bewohnerin gesehen wird. Die Anforderungen an und die hohe Qualität von professioneller Altenpflege werden oftmals nicht wahrgenommen. Vor dem Hintergrund dieser Wahrnehmungen vermuten die Pflegenden, dass ihnen in der Ausübung ihrer Tätigkeit nicht vertraut wird. Pflegende müssen durch die Dokumentation die Richtigkeit ihrer Tätigkeit darstellen (Beweislastumkehr). Besonders durch die vielen demenzerkrankten Bewohnerinnen erleben Besucherinnen das Pflegeheim als „Ort der Verrückten". Auch der Umgang mit dementen Menschen seitens des Pflegepersonals, beispielsweise die Validation als Herangehensweise wirkt von außen befremdlich.

P12: „(…) das ärgert mich schon wieder, weil ich gedacht habe, dass wir auf den positiven Stand kommen. Weil es hat sich wirklich am Anfang viel getan, allein durch die Pflegekassenveränderung. So jetzt geht es richtig los. Und mittlerweile hab' ich das Gefühl, der Schuss geht wieder nach hinten los. Die Alten – am besten schnell sterben, dann brauchen wir nicht so viel zu zahlen. Also ich finde, die Altenpflege momentan hat hier wieder einen negativen, eine negative Stellung, allein durch die Medien, was jetzt in der letzten Zeit ist. Und das ärgert mich, es werden immer nur dann die Fälle vorbeigebracht, wo wirklich tot gepflegt, Medikamente vergessen, auf der Toilette, was weiß ich. Es ist traurig. Ich merke das jetzt gerade wieder, weil wir wieder Rechtskunde haben bei uns in der Fortbildung. Da sind dann wirklich Fälle, die passiert sind. Da denke ich immer:,Gibt's doch gar nicht!' Aber dass diese Fälle gerade in den Medien breitgetreten werden, wo nicht mal die Heime gezeigt werden, wo es funktioniert, was zur Altenpflege alles gehört, das will wohl keiner sehen oder was. (…). Oder wenn man jetzt ins Fernsehen – egal welches Programm – da zeigen sie Altenpflegeheime, wo wirklich einiges im Argen ist und dann rege ich mich immer auf und mein Mann sitzt dann neben mir Mein Gott! Ich sage:,Nein, [Name des Ehemanns]! Warum zeigen die das jetzt nicht? Warum gehen die denn nicht mal in ein Heim, wo die Bewohner zufrieden sind? Wo alles normal ist¿ Und ich finde, wenn ich jetzt höre, Schlecker allein – das ist für mich schon wieder so was Negatives.,Ach, Altenpflege kann jeder.' Es ist einmal emotional, die Psyche ist ganz wichtig, der Umgang also mit den Menschen und welche Einstellung habe ich selbst zu den Menschen. Und die Pflege, dass ich das mit Blutungen, mit Ausscheidungen, mit allem und dass ich vielleicht geschlagen werde, wenn jemand aggressiv ist, dement oder dass ich dementsprechend agieren muss, das ist in den Köpfen gar nicht drin." (P12, Z. 341 ff.)

P12: „Und der Witz war, wo ich mit meiner ersten Ausbildung angefangen bin, hatte ich damals schon überlegt – Altenpflege? Weil die so einen negativen Touch gehabt, auch in meinem Kopf damals, dass ich sag':,Nee, das machst du nicht! Da gehen ja nur die Doofen hin', so ungefähr. Und ich habe das Gefühl mittlerweile, weil es war ja sonst die Realschule die Voraussetzung, wir sind derweilen wieder bei den Hauptschülern zurückgegangen. Alter ist runtergesetzt (…)." (P12, Z. 350)

Das allgemein negative Image der Altenpflege bzw. der Altenpflegeeinrichtungen kann noch durch den Ruf einer individuellen Einrichtung verstärkt werden. Besonders im ländlichen Raum kann der Ruf der Einrichtung durch Pflegefehler, ungeeignetes Personal, unzufriedene Bewohnerinnen oder Angehörige stark beschädigt werden. Ebenso gewinnt die Benotung durch den MDK Relevanz, denn auch diese wird in den Regionen kommuniziert.

Das negative Image reflektiert sich auch im Alltag der Pflegenden. Von den Angehörigen wird berichtet, dass sich diese vor schlechte Versorgung der Bewohnerinnen aufgrund der zu niedrigen Personaldichte sorgen. Negative mediale Berichterstattung verunsichert die Angehörigen und die Pflegenden müssen das Vertrauen zwischen Angehörigen und der Einrichtung immer wieder herstellen, in dem sie die Qualität der Einrichtung in ihrer Tätigkeit darstellen. Einigen Angehörigen fehlt es an Respekt, sie verhalten sich negativ und bringen der Arbeit der Pflegenden nur wenig Wertschätzung entgegen.

> *P16: „Wir haben es jetzt ganz extrem gemerkt wieder, dass Bewohner oder Angehörige, als der Artikel wieder in der Zeitung war, in der Bildzeitung da drin stand, wie schlecht die Pflegeheime sind und dass da nur Gewalt ist und von dem Pflegepersonal kam. Da habe ich wirklich verstärkt gemerkt, jetzt gucken die Angehörigen wirklich und haben auch gefragt:,Ist das bei Ihnen auch so¿ und,Das ist ja unmöglich, wenn Sie das auch so machen!' und so. Wo man die wirklich auch wieder auf den Teppich bringen muss. Ich denen sage:,Mit Sicherheit gibt es Altenheime, aber Sie haben doch hier noch nie solche Erfahrungen gemacht.' Also das dann, da waren wirklich verstärkt Gespräche mit den Angehörigen nötig." (P16, Z. 244)*

Aber auch die Pflegenden selbst beteiligen sich aktiv daran, das schlechte Image des Berufes zu verstärken. So stellen sie vermehrt, die Pflege als eine Tätigkeit mit hohen körperlichen und psychischen Beanspruchungen dar, die zu gesundheitlichen Einschränkungen führen können. Die eigene Unzufriedenheit wird auch darin deutlich, dass sich einige der Befragten heute nicht mehr für den Pflegeberuf entscheiden würden. Eine Pflegende beispielsweise berichtet auch, dass sie nicht möchte, dass ihre Tochter diesen Beruf ergreift. Zudem bringen einige Pflegende hervor, dass sie selbst im Alter nicht in ein Pflegeheim einziehen möchten. Viele Pflegende können die negativen Sichtweisen Außenstehender nachvollziehen und teilen diese auch zum Teil.

Ein Imageproblem sehen die Befragten auch gegenüber dem Beruf der Krankenpflege. Viele der befragten Altenpflegenden glauben, dass die Krankenpflegefachkräfte fachlich besser ausgebildet sind. Der Beruf der Krankenpflege genießt zudem ein höheres Ansehen in der Gesellschaft, weil sich die Berufsangehörigen primär um Heilung bemühen und stattdessen die Altenpflegende kranke und pflegebedürftige Menschen bis in den Tod begleitet. Auch medial werden die Krankenpflegenden besser dargestellt, wobei dies nicht nur für Reportagen und Dokumentationen gilt, sondern auch für die Unterhaltungsmedien.

Trotz des negativen Tenors wird auch über positive Bewertungen und erlebte Wertschätzung berichtet. So wird geschildert, dass besonders etwa ältere Menschen eine positive Einstellung gegenüber dem Pflegeberuf hegen und sich anerkennend äußern. Auch Menschen, die selbst bereits gepflegt oder Kontakt zu dementen Menschen haben, haben Respekt vor dem Beruf und Wissen über die Anstrengung der Tätigkeit.

P1: „Ja, das Image ist nicht so pralle. Nee, das ist echt nicht so pralle. Also das kommt darauf an, also, ich bin jetzt 32 Jahre alt, da fängt das so langsam an, dass viele sagen:‚Ja gut, meine Eltern werden auch älter und bohr, nee, das wäre nichts für mich. Das könnt ich echt nicht.' Oder die sehen das an den Großeltern, wenn die noch leben, die sagen:‚Nö, auf keinen Fall! Zu wenig Geld, Wochenenddienst, Feiertagsdienst, das mache ich nicht.' Und die ältere Generation, ja, die meisten finden das gut. Ab 40 sage ich mal. Wenn die Eltern verstorben sind oder sie selber gepflegt haben, dann kommt schon mal die Einsicht, dass es gar nicht so eine schlechte Aufgabe ist (...) oder wenn die im Bekanntenkreis plötzlich jemanden haben, der dement ist und merken, wie herausfordernd die Betreuung ist, dann ist unser Beruf echt angesehen, aber bei den 20-Jährigen sag' ich mal, da ist nichts." (P1, Z. 428 ff.)

Pflegende erleben in ihrem Umfeld ebenso Personen, die zugeben, dass sie diesen Beruf nicht ausführen könnten, weil sie sich vor Wunden, Gerüchen, Exkrementen ekeln oder Probleme haben, sich auf das Thema Sterben, Tod und Trauer einzulassen. Die Aussage „ich könnte das nicht machen" nehmen viele der befragten Pflegenden als Wertschätzung und Merkmal besonderer Leistung und nicht als Abwertung ihrer Tätigkeit wahr. Ebenso werden Medienberichte insbesondere zum Thema Demenz und Pflege etwas positiver. Dies weckt das Interesse der Angehörigen und das Pflegeheim wird von ihnen zunehmend als Alternative zur häuslichen Versorgung gesehen.

Trotz dieser Hinweise auf Wertschätzung und einer positiven Bewertung schildern die Befragten die Tätigkeit in einem Beruf mit geringer gesellschaftlicher Anerkennung als sehr belastend. Sie müssen sich oft für die Ausübung ihres Berufes, für ihre Tätigkeit und für ihre Institution auch gegenüber Außenstehenden rechtfertigen, beispielsweise, wenn negative Schlagzeilen im Sektor Altenpflege öffentlich diskutiert werden. Pflegende nehmen wahr, dass sie am „Rande der gesellschaftlichen Anerkennung" leben und erleben sich dabei selbst als Teil des Problems Altenpflege. Das negative Berufsimage führt auch zu Nachwuchsproblemen und Fachkräftemangel, an dem die Pflegebranche seit Jahren leidet.

P3: „Ich war die einzige aus meiner Klasse, die in die Altenpflege gegangen ist. (...). Rechtfertigen musste ich mich bei Klassenkameraden und anderen Freunden schon, noch bevor ich meinen ersten Tag hatte. Also man kann – also, viele konnten das nicht verstehen, warum ich nicht was Anderes machen wollte (...)." (P3, Z. 118 f.)

Das Imageproblem der Pflege ist besonders bei jungen Menschen spürbar und es führt dazu, dass sich viele gegen den Beruf in der Altenpflege entscheiden.

So lehnen junge Menschen den Beruf oft für sich ab, weil überwiegend die positiven Anteile des Berufs unbekannt sind und die negativen Elemente in den Vordergrund gestellt werden, wie beispielsweise Schicht- und Wochenendarbeit, niedriger Verdienst oder der Umgang mit Exkrementen. Besonders Letzteres verbinden viele Außenstehende mit dem Beruf der Pflege und so wird der Beruf als „unrein" angesehen. Pflegende schätzen auch, dass weniger Menschen den Beruf der Pflegekraft wählen, weil die Anforderungen stark ansteigen und die Arbeitsbedingungen zunehmend suboptimaler werden.

P13: „(...) Es laufen ja jedes Jahr wieder Ausbildungen für so was, aber wenn gesucht wird nach Personal, so kommen ja keine Bewerber. Irgendwo denke ich, es möchte keiner mehr in die Altenpflege, weil die merken, die kriegen es ja auch mit, was der Anspruch, was die leisten sollen, was bezahlt wird, da drücken sie ja immer mehr runter für die Arbeit, dass viele das gar nicht mehr wollen, die gehen von der Schule ab, oder nach der Ausbildung, die wollen vielleicht studieren, irgendwo in die Pflegeberufe oder so, studieren oder machen ganz was anderes. Also ich denke mal, es wird eher schlimmer mit dem Personal finden." (P13, Z. 379)

10.1.3 Zukunftsbild - Erwartungen an die Zukunft

Gerade weil sich die Pflege in den vergangenen Jahren stark und zumeist negativ gewandelt hat, sorgen sich die Pflegenden vor weiteren Veränderungen in der Zukunft und befürchten, dass diese Veränderungen eher negativ für die Pflegenden verlaufen. So gehen die meisten der Befragten davon aus, dass es weitere Personalkürzungen geben wird, dadurch die Beanspruchung steigt und gleichzeitig die Qualität der pflegerischen Versorgung sinkt. Besonders hinsichtlich der Fachkraftquote befürchten die Befragten eine Absenkung der gesetzlichen Vorgaben. Die Pflegenden gehen davon aus, dass sie zukünftig mehr von Ehrenamtlichen in der Pflege unterstützt werden oder gar die Angehörigen in die pflegerische Versorgung der Bewohnerinnen eingebunden werden. Zudem wird befürchtet, dass das Anforderungsprofil an Bewerberinnen für Pflegeberufe weiter reduziert wird, um möglichst die Anzahl der Pflegenden zu halten. Dadurch lässt jedoch, die Attraktivität des Berufes weiter nach. Einige Pflegende spekulieren darüber, dass mehr Personal aus dem Ausland rekrutiert werden wird, so dass zukünftig auch viele Pflegekräfte über schlechte Deutschkenntnisse verfügen werden. Die Pflegequalität kann sich auch aufgrund des Generationenwechsels verschlechtern. So haben junge Kolleginnen eine andere, weniger auf Humanität beruhende Werte- und Normvorstellung. Achtung, Wertschätzung und Respekt gegenüber Bewohnerinnen könnte verloren gehen.

Ein weiterer eher negativer Einfluss wird durch die sich verändernde Bewohnerstruktur erwartet. Die Bewohnerinnen werden noch älter, kränker und pflegebedürftiger in die Einrichtung ziehen, womit sich die Verweildauer nochmals drastisch verkürzen wird. Das Pflegeheim wird sich stärker auf die Begleitung von Sterbenden fokussieren müssen. Ebenso wird angemerkt, dass die medizinischen Interventionen zunehmen werden, wenn vermehrt Bewohnerinnen mit aufwendigen Erkrankungen einziehen. Die meisten Befragten gehen davon aus, dass gerade der Anteil der demenzerkrankten Bewohnerinnen ansteigen wird. In Bezug auf die Bewohnerinnen und deren Angehörigen vermuten die meisten Pflegenden, dass diese anspruchsvoller und mehr individuelle Versorgung und Begleitung einfordern werden.

Ferner werden negative Veränderungen im Ablauf befürchtet. Die Pflegenden gehen davon aus, dass sich die Pflege im Bereich der Altenhilfe weiter auf die Körperpflege konzentrieren wird und die Gestaltung von Freizeitangeboten und Ausflüge, sowie geragogische Angebote zukünftig selten bis gar nicht mehr zu ihrem Aufgabenbereich gehört. Weiterhin wird angenommen, dass mehr Abläufe systematisiert und standardisiert werden, um möglichst effizient arbeiten zu können. Hilfskräfte werden die bewohnernahe Pflege durchführen, während den Fachkräften mehr organisationale und administrative Aufgaben zugesprochen werden. Eine Pflegekraft glaubt allerdings auch, dass sich die Einrichtungen mehr an den Bedürfnissen der Bewohnerinnen orientieren werden und beispielsweise die Abläufe und die Dienstzeiten der Pflegenden mehr den Bedürfnissen der Bewohnerinnen entsprechen werden. An Relevanz zunehmen wird das Qualitätsmanagement und damit auch die Dokumentation. Die Dokumentation wird auch zur Absicherung von Beschwerden oder Klagen der Angehörigen für Einrichtungen der Altenhilfe zunehmend wichtiger werden.

Bei der Ausstattung erwarten die Pflegenden einen stärkeren Einsatz (hoch)techno-logischer Hilfsmittel, wie beispielsweise eine Klingelanlage mit Videoüberwachung und Rücksprechfunktion, womit „unnötige“ Wege und „unnötige“ Kontakte mit den Bewohnerinnen reduziert werden sollen. Auch den Einsatz von Pflegerobotern halten viele Pflegende für möglich. Ebenso werden Mobiltelefone, EDV-gestützte Vernetzung und das Internet im Pflegeheim an Relevanz gewinnen. Einige Pflegende gehen davon aus, dass sich auch die Ausstattung der Einrichtung an die Zielgruppen anpassen wird. So wird vermutet, dass es künftig Luxuspflegeeinrichtungen mit „Wellness und Spa“ für finanziell bessergestellte Ältere geben wird, während Menschen mit weniger finanziellen Möglichkeiten in Heimen versorgt werden, in denen es überwiegend um die physischen pflegerischen Maßnahmen geht.

In einem Interview entwickelt eine Pflegende eine neue Vision, nach der die Institution Altenheim zukünftig möglicherweise Platz machen wird für Ansätze der Versorgung Älterer in kleineren Gruppen, wie beispielsweise in Wohnpflegegemeinschaften mit ambulanter Versorgung. Andere Pflegende waren hingegen der Ansicht, dass das Pflegeheim in Zukunft eher an Bedeutung gewinnen wird, da es mehr alte Menschen geben wird und immer weniger Familien die Pflege zuhause gewährleisten können. Eine entscheidende Frage ist die zukünftige Wertigkeit älterer Menschen in der Gesellschaft, wobei negativ prognostiziert wird, dass die Wertschätzung gegenüber älteren Menschen zukünftig eher zurückgeht und sie keine gesellschaftliche Lobby mehr haben werden.

Die Frage nach den Zukunftsvorstellungen der Altenpflege ist für das Erleben von Beanspruchungen wichtig, denn eine positive oder negative Zukunftserwartung beeinflusst diese entscheidend. Die Zukunft der Pflege wird wie dargestellt teilweise höchst unterschiedlich erlebt, dennoch erwarten alle Befragten einen Anstieg der Arbeitsbelastung. An mehr Zeit für die bewohnernahe Versorgung, Bürokratieabbau oder eine quantitative und qualitative Personalaufstockung glaubt hingegen keine der Befragten. Mit den eher negativen Zukunftsszenarien gehen auch Sorgen und Ängste der Pflegenden einher. Diese bestehen besonders darin, den neuen Herausforderungen nicht mehr gewachsen zu sein oder die Arbeitsanforderungen nicht mehr bewältigen zu können.

10.2 Betrieblicher Kontext

Zur Betrachtung des betrieblichen Kontextes werden Inhalte in den Interviews herangezogen, die die Konsequenzen der Veränderungen des sozialen Kontexts für die alltägliche Pflegearbeit, die Organisation der Arbeit und für die Gestaltung der Personalpolitik thematisieren. Einen bedeutsamen Raum nehmen dabei die Konsequenzen der Ökonomisierung, d. h. der Dominanz des ökonomischen Denkens ein. Vor dem Hintergrund stellen die Interviewpartnerinnen ein breites Spektrum alltäglicher Erfahrungen dar. Dazu gehören das erlebte, steigende Arbeitspensum eingebettet in eine Diskussion der Ursachen und Auswirkungen der Entwicklung, die Arbeitszeiten und –abläufe in den Einrichtungen, die Veränderung der Belastung und der Umgang mit dem Personal. Besonders negativ tritt die Erfahrung der befragten Pflegenden hervor, dass im Vergleich zu den ökonomischen Fragen die Bedürfnisse der Bewohnerinnen sowie die Interessen und Bedürfnisse der Pflegenden als nachrangig wahrgenommen werden. In den Interviewaussagen tritt diese wahrgenommene Inkongruenz neben den steigenden Arbeitsbelastungen als eine entscheidende kontextuelle Ursache für die Entwicklung des Beanspruchungserlebens deutlich hervor.

10.2.1 Steigendes Arbeitspensum durch Leistungsverdichtung

Eine zentrale Erfahrung der Interviewpartnerinnen ist das stetig ansteigende Arbeitspensum aufgrund der Leistungsverdichtung, wobei die Entwicklung in einem Zusammenspiel verschiedener Ursachen betrachtet wird. Das Arbeitspensum im Bereich der Altenpflege steigt grundlegend aufgrund der Veränderung der Bewohnerstrukturen, damit einhergehender erhöhter Anforderungen an Pflege und Versorgung und dem ausgeweiteten Aufgabenspektrum in der pflegerischen Versorgung. Zu den sich verändernden Bewohnerstrukturen gehören das gestiegene Anspruchsverhalten der Bewohnerinnen, ihre stärker akzeptierten sozialen Bedürfnisse sowie Veränderungen aufgrund von Krankheit, Pflegebedürftigkeit und psychischen Beeinträchtigungen.

Einen breiten Raum in den Interviews nehmen die Veränderung und der Anstieg grundpflegerischer- und behandlungspflegerischer Aufgaben ein. So kommen im Alltag neue (intensiv)medizinische Aufgaben hinzu, wie beispielsweise die Versorgung von beatmeten Menschen oder aufwendige Wundversorgungen. Gleichzeitig erhöhen sich sehr stark die Anforderungen in der Grundversorgung von den immer häufiger unterstützungsbedürftigen Bewohnerinnen. Dies umfasst die zunehmend notwendige Unterstützung bei der Nahrungsaufnahme, die Intensivierung von Mobilisationstätigkeiten für die zunehmende Anzahl mobilisationseingeschränkten Bewohnerinnen oder auch die adäquate Versorgung des steigenden Anteils dementiell erkrankter, depressiver oder auch orientierungsloser Bewohnerinnen. Zudem nimmt die palliative Pflege, die Versorgung von Verstorbenen und Begleitung der Angehörigen stark zu. Neben den medizinisch-fachlichen Kompetenzen steigen damit auch die Anforderungen an Kommunikation und den Aufbau von Beziehungen als eine Voraussetzung für eine bewohnerorientierte Versorgung (vgl. Abschnitt 11.1)

Eine Schwierigkeit im System besteht darin, dass sich die Leistungsentgelte an der Pflegebedürftigkeit der Bewohnerinnen orientieren und nicht an den tatsächlichen Aufwendungen. Psychisch veränderte Bewohnerinnen und weitere herausfordernde Bewohnerinnen binden viele Zeitressourcen, die über die Leistungsentgelte nicht abzurechnen sind. Dies gilt auch für die zeitlichen Ressourcen, die für den Aufbau der Pflegebeziehung unabdingbar sind. Das bedeutet, dass diese investierte Zeit von anderen Aufgaben entnommen werden muss, wobei dies in einem Konflikt mit der Zunahme weiterer Aufgaben steht.

Zu den steigenden Anforderungen an das Arbeitspensum aufgrund der veränderten Bedarfe der Bewohnerinnen kommt eine Zunahme bewohnerferner Aufgaben hinzu, die zur Leistungsverdichtung beitragen. Hierzu zählen vielfältige Koordinationsaufgaben, das Führen von Gesprächen, Weitergabe von Informationen und auch die Anforderung, prinzipiell Ansprechpartnerin zu sein. Pflegende fungieren als Ansprechpartnerin für Leitungen, Hilfskräfte und andere Berufsgruppen, wie für die Ärztinnen und Therapeutinnen sowie für Bewohnerinnen und Angehörige. Pflegende begleiten Visiten, delegieren Aufgaben, geben relevante Informationen an Ärztinnen und auch an Bewohnerinnen und Angehörigen weiter. In den regelmäßigen Dienstübergaben werden die Kolleginnen der nachfolgenden Schicht über Vorkommnisse informiert.

Darüber hinaus sind Pflegende für Verwaltungs- und Dokumentationsaufgaben zuständig. Zu diesen Aufgaben gehören die Erstellung der Pflegeplanung, die schriftlichen Pflegeberichte und die Leistungserfassung. Zudem arbeiten Pflegende zum Teil auch an der konzeptionellen Weiterentwicklung ihres Pflegebereichs oder bei der strategischen Ausrichtung der gesamten Einrichtung mit.

Eine Aufgabe denen Pflegenden viel Zeit widmen müssen, ist die Dokumentationserstellung, wobei nach Aussagen der. Pflegenden der Aufwand sehr hoch ist. Dies liegt auch an dem gesteigerten Umfang der Dokumentation, der mit Vorgaben des MDKs, neuen Assessments aus Expertenstandards und der Umsetzung hausinternen Standards einhergeht. Einrichtungen haben die Vorgaben umzusetzen, womit sie unter enormen Druck stehen, die Pflegedokumentationen zu überprüfen. Anhand dieser Grundlage werden die Einrichtungen bewertet und die Ergebnisse publiziert.

P14: „Man hat ja diese blöden Expertenstandards, Ernährung zum Beispiel. Da muss jeden Tag aufgeschrieben werden, was der Bewohner gegessen hat und der isst fast jeden Tag dasselbe und trotzdem muss es jeden Tag neu dokumentiert werden. Das ist so eine Zeitverschwendung im Prinzip in diesem Maß. Das ist wirklich blöd. Genauso wie Leute, die eigentlich gut trinken, wo man sagt:,Ist in Ordnung. Passt!' Das muss dann trotzdem dokumentiert werden. Furchtbar. Ich kann doch nicht immer hinterher rennen und die fragen, was sie gerade getrunken haben, gerade die, die noch relativ fit sind. Da könnte man zu viel kriegen. Also da habe ich dann auch keine Lust mehr zu. Das ist unnütz. Genauso wie täglich nach dem Stuhlgang zu fragen. Die fühlen sich hier wie bei Big Brother. Ja, haben die selber schon gesagt:,Wo sind wir denn hier¿ Trotzdem muss täglich gefragt werden und wenn nicht nach dem vierten Tag da irgendwie reingeschrieben ist, der hat abgeführt, dann kommt gleich wieder die Riesenliste:,Der und der hat nicht abgeführt!" (P14; Z. 159 f.)

Die Dokumentationsarbeit ist nicht nur zeitlich sehr umfangreich, sondern ist in verschiedene konflikthafte Felder eingebettet. Pflegende und Leitungen schreiben der Dokumentation eine unterschiedliche Gewichtung zu. Die Leitungskräfte bestehen darauf, dass die Dokumentation vollständig und aktuell sein muss, damit diese den externen Überprüfungen standhalten kann. Für die Pflegenden hat jedoch die Versorgung der Bewohnerinnen oberste Priorität. Wenn durch den hohen Zeitaufwand für die Erstellung und Bearbeitung der Dokumentation die Zeit für die Bewohnerversorgung fehlt, wird die Sinnhaftigkeit der beruflichen Tätigkeit in Frage gestellt.

P14: „Also ich finde den Beruf immer noch sehr wichtig. Obwohl ich ganz ehrlich sagen muss, die Bedeutung für mich ist im Prinzip ja ein bisschen abgeschwächt. Persönlich jetzt. Weil man im Prinzip nur noch dazu da ist, um die Leute abzufertigen. Es ist ja so, die Dokumentation ist nur noch das Hauptthema. Hauptsache Dokumentation. Persönlich mit den Bewohnern noch irgendetwas machen, außer Grundpflege, geht gar nicht mehr. Traurig! Das ist traurig geworden. Dank MDK! (...) Man hat nicht mehr so viel Zeit für die Bewohner und für deren Bedürfnisse. Man hat einfach nur noch Zeit, die Bedürfnisse aufzuschreiben. Das war's. Und das nimmt einem die Motivation. Klar, weil letztendlich man das so nicht gelernt hat. Man hat es anders gelernt, man hat es Jahre lang anders gemacht und auf einmal heißt es: ‚Cut! Du musst es anders machen!'." (P14, Z. 91)

Dieser grundlegend erlebte Widerspruch wird durch viele geschilderte Erfahrungen im Alltag untermauert: Die Befragten berichten beispielsweise, dass erwartet wird, dass die Dokumentation vor Schichtende erledigt sein muss und deshalb die Bewohnerinnen im Speisesaal warten müssen, ehe Sie zu Bett begleitet werden. Pflegende sind darüber irritiert, dass die Qualität der Pflege anhand der Dokumentation gemessen wird, da sie sicher sind, dass eine erhöhte Qualität durch mehr bewohnernahe Kontakte der Pflegenden entsteht. Dieses Beispiel verweist auf ein weiteres Konfliktfeld nämlich die Integration der Dokumentationsarbeit in den Alltag. Die Befragten berichten, dass sie oft bei der Dokumentationsarbeit unterbrochen werden und nicht mit der nötigen Konzentration vorgehen können. Einige Befragte berichten auch, dass die Dokumentationsarbeit nach Ende der Arbeitszeit in der Freizeit erledigt wird.

Der hohe Zeitaufwand, die zeitliche Konkurrenz zur Bewohnerversorgung und die schwierige Integration in den Arbeitsalltag führt zu einigen Fehlerquellen in der Versorgung, denn prinzipiell wird die Dokumentation als wichtiges Element einer professionellen Versorgung betrachtet. Als mögliche Fehlerquellen wurden genannt:

1. Die Zeit für die Dokumentation fehlt: In einigen Einrichtungen führen die mangelnden Zeitressourcen zur Führung der Dokumentation dazu, dass relevante Informationen nicht weitergeben werden können, Dies ist besonders schwierig in Einrichtungen in denen keine mündliche Dienstübergabe im Team mehr stattfinden soll und von den Mitarbeiterinnen erwartet wird, dass sie sich vor Schichtbeginn anhand der Dokumentation einen Überblick verschaffen. Dies kann zu einer Gefahr in der Bewohnerversorgung werden. Auch eine aktuelle Pflegeeinstufung der Bewohnerinnen kann nur stattfinden, wenn die Dokumentation aktuell und vollständig ist. So wird beklagt, dass die Bewohnerinnen mit hohem Pflegebedarf in einer zu niedrigen Pflegestufe eingruppiert sind und so die Personalbemessung nicht stimmig ist.
2. Die Dokumentation wird nicht kritisch hinterfragt: Die Pflegeplanung und besonders die damit verbundenen Assessments werden umgesetzt, aber nicht nach ihrem Sinngehalt hinterfragt. So werden Ernährungsprotokolle für selbstständige Bewohnerinnen angefertigt und sehr schlanke sowie auch sterbende Bewohnerinnen bei einem unteren Body-Maß-Index mit hochkalorischer Kost ernährt, ohne die Gründe und Ursachen zu erfragen.

P14: „Die Expertenstandards werden pauschal durchgehauen. Furchtbar! Wirklich. Und was ich auch ätzend finde, ist dann eine 90-Jährige oder 95-Jährige, die hat zwei Kilo abgenommen. Mein Gott, darf man das nicht mal? Oh nein, hoch kalorische Nahrung wird reingestopft. Also, das kann ich nicht ab. Mein Gott, 95 Jahre und muss auch das noch essen und dann schmeckt das nicht einmal. Ich meine, die essen ja eigentlich schon genug. Ich kann das ja verstehen, wenn sie nicht essen, aber wenn sie schon ihre Portion aufessen und dann satt sind und dann noch reingeprügelt werden mit hochkalorischem Dessert und die Getränke und noch Vitamalz hinterher, ich glaube da würde mir auch schlecht werden. Ich glaube, da würde ich erst recht nicht mehr essen." (P14; Z. 165 f.)

3. Den Pflegenden fehlt es an Wissen im Umgang mit der Dokumentation: Häufig wird berichtet, dass den Mitarbeiterinnen Schulungen fehlen im Umgang mit der Dokumentation, womit die Dokumentationen unvollständig und fehlerhaft werden.

Von den Pflegenden werden auch Aufgaben benannt, die heute nicht mehr zu ihren Zuständigkeiten gehören. Hierzu zählen Aktionen, Veranstaltungen und Spaziergänge mit den Bewohnerinnen. Auch geragogische Aktivitäten gehören nicht mehr zum pflegerischen Aufgabenprofil, diese Aufgaben werden oftmals von Ehrenamtlichen, Betreuungs- oder Hilfskräften übernommen.

P6: „(...) Man unterstützt und hilft den Präsenzkräften ja sowieso, wo man kann. Aber im Endeffekt ist nur Pflege, Behandlungspflege für uns. Und dieses Trinken, Essen und Beschäftigung für den Tag ist für die Präsenzkräfte. Die Aufgaben sind halt anders und ja, vielleicht auch extremer aufgeteilt wie in anderen Einrichtungen." (P6; Z. 76)

Die befragten Pflegenden bedauern diese Entwicklung und erleben es als paradox, dass in der Ausbildung zur Altenpflege großen Wert auf die Durchführung von Kreativangeboten gelegt wird, in der Praxis aber keine Möglichkeiten zum Gestalten besteht. Die Pflegetätigkeit verliert damit an Profil, Vielseitigkeit und Kompetenz.

10.2.2 Steigendes Arbeitspensum durch die reduzierten Zeit- und Personalressourcen

Die Träger und Inhaber der Altenpflegeeinrichtung sind dazu angehalten, möglichst wirtschaftlich zu arbeiten und die vorhandenen Ressourcen effizient einzusetzen. Durch die reduzierten Zeit-, und Personalressourcen wird diese Orientierung zu einem Problem für die angemessene Versorgung der Bewohner und die Arbeitssituation der Pflegenden. Als Parameter zur Berechnung der Zeit, die für die Versorgung der Bewohnerinnen zur Verfügung steht, werden die Pflegestufen mit den unterschiedlich gestaffelten zeitlichen Vorgaben genommen. So stehen für die schwerstpflegebedürftigen Menschen mehr Zeitressourcen zur Verfügung als für Menschen mit leichten Pflegebedarfen. Die Erfahrungen der Pflegenden zeigen hingegen, dass diese Einschätzungen oftmals mit der Realität der Pflegepraxis nicht übereinstimmen und so Pflegende nicht ausreichend Zeit für die Bewohnerversorgung haben. Vor dem Hintergrund der Zeitparameter erhalten die Pflegenden in den Einrichtungen weitere Vorgaben zum zeiteffizienten und damit wirtschaftlichen Arbeiten. Bewohnerinnen mit Pflegestufe 3 sollen möglichst schnell gepflegt werden, damit die „gewonnene Zeit" für die Betreuung von anspruchsvollen Bewohnerinnen der Pflegestufe 1 verwendet werden kann. Obwohl Bewohnerinnen für die Leistungen zahlen und einen Anspruch darauf haben, wird aufgrund der erwünschten Zeitersparnissen vieles schnell durchgeführt, womit individuelle Bedürfnisse der Bewohnerinnen nur wenig berücksichtigt werden können (vgl. Abschnitt 11.1).

P17: „Also manchmal, wenn es anstrengende, stressige Nächte sind, wo sehr viel passiert, dann denke ich immer: Irgendwann musst du mal eine Überlastungsanzeige schreiben, das geht gar nicht mehr! Du wirst dem Ganzen so nicht mehr gerecht und dann fallen solche Leutchen, die vielleicht einfach einen kleinen Plausch haben müssen, so nicht mal fünf Minuten, ich guck dabei nicht auf die Uhr, weil ich dabei ja auch irgendwas nebenbei mache. Das fällt dann eben weg und dann denke ich auch: Hättest du dich bei ihr dann doch noch mal gemeldet. – hättest dir doch noch die fünf Minuten Zeit genommen und wärest dageblieben. – Wäre vielleicht für die Dame gut gewesen, weil so ist sie unruhiger. Das ist so das Menschliche, nicht nur die Arbeit – die Arbeit ist es nicht. (...) Das ist es, das schlechte Gewissen – also habe das jetzt nicht, dass ich darunter leide, aber es wäre schon gut, wenn man zu den Bewohnern, die das brauchen, auch wirklich hin könnte – weil, dann auch die Nacht ruhiger wäre." (P17, Z. 444 ff.)

Pflegende sind durch die knappen Zeitressourcen dazu angehalten, gleichzeitig mehrere Aufgaben auszuführen. Beispielsweise bedienen Pflegende während einer Bewohnerversorgung weitere Klingelrufe, unterstützen Kolleginnen und planen eine simultane Versorgung mehrerer Bewohnerinnen. Die simultane Ausführung verschiedener Aufgaben birgt beispielsweise ein hohes Potential an Sturzgefährdung der Bewohnerinnen. Ebenso fehlen Zeitressourcen für ungeplante Ereignisse und die damit verbundenen Tätigkeiten. Dieses führt auch dazu, dass Arbeitsprozesse unterbrochen und gestört bzw. begonnene Aufgaben ganz abgebrochen und nicht weitergeführt werden. Zu Unterbrechungen der Arbeitsprozesse kommt es beispielsweise durch Notfälle der Bewohnerinnen, durch Alarmsignale der Klingelrufanlage, Telefongespräche, Ansprache von Mitarbeiterinnen (Kolleginnen, Auszubildende, Helferinnen, Leitung und Netzwerkpartnerinnen wie z. B. Ärztinnen) oder durch Ansprache von Bewohnerinnen und Angehörigen. Besonders die Unterbrechung von Arbeitsprozessen die eine hohe Konzentration erfordern, wie beispielsweise die Ausarbeitung von Pflegeplanungen, erleben Pflegende als anstrengend. Auch sehen sie hier die Gefahr, dass Fehler generiert werden.

Begründet durch das hohe Arbeitspensum beginnen Pflegende ihre Arbeit zu rationalisieren. Sie priorisieren ihre Aufgaben nach Dringlichkeit und Wichtigkeit. Pflegende geraten bei diesen Entscheidungsprozessen in innere Konfliktsituationen, da durch die Festlegung von Prioritäten, andere Aufgaben sekundiert werden. Dadurch steigt die Gefahr, dass die Qualität gemindert wird und Aufgaben unerledigt bleiben. So stufen Pflegende eine Situation als beanspruchend ein, wenn beispielsweise zeitgleich zwei Bewohnerinnen in Not geraten und sie sich nicht ausführlich genug um beide Personen kümmern können oder wenn Bewohnerinnen sterben und es nicht möglich ist, diese Bewohnerinnen begleiten zu können. Pflegende stehen im Entscheidungsdilemma zwischen fachlicher Richtigkeit, engen Ressourcen, eigenen Vorstellungen und den Wünschen der Akteurinnen mit ihren Sanktionsmöglichkeiten, wie beispielsweise der Angehörigen, die eine Prioritätensetzung erzwingen wollen.

> *P16: [P berichtet von einem sehr stressigen Arbeitserlebnis] „Im Prinzip hat der Tag ja trotzdem irgendwie funktioniert. Also es hat Gott sei Dank gut funktioniert. Was mich belastet, dass man eben halt keine Sterbebegleitung machen konnte. Das wäre eigentlich notwendig, und das ist auch eigentlich mein Anspruch und auch der Anspruch des Hauses." (P16, Z. 414)*

An diesen Beispielen wird deutlich, wie Pflegende durch das hohe Arbeitspensum in ihrem professionellen Handeln beschnitten werden. Pflegende wissen, dass sie durch Priorisierung, Sekundierung und Rationalisierung ihrer Aufgaben die Bewohnerinnen in Gefahr bringen können und Fehler entstehen können. Aufgrund dessen fällt es vielen Pflegenden schwer, eine für richtige Entscheidung für die Auswahl an Tätigkeiten zu treffen.

Ein weiterer Faktor, der zu einem erhöhten Arbeitspensum führt, ist die Reduzierung von Pflegefachkräften in der Altenhilfe.

> *P13: „Und man wird älter. Und wenn dann das Personal reduziert wird und du mehr Arbeit hast, merkst du das körperlich auch mehr. Also, du bist auch kaputt und teilweise musst du länger arbeiten, kriegst nicht deine Pausen und deinen geregelten Feierabend, und das kommt alles dazu." (P13, Z. 103)*

Die Reduktion des Anteils der Pflegefachkräfte geht mit der gezielten Veränderung des Qualifikationsmix, d. h. der Zusammensetzung des Pflegeteams mit unterschiedlich qualifizierten Pflegekräften einher. Diese Veränderungen erfolgen trotz der zunehmend anspruchsvolleren und komplexeren Pflegeaufgaben durch die Veränderung der Bewohnerstruktur und wird mit der Zielsetzung der Effizienz begründet. Die befragten Pflegenden stellen in dem Zusammenhang zwei miteinander verknüpfte Entwicklungen dar. Zum einen wurden Fachkraftstellen abgebaut, weil einige Aufgaben aus dem Bereich der Pflege an andere Personen abgegeben wurden. Dabei übernehmen Betreuungskräfte, Servicekräfte und Pflegehelferinnen viele bewohnernahe, pflegerische und hauswirtschaftliche Tätigkeiten sowie die Gestaltung von Beschäftigungs- und Betreuungselementen und übernehmen auch Aufgaben im Bereich Service. Noch vor einigen Jahren waren zumeist Pflegefachkräfte für die Pflege, die Betreuung und für die Beschäftigung der Bewohnerinnen zuständig

> *P15: „(...) Wir können jetzt den Bewohnern nicht so viel Zeit geben, aber dafür gibt es jetzt andere Berufsgruppen. Der Betreuungsdienst, das Ehrenamt, die*

> *Angehörigen, die dann auch schon mal die Zuwendung übernehmen." (P15, Z. 316)*

Zum anderen erfordert dies eine Restrukturierung des Aufgabenbereichs der Pflegefachkräfte. Durch die zunehmende Delegation der bewohnernahen Versorgung an die Helferinnen werden die Fachkräfte dafür verantwortlich, die Versorgung der Bewohnerinnen zu organisieren, den Ablauf auf dem Wohnbereich zu koordinieren und die Verrichtung der Tätigkeiten durch das Hilfspersonal zu kontrollieren. Vor dem Hintergrund der neuen Arbeitsteilung sind Pflegefachkräfte zudem verantwortlich für die Pflegeplanung, die Durchführung von Assessments und die Qualitätssicherung in Form der Dokumentation. Pflegefachkräfte sind durch diese Aufgabenverschiebung zunehmend stärker mit administrativen und organisatorischen Aufgaben beschäftigt. Die Herausforderung für Pflegefachkräfte besteht darin, dass sie als Fachkräfte die Verantwortung für die Bewohnerversorgung tragen, auch wenn es zu Fehlern kommt, die durch Hilfspersonal entstanden sind (vgl. Abschnitt 11.3.). Eine weitere Konsequenz hieraus ist, dass Pflegende ihre Arbeit zunehmend als unvollständig erleben und oft ein schlechtes Gewissen haben, da sie ihre Aufgaben nicht gemäß ihren Ansprüchen erledigten können.

Die Reduktion der Pflegefachkräfte wird zudem nicht immer durch den zunehmenden Einsatz von Helferinnen kompensiert. Die befragten Pflegenden beklagen eine generelle Reduktion von Personalstellen.

> *P8: „Nachtdienst macht ja immer eine examinierte Pflegekraft, die war dann von neun bis halb vier allein und von vier bis sechs kam dann so'n begleitender Nachtdienst haben wir den genannt, eine Helferin noch dazu, die dann beim letzten Rundgang dabei war, aber das wurde jetzt auch abgeschafft. Also sind wir allein für 42 Bewohner. Es geht, aber wie gesagt, wenn man da echt Bewohner hat, jetzt haben wir einen der ist beim Lagern so, der wehrt sich so dagegen, so sperrig und die haben dann Kraft auf einmal. Die kriegst du nicht mal, nicht mal 30 Prozent auf die Seite und du kannst nicht mal die Vorlage allein wechseln, wenn der echt so dagegen arbeitet und so. Wie soll man so was machen? Oder eine Bewohnerin, die liegt immer auf der rechten Seite, die kannst du nicht auf die linke Seite, die kannst du nicht lagern. Das ist echt schwer allein. Die verkrümmt sich dann und arbeitet dagegen, solche Leute. Oder wenn die ganz, wenn die ganz nach unten gerutscht sind beim letzten Rundgang, dann hast du auch nicht mehr die Kraft und alles dann. Nö, aber es geht, natürlich geht das allein, aber es ist schon blöd. Es ist auch doof für die Bewohner, finde ich. Auch wenn was dazwischenkommt, wenn ein Sturz ist oder so." (P8; Z. 158)*

Besonders schwierig erweist sich diese generelle Reduktion, wenn die anwesenden Mitarbeiterinnen weitere Personalausfälle, beispielsweise durch Krankheit, kompensieren müssen. Dies wird als sehr anstrengend erlebt, da oft von den Leitungskräften erwartet wird, dass trotzdem die Aufgaben in der vorgesehenen Arbeitszeit geschafft werden. Diese Situationen stellen auch eine große Herausforderung für die Zusammenarbeit im Team dar (vgl. Abschnitt 11.3)

P14: „Ich werde echt ungeduldig, wenn sich wirklich das x-te Mal jemand krankgemeldet hat und man wirklich zu zweit im Dienst da rumhängt und man muss zusehen, dass man durchkommt – irgendwie. Gut, dann kann man schon mal zu Bewohner ungeduldig werden, aber eben aus dem Grund, weil die Zeit einfach fehlt. Weil man genau weiß, man müsste eigentlich drei zur selben Zeit fertigmachen." (P14, Z. 228)

10.2.3 Arbeitsabläufe und Ökonomisierung

Die Dominanz der Ökonomie und die nachgeordnete Bedeutung, die der Bewohnerversorgung und der Arbeitssituation der Pflegekräfte zugesprochen werden, werden auch deutlich in der Fokussierung auf die „effiziente" Gestaltung der Arbeitsabläufe. Wie diese Setzungen sich im Alltag niederschlagen wird aus den Interviews der befragten Pflegenden deutlich erkennbar. Schon im vorhergehenden Abschnitt wurden knappe Personal- und Zeitressourcen als ein wesentliches Kennzeichen des Alltags in den Einrichtungen aufgezeigt. Das Management in den jeweiligen Pflegeeinrichtungen versucht durch die Optimierung der Prozesse und Abläufe, Ressourcen einzusparen und damit den knappen Personal-, und Zeitressourcen zu begegnen. Entsprechende Ansätze basieren auf einer genauen Planung und Vorstrukturierung der Arbeitsaufgaben, einer Vereinheitlichung der Arbeitsabläufe und Prozesse und der Definition der dazugehörigen Zeiteinheiten.

Für die Organisation der täglichen Arbeit und der Abläufe nehmen die Wohnbereichsleitungen bzw. in Vertretung die Schichtleiterinnen als Koordinatorinnen eine entscheidende Rolle im pflegerischen Alltag ein. Sie greifen dabei in vielen Einrichtungen auf verbindliche Aufgaben- und Zeitpläne für die Pflegenden zurück.

P15: [P berichtet vom Ablauf eines Dienstes] „(...) und dann bereite ich die Medikamente vor, Tabletten, Tropfen. Und dann arbeiten wir nach einem festen Tagesplan. Das heißt, wir schreiben uns täglich die Bewohner, die man zu versorgen hat, auf. Mein Kollege und ich – so haben wir eine feste Struktur. Dabei schreiben wir auch direkt, z. B. wenn dann Haarwäsche, Dusche ansteht oder das Bett bezogen werden muss. Das ordne ich schon mal, das plane ich schon mal direkt für jeden Tag. So weiß man, dass z. B. mittwochs bei Frau Müller Bett beziehen dran ist oder duschen. (...). Also, es ist im Grunde fast alles fest geplant. Wir arbeiten nach einem festen Plan auf meinem Wohnbereich. Da ist es vorgeplant, wer bei welchem Bewohner das Essen reicht. Wer die Bewohner dann zur Beschäftigung bringt. Wer macht die Küche? Wer macht die Desinfektionslösung morgens? Wer macht die Medikamente? Wann wird BZ gemessen? Wann werden besondere Medikamente verabreicht, an welchen Tagen? Wann werden die Dosiere gestellt, die wir auf dem Wohnbereich selber stellen (...)?" (P15; Z. 115 f.)

Der Tagesablauf ist minutiös organisiert und strukturiert, wobei die zeitlichen Vorgaben lediglich bei einer sehr zügigen Erledigung von geplanten Aufgaben ausreichend sind. Diese engen minutiösen Planungen widersprechen oft dem Ablauf der alltäglichen Pflege. Die Interviewteilnehmerinnen benennen als wichtigen Grund für diesen Widerspruch, dass ungeplante Aufgaben hinzukommen (z. B. Verlegungen, Arztbesuche, Notfälle) oder dass die anfallenden Aufgaben nicht ausreichend in der Planung abgebildet sind, wie beispielsweise Gespräche mit Bewohnerinnen insbesondere die Anforderung an die Kommunikation mit an einer Demenz erkrankten Bewohnerin, sehr aufwendige Dokumentationsanforderungen, ein hoher Zeitbedarf bei der Anreichung des Essens, die Begleitung Sterbender, Angehörigenarbeit, Unterbrechungen etc. Als besonderes Paradox wird geschildert, dass zeitgleich mit dem Anstieg der (Vor)strukturierung der Arbeitsaufgaben, zunehmend anspruchsvollere Bewohnerinnen zu versorgen sind, die hohe Anforderungen an die Flexibilität der Versorgung und damit einhergehender Zeitpuffer stellen.

Ungeplante Vorkommnisse stören den Arbeitsablauf, mit der Folge, dass insbesondere die Routinetätigkeiten vernachlässigt werden müssen.

P11: „Es sind eigentlich nicht mehr als zwei Fachkräfte auf einmal im Dienst und das merkt man im Alltag deutlich. Allein diese Stunde morgens in der Pflege. Oder so Visiten. Früher hab' ich mich auf Visiten gefreut und was weiß ich, dann kam donnerstags die Frau Doktor so und so und ich wusste, ich kann mich da eine Stunde rausziehen, in Ruhe Visite machen, die nachher in Ruhe ausarbeiten. Gut, vielleicht komme ich dann mal zehn Minuten später raus an so einem Visitentag. Und heutzutage ist das dann eine Stunde, die ich noch später dasitze, und eine Stunde, die ich mir zwischendurch so rausgenommen habe, wo ich eigentlich überhaupt keine Zeit für hatte. Und das Essen wird nebenbei kalt, da hatte ich keine Zeit das zu verteilen, weil ich ja auf Visite war. Ja, also es ist noch straffer geworden das Programm, das man in einer Schicht durchzieht." (P11; Z. 166)

Darüber hinaus können ungeplante Vorkommnisse generell dazu führen, dass Pflegende ihren Ablaufplan verlassen und nach eigenen Prioritäten arbeiten müssen. Die dazu erforderlich werdenden schnellen Umstrukturierungen der Tätigkeit bereiten den Pflegenden große Schwierigkeiten. Unstrukturierte und überfordernde Arbeitstage mit vielen zeitgleichen Geschehnissen erleben Pflegende daher als belastend.

> *P11: „(...) Dass man wirklich das Gefühl hat: Ich stehe hier im Irrenhaus. Weil von allen Seiten wollen die Leute was. Du hast noch eine Kollegin hinter dir stehen, die was will, noch einen Schüler anzuleiten, du hast eine Krankenhausentlassung, du hast die normale Visite und ja Bewohner, die noch was wollen und da hinten stürzt gerade jemand. Dadurch, dass man so wenig Personal hat, hat man so was dann schon häufiger." (P11, Z. 333)*

Pflegende berichten an Arbeitstagen mit belastenden Situationen, vermehrt an Konzentrationsschwierigkeiten zu leiden und dadurch unkonzentrierter zu arbeiten, was mit vermehrten Laufwegen und „doppelter Arbeit" einhergeht. Pflegende versuchen daher, das Vorkommen von belastenden Situationen im Arbeitsalltag zu begrenzen. So berichtet eine Pflegekraft, dass sie oft sehr angespannt zur Arbeit fährt und vor der Arbeit schon darüber nachdenkt, wie sie das Team und die Aufgaben verteilen kann, damit ein reibungsloser Ablauf möglich wird. Ebenso wird berichtet, dass nach negativen Erfahrungen die Ablaufplanungen überarbeitet werden, um derartige Situationen vermeidbar zu machen.

Die pflegerischen Tätigkeiten sind aufgrund der oben aufgezeigten Problematiken, oft nicht in der vorgesehenen Zeit zu schaffen. Das führt dazu, dass Pausen gestrichen oder verkürzt werden. In den Interviews wird berichtet, dass besonders in der Nacht- und auch im Frühdienst oftmals keine Pausen in der vorgesehenen Länge möglich sind. Oft besteht keine Möglichkeit, den Wohnbereich während der Pausen zu verlassen. So bleiben die Mitarbeiterinnen auch in ihrer Pause als Ansprechpartnerin auf dem Wohnbereich und bearbeiten Klingelrufe etc.

> *P4: „Pause haben wir eine Dreiviertelstunde eigentlich, aber das kriegen wir sowieso nicht hin. Das ist grundsätzlich so: Ich setz mich hin und mache mir einen Tee, pack mein Brot aus – klingeling – es klingelt." (P4, Z. 144)*

Besonders in kleinen Einrichtungen, wo nur eine Pflegefachkraft in der Nacht anwesend ist, darf diese in ihrer Pause die Einrichtung nicht verlassen. Viele Mitarbeiterinnen geben auch an, dass gerade in anstrengenden Situationen eine Pause besonders wichtig ist. Dies gilt auch für körperliche Belastungen. Pflegende haben in ihrer Arbeit einen hohen Bewegungsradius und leisten zudem einen großen Anteil an stehenden Tätigkeiten. Die Pausen zur physischen Erholung werden daher elementar. Dabei wird oft auch der Wunsch nach einer Pause außerhalb des Wohnbereichs verbalisiert, wobei in nur wenigen Einrichtungen der befragten Pflegenden diese Art von Pausen möglich sind. Viele Interviewpartnerinnen berichten, dass sie und viele ihrer Kolleginnen Raucherinnen sind und aufgrund dessen während des Dienstes häufige kürzere Pausen durchführen, wobei sie dafür die Arbeit unterbrechen und den direkten Arbeitsort verlassen. Besonders beliebt sind diese Arbeitsunterbrechungen auch zur emotionalen Entlastung nach anstrengenden Phasen, wie beispielsweise nach einer Akutsituation oder nach der körperlich anstrengenden Grundpflege.

> *P1: „Eine kurze Zigarette auf dem Balkon, das hilft mir viel. Bei uns gibt es weiterhin noch viele Raucher. Eine kurze Pause, eine kleine Abwechslung. Das haben wir bei uns in der Arbeit auch so eingeführt. Bestimmte Zeiten, wo wir uns alle treffen und dann klagt jeder sein Leid – ach Mensch, scheiße und lölllööölllö und dann ist auch wieder gut. Kippe aus und dann geht's weiter (…). Wir dürfen das eigentlich nicht so machen. Wir bekommen immer Ärger vom Heimleiter, in den fünf Minuten könnte auch jeder arbeiten und wenn man das auf jeden rechnet, dann sind es zwanzig Minuten und was weiß ich und aufs Jahr verteilt sind es so und so viele Stunden – aber naja. Wir machen es trotzdem weiter, weil wir das echt brauchen und so oft kriegen wir keine Pause und da sind diese fünf Minuten echt enorm wichtig." (P1, Z. 468 f.)*

Einige Leitungen und viele nichtrauchende Mitarbeiterinnen betrachten diese kürzeren Pausen kritisch, da dadurch Arbeitszeit verloren geht und die abwesenden Mitarbeiterinnen während ihrer Abwesenheit kompensiert werden müssen, was zu einer erhöhten Beanspruchung der nichtrauchenden Mitarbeiterinnen führt.

Die beschriebenen Pausensituationen haben einen hohen Einfluss auf die Arbeitsbelastung. Die meisten Pflegenden geben an, über keine zuverlässig geplanten Pausen zu verfügen. Pausen finden oft nebenbei und im Dienstzimmer statt, wobei der zeitliche Umfang vom Arbeitsvolumen abhängt, d. h. bei einem hohen Arbeitspensum finden die Pausen nicht oder nur stark verkürzt statt. Dies führt auch dazu, dass Mitarbeiterinnen während der Dienstzeit, kaum Möglichkeiten vorfinden, sich auszuruhen.

Die Ablaufpläne und vorgegebenen Strukturen sollen den Mitarbeiterinnen helfen, den Alltag und die Aufgaben zu bewältigen. Sie sollen damit ein Instrument zur Unterstützung der pflegerischen Arbeit sein. Einige Pflegende empfinden hingegen zu starre und zu viele Vorgaben als störend. Diese Art der (Vor)Strukturierung der Arbeitsaufgaben wirkt sich negativ auf ihre Motivation aus, denn sie lassen den Pflegenden nur wenige Gestaltungsmöglichkeiten. Letztere sind jedoch eine Voraussetzung, um professionell und motiviert arbeiten zu können. Zu starre Ablaufpläne bedeuten auch für die Bewohnerinnen eine hohe

Anpassung an Vorgaben, beispielsweise an die Zeitstrukturen der Einrichtungen. Viele Pflegende plädieren jedoch dafür, die Pflege an den Bedürfnissen der Bewohnerinnen zu orientieren anstatt die Versorgung der Bewohnerinnen an die Vorgaben der Organisation anzupassen.

> *P3: „Ich würde die ausschlafen lassen. Das ist ja noch so'n Problem in diesen Einrichtungen, dass die Bewohner geweckt werden und früh aufstehen sollen. Das verstehen ja auch Wenige, dass Bewohner ausschlafen können. Auch unter den Kollegen gibt's dieses Verständnis nicht. Wir haben eine Bewohnerin die schläft gerne bis um elf. Da heißt es, die muss noch ihr Frühstück haben. Sonst nimmt die ja viel zu viel ab. Ja und die holt sich das doch abends. Die ist ja am Abend bis um zehn auf oder sogar bis nach elf. Die muss doch nicht um neun Uhr ins Bett, nur weil die Nachtwache die nicht ins Bett bringen kann. Die Nachtwache kann die doch um elf ins Bett bringen. Ich verstehe das gar nicht. Und das sind doch oft auch Nachtläufer die Dementen. Die verschieben sich zeitlich auch. Und da kann man doch drauf eingehen. Das ist doch alles nicht altersgerecht und dementengerecht in diesen Einrichtungen mit ihren Strukturen, die von den Dienstplänen der Mitarbeiter abhängen." (P3, Z. 723 f.)*

Neben der Vorstrukturierung der Arbeitsaufgaben und deren Konsequenzen berichten die Pflegenden auch über konkrete, von ihnen negativ erlebte Ansätze, die vorhandenen Personal-, und Zeitressourcen zu „optimieren". Pflegende beschreiben beispielsweise, dass zunehmend die Bezugspflege aufgehoben wird und durch Bereichsverantwortung und funktionaler Aufgabenverteilung ersetzt wird. Auch wird die Tagesstruktur optimiert, in dem Aufgaben aus dem Tagdienst von den Nachtdienstmitarbeiterinnen übernommen werden.

> *P10: „(...) Und ab Freitagnacht, von Freitag auf Samstag, von Samstag auf Sonntag, ab drei Uhr anfangen zu waschen (...) Ja, um drei Uhr fängt man an. Alle die, die im Bett liegen, – also man wäscht, man soll, soll, so hat die Chefin gesagt, aber eigentlich hat sie es auch nicht gesagt, weil sie will damit nichts zu tun haben, aber eigentlich muss es ja gemacht werden. Die hält sich da fein raus. Man sollte so 6, sieben Leute in der Nachtschicht schaffen (...). Weil man es in der Frühschicht nicht mehr schaffen kann sozusagen, weil die zu voll ist. Also, man schafft dann, wenn wirklich sieben Leute gewaschen werden in der Nacht, dann ist man um 11:30 Uhr gut fertig, zum Mittagessen mit dem Rest des Hauses mit dem Waschen und Essen reichen. Weil man ist dann am Wochenende ja auch nur zu zweit. Bevor ich jetzt in Urlaub gegangen bin, haben wir 14 Leute mit Essen reichen – das kostet echt viel Zeit." (P10, Z. 280 ff.)*

Als ein weiteres Beispiel wird genannt, dass zur Reduktion von Personalkosten die Übergabezeiten zwischen der Früh- und der Spätschicht um die Hälfte reduziert werden. Dies ist verbunden mit der Aufforderung, sich bei der Informationsweitergabe auf die physischen Komponenten der Bewohnerinnen zu fokussieren oder Kurzpausen zu vermeiden. Um den Arbeitsaufwand bewältigen zu können, versuchen viele Einrichtungen zudem, ihre Mitarbeiterinnen flexibel einzusetzen. So rotieren Pflegende durch die gesamte Einrichtung, um möglichst alle Abläufe der anderen Wohnbereiche zu kennen und im Bedarfsfall auch auf anderen Wohnbereichen aushelfen zu können. Auch wird von einer Einrichtung berichtet, die einen Springerpool hat, der auf allen Bereichen eingearbeitet und bei Bedarf flexibel einsetzbar ist. In manchen Einrichtungen wird versucht, diesen flexiblen Einsatz durch die Vereinheitlichung der Abläufe in den verschiedenen Abteilungen einer Einrichtung zu erleichtern. In einigen Altenpflegeverbünden, d. h. Verbünde mehrerer Einrichtungen wird sogar die einrichtungsübergreifende Anpassung angestrebt. Durch die damit mögliche einrichtungsübergreifende Rotation des Personals und die zeiteffiziente Einarbeitung von Aushilfen sollen Personalkosten gespart werden. Dies beeinflusst jedoch negativ die mögliche Anpassung der Vorgaben an die Bewohnerinnen und hinterlässt deutlich negative Spuren in der Entwicklung des Teams (vgl. Abschnitt 11.3)

10.2.4 Arbeitszeiten

Die Gestaltung der Arbeitszeiten wird grundlegend durch die Anforderungen der Aufgabe, – eine 24.Std.-Versorgung an sieben Tagen durch ein Schichtsystem sicherzustellen – bestimmt, wobei sich in der konkreten Umsetzung in den Aussagen der Befragten deutliche Hinweise auf die prinzipielle Gestaltbarkeit und den Einfluss der Ökonomisierung, d. h. der Dominanz der Prinzipien Ökonomie und Effizienz reflektieren.

Einen weiten Raum in den Interviews nehmen die Gestaltung der Schichtsysteme und deren Auswirkungen ein. Die meisten der befragten Pflegenden arbeiten im 2-Schichtsystem, d. h. abwechselnd Früh- und Spätschicht, einige wenige kombinieren drei Schichten, Früh-, Spät- und Nachtschichten, und zwei Befragte sind ausschließlich im Nachtdienst tätig. Die Pflegenden arbeiten überwiegend in Teilzeit, in einem Stundenumfang von 25 bis 35 Wochenstunden, bei einer täglichen Arbeitszeit von 6,5 bis sieben Stunden.

Die Befragten benennen Vorteile und Nachteile der Schichtsysteme. Zu den Vorteilen zählt, dass nur die Hälfte eines Tages mit Arbeitszeit gefüllt ist, die Aufgaben je nach Schicht variieren, dass sie auch regelmäßig freie Werktage zur Verfügung haben und sie durch weniger Routine-, und stärker variierende Aufgaben und Arbeitszeiten psychisch weniger belastet sind. Als Nachteile des

Schichtsystems werden die unregelmäßigen Arbeitszeiten genannt, die damit verbundenen unregelmäßigen Schlafgewohnheiten und die erhöhte Anforderung an Planung des Privatlebens. So sind viele Hobbys, die an feste Zeiten gebunden sind, durch das Schichtsystem kaum durchführbar.

Als anstrengend wird häufig erlebt, wenn Pflegende über keinen festen Arbeitsrhythmus in einer Woche verfügen und häufig in Wechselschicht eingesetzt werden; hier empfinden Pflegende die Erholungszeit zwischen Spät- und Frühdienst als zu kurz. In einigen Einrichtungen werden die Arbeitszeiten der Mitarbeiterinnen ohne einen festen Schichtrhythmus geplant. In anderen Pflegeheimen haben sich Teams auch bewusst für ein arrhythmisches Schichtsystem entschieden, da eine ganze Woche Spätdienst als unattraktiv empfunden wird.

> *P10: „Der Wechsel ist schwierig. Ich arbeite eine Woche alle drei Schichten komplett durch. Also, da ist kein richtiger Rhythmus drin. Das ist dann vielleicht mal zwei Tage früh, dann hat man ein bis zwei Tage spät, dann hat man seine drei Nächte, dann einen freien Tag und dann wieder Frühschicht und das tauscht immer hin und her. Und das nervt. Und das ist echt anstrengend." (P10; Z. 299)*

Als negativ erlebt wird, dass durch die zunehmenden Wechselschichten zwischen den Mitarbeiterinnen sich das Teamgefüge verliert, da Pflegende keine festen Teamkolleginnen mehr haben, sondern sich täglich auf andere Kolleginnen einstellen müssen.

Ebenso werden viele aufeinanderfolgende Arbeitstage als belastend erlebt. Dies gilt insbesondere, wenn sie mehr als zehn bis zwölf Dienste in Folge leisten. Eine weitere Herausforderung stellen zudem Überstunden dar, wenn dadurch die freien Zeiten zwischen den Diensten reduziert werden. So wird von einer Pflegekraft berichtet, dass sie häufig bis 17 Uhr nach dem Frühdienst und bis 23 Uhr nach dem Spätdienst in der Einrichtung ist und Mehrarbeit leistet. Mehrere Pflegende geben an, dass zehnstündigen Dienste an anstrengenden Tagen häufig vorkommen.

> *P10: „Die Leitung ist halt so, die macht Leitung und sie delegiert vieles weiter und brummt uns Fachkräften immer mehr Sachen auf, die wir auch gar nicht schaffen können. Man macht vieles nach Dienstende, also das ist nicht selten, dass ich erst um 17 Uhr nach Hause komme, obwohl ich Frühdienst hatte. Und es ist auch nicht selten, dass ich im Spätdienst erst um 23 Uhr nach Hause komme. Ja, oder wenn ich frei hab', den freien Tag dann nutze und hol mir Pflegeplanungen mit nach Hause und schreib die zu Hause.*
>
> *I: Freiwillig?*

P10: „Ja. Muss ich ja. Sie sagt zwar:,Schreibt die Stunden auf!' aber dann kommt sie an und sagt:,Ja, wie wollen sie mir das beweisen, dass sie da wirklich vier Stunden dran gesessen haben¿,Ja, die sind fertig! Zwei Stück! Hallo¿ Also letztlich bekommen wir die Zeit zuhause nicht wieder. Ja gut, ist halt doof, aber ist halt so." (P10; Z. 497 ff.)

Das Schichtsystem bedeutet, dass Pflegende ihre Arbeits- und Freizeit planen müssen. Demnach ist es für sie wichtig, möglichst frühzeitig über ihre Arbeitszeiten informiert zu werden. Einfach ist es für Mitarbeiterinnen, die einen festen Arbeitsrhythmus haben und so auch ohne Dienstplan ihre Arbeitszeiten und freien Tage berechnen können. Ebenso verfügen Mitarbeiterinnen, die ihren Dienstplan frühzeitig erhalten über Planungssicherheit. In einigen Einrichtungen wird jedoch der Dienstplan erst kurzfristig erstellt und die Dienste erfolgen arrhythmisch. Diese Vorgehensweise erweist sich als besonders schwierig für Frauen mit kleinen Kindern. Generell wird damit die Realisierung von Freizeitaktivitäten erschwert bzw. abhängig vom Wohlwollen der Kolleginnen, den Dienst zu tauschen. Besonders bedeutsam für Pflegende ist eine zuverlässige Planbarkeit der Wochenenden und Feiertage. Die Befragten beschreiben es als sehr wichtig, dass sie regelmäßig ein gesamtes Wochenende frei haben. In einigen Einrichtungen ist diese Möglichkeit nicht gegeben.

Bei der Betrachtung der Arbeitszeiten kann festgehalten werden, dass dieses System von Schichtdienst mit mehr oder weniger unregelmäßigen Arbeits- Erholungs-, und Schlafzeiten generell als belastend erlebt wird, wobei dies durch eine späte oder unzuverlässige Dienstplanung noch verstärkt wird. Besonders bei der Erwähnung von Schlafstörungen aufgrund der vielen wechselnden Arbeitszeiten wird dieses erkennbar. Dieser Belastungsfaktor „Arbeitszeiten" kann sich auf die psychische Beanspruchung von Pflegenden auswirken. Dieses Erleben von Beanspruchung muss im Kontakt mit Bewohnerinnen, Kolleginnen oder anderen Akteurinnen durch Emotionsarbeit kompensiert werden (vgl. Kapitel 11).

Diese generelle Problematik der Arbeitszeiten wird durch Ansätze eines effizienten Personaleinsatzes noch verstärkt. Die knappen Personalressourcen führen beispielsweise dazu, dass Pflegende beim Dienstausfall von Kolleginnen häufig einspringen müssen und damit die notwendige Erholungszeit zwischen den regulären Schichten verlorengeht. Als Sparmaßnahme wird auch genannt, dass Überstunden nicht genehmigt werden und Mehrarbeitszeit nicht vergütet wird. Die Arbeit muss in der vorgegebenen Zeit erledigt werden.

Hierhin gehören auch sehr negativ wahrgenommene Regelungen zu Arbeitszeiten und Befristungen in Arbeitsverträgen, die einen effizienten Personaleinsatz unterstützen sollen. Auffallend viele Pflegende in der Altenhilfe werden auf einer Basis von Teilzeitarbeitsverträgen beschäftigt. Insbesondere Pflegehelferinnen arbeiten zudem in vielen Einrichtungen in Teildiensten, die sich auf die Stoßzeiten konzentrieren. Auch der Einsatz von geteilten Diensten, die sich stärker an den Stoßzeiten orientieren, wird mit dieser Zielsetzung verknüpft. Diese Dienste werden als besonders belastend und demotivierend wahrgenommen. Die häufig vorkommende Befristung von Arbeitsverträgen ermöglicht den Leitungen, die Arbeitsverhältnisse bei Schwankungen der Belegung oder Einnahmen zu beenden. Aus einer Einrichtung wird berichtet, dass diese in den ersten beiden Jahresquartalen aufgrund einer zu geringen Belegung Verluste erwirtschaftet hat. Die Verluste musste das Personal wieder ausgleichen, indem im zweiten Halbjahr bei voller Belegung mit weiterhin reduziertem Personal gearbeitet wurde.

10.2.5 Mangelnde Wertschätzung der Mitarbeiterinnen durch die Personalpolitik

Viele Pflegende erleben prekäre Arbeits- und Beschäftigungsbedingungen und schwierige Personalpolitiken in den Einrichtungen auch als mangelnde Wertschätzung. So wird beschrieben, dass viele Pflegende unfreiwillig einer Teilzeitbeschäftigung nachgehen oder in befristeten Arbeitsverhältnissen arbeiten. In einem Fall wurde berichtet, dass der befristete Arbeitsvertrag neunmal verlängert wurde, wobei in dieser Einrichtung jungen Pflegenden keine unbefristeten Beschäftigungsverhältnisse angeboten werden. Gerade durch zeitlich befristete Arbeitsverträge erleben die Pflegenden wirtschaftliche Unsicherheit und fühlen sich dadurch schnell ersetzbar. Im Rahmen der Gestaltung der Arbeitszeiten (Arbeitsrhythmen, Freizeitausgleich, Mehrarbeit, Verpflichtung unattraktiver Dienste), erleben die Pflegenden, dass keine Rücksicht auf Freizeit oder private Interessen genommen wird (vgl. Abschnitt 11.2.2).

Weitere Bereiche in denen die Interviewpartnerinnen mangelnde Wertschätzung beklagen sind die berufliche Weiterentwicklung, bzw. Karriere-, und Aufstiegsmöglichkeiten. In den Einrichtungen fehlt es an beruflichen Perspektiven und damit einhergehenden klaren Zielen, die die Pflegenden motivieren könnten. Obgleich sich die Pflegenden aufwendig qualifizieren, erleben sich viele Pflegende in den Einrichtungen als ersetzbar. Viele der Befragten glauben, dass aufgrund der hohen Fluktuation eine Investition in die Talentförderung aus der Perspektive der Organisation als nicht lohnend wahrgenommen wird. Auszubildende werden häufig ausschließlich als Arbeitskräfte betrachtet und nicht als Lernende, die in ihrer Praxisphase möglichst viele Erfahrungen machen sollen, ihr Arbeitsfeld erkunden sollen und damit eine Chance bekommen, langsam zu lernen.

P2: „Auch so was wie Supervision, das fehlt einfach. Ist zu teuer, wird nicht gemacht, gibt's nicht. Fertig! Jeder kann sich mit den Sterben, mit den Toten, die wir haben – da muss man sich selber mit auseinandersetzen und ja." (P2, Z. 722)

Die Befragten berichten zudem über eine mangelnde Wertschätzung im Umgang mit Frauen. So erhalten Männer deutlich schneller unbefristete Arbeitsverträge und Weiterbildungsförderung als ihre weiblichen Kolleginnen.

P7: „Man ist eigentlich eine Nummer. Jeder ist ersetzbar. Man ist immer abschussbereit. Die können jederzeit einfach jemanden nicht mehr einstellen. Ohne Probleme. Wenn der Arbeitsvertrag ausläuft, dann gibt's halt jemanden Neues. Bei uns gibt es kaum feste Arbeitsverträge, sondern nur befristete. Die Verträge werden meistens verlängert, weil irgendjemand ist immer schwanger oder so. Aber für einen selber ist das echt schwer. Also im Moment sind bei uns zwei im Mutterschutz und zwei sind schwanger. Immer so phasenweise. Deshalb rutschen alle auf diesen Stellen hin und her, keiner bekommt einen festen Arbeitsvertrag. Auffällig Männer. Die letzten, die einen bekommen haben, waren Männer, weil die ja bleiben. Als Frau hast du keine Chance." (P7; Z. 223)

Das Gefühl von Wertschätzung und Respekt ist grundlegend für die berufliche Zufriedenheit und eine gute Entlastungsstrategie für berufliche Beanspruchungen. Dennoch soll festgehalten werden, dass besonders im betrieblichen Kontext die Pflegenden unter mangelnder Wertschätzung leiden. Viele der Befragten geben an, sich für „unwichtig und schnell ersetzbar" im Betrieb zu fühlen.

P1: „(...) die Aushilfen in der Pflege bekommen bei uns den Mindestlohn. Und da war auch eine Kollegin von einer anderen Station in der Verwaltung, jetzt nicht beim Heimleiter, sondern in der richtigen Verwaltung. Da wo dass mit der Kasse und alles und Gehaltsabrechnungen gemacht wird. Sie fragte, wie das ist mit dem Mindestlohn. Sie bekommt zurzeit weniger als den Mindestlohn und wollte gerne den Mindestlohn bekommen. Ja, wurde ihr gesagt, das kann ich Ihnen schriftlich geben, dann sorge ich dafür, dass Sie hier nicht länger arbeiten. Das sind auch so Sachen, wo man denkt:,Na Hossa!' Ja und sie solle halt froh sein, denn bei KIK gebe es nur fünf Euro die Stunde. Dann kriegt man dann solche Scheißantworten, da denkt man auch – also immer nur Geld, Geld, Geld. Wirtschaftlichkeit – das steht immer im Vordergrund." (P1, Z. 420)

10.3 Einfluss der Kontextfaktoren auf das Erleben emotionaler Beanspruchungen

Die genannten sozialen und betrieblichen Kontextfaktoren rahmen die pflegerische Praxis und beeinflussen damit grundlegenden die Beziehungen der Pflegenden zu den Bewohnerinnen, den Angehörigen, den Kolleginnen im Team und den Führungskräften und ihre Konsequenzen für die Emotionsarbeit sowie die emotionale Beanspruchung (ausführliche Analyse vgl. Kapitel 11 unten). In diesem Abschnitt werden zunächst die zentralen Herausforderungen, die durch die sozialen und betrieblichen Kontexte entstehen resümierend zusammengefasst und in ihrem unmittelbaren Zusammenhang zum Erleben von Beanspruchungen diskutiert. Auf der Basis der Interviews lassen sich zwei zentrale Gründe für die Entwicklung des weit verbreiteten Erlebens von Beanspruchungen zusammenfassen – das hohe Arbeitspensum und die Erfahrungen der Inkongruenz in zentralen Facetten der Pflege, Arbeits- und Beschäftigungssituation.

Die befragten Pflegenden schildern im hohen Ausmaß physische und psychische Beanspruchungen, die sie vor dem Hintergrund des hohen und zunehmenden Arbeitspensums erleben und bestätigen damit nachdrücklich bereits vorliegende Forschungsergebnisse. Sie benennen körperliche Faktoren, wie beispielsweise Überlastungen des Skelettes durch viele Laufarbeiten oder zu schweres Heben. So werden aufgrund des hohen Arbeitspensums viele schwere Bewohnerinnen von nur einer Pflegekraft versorgt, umpositioniert und mobilisiert. Hinzu kommt, dass die Techniken der rückenschonenden Arbeitsweisen aus Zeitknappheit nicht angewandt werden können. Es wird auch oftmals an Hilfsmitteln für das Personal gespart. Dabei sind die Hilfsmittel wichtig, um die Mitarbeiterinnen vor körperlicher Überanstrengung zu schützen. Sie können auch die Schmerzen bei der Mobilisation beim Bewohnerinnen reduzieren. Dies geht mit der Gefahr einher, dass Pflegende an Muskel- und Skeletterkrankungen leiden und nicht bis ins Rentenalter im Beruf verweilen können. Auch die Lautstärke während des Arbeitsalltags, besonders im Umgang mit vielen dementen Bewohnerinnen ist eine Herausforderung, die zu Stresserleben und damit verbundenen Folgeerkrankungen führen kann.

> *P11: „(...) Für uns ist das dann auch anstrengend. Und man muss dann wirklich auch mal rausgehen, weil das hältst du nicht aus, das hältst du keine sieben Stunden aus, wenn das immer nur‚Haare! Haare!‘, der eine immer nur:‚Hallo! Hallo! Hallo!‘, der andere:‚Haare! Haare!‘ Bei diesem Geräuschpegel, da musst du zwischendurch raus. Einfach Luft zu holen und sagen:‚Ich gehe jetzt erst mal zehn Minuten raus.“ (P11, Z. 93)*

Am häufigsten wurde von dem Einfluss des hohen Arbeitspensums auf die psychische Gesundheit berichtet. So werden Pflegende beschrieben, die in Teilzeit tätig sind, weil der Beruf aufgrund des hohen Arbeitspensums in einer Vollzeittätigkeit mit einer zu hohen Belastung verbunden ist. In den Interviews wird häufig von Kolleginnen berichtet, die aufgrund von Überlastung unter gesundheitlichen Einbußen leiden. Die Befragten führen Beispiele von stark überforderten Kolleginnen an, von Mitarbeiterinnen die kurz vor der eigenen Belastungsgrenze stehen und auch von bereits erkranken Mitarbeiterinnen, die zwar vom Team mitgetragen werden, aber es keine Möglichkeiten gibt, diese wirklich zu entlasten.

P14: „(...) wenn ich mir meine Kollegin angucke, die jeden Tag auf derselben Station arbeitet, die wirklich der Horror hier ist und fast allein dasteht, weil da wirklich keiner von den Kollegen auch mal den Mumm hat zu helfen, dann denke ich auch:‚Nee, das kann nicht mehr angehen!' Sie ist kurz vorm Burn-out, sieht aber kein Mensch. Traurig, es ist echt traurig so was. Das kann ich auch nicht ab so was. Das belastet einen noch zusätzlich." (P14, Z. 443)

Ebenso wird eine Angst vor fachlicher Überforderung beschrieben. Dies betrifft oft nicht die einzelne Aufgabe, sondern die Vielzahl der unterschiedlichen Aufgaben, die bewältigt werden müssen.

P15: „Also ich hatte schon mal Tage, wo ich einfach mal Angst hatte zur Arbeit zu gehen. Weil ich nicht wusste: Was kommt jetzt? Was erwartet mich jetzt? Wie läuft der Tag heute ab?" (P15, Z. 360)

P5: „Manchmal erzähle ich meinem Mann auch mal was von der Arbeit, was er auch eigentlich nicht wissen dürfte. Aber aus meinem Heimatort, da kommt keiner von hier und von daher ist es ja auch Jacke wie Hose. Und vor allem ich – man muss es ja auch mal loswerden. Du kannst ja nicht alles in dich reinfressen, sagen wir mal, ob jetzt MAV technisch von mir sogar, da musst du auch einfach mal jemanden haben – weil mein Mann, den interessiert das nicht, der hört sich das an, ich bin es losgeworden und dann ist das auch gut. Der macht sich keinen Kopf darüber, der kann aber gut zuhören und dann passt das wieder. Sonst könnte ich – nee, sonst geht man vielleicht unter, oder was. Dann sitzt alles irgendwann zu tief." (P5, Z. 360)

Viele Pflegende berichten, dass sich gerade auch die psychischen Beanspruchungen durch körperliche Symptomatiken zeigen, wie beispielsweise Kopf- oder Magenschmerzen. Einige der Pflegenden geben an, dass sie am Ende eines Arbeitstags kaum noch die nötige Kraft und Energie für private Aufgaben aufbringen können. Damit werden auch die privaten Sozialsysteme belastet.

Wesentlich für die Entwicklung von Beanspruchungen insbesondere emotionaler Beanspruchung werden zudem die Erfahrungen der Inkongruenz, die die Pflegenden zwischen ihren eigenen Zielen und Interessen und den Zielen und Vorgaben der Einrichtungen eingebettet in den sozialen Kontext erleben. Diese Erfahrungen der Inkongruenz beziehen sich auf die Pflege-, Arbeits-, und Beschäftigungssituation. In der Pflegesituation erweist sich nicht nur die Durchführung der vielen einzelnen Aufgaben als das grundlegende Problem der sich zeigenden negativen Arbeitsbelastung, sondern die Begrenzung des Gestaltungsspielraums zur Durchführung nicht sichtbarer (in den Vorgaben nicht beachteter) Aufgaben – wie beispielsweise die Beziehungsarbeit – die durch die Leistungsverdichtung hervorgerufen wird. Pflegende werden dazu angehalten, aufgabenorientiert zu handeln und nicht Beziehungen zu gestalten. Aus Sicht der Pflegenden stellt jedoch diese Gestaltung ein zentrales Element und Voraussetzung ihrer Tätigkeit dar. Dies führt dazu, dass sich bei den Pflegenden das Gefühl einstellt, sich zunehmend von dem Beruf zu entfremden bzw. nicht mehr den Beruf auszuüben, den sie erlernt haben oder den sie sich unter dem Begriff Altenpflege vorgestellt haben. Der eigentliche Kern des Berufes – die Beziehung zu den Bewohnerinnen – gerät in den Hintergrund, da die zeiteffiziente Durchführung der pflegerischen Arbeitsaufgaben und bewohnerfernen organisatorischen und administrativen Aufgaben an Bedeutung gewinnen. Pflegende erleben sich im Berufsalltag fremdgesteuert und mit eingeschränkten Handlungsmöglichkeiten, welches sich negativ auf die Motivation der Berufsangehörigen auswirkt.

> *P8: „Manchmal belastet es mich, dass man die Arbeit nicht so schafft, wie ich es gerne hätte. Also manchmal denke ich: Boah, du hast das alles und kannst du das überhaupt schaffen? Also schaffen schon, aber auch so, wie man das selber gut fände? Also mit einem guten Gewissen und alles. Man probiert das alles so, dass es eben gut ist. Und dann denke ich: Oh, das war alles so wischi waschi. Man hätte dann da noch oder auch mit Dokumentation. Man hätte dies noch und dann zu Hause fällt mir dann noch ein: Oh scheiße, das hast du vergessen einzutragen. Oder dies und das. Oder dann, ich ertappe mich auch manchmal selber. Dass sage ich den Bewohnern: Ja gut, das mache ich noch! Und dann am Ende denke ich noch: Scheiße! Und das habe ich auch vergessen. Wenn ich dran denke, ist es mir wirklich wichtig alles zu Ende zu machen, besonders dann, wenn man es den Bewohnern zugesagt hat. Egal, ob es halt eine Minute länger dauert oder nicht. Dann mache ich das, damit ich mit meinem Gewissen dann wieder klarkomme.“ (P8; Z. 525)*

Diese grundlegende Wahrnehmung reflektiert sich in Inkongruenzen in verschiedenen Teilbereichen der pflegerischen Tätigkeiten. Pflegende erleben diese Inkongruenzen bei den zur Verfügung stehenden Zeiten für die Versorgung, bei den Vorstellungen und Ansprüchen an die Qualität, bei möglichen Fehlerquellen, bei Vorstellungen zur Berufsrolle, bei der Definition der Relevanz und der zunehmenden Strukturierung von Aufgaben sowie der Aufgabenteilung zwischen Pflegenden im Alltag und bei der Festlegung von Arbeitszeiten bzw. der mangelnden Rücksichtnahme auf Privat-, oder Freizeitinteressen bei der Gestaltung der Dienstpläne. Diese Inkongruenzen führen dazu, dass die Pflegende unklare und widersprüchliche Handlungsvorgaben im Alltag erleben. Pflegende stehen im Spannungsfeld zwischen den eigenen Ansprüchen (Was finde ich richtig?), zwischen den Vorgaben der Organisation bzw. der Leitung (Was wird von mir als Mitarbeiterin dieser Organisation erwartet?), zwischen den Berufsvorgaben (Was ist aus professioneller Sicht zu tun?) und zwischen den Forderungen und Wünschen der Bewohnerinnen und Angehörigen (Was kann ich tun, damit es den Bewohnerinnen gut geht? Was erwarten Bewohnerinnen und Angehörige von mir?). Dieses Spannungsfeld führt dazu, dass Pflegende im beruflichen Handeln verunsichert sind und auch bei der Reflexion ihrer Tätigkeiten Ambivalenzen verspüren (Ist das, was ich tue richtig?).

P13: „Belastung ist für mich halt, wenn ich mit reduziertem Personal arbeiten muss, aber alles erledigen soll, alles perfekt machen soll. Bei den Bewohnern, mit den Krankheitsbildern, das geht oft nicht das alles zusammen. Und wenn ich dann merke, dass ich unter Druck bin, dann vielleicht, dass ich mich selber auch nicht unter Druck setze oder wo dann vielleicht etwas nicht so klappt, wie es sein soll, wo ich selber vielleicht auch dran schuld bin, dass ich das nicht so organisiere oder so hinkriege, wie es sein soll und das alles so zusammen, das ist für mich schon echt belastend." (P13, Z. 272)

Aus den dargestellten Inkongruenzen ergeben sich für Pflegende Herausforderungen im beruflichen Alltag, die zu emotionalen Beanspruchungen werden können. Als Beispielsituationen können hier genannt werden, dass die gewünschte Pflegequalität aufgrund von fehlendem Personal nicht aufrechterhalten werden kann oder aufgrund mangelnder Zeitressourcen Fehler entstehen, die den Bewohnerinnen schaden. Pflegende beschreiben auch, dass sie diese Beanspruchung so stark erleben können, dass sie diese nach Dienstende mit in den privaten Bereich nehmen(Spillover).

P7: „Ich hatte Spätschicht. Das war ein Tag, wo einfach alles zu viel war. Zu viel Arbeit. Da war auch die eine Frau am Sterben und ich konnte mich überhaupt nicht um die kümmern, was mir unglaublich leid tat. Da bin ich erst um halb zehn aus der Schicht abends rausgekommen. Da hatte ich halt so'nen Tag, da bin ich wirklich heulend nach Hause gefahren und wusste echt nicht mehr, was ich machen sollte.

Manchmal glaube ich, dass ich das auch nicht mehr lange durchhalte, zumindest wenn solche anstrengenden Phasen kommen.“ (P7, Z. 251)

Wie in dem Kapitel dargestellt, werden die Kontextfaktoren zumeist negativ als Arbeitsbeanspruchung erlebt. Die Pflegenden sehen nur wenige Bereiche, auf die sie als Ressource zurückgreifen können bzw. die als Entlastungsmöglichkeit dienen können. Die Kontextfaktoren wirken vielmehr als Belastungen oder Stressoren auf die Pflegenden ein und beeinflussen damit den pflegerischen Alltag und das Arbeitserleben erheblich.

Die Erfahrung von Inkongruenzen bezieht sich auch auf die wahrgenommene niedrige Wertschätzung der eigenen Tätigkeit in den Einrichtungen oder im sozialen Kontext. Die Arbeitsbedingungen mit den knappen Ressourcen, die keine den eigenen Ansprüchen entsprechendes professionelles Handeln ermöglichen oder die als nicht ausreichend wahrgenommene Bezahlung der Pflegenden rufen ein Gefühl der Geringschätzung hervor. Die trotz der schwierigen Bedingungen geleistete Arbeit wird als zu wenig wertgeschätzt erlebt. Dies gilt auch für die zum Teil fehlende gesellschaftliche Wertschätzung für den Arbeitsbereich Altenpflege, die Zunahme an nicht an den Arbeitskontext angepassten Restrukturierungsmaßnahmen beispielsweise der Arbeitsabläufe oder der Beschäftigungsformen, die bei den Pflegenden das Gefühl entstehen lassen, austauschbar und damit professionell fachlich und persönlich nicht wichtig für die Institution zu sein. Vor dem Hintergrund kann sich nur schwer ein Stolz der Berufsgruppe „Pflege“ anzugehören entwickeln. Diese mangelnde Wertschätzung geht nicht nur mit einer hohen Beanspruchung einher, sondern wirkt demotivierend und wird als Kränkung wahrgenommen.

Die Befragten können die wahrgenommenen Belastungen mit den Bedingungen des sozialen und betrieblichen Kontexts verknüpfen. Diese Rahmenbedingungen zu akzeptieren und sich als Akteurin in diese zu integrieren und trotz der Herausforderungen, die Bewohnerinnen und Angehörigen diese Anforderungen nicht spüren zu lassen, wird zu einem zentralen Teil der notwendigen Emotionsarbeit insbesondere im Rahmen der Beziehungsgestaltung. Bei der beziehungsintensiven Arbeit von Pflegenden müssen diese Demotivationen, hohe Beanspruchungen und Kränkungen durch die Rahmenbedingungen in der täglichen Arbeit auch durch Emotionsarbeit kompensiert werden (vgl. Kapitel 11).

Die sozialen und betrieblichen Einflussfaktoren fordern Pflegende dazu auf, emotional selbstkontrolliert zu agieren. Unklarheiten und Unsicherheiten, die aus den Inkongruenzen entstehen, die Frustration, die aus der fehlenden Wertschätzung begründet ist und auch Demütigungen, eigene Ängste, Überforderungsgefühle und Ärgernisse, die aus den Kontextfaktoren resultieren, müssen Pflegende im Kontakt mit den Bewohnerinnen und Angehörigen in den Hintergrund stellen, um positive Emotionen darzustellen. Dies bedeutet, dass Strategien des Oberflächenhandelns; d. h. der Ausdruck von Emotionen, die nicht erlebt werden, die Emotionsarbeit dominieren. Diese Strategien können psychische Beschwerden, Burnout und Arbeitsunzufriedenheiten hervorrufen.

Zur Entlastung von Pflegenden wäre ein Sozial- und Gesundheitswesen mit einer wertschätzenden Ressourcenverteilung gegenüber dem Bereich Pflege und eine Anerkennung der Berufsgruppe der Pflege und der pflegerischen Arbeit notwendig. Dies muss einhergehen mit einer Arbeitsatmosphäre, in der die Profession Pflege unabhängig und fachlich agieren kann, von den Einrichtungen und dessen Management dabei unterstützt wird und damit eine hohe fachliche Akzeptanz erlebt. Damit würden Pflegende die Stabilität erfahren, die es ermöglicht, auch schwierige und herausfordernde Beziehungen mit Angehörige und Bewohnerinnen zu führen. Im nachfolgenden Kapitel wird deutlich, dass sich die Kontextfaktoren immer wieder in die Arbeit und Beziehungen mit Bewohnerinnen, Angehörigen, Kolleginnen und Führungskräften einflechten und oft auch die Ursache für Konflikte sind.

Emotionsarbeit in Beziehungen 11

Der soziale und betriebliche Kontext mit seiner Erfahrung der Inkongruenzen trägt nicht nur entscheidend zur Entwicklung von Belastungen, dem Erleben von Beanspruchungen und der (De)-Motivation der Pflegenden bei. Der Kontext beeinflusst zudem die Gestaltung der Beziehungen im pflegerischen und weiteren beruflichen Alltag. Zentral für die Tätigkeit in der Pflege ist die Einbettung in Beziehungen und deren Bedeutung für eine adäquate Durchführung der Arbeitsaufgaben. Dabei kommt dem Einsatz verschiedener Formen von Emotionsarbeit eine zentrale vermittelnde Funktion für die Gestaltung der Beziehungen in dem vorhandenen sozialen und betrieblichen Kontext und das entstehende Ausmaß an emotionaler Beanspruchung zu. Diese Zusammenhänge werden in einer Analyse der Beziehungen mit den vier zentralen Personengruppen im Alltag – Bewohnerinnen, Angehörigen, Kolleginnen im Team und Führungskräften – dargestellt.

11.1 Beziehungen zu den Bewohnerinnen

Die Emotionsarbeit, die unterschiedliche Strategien einschließt, steht in einer komplexen Wechselwirkung zu dem Aufbau und der positiven Gestaltung der Beziehungen zu den Bewohnerinnen. Einerseits nimmt Emotionsarbeit eine entscheidende Rolle im Aufbau einer positiven Beziehung ein, andererseits ist die Selektion unterschiedlicher Strategien der Emotionsarbeit von der Ausgestaltung der Beziehung abhängig. Zur Verdeutlichung dieser grundlegenden Bedeutung der Emotionsarbeit im pflegerischen Alltag werden zunächst die besonderen Charakteristika der Pflegebeziehung gezeigt (vgl. Abschnitt 11.1.1–11.1.4). Die zentrale Bedeutung der Beziehungsebene in der pflegerischen Versorgung geht mit ausgeprägten Sensitivitätsanforderungen in der bewohnernahen pflegerischen Versorgung einher. Dies bedeutet, dass die Pflegenden in den Interaktionen die

C. Schmedes, *Emotionsarbeit in der Pflege*,
https://doi.org/10.1007/978-3-658-31914-4_11

Emotionen der Bewohnerinnen wahrnehmen und ihre eigenen Emotionen adäquat anpassen müssen. Die Sensitivitätsanforderungen und deren schwierige Einbettung in die ökonomischen und organisationalen Rahmenbedingungen werden daher im Anschluss daran erörtert (vgl. Abschnitt 11.1.5). Die Sensitivitätsanforderungen in den Interaktionen erfordern unterschiedliche Strategien von Emotionsarbeit. Facetten und Strategien der Emotionsarbeit, ihre Einbettung in die pflegerische Versorgung und deren Konsequenzen für die Pflegenden werden im abschließenden Abschnitt systematisch erarbeitet (vgl. Abschnitt 11.1.6).

11.1.1 Relevanz von Beziehungen im Kontext Pflege

Die Handlungsweisen Pflegender im Alltag sind besonders durch die Interaktionen mit Bewohnerinnen geprägt. Pflegende sind mit den Bewohnerinnen in engem Kontakt. Gerade dieser enge und intensive Kontakt mit den Bewohnerinnen stellt ein zentrales Motiv dar, den Beruf der Altenpflege zu ergreifen.

> *P2: „Altenpflege ist wirklich schon immer und im Grunde auch heute noch mein Traumberuf. Einfach mit Menschen zusammen sein. Nicht irgendwo allein da am Schreibtisch sitzen oder im Büro sitzen, das kann ich nicht. Nein!" (P2, Z. 186)*
>
> *P16: „Ich mache meinen Beruf einfach gerne. Ich liebe meinen Beruf und ich gehe trotzdem, auch wenn es ein paar unfreundliche und schwierige Bewohner gibt, gehe ich trotzdem gerne zur Arbeit, weil ich von den anderen Bewohner ja auch wieder ein Feedback kriege. Die sind einfach fröhlich, glücklich, freundlich, wenn man kommt und das, das baut einen echt auf." (P16, Z. 068)*

Für Pflegende sind die Beziehungen zu den Bewohnerinnen elementar im Alltag und für die Durchführung der Pflegearbeit unbedingt erforderlich. Positive Beziehungen zu den Bewohnerinnen sind zum einen relevant aus der Perspektive der Pflegenden selbst, denn sie können die Arbeitsmotivation und das Engagement der Pflegenden steigern und gleichzeitig zu einer Entlastung beitragen. Zum anderen werden positive Beziehungen zu den Bewohnerinnen benötigt, um handlungsfähig zu sein. Denn für die pflegerische Arbeit bildet eine vertrauensvolle Beziehung zwischen Bewohnerinnen und Pflegekraft eine grundlegende Voraussetzung. Erst durch diese Vertrauensbasis bekommen Pflegende die Möglichkeit, mit den Bewohnerinnen „zu arbeiten" und auch körpernahe Tätigkeiten individuenorientiert durchzuführen. Durch eine vertrauensvolle Beziehung erhalten Pflegende biographische Informationen zu den Bewohnerinnen und können so gemäß den Vorlieben und Gewohnheiten der Bewohnerinnen agieren, Gesprächsinhalte an die Interessen der Bewohnerinnen anpassen und auch humorvoll reagieren. Durch positive Beziehungen erweitert sich der Handlungsspielraum für Pflegende.

P4: „(...) dann versuche ich, die Bewohner ins Bett zu bekommen. Ein bisschen reden oder ich mach' auch gerne dann noch nachts einen Kaffee oder einen Tee. Irgendwie so was in der Art. Demente, die ganz viel laufen, haben auch einen ganz hohen Energiebedarf. Sie glauben nicht, was die wegschlickern, wenn ich da ein paar Süßigkeiten hinstelle. In ein paar Minuten ist das dann schon aufgegessen. Dürfen die ja auch. Ich nehme immer ein bisschen Süßigkeiten oder Schokolade mit. Auch wenn die abends keine Zähne mehr im Mund haben, ein Stück Schokolade geht immer (lacht). (...). Ja, das macht mir auch etwas Spaß die Leute etwas zu verwöhnen und wenn ich die dadurch auch ins Bett bekomme, dann freue ich mich auch." (P4, Z. 104)

Pflegende äußern zudem, dass die Arbeit mit den Bewohnerinnen angenehmer und einfacher ist, wenn eine positive Beziehung aufgebaut wurde. Die damit mögliche Zuneigung der Bewohnerinnen erleben Pflegende als Wertschätzung ihrer Tätigkeit und auch als Ergebnis einer erfolgreichen Tätigkeit.

P17: „Ich hab' gerade eine gute Beziehung zu einem Mann, den kenne ich nur aus der Nachtwache. Der erinnert mich so'n bisschen an meinem Vater, daher kommt das vielleicht. Meine Kollegen sagen dann auch immer, auch wenn ich auf einem anderen Wohnbereich bin und eigentlich gar nichts mit dem zu tun habe:,Gehst du denn heute noch zu deinem Freund?' Ich sag':,ja, ich geh' da gleich noch mal hin.' Der muss z. B. auf dem Kalender immer ein Kreuz machen, wann ich wieder in die Nachtwache komme. Ich habe ihm jetzt ein Kreuz gemacht, dass ich nächste Woche Dienstag wieder komme. Der möchte das immer gerne wissen. Ja, das freut mich auch irgendwie." (P17, Z. 381)

P2: „Was für mich die Pflege bedeutet? – Ja, dass ich zu vielen Bewohnern einen näheren Draht und eine bessere Beziehung habe als zu meiner Mutter. Ich habe zu vielen Bewohnern einen sehr intensiven Kontakt." (P2, Z. 286)

11.1.2 Herausforderung Beziehungsgestaltung

Obgleich vertrauensvolle Beziehungen zu den Bewohnerinnen für die pflegerische Arbeit wesentlich sind, wird der Aufbau von Beziehungen von den Befragten häufig als herausfordernd beschrieben. Pflegende berichten, dass viele Bewohnerinnen eine Eingewöhnungsphase benötigen und sich anfangs nur schwer auf das Leben im Pflegeheim und den Kontakt zu wechselnden Pflegenden einlassen können. Als eine Erklärung wird vermutet, dass der Einzug ins Pflegeheim häufig nicht gewünscht wird oder nicht freiwillig geschieht, sondern oft mit krisenhaften Erlebnissen in Verbindung steht.

> *P9: „Die Leute, die sich selbst auch entschlossen haben in ein Pflegeheim zu gehen, die findet man heute gar nicht mehr. Also jetzt haben wir wenige die sich selbst entschlossen haben. Meist passiert was zu Hause und dann kommen die. Und das ist zu Beginn auch für uns schwer, so an die Leute auch ran zu kommen. Also, die Leute kommen dann, wenn sie wirklich müssen, aber nicht aus freien Stücken. Früher hatten wir einen Wohnbereich immer, da hatten sich alle selbst entschlossen und waren sehr aktiv und haben noch gehäkelt und gestrickt, haben abends noch einen Klönabend gemacht und so. Jetzt – jeder geht ins Bett und alle sind auch mehr für sich. Suchen auch wenig Kontakt heutzutage, die Bewohner jetzt. So erleb' ich das jetzt von uns, ja, sind mehr Einzelgänger." (P9, Z. 199)*

Die Bewohnerinnen kennenzulernen und sich aufeinander einzustimmen wird als schwierige Phase beschrieben, die viel Zeit und Kontinuität der einzelnen Pflegenden erfordert. Die Pflegenden geben an, dass es einen positiv kausalen Zusammenhang zwischen der Häufigkeit der Begegnungen und der Beziehungsintensität gibt. Aufgrund dessen stehen besonders Teilzeitkräfte mit einem geringen Stundenkontingent sowie Nachtdienstmitarbeiterinnen vor besonderen Herausforderungen und der Beziehungsaufbau wird zu einem langwierigeren Prozess.

> *P4: „(…) wir haben auch noch ein paar Bewohner, die sind recht selbstständig, da hat man im Grunde nichts mit zu tun. So, wenn die dann auf einmal anfangen zu klingeln, da kann ich auch ganz schlecht – also, da habe ich keinen Zugang zu. Da weiß ich gar nicht, wie ich das einordnen soll und hab' auch nicht so dieses Hintergrundwissen, weil die dann auch mir gegenüber sehr verschlossen sind. ‚Was geht dich das an, was ich früher gemacht habe¿ Die erlebe ich auch nachts gar nicht, im Grunde sind es Fremde für mich – aber nicht nur ich, sondern auch Teilzeitkräfte mit wenigen Stunden, haben auch das Problem, dass sie viele nicht gut genug kennen. (…). Das ist auch eine schwierige Situation, weil man keinen Zugang hat. Man braucht einen Türöffner um eine Beziehung zu beginnen. So ist es schwierig, wenn man jemanden nur nachts kennenlernen kann." (P4, 378 f.)*

Die „zeiteffiziente" Restrukturierung der Arbeitsweisen und Abläufe reduziert ebenso erheblich die zeitlichen Ressourcen für den Beziehungsaufbau und stellt damit die Pflegenden vor besondere Hürden. Bewohnernahe Tätigkeiten werden zunehmend auf Hilfskräfte übertragen, während gleichzeitig der Aufwand an bewohnerfernen, administrativen Tätigkeiten für die Fachkräfte steigt, was wiederum die Zeit für einen Beziehungsaufbau für die Fachkräfte deutlich begrenzt. Zudem werden die für die Bewohnerinnen zur Verfügung stehenden Zeitkorridore immer enger bemessen, so dass die Zeit für Gespräche, zum Kennenlernen und für vertrauensbildende Maßnahmen mit den Bewohnerinnen fehlt.

> *P14: „Weil man im Prinzip nur noch dazu da ist, um die Leute abzufertigen. Es ist ja so, die Dokumentation nur noch das Hauptthema. Hauptsache Dokumentation! Persönlich mit den Bewohnern noch irgendwas machen, außerhalb der Grundpflege geht gar nicht mehr. Traurig! Das ist traurig geworden. (...) Man hat nicht mehr so viel Zeit für die Bewohner, für deren Bedürfnisse. Man hat nur noch Zeit, um die Bedürfnisse überhaupt aufzuschreiben. Das war's!" (P14, Z. 091 ff.)*

Die befragten Pflegenden spüren deutlich diese Veränderungen und bemerken, dass ihre Tätigkeit an Qualität verliert, wenn sie keine Möglichkeiten haben, Beziehungen zu den Bewohnerinnen aufzubauen. Die bereits diskutierten Herausforderungen aufgrund von Leistungsverdichtungen und mangelnder Zeit- und Personalressourcen (vgl. Abschnitt 10.1 und 10.2) haben also eine direkte Auswirkung auf die Beziehungsarbeit im Pflegealltag mit der Konsequenz, dass eine Reduktion einer wichtigen Basis pflegerischen Handelns stattfindet.

> *P14: „Man lernt die Bewohner einfach besser kennen, je mehr Zeit man hat. Je mehr Zeit man hat, desto mehr erzählen die Bewohner ja auch von sich selber, von ihrem Leben und man kann ganz anders reagieren bei bestimmten Situationen. Man kann passend darauf reagieren, gerade, wie es auch zur Biografie passt. Wenn ich allerdings keine Zeit habe und ich renne von hier nach da und heute bin ich hier und morgen wieder auf der anderen Station, dann ist das nicht so, dann kann ich den Bewohner nicht kennenlernen und dann macht die Arbeit keinen Spaß. Ich mag es, wenn man den Bewohner in- und auswendig kennt und demnach auch wirklich handeln kann." (P14, Z. 291)*

Eine weitere Herausforderung stellt die Veränderung der Bewohnerstruktur dar. Viele Bewohnerinnen weisen schon beim Einzug in das Pflegeheim schwere Erkrankungen, eine (hohe) Pflegebedürftigkeit und Einschränkungen der Kommunikationsfähigkeiten auf. Gleichzeitig sinkt auch die Verweildauer in den Einrichtungen. Beides erschwert, positive Beziehungen zu den Bewohnerinnen aufzubauen.

> *P3: „Beziehungen wie früher kann man kaum mehr aufbauen zu den Bewohnern. Früher, äh, der Bewohner war länger da. Wir konnten den Bewohner kennenlernen. Die Biographie haben wir kennen gelernt. Das ist ja heute alles viel kurzlebiger. Der ist ja nur kurz da. Ist ja selten, dass noch Bewohner lange bei uns sind. Und biographisch können wir da gar nicht mehr viel rausholen. Auch weil er sich gar nicht mehr mitteilen kann, oft. Und dann haben wir auch keinen Ansatz mehr." (P3, Z. 301)*

Diese Entwicklungen führen dazu, dass Pflegende im Altenpflegeheim zunehmend „anonym“ pflegen müssen und ihre Handlungen nicht mehr individuell und biographisch anpassen können.

P14: „Ja, also, ich würde ganz ehrlich sagen, die Bewohner an sich, die kommen meistens mit schwerwiegenden Erkrankungen hier an, die Liegezeit ist wesentlich kürzer, dazu eben auch die Kurzzeitpflege, die vermehrt geworden ist.“

I: „Sie bieten hier also auch Kurzzeitpflegeplätze an?“

P14: „Ja. Die sind wirklich sehr [!] viel mehr geworden sind, gerade aus den Krankenhäusern, so nach Schenkelhalsbruch und so weiter. Ja, und wie gesagt, die meisten sind wirklich schwer krank, die hier noch ankommen. (...) Der Durchschnitt, würde ich sagen, liegt bei drei – vier Jahren allerhöchstens.“

I: „Wie war es früher?“

P14: „War länger. War wesentlich länger. Also wir hatten da schon welche, die waren zehn, zwölf, 13, 14 Jahre da. War schon anders. Man kannte die auch schon, man kannte die aus dem FF im Prinzip, die Bewohner und jetzt ist es wirklich so, die kommen und gehen auch gleich wieder, da hat man sie gerade mal kennen gelernt. So nach 28 Tagen und dann sind sie wieder weg. Und dann kommen die Nächsten schon wieder.“ (P14, Z. 115 ff.)

P15: „Wir hatten damals noch Gruppen, Beschäftigungsgruppen oder Tagesgruppen, wo man wirklich noch 'ne Beschäftigung machen konnte, wo die Bewohner auch noch aktiv mitgemacht haben. Ich weiß noch, dass ich mal einen Diavortrag über [Name der Region] gemacht habe und da hatte ich wirklich noch eine Gruppe mit Bewohner, die sich meine Dias angesehen haben, die konnten auch das kommentieren, Fragen stellen und beantworten und haben super mitgemacht – was heute eher selten der Fall ist. Wenn man da vielleicht noch von – wir haben ein Haus mit 120, wenn davon noch zehn an so einer Aktion teilnehmen könnten, dann wäre das schon sehr optimistisch.“ (P14, Z. 021)

Eine weitere Herausforderung stellen gegenseitige Antipathien dar, die es erschweren, eine positive Beziehung aufzubauen. Dabei ist die Ausübung pflegerischer Tätigkeiten, die nicht in eine positive Beziehung eingebettet sind, für die Pflegenden sehr anspruchsvoll. Denn sie müssen trotz der tatsächlich empfundenen negativen Emotionen, zumindest freundlich und ausgeglichen wirken. Auch gegenüber unsympathisch empfundenen Bewohnerinnen wird versucht, gerecht zu bleiben und Konflikte zu vermeiden.

P14: „(...) Wir haben wirklich viele egozentrische Bewohner. Die sehen sich allein, aber nicht das Ganze im Haus. Dann wird gleich geklingelt mittags, ich will in mein Bett, dass der und der und der noch Essen gereicht haben müssen, das interessiert die nicht. Ja, und das ist anstrengend. Das ist wirklich anstrengend, weil man da nicht hinterherkommt, da muss man erst mal wieder die Klingel ausstellen und in der Zeit, wo man wieder zurückläuft, klingelt der schon wieder."

I: „Bist du manchmal sauer auf die Bewohner?"

P14: „Manchmal ja! Weil ich das dann auch nicht verstehe. Wo ist das Verständnis dafür? Wir müssen Verständnis haben, aber die brauchen es für uns nicht zu haben. Die denken nur an sich und das ist echt schade."

I: „Sagst du das den Bewohnern?"

P14: „Nein! (lacht) Vor der Tür denke ich manchmal: ‚Blöde Kuh!' und dann gehe ich rein. Ich versuche dann einfach freundlich zu sein. Manchmal sagt man dann schon mal, dass man noch mehr zu tun hat und droht auch damit, dass man beim nächsten Klingeln nicht wiederkommt. Aber das hilft nichts. Gar nichts, da lohnt es sich gar nicht, sich mit den Bewohnern anzulegen (...)." (P14, Z. 314 ff.)

P11: „(...) Oder einen [Bezug Bewohner] haben wir, den kann keiner so wirklich super gut leiden. Das war der, der wo ich eben sagte, der einem so was schroff vor den Latz knallt. Von wegen:,Du bist mir ganz egal. Hauptsache ich kriege meinen Willen durch!' Und der auch mal handgreiflich wird. Aber da gucke ich dann schon wieder. Dann gehe ich da mal halt einen Abend hin und sage mal: Ja, gut, eigentlich mag ich ihn jetzt nicht so besonders gerne, aber ich tue jetzt einfach mal, als ob alles gut ist, und wenn er dann lächelt, dann fühle ich mich auch gut"

I: „Also versucht man auch auf unsympathische Bewohnern einzugehen?"

P11: „Ja, genau. Hauptsache alle sind zufrieden." (P11, Z. 293)

Da die Pflegenden ihre Arbeit als leichter durchführbar wahrnehmen, wenn eine positive Beziehung zur Bewohnerin besteht, geben die befragten Pflegenden an, permanent an der Verbesserung der Beziehungsqualität zu arbeiten. Wesentliche Ansätze sind dabei ein Anstieg der Häufigkeit von Kontakten und gezielte Anstrengungen, sich auf die Bewohnerinnen und ihre Charakteristika einzustellen. Eine besondere Bedeutung kommt dabei Kommunikationsstrategien zu. Dazu gehören die Verwendung von Dialekten oder Mundarten (Plattdeutsch), die Auswahl der passenden Ansprache der Bewohnerinnen (Siezen, um Distanz zu signalisieren, duzen und der Einsatz von Kosenamen, um Nähe/Vertrautheit auszudrücken (häufig im Umgang mit Demenzerkrankten, um diese verbal zu erreichen)) und auch die gezielte Anwendung von nonverbalen Kommunikationsmethoden (Gestik, Mimik, Berührung). Dieser Einsatz von Kommunikationsmethoden dient dem Zweck, die Emotionen der Bewohnerinnen positiv zu beeinflussen, so dass positive Beziehungen entstehen können. Auch die Regulation der eigenen Emotionen, wie beispielsweise die Verbergung von Antipathien um freundliche Begegnungen zu schaffen, wird als Maßnahme zur Beziehungsarbeit benannt. Pflegende möchten mit ihren Begegnungen den Bewohnerinnen das

Gefühl geben, dass sie sich aufrichtig für das Leben der Bewohnerinnen interessieren. Sie begleiten die Bewohnerinnen in ihren Emotionen (Freude und Trauer) und nehmen Anteil am Leben der Bewohnerinnen und versuchen, sie in ihrem Leben zu unterstützen. Die Bewohnerinnen sollen den Kontakt mit den Pflegenden als ehrlich und authentisch erleben. Pflegende versuchen, sich zur Erreichung dieser Ziele, Zeit für Gespräche und vertrauensaufbauende Maßnahmen zu nehmen. Die Gestaltung von positiven Beziehungen zu den Bewohnerinnen sehen Pflegende als wesentlichen Teil ihrer Arbeitstätigkeit. Oft wird dieser Teil der Arbeit gefordert sowie teilweise implizit vorausgesetzt. Die Befragten berichten zudem, dass sie es als Teil ihrer Aufgabe sehen, positive Gefühle bei sich und den Bewohnerinnen entstehen zu lassen.

11.1.3 Umgang mit Nähe und Distanz

Die Ergebnisse der Interviewanalyse lassen erkennen, dass die Beziehung zwischen Pflegenden und Bewohnerinnen zwar intensiv, aber auch in ein ungleiches Beziehungsgeschehen eingebettet sind. Für Pflegende sind die Kontakte zu den Bewohnerinnen oftmals berufliche Verbindungen, die sie auf einer Ebene professioneller Distanz führen. Pflegende haben ihre persönlich wichtigen sozialen Kontakte außerhalb des Berufsfeldes. Die Bewohnerinnen im Pflegeheim hingegen leben in der Einrichtung und die Pflegenden sind häufig ihre wichtigsten, intensivsten und in einigen Fällen auch ihre einzigen sozialen Kontakte. Im Laufe der Zeit werden die Pflegenden für die Bewohnerinnen zu wichtigen Vertrauten. Dies gilt besonders in Krisenzeiten. Bewohnerinnen wünschen sich zu den Pflegenden eine gleichwertige Beziehung auf Augenhöhe und reagieren emotional, wenn es zu Störungen der Beziehung kommt, sie sind beispielsweise traurig, wenn Pflegende frei haben oder reagieren mit Eifersucht, wenn sie Nähe zwischen der Pflegekraft und anderen Bewohnerinnen beobachten. Pflegende sind mit diesen Reaktionen oftmals überfordert, da sie die Beziehungen als einen Teil ihres Berufes ansehen und ihnen die Komplexität der Beziehung zu den Bewohnerinnen oft nicht bewusst ist.

P17: „(...) Also ich habe welche [Bezug Bewohner], die mir sehr ans Herz gewachsen sind und ich habe welche – ich will nicht sagen, dass die – äh, jetzt zwei Bewohner habe ich, die äh (B. zögert) ja, da bin ich froh, wenn ich aus dem Zimmer wieder raus bin"

I: „Da passt es menschlich nicht?"

P17: „Genau. Das passt nicht. Da bin ich ungern bei. Die empfinden das wahrscheinlich nicht so, aber ich habe damit so'n Problem"

I: „Also die merken es nicht?"

P17: „Nein. Das nicht, das glaube ich nicht. Nee, die merken es nicht. Ich habe die jetzt noch nie gefragt, aber das glaube ich nicht, dass die das wissen. Ich bin immer freundlich und höflich und alles, von daher wissen die es dann nicht. Aber bei einigen da rede ich einfach lieber mit, da erzählt man sich was mit und man erzählt auch mal ein bisschen mehr, auch aus dem Privatleben, und man bekommt auch von den Bewohnern was aus dem Privatleben erzählt und so." (P17, Z. 367 ff.)

Das Austarieren von Nähe und Distanz ist für Pflegende daher eine tägliche Herausforderung ihrer beruflichen Praxis. Die Nähe zu den Bewohnerinnen und die damit verbundene Vertrautheit erleichtert die pflegerische Arbeit. Gleichzeitig ist eine Distanz zu den Bewohnerinnen wichtig, um in der Rolle der Pflegenden zu bleiben, sich von der Situation der Bewohnerinnen nicht vereinnahmen zu lassen und um sich selber zu schützen. In den Interviews wurde das distanzlose Verhalten, das häufig bei Kolleginnen beobachtet wird, stark kritisiert. Zu distanzlosem Verhalten zählt, wenn Pflegende nicht zwischen Freundschaften oder privaten und beruflichen Beziehungen differenzieren können bzw. im Kontakt mit Bewohnerinnen die Contenance nicht wahren können. Zum Teil wird auch über besondere Beziehungen zwischen Pflegenden und Bewohnerinnen berichtet, die vermutlich eine berufliche Distanz verlassen, wobei diese aber dennoch positiv von den Befragten empfunden wurden. Hierzu zählen gute Kontakte zwischen Pflegenden und Bewohnerinnen, die zu Freundschaften werden und deren Verbindung über den Pflegeheimkontext hinausgeht. Diese besonderen Verbindungen werden als Ressourcen gesehen, die in Krisenzeiten der Bewohnerinnen genutzt werden können.

P17: [P erzählt, wie sie die Bewohnerin kennen gelernt hat und wie sich die Beziehung zwischen P und B über die Jahre intensiviert hat] „(...) das war das erste Mal in meinem Leben, wo ich eine so enge Beziehung zu einer Bewohnerin zugelassen habe. Und wenn es der mal schlecht ging, dann sagten mir die Kollegen auch schon:‚Du musst nochmal zu Frau X, die ist heute Morgen nicht gut zufrieden!' Und wenn ich dann zu ihr ging, dann hatte die auch irgendwas – sie konnte über vieles mit kaum jemandem sprechen, außer mit mir. Meine Kollegen waren immer froh, wenn ich im Dienst war – das hat die Pflege mit der einfacher gemacht. Die war halt nicht so einfach und auch recht verschlossen." (P17, Z. 375)

P3: „(...). Von den Dementen kommt das und die erkennen mich wieder. Wir hatten eine demente Frau, die ist immer sehr traurig und die spürt das, glaub' ich noch, dass sie so ist. Ich kann das gar nicht beschreiben. Und dann, wenn sie mich sieht, dann sagt sie immer:,Ach!' Sie macht einfach nur:,Ach!' Und dann lacht die und dann weiß ich, dass die mich erkennt. Das Gesicht erkennt sie, sie weiß nicht, wie ich heiße oder so. Sie erkennt mein Gesicht oder vielleicht meine Gestalt. Und so was finde ich schon schön. Dann finde ich es sehr schön in diesem Beruf zu arbeiten. Oder wenn man merkt, dass die Bewohner zufrieden sind oder so ausgeglichen sind in ihrer Demenz. Also ich arbeite unwahrscheinlich gerne mit dementen Menschen zusammen. Ja!." (P3, Z. 242)

Enge und positive Beziehungen können auch zum Problem werden, denn die Bewohnerinnen möchten gleichberechtigt behandelt werden. Zuviel sichtbarer Körperkontakt mit einzelnen Bewohnerinnen kann zu Neid führen. Pflegende versuchen in der Gemeinschaft, die Nähe und die Sympathien zu einzelnen Bewohnerinnen zu unterdrücken, um Konflikte zu vermeiden.

P16: „(...) also für mich sind die alle gleich. Bloß ich muss dann schon aufpassen, die Bewohner, die beobachten schon ganz genau. Die wissen ganz genau, wenn man jemanden in den Arm nimmt, dann kommt schon die Eifersucht:,Bei mir machen Sie das nie!' Also, da muss man schon echt aufpassen. Also, das ist mir am Anfang oft passiert, dass ich dann die auch mal in den Arm genommen hab' und getröstet habe und wo ich dann auch sage:,Ok, wenn ich das mit einer mache, muss ich das mit der anderen auch genauso machen.' Also, da bin ich schon, jetzt mittlerweile ein bisschen besser professionalisiert. Das kann ich jetzt, also bei mir sind alle gleich."

I: „Ihr Anspruch ist, alle gleichberechtigt zu behandeln?"

P16: „Ja. Natürlich, ist es so, dass du manche Leute lieber magst, wie die anderen, aber das ist im normalen Leben ja auch so. Also, ich versuche das schon, also, eine klare Linie zu ziehen." (P16, Z. 050 ff.)

Zudem wird berichtet, dass einige Bewohnerinnen den Pflegenden so stark vertrauen, dass sie ihnen die volle Verantwortung für wichtige Entscheidungsbereiche geben. So verlassen sich Bewohnerinnen darauf, dass Pflegende in Krisensituationen in ihrem Sinne handeln. Pflegende empfinden dieses Vertrauen als Wertschätzung und zugleich als Beanspruchung, da sie nicht garantieren können, dass sie den Bewohnerwillen im Diskurs mit Ärztinnen und Angehörigen umsetzen können.

P18: „(...) die will auch keine Patientenverfügung oder so was unterschreiben. Ich hab' sie schon mal danach gefragt und dann sagt die so was wie:,Liebchen, du wirst für mich wohl alles richtig machen.' (...) Klar, Vertrauen ist schon schön und auch ja, 'ne nette Rückmeldung. Aber wenn es mal wirklich kritisch ist, dann steht man da und sie ist ja nicht meine Mutter oder so was und dann kommt das Problem mit den Kindern, dem Arzt und so weiter. Das kennt man doch. Und am Ende läuft alles schief (...).“ (P18, Z. 211 f.)

Auch werden enge Beziehungen in Sterbephasen für die Pflegenden zur Herausforderung, denn das Erleben von eigenen Traueranteilen ist bei Bewohnerinnen, zu denen eine enge Beziehung besteht, deutlich intensiver als bei anderen.

P4: „Und wenn jetzt jemand stirbt, den ich sehr gerne gehabt habe, wenn jetzt z. B. [Name einer Bewohnerin] mir wegsterben würde. Das ist einfach so eine Knuddelmaus. Die kann ganz böse sein und kann auch ganz fürchterlich schlagen, aber das ist einfach eine Knuddelmaus, die würde mir richtig schwer abgehen. Und dann habe ich allerdings auch jemanden, wo ich sage, ok, den würde ich gut begleiten, aber es wäre in Ordnung. Ich schaffe mir da so auch ein bisschen eine Grenze. Ich sag' einfach, die haben ihr Leben gehabt. Meist weiß ich dann ja auch von den Erkrankungen her und so weiter und so fort. Es ist gut jetzt, auch von den Erkrankungen her, das ist jetzt gut, sie oder er will jetzt gehen und dann ist das in Ordnung. Ähm, ich kann nicht jedes Mal mitsterben. Wie gesagt, manchmal geht es einem nahe, mehr – aber ansonsten versuche ich das schon so'n bisschen auf Distanz zu halten. Ich brauche dann ein bisschen länger, um das zu verarbeiten – aber ich komme damit zurecht.“ (P4, Z. 232)

P2: „(...) Ja, man ist auch stolz, Man legt da so viel Kraft und Energie rein und ja. [Pause] Die Bewohnerin ist jetzt verstorben, die kam aber aus dem gleichen Ort, wo ich groß geworden bin und die hat nur sehr kurz bei uns wohnen dürfen. (...) Die war total bescheiden und sie war einfach nur Mama. Sie war da, hatte ihr Leben lang wenig Geld und war einfach nur da für ihre Familie. Und das, fand ich echt stark. Ich meine, dass sie gestorben ist, das konnte ich nicht so gut haben, aber gehört auch dazu. Und alles andere, wenn sie jetzt noch gelebt hätte, wäre nur Leiden gewesen, und das wäre auch nicht schön gewesen“

I: „Ist die auch bei Ihnen im Wohnbereich gestorben?“

P2: „Nee, war sie leider nicht. Hätte sie hinschieben können, obwohl, dann wäre sie bei mir gestorben, hätte ich auch nicht so toll gefunden, aber sie wollte lieber im Obergeschoss bleiben und... ja.“ (P2, Z.: 346 ff.)

P8: „Ja, die (Bewohner) leben ja eigentlich den ganzen Tag mit uns. Und wir verbringen auch echt viel Zeit mit denen und manchmal denke ich, dass ich mit den Bewohnern mehr Zeit verbringe als mit meinen Eltern – wenn ich die schon länger nicht gesehen habe, dann. Und die Bewohner, die sind halt immer da. Und man wächst irgendwie auch mit denen zusammen. Auch wenn jemand stirbt, das geht ja nicht einfach so an einem vorbei. Manchmal ist man auch echt traurig, je nachdem wie eng die Bindung zu dem Bewohner war.“ (P8, Z. 481)

Bewohnerinnen erwarten von Pflegenden Verlässlichkeit, eine gleichberechtigte Beziehung und erhoffen sich Vorteile für die Befriedigung ihrer eigenen Bedürfnisse durch die Beziehungen zu den Pflegenden. Für Pflegende hingegen wäre der Aufbau von Distanz vorteilhaft, denn dies ermöglicht, klare Grenzen zu setzen und sich vor Vereinnahmungen zu schützen. Dies erfordert ein Austarieren von Nähe und Distanz, da die Beziehung zu den Bewohnerinnen die Grundlage des pflegerischen Handelns liefert.

11.1.4 Rollenverständnis

Viele Bewohnerinnen verbalisieren ihre Ansprüche Pflegenden gegenüber und erwarten, dass diese berücksichtigt werden. Hierbei geht es um Wünsche und Forderungen zur pflegerischen Versorgung sowie zum Ablauf und zur Kontinuität von pflegerischen Tätigkeiten. Pflegende haben den Eindruck, dass die Ansprüche und Forderungen der Bewohnerinnen ansteigen und Bewohnerinnen sich zunehmend wehren, wenn pflegerische Handlungen und Abläufe nicht mit ihren jeweiligen Vorstellungen kongruent sind. Aus Sicht der Pflegenden sehen sich viele Bewohnerinnen selbst als bedürftige Hilfeempfängerinnen und/oder als Kundinnen. Mit der Rolle der Hilfeempfängerin ist verbunden, dass jede einzelne Bewohnerin stark auf sich und ihre Situation fixiert ist und sich ausschließlich auf ihre Krankheiten und Einschränkungen fokussiert. Damit einhergehend werden Unterstützungsleistungen und Hilfe von den Pflegenden erwartet. Pflegende werden als Helferinnen gesehen, die sich unverzüglich um die bedürftigen Bewohnerinnen kümmern sollen. Damit verbunden ist die Einstellung: „Je kränker und abhängiger ich bin, umso mehr Unterstützung, Hilfe und Fürsorge bekomme ich".

P2: „(...) Ich sag' auch oft, wenn wir da jetzt hingehen und sagen, der muss höhergestuft werden, dann klingelt der noch vielmal mehr, wir müssen da noch viel öfter hinrennen und der will das dann erst mal auskosten. Und das ist dann wieder schwierig im Tagesablauf. Wenn die erst höhergestuft werden, dann melden die sich auch direkt öfter – ja, sicher, dass steht diesen Bewohnern ja auch wohl zu, aber die Forderung, das wird dann schon mehr. Das gibt zwar mehr Geld, aber wir haben dann die Probleme auf Station. Auch die eine heute Morgen, saß gerade am Tisch, war auf Toilette gewesen, alles war passiert – trank einen Kaffee.‚Schwester, Schwester!' Ich sagte:‚Was möchten Sie denn¿‚Ich muss zur Toilette.' Ich sagte:‚Nein, das kann nun absolut nicht sein und Sie bleiben hier nun sitzen.' [Pause] Ja, näch."

I: „Und? Hat es funktioniert?"

P2: „Ja, das glaub' ich schon. Meistens schiebt sie denn selber mit dem Rollator los und das dauert dann auch alles sehr lange, aber das geht auch." (P2, Z. 678 ff.)

Mit der Kundenhaltung verknüpft ist der hohe Anspruch nach mehr Leistungen. Bewohnerinnen sehen sich als kaufkräftige Kundinnen, die für die ihnen zustehenden Hilfeleistungen bezahlen. Durch die Zahlkraft sind sie selbstbestimmt und können auch Maßnahmen zur aktivierenden Pflege ablehnen und verlangen pflegerische Leistungen, die die Bewohnerinnen entlasten und für sie bequemer sind. Im Bild der zahlenden Kundin fungiert die Pflege weniger als Profession, sondern eher als Dienstleistung mit dem Auftrag, die Wünsche und Bedürfnisse der Bewohnerinnen zu erfüllen, wohl wissend, dass durch dieses Verhalten beispielsweise die Immobilität der Bewohnerinnen verstärkt werden kann.

P7: [P7 berichtet von Erfahrungen aus ihrem Wohnbereich und berichtet über Bewohnerpersönlichkeiten] „(...) Das waren so alte Bauersfrauen. Die haben dich behandelt wie so ihre Bediensteten. Das war schon heftig. In einer Schicht 30–40-mal geklingelt. Das ist dann auch noch zusätzlich. Hinlaufen und gib mir mal hier und gib mir mal da. Das sind halt auch nicht immer einfache Bewohner (...)." (P7, Z. 183)

Pflegende kommen mit beiden aufgezeigten Rollenbeschreibungen und den damit verbundenen Erwartungshaltungen in einen beruflichen Konflikt. Die Pflegenden können die Ansprüche und Wünsche der Bewohnerinnen zwar nachvollziehen, sie können jedoch diese mit den vorhandenen personellen und zeitlichen Ressourcen nicht bedienen. Zudem stehen die Wünsche und Erwartungen der Bewohnerinnen nicht immer in Einklang mit der fachlich gebotenen pflegerischen Intervention. Pflegende sollen Bewohnerinnen aktivierend pflegen, haben einen Heil(hilfe)auftrag und müssen aufgrund der hohen Zahl der zu versorgenden Bewohnerinnen zwischen wichtigen und nichtnotwendigen Unterstützungsleistungen selektieren. Für Pflegende ist es mühsam, ihr professionelles Rollenverständnis gegenüber den Bewohnerinnen zu verdeutlichen, ohne die Beziehung zwischen Pflegekraft und Bewohnerin zu gefährden. Zudem ist es für Pflegende herausfordernd, dass es zwischen Bewohnerinnen, Leitung und den Pflegerinnen eine Diskrepanz der Definition von „guter Pflege" gibt. Während Pflegende versuchen, aktivierend zu pflegen und ihre Handlungen fachlich zu begründen, kann dieses bei den Bewohnerinnen als Vernachlässigung und schlechtes Umsorgen interpretiert werden, die mit Unzufriedenheit bis zur Beschwerde einhergeht. Aufgrund möglicher wirtschaftlicher Konsequenzen für die Einrichtungen versuchen Leitungskräfte, Beschwerden zu vermeiden. So werden Pflegende sowohl von den Bewohnerinnen als auch von ihren Vorgesetzten dahingehend angehalten, ihre Handlungen an den Vorstellungen der Bewohnerinnen und nicht an der eigenen Fachexpertise zu orientieren.

P10: „Ja, weil es auch gleich, wenn man mal was nicht macht, das steht im Leitbild, aktivierende Pflege, und es soll, und Chefin sagt, es soll, die sollen das alles machen, was sie können und man trainiert drauf hin, ist jetzt plump gesagt, trainiert. Aber man sieht schon zu, dass die so viel wie möglich noch selber können. Dann gibt es Leute, die übernehmen alles, und dann am Wochenende merkt man das dann ganz extrem. Als Fachkraft arbeitet man meistens unten, Wochenende ist man mit oben, weil man nur zu zweit ist. Da haben wir eine Bewohnerin, die kann sich, die hat Pflegestufe 1, die kann eigentlich alles allein. Sie kann es, sie hat keine Lust! Und äh, die ist aber auch wirklich verwöhnt. Und die wird dann auch von den Helfern so betütert in der Woche, dass sie am Wochenende, man muss ihr wirklich ihr wirklich nur den Rücken- und Intimpflege, dann die Füße eben schnell ins Wasser stellen und das war es dann auch. Das kann und selbst die Füße könnte sie eigentlich allein und sie kann auch den Intimbereich allein. Und wenn man dann wirklich nur Rücken, Intimpflege und Beine macht, dann fängt die an zu heulen. Sofort, vom Fleck weg fängt die an zu heulen. Die kann sich die Haare kämmen, dann sagt man ihr das:‚Das mach' mal, ne. Ich geh schon mal weiter, ich komm' gleich wieder und du kannst ja schon mal anfangen, ich guck' gleich noch mal, ob das so in Ordnung ist.' Dann sitzt sie auf dem Bett und heult:‚Die anderen machen das auch!' Und am Montag weiß ich dann auch gleich, dass man dann im Büro ist und:‚Warum? Wieso?"

I: „Also die beschwert sich dann auch?"

P10: „Jaja, die beschwert sich dann auch. Sie beklagt sich, dass sie allein gelassen werde und zu Hause besser aufgehoben sei. Aber wir haben dann auch schon überlegt, sie in Pflegestufe 2 zu bekommen. Werden wir sie nicht kriegen. Das ist einfach nur, das sind Bequemlichkeitsleistungen. Damit sie nicht weint, übernimmt man es einfach. Das ist weniger Stress und deswegen kommt sie dann halt nicht in eine höhere Pflegestufe." (P10, Z. 113 ff.)

Die Ansprüche der Bewohnerinnen gründen sich in den Beziehungen zum Pflegepersonal und dem Verständnis der jeweiligen Rolle von Pflegepersonal und Bewohnerinnen sowie den damit verbundenen Erwartungen.

11.1.5 Sensitivitätsanforderungen und pflegerische Handlungsweisen im Alltag

Nach diesen allgemeinen Einführungen zur Charakteristika der Pflegebeziehung sollen nun auf der Basis der Darstellung alltäglicher pflegerischer Handlungsweisen im Umgang mit den Bewohnerinnen die hohen Sensitivitätsanforderungen in den Interaktionen eingebettet in die Rahmenbedingungen der Einrichtungen dargestellt werden. Diese Darstellung erfolgt in drei Schritten. Zu Beginn werden die Bewohnerinnen im Verhalten und nach Krankheits- bzw. Lebenssituationen zusammengefasst (1). Dieses erfolgt zum einen, um die Heterogenität der Bewohnerinnen zu veranschaulichen und zum anderen, um die Herausforderungen in bestimmten Situationen, mit diesen Bewohnerinnen zu konkretisieren. (vgl. Abschnitt 11.1.5.1). Darauf aufbauend werden die von den Pflegenden genannten Umgangsstrategien mit den Bewohnerinnen zusammengefasst, wobei die Befragten dabei weniger konkrete Handlungsanweisungen, sondern eigene Leitlinien für das pflegerische Handeln formulieren (vgl. Abschnitt 11.1.5.2). Der Konflikt dieser Leitlinien guter pflegerischer Praxis aus der Perspektive der Pflegenden mit den dominanten ökonomischen und organisationalen Einflussfaktoren in den Einrichtungen wird abschließend diskutiert (vgl. Abschnitt 11.1.5.3).

11.1.5.1 Herausfordernde Verhaltensweisen von Bewohnerinnen

Der Pflegeberuf unterscheidet sich von anderen Dienstleistungsberufen durch die anspruchsvollen Interaktionen im beruflichen Alltag. In der Emotionsforschung wird hier von Sensitivitätsanforderungen gesprochen. Dabei geht es darum, dass Pflegende die Emotionen der Bewohnerinnen wahrnehmen und ihre an diese bzw. an die damit einhergehenden Anforderungen anpassen (vgl. Abschnitt 11.1.6). Die zentrale Herausforderung für Pflegende im pflegerischen Alltag ist, die Verhaltensweisen der Bewohnerinnen zu beobachten, zu hinterfragen und Strategien zum Umgang mit ihnen zu entwickeln. Die Voraussetzung dafür bilden sensible Herangehensweisen und Prozesse in der Interaktion, wie beispielsweise den Bewohnerinnen Sicherheit zu vermitteln, Vertrauen zu stärken sowie Zuwendung und Trost zu spenden. Im Fokus der alltäglichen Handlungen in der Pflege stehen daher, die Bewohnerinnen zu beobachten, ihnen Zugang zu Unterstützungsangeboten zu ermöglichen, sich auf sie einzulassen und sie zu unterstützen. Dieser Prozess erfordert einen hohen Anteil an Beziehungs- und Emotionsarbeit.

Wie anspruchsvoll die Interaktionen und die Sensitivitätsanforderungen von Pflegenden tatsächlich sind, wird in der Betrachtung der sehr heterogenen Bedürfnislagen der Bewohnerinnen erkennbar. Die Pflegekräfte können in ihren Handlungsweisen durch bestimmte Charakteristika der Bewohnerinnen besonders gefordert werden. Um die Spannbreite aufzufächern, wird im Folgenden zwischen persönlichen sowie krankheitsbedingten Verhaltensweisen in bestimmten Lebensphasen unterschieden.

Auf der persönlichen Ebene werden beispielsweise sehr unruhige, aggressive oder sehr zurückhaltende Bewohnerinnen als Herausforderung wahrgenommen. Bewohnerinnen, die durch ihre Ruhelosigkeit auffallen, werden auch als ängstlich oder unsicher beschrieben. Pflegende erleben oftmals Mitleid mit unruhigen Bewohnerinnen. Sie nehmen wahr, dass der hektische Alltag im Pflegeheim für diese schwer zu ertragen ist, da sich der Stress der Pflegenden auch auf die Bewohnerinnen überträgt. Pflegende wünschen sich mehr Zeit, um auf diese einzugehen und eine Beziehung aufzubauen.

Der Umgang mit aggressiven Bewohnerinnen wird von Pflegenden als eine weitere, bedeutsame Herausforderung beschrieben. Die Pflegenden geben an, dass sie sich im Kontakt mit aggressiven Bewohnerinnen oftmals hilflos fühlen, und dass es ihnen an der Fachkompetenz im Umgang mit aggressiven Verhalten fehlt. Die Folge hiervon ist, dass Pflegende auch zu Interventionen greifen, die sie selber für nicht optimal halten.

> *P5: „(…). Ja, (tiefer Atemzug) man kennt die Bewohner ja auch. Früher war die Bewohnerin sehr kratzbürstig als sie einzog. Und jetzt ist sie unheimlich lieb. Und jetzt sind die Phasen mal so mal so. Heute Mittag zu. B. war das wieder total umgekehrt. Und dann gehe ich, dann sage ich auch mal: ‚Du, wenn du mich jetzt richtig prügeln willst oder was, dann pass auf! Irgendwann, dann schallere ich dir auch eine!' Ja, das darf niemand hören, aber es ist einfach so, ja dann guckt die einen ganz verdutzt an und wundert sich richtig, dass ich es wage sowas zu sagen. Und dann hast du auch wirklich zwei bis drei Minuten Ruhe, dann kannst du ganz schnell was machen, bevor das wieder von vorne losgeht. Wie gesagt, manchmal darfst du das ja auch nicht – also, das darf kein Fremder hören manchmal. Aber solange du den Menschen nicht weh tust oder sonst irgendwas – also, so lange du die Hände nicht wirklich zusammenkneifst oder was machst, ist es ja auch in Ordnung, denke ich mal." (P5, Z. 368)*

Als eine grundlegende Handlungsstrategie im Umgang mit diesen Bewohnerinnen beschreiben die Pflegenden, dass sie versuchen, die Grenzen, die die Bewohnerinnen aufzeigen, zu akzeptieren, um die Aggression zu mindern.

Eine weitere Herausforderung stellen die Einzelgängerinnen dar, die aus der Gemeinschaft der Heimbewohnerinnen ausgeschlossen werden und unbeliebt sind. Auch hier stellen sich Pflegende auf die Bewohnerinnen ein und erleben Mitleid mit ihnen. Pflegende versuchen, sie so zu unterstützen, dass diese sich integriert und weniger einsam fühlen, beispielsweise in dem sie ihnen viel Zuneigung entgegenbringen.

P5: „(...) der Bewohner war bei den anderen nicht gut angesehen. Das war ein ganz kleiner Mann und ganz dunkel – so wie man sich einen Zigeuner vorstellt. Und wie der ankam, da hatte der wirklich so einen Wuschelkopf, dicken Bart, sah ganz verwesen aus und konnte auch nicht so gut sprechen und nicht Gestikulieren – das war aber son ganz lieber netter Mensch. Aber er wurde von den anderen Bewohnerinnen gehänselt oder irgendwie so was, auf jeden Fall nicht so mitgerechnet, nach. [P5 berichtet wie der Mann unter Luftnot und weiteren qualvollen Symptomen verstorben ist, während sie im Dienst war]. (...) Dann kam eine Kollegin an „geh du man raus, der Arzt kommt sofort“. Dann bin ich rausgegangen. Ich habe geheult wie ein Schlosshund. Also, weil der Mann, ich mochte den unheimlich gerne und der tat mir auch immer so leid, weil die anderen ihn gehänselt und nicht mitgerechnet haben. Und ähm, ich habe richtig geweint – er tat mir so leid. Dass er so sterben muss, so qualvoll und es hier insgesamt so schwer hat. (...)“ (P5, Z. 340 ff.)

Mit angepassten Bewohnerinnen hingegen erleben Pflegende den Alltag oftmals als unkompliziert, da diese „planbar“ sind und sich in den Abläufen des Pflegealltags integrieren. Angepasste und ruhigere Bewohnerinnen können dennoch für einige Pflegenden als eine Herausforderung wahrgenommen werden. Insbesondere ist dies der Fall, wenn sie sehr verschlossen sind. So ist im Kontakt mit diesen Bewohnerinnen ein langwieriger Beziehungsaufbau notwendig und die Pflegenden können die Bedürfnisse und Verhaltensweisen dieser Bewohnerinnen nur schwer einschätzen. Hinzu kommt, dass die ruhigeren Bewohnerinnen schnell in den Hintergrund geraten und somit die Gefahr besteht, dass sie nicht die Aufmerksamkeit und die Leistungen erhalten, die sie benötigen und die ihnen zustehen. Da sich angepasste und ruhigere Bewohnerinnen selten beklagen, werden sie so zu „Opfern“ des Zeit- und Personalmangels in der Pflege.

P2: „Im Altenheim gibt es auch diese Ellenbogenmenschen, die im Leben immer an der vordersten Front stehen, die sind im Altenheim auch immer ganz weit vorne. Ständig klingeln die. Immer wieder sagen die:,Ich will das und ich will aber jetzt!‘ Da geht man hin, weil man keinen Ärger will und weil die nicht aufhören penetrant zu sein. Aber die kleinen Mäuschen, die nichts sagen, die kriegen vielleicht mal einen Streichler auf die Backe, aber eigentlich viel zu wenig Zeit, weil die sich nicht melden, weil die sich nicht in den Vordergrund stellen, weil die nicht nerven, weil die ruhiger sind.“ (P2, Z. 450)

Die Pflegende nehmen die zurückhaltenden Bewohnerinnen, die zu wenig Aufmerksamkeit und Zeit bekommen, sehr wohl wahr und haben den Anspruch, sich ausreichend um sie zu kümmern. Durch das hohe Arbeitspensum kann dieser

Vorsatz an einigen Tagen nicht umgesetzt werden und Pflegende berichten darüber, ein „schlechtes Gewissen“ zu haben, weil sie sich diesen Bewohnerinnen zu wenig widmen konnten.

Das Ertragen von derartigen Diskrepanzen zwischen Realität und eigenen Vorstellungen wird von den Befragten als Beanspruchung erlebt. Das „schlechte Gewissen“ führt auch zu Spillover Situationen.

> *P5: „(...) und wenn du das so schnell machst, du kannst dich ja gar nicht mit den Bewohnern richtig unterhalten, das geht ja alles im Galopp. Und die Bewohner möchten ja auch manchmal, dass man sich auf die Bettkante hinsetzt und wenn es auch nur eine halbe Minute ist, oder eine Minute manchmal. Nur dass man eben, dass die wissen, dass jemand da ist. Besonders auch bei den Bewohnern, die eh ruhiger und zurückhaltender sind. Und da denke ich, die Zeit muss manchmal einfach da sein. Und ich bin echt traurig, wenn man diese Minute nicht mal mehr schaffen kann.“ (P5, Z. 248)*

Im Gegensatz dazu werden Bewohnerinnen beschrieben, die viel Aufmerksamkeit benötigen und diese auch einfordern, beispielsweise durch häufiges Betätigen der Klingelrufanlage. Diese Bewohnerinnen werden von den Pflegenden als eine starke Herausforderung erlebt, denn sie tragen dazu bei, dass Pflegende oft bei ihren Tätigkeiten unterbrochen und so mehr Zeitressourcen verbraucht werden.

> *P4: „Und wenn mich eine Bewohnerin schon 20x hergeklingelt hat oder ein Bewohner, dann kann ich nur kurz durchatmen bevor ich reingehe, weil ich schon total angenervt bin, weil dann noch tausend andere Sachen auch gerade sind und ich muss trotzdem rein. Und wenn ich damit so einer Flappe reingehe, das merken sie, dann habe ich sowieso verloren.“ (P4, Z. 136)*

Die Ansprüche dieser Bewohnerinnen werden als besonders negativ erlebt, wenn sie auf egozentrische Verhaltensweisen zurückgeführt werden. Obgleich die Bewohnerinnen in einer Gemeinschaft leben, werden viele als egozentrisch und lediglich an ihren eigenen Vorteilen interessiert, wahrgenommen.

> *P11: „Ja, man braucht gute Nerven und auch viel Humor, um Belastungen Stand zu halten, (...) weil wenn da einer vor dir steht, der mir sagt:‚Es ist mir scheißegal, was dein Rücken sagt und ob du bis zur Rente so weiterarbeiten kannst. Hauptsache ich werde versorgt!‘ Und das hat der wortwörtlich zu mir gesagt. Das ist natürlich verletzend.“ (P11, Z. 235)*

Vielen Bewohnerinnen fehlt das Verständnis für Wartezeiten und auch dafür, dass andere Bewohnerinnen dringendere Unterstützung und mehr Hilfeleistungen benötigen als sie selbst.

P13: „Es gibt Bewohner, die meinen, immer die Ersten sein zu müssen. Und die kein Verständnis dafür haben, dass es Bewohner gibt, die eigentlich vorrangig versorgt werden müssen, die z. B. nicht mehr so lange im Rollstuhl sitzen können. Und dann eben, wenn Notfälle sind oder sonst was, dass man die vorzieht und wo die Einsicht nicht da ist. Die sehen sich in dem Moment als seien sie die einzigen Bewohner und als wichtigste Person und alles andere ist nicht wichtig.‚Und ich bin ja immer nur die Letzte!', ‚Sonst bin ich aber immer die Erste!' Es werden auch bestimmte Bewohner von Mitarbeitern, immer als Erstes versorgt. Die haben diesen Anspruch schon und so sollen das bitte schön auch alle machen. Und wenn dann mal Situationen kommen, wo es wirklich nicht geht, dann bricht für diese Bewohner schon eine Welt zusammen. Oder wenn man jetzt sagt so, man kann jetzt nicht mehr immer nur diese Person immer als Erste machen, die müssen auch mal warten, andere wollen auch mal, das ist ganz schwer (...). Die Gewohnheiten lassen sich bei einigen Bewohnern nicht umstellen. Schade ist, dass die nicht mal zurückschrauben können und einsehen: So ich bin nicht allein hier, es gibt auch noch 40 weitere Bewohner, ich muss auch mal warten können und ich bin nicht immer nur an erster Stelle. Ich finde das schlimm eigentlich. Wenn man nicht mal ein bisschen Rücksicht auf andere nimmt, immer nur ich, ich, ich. (...) Es geht schon mit dem Wintergarten los, oder Speisesaal, wenn dann die Ersten reinkommen und es sind irgendwelche, vielleicht mal Besonderheiten beim Essen, schnell alles nehmen, ob die es essen oder nicht. Hauptsache ich hab' das alles auf dem Teller so ungefähr und was die anderen kriegen oder machen, ist ja egal. Also so etwas, das mag ich nicht." (P13; Z. 294 ff.)

Weiterhin wird negativ wahrgenommen, wenn Hilfeleistungen als selbstverständlich angesehen werden und keine Mithilfe oder Dankbarkeit gezeigt wird. Manche Bewohnerinnen versuchen zudem, sehr hartnäckig bis hin zur Androhungen von Beschwerden ihren Willen oder ihre Interessen durchzusetzen. Diesen Bewohnerinnen fehlt das Interesse an der Situation der Pflegekraft, denn Beanspruchungen und gesundheitliche Gefährdungen die durch die Unterstützung der Bewohnerinnen gegeben sind, werden nicht gesehen.

P16: „Wir haben zum Beispiel eine Bewohnerin, die einen unter Druck setzt. Da wissen wir, dass die Schwiegertochter im Krankenhaus arbeitet. Aus Sicht der Bewohner machen alle Pflegenden hier was verkehrt. Jeder! Also egal ob es die Nachtwache ist oder die Helferin. Die hat bestimmte Leute, die sie mag, und bestimmte Leute mag sie eben nicht. Und die setzt sie richtig unter Druck. Die beschimpft die Kollegen auch massiv:‚Du olle Ziege, du hast überhaupt keine Ahnung!' Also es geht schon richtig massiv zu„und wenn das hier so läuft, dann schalte ich meine Schwiegertochter ein und dann werdet ihm mal sehen und ich habe auch Kontakte zur Zeitung, die kann ich auch anrufen und erzählen, was hier abläuft! – Also, sie setzt hier die Mitarbeiter richtig unter Druck und das finde ich schon sehr massiv." (P16, Z. 058)

Pflegende sind auch von Bewohnerinnen umgeben, die durch Krankheit, Pflegebedürftigkeit und mit der Konfrontation des eigenen Lebensendes geprägt sind. Vor dem Hintergrund zeigen die Bewohnerinnen Verhaltensweisen, die mit den schon beschriebenen persönlichen Verhaltensweisen übereinstimmen, aber von den Pflegenden unterschiedlich interpretiert werden. Sofern Verhaltensweisen als Symptomatik einer Krankheit interpretiert werden, verändert sich auch bei Pflegenden die Bewertung der Verhaltensweise. Pflegende schildern, sich bei diesen Bewohnerinnen um mehr Gelassenheit im Umgang mit den Verhaltensweisen zu bemühen. Dieses größere Verständnis gegenüber den krankheitsbedingten Verhaltensweisen der Bewohnerinnen wird jedoch als emotional anstrengend wahrgenommen. Denn, wenn dies nicht gelingt, führt eine mangelnde Kontrolle der eigenen negativen Gefühle zu einer negativen Selbstbewertung der eigenen Arbeitsprozesse.

P13: „(...) und dann passiert es manchmal, dass man einen Dementen anschnauzt, der einfach extrem nervt. Und dann denke ich: 'Oh mein Gott, was bist du nur für eine Altenpflegerin!'" (P13, Z. 309 f.)

Insbesondere bei an einer Demenz erkrankten Bewohnerinnen werden diese Verhaltensweisen oft als Folge der Krankheit eingeschätzt, denn Aggressionen oder Unruhe gelten als Teil des Krankheitsbildes. In Verbindung mit dem Wissen zum Krankheitsbild der Demenz lassen sich die Verhaltensweisen besser einordnen und werden zu einem integrativen Teil einer Pflegesituation.

Insgesamt stellen dementiell erkrankte Bewohnerinnen jedoch für Pflegende und die Organisation eine große Herausforderung dar. Durch die krankheitsbedingte Einschränkung ihrer Kognition agieren sie spontan, emotional und nicht vorhersehbar. Bewohnerinnen mit diesem Krankheitsbild verlieren häufig das Gefühl für den Tagesrhythmus.

P4: „Besonders nachts habe ich das Gefühl, dass sich viele Demenzkranke sehr einsam und verlassen fühlen. Viele rufen besonders in der Nacht nach Mama und Papa." (P4, Z. 112)

Oft befinden sie sich mit ihren Gedanken in einer früheren Phase ihres Lebens und suchen nach Dingen und Menschen, die in der Gegenwart möglicherweise nicht (mehr) existent sind. Damit gehen Hinlauftendenzen, Schreien oder lautes Rufen und die schwer, in den Griff zu bekommenden Emotionen, wie beispielsweise Traurigkeit, Wut und Hilflosigkeit einher. Gerade Schreien und lautes Rufen führt auch zu einem erhöhten Lärmpegel.

P11: „Oder auch bei den Dementen. Da braucht man unheimlich viel Nerven. Die laufen dann ja auch ständig wieder raus, dann muss man die wieder einfangen und ja, damit die nicht auf die Straße laufen. Das ist ja auch gefährlich. Erzählen immer wieder das Gleiche:‚Schwester, Schwester!' und man steht genau davor und immer noch:‚Schwester!' Das geht dann, weiß ich nicht, eine Millionen Mal am Tag so. Das ist schwer auszuhalten." (P11, Z. 235 f.)

P12: „Wir haben einen Bewohner, der erzählt während der Grundpflege 20-mal von seiner Frau, wie toll die dann Eisbein und Sauerkraut gemacht hat. Oder wir haben einen Bewohner, der fängt dann an und versucht wie ein Bus zu sprechen. Sowas kommt dann ja auch vor, aber ich weiß im Vorfeld, bevor ich ins Zimmer gehe: So, du geht's jetzt hier hin du weißt gleich hörst du 20-mal Sauerkraut mit Eisbein. Kann ich mich zumindest darauf einstellen." (P12, Z. 499 f.)

Aufgrund der Kommunikationseinschränkungen müssen viele Einschätzungen über der Bewohnerin über Beobachtung erfasst werden, was ebenfalls als Herausforderung beschrieben wird.

P4: „Die eine Frau hat so ein furchtbares Schicksal erlebt, das sie nie bearbeitet hat und jetzt kommt das in ihrer Demenz so richtig raus, da kommt die nicht mit klar. Die ist damals mit ihrer Familie mit zwei Autos – Mann mit den beiden Söhnen und sie mit zwei Töchtern nach [Ortsname] zum Schwimmen gefahren, sind zurückgefahren, sind verunglückt. Der Mann und die beiden Söhne tot- Ja, und sie hat es im Auto dahinter alles miterlebt. Und jetzt geht es in ihrer Demenz richtig los – jede Nacht. Also die leidet, die Frau, das tut mir richtig leid.‚Wo ist der [Vorname des Sohnes]? Warum kommt der nicht? Der muss doch wiederkommen! Das kann man doch alles mit Geld wieder gutmachen!' Ja, sie kann das nicht mehr verbergen. Ich habe die Hintergründe von einer Bekannten erfahren, die Frau hat darüber nie gesprochen, sie hat funktionieren müssen, als Witwe für ihre beiden Töchter – das Leben musste ja weitergehen. Und jetzt in der Demenz, sucht sie die Söhne und weint viel. Die Schublade ist auf und lässt sich nicht mehr zudrücken. Die weint manchmal so herzzerreißend, ich glaube die Trauer, die kommt jetzt erst richtig raus. Also das geht einen manchmal auch ganz schön hart an. Also sie ist manchmal sehr aggressiv, man muss dann auch wirklich gucken, wie ist die gerade drauf? Manchmal sagt sie:‚Geh weg!' Und dann kriegst du eine gedonnert. Also man muss es abpassen, wie sie gerade drauf ist. Aber manchmal lässt sie es auch zu, wenn ich sage:‚Komm mal her. Ich nehme dich ein bisschen in den Arm.' Und dann gehe ich mit ihr ins Zimmer und wir setzen uns aufs Bett und dann sag' ich zu ihr, dass es auch furchtbar ist, was passiert ist und dass die Jungs nicht kommen können. Nur einmal habe ich gesagt, dass die Söhne tot sind, da ist sie völlig ausgerastet, das mache ich nicht wieder." (P4. Z. 112 ff.)

Im Umgang mit demenzerkrankten Bewohnerinnen versuchen Pflegende, auf das Verhalten dieser Bewohnerinnen einzugehen, ihre Verhaltensweisen verstehen zu lernen und sich auf „ihre Welt" einzulassen. Dabei entwickeln Pflegende eine Akzeptanz für das Verhalten von demenzerkrankten Bewohnerinnen und versuchen das Verhalten im Alltag in den Einrichtungen zu ertragen. Darüber hinaus werden kreative Methoden eingesetzt, um auf die Emotionen der Betroffenen einzugehen. Durch übereinstimmende Verhaltensweisen und Umgangsweisen der verschiedenen Pflegenden soll den Bewohnerinnen trotz Personalrotation Sicherheit vermittelt werden.

> *P4: [P4 berichtet im Vorfeld über schlechte Erfahrungen, wenn sie demente Bewohner mit der Realität konfrontiert.] „(...) Jetzt sag' ich immer, wenn sie sich beschwert, dass ihr verstorbener Sohn nicht mehr kommt, so was wie: 'Ja, ich weiß, der ist hier aber nicht mehr, der kann auch nicht kommen, der ist weit weg. Aber irgendwann werdet ihr euch auch mal wiedersehen.' So auf dieser Art. 'Menst du dat? Menst du dat?' Meist kriegt man sie dann runter, nich. Aber das ist echt 'ne Arbeit dann. Und manchmal, also, ich habe da schon gesessen und habe da mitgeheult. 'Dat kannst du uck nich häbben, nich?' Ich sag dann: 'Nä' – Ja und dann hat man auch schon wieder eine andere Schiene. 'Nä, dat kann ick gor nich gaut häbben. Dei Kinner, dei Kinner dei moakt ja uck manges wirklich ein Malheur, nich. Un dat moat man uck als Mam uck immer uthoaln, nich?' 'Joah! Dat säch uck moal – un dei häbbt dat moakt und ..." und dann erzählt sie irgendwelche Döhnkens von den Kindern – so aber so hat man sie auch von den schlimmen Erlebnissen weg und dann kommt die Erinnerung von guten Zeiten." (P4, Z. 116)*
>
> *P4: „(...) Ich geh total auf dieses Level von den Demenzkranken ein. Ja, dann bin ich eben die Mutter, oder dann bin ich eben die Oma und dann hab' ich dieses oder jedes gemacht, aber ich krieg' die dadurch auch ruhiger."*
>
> *I: „Ist das anstrengend für Sie?"*
>
> *P4 „Ja! Ja! (Pause und tiefer Seufzer). Man muss immer diese Gratwanderung haben (...). Wenn ich jetzt die Mutter bin, wie war denn die Mutter? War die ganz streng? Oder war die, hat die gesagt: 'Ach, Kleine, leg dich mal hin, ich bin hier ja.' Oder hat die gesagt: 'Lech die hen un schloap nu!' (...). Diesen Grat zu finden, bin ich jetzt zu streng? Dann kippt das vielleicht nach der anderen Seite um und da bin ich zu lasch, dann nimmt sie mir das nicht ab. Das ist immer so eine Gratwanderung. Wie treffe ich und kommt es bei denen an?" (P4, Z. 136)*

Auch die Vermeidung von Konflikten ist für Pflegende eine wichtige Umgangsstrategie mit dementen Menschen. So wird negatives Verhalten nicht sanktioniert, sondern als Teil der Erkrankung akzeptiert.

P1: „(...) man muss das nicht alles so ernst oder so genau nehmen. Also, ich rechne immer damit, wenn man ein Zimmer aufmacht, dahinter kann die Katastrophe warten. Und ich weiß auch, wenn ich vor zehn Minuten schon mal da war, man macht alles ordentlich und räumt auf und kommt wieder, dann muss man mit rechnen, dass es genauso wieder aussieht. Also, dass das Bett wieder abgezogen worden ist oder dass die Matratze halb aus dem Fenster hängt oder ja, das macht mir nichts. Ich denke dann, dass es dazu gehört und fertig. Ich finde das eher witzig, lustig, keine Ahnung (lacht). Ich nehme das nicht so ernst. Das ist halt so. Das ist halt die Krankheit und ja, die machen es nicht mit Absicht. Hoffe ich (lacht)! Na gut, man weiß es nicht (lacht)! Ich ärgere mich einfach nicht dran, wenn was nicht so läuft, wie ich es gerne hätte. Ja mein Gott, dann nehme ich das so hin. Ich halte daran auch nicht fest, wenn sich zum Beispiel einer nicht waschen will oder sagt, er habe sich gewaschen, ja dann mein Gott, dann wasche ich den auch nicht." (P1, Z. 200)

Zudem wird auch akzeptiert, dass sich diese Bewohnerinnen nicht an die gesellschaftskonformen Verhaltensweisen anpassen können.

P6: „Man muss auch von seinen eigenen Bildern wegkommen. Natürlich finde ich es schön, wenn alle mit Messer und Gabel essen. Aber so was muss man aushalten, man muss sich selber und seine Ansprüche zurücksetzen. Und ich habe gelernt, dass Bewohner sich auch spüren müssen. Dass sie auch Sachen spüren müssen. Und dann, wenn eine Frau die Marmelade von ihrem Brot mit den Fingern isst, dann weiß ich auch, sie fühlt in gewisser Weise. Was habe ich da drauf? Was hat das für eine Konsistenz? Um das dann mit den Fingern zu essen, also, das macht dann so gesehen auch Sinn, dass sie erst mit den Fingern dabei ist. Aber das erst mal umzusetzen und sie machen zu lassen! Weil man greift ja dann schon sofort zum Handtuch und zu Wasser und will die Finger sauber machen, bevor die an die Tür geht und Pullover. Es ist halt mehr Arbeit, wenn man dann noch jemanden wieder umziehen muss und so. Aber auch das mal gewähren zu lassen und das auszuleben, dass demente Menschen sich am Essen ausleben möchten." (P6, Z. 364)

Bei der Begleitung von psychisch erkrankten Bewohnerinnen kommt hinzu, dass Pflegende im Alltag oft Überforderungssituationen im Kontakt mit diesen Bewohnerinnen erleben und häufig nicht wissen, welche Handlungsweise adäquat ist. Die Herausforderung bei psychisch erkrankten Bewohnerinnen besteht darin, dass die Verhaltensweisen krankheitsbedingt, emotional und nicht vorhersehbar und deshalb auch nur schwer einschätzbar sind. Pflegende fühlen sich im Umgang mit psychisch kranken Menschen nicht ausreichend qualifiziert und sind in vielen Situationen überfordert.

P9: „Also, von den Bewohnern her ist es bei uns sehr gemischt. Wir haben Alkoholkranke, Parkinsonerkrankte, Demenzkranke und dann noch welche, die einfach alt sind. Dann sind aber auch immer mal wieder psychisch erkrankte Bewohner dabei. Wir haben jetzt viele, die halt dement sind, und auch viele, die Depressionen haben. Das ist auch alles sehr anstrengend. Manchmal weiß man nicht, ob man eigentlich alles richtig macht (...).“ (P9, Z. 439)

P13: [P berichtet über herausfordernde Erlebnisse mit psychisch veränderten Bewohner] „(...) Ich habe manchmal das Gefühl, dass wir für diese Art von Bewohnern nicht ausreichend qualifiziert sind. Man hat in der Ausbildung vier Wochen Psychiatrie mit drin, aber ich denke, das ist nicht ausreichend. Wenn man vielleicht ein bisschen tiefer darein gehen würde, in diese ganzen Krankheitsbilder von Alterserkrankungen, hätte man vielleicht für manche Sachen mehr Verständnis, denke ich. Ich denke schon, dass wir da irgendwo ein Defizit haben.“ (P13, Z. 159)

P7: „(...) Und Karfreitag, da waren wir Gott sei Dank mit zwei Examinierten im Dienst. Da wollte eine Bewohnerin aus dem Fenster springen. Ohhh [P stöhnt laut-haft auf]. Da haben wir den ärztlichen Notdienst gerufen. Und der wollte die ja nicht mal in die Klinik einweisen. Der sagte:,Ja, die macht auf mich jetzt einen vernünftigen Eindruck‘ – abends um halb neun. An dem Abend war ich auch bis zehn im Dienst. Ich hab’ denen dann gesagt, dass ich gleich gehe und die Nachtschwester sich nicht neben diese Frau setzen kann, weil sie nachts allein ist und noch 40 andere Bewohner hat. Ja, da hat er Angst bekommen und doch ’ne Einweisung fertig gemacht.“ (P7, Z. 121)

Auch die Gruppe der Bewohnerinnen mit einem hohen Pflegebedarf stellt für die Pflegenden eine Herausforderung dar. So wird berichtet, dass mittlerweile die Bewohnerinnen oft bereits mit einem hohen Pflegebedarf in die Einrichtungen ziehen und somit häufig eingeschränkt in ihren Möglichkeiten sind, in der Einrichtung soziale Kontakte aufzubauen, wodurch sie ausschließlich vom Personal abhängig werden.

P17: „(...) die Bewohner waren auch anders. Die kamen noch fitter ins Altenheim, nicht so wie jetzt: pflegebedürftig, gleich mit Pflegestufe 2 oder 3 oder hochgradig dement oder so. Das war früher nicht so. Da gab es einen Wohnbereich, der war komplett gemischt. Da waren ein paar Leute, denen hast du morgens den Rücken gewaschen oder mal die Strümpfe angezogen, und einige wenige waren richtig pflegebedürftig. Das ist heute nicht mehr, (...), die meisten sind schwer pflegebedürftig und da sind die Mitarbeiter einfach ganz anders eingebunden. Die sind mit der Pflege beschäftigt, da bleibt kein Raum für kreative Freizeitbeschäftigung. Da ist man froh, wenn man die Arbeit überhaupt noch schafft – das nervt mich auch ein bisschen, aber das kann man nicht ändern – das ist halt so.“ (P17, Z. 083)

Die Pflegenden geben an, dass sich die Atmosphäre in der Einrichtung durch die Zunahme der Schwere der Pflegebedürftigkeit der Bewohnerinnen verändert hat. Gemeinschaftsgefühl und auch Aktivitäten reduzieren sich. Viele Bewohnerinnen können sich nicht eigenständig beteiligen und kennen sich nicht untereinander.

Diese fehlenden sozialen Kontakte der Bewohnerinnen werden vom Personal kompensiert. Dadurch entsteht ein hoher Abhängigkeitsgrad der Bewohnerinnen vom Pflegepersonal und Pflegende werden zu wichtigen Bezugspersonen.

P7: „In richtigen Pflege- und Altenheimen ist halt kaum Kommunikation möglich, mit den Bewohnern, da liegen alle in den Betten. Sind fast alle schwer dement oder sagen gar nichts mehr. Schlaganfall und Wachkomapatienten. Du kannst dich mit kaum einen noch richtig unterhalten. Wenn wir Lagerungsrundgänge zu zweit machen, dann unterhalten wir uns manchmal miteinander, weil man sich mit den Bewohnern einfach nicht mehr unterhalten kann. Also richtig reden kannst du auf einigen Wohnbereichen mit fast niemanden (...)." (P7, Z.: 183)

Mit dieser Wahrnehmung der Pflegenden, dass die Bewohnerinnen besonders auf die Pflegenden (auch sozial) angewiesen sind, verbinden viele Pflegende den Anspruch, sich besonders intensiv um diese Bewohnerinnen kümmern zu wollen. Hier besteht die Gefahr, dass Pflegende einen Anspruch entwickeln, der mit den gegenwärtig zur Verfügung stehenden Ressourcen nicht kompatibel ist. Diese kann zu einem Erleben von Arbeitsbeanspruchung führen.

Im Umgang mit sterbenden Bewohnerinnen berichten viele Pflegende, dass sie von den Routinen und Vorgaben der Einrichtung gerne abweichen und sich stark an den Bedürfnissen der Bewohnerinnen orientieren. So wird versucht, möglichst viel Zeit für die Sterbenden einzuplanen, dazu wird auf die sterbende Bewohnerin fokussiert und unwichtige und nicht dringliche Aufgaben bleiben unerledigt. Viele Pflegende äußerten den Anspruch, dass Sterbende wenig allein sein und besonders in der Sterbesituation Begleitung erfahren sollen.

P2: „Ja, ich weiß da vorne liegt jemand, dem es nicht gut geht, dann reicht es mir nicht, wenn ich da nachmittags um vier mal hingehe, abends um sechs nochmal, weil der vielleicht auch noch was essen möchte und dann abends um acht nochmal hingehe und den lagere. Sonst ist da ja nichts zu tun, deshalb brauch ich da ja nicht hin. Das ist die Einstellung unserer Pflegedienstleitung. Sie meint dann, dass es ja sonst nichts Besonderes zu tun gibt. Ich würde gerne den ganzen Tag bei den Bewohnern bleiben." (P2, Z. 734)

Pflegende möchten auch eine Atmosphäre schaffen, in der sich die Angehörigen würdevoll von den Bewohnerinnen verabschieden und die Bewohnerinnen gut ihr Leben beenden können. Hierzu zählt auch eine Anleitung der Angehörigen im Umgang mit Sterbenden. Pflegende schildern, dass sie besonders in der letzten Lebensphase häufig als Gesprächspartnerin für die Bewohnerinnen agieren; so haben Sterbende oftmals das Bedürfnis, über Ängste, transzendente Erlebnisse und auch über Willenserklärungen und Wünsche mit den Pflegenden zu sprechen.

P12: „Wenn Bewohner versterben und mich fragen, ob ich dabei sein werde – so kann ich ja nur sagen, dass ich es versuchen werde. Ich verspreche denen nichts, was ich nicht sicher halten kann. Und bis jetzt habe ich es auch fast immer geschafft. Oder man hat eine intensive Beziehung. Es lag eine Bewohnerin bei uns im Sterben. Ich bin bei uns zu Hause eher losgefahren, weil ich – ich hab' gedacht:,Jetzt geht es bei ihr los.' Und in [Name eines Ortes] bin ich auf einmal schneller gefahren, ich habe gedacht:,Du schaffst es nicht!' Ich bin fünf Minuten zu spät gekommen. Weil da ist, da ist irgendwie ein Kontakt – ich weiß nicht, wie man das beschreiben soll." (P12, Z. 694)

Auch Überforderungssituationen werden in diesem Zusammenhang thematisiert. Zu Überforderungen kommt es oft, wenn Routineaufgaben und eine Sterbebegleitung zeitgleich auftreten und sich Pflegende entscheiden müssen, welche Aufgaben sie priorisieren.

P7: „(...) Da lag eine Bewohnerin im Sterben. Die war über 90 und die Familie war da und ich hatte halt noch 45 weitere Bewohner zu versorgen und hatte nur zwei Helfer dabei. Eine Schülerin und eine Altenpflegehelferin ohne Ausbildung. Ja und ich musste die (Name der Bewohnerin) [Bezug auf die sterbende Bewohnerin] da unten allein lassen. Ich konnte da nur alle zwei Stunden hin. Eben Vorlage wechseln. Die Frau hatte Fieber – lag im Sterben – so und ich musste gehen! Ich musste die da allein lassen! Ich konnte mich da nicht mal eben zusetzen. Einfach nur mal die Hand halten, von der Frau oder mal die Familie so ein bisschen unterstützen. Das ging nicht, weil ich ja weiter musste. Da hab ich so gedacht: ,Das geht gar nicht!'." (P7, Z. 055)

Besonders bei der Begleitung von Sterbenden ist es Pflegenden wert auch nicht bezahlte Arbeitszeit zu investieren, um eine möglichst gute Sterbebegleitung gestalten zu können.

P3: „Also es ist nicht so, dass jeder Sterbende eine Begleitung will. Das gibt es auch, dass der allein sterben will. Das habe ich auch erlebt. Aber wenn er das möchte, dann da nicht hingehen zu können und diese Zeit nicht zu haben, das finde ich anstrengend. Wir haben die Zeit oft nicht. Also da stehlen wir uns die Zeit und dann nehmen wir uns auch privat was, dass wir uns dazusetzen. Oder wir rufen jemanden von der Gemeinde. Und das wir dafür keine Zeit haben, finde ich schade, da geht viel von unserem Beruf verloren. Ich find das schade, dass wir diese Sachen abgeben an die Ehrenamtlichen. Das finde ich nicht gut." (P3, Z. 591 ff.)

Das Dilemma mit begrenzten Zeitressourcen wird auch in einigen Einrichtungen kreativ gelöst. Im nachfolgenden Beispiel wird die fehlende Präsenz durch Musik kompensiert. Weiterhin werden Angehörige, Auszubildende, Praktikantinnen, Ehrenamtliche oder auch Mitbewohnerinnen sowie eine offen gelassene Tür in anderen Interviews als Kompensation für die mangelnde Anwesenheit einer Pflegekraft in der Sterbesituation erwähnt.

P17: „(...) das Anstrengendste war, dass die [Bezug: Sterbende Bewohnerin] mich auch nicht mehr los gelassen hat. Das ist auch so eine Sache, wenn die einen dann festhalten ohne dass die was sagen und einem festhalten und Kontakt suchen. Das merkt man dann immer, dass die einfach auch nach Nähe ein Bedürfnis haben und dann muss man das Zimmer verlassen, dass finde ich auch immer echt schwer. Auch wenn die so unruhig sind – aber da ist eine gute Alternative der CD Player. Einfach beruhigende Musik oder schöne Klänge oder einfach nette Stimmen, das hat bei einigen schon Wunder bewirkt. Das merkt man auch, die sind auch deutlich entspannter, als wenn sie gar nichts hören oder keiner da ist." (P17, Z. 481)

Neben den mangelnden zeitlichen Ressourcen fühlen sich die Pflegenden auch bei spezifischen Tätigkeiten überfordert, wie beispielsweise dem Umgang und die Kommunikation mit sterbenden Bewohnerinnen oder deren seelsorgliche Betreuung. Die Konfrontation mit Tod, Sterben und Trauer nimmt in Pflegeheimen stark zu.

P7: „In den Pflegeheimen sterben die halt wie die Fliegen. Das ist wirklich schlimm teilweise. Ja, die sind halt da auch zum Sterben." (P7, Z. 187)

P3: „Wir haben auch schon Bewohner gehabt, die nur noch ein, zwei Tage da sind. Oder das ganz klar gesagt wird, die kommen jetzt zum Sterben aus dem Krankenhaus. Die kommen jetzt zum Sterben und dann ist das so (...)." (P3, Z. 307)

Mit der erhöhten Mortalitätsrate in Heimen steigt auch die persönliche Auseinandersetzung mit den Inhalten Sterben, Tod und Trauer. Fast alle Pflegenden beschreiben, dass Sie sich nicht gut auf diese Situation vorbereitet fühlen und es so auch häufiger zu Überforderungen kommt, besonders auch durch die Einbettung in das gesamte Arbeitspensum. In einigen Interviews wurden das Thema Sterben auffallend neutral und bagatellisierend beschrieben, so dass hier auch interpretiert werden kann, dass dieses eine Strategie zum Umgang mit dem Thema ist. Auch Zynismus in Gesprächen mit Bewohnerinnen über Tod und Sterben wurde beschrieben, wobei dies nicht als solches von den Interviewpartnerinnen wahrgenommen wurde. In der folgenden Interviewpassage wird deutlich, dass die Pflegekraft nicht auf die Ängste und Sorgen der Bewohnerinnen eingehen kann – hier im Beispiel auch vermutlich, weil die Bewohnerin häufiger dieses Thema anspricht.

P17: „Auch wenn sie mir erzählen:‚Ich will heute sterben!' Wir haben da so eine, die meint immer, dass sie stirbt. Dann sag' ich:‚Du, heute wird nicht gestorben. Es ist Winter, es ist kalt.' Ich sag':‚Überlegen Sie doch mal!' Ja, dann ist es erst auch wieder gut. Dann geht das dann wieder ein bis zwei Nächte und dann kommt die dann wieder mit und sagt, dass sie sterben will. Ja, ich sag' dann:‚Es ist kalt. Dann kommt kein Mensch zur Beerdigung. Da kriegen die kein Loch in die Erde – da kriegt man kein Loch in die Erde. Wo wollen Sie denn so lange hin¿ Und irgendwie kommt die dann auf andere Ideen. Und wenn Sommer ist, dann fällt mir auch was Anderes ein, z. B. es ist warm oder da oben ist kein Platz oder sowas." (P17, Z. 227 f.) [Im Interview war P sehr stolz auf ihre kreativen Ideen, um Antworten zu haben auf den Wunsch der Bewohnerin, sterben zu wollen].

Die Beziehungsintensität ist auch relevant für das Erleben von Trauer und der Verarbeitung von Sterbesituationen. So geben viele Pflegende an, besonders bei Bewohnerinnen, zu denen es eine gute Beziehung gab, echte Trauer zu erleben.

P11: „(...) Und wenn dann mal so ein Bewohner [Bezug: Bewohner, zu dem die Pflegekraft eine intensive Beziehung hat] verstirbt oder was Tragisches passiert, dann leidet man mit. Das ist auch so eine Sache, das muss sich über Jahre entwickeln. Früher hab' ich alles mit nach Hause genommen. Ganz schlimm war das! Was hab' ich Albträume gehabt! Teilweise, wenn Bewohner verstorben sind, das kam mir wieder auf's Bett. Aber jetzt mittlerweile gelingt es mir eigentlich immer besser, mit den Bewohnern per du zu sein, Kumpel zu sein und Freund zu sein als Pflegekraft, aber trotzdem die Distanz zu wahren." (P11, Z. 287)

P7: „Also leichter ist es natürlich, wenn man keine Beziehung zu den Bewohnern aufbauen konnte. Dann ziehst du dir das nicht so rein. Aber für dich selber ist es dann doch, ja, schöner, wenn du schon weißt, du hast alles richtig gemacht. Du hast dich gut um die gekümmert. Konntest z. b., wenn du das willst, die Sterbebegleitung vernünftig machen. Jeder will das dann auch nicht so unbedingt, aber du konntest für dich das so gestalten. Du hängst da emotionaler doch mehr drin. Aber das muss man ja eh lernen in dem Job, dass das einfach dazugehört. Das kann halt nicht jeder."

I: „Also die Beziehungen sind schön, auch wenn es schwer ist, wenn es dann zu Sterbesituationen kommt?"

P7: „Ja, das ist schwer, wenn man eine Beziehung aufgebaut hat." (P7, Z. 187 f.)

Die Darstellung der herausfordernden Verhaltensweisen verdeutlicht, wie vielseitig die Herausforderungen in der Arbeit mit den Bewohnerinnen sind. Die notwendige Empathie und die darauf beruhende Anpassung der Handlungsweisen und Emotionen der Pflegenden an die Bewohnerinnen in ihren konkreten Situationen verdeutlicht die hohen Sensitivitätsanforderungen, die an Pflegende im Rahmen der Interaktion mit den Bewohnerinnen gestellt werden.

11.1.5.2 Ansätze zum Umgang mit Bewohnerinnen

Festzuhalten ist, dass Pflegende im Alltag mit sehr heterogenen Bewohnerinnen mit unterschiedlichen Krankheiten, Graden der Abhängigkeit, Verhaltensweisen und Lebensstadien arbeiten. Viele der befragten Pflegenden stellen dar, dass in den Organisationen nur wenig Orientierung für erwünschtes Handeln erkennbar ist und sie daher oft unsicher sind, ob ihr Handeln für gut befunden oder kritisiert wird. Es bleibt oft im Alltag unklar, ob sie sich in spezifischen Situationen an den durchaus widersprüchlichen Bedürfnissen und Interessen der Bewohnerinnen, den formalen rechtlichen Vorgaben, den ökonomischen Prinzipien, den Forderungen von Angehörigen oder an den berufsspezifischen fachlichen Einschätzungen orientieren sollen. Führungspersonen geben den Pflegenden zumeist ambivalente Vorgaben.

In den Interviews wird deutlich, dass die Pflegenden in dieser widersprüchlichen Situation selbst allgemeine Konzepte oder Leitgedanken zum Umgang mit den Bewohnerinnen als Orientierungshilfen entwickelt haben. Dabei lassen sich drei Konzepte zum Umgang mit Bewohnerinnen zusammenfassen; die Konzepte "Bedürfnisorientierung", "anwaltschaftlicher Umgang" und "Schutz der Bewohnerinnen". In diesem Abschnitt werden diese Konzepte der Pflegenden in ihren Grundzügen vorgestellt und in einem ersten Zusammenhang zur Emotionsarbeit diskutiert, wodurch die Relevanz und Einbettung von Emotionsarbeit im pflegerischen Alltag verdeutlicht wird.

Bedürfnisorientierung

Pflegende orientieren ihr Handeln zuerst an den Bedürfnissen der Bewohnerinnen. Damit verbunden ist das Ziel, dass sich die Bewohnerinnen wohl, sicher und wie zuhause fühlen sollen und sie sich in der Einrichtung als Individuum mit ihren Lebensweisen willkommen fühlen sollen Dies lässt sich zusammenfassen in dem Leitsatz, dass die Bewohnerinnen die Versorgung erhalten sollen, die sie benötigen, um sich wohl zu fühlen. Pflegende achten daher sensibel darauf, die Bedürfnisse der Bewohnerinnen durch Beobachtung und Gespräche zu erfassen und sind bereit, ihr Handeln an den Wünschen und der Gewohnheiten der Bewohnerinnen auszurichten. Der organisatorische Rahmen wird dabei als Begrenzung wahrgenommen. Aus der Perspektive der Pflegenden stehen jedoch die Bedürfnisse und Wünsche der Bewohnerinnen über denen der Angehörigen, der Pflegenden selbst und über den Forderungen der Organisation und der damit verbundenen ökonomischen Interessen.

Zur Umsetzung der Bedürfnisorientierung benötigen Pflegende Zeit, um die Bewohnerinnen zu beobachten, kennenzulernen, Wünsche zu erfahren und biographisches Wissen zu erhalten. Leider steht den Pflegenden diese Zeit zunehmend weniger zur Verfügung, so dass sie vermehrt improvisieren müssen. Die Orientierung an den Bedürfnissen wirkt sich auf die Tagesstruktur, die Ernährung, die pflegerische Versorgung, die Einhaltung von spezifischen Gewohnheiten sowie auf die Kommunikation aus. Im Alltag wird versucht, die Handlungen der Bewohnerinnen aus ihrer Perspektive nachzuvollziehen und zu verstehen und darauf aufbauend kreative Lösungen für die Umsetzung der Bedürfnisorientierung zu entwickeln. Pflegende beschreiben, dass sie durch die Orientierung an den Bedürfnissen der Bewohnerinnen Pflegeprobleme reduzieren können. So essen beispielsweise Bewohnerinnen in Ruhe in kleinen familiären Gruppen mit viel Zeit deutlich besser als unter Zeitdruck in großen Essenssälen. Individuelle Beschäftigung oder Abendrituale gemäß ihren Bedürfnissen führen bei einigen Bewohnerinnen dazu, gut schlafen zu können. Aufgrund dieser Beobachtungen wünschen sich viele Befragte mehr Möglichkeiten, sich im Alltag an den Bedürfnissen der Bewohnerinnen orientieren zu können.

> *P4: „(…) z. B. (Vorname einer Bewohnerin) – es ist eben natürlich so, jeder Mensch ist anders. Ich lasse die grundsätzlich bis zehn, halb elf laufen. Die ist immer am wuseln, hat immer irgendwas zu machen, war Schneiderin. Ich hab' ihr mal Nadel mit Faden gegeben (lacht). So gut können wir beide nicht zusammennähen, wie die das kann. 'Kannst ihr ja nicht geben!' Ich sag: 'Wetten, dass es ihr nichts macht?' Ich hab' ihr das eingefädelt mit einem Wollfaden und dann hab' ich son' Beinbeutel, da hab ich was reingestopft 'Wullt du dat taunaihen?' 'Joah!' Dann habe ich ihr das gegeben – und wunderschön, näch, konntest du fast nicht sehen. Und dann drehte sie es um, und – sie kann kaum noch sprechen, – und dann: 'Dor, dor!' sagt sie immer und dann war das da unten ja auch noch offen. Ich sage: „Och joah, dat geiht dor ja rut, nich? Dat is dor ja noch oapen.' 'Jaoh.' 'Wullt du dat noch taunaihen?' 'Joah.' Dann hab' ich ihr das auch noch wiedergegeben und dann sagte ich noch zu einer Kollegin: „Guck mal, die hat sich nicht einmal gepiekt oder so, das solltet ihr mal öfter machen.' Klar, sie legt dann auch halt irgendwo die Nadel hin und dann kann auch was passieren. Aber das war z. B. so eine Situation, die läuft abends immer bis um halb elf rum bei mir. Und dann bringe ich sie zur Toilette, und dann leg ich sie ins Bett und – ja, höchst selten bei mir, dass die mal rauskommt. Das kann mal passieren, aber sage ich mal, im Monat vielleicht einmal bei mir. So und andere Kollegen – ob sie die früher weggelegt haben oder so: 'Die nervt, die kommt andauernd wieder raus!', und so weiter und so fort. (…).“ (P4, Z. 294)*

Die Bedürfnisorientierung stellt hohe Sensitivitätsanforderung. Pflegende müssen die Gefühle der Bewohnerinnen wahrnehmen und ihre Emotionen daran anpassen; denn Trost spenden, Umgang mit emotionalen Situationen und der fürsorgliche Umgang in Krisenzeiten gehören zum Kern der Bedürfnisorientierung.

P17: „Ich muss mich auf jeden Bewohner einstellen. Ja, und das ist dann halt – ich will nicht sagen schwierig, aber das ist halt – man muss es halt machen. Ich kann nicht bei dem einen, wenn ich bei dem einen jetzt locker und lässig drauf bin, dann ist das bei dem Nächsten, da geht das gar nicht, weil der ist halt ruhiger und ja, da muss du halt auch eine Art finden und ja, du musst dich halt dauernd umstellen und das ist denn bei 70 Bewohnern, die man dann in der Nacht hat, ist das schon anspruchsvoll." (P17, Z. 383)

Besonders bei der Bedürfnisorientierung sind Pflegende im Spannungsfeld zwischen den Wünschen der Bewohnerinnen, der eigenen Profession und der damit verbundenen Definition pflegeadäquater Handlungsweisen sowie der Institution Pflegeheim als Handlungsrahmen mit den vielen Grenzen. Dieses Spannungsfeld ist der Tätigkeitsrahmen der Pflegenden, den viele Pflegende als anstrengend erleben, da sie Unsicherheit erleben.

P10: „(...) Also, wenn die Bewohnerin sagt:,Ich will nicht ins Bett!' Ja, dann bleibt die halt sitzen und schläft auf dem Sofa. Und dann ist das egal. Die braucht dann eine ziemlich große Inkontinenzversorgung in der Nacht. Weil die im Liegen Wasser lässt. Dann ist das auch völlig egal, wenn morgens das Sofa von unten trieft, weil sie zu faul war, abends aufzustehen. Wir dürfen nur einmal, vielleicht zweimal fragen und wenn die nicht will, dann will die nicht. Und dann darf die auch auf dem Sofa liegen und schlafen. (...) Wir haben dann morgens eine ganze Menge mehr Arbeit, weil grundsätzlich dann, wenn sie auf dem Sofa geschlafen hat, tut ihr der Nacken weh. Dann hat sie Kopfschmerzen und ihr ist schwindelig und sie kollabiert mehrmals am Vormittag. So, aber es wird nicht gezwungen. Finde ich auch okay, dass nicht gezwungen wird, aber man sollte dann doch schon darauf achten, dass sie dann abends ins Bett kommt, damit das am nächsten Tag nicht passiert. Weil am nächsten Tag geht's ihr dann nämlich richtig schlecht." (P10, Z. 271)

In tätigkeitsambivalenten Situationen entscheiden sich Pflegende für die Bedürfnisse der Bewohnerinnen, gegen die Regeln der Institution und nehmen Mehrarbeit in Kauf, um ihnen gerecht werden zu können. In einigen Situationen wird auch berichtet, dass für die Realisierung einer bedürfnisorientierten Begleitung die eigene Freizeit eingebracht wird.

P8: „Es gibt Tage, da ist mir die, ist mir die Zeit egal. Da mach' ich das, was ich für richtig halte. Da unterhalte ich mich noch mit Bewohnern, bleib' bei denen, die auch zu kurz gekommen sind. Weil ich denke, das muss jetzt auch mal gemacht werden, dafür muss auch mal Zeit sein."

I: „Und die Mehrarbeit, schreiben Sie sich die dann auf?"

P8: „Dann in der, in dieser Situation mach' ich das dann nicht." (P8, Z. 147 ff.)

Anwaltschaftlicher Umgang

Einige Pflegende sehen sich in der Rolle der Fürsprecherin für die Bewohnerinnen, als diejenigen, die sich für die Ansprüche und Rechte der Bewohnerinnen einsetzen müssen. So werden in den Interviews diverse Situationen beschrieben, in denen Pflegende zu Anwältinnen der Bewohnerinnen werden, beispielsweise setzen sich Pflegende gegen Vorstellungen ihrer Teamkolleginnen für das Wohl der Bewohnerinnen ein (Absetzen von beruhigenden Medikamente zum Wohl der Lebensqualität der Bewohnerinnen; Recht auf Nachtruhe der Bewohnerinnen etc.). Pflegende nehmen die abhängige Situation der Bewohnerinnen wahr und versuchen sich im Team, bei den Ärztinnen oder bei den Angehörigen für die Rechte der Bewohnerinnen einzusetzen. Auch sehen sich Pflegende als diejenigen, die die Bewohnerinnen auf ihre Rechte und Ansprüche aufmerksam machen müssen, damit diese ihre Leistungen einfordern können.

Der Einsatz für die Bewohnerinnen kann zu Konflikten mit der Einrichtung, mit dem Team oder anderen externen Akteurinnen führen. Pflegende finden dies sehr anstrengend, da dadurch auch die Gefahr besteht sich selber aus sozialen beruflichen Gruppen zu separieren.

> *P16: „Also, wir haben letztens einen gehabt, da hab' ich, ich hab' nur den Kopf geschüttelt. Also eine Bewohnerin, die wirklich im Sterben lag. Wo wir dem Arzt gesagt haben:‚Die muss was haben!', weil die war ganz unruhig. Die hatte starke Schmerzen. Der uns ganz stumpf sagte:‚Wieso mobilisiert ihr die nicht¿ Und wir:‚Hallo? Die liegt im Sterben, die können wir nicht mehr mobilisieren!'‚Nein, die liegt nicht im Sterben. Ihr gebt ihr nur zu wenig zu trinken.' Das ist – Ich sag':‚Hallo? Wir geben ihr was!' Und dann, der Hausarzt wirklich hingegangen ist, den Mund zusammen, auseinander und dann versucht hat der was zu trinken zu geben. Und wo wir wirklich eingegriffen haben und gesagt haben:‚So, jetzt reicht es!' Und wir die Angehörigen auch benachrichtig haben und gesagt haben, so geht das nicht. – dann wurde noch zwei Tage vor dem Tod der Bewohnerin ein Hausarztwechsel gemacht." (P16, Z. 097)*

> *P12: „Wir haben einen Sterbefall gehabt, eine ältere Dame, die hat wirklich ganz selten Besuch von ihren Kindern gehabt. Weil sie im Sterben lag, haben wir die Kinder angerufen und dann kamen die auch alle. Dann haben die sich am Sterbebett darum geprügelt, verbal geprügelt meine ich, wer denn schon länger krank ist, wer mehr Krankheiten hat und wer die größten Operationen hatte. Und die Mutter liegt da im Sterben. Die habe ich rausgeschmissen. Ich habe gesagt:‚So, ich möchte, dass ihre Mutter in Würde sterben kann. Das kann die nicht bei diesen Umständen. Ich möchte, dass Sie das Zimmer jetzt verlassen. Sie können sich oben beschweren.' Ich sag':‚So nicht! Sie können gerne wiederkommen, wenn Sie bereit sind, diese ganzen Gesprächsthemen jetzt hier an diesem Bett zu unterlassen.' Die sind dann hochgegangen. Ich weiß nicht, ob die sich beschwert haben, ich habe nichts gehört. Nach einer halben Stunde sind sie runtergekommen. Ich habe denen Stühle*

hingestellt. Ich sag':,Fassen Sie ihre Mutter an!' Das ging dann. Bloß manchmal muss man dann über den Schatten springen. Und dann bin ich das Sprachrohr meines Bewohners." (P12; Z. 668)

Um als Fürsprecherin der Bewohnerinnen zu agieren, ist eine anspruchsvolle Interaktionsbeziehung notwendig, die zur Zielerreichung mit einem hohen Maß an Sensitivitätsanforderung einhergeht. Besonders die Konfliktpotentiale mit anderen Akteurinnen, die entstehen, wenn sie sich für die Interessen der Bewohnerinnen einsetzen, sind relevant für die Emotionsarbeit. Konflikte können mit starken Emotionen einhergehen, die auf Nebenschauplätzen entstehen und im Kontakt mit Bewohnerinnen reguliert werden müssen. Pflegende sind in Teams eingebunden, arbeiten in Institutionen und sind elementar auf die Zusammenarbeit angewiesen. Um diese Ebenen nicht zu stark beim anwaltschaftlichen Einsatz zu gefährden, werden auch Strategien der Emotionsregulation angewandt. Dazu werden beispielsweise mittels der Emotionsstrategie Oberflächenhandeln und einer damit erlebbaren emotionalen Dissonanz die eigenen Gefühle verborgen und nicht in die Interaktionen eingebracht.

Schutz der Bewohnerinnen

Die Bewohnerinnen zu schützen, darin sehen viele Pflegende ihre zentrale Aufgabe. Diese Schutzfunktion bezieht sich auf viele Facetten des pflegerischen Alltags. Eine wichtige Facette stellt der Schutz vor der Entstehung negativer Emotionen dar. Dazu werden Bewohnerinnen vor dem Erleben physischer Beschwerden bewahrt, beklagte Symptomatik werden dazu ernst genommen und es wird nach Linderungsmöglichkeiten gesucht. Pflegende versuchen ebenso, die Entstehung von den Bewohnerinnen negativ wahrgenommenen Situationen zu verhindern. So werden beispielsweise zur Ermittlung von biographischen Daten unangenehme Ausfragesituationen vermieden. Geschützt werden die Bewohnerinnen auch vor negativen Emotionen oder dem Stress der Pflegenden selbst. Dazu begrenzen sie den Kontakt zu den Bewohnerinnen in bestimmten Situationen oder vermeiden durch freundliche Zuwendung die Übertragung von Stress und eigener negativer Emotionen. Die Befragten berichten jedoch auch, dass einige Pflegende unfair und nicht adäquat mit den Bewohnerinnen umgehen, so dass die Bewohnerinnen vor ihnen Angst haben. Aufgrund von Überforderungen kann es ebenso vorkommen, dass Pflegende unangemessen reagieren und beispielsweise Bewohnerinnen in Stresssituationen fixieren.

P10: „Wir haben einen Dementen, der nachts nicht schläft. Und ich habe immer gesagt, dass der nach [Name einer psychiatrischen Klinik in der Region] zur Medikamenteneinstellung muss, so dass der wenigsten nachts schläft. Wenn er tagsüber läuft, kann er ja, dass er nachts wenigstens zur Ruhe kommt. (...) Nachts habe ich den teilweise auf dem Fußboden auf einer Matratze im Speiseraum schlafen lassen, weil er vom Fußboden nicht aufstehen kann. Dann haben wir ihn morgens mit mehreren Leuten dann hochgewuppt. Aber er lag erst mal und ich habe dann nachts keine Angst, dass er mir wegläuft. Weil ich ihn nachts teilweise dann auch auf die Terrasse halbnackt stehen hatte. Ich hab ihn Gott sei Dank auf der Terrasse gefunden. Ich hätte ihn auch woanders finden können. Unsere Einrichtung ist an einer vielbefahrenen Straße. Wenn ich im Haus unterwegs bin, höre ich die Tür nicht. Das Risiko ist da und mir zu hoch. Es können demente Menschen weglaufen und auf die Straße laufen. Wir müssen nachts noch die Wäsche machen – wenn ich im Keller bei der Wäsche bin, höre ich weder Rufe, noch die Klingelanlage und auch die Haustür nicht.“ (P10, Z. 209)

Eine weitere Schutzfunktion bezieht sich auf die Durchführung der pflegerischen Versorgung an sich. Bewohnerinnen müssen vor Immobilität bewahrt werden, die durch eine zu umfangreiche Übernahme von pflegerischen Handlungen entstehen kann. Pflegende versuchen die Bewohnerinnen aktivierend zu versorgen, damit die Ressourcen erhalten bleiben. Auch soziale Beziehungen und Erfordernisse werden unter diese Herangehensweisen subsumiert. Eine besondere Rolle nimmt dabei der Schutz der Bewohnerinnen vor Gefühlen der Einsamkeit ein.

P16: „Gerade die Bewohner, die gar keinen Besuch bekommen – das finde ich ganz schrecklich halt – diese Bewohner brauchen eben auch viel Zuspruch und Zuwendung. (...). Da habe ich auch echt Mitleid. Weil ich immer denke: So möchte ich nicht enden, dass ich gar keinen Besuch mehr kriege von den Kindern nicht mehr, von den Enkelkindern. Finde ich ganz schrecklich. Ich weiß nicht, was da früher gewesen ist. (...) Ich hab' schon Mitleid und möchte selber nicht so enden. Zu solchen Bewohnern versuche ich öfter hinzugehen, damit die ihre Einsamkeit nicht so merken.“ (P16, Z. 043 ff.)

Pflegende versuchen, die Bewohnerinnen zu animieren, ihre Zimmer zu verlassen, mit anderen zusammen zu sein oder an gemeinschaftlichen Aktivitäten teilzunehmen und sich nicht zu stark, auf die eigenen Krankheiten und Defizite fokussieren können.

Schutz kann auch bedeuten, dass Bewohnerinnen vor pflegerischen und medizinischen Interventionen geschützt werden müssen, wie beispielsweise vor Medikamenten, die die Lebensqualität der Bewohnerinnen negativ beeinflussen oder vor pflegerischen Maßnahmen, die nicht im Einklang mit den üblichen Gewohnheiten der Bewohnerinnen stehen. Pflegende erleben es auch als schwierig, wenn Bewohnerinnen von ihren Angehörigen belogen werden. Ihre Schutzfunktion sehen sie hier darin, die Angehörigen dahingehend zu beraten, dass sie den Bewohnerinnen gegenüber ehrlich sind. Auch diese Einschätzungen von Recht oder Unrecht gegenüber den Bewohnerinnen kann als ein Ergebnis von Sensitivitätsarbeit und entsprechenden Anforderungen betrachtet werden. Die Herausforderung für Pflegende hier ist es, diese negativen Aspekte zu kommunizieren.

Einige Bewohnerinnen bedürfen eines besonderen Schutzes vor den Mitbewohnerinnen, besonders dann, wenn Streitereien zu Aggressionen führen. Ein häufiges Konfliktpotential besteht zwischen dementen und nicht-dementen Bewohnerinnen.

P13: „Ich finde, es ist alles anstrengender geworden. Also die Bewohner, vom Psychischen her, so wie die sich geben, finde ich. Ich weiß ja nicht, ob ich mir das einbilde oder ob ich das falsch sehe. Aber mir kommt das so vor, dass die alle mehr psychisch krank sind und mehr Symptome zeigen. Also, ich kann mich nicht daran erinnern, dass wir früher Bewohner hier hatten, auch im Speisesaal und so, die ständig geschrien haben, gerufen haben um Hilfe und immer nur gerufen, gerufen und geschrien, ständig ständig, ständig! Da kann ich mich nicht daran erinnern, die hatten wir so nicht. Und das haben wir ja jetzt und das wird immer mehr. Die da sitzen und die rumschreien, um Hilfe rufen und aus der hinteren Ecke schreit jemand und da sitzt ein Bewohner, der kann sich nicht mehr richtig artikulieren, da geht das dann ständig nur mit Lauten und der ganzen Gestik. Da ruft jemand dann wieder die ganze Zeit,Hallo!' und die Bewohner sind genervt teilweise. Besonders die Bewohner, die nicht dement sind, die sind davon so genervt und dann fangen die auch noch an zu schreien:,Halt doch mal den Mund, sonst komme ich dir da gleich hin, dann kriegst du was an die Ohren!' Und so geht das dann, das ist schon heftig. Und du stehst da mittendrin und versuchst Ruhe reinzubringen und irgendwie klappt das auch nicht immer und du bist selber schon fertig dann." (P13, Z. 152)

Um Bewohnerinnen beschützen zu können, müssen Pflegende sehr sensibel sein, um die Schutzbedürftigkeit der unterschiedlichen Bewohnerinnen erfassen zu können, was die hohen Sensitivitätsanforderungen reflektiert. Dies gilt besonders dann, wenn Bewohnerinnen vor den eigenen Verhaltensweisen geschützt werden müssen.

P17: „Auch heute Nacht – da bin ich auch so an meine Grenzen gekommen und da habe ich auch gedacht:,Bohr ey, wie sollst du das noch durchhalten bis morgen früh¿ Es war heute eine sehr unruhige Nacht. Und dann musste ich heute Nacht noch außer der Reihe waschen und solche Sachen alle. Und dann irgendwann kann ich auch nichts mehr geben, das merke ich dann an mir selbst, so innerlich, dann habe ich einfach den Kaffee auf. Nein, jetzt echt, dann ist es echt schwer weiterzuarbeiten. Dann gehst du dann mit einem,tief durchatmen, zum Bewohner.

Also, es gibt halt auch Bewohner, die man nicht so gut leiden kann. Tief durchatmen, jetzt gehst du da rein und machst das jetzt und ziehst das durch und egal und fertig und ja. Und das ist anstrengend, aufzupassen, dass der Geduldsfaden nicht reißt. Ja, und das ist echt anstrengend, manchmal wird man auf eine harte Probe gestellt." (P17, Z. 263)

Die befragten Pflegenden entscheiden sich oftmals situativ, ob ihre Rolle im Umgang mit Bewohnerinnen anwaltschaftlich, bedürfnisorientiert oder eine Funktion zum Schutz der Bewohnerinnen darstellt. Bei allen drei Ansätzen der Pflegenden ist eine starke Nähe und gute Beziehung zu den Bewohnerinnen erforderlich.

11.1.5.3 Herausforderung: Ökonomische und organisationale Einflussfaktoren

Ganz eng verwurzelt mit den pflegerischen Handlungsweisen im Alltag sind die ökonomischen und organisationalen Einflussfaktoren. Im vorhergehenden Kapitel zum betrieblichen Kontext wurden insbesondere der Mangel an Personal-, und Zeitressourcen, die Restrukturierung der Arbeitsaufgaben und Abläufe und damit einhergehend der Anstieg des Arbeitspensums als zentrale Einflüsse der Ökonomisierung, d. h. der zunehmenden Dominanz der Prinzipien der Wirtschaftlichkeit und der Zeiteffizienz auf den Arbeitsalltag herausgearbeitet. Im pflegerischen Alltag zeigt dies sich vor allem in dem Zeitmangel und dessen Konsequenzen für die Versorgung der Bewohnerinnen in den Widersprüchen des pflegerischen Alltags.

In den Interviews wird der Faktor Zeit bzw. der Mangel an Zeit als wichtige Konstante der pflegerischen Versorgung und dem damit einhergehenden Erleben von Beanspruchungen im Umgang mit Bewohnerinnen genannt.

P15: „Ich würde mir wirklich mehr Zeit für die Zuwendung der Bewohner wünschen. Dass ich auch öfter, länger bei den Bewohnern verweilen kann. Dass ich mich nicht nur mit ihm, mit der Versorgung beschäftigen darf, dass ich auch mal mit seine Bilder oder mit ihm die Bilder angucken kann. Dass ich mal vielleicht auch das Zimmer mit umgestalten kann oder verschönern kann oder was basteln kann oder irgendwie so ein bisschen das Miteinander noch etwas optimieren kann. Ich nehme mir auch die Zeit, weil mir das auch wichtig ist, dass auch die Tischdecke gewechselt wird, dass auch das Zimmer aufgeräumt ist, dass der Schrank aufgeräumt ist, dass ich auch weiß, auf den ersten Blick, was er im Schrank hat, welcher Pullover wem gehört. Die Zeit nehme ich mir, aber es wäre schöner, wenn ich die Zeit auch hätte." (P15, Z. 438)

P7: „Also, ich schaffe das alles so in der Pflege – kein Problem. Aber halt nie perfekt. Nie vernünftig! Man kann einen Schwerpflegefall mit einer PEG, bettlägerig nicht in 15 Minuten versorgen. Das geht nicht. Das schaffst du einfach nicht. Du musst den ausziehen, Vorbereitungen treffen, du musst den waschen von oben bis unten, richtig kämmen, Zahnpflege, Mundpflege, das geht gar nicht. Eincremen, anziehen, wie willst du das dann machen? Das schafft kein Mensch. Man schafft das ja selber nicht, obwohl man fit ist, sich in 15 Minuten zu duschen oder waschen und sich anzuziehen. Mach das mal selber! Das dauert länger als 15 Minuten. Und dann das bei jemand anderen zu machen. Und die PEG zu versorgen. Und die Nahrung rein, dokumentieren und aufschreiben, lagern. Das geht gar nicht." (P7, Z. 243)

Pflegende sind in ihrem beruflichen Alltag permanent dem Zeitdruck ausgeliefert und müssen damit umgehen, dass nicht alle Aufgaben, gemäß dem eigenen Anspruch, erledigt werden können. Dennoch müssen sie den täglichen Anforderungen gerecht werden und lernen nach Prioritäten zu arbeiten.

P11: „Ja, also der Zeitdruck ist wirklich enorm geworden. Damals hatten wir wirklich noch mehr Zeit mal zwischendurch. So, und jetzt schneide ich mal in Ruhe Fingernägel oder jetzt singen wir mal ein bisschen nachmittags in der Spätschicht. Das ist jetzt überhaupt nicht mehr dran zu denken." (P11, Z. 170)

P8: „Also, man kriegt [Bezug: Täglichen Tätigkeiten und Aufgaben] alles hin, das ist nicht das Problem. Das geht schon irgendwie alles. Aber so jetzt die Bewohner so an sich, wenn die mal echt was haben, reden wollen oder so was, das kriegt man manchmal gar nicht hin. Und das ist das eigentlich, was ich so eigentlich immer wollte. Das wollte ich eigentlich immer! Ja, und das bleibt auf der Strecke. Und die werden dann ja nervös und unruhig – und wir auch und das überträgt sich dann wieder – ja, das ist das halt." (P8, Z. 131)

Die befragten Pflegenden geben an, dass man in einigen Situationen den „Mut zur Oberflächlichkeit" haben muss und somit einige Bewohnerinnen „geplant vernachlässigen" muss. In vielen Situationen ist es jedoch schwierig Prioritäten zu setzen, da dies mit unangemessener Versorgung einhergehen kann. Pflegende bemerken in dem Zusammenhang auch eine strukturierte Ungerechtigkeit in der Versorgung der Bewohnerinnen. Nicht jede Bewohnerin erhält die Zeit, die ihr für ihre zugeteilte Pflegestufe zusteht, häufig werden besonders bettlägerige Bewohnerinnen mit Kommunikationseinschränkungen zeiteffizient versorgt, damit mehr Zeit für fordernde Bewohnerinnen mit einer niedrigeren Pflegestufe zur Verfügung steht. Pflegende wissen über die Ungerechtigkeit ihres Tuns und entwickeln vor dem Hintergrund Schuldgefühle.

P14: „(...) die Zeit in der Realität passt nicht. Für eine Schwerstpflege Pflegestufe 3 waschen morgens 20 Minuten. Für Pflegestufe 1 manchmal 50. Da denke ich manchmal:,Hallo¿ Es passt nicht, weil derjenige, der keine Wünsche äußern kann, man huscht da nur mal durch, obwohl man eigentlich viel mehr Zeit da verbringen müsste und auch gerne tun würde. Man müsste diese Bewohner so versorgen, dass sie das auch spüren, nicht einfach husch, husch, husch, zack, fertig und ab. Das ist ja im Moment wirklich so. also die Pflegestufe 3 Leute, die nicht mehr viel sagen können, die werden schnell durchgezogen, damit die Pflegestufe 1 Leute genug Zeit haben, weil die mehr fordern und sich auch beschweren können. (...).“ (P14, Z. 341)

Pflegende müssen jedoch im Rahmen ihrer Organisation agieren. Häufig fühlen sich Pflegende in einem Spannungsfeld zwischen den Anforderungen der Organisation, die sie kennen und in der sie auch sozialisiert sind, den Bedürfnissen der Bewohnerinnen, die sie gut nachvollziehen können und den eigenen professionellen Vorstellungen.

P15: „Früher hieß das mal:,Wenn da wirklich der Bedarf ist, ist egal, dann nehmt ihr euch mal die Zeit!‘ Dann haben wir mal Überstunden genehmigt bekommen. Inzwischen dürfen wir keine Überstunden mehr machen. Wir müssen in der vorgegebenen Zeit die Arbeit schaffen. Egal, ob die Bewohner damit zufrieden sind oder ob wir damit zufrieden sind (...). Früher war das ein bisschen anders. Da hat man noch mehr den Menschen gesehen.“ (P15, Z. 234 f.)

P8: „Also, ich habe mir den Beruf eigentlich immer anders vorgestellt. Ich dachte, ich könne für die Menschen da sein und nicht am Computer sag’ ich jetzt mal. Ich wollte mit dem Menschen sprechen, ja, einfach nur kennenlernen, ihm, wenn es ihm schlecht geht, helfen. Ich mein, das machen wir ja auch, aber jetzt nicht so, wie er es wahrscheinlich brauchen würde. Als ich mein erstes Praktikum gemacht habe, war ich in einem Bewohnerzimmer und die Bewohnerin hat mir ihr Herz ausgeschüttet und ich konnte nicht weggehen, ich dachte, ja, das ist so, wenn die was haben, dann bleib sitzen, hör es dir an, vielleicht braucht die das ja. Und dann bin ich wieder rausgekommen:,Eins sag‘ ich dir, so lange kannst du da nicht bleiben. Wenn die anfängt zu reden, dann gehst du dann, sagst du einfach: ‚So jetzt geht es nicht mehr! Und dann gehst du aus dem Zimmer raus!‘ Und dann hab’ ich gedacht: Oh mein Gott, nee – das wollte ich eigentlich gar nicht. Das wollte ich gar nicht. Ich wollte eigentlich für den Menschen da sein.“ (P8, Z. 171 ff.)

In der folgenden Tabelle werden zentrale alltägliche Situationen auf der Basis der Interviewaussagen zusammengefasst, in der diese Widersprüche deutlich erkennbar werden (tab. 11.1).

Tabelle 11.1 Spannungsfeld zwischen Anforderung und Bedürfnisse der Bewohnerinnen

Anforderungen der Organisation	Perspektive der Pflegenden	Bedürfnisse der Bewohnerinnen
Dokumentation		
Aufwendige Dokumentation aller Bewohnerinnen zur Qualitätssicherung (Forderung Heimaufsicht, MDK etc.)	Pflege und Dokumentation stehen zeitlich in Konkurrenz Verhältnis zwischen Pflege und Dokumentationsaufwand gerät in Ungleichgewicht. Anforderungen der Qualitätssicherung steht z. T. in Konkurrenz zur Pflegequalität → sinnvolles Handeln	Bewohnerinnen möchten betreut, gepflegt und begleitet werden und nicht verwaltet.
Personal		
Pflegeheime sind Systeme, die wirtschaftlich agieren müssen. Mit den verhandelten Pflegesätzen müssen die Organisationen haushalten und möglichst effizient die Versorgung anbieten. Einrichtungen müssen an Personalkosten sparen und sind gezwungen das vorhandene Personal möglichst effizient einzusetzen.	Der Arbeitsalltag der Pflegenden ist minutiös geplant; Geplante Pufferzeiten fehlen. Bei Abweichungen im Tagesablauf geraten Pflegende in Stress. Notfälle, Gespräche, Begleitung von Bewohnerinnen kann zu Ungunsten anderer Bewohnerinnen und Kolleginnen geleistet werden. Qualitative Pflege aller Bewohnerinnen in allen Situationen kann von Pflegenden nicht sichergestellt werden. Pflegequalität hängt zunehmend mehr vom Engagement, von der Belastbarkeit und von der Kreativität des Teams/der Pflegekraft ab.	Bewohnerinnen möchten zu jeder Zeit gute Pflege und verlangen auch pflegerische Kompetenz, wenn Unvorhergesehenes geschieht. Einzelne Bewohnerinnen sind nicht bereit, auf Leistungen für die Mitbewohner zu verzichten. Einige Bewohnerinnen sehen sich als Kundinnen und möchten die Leistungen erhalten, für die sie zahlen.

(Fortsetzung)

Tabelle 11.1 (Fortsetzung)

Anforderungen der Organisation	Perspektive der Pflegenden	Bedürfnisse der Bewohnerinnen
Pflegeeinrichtungen arbeiten häufig mit vielen Teilzeitkräften, um den Dienstplan flexibel gestalten zu können und um wenig Risiko bei Krankmeldungen einzugehen.	Pflegende brauchen für ihre Arbeit das Vertrauen der Bewohnerinnen und müssen Beziehungen aufbauen. Sie erleben die Enttäuschung und die Unzufriedenheit der Bewohnerinnen, die durch die vielen Wechsel entstehen.	Bewohnerinnen wünschen sich Kontinuität in der Versorgung und Bezugspersonen, denen sie vertrauen. Bewohnerinnen leiden unter den vielen Wechseln der Pflegekräfte
Für den Nachtdienst wird eine Fachkraft für ca. 60 Bewohnerinnen eingesetzt.	Nachtschichtmitarbeiterinnen sind häufig überfordert, da sie oft allein sind, viele Bewohnerinnen nicht kennen, allein schwere Bewohnerinnen lagern müssen, der Anteil Bewohnerinnen mit Kognitionseinschränkungen immer höher wird und zudem noch vor- und nachbereitende Tätigkeiten für den Tagdienst im Ablauf stehen.	Bewohnerinnen möchten sich auch nachts gut versorgt wissen, besonders demente Bewohnerinnen sind häufig nachts auffällig, weil sie unsicher und ängstlich sind und brauchen deshalb viel Zuwendung.
Pflegeeinrichtungen, dürfen Bewohnerinnen ohne Beschluss nicht fixieren oder einschließen.	Besonders in der Nachtschicht sind Bewohnerinnen mit Hinlauftendenzen ein Risiko, das Pflegende kaum verhindern können.	Bewohnerinnen, auch demente Bewohnerinnen möchten sich in der Einrichtung frei und sicher bewegen können.
Das Klientel der Pflegeheime verändert sich, die Organisation muss sich zunehmend mehr auf kränkere und pflegeintensivere Bewohnerinnen einstellen, deren Aufenthaltszeit sich zunehmend verkürzt.	Pflegende brauchen spezielles Wissen zu komplexen Behandlungspflegen. Pflegende haben weniger Zeit, die Bewohnerinnen kennen zu lernen und zu ihnen eine Beziehung aufzubauen	Bewohnerinnen mit speziellen Problematiken möchten auch in der stationären Langzeitpflege kompetent versorgt werden. Bewohnerinnen möchten möglichst lange zuhause leben und ziehen erst in ein Pflegeheim, wenn der Pflegeaufwand für die Häuslichkeit zu groß wird.

(Fortsetzung)

Tabelle 11.1 (Fortsetzung)

Anforderungen der Organisation	Perspektive der Pflegenden	Bedürfnisse der Bewohnerinnen
Behandlungspflegen dürfen nur nach ärztlicher Anordnung und durch Fachkräfte durchgeführt werden.	Pflegende dürfen nicht, ohne Anordnung handeln und nur mit der entsprechenden Kompetenz. Einfache Hilfeleistungen müssen kompliziert organisiert werden.	Bewohnerinnen möchten möglichst schnell Hilfe, wenn sie diese benötigen.
Demenzerkrankte gelten als normale Bewohnerinnen – für die Begleitung von Demenzerkrankten erhalten Pflegende keine Extrazeiten.	Demenzerkrankte Bewohnerinnen sind sehr zeitintensiv und psychisch anstrengend.	Demenzerkrankte agieren spontan und gemäß ihren Bedürfnissen – und möchten dementsprechend auch begleitet werden.
Charaktere der Bewohnerinnen		
Die Organisation plant mit anpassungswilligen Bewohnerinnen und ist mit eigenwilligen Bewohnerinnen überfordert.	Pflegende müssen ihren Ablauf und ihre Arbeit in den vorgesehenen Zeitrahmen schaffen, unabhängig von den unterschiedlichen Persönlichkeiten der Bewohnerinnen.	Eigenwillige, anspruchsvolle, dominante und auch demente und pflegeintensive Bewohnerinnen binden viel Zeit- und Personalressourcen.
Abläufe		
Das Pflegeheim ist zumeist nach einer festen Tagesstruktur organisiert und plant auch das Personal entsprechend ein.	Pflegende bemerken, dass der typische Tagesablauf nicht mehr vorhanden ist, besonders durch die vielen Demenzerkrankten gibt es keine klassischen Abläufe mehr.	Bewohnerinnen möchten nach ihren individuellen Zeiten bzw. nach den spontanen Bedürfnissen versorgt werden.

(Fortsetzung)

Tabelle 11.1 (Fortsetzung)

Anforderungen der Organisation	Perspektive der Pflegenden	Bedürfnisse der Bewohnerinnen
Pflegeheime sehen sich weiterhin als Langzeiteinrichtungen und erkennen nur langsam, dass der Anteil der Bewohnerinnen wächst, die nur sehr kurz (wenige Tage bis wenige Monate) in der Einrichtung verbleiben.	Pflegende haben zu wenig Zeit, um Bewohnerinnen zu Beginn kennenzulernen und sie einzugliedern, bei Bewohnerinnen, die sehr kurz bleiben, gelingt dieses oftmals nicht.	Bewohnerinnen möchten sich in der Einrichtung zuhause fühlen, unabhängig von der Dauer ihres Aufenthaltes.
Die Anforderungen der Nachtschicht werden nicht einbezogen. Häufig werden Konzepte und Abläufe schwerpunktmäßig für den Tagdienst implementiert.	Mitarbeiterinnen im Nachtdienst fühlen sich nicht miteinbezogen.	Bewohnerinnen möchten keine Qualitätsunterschiede nach Uhrzeiten.
Sicherheit		
Sicherheit der Bewohnerinnen steht über die Bedürfnisorientierung	Pflegende möchten die Sicherheit der Bewohnerinnen nicht gefährden.	Bewohnerinnen möchten mehr Lebensqualität und sind bereit, dafür Risiken einzugehen.
Zusammenarbeit		
Problematische Zusammenarbeit zwischen Pflegenden und Ärztinnen	Pflegende bemerken die Probleme, die sich aus einer schwierigen Zusammenarbeit mit den Ärztinnen ergeben und erkennen, dass die Bewohnerinnen darunter leiden.	Bewohnerinnen verlassen sich auf die Zusammenarbeit zwischen Pflegenden und Ärztinnen.
Fehlende Absprachen im Team führen zu Fehlern zu Lasten der Bewohnerinnen	Pflegende erkennen, dass unterschiedliches, nicht-abgesprochenes Handeln Bewohnerinnen auch schaden kann.	Bewohnerinnen vertrauen auf die Zusammenarbeit im Team und verlassen sich auf die Handlungen der Pflegenden.

11.1.6 Emotionsarbeit, emotionale Beanspruchung und Entlastung – zentrale Elemente in der bewohnernahen Pflegearbeit

Der Beruf der Pflegenden weist hohe Sensitivitätsanforderungen auf, denn eingebettet in anspruchsvolle Interaktionen sind Pflegende permanent angehalten, die Emotionen der Bewohnerinnen wahrzunehmen und ihre eigenen Emotionen an die Bewohnerinnen anzupassen. Emotionen und Emotionsarbeit werden daher zu einem zentralen Element der bewohnernahen Pflegearbeit.

Emotionsarbeit wird von den Pflegenden im Kontakt mit den Bewohnerinnen häufig zielgerichtet eingesetzt. Im Wesentlichen geht es darum durch die Anpassung der eigenen Emotionen innerhalb der Interaktionen, den Aufbau der Beziehungen zu fördern und auch die Gefühle des Gegenübers positiv zu beeinflussen. Gelungene positive Beziehungen zu den Bewohnerinnen stellen die zentrale Basis der pflegerischen Arbeit dar. Eine gute Beziehungsebene erleichtert die Arbeit, ermöglicht weniger belastende Strategien der Emotionsarbeit und entlastet damit auch die Pflegenden im Alltag. Diese Zusammenhänge sollen im Folgenden in mehreren Schritten erarbeitet werden. Anhand von Herausforderungen im pflegerischen Alltag werden zentrale Facetten und damit verknüpfte Zielsetzungen der Emotionsarbeit gezeigt, bevor die angewandten Strategien der Emotionsarbeit dargestellt und als Teil des beruflichen Selbstverständnisses diskutiert werden. Im Anschluss daran sollen die entstehenden emotionalen Beanspruchungen und Ansätze der Bewältigung aufgezeigt werden. Sensitivitätsanforderungen und Emotionen in den alltäglichen Interaktionen mit den Bewohnerinnen können nicht nur belastend wirken, sondern können auch zu einer Ressource werden, was abschließend auf der Basis der Interviewergebnisse verdeutlicht wird.

11.1.6.1 Facetten der Emotionsarbeit im pflegerischen Alltag

Die Emotionsarbeit der Pflegenden spielt eine entscheidende Rolle im Aufbau und der Gestaltung der Beziehungen. So passen Pflegende ihre Gefühle an die Situation bzw. die Bewohnerinnen an, um einen Zugang zu ihren Mitmenschen zu finden. Damit sich die Bewohnerinnen sicher, wohl und akzeptiert fühlen sind Pflegende bewusst nett und freundlich im Kontakt zu ihnen.

P8: „Die ganze Zeit freundlich und höflich zu bleiben ist anstrengend! Also da muss man sich echt beherrschen. Ich merk das manchmal, wie gesagt an einigen Tagen funktioniert das wunderbar. Dann denk ich: Bohr, da rein, da raus. Und an anderen Tagen, nee, da geht das gar nicht. Dann geht das wirklich nicht. Aber man darf ja auch mal sagen:,So, bis hier und jetzt ist gut.' Aber manchmal kann ich das nicht, weil dann denke ich immer so: Ah, dann kommt wieder dieses und jenes und dann ist es echt schwer sich zu beherrschen." (P8, Z. 506)

Schwierig, diese Zielsetzung umzusetzen wird es für die Pflegenden dann, wenn sie die Bewohnerin als unsympathisch bewerten oder sie keine positive Beziehung aufbauen konnten und sie dennoch versuchen müssen, ihre Antipathie im Alltag zu verbergen. Hier müssen Pflegende nicht vorhandene Emotionen in den Interaktionen ausdrücken und vorhandene Emotionen verbergen.

P5: „Wir hatten eine Dame, die hatte es genau darauf abgesehen. Wenn wir Pause gemacht haben, dann musste sie zur Toilette (...). Und irgendwann sagte sie zu mir:,Sie mögen mich auch nicht, oder¿ Ich sag':,Ja sicher, wie kommen Sie denn da drauf¿,Sie sind so komisch zu mir.' Ich sage:,Nee, das mache ich unbewusst.' Ich war ja in dem Moment tatsächlich genervt, manchmal staut sich das auf, dann muss man wirklich vor die Tür, sich verschnaufen und dann da reingehen. Wenn man dann zu den Bewohnern geht, dann muss man das eigentlich abgelegt haben"

I: „Gelingt das immer?"

P5: „Scheinbar an dem Tag damals nicht. Ich hatte an dem Tag aber noch privaten Stress. Ich hatte mich gerade fürchterlich über einen Bekannten aufgeregt. Naja, auf jeden Fall, das nimmt man manchmal halt auch eben mit. Und da muss man theoretisch wirklich vor der Tür eigentlich da lassen und nichts mit rein nehmen. Aber das gelingt dir nicht jeden Tag." (P5, Z. 328 ff.)

P16: „Und das versuche ich auch bei den Kollegen im Team durchzusetzen. Ich sag':,Ihr müsst immer professionell arbeiten, egal wie die auch ist, wie die zu uns auch ist, trotzdem nett und freundlich bleiben!' Ist manchmal sehr schwierig, aber was anderes bleibt einem auch nicht übrig. Man muss das einfach, obwohl einige Bewohner wirklich böse und unfair zu uns sind und uns auch gegeneinander ausspielen." (P16, Z. 054)

Ein weiterer zentraler Bereich der Emotionsarbeit liegt in der zielgerichteten Beeinflussung der Bewohnerinnen im Alltag. Einige Pflegende berichten darüber, dass sie bewusst eigene Emotionen, wie Ruhe und Gelassenheit ausstrahlen, um unruhige Bewohnerinnen zu beruhigen. Dies schließt auch den Ausgleich negativ bewerteter Handlungsweisen von Kolleginnen ein. So versuchen Pflegende, Hektik, Stress und daraus resultierende Fehler bei den Kolleginnen durch die gezielte Ausstrahlung von Ruhe zu reduzieren, um wiederum die Bewohnerinnen zu beruhigen.

P1: „Man kann auch merken, wenn andere Kollegen nicht so gut zufrieden sind, dann geht das sofort auf die Bewohner rüber. Also wenn Kollegen hektisch sind, das merken die Bewohner. Wenn man da stressfreier rangeht, dann sind die auch lockerer, die Bewohner. Das gibt's – das merken die schon, wenn man angespannt ist." (P1, Z. 224)

Emotionsarbeit spielt auch eine zentrale Rolle beim Umgang mit aggressiven Bewohnerinnen, denn durch eine bewusste Beeinflussung der Gefühle der Bewohnerinnen in diesen Situationen, sollen besonders deren aggressive und angespannte Stimmungen reduziert werden. Im Kontakt mit besonders unruhigen, trostsuchenden Bewohnerinnen, wie dies häufig gerade bei psychisch und dementiell Erkrankten vorkommt, lassen viele Pflegende Nähe zu und trösten durch Umarmungen, Verständnis und Zuspruch. Eine entscheidende Voraussetzung für ein Gelingen dieser Zielsetzung liegt im Aufbau einer positiven Beziehung zwischen Pflegenden und Bewohnerinnen, der wiederum an die Einbettung der Pflegearbeit in bestimmte organisationale Rahmenbedingungen gebunden ist. Mehr Zeit für die Versorgung, die Orientierung der Grundpflege an den Gewohnheiten und Vorlieben der Bewohnerinnen, wie sie beispielsweise durch die Biografiearbeit ermöglicht wird, oder auch die gezielte Anwendung von Methoden der Validation sind entscheidende Voraussetzungen. Im Rahmen der Validation verstärken die Pflegenden die von den Bewohnerinnen wahrgenommenen Realitäten und übernehmen Situationen, Gefühle, Eindrücke, die die Bewohnerinnen schildern, bis hin zur Übernahme von Rollen, wie beispielsweise die der Mutter, die des Vaters oder die des Kindes, wenn diese im Erleben der Bewohnerinnen vorkommen. Im Kontakt mit demenzerkrankten Bewohnerinnen vermeiden Pflegende die Konfrontation mit der Realität, um die Bewohnerinnen nicht emotional zu überfordern. Die Akzeptanz der von den Bewohnerinnen wahrgenommenen Realitäten wird auch als Methode bei Menschen mit Halluzinationen angewandt, um auf die Störfaktoren in deren Lebenswelt eingehen zu können und diese damit zu verringern oder in ihrem Einfluss abzuschwächen. Diese Herangehensweisen sollen dazu führen, dass die Bewohnerinnen sich wohl und angenommenen fühlen, denn das Fernhalten von negativen Emotionen äußert sich bei vielen Bewohnerinnen in ruhigerem Verhalten.

Ferner zählt die bewusste Reduzierung von Angstsituationen zur alltäglichen Emotionsarbeit. Pflegende verwenden hierzu Maßnahmen, die zur Förderung des Vertrauens und des Wohlbefindens beitragen, wobei auch für diese Interventionen Kenntnisse der Biografie der Bewohnerinnen unerlässlich werden. Besonders bei sensiblen und demenzerkrankten Bewohnerinnen achten Pflegende auf deren nonverbale Körpersignale und setzen ihre eigene Körpersprache aktiv ein. So werden positive Signale aus der Körpersprache, Gestik und Mimik fokussiert mit dem Ziel, dass sich die Bewohnerinnen sicher fühlen und zur Ruhe kommen.

P12: „Den Schülern sage ich immer, wenn wir im Dementenbereich sind, ich sage:,Die haben so eine feine Antenne, Du lächelst die an, aber trotzdem, deine Körperhaltung sagt ganz viel aus. Körperhaltung spricht ja – also das Nonverbale. Und ich mach' ganz viel mit Beobachtung. Ob wir jetzt einen neuen Bewohner haben, ich beobachte erst viel. Dann kommt man so langsam ins Gespräch in der Grundpflege, man hakt nach, man sieht, wo ist eine positive Reaktion, da arbeite ich weiter dran. Wenn irgendwas Negatives kommt, ziehe ich mich wieder langsam zurück. Und so baut man auch langsam Vertrauen auf." (P12, Z.: 082)

Deutlich wird in den Interviews, dass besonders im Umgang mit dementiell erkrankten und psychisch veränderten Bewohnerinnen, Pflegenden ihre Gefühle steuern müssen und auch gezielt nicht empfundene Emotionen zum Ausdruck bringen müssen, um diese Bewohnerinnen zu erreichen.

Daneben wird versucht, die Aufmerksamkeit der Bewohnerinnen von Dingen, die sie verunsichern oder Angst einflößen, abzulenken und auf für sie positiv besetzte Dinge, Erfahrungen oder Ereignisse zu lenken. So wird berichtet, dass besonders die Bewohnerinnen, die gläubig sind, auch Ruhe in einer Kapelle oder vor sakralen Gegenständen finden können. Diese Momente werden dann gezielt eingesetzt. Aber auch die wahrgenommene fachliche Kompetenz der Pflegenden schafft Vertrauen und reduziert bei den Bewohnerinnen Unsicherheiten und Ängste.

Pflegende versuchen nicht nur negative Gefühle zu reduzieren, sondern auch positive Gefühle bei den Bewohnerinnen entstehen zu lassen. So wird gezielt die eigene gute Laune, beispielsweise durch Gesang, humorvolle Gespräche bis hin zu therapeutischen Puppen eingesetzt, um Bewohnerinnen zu einer positiven Stimmung zu verhelfen.

Ebenso erweisen sich Lob und Anerkennung der Bewohnerinnen während der Pflege als gelungene Strategien, denn dies führt dazu, dass sich Bewohnerinnen über das Lob freuen und Stolz, Glück oder Zufriedenheit empfinden. Dies gilt auch bei als unsympathisch wahrgenommenen Bewohnerinnen, denn hier werden gezielt Freundlichkeit und Wertschätzung für eine Steigerung des Wohlbefindens verwandt. Traurige Bewohnerinnen oder Bewohnerinnen die an Symptombeschwerden leiden, versuchen Pflegende positiv zu beeinflussen und abzulenken, beispielsweise durch Humor auch zum Lachen zu bewegen. Ferner werden in einigen Situationen Sorgen der Bewohnerinnen humoristisch bagatellisiert, um negative Gedankenschleifen der Bewohnerinnen zu unterbrechen.

P12: „(...) und für die ist die Puppe der Ersatz. Wenn sie morgens traurig ist, dann nützt kein Singen, kein was weiß ich. Aber wenn ich mit der Puppe ankomme, mit diesem Jan, der heißt Jan bei ihr, das ist wie ihr Kind. Die hat nie Kinder gehabt.

Vielleicht hat sie mal ein Kind verloren, wir wissen es nicht. Und dann sehe ich, wie glücklich sie wird. Und dann weiß man auch, dass man damit auf dem richtigen Weg ist (...).“ (P12, Z. 520)

In seltenen Fällen berichten Pflegende, dass sie die Emotionen von Bewohnerinnen beeinflussen, um selbst zur Ruhe zu kommen. So werden Bewohnerinnen gebeten, beispielsweise sich weniger häufig zu melden oder ständige Wortwiederholungen einzustellen, wenn Pflegende in Stresssituationen sind. Durch die Erklärung der Situation erhoffen sich die Pflegenden, dass die Bewohnerinnen ihr Verhalten anpassen. Gezielte Irritationen werden ebenfalls mit der gleichen Zielsetzung verwandt. Eine weitere Herangehensweise liegt im Lob eines angepassten Verhaltens der Bewohnerinnen verbunden mit der Idee, dass sie sich daraufhin besser an die Situationen anpassen und so die Abläufe schneller durch die Pflegenden gestaltet werden können.

11.1.6.2 Strategien der Emotionsarbeit

Der bisher gezeigte zielgerichtete, situations-, und bewohnerorientierte Einsatz der eigenen Emotionen der Pflegenden beruht auf grundlegenden unterschiedlichen Strategien der Emotionsarbeit. Dazu gehören die automatische Regulierung, die emotionale Selbstkontrolle, sowie Ansätze von Tiefen-, und Oberflächenhandeln. Im Umgang mit Bewohnerinnen, zu denen Pflegende eine intensive positive Beziehung aufgebaut haben, erleben sie häufig eine automatische Emotionsregulation. Pflegende agieren hier als authentische Beziehungspartnerinnen, die ihre Emotionen nicht aktiv und bewusst anpassen müssen, sondern die diese Emotionen auch tatsächlich erleben. So fühlen Pflegende beispielsweise mit, wenn die Bewohnerinnen traurig sind und erleben die Traurigkeit als authentische erlebbare Emotion.

P7: „(...) manchmal sind die Bewohner auch so klasse. Da geht man mies gelaunt zur Arbeit und ruckzuck ist man besser drauf, weil die Bewohner so nett und einfach klasse sind. Ja, das hab ich zurzeit echt oft.“ (P7, Z. 501)

Dies ist verknüpft mit Strategien des Tiefenhandelns oder inneren Handelns. Hier geht es darum, ein Gefühl in sich entstehen zu lassen und nach außen zu zeigen und nicht um die Imitation eines nicht vorhandenen Gefühls nach außen. Strategien des Tiefenhandelns können zwar von den Pflegenden nicht als solche benannt werden, lassen sich jedoch deutlich in den Interviewpassagen zum Umgang mit den Bewohnerinnen erkennen.

Eine besondere Bedeutung gewinnen Strategien des Tiefenhandelns im Umgang mit demenzerkrankten Bewohnerinnen. Die Pflegenden berichten, dass gerade dementiell erkrankte Menschen besonders sensibel sind und schnell bemerken, wenn Pflegende nicht authentisch agieren. Pflegende lassen sich oft stark auf die sozialen Rollen ein, die sie im Rahmen der Validation übernehmen und können auch Gefühle in diesen Rollen tatsächlich empfinden. Strategien des Tiefenhandelns werden zudem in humorvoll gestalteten Interaktionen erkennbar, denn diese humoristischen Elemente können auch von den Pflegenden selbst empfunden werden. Vergleichbares gilt auch für die aktiv eingesetzte Gelassenheit in der Interaktion. Elemente der Situation werden von den Pflegenden so bagatellisiert oder umgedeutet, dass tatsächlich Gelassenheit von ihnen empfunden werden kann.

> *P1: „Anfangs hab ich auch immer gedacht, die Bewohner wollen mich ärgern oder machen das extra oder son Zeug. Aber mittlerweile hab ich die Einstellung: 'Das ist halt so' und damit fahre ich deutlich besser (…). Bei der einen Bewohnerin, die muss ständig zur Toilette und dann legt man sie wieder ins Bett und dann nässt sie ein. Ich reg mich darüber nicht auf, sondern akzeptiere es, dass es so ist und so stört mich das auch gar nicht mehr (…) Einige meiner Kollegen, die rasten regelmäßig aus. Aber ich denke mir 'egal, was solls'." (P1, Z. 422 ff.)*

Auch die Fähigkeit, die eigenen Gefühle in den Hintergrund stellen zu können und sich stark auf das aktuelle Geschehen konzentrieren zu können, wird als unterstützend wahrgenommen und kann als eine Strategie des Tiefenhandelns interpretiert werden. Pflegende fokussieren in schwierigen Situationen bewusst auf die Pflegearbeit bzw. die Person und versuchen auf der Basis, die Situation aus- und durchzuhalten. So wird beim Tod einer Bewohnerin nicht das eigene Trauererleben in den Vordergrund gestellt, sondern die Begleitung der trauernden Angehörigen und die Versorgung des Verstorbenen. Durch die Orientierung an der Bewohnerin mit ihren aktuellen Bedürfnissen gelingt es den Pflegenden oft auch für sich selbst, die Schwere der Situation auszublenden. Dies ist sehr wichtig, denn die emotionale Schwere einer Situation kann Pflegende blockieren und ihnen die Kontrolle der eigenen Gefühle erschweren.

Eine weitere Methode, die von den Pflegenden benannt wurde, ist die Neubewertung der eigenen Emotionen vor dem Hintergrund des Krankheitsbilds des Betroffenen. So versuchen sich Pflegende gedanklich in die Situationen der Bewohnerinnen hineinzuversetzen, um deren Handlungsweisen besser nachvollziehen zu können. Pflegende berichten beispielsweise, dass sie verbale Angriffe der Bewohnerinnen weniger negativ bewerten, wenn sie das gezeigte Verhalten mit einem Krankheitsbild oder den damit einhergehenden Symptomen begründen können.

P14: „Die ist halt depressiv. Dann ist man halt so drauf. Und dann ist das für mich auch völlig ok, wenn die auch mal was anstrengender ist“ (P14, Z. 158)

Die Möglichkeit, Methoden des Tiefenhandelns einsetzen zu können, setzt zeitliche Spielräume im pflegerischen Alltag voraus, d. h. Zeit für Beziehungsarbeit, Zeit für Interaktionen, Zeit für die systematische Anwendung von Ansätzen oder Interventionen in der Pflege, wie beispielsweise Validation oder Biografiearbeit und deren Reflexion voraus. Sofern dieses aufgrund kürzerer Verweildauern der Bewohnerinnen, zeitlich begrenzter Präsenz der Pflegenden, Arbeitsverdichtung und Personalmangel nicht möglich ist, werden überwiegend oberflächliche Handlungsstrategien der Emotionsarbeit angewandt. Oberflächenhandeln bedeutet, dass Pflegende positive Emotionen in der Interaktion mit den Bewohnerinnen ausdrücken, die sie aktuell nicht empfinden. Positive Emotionen werden im emotionalen Ausdruck in Mimik, Gestik und Körperhaltung dargestellt um das Ziel zu erreichen, eine gute Interaktionsgrundlage zur Bewohnerin zu erhalten. Die tatsächlichen Gefühle der Pflegenden bleiben dabei unberührt. Häufig werden dabei negative Emotionen unterdrückt,

P1: „Die Bewohnerin hat mich schon verletzt. Ja, das geht schon unter die Gürtellinie. Aber ich sag ihr es nicht. Ich mach es nicht zum Thema. Ich tu so, als wäre alles in Ordnung und bin nett zu ihr, genauso wie zu allen anderen Bewohnern auch.“ (P1, Z. 157)

Emotionen maskiert,

P3: „Manche sind so ätzend, da habe ich eigentlich sowas von keine Lust drauf. Aber es nützt ja nichts. Ich sag das dann natürlich nicht, ich will ja meine Arbeit gut machen und bin einfach freundlich und und geb mein Bestes.“ (P3, Z. 201)

oder auch neutralisiert

P7: „Ich versuche einfach nett zu den Leuten zu sein. Ja natürlich, einige sind echt schwierig. Ist mir aber egal. Ich bin zu den freundlich. Ich bin ja auch professionell. Ich bin auch nett, wenn mich etwas ärgert. Ich denke dann einfach, dass die nicht mich persönlich meinen, sondern eher in ihrer Situation unzufrieden sind und es an irgendjemanden auslassen müssen.“ (P7, Z. 87)

Im Fokus des Oberflächenhandelns steht der Ausdruck von nicht-empfundenen Emotionen, wie beispielsweise Ruhe, Gelassenheit und Freundlichkeit, wenn gleichzeitig Wut und Ärger erlebt wird. Die damit einhergehenden emotionalen Dissonanzen zwischen empfundenen und dargestellten Gefühlen können zu emotionalen Erschöpfungszuständen führen (vgl. Abschnitt 3.2). Entscheidend zur Bewältigung solcher Situationen werden Methoden der emotionalen Selbstkontrolle mit deren Hilfe Pflegende ihre Emotionen regulieren können. Die emotionale Selbstkontrolle wird damit zu einer grundlegenden Methode pflegerischen Handelns, die angewendet wird, um die obengenannten wesentlichen Ziele in der Interaktion mit den Bewohnerinnen (z. B. den Aufbau von Beziehungen oder die Steuerung der Gefühle der Bewohnerinnen) zu erreichen.

Im Fokus der emotionalen Selbstkontrolle steht die oberflächliche situative Anpassung der eigenen Emotionen, ohne dass die Emotionen authentisch erlebt werden. Auf der Basis der Interviewpassagen lassen sich verschiedene Situationen im pflegerischen Alltag zusammenfassen, die die Anwendung der Methoden der emotionalen Selbstkontrolle erfordern. Am häufigsten wurde die Selbstkontrolle als zentraler Umgang mit Bewohnerinnen erwähnt, zu denen keine Beziehung besteht bzw. die Beziehung durch Antipathien gekennzeichnet ist. Die erfolgreiche Durchführung der Pflegetätigkeit setzt voraus, dass auch in solchen Situationen positive Emotionen ausgedrückt werden und die empfundenen negativen Emotionen nicht nach außen gelangen.

Ein weiteres oft erwähntes Einsatzfeld der Methoden der emotionalen Selbstkontrolle sind Situationen, in denen Pflegende das Entstehen einer zu starken Symbiose zwischen ihnen und Bewohnerinnen befürchten. Bei einer sehr engen Beziehung zu den Bewohnerinnen beschreiben die Pflegenden häufig, dass sie zu stark mit den Bewohnerinnen mitleiden und sich sehr mit dem Leben der Bewohnerinnen identifizieren. Dieses kann dazu führen, dass die nötige Distanz für professionelles Arbeiten verlorengeht.

Pflegende müssen in ihrer Praxis auch häufig ihre Stimmungen situativ wechseln können, um den Anforderungen zu genügen. So müssen beispielsweise im Gespräch mit trauernden Angehörigen andere Emotionen gezeigt werden als in der Begleitung von Bewohnerinnen mit aggressiven Verhaltensweisen. Um in den unterschiedlichsten Situationen emotional angemessen agieren zu können, bedarf es dieser emotionalen Selbstkontrolle. Besonders durch das hohe Arbeitspensum und durch die Parallelität von Aufgaben und Interaktionen sind Pflegende gefordert, Emotionen häufig und schnell situativ anzupassen.

> *P17: „Oder, wenn ich gerade jemanden habe, einen Angehörigen, wo jemand im Sterben liegt und dann drei Zimmer weiter, dann musst du dann – ja, ich will nicht*

sagen fröhlich sein, aber der kann ja nicht wissen, was nebenan ist und der kann da auch nichts für. Also ich kann ja nicht die ganze Zeit dann trübselig rumlaufen." (P17, Z. 367)

Zudem gaben die Pflegenden an, dass sie von den Bewohnerinnen, Angehörigen und weiteren Akteuren als kompetent wahrgenommen werden möchten. Hierzu gehört es auch, dass Überforderungssituationen oder Unsicherheiten maskiert werden können. Zu professionellen Verhalten gehört es, sich auch in schwierigen Situationen ruhig zu verhalten und dadurch die Bewohnerinnen vor Stresserleben zu schützen. In beiden Situationen werden Emotionen reguliert.

P17: „Viele klingeln, dann war da noch eine gefallen und so weiter. Das ist auch meistens so, wenn viel Stress und Unruhe auf dem Wohnbereich ist. Als wenn die Bewohner da einen Sender für haben, als wenn die das spüren. Wenn es hektisch wird, dann fangen immer welche an fünfmal zu klingeln und müssen dann nochmal zur Toilette und man muss nochmal und das ist dann schon lästig in solchen Situationen. Ich würde dann am liebsten die Klingeln rausziehen, aber das geht ja nicht. Ja, das ist dann so." (P17, Z. 473)

Die erfolgreiche Anwendung von Methoden emotionaler Selbstregulation wird gefördert durch die Fähigkeit zur Empathie. Dadurch können Pflegende abschätzen, welche Emotionen dargestellt werden sollen, um die damit verbundenen Ziele zu erreichen.

Pflegende bewerten Strategien emotionaler Selbstkontrolle als wichtiges Instrument ihrer Arbeit, das notwendig wird, um die Ziele ihrer professionellen Pflegearbeit zu erreichen. So wollen sie beispielsweise mit den Bewohnerinnen so umgehen, wie sie selbst gerne von Pflegenden behandelt werden möchten. Negative Emotionen die durch Antipathie hervorgerufen werden, sollen daher auf keinen Fall die Qualität der pflegerischen Arbeit beeinträchtigen, d. h. die Bewohnerinnen sollen etwaige Antipathien nicht wahrnehmen und sich gut versorgt fühlen. Pflegende berichten auch, dass Formen emotionaler Selbstkontrolle erlernt und regelmäßig geübt werden müssen, wobei die Rückmeldung von Kolleginnen und die (gemeinsame) Reflektion der eigenen Handlungsweisen einen wichtigen Beitrag leistet. Einige der Befragten erklären auch, dass emotionale Selbstkontrolle besser angewandt werden kann, wenn man sich in bestimmten Situationen von den Handlungsweisen und den Bedürfnissen der Bewohnerinnen emotional distanziert. Die emotionale Distanz erleichtert den Pflegenden nicht nur die Kontrolle der eigenen Emotionen, sondern gestattet auch den Wechsel in eine professionelle Rolle.

Viele der befragten Pflegekräfte geben an, dass diese Kontrolle der Gefühle zum Beruf gehört und sie beschreiben dies als einen Teil der Arbeitsaufgaben und damit auch der Vergütung. Emotionsarbeit gewinnt somit einen Tauschwertcharakter, denn Pflegende werden für den Ausdruck erwünschter Emotionen entlohnt. Dies trägt zu einer Gelassenheit gegenüber den eigenen Emotionen bei, denn sie erleben ihre Tätigkeit als bezahlte Dienstleistung, zu der auch Emotionskontrolle oder der angemessene Umgang mit den eigenen Gefühlen und das Ertragen von emotional schwierigen Situationen zählt. Als Brücke dient hier, dass unangemessenes Verhalten der Bewohnerinnen häufig als Teil ihrer Erkrankung oder ihrer Biografie eingeordnet wird, wie beispielsweise bei typischen Verhaltensweisen von an einer Demenz erkrankten Bewohnerinnen. Das Verhalten wird als Teil der Erkrankung anerkannt und die Aussagen der Bewohnerinnen werden nicht als persönliche Demütigung wahrgenommen. Pflegende sehen einen wesentlichen Auftrag darin, freundlich zu sein, Ruhe auszustrahlen und Wohlbefinden zu vermitteln. Pflegende werden in den Einrichtungen auch dazu angehalten, diese Bewertungen vorzunehmen und zudem die Bewohnerinnen und Angehörigen als Kundinnen wahrzunehmen und möglichst auch kundenorientiert mit ihnen umzugehen. Vergleichbares gilt auch für die Wahrnehmung der Anforderungen in der Beziehungsarbeit. Die notwendige Gestaltung der Beziehungen und der Umgang mit negativ wahrgenommenen Verhaltensweisen und Emotionen der Bewohnerinnen werden als eine berufliche Anforderung betrachtet, die auf der Basis eines Tauschwerts durch die Entlohnung der Pflegenden kompensiert wird.

Die Handlungen der Pflegenden in den Interaktionen sind vorrangig an den Bedürfnissen der Bewohnerinnen und in ihrem Wohlbefinden orientiert, wobei ihr eigenes Wohlbefinden oft als zweitrangig wahrgenommen wird. Hierzu geben Pflegende in den Interviews auch Entlastungsstrategien im pflegerischen Alltags an, wie beispielsweise weniger über die Situation nachdenken, sich in einer emotional überforderten Situation auf den Feierabend freuen und die Arbeit „durchziehen". Auch die negativen emotionalen Erlebnisse als einen „auszuhaltenden und bezahlten Teil der Arbeit" zu akzeptieren ist eine Strategie, die die Befragten anwenden.

P1: „Wobei ich ab und zu denke, ich hätte auch Schauspieler werden können. Das ist nun mal so. Man geht in ein Zimmer rein, der Bewohner ist am Sterben und dann muss man gegenüber ins Zimmer rein und dann muss man halt nett sein und fröhlich. Ja, da hab' ich auch nichts von, wenn ich gegenüber ins Zimmer reingehe und schlechte Laune habe, da kann der Bewohner auch nichts für. (...). Das heißt jetzt nicht, dass ich nicht mehr an den Verstorbenen denke, sondern man zwitscht um. Ich stelle das, was jetzt ist, in den Fokus, das andere, wie z. B. die sterbende Bewohnerin bleibt im Hintergrund – ist also nicht weg oder so. Denn ich weiß auch, wenn ich zu einem dementen Bewohner gehe und schlecht zufrieden bin, dann habe ich noch mehr Ärger mit dem so ungefähr. Oder der wird dann noch verwirrter.“ (P1, Z. 524 ff.)

Für die meisten befragten Pflegenden stellt der Umgang mit diesem Ungleichgewicht im Beziehungsgeschehen die größte Herausforderung in der Beziehungsarbeit mit Bewohnerinnen dar. Dies ist eingebettet in die notwendige Regulierung des Umgangs mit Nähe und Distanz und damit der Beziehungsintensität, dem Anspruch, gerecht gegenüber allen Bewohnerinnen zu handeln und eine positive Beziehungsgestaltung auch mit unsympathischen Bewohnerinnen zu erreichen. All dies erfordert einen hohen Grad an emotionaler Selbstkontrolle.

11.1.6.3 Emotionale Beanspruchungen

Die Darstellung der Bedeutung von Emotionen und Emotionsarbeit und ihre Einbettung im pflegerischen Alltag zeigt deren unterschiedliche Facetten, die Herausforderungen der Umsetzung innerhalb der Pflegebeziehungen, die damit verbundenen Strategien und organisatorische Voraussetzungen auf. Dabei wurde auch deutlich, dass damit Situationen emotionaler Beanspruchungen einhergehen können, die abschließend zusammengefasst werden. Den Ausgangspunkt der Entwicklung von emotionalen Beanspruchungen liegt in der heterogenen Zusammensetzung der Bewohnerinnen und den damit einhergehenden unterschiedlichen Bedürfnissen. Dies gilt im besonderen Maße dann, wenn sie herausfordernde Verhaltensweisen oder von den Pflegenden negativ bewertete Emotionen im Umgang zeigen bzw. an Krankheiten leiden, die einen besonderen Umgang von Pflegenden erfordern. Die Herausforderungen im Umgang und der pflegerischen Versorgung der Bewohnerinnen werden jedoch selten als die Beanspruchungen im Beruf wahrgenommen. Zur Beanspruchung wird der Umgang mit Bewohnerinnen erst durch das Spannungsfeld, das durch die ökonomischen und organisationalen Herausforderungen entsteht, die von Pflegenden Verhalten erwarten, welches nicht kongruent mit den eigenen Ansprüchen einer guten pflegerischen Versorgung einhergeht. Das Arbeiten in diesem Spannungsfeld erleben viele der Befragten als anstrengend.

Diese Zusammenhänge sollen anhand konkreter Beispiele – im Umgang mit demenzerkrankten, schwerstkranken oder auch sterbenden Bewohnerinnen – verdeutlicht werden. Die Begleitung von demenzerkrankten Bewohnerinnen wird unter den gegebenen Rahmenbedingungen als sehr beanspruchend erlebt. Wie schon ausgeführt wurde, erfordert der Umgang mit ihnen ein besonders hohes Maß an Sensitivität gegenüber ihren Bedürfnissen und Gefühlen und gleichzeitig ein hohes Maß an Regulierung der eigenen Emotionen. Da demenzerkrankte

Menschen sehr sensibel Emotionen wahrnehmen können, werden Strategien des Oberflächenhandelns von den Bewohnerinnen enttarnt und sind in diesen Beziehungen kaum lebbar. Hier sind Pflegende auf Strategien des Tiefenhandeln angewiesen, die stärker die Entwicklung authentischer Gefühle gestatten. Strategien des Tiefenhandelns setzen jedoch intensive, positive Beziehungen voraus, deren Aufbau und Gestaltung zeitliche Ressourcen im pflegerischen Alltag voraussetzt, die häufig nicht ausreichend gegeben sind.

Die Beziehungen mit schwerstkranken oder auch sterbenden Bewohnerinnen sind ebenso von hohen Sensitivitätsanforderungen gekennzeichnet. Pflegende versuchen, sich in die Situation der Bewohnerinnen hineinzuversetzen und agieren auf dieser Ebene mit den Bewohnerinnen. Pflegende fühlen sich damit oftmals überfordert, denn sie wissen nicht, wie sie agieren sollen und erleben es als emotional belastend, die Bewohnerinnen leiden zu sehen. Gerade wenn nicht die notwendigen Zeitressourcen für die Begleitung und intensive Versorgung zur Verfügung stehen, haben Pflegende oft das Gefühl ihnen nicht gerecht zu werden. Hinzu kommt, dass die Pflegenden sich in der Regel neben den sterbenden auch um weitere Bewohnerinnen kümmern müssen und so emotional zwischen den Situationen und den Bewohnerinnen wechseln müssen. Bei einer starken emotionalen Identifikation ist dieses „emotionale Springen" für Pflegende herausfordernd. Fast in allen Interviews wurde dieses als eine hohe Beanspruchung beschrieben. Der Wunsch nach genügend Zeit für die Begleitung Sterbender und damit auch die sterbende Bewohnerin nicht allein zu lassen zu müssen, um sich anderen Bewohnerinnen zu widmen, wurde in allen Interviews formuliert.

Auch kann durch einige Interviewpassagen vermutet werden, dass Pflegende einzelne Todesfälle wirklich stark belasten und sie Bedarf an Begleitung zur Verarbeitung haben.

> *P9: „Also, z. B. die Sterbebegleitung dieser jungen Frau. [Bezug: Bewohnerin, von der P zuvor im Interview bereits berichtete]. Also die war ja noch nicht alt – 60 Jahre. Und die Tochter war 38. So beide so jung und dann diese zu begleiten. Das war auch schon – so, ich hatte auch so zwei Tage mit mir zu tun, dass ich mich selbst beruhigen konnte. Dass die Tränen nicht sofort kullerten. Muss ich ehrlich sagen, weil das man nochmal so wirklich vor Augen gehabt hat so zwischendurch, wenn man dann irgendwie so mal irgendwo war. (...) Sterbesituationen berühren mich eigentlich immer so. Muss ich sagen. So ein bis zwei Tage schon. Gut, wenn die so schwer krank waren, und jetzt auch das Alter haben, dann ist das gut so. Aber diese war jetzt auch 60 Jahre – ist auch noch kein Alter und denn so krank. (...) Hatte Krebs und dann, ja. (...) Vier Kinder und ihren Vater hatten die sieben Jahre zuvor schon verloren. (...) Das ist so schade, dass die gleich beide Elternteile schon verloren haben. (...). Und die Kinder waren auch noch jung. Die waren 38,35,33 und der eine war 23. Also nicht klein mehr aber halt noch jung. (...) und*

die Kinder hatten ja auch nur noch die Mutter. (...). Aber jetzt war ich Montag mit zur Beerdigung und jetzt ist auch gut. Dann ist das auch abgeschlossen. Dann war es auch gut (P9, Z. 680 ff.) [Auffallend bei dem Bericht von dieser Bewohnerin war, dass P9 immer wieder davon anfing – auch als versucht wurde das Thema in eine andere Richtung zu lenken].

Zu einer Herausforderung im Umgang und auch für die Emotionsarbeit werden zudem bestimmte, von ihnen negativ bewertete Verhaltensweisen der Bewohnerinnen, wie beispielsweise Dominanz, Anspruchsdenken, Egoismus, Bequemlichkeit, Unfreundlichkeit oder Aggressivität. Pflegenden, die oft altruistisch veranlagt sind, sind gerade egozentrische Verhaltensweisen fremd. Sie äußern Unverständnis gegenüber diesen Verhaltensweisen und haben aufgrund dessen, Probleme diese Verhaltensweisen und das Anspruchsdenken der Bewohnerinnen zu ertragen. Pflegende erleben es als belastend, dass diese Bewohnerinnen oftmals den Arbeitstag dominieren und Zeitressourcen binden, die häufig bei der Versorgung anderer Bewohnerinnen fehlen. Auf der Basis der Kontrolle der eigenen Emotionen – nach außen ein Lächeln zeigen – versuchen Pflegende, Ruhe zu bewahren und die eingeforderten Leistungen zu erbringen, auch wenn sie als unnötig empfunden werden, um Konflikte und Beschwerden zu reduzieren. In den Interviews wird auch berichtet, dass die emotionale Selbstkontrolle scheitern kann und die tatsächlich empfundenen Emotionen erlebt und ausgedrückt werden.

P13: „(...) und irgendwo kann man ihr [Bezug: Bewohnerin] nichts recht machen. Sie ist auch ein bisschen faul und sie kommt nur zum Mittag raus. Zum Mittagessen kommt sie mit dem Rollstuhl nach unten, ansonsten ist sie im Bett. Aber ihr ist alles zu viel. Wenn du da bist, sie redet ununterbrochen und immer dasselbe und das will ich nicht und das will ich und ich kann das nicht mehr und hier tut's weh, und, und, und... und eben nur am Fordern. Und irgendwann kann man das auch nicht mehr hören und nicht mehr ab (...)." (P13, Z.: 068)

P8: „Einige Bewohner die sind so – also, eine haben wir im Moment, die meckert einen dann immer sofort an, wenn ihr etwas nicht passt. So auch so, richtig abwertend auch. Die benutzt auch Schimpfworte wie‚Fotze!' oder‚Ich schlag dich!' Und so was alles. Und so ist sie dann auch wirklich. Sie holt dann auch aus und so. Und bei der kannst du das machen, was sie, möchte, oder was sie nicht möchte, es ist nie richtig. Es ist niiiie richtig. Und das ist anstrengend. Oder eine andere Bewohnerin, sie hat MS, sie ist noch relativ jung, also 55 Jahre alt. Und hat schon, ich glaub' 30 Jahre ist sie schon erkrankt. Und die ist auch anstrengend. Sie gibt einem ab und zu das Gefühl:‚Du kannst nichts und du bist ein Nichts.' Wirklich, sie springt mit uns um, sodass man sich nach der Versorgung wertlos fühlt." (P8, Z. 493)

Auch unfreundliches oder aggressives Verhalten, das von den Pflegenden weitgehend negativ bewertet wird, kann häufig mit einer emotionalen Beanspruchung einhergehen. Dies gilt besonders dann, wenn Pflegende von Bewohnerinnen beschimpft, bedroht, überwiegend kritisiert oder geringgeschätzt werden.

> *P11: „'Hör mal, so können wir dich nicht mehr rüber vom Rollstuhl ins Bett wir müssen jetzt mit einem Lift arbeiten.','Nein!' Und dann fängt der an zu schlagen, der wird richtig ausfallend, da fallen Worte, die sind richtig übel. Und so was darf man sich nicht zu Herzen nehmen, das muss man mit Humor nehmen. Sonst geht es nicht. Man darf sich nicht persönlich angegriffen fühlen, sondern muss es mit Humor und einer gewissen Distanz nehmen." (P11, Z. 223 f.)*

Pflegende bewerten diese negativen Verhaltensweisen als Teil ihres beruflichen Alltags und versuchen, die eigenen negativen Emotionen zu verbergen, um die Beziehung nicht zu belasten. Dabei nehmen sie die Geringschätzung ihrer Person und ihrer Fachlichkeit durchaus als Kränkung wahr. Den Widerspruch zwischen empfundener und tatsächlich gezeigter Emotion erleben sie als emotionale Dissonanz. Eine eskalierende Situation würden sie jedoch als berufliches Scheitern wahrnehmen. Beides – die negativen Verhaltensweisen der Bewohnerinnen und das Erleben emotionaler Dissonanz – führen zu einer Beanspruchung und wirken sich auf die Motivation aus. Pflegende reflektieren diese Erlebnisse nicht systematisch, sondern sprechen eher informell mit Kolleginnen oder im Rahmen privater sozialer Kontakte über diese.

Die anhand des Beispiels gezeigte Entwicklung von emotionaler Dissonanz tritt noch in weiteren Situationen hervor, wenn ein deutlicher Widerspruch zwischen ausgedrückten und empfundenen Emotionen vorliegt. Neben den hohen Sensitivitätsanforderungen im Alltag, den häufig vorkommenden Strategien des Oberflächenhandels in der Emotionsarbeit bildet die Erfahrung emotionaler Dissonanz eine dritte zentrale Quelle emotionaler Beanspruchung. Dies wirkt sich negativ auf das Wohlbefinden und Stresserleben und kann zu psychosomatischer Beschwerden, emotionaler Erschöpfung oder auch Burn-out Symptomen führen. Zentral für das Entstehen sind nicht in erster Linie die Herausforderungen durch die Bewohnerinnen, sondern deren Einbettung in die Rahmenbedingungen der Einrichtungen, die die zeitlichen Ressourcen für einen positiven Beziehungsaufbau nicht zur Verfügung stellen, die wiederum die Voraussetzung für Strategien des Tiefenhandelns bilden. Tiefenhandeln mit der Möglichkeit der Entwicklung authentischer Gefühle in der Situation, kann die emotionale Beanspruchung reduzieren.

In auffallend vielen Interviews wird auch von Spillover Situationen in den privaten Kontext berichtet. Der private Kontext wird häufig unerlässlich zur Verarbeitung der Erfahrungen im beruflichen Alltag. Eine Aufforderung an den Arbeitgeber, für Entlastung und Verarbeitung während der Arbeitszeit zu sorgen, gab es nur vereinzelnd von den interviewten Pflegenden. Mehrheitlich wurde die Ansicht vertreten, dass der Umgang mit derartigen Erfahrungen zur beruflichen Tätigkeit gehöre und Pflegende den Umgang lernen müssen.

Als eine weitere Bewältigungsstrategie wird von den Pflegenden hervorgebracht, den eigenen Anspruch an die Pflegearbeit herabzusetzen. Dadurch kann der innere Konflikt zwischen eigenen Vorstellungen und den Vorgaben der Leitung bzw. der Organisation abgeschwächt, bzw. reguliert werden.

P8: „Wenn ich mir was wünschen könnte, dann wäre das so ein bisschen mehr Gelassenheit. Nicht dieses ständige so dieses:‚Ich hätte das, aber wieso hast du das nicht, perfekt gemacht, so. Dass das ein bisschen runtergeht. Also mein eigener Anspruch an meiner Arbeit könnte etwas runter gehen. Ja, also es ist ja gut, dass man einen Anspruch hat – aber immer ist das nicht so toll. Also ich bin schon perfektionistisch und so oft kann man in dem Job nicht perfekt sein und das ist dann auch frustrierend. Wenn ich meine Ansprüche etwas reduzieren könnte, wäre das schon gut – und dann könnte ich vermutlich auch wieder mehr Erfolge sehen und so (…).“ (P8, Z. 645)

Gleichzeitig wird auch in den Aussagen die Widersprüchlichkeit dieser Herangehensweise erkennbar. Die Orientierung an der Forderung nach Zeiteffizienz in der Pflege steht im Widerspruch zu dem professionellen Wissen um eine adäquate, bewohnerorientierte Versorgung. Dieser Widerspruch wiederum kann zu einer emotionalen Beanspruchung führen.

P11: „Dass ich den Leuten nicht das geben kann, was ich gerne würde, das ärgert mich, weil die Zeit einfach nicht da ist. Man macht dann morgens eine Pflege und versucht innerhalt von einer Viertelstunde aus dem Zimmer raus zu sein, und wenn ich eine Viertelstunde gebraucht habe, ist das eigentlich auch schon wieder zu lange. Gut, kommt auch auf die Person an, aber ich könnte noch so viel mehr, wenn ich nicht noch die sechs anderen waschen müsste. Wenn ich morgens nur einen hätte, sähe das ganz anders aus. Aber so versucht man echt sein Ding schnell durchzuziehen, nebenbei mit dem Bewohner zu reden, damit der auch mal was zu reden hat. Gleichzeitig lenke ich aber auch mit dem Reden davon ab, dass ich so schnell meinen Kram mache und dann würgt man im Grunde genommen den Bewohnern wieder mitten im Wort ab, wenn man sagt:‚Es tut mir leid, aber Sie wissen ja, ich hab‘ jetzt noch fünf andere und ich komm nachher nochmal rein. Wenn was ist, melden Sie sich.’ Weg bin ich.“ (P11, Z. 307)

11.1.6.4 Bewohnerinnen als emotionale Entlastung

Pflegende nehmen die Interaktionen mit den Bewohnerinnen jedoch nicht nur als emotional beanspruchend wahr, denn die Bewohnerinnen können zu einer der wichtigsten Ressourcen zur Bewältigung des Berufsalltags werden. Viele der Befragten geben an durch die Interaktionen mit den Bewohnerinnen, Motivation und Energie für anstrengende und belastende Aufgaben zu gewinnen. Durch ihren Dank, die Anerkennung und Wertschätzung für ihre Arbeit geben die Bewohnerinnen den Pflegenden das Gefühl, einer sinnvollen Tätigkeit nachzugehen. Ebenso bleiben gute Beziehungen zu Bewohnerinnen und positive Erlebnisse und Erfahrungen in Erinnerung und motivieren für die Arbeit. Diese Bedeutung wird im Folgenden näher anhand von Facetten und Beispielen des Beziehungsgeschehens, der damit verbundenen Wertschätzung durch die Bewohnerinnen und der Wahrnehmung der eigenen Leistung und Kompetenz aufgezeigt.

> *P16: „Die Bewohner motivieren mich für die Arbeit auch. Also, ich mache meinen Beruf einfach gerne. Ich liebe meinen Beruf und ich gehe trotzdem, auch wenn es mal schwierig ist und einige Bewohner echte Stinkstiefel sind, gehe ich trotzdem gerne zur Arbeit, weil ich von den anderen Bewohnern ja auch wieder ein Feedback kriege und die sind einfach fröhlich, glücklich, freundlich, wenn man kommt und das, das baut einen auch auf." (P16, Z. 68)*

> *P15: „Also, ein Lächeln von einem Bewohner ist schon was Tolles. Das ist dann auch so die Dankbarkeit. Ja, die schätzen mich. Ich schätze auch die Bewohner. Besonders genieße ich es, wenn man mit Bewohnern auch noch kommunizieren kann. Also, wo man fragen kann und Antworten bekommt und nachfragen kann, also auch die einem auch was erzählen können." (P15, Z. 286)*

Pflegende erleben eine gute Beziehung zu den Bewohnerinnen als entlastend. Besonders entlastend ist es, wenn sie von den Bewohnerinnen als Mensch mit Schwächen und Stärken und mit wechselnden Stimmungslagen akzeptiert werden. Pflegende mögen es, wenn sie authentisch sein können und keine künstliche oder aufgesetzte Rolle spielen müssen.

> *P11: „(...) Klar gibt es auch Bewohner, mit denen ich mich besonders gut verstehe, z. B. habe ich eine Bewohnerin im Obergeschoss (...) Ich weiß, wie schwer ihr der Einzug ins Heim gefallen ist. Ja, und wenn ich jetzt sehe, wie sie strahlt. Wenn ich dann zu ihr ins Zimmer komme, das ist auch Motivation. Auf jeden Fall. Die freut sich immer richtig auf mich. Wir verstehen uns super. Sie hat auch so eine Ironie wie ich auch, das verstehen auch längst nicht alle, also einige Mitarbeiter fühlen sich manchmal ein bisschen angepinselt von ihr. Ich könnt mich immer nur kaputtlachen, weil ich das herrlich finde (lacht)." (P11, Z. 156 f.)*

Die Beziehung zu den Bewohnerinnen gewinnt daher für die Pflegenden eine hohe Relevanz. Zu vielen Bewohnerinnen haben Pflegende eine positive Beziehung und haben diese „ins Herz geschlossen“. Die gemeinsame Zeit mit den Bewohnerinnen wird zu einem positiven Element der beruflichen Tätigkeit. Pflegende sehen es als Erfolg, wenn sich die Bewohnerinnen in der Einrichtung zuhause fühlen, sie ausgeglichen und zufrieden wirken oder offener werden, weil sie sich zunehmend wohl fühlen.

P13: „Wenn man jetzt einen Bewohner hat, der viel Dekubitus hat, der wirklich heftig aussieht. Wir haben das schon mal gehabt, den haben wir wieder zu gekriegt und bei dem Bewohner, der ist letztendlich nach zwei Jahren wieder nach Hause gegangen. Weil alles wieder zu war, ging das zuhause wieder. Das motiviert einen sehr, wenn man solche Erfolge sehen kann.“ (P13, Z. 138)

P12: „Also, für mich ist das schon eine Motivation, wenn ich morgens komme und wir haben Bewohner, und ich gehe ins Zimmer, begrüße ihn und ich kriege dieses Strahlen. Dieses Lächeln und er freut sich oder sie freut sich, mich zu sehen. Oder es gibt auch Bewohner, die sind dann:,Waaah, muss ich aufstehen¿ Aber dass ich es dann doch schaffe, eben was Positives da bei denen zu entwickeln, dass die wirklich bereit sind, freiwillig das Bett zu verlassen – also mit Freude aufstehen.2 (P12, Z. 383 f.)

Einige Bewohnerinnen akzeptieren nicht jede Pflegekraft. Zum vertrauten Kreis der Bewohnerinnen zu gehören ehrt die Pflegenden und gibt ihnen das Gefühl, als Person wichtig zu sein. Ebenso kann der Stolz, das Richtige für die Bewohnerinnen getan zu haben, entlastend erlebt werden. Hierzu zählt unter anderem so mit Bewohnerinnen umgegangen zu sein, dass bei den Bewohnerinnen Gefühle wie Rührung, Freude und Stolz ausgelöst wurden. Ferner erleben Pflegende es als Wertschätzung, wenn sich die Bewohnerinnen für das Leben der Pflegenden interessieren und auch Fragen zum Privatleben stellen. Das Interesse am Befinden der Pflegenden wird als wertschätzend empfunden.

P11: „Im Altenheim ist der Schwerpunkt das Wohnen, das heißt auch Gemütlichkeit muss da sein. Und bei uns, da kann man sich wohl fühlen. Und ich komm in ein Zimmer rein und da weiß ich genau, was mich da erwartet und die Leute wissen auch genau, wer reinkommt, wenn ich dann reinkomme. Ich werde dann zum Teil mit Vornahmen angesprochen, das ist einfach schön. Und dadurch, dass ich natürlich auch unheimlich viel Zeit im Altenheim verbringe, ist es ein Stück weit auch wie ein Zuhause. Und die Kollegen sind auch ein Stück weit wie Familie. Und da bin auch froh, das ist nicht überall so (…).“ (P11, Z. 128)

Besonders vor dem Hintergrund der vielen kognitiv eingeschränkten Bewohnerinnen, berichten Pflegende, sich sehr darüber zu freuen, wenn man sich mit einer Bewohnerin unterhalten kann. Auch die Anrede mit dem Vornamen durch die Bewohnerinnen können Pflegende als Anerkennung erleben. Pflegende freuen sich auch, wenn die Bewohnerinnen positive Emotionen ausdrücken und wenn beispielsweise ersichtlich wird, dass die Bewohnerinnen sie mögen. Als ein besonderer Erfolg bewerten sie, wenn sich angespannte und verschlossene Bewohnerinnen durch den Kontakt mit Pflegenden öffnen, sich wohl fühlen und entspannen können.

> *I: „Was sind Ihre Motivationsquellen für die Arbeit?"*
>
> *P17: „Also das sind die Bewohner. Also wenn die gut drauf sind, also so bestimmte Bewohner. Man hat so – Lieblinge will ich nicht sagen – aber einige sind einem ans Herz gewachsen und wenn dann so, wenn die erst so zerknittert und biestig sind und tauen so langsam auf und sind dann fröhlich und lächeln einen dann an, wenn man kommt oder so. Das ist dann doch so'n Gefühl von‚Ja! Gut gemacht!', und das motiviert mich ungemein." (P17, Z. 165 ff.)*

Weiterhin sind Bewohnerinnen, die sich an die Abläufe der Einrichtung anpassen, für Pflegende entlastend, so gibt es Bewohnerinnen, die ihre Gewohnheiten zurückstellen und die vorgegebenen Abläufe akzeptieren oder auch Bewohnerinnen, die die Zeitknappheit bemerken und sich dann beispielsweise bei den Mahlzeiten beeilen. Besonders wenn viele Bewohnerinnen mit herausfordernden Verhaltensweisen zu versorgen sind, ist es entlastend, wenn einige Bewohnerinnen sich an den Abläufen orientieren.

Es kommt gelegentlich vor, dass Bewohnerinnen die Pflegenden in der Tätigkeit entlasten, so wird in den Interviews mehrfach berichtet, dass Bewohnerinnen mit wenigen Einschränkungen die Bewohnerinnen mit vielen Einschränkungen unterstützen und beispielsweise das Essen anreichen. Zudem können Bewohnerinnen, die an einer Demenz erkrankt sind, ebenfalls als Entlastung gesehen werden. Dies bezieht sich auf die Emotionalität dieser Bewohnerinnen, die Freude, Fröhlichkeit und Dankbarkeit stark ausdrücken können und dabei auch zeigen, dass sie sich über die Präsenz, Zuneigung und über die Hilfe, die Pflegenden ihnen anbieten, freuen.

> *P12: „Wenn man morgens in den Speisesaal kommt und sagt:‚Guten Appetit! Ich wünsche einen schönen Tag!' und es schallt zurück. Oder wo ich jetzt Geburtstag hatte, ich hatte Dienst, die haben ein Lied für mich gesungen. So was dann! Und‚Oh, einmal knuddeln!', das dürfen sie dann auch. Oder wenn ein Bewohner dann auf dem Weg zum Buffet ist und will mit mir einen kleinen Polkatanz machen*

– das sind diese Kleinigkeiten und ich finde dann auch immer, das ist das Schöne. Ich gebe, aber ich bekomme auch zurück. Ich kann es nicht sagen, es sind diese Kleinigkeiten, diese kleinen Begegnungen.“ (P12; Z. 385 f.)

Des Weiteren erleben Pflegenden auch die noch vorhandenen Ressourcen der Bewohnerinnen als entlastend. Pflegende versuchen, die Ressourcen der Bewohnerinnen beispielsweise in der Mobilität zu erkennen, zu erhalten und zu fördern. Mit der Förderung der Ressourcen entstehen bei den Bewohnerinnen Fähigkeiten und erfreuliche Gefühle, wie Stolz und Wohlbefinden, die auch die Arbeit für die Pflegenden positiv beeinflusst.

Die anspruchsvollen Interaktionen mit den Bewohnerinnen und das Ausmaß, der damit verbundenen Sensitivitätsanforderungen vermitteln den Pflegenden das Gefühl von persönlicher Leistungserfüllung und reflektieren gleichzeitig, wie interessant und herausfordernd die bewohnernahe pflegerische Tätigkeit ist. Die positiven Beziehungen zu den Bewohnerinnen sind für die Pflegende die wichtigsten Entlastungsmöglichkeiten, die auch berufliche Beanspruchungen kompensieren können. Dies gilt auch für Beanspruchungen aus dem Bereich der Emotionsarbeit, die durch Bewohnerinneninteraktionen kompensiert werden können. Häufig wird berichtet, dass der Kontakt zu „Lieblingsbewohnerinnen“ gesucht wird, wenn Stress mit anderen Bewohnerinnen, hohes Arbeitspensum und Überforderungssituationen im Alltag auftreten.

11.2 Beziehungen zu den Angehörigen

Die Emotionsarbeit gewinnt nicht nur eine entscheidende Bedeutung für die Gestaltung der Beziehungen zu den Bewohnerinnen, sondern wird ebenso grundlegend für die Entwicklung und positive Gestaltung der Beziehungen zu den Angehörigen. Zur Verdeutlichung der Notwendigkeit der Emotionsarbeit im Umgang mit den Angehörigen werden zunächst die Arbeitsweisen mit Angehörigen aus der Perspektive der Pflegenden – insbesondere die Begleitung der Angehörigen – und die daraus resultierenden möglichen Konfliktsituationen betrachtet (vgl. Abschnitt 11.2.1 und 11.2.2). Deutlich erkennbar werden dabei die hohen Sensitivitätsanforderungen im alltäglichen Umgang mit den Angehörigen und die Bedeutung der Emotionsarbeit. Insbesondere in Konfliktsituationen geht dies mit erheblichen Gefühlen der Beanspruchung einher. Daneben können Angehörige auch zur emotionalen Entlastung beitragen und werden damit zu einer wichtigen Ressource der Pflegenden (vgl. Abschnitt 11.2.3). Im abschließenden Resümee werden eingebettet in den Kontext der Einrichtungen die Formen der Emotionsarbeit und Erfahrungen emotionaler Beanspruchung und Entlastung resümierend diskutiert (vgl. Abschnitt 11.2.4).

11.2.1 Begleitung der Angehörigen

Die Angehörigenarbeit gehört in vielen Einrichtungen zu den nicht ausgesprochenen Leistungen, die neben der Pflege- und Betreuungsarbeit erledigt werden müssen. Die befragten Pflegenden geben an, dass sie die Notwendigkeit der Angehörigenbegleitung sehen, diese auch durchführen, es aber als sehr anstrengend erleben, für diese Aufgaben keine Zeitressourcen zur Verfügung zu haben. Auch hier erleben Pflegende Diskrepanzen zwischen eigenen Ansprüchen, den Forderungen der Angehörigen und den tatsächlichen zur Verfügung stehenden zeitlichen Ressourcen im Alltag.

Besonders belastend für Pflegende ist es, unsichere oder interessierte Angehörige aus Zeitmangel nicht begleiten oder beraten zu können.

> *P1: „Also anstrengend finde ich immer, also, das sind halt die Situationen meistens, wenn Bewohner im Sterben liegen, über Tage und die Angehörigen immer dabei sind und das ganze Zimmer dann – wenn da 5-6 Angehörige sitzen und man muss den noch versorgen, den Bewohnern. Ja, die Angehörigen kommen dann immer an, wegen irgendwas, das ist dann schon belastend. (...) und auch, wenn sich die Bewohner am Ende noch sehr quälen und die Angehörigen da auch drunter leiden, die brauchen da auch oft von uns Unterstützung. Und das kostet auch Zeit neben allen anderen Sachen so. Ja, und man selbst kennt die Bewohner ja auch, ja gut, oft nicht jahrelang, aber 'ne gewisse Zeit lang. Und man selber muss auch Abschied nehmen, und dann den Angehörigen gerecht werden und den Bewohnern halt auch, das ist dann schon Stress." (P1, Z. 452)*

Die befragten Pflegenden geben an, dass die Angehörigen vor allem der Unterstützung bedürfen bei der Reduzierung ihrer Unsicherheit sowie bei der Trauerarbeit. Zudem begleiten Pflegende die Beziehung zwischen Angehörigen und Bewohnerinnen, die sich aufgrund von Krankheit und Pflegebedürftigkeit häufig verändert und neue Anforderungen mit sich bringt. Des Weiteren haben Angehörige das Bedürfnis von einer fürsorglichen Person begleitet zu werden, wenn die Situation für sie belastend ist. Im Folgenden werden zentrale Elemente dieser Begleitung dargestellt, um die Zusammenhänge aber auch die Intensität der geforderten Begleitung zu verdeutlichen.

Angehörige sind mit Notfällen, Krisen, Sterbesituationen oft überfordert und wissen nicht, wie sie sich verhalten sollen. Sie möchten viele Informationen von

Pflegenden einholen, benötigen Unterstützung und Zuwendung und benötigen die Pflegekräfte als starke Partnerinnen, die ihnen sagen, was zu tun ist und mit denen sie über Ängste sprechen können. Pflegende müssen Trost spenden, Ängste nehmen, Sicherheit geben und Angehörige beruhigen. Besonders bei der Begleitung sterbender Bewohnerinnen versuchen Pflegende die Angehörigen nicht allein zu lassen. Pflegekräfte bemerken, dass Angehörige in Entscheidungssituationen (z. B. über lebensverlängernde Maßnahmen) häufig überfordert sind. Hier wird versucht, Angehörige nicht allein zu lassen, sondern sie zu beraten und ihnen zu helfen.

> *P17: „Wenn es Bewohner schlecht geht, dann werden auch die Angehörigen angerufen und die kommen dann. Wenn die mir dann sagen:,Ich bewundere Sie!' – Ja, wenn die dann in der Sterbephase sind oder in der Begleitung sind, viele Angehörige machen das dann auch über mehrere Tage verteilt. Ist es für mich in der Nacht sehr – ja auf der einen Seite anstrengend, weil die Angehörigen brauchen so'n bisschen Begleitung oder so'n bisschen Sicherheit. Manche können das auch nicht. Ich habe auch schon mal zu Angehörigen gesagt, da kam auch jemand zu mir und sagte:,Wir wollen unbedingt dabeibleiben, aber wir können nicht mehr, auch nicht mehr wach bleiben.' Ja, da hab' ich auch schon gesehen, wie es mit der Mutter aussah und habe den Kindern das auch gesagt. Und ich habe auch gesehen, dass die Kinder das nicht mehr geschafft hätten. Die waren fix und fertig. Ich sagte:,Gehen Sie ruhig mal nach Hause. Ich bin die ganze Nacht da, ich kriege das die ganze Nacht mit. Ich bin die ganze Nacht hier. Ich kümmere mich drum und ich rufe Sie am nächsten Morgen an.' So war das dann auch. Die Dame ist dann verstorben. Ich habe die Angehörigen am nächsten Morgen angerufen, die sind dann auch gekommen, allerdings als ich schon weg war. (...) Als ich das nächste Mal Dienst hatte, stand ein Geschenk für mich da und ein Umschlag mit einer Karte. Und das kommt echt selten vor, dass man gezielt und persönlich was geschenkt bekommt. Und dann haben die sich noch für die netten Worte in der Nacht bedankt (...)." (P17, Z. 271)*

Besonders in der Begleitung von sterbenden Bewohnerinnen sind Angehörige unsicher und haben Berührungsängste. Pflegende haben hier die Aufgaben, zwischen Angehörigen und Bewohnerinnen einen Kontakt herzustellen und bei der Beziehungsarbeit behilflich zu sein. Zudem unterstützen Pflegekräfte die Angehörigen dabei, sich von der Bewohnerin zu verabschieden, mit ihnen zu sprechen, sie zu berühren oder sie in den Arm zu nehmen und sorgen damit bereits für eine bessere Trauerverarbeitung. Pflegende kümmern sich zudem um eine gute Atmosphäre, wie beispielsweise die Raumgestaltung, das Wohlbefinden der Angehörigen und den ästhetischen Anblick der Bewohnerinnen. Dies hilft den Angehörigen, sich gut verabschieden zu können und auch die Verstorbene in guter Erinnerung zu behalten.

P3: [P berichtet über eine Sterbesituation eines Bewohners] „Oft sind auch die Angehörigen da. Aber ganz oft ist es auch, dass man dann zusätzlich dabei ist, weil viele können damit nicht umgehen und fühlen sich dann auch allein. Und dann ist der Tod da. Der ist präsent in dem Moment. Und dann sage ich dann auch:,Nehmen Sie die Hand!' oder,Nehmen Sie Ihren Angehörigen in den Arm!' und dann ist oft so was:,Du darfst aber nicht weg gehen!',Nein, ich bleibe hier.' Und dann stelle ich mich aber zurück und dass die Angehörigen da sind, aber dass die dann nicht das Gefühl haben, allein zu sein. Und das ist dann für mich die Situation, wo ich sage: Ok, ist jetzt so.' Ich mache die Verstorbenen dann noch schön fertig. (...). Und dann legen wir den Verstorbenen ordentlich hin, die Angehörigen können sich dazusetzen. Dann stecke ich noch eine Kerze an und stell ein Kreuz auf, damit der Abschied auch würdevoll ist." (P3, Z.: 236)

P17: „Ich spreche mit den Angehörigen nicht vor den Bewohner über das Sterben des Bewohners. Dann sag' ich immer:,Können wir das gleich vor der Tür besprechen¿ Dann geh ich raus und sag' denen auch, warum ich rausgegangen bin.,Wieso? Meinen Sie, dass meine Mutter das noch mitbekommt¿ Ich sag':,Ich weiß es nicht. Aber möchten Sie es mitbekommen, wenn Sie hier liegen und Ihre Tochter fragt, wie lange es noch dauert bis sie gestorben sind¿ Ich weiß gar nicht, ob ich da zu sensibel bin, ich stell' mir immer vor, wenn ich die betroffene Person bin. (...) die Angehörigen denken da nicht drüber nach, die kennen das auch nicht. Die sehen das zum Teil auch nicht so." (P17, Z. 404)

In solchen Krisenzeiten leisten Pflegende im großen Ausmaß Sensitivitätsarbeit, d. h. sie nehmen die Emotionen der Angehörigen wahr und passen ihre Emotionen an. Damit entsteht Empathie und Mitgefühl für die Angehörigen. Weiter nehmen sie Anteil an dem Geschehen und der Trauer, wobei sie wissen, dass der Tod der Bewohnerin für die Angehörigen deutlich belastender ist, als für sie selbst. Bei eigener Betroffenheit über den Tod einer Bewohnerin stellen Pflegende die eigene Trauer zurück und den Angehörigen und seine Bedürfnisse in den Fokus. Die Pflegekräfte beobachten die Angehörigen und sind sensibel dafür, ob sie die Begleitung des Sterbenden ertragen können. Altenpflegende übernehmen hierdurch einen großen Bereich der Fürsorge für die Angehörigen.

P12: „Einmal ist bei uns ein Bewohner gestorben, das war ein Russlanddeutscher – ich mag den Begriff nicht, für mich sind das alles Deutsche, aber da muss wohl in der Kultur was anders sein. Zumindest waren der Sohn und die Frau von dem Sohn da, als der Bewohner verstarb. Der Sohn wollte gerne seinen Vater anfassen und die Frau hat es ihm verboten – er durfte seinen Vater in der Sterbephase nicht anfassen. Ich weiß nicht, was die hatte. Ob die meint, es ist was Ansteckendes oder so? Und ich merkte, er hatte jetzt echt Probleme. Dann habe ich dem Vater die Hand gegeben, meine, und habe ihm [Bezug: Sohn] meine andere Hand gegeben. (...) Ich habe gemerkt, dass die Frau so eine Macht über den Mann hatte und habe deshalb nach dieser Lösung gesucht, mit der alle einverstanden sind." (P12, Z. 669 f.)

Bei der Begleitung von sterbenden Bewohnerinnen versuchen Pflegende die Angehörigen zu Handlungen zu motivieren, die sich positiv auf die Trauerverarbeitung auswirken können (z. B. Abschied nehmen, Berührungen, präsent sein etc.). Hier wird versucht, schon zuvor Einfluss auf die zukünftigen Emotionen; d. h. die Verarbeitung der Trauer zu nehmen. In einigen Interviews wird auch berichtet, dass Pflegende aktiv bei den Angehörigen ihr Beileid aussprechen und auch nach einiger Zeit den Angehörigen noch eine Karte schreiben, um sie zu stärken. Pflegende nehmen Anteil und übernehmen damit Trostarbeit.

P2: „Ja, manchmal ist das auch so mein Bedürfnis so was alles noch zu beenden. Wissen Sie, wenn die Bewohner versterben, dann ist auch so plötzlich der Kontakt zu den Angehörigen weg. Ich schreib' manchmal den Angehörigen noch 'ne Karte – so 'ne Kondolenzkarte, dann ist das für mich auch ein runder Abschluss und ich hab' das Gefühl, dass es den Angehörigen gut tut auch von uns persönlich noch mal ein Beileidsschreiben zu bekommen." (P2, Z. 177)

Die Übernahme der Aufgaben, die hier exemplarisch beschrieben werden, basieren auf psychosozialer Unterstützungsarbeit und Anteilen der Kommunikation, die nicht unbedingt regelmäßig, sondern eher in Krisenzeiten und bei Bedarfen gefordert werden. Die Arbeit mit Angehörigen lässt sich zeitlich im Umfang und im Tagesablauf nicht fixieren und wird in einem eng strukturierten Tagesablauf oft als Störung von den Pflegenden empfunden, weil die psychosozialen und kommunikativen Prozesse zeitintensiv sein können.

P9: „(...) Also, die Angehörigenarbeit wird langsam schon fast zur Hauptaufgabe. Also es geht echt viel Zeit für die Angehörigen verloren. Auch so für die Gespräche, warum, weshalb, wofür das gemacht wird und so. Also Auseinandersetzungen, Beschwerden und solche Sachen – aber auch Begleitung, Aufklärung, Unterstützung und ja, man muss so unglaublich viel mit den Angehörigen reden." (P9, Z. 256)

Die wenigen Zeitressourcen führen dazu, dass Pflegende nur beschwerlich intensive Beziehungen zu den Angehörigen aufbauen können, was Auswirkungen auf die Emotionsarbeit hat. Auf der Basis von kurzen, wenig intensiven Kontakten können Methoden des Tiefenhandelns nicht angewandt werden, weil ein Beziehungsaufbau nicht möglich ist. So werden Strategien des Oberflächenhandelns benutzt, um die erlebten Emotionen zu maskieren.

P1: „Wenn ich genervt bin, dann ist mir das auch egal. Ich habe gar kein Bock mich mit denen [Anm. der Autorin: Bezug Angehörige] rumzuärgern und zu diskutieren. Ich geb nach, geb denen recht und bin einfach nett. Das ist am einfachsten und stresst am wenigsten." (P1, Z. 404)

P13: „Einige [Anm. der Autorin: Bezug Angehörige] kennt man auch kaum. Da versuche ich einfach höfflich und freundlich zu sein, egal was ist. Und ja, manchmal, also je nach Bewohnerzustand, sag ich mal, lohnt es sich auch nicht mehr so richtig die alle richtig kennenzulernen. Den Namen vielleicht noch, aber das wars." (P13, Z. 501)

Reguliert werden müssen zudem Emotionen, die zeigen, dass Pflegende Angehörige als Störung erleben, selbst in Zeitnot sind sowie auch Antipathien ihnen gegenüber hegen. Um das Ziel zu erreichen, dass sich Angehörige in den Einrichtungen wohl und willkommen fühlen, müssen Freundlichkeit und Hilfsbereitschaft auch trotz gegenteiliger Empfindungen von den Mitarbeitenden ausgedrückt werden.

P7: „Einige Angehörige wollen ständig was wissen und fragen so oft so Sachen. Da kann man nur von genervt sein und ist gestresst, weil man die Arbeit gar nicht schafft, auch wegen der vielen Unterbrechungen. Aber ich versuche immer freundlich zu bleiben und helfe den Angehörigen. Ist ja mein Job, auch." (P7, Z. 202)

11.2.2 Konflikte mit Angehörigen

Mehrfach wird in den Interviews berichtet, dass Konflikte im täglichen Kontakt mit den Angehörigen als emotionale Beanspruchung wahrgenommen werden. Nach der systematischen Betrachtung des Materials lassen sich die Konflikte in fünf Konfliktfelder zusammenfassen: Offene Konflikte, Unterschwellige Konflikte, fehlender Kontakt, involvierte Konflikte zwischen Bewohnerinnen und Pflegekraft sowie ungeklärte Aufträge. Die inhaltlichen Dimensionen dieser Konfliktfelder werden nun im Einzelnen dargestellt und abschließend mit der Frage der Emotionsarbeit und insbesondere der Erfahrung von emotionaler Beanspruchung in Verbindung gebracht.

Offene Konflikte mit Angehörigen

Unter offenen Konflikten können Konflikte verstanden werden, deren Gründe und Hintergründe sowohl für den Angehörigen als auch für die Pflegenden eindeutig sind und verbal geäußert werden. Hierzu zählen zu hohe Erwartungen oder unrealistische Erwartungen der Angehörigen an die Pflegenden, aber auch Ziel- und Interessenskonflikte. So werden von Pflegenden und Angehörigen in manchen Situationen unterschiedliche Interessen vertreten und Ziele verfolgt, beispielsweise bei der Priorisierung zwischen Ökonomie und Qualität. Auch die Konflikte über zu hohe Kosten, mit denen Pflegende oft von Angehörigen konfrontiert werden, zählen zu diesem Konfliktfeld. Sowohl Angehörigen als auch Pflegenden ist die Machtposition der Angehörigen als „zahlende Kundin" bewusst. Zum Konflikt kommt es hier, wenn Angehörige diese Machtposition nutzen wollen und Pflegende mit ihren Forderungen unter Druck setzen.

Das Thema Qualität ist ein weiteres häufig vorkommendes Streitthema. Angehörige nehmen die Pflegequalität als defizitärer als die Pflegenden wahr, denn sie misstrauen der Kompetenz der Pflegenden und der Pflegequalität in den Einrichtungen. Einige Angehörige können nicht zwischen Laienpflege und professioneller Pflege unterscheiden und sehen sich als ebenso kompetent wie die beruflich Pflegenden an. Dies kann auch zu Antipathien zwischen Pflegenden und Angehörigen führen, die den Aufbau einer Beziehung behindern.

P13: „Ja, die Angehörigen, wie die teilweise, wie soll ich das sagen, wir haben jetzt zum Beispiel eine Bewohnerin, die ist ein paar Wochen bei uns und die Tochter, die dreht echt am Rad. Die ruft ständig hier an, dass ihre Mutter nicht richtig versorgt ist, dass wir ständig bei ihr sein sollen, sie beobachten, gucken ob es ihr gut geht. Sie darf nicht allein angeblich aufstehen, weil sie sturzgefährdet ist, man soll immer wieder hingehen, gucken, ob es ihr gut geht, ob sie jetzt aufstehen möchte, man soll sie holen, wegbringen. Also normalerweise eine 24-Stunden-Betreuung und das können wir nicht leisten. Und es kommen immer wieder Vorwürfe, wir würden uns nicht richtig um die Mutter kümmern. Es kam heute Morgen dann schon um 20 nach sieben ein Anruf von dieser Tochter und da war ich schon innerlich nachher so aggressiv gewesen. Sie würde falsche Medikamente kriegen. Seitdem sie aus dem Krankenhaus ist, wird sie blöd im Kopf. Sie hat das Gefühl, dass ihre Mutter nichts mehr mitkriegt, sie ist aggressiv geworden, das war sie früher nicht und das würde alles mit den Medikamenten zusammenhängen und redet ununterbrochen, will mir was erklären, sie redet ununterbrochen und immer Vorwürfe, bis man dann mal sagt: So, jetzt ist mal gut! Jetzt hören Sie mal zu! Oder ich beende das Gespräch.' So weißt du, die Angehörigen sind manchmal so ungerecht uns gegenüber, man macht wirklich viel und alles, und versucht, dass es allen gut geht und jeder zu seinem Recht kommt. Und es gibt Angehörige, die sind immer nur am Kritisieren, das ist nicht richtig gemacht, das ist nicht richtig gemacht. Die Mutter oder der Vater wird nicht richtig versorgt und das wurde nicht gemacht. Die Angehörigen sind manchmal sehr schlimm, das muss ich wohl sagen." (P13, Z. 278)

P14: „Das ständige Gemeckere mit den Angehörigen ist anstrengend. Wir haben wirklich eine Angehörige, die guckt nach allem. Und wenn ihre Mutti einen Pickel auf der Nase hat, dann sind wir auch noch schuld. Sie hat wahrscheinlich ganz andere Vorstellungen davon, was Pflege ist. Also, sie möchte am liebsten, dass ihre Mutter 24 Stunden lang von einer Person von vorne bis hinten betüddelt wird. Funktioniert hier nicht. Sie kann sie nicht mit nach Haus nehmen, wie sie noch arbeitet also muss sie ihren Stress und ihren Frust und ihr schlechtes Gewissen an uns auslassen." (P14, Z. 38)

Unterschwellige Konflikte mit Angehörigen

Zu den unterschwelligen Konflikten zählen die Konflikte, die Pflegende in der Beziehung spüren, die aber nicht kommuniziert werden. Pflegende glauben, dass Angehörige den Umzug ins Pflegeheim negativ bewerten können und sich gleichzeitig „schuldig" fühlen können.

> *P1: „Es kann ja auch wirklich traurig für die Angehörigen sein, wenn man es nicht geschafft hat oder nicht die Kraft dafür hatte, jemanden zuhause zu pflegen. Nur irgendwann geht es zuhause oft nicht mehr. Das ist so. Gerade auch bei Demenzkranken, die man teilweise gar nicht allein lassen kann. Nur einige Angehörige leiden tatsächlich darunter, dass sie es nicht geschafft haben." (P1, Z. 391)*

Ebenso kann es häufig zu Konkurrenzsituationen mit den Angehörigen kommen. Die befragten Pflegenden glauben, dass der Rückzug aus der aktiven pflegerischen Rolle, die der Heimeinzug für die Angehörigen bedeutet, Gefühle von Konkurrenz auslösen kann. Auch Neid spielt eine erhebliche Rolle, besonders dann, wenn Angehörige erleben, dass die Beziehung zwischen Bewohnerinnen und Pflegekraft intensiv und nah ist.

> *P12: „Die Ehefrau des Demenzkranken war eifersüchtig auf mich, weil er hat sie nachher nicht mehr wahrgenommen und nicht mehr erkannt. Und wenn ich ans Bett gegangen bin (...), da hat er gelächelt. Und dann höre ich nur eines Tages, sie sagt:,Ich bin das, und nicht die [Name der Pflegekraft], ich bin's deine Inge-Maus.' Ich habe mehrfach versucht ihr zu erklären, dass er nicht mich als Person erkennt, sondern vermutlich die weiße Kluft und darauf reagiert. Aber sie war einfach eifersüchtig und ich hatte keine Möglichkeit zu ihr einen Zugang zu finden." (P12, Z. 660)*

Die damit verbundene eigene Unzufriedenheit der Angehörigen äußert sich durch einen negativen Umgang mit den Pflegenden. Ebenso spüren Pflegende ein unterschwelliges Misstrauen. In einigen Situationen haben Pflegende den Eindruck, dass sie, für alles, was suboptimal verläuft, verantwortlich gemacht werden

> *P3: „Also, bei Angehörigen finde ich es anstrengend, wenn die uns ewig Vorwürfe machen und meinen, wir tun, wir pflegen nicht richtig, wir machen unsere Arbeit schlecht und Vater oder Mutter geht's sehr schlecht und sind nicht gut angezogen, sind nicht gewaschen und was, was alle gar nicht stimmt. Die lassen einfach nur ihren Frust bei uns dann ab." (P3, Z. 577)*

Dies geht soweit, dass Angehörige das Scheitern der Pflegenden provozieren und das Handeln der Pflegenden durch ihr Verhalten boykottieren. Unterschwellige

Konflikte können sich entwickeln, wenn beispielsweise das Handeln von Angehörigen und Pflegenden durch konträre Moralvorstellungen geleitet wird. Diese Situation wird von den Pflegenden als sehr belastend wahrgenommen. Zudem gibt es Angehörige, die die Pflegenden als sehr herausfordernd erleben, so dass sie versuchen einen Kontakt mit ihnen zu vermeiden.

P14: „Die Angehörigen. Nicht alle, nicht alle! Es gibt wirklich angenehme Angehörige, aber es gibt auch welche, die wirklich überall und bei jedem kleinen bisschen irgendwo einen Fehler suchen. Die suchen und suchen, bis sie einen finden und dann geht's aber ab. Also dann ist man wirklich schon drauf und dran, wenn man sie an der Tür sieht, bloß in das Zimmer rein, so dass man sie ja nicht sieht – ich hab' nämlich überhaupt keine Lust auf unnötige Kritik." (P14; Z. 303)

Fehlender Kontakt

Ein weiteres Konfliktpotential besteht darin, wenn Pflegende wenig bis keinen Kontakt zu den Angehörigen haben und aufgrund dessen keine Beziehungen aufbauen können. Dieses kann daran liegen, dass Angehörige wenig in der Einrichtung präsent sind oder das den Nachtdienst- und auch einige Teilzeitmitarbeiterinnen nur begrenzte Möglichkeiten zur Verfügung stehen, die Angehörigen während ihrer Dienste anzutreffen. Diese Mitarbeiterinnen kennen einige Angehörige ausschließlich durch Erzählungen der Kolleginnen vor allem im Rahmen der Übergaben beim Dienstwechsel. Herausfordernd ist hier, dass auch diese Mitarbeiterinnen in Krisensituationen den Kontakt zu den Angehörigen aufnehmen müssen.

P9: „Und das ist auch so'n Thema – wir haben viele Teilzeitmitarbeiter und auch Pflegende, die ausschließlich nachts arbeiten. Viele Pflegende kennen die Angehörigen und da fehlt der Austausch – besonders auch bei Demenzerkrankten. Und auch Angehörige meckern rum, dass sie ständig auf unterschiedliche Pflegekräfte treffen und im Grunde keine festen Ansprechpartner haben." (P9, Z. 277)

Konflikte zwischen Angehörigen und Bewohnerinnen

Ebenfalls herausfordernd für die Pflegende, sind Konflikte zwischen Bewohnerinnen und Angehörigen. Belastend für Pflegekräfte ist es, den Konflikt zu ertragen und Verständnis für beide Parteien zu haben. Ein häufiger erlebter Konflikt ist, dass sich Bewohnerinnen durch zu wenige Besuche ihrer Familienmitglieder vernachlässigt fühlen, wobei die Pflegenden häufig nur wenig Verständnis für die Situation der Angehörigen aufbringen können. Schwierig sind auch Situationen, in denen Angehörige explizit darauf hinweisen, dass sie keinen Kontakt zu den Bewohnerinnen haben möchten und auch kein Interesse an den Bewohnerinnen zeigen. Besonders wenn die Altenpflegenden den Eindruck bekommen, dass die Angehörigen auf das baldige Lebensende der Bewohnerinnen warten, ist diese Art der emotionalen Distanz der Angehörigen für die Pflegenden schwer nachvollziehbar und belastend.

> *P10: „Wir haben Angehörige, die haben ihre Mutter zu uns gebracht. Sie isst nicht mehr. So kam sie. Aber sie isst! Sie sagen auch, dass sie keine Medikamente bekommen soll, weil das kostet Geld und sie soll das – eigentlich soll sie weg. Sie soll kein Geld mehr kosten, deswegen sind die auch zu uns gekommen, weil dies das günstigste Haus hier in der Region ist. Und das ist auch schwierig auszuhalten. Die Angehörigen kommen einmal die Woche für fünf Minuten, immer Montagnachmittags.‚Hallo Mutti!' Gucken einmal in dem Schrank, ob noch alles da ist, und dann sind die weg." (P10, Z. 449 f.)*

Angehörigen fällt es oft schwer, mit krankheitsbedingten Persönlichkeitsveränderungen umzugehen und diese zu akzeptieren. Oftmals verstehen die Angehörigen nicht die Erkrankung bzw. deren Symptome und beschuldigen die Bewohnerinnen für ihr Verhalten und streiten mit ihnen.

> *P16: „Wir haben eine Bewohnerin, die bekommt von ihren Angehörigen keinen Besuch mehr. Die ist dement und weil sie sich ab und zu nicht korrekt verhalten hat, gab es oft Streit zwischen der Bewohnerin und den Angehörigen. Jetzt sind die sauer und keiner kommt mehr vorbei (…)." (P16, Z. 42 f.)*

Auch wenn Pflegende versuchen durch Informations- und Aufklärungsgesprächen hier entgegen zu wirken, gelingt es nicht regelhaft die Konflikte zu reduzieren. Besonders wenn Pflegende den Eindruck haben, dass die Bewohnerinnen zu Unrecht von den Angehörigen eine negative Ansprache erhalten empfinden Pflegende Mitleid mit den Bewohnerinnen.

<u>Ungeklärter Auftrag</u>

Ein weiteres Konfliktpotential ist in einigen Situationen der ungeklärte Auftrag. So gibt es beispielsweise keine Klarheit darüber, wer im Fokus steht, die Bewohnerin oder die Angehörige. Für die Pflegenden stehen die pflegebedürftigen Bewohnerinnen im Fokus. Manchmal sehen sich Angehörige als Vertreterinnen der Bewohnerinnen oder/und auch als zahlende Kundin (in der Kundenrolle agieren Angehörige machtvoll und fordernd).

> *P14: „Waschlotion müssen die Angehörigen hier selbst besorgen, das haben wir hier nicht mehr im Haus. Und mein Gott, eine Flasche im Monat, das geht doch noch. Aber wenn sie sich dann darüber aufregen, wie viel da verbraucht wird und*

so weiter und so fort. Dann denke ich immer lieber:,Oh, die ist inkontinent, soll ich die stinken lassen¿ Das verstehen die nicht, wollen die auch nicht verstehen. Furchtbar. Regen sich jedes Mal auf, wenn sie neue Waschlotion holen müssen oder machen es dann gar nicht. Dann steht man da:,Mutti stinkt, ich hab' keine Seife, tut mir leid'." (P14; Z. 305)

P16: „Wir haben eine sehr offene Art mit den Angehörigen. Wir haben natürlich auch Sprechzeiten für Angehörige. Unsere Angehörige wissen zum Beispiel auch, dass die auch, wenn die Fragen haben, auch so kommen können. Das ist auch so. Die kommen, also wenn irgendwas ist, kommen die und fragen. Aber es gibt eben halt auch Angehörige, die sehr schwierig sind. Konkretes Beispiel: Das hatten wir jetzt vor zwei, drei Wochen. Also, die machen uns jetzt die Hölle heiß, auf Deutsch gesagt. Wir haben eine Bewohnerin, ihre Tante, höher gestuft, bzw. einen Antrag gestellt, sie sah es aber nicht ein, dass das überhaupt gemacht werden musste. Dann kam ein MDK. Hat sich kurzfristig angemeldet also wir selber wussten auch einen Tag vorher erst Bescheid. Normalerweise kriegen ja erstmal die Angehörigen, die Betreuer da Bescheid und wir kriegen dann zwei drei Tage später Bescheid. Dann musste wohl einer ausgefallen sein. Jedenfalls kam der MDK am anderen Tag, morgens um acht Uhr. Hat die Frau dann begutachtet – das ist wirklich ein sehr guter Begutachter. Er hat wirklich alles gut beobachtet und dann ist sie in die Pflegestufe drei gekommen. Die Angehörigen sind jetzt ganz böse, machen jetzt Fotos von der Tante, wenn sie allein ist. Die Angehörigen haben zum Teil ein anderes Bild, denn wenn die Nichte da ist, dann reißt sich die Bewohnerin sich manchmal wirklich zusammen und dann kann sie plötzlich auch mal 'ne halbe Stunde allein essen und sowas. Aber danach klappt gar nichts mehr. Und sie macht die Nacht zum Tag und andersherum und geht über Bettgitter und allem drum und dran. Und diese Angehörige ist sehr schwierig. Wir haben schon versucht ein Gespräch mit ihr zu führen. Sie sieht es absolut nicht ein, warum die Pflegestufe drei nun da ist. Hat auch Akteneinsicht bekommen (P17 berichtet ausführlich, dass die Angehörige mit den Haus- und Fachärzten Medikamente reduzieren will und das Haus verklagt wegen falscher Medikamentengabe…). Konkret hat sie gesagt:,Das sind ja nur 40 Minuten drüber, die könnte man ja von anderen Bewohnern abzwacken.' (…). Ich glaube, dass es ihr nur ums Geld geht, das dann von ihrem Erbe abgeht. Da wird unsere Arbeit wirklich nicht wertgeschätzt, sondern runtergemacht." (P16, Z. 224 ff.)

Dieser ungeklärte Fokus zwischen den Wünschen der Bewohnerinnen und der Angehörigen ist dann besonders wichtig, wenn es zwischen den Vorstellungen und Wünschen beider Gruppen große Differenzen gibt.

Die Konflikte mit den Angehörigen erleben Pflegende als zusätzliche Belastung im pflegerischen Alltag, die durch die Kontextfaktoren in der stationären Versorgung verschärft werden. Das Arbeitspensum, die wenigen zur Verfügung stehenden Personal- und Zeitressourcen und auch die fehlende Definition von Angehörigenarbeit als abrechenbare Leistung im Pflegesystem führen dazu, dass die Angehörigenarbeit zusätzlich geleistet werden muss und so für die Pflegenden immer als zusätzliche Aufgabe und besonders Im Rahmen von Konflikten als Beanspruchung gesehen wird. Einige Konfliktfelder speisen sich aus diesem Systemfehler und ließen sich durch verbesserte Kontextbedingungen auch entschärfen.

Die Beziehungen mit den Angehörigen sind von hohen Sensitivitätsanforderungen geprägt. Für die Betrachtung der Emotionsarbeit kann festgehalten werden, dass Pflegende besonders in Konflikten zunächst sehr emotional reagieren. In diesen Situationen gewinnen Strategien der Emotionsregulation sowie Oberflächenhandeln, in deren Rahmen vorhandene Emotionen der Pflegenden nicht ausgedrückt werden, eine entscheidende Funktion. Um Konflikte zu entschärfen, müssen Emotionen reguliert werden und deeskalierende Emotionen gezeigt werden. Vor allem in wenig intensiven Kontakten mit den Angehörigen müssen Pflegende positive Emotionen ausdrücken, die sie nicht empfinden, selbst wenn ein aktueller Konflikt die Beziehung beeinträchtigt. Insbesondere die emotionalen Erregungen, die durch einen Streit entstehen, müssen von den Pflegenden schnell integriert und maskiert werden, damit sie handlungsfähig im Kontakt mit anderen Bewohnerinnen bleiben. Auch persönliche Verletzungen oder Beleidigungen müssen Pflegende ertragen, ohne offen die eigenen Emotionen auszudrücken und außerhalb der Situation reflektieren.

> *P8: „Ich war [Anm. Autorin: Kontext nach einem Konflikt mit einer Angehörigen] sowas von sauer auf die. Ich hab mich aufgeregt – also auch so unverschämt, wie die war. Eine rauchen und denken: ‘halb so wild’ und dann geht’s weiter. Ich hatte gar keine Zeit um mich länger über die Frau aufzuregen. Da sind halt noch die anderen Bewohner.“ (P8, Z. 98)*

11.2.3 Angehörige als Ressource

Angehörige werden von den Pflegenden nicht nur als Quelle der Beanspruchung, sondern auch als Ressource ihrer Arbeit wahrgenommen. Dies gilt besonders dann, wenn eine positive Beziehung entstanden ist und den Pflegenden von den Angehörigen Wertschätzung entgegengebracht wird. Dies ist der Fall, wenn sie die Kompetenz, die Fachlichkeit und das Engagement der Pflegenden erkennen und dies auch zeigen, d. h. die Pflegenden und ihre Arbeit loben.

> *P2: „(…) die bedankt sich auch öfter mal. Das machen auch andere, und das ist wirklich schön, wenn Angehörige auch mal danke sagen. (…) Bei der einen da merkt man auch, dass sie weiß, dass wir auch fachlich gut sind. Sie diskutiert nicht*

mit uns, was besser ist oder was ein Arzt gesagt hat oder so – das kommt oft vor. Hier habe ich das Gefühl, dass sie uns vertraut und das ist toll. Und dann hat man auch mehr Spaß an allem." (P2, Z. 359 f.)

Ebenso erleben es Pflegende als wertschätzend, wenn Angehörige ihnen vertrauen, wobei dies auch für Aspekte aus ihrem Privatleben gilt.

P15: „Die weiß auch was von mir, die hört mir auch mal zu und fragt dann auch, z. B. nach einem freien Tag, ob ich meinen Garten geschafft habe oder wie es meinen Mann geht oder sowas. Das braucht es auch manchmal, dass es nicht nur so einseitig ist. Und das tut dann auch gut und man merkt auch, dass man für die auch wichtig ist." (P15, Z. 339)

Angehörige sind zudem entlastend, wenn sie Verständnis haben für die Situation der Pflegenden und auch in anstrengenden Situationen geduldig und abwartend sind.

P2: „(...) und die meinte dann auch, dass es ok ist, wenn sie warten müsste. Weil sie ja weiß, wieviel wir zu tun haben. Sowas, näch. .Sowas ist echt toll, wenn Angehörige echt Verständnis haben. Da freue ich mich echt drüber." (P2, Z. 344)

Angehörige können zudem zu einer wichtigen Ressource für die Gestaltung einer gelungenen pflegerischen Arbeit werden. Dies betrifft zunächst die Weitergabe notwendiger biographischer Informationen, über die Angehörige im großen Ausmaß verfügen können. Mit diesem biographischen Wissen wird der tägliche Umgang insbesondere mit an einer Demenz erkrankten Bewohnerinnen deutlich vereinfacht. Zudem unterstützen auch einige Angehörige aktiv die pflegerische Arbeit, indem sie einen Teil der Versorgung ihrer Bewohnerin übernehmen oder häufig zu Besuch kommen und mit ihrer Präsenz die Pflegenden entlasten.

Wie oben beschrieben freuen sich Pflegende über Wertschätzung. Eine gute Beziehung zu den Angehörigen hat zur Folge, dass den Pflegenden mit Freundlichkeit begegnet wird, die pflegerische Arbeit anerkannt wird und sie positives Feedback, Dank und Lob für ihr Tun erhalten. Pflegende haben zu einigen Angehörigen eine sehr gute Beziehung, wodurch es möglich ist, sich mit den Angehörigen auszutauschen. Ein guter Kontakt mit den Angehörigen wird damit zu einem Puffer gegenüber emotionalen Beanspruchungen.

P15: „(...) wir haben auch Angehörige, die unsere Arbeit und uns schätzen. Die wissen auch um die ganze Entwicklung in der Pflege, Die uns das manchmal auch sagen: „Wir wissen es ja und sind wirklich dankbar". Und die zeigen auch Dankbarkeit und unterstützen uns wirklich bei unserer Arbeit (...)" (P15, Z. 298)

11.2.4 Herausfordernde Schattenarbeit – Emotionsarbeit und die Beziehung zu den Angehörigen

Die Angehörigen sind neben den Bewohnerinnen eine zweite Personengruppe, die für den beruflichen Alltag relevant sind. Die Qualität der Beziehungen zwischen den Pflegenden und den unterschiedlichen Angehörigen ist sehr heterogen. Die Beziehungsintensität zwischen Pflegekräften und Angehörigen hängt von der Qualität und Quantität der Angehörigenpräsenz und von den jeweiligen Persönlichkeitsattributen ab. Vor dem Hintergrund entwickeln sich spezifische Facetten, unterschiedliche Intensitäten und Strategien von Emotionsarbeit.

Die Arbeit mit Angehörigen ist für die Pflegenden durch hohe Sensitivitätsanforderungen geprägt. Insbesondere die Begleitung von Angehörigen in Konflikten und Krisen und die Begleitung von unsicheren Angehörigen erfordern eine einfühlsame Beziehungsgestaltung und eine emotionale Anpassung der Pflegenden. Angehörige bedürfen ein hohes Maß an Unterstützung, wie beispielsweise beim Einzug der Bewohnerinnen in die Einrichtung oder wenn Bewohnerinnen versterben. Viele Angehörige sind in diesen Situationen in der Einrichtung sehr präsent und auf die Unterstützung der Pflegenden und deren empathisches Verhalten angewiesen. Angehörige benötigen die Unterstützung und fordern die Beratung und Begleitung durch Pflegende auch ein.

Im Fokus der Pflegenden steht die Gestaltung einer positiven Beziehung zu den Angehörigen. Die Grundvoraussetzung dafür ist, dass die pflegerischen Mitarbeiterinnen sich an den Bedürfnissen und Emotionen der Angehörigen orientieren, und damit Emotionsarbeit leisten. Die positive Beziehungsgestaltung nützt auch den Pflegekräften selbst. Denn durch gute Beziehungen kann es gelingen, dass Angehörige zur Ressource für Pflegende werden und Konflikte, die für die Altenpflegenden als berufliche Beanspruchung erlebt werden, können reduziert werden. Ebenso benötigen Pflegende die positiven Beziehungen zu den Angehörigen, um die Arbeit mit den Bewohnerinnen zu optimieren, beispielsweise wenn diese mit biographischen Informationen zu einer individuenorientierten Versorgung den Bewohnerinnen beitragen können. Die biographiebezogenen Informationen helfen den Mitarbeiterinnen bei der Beziehungsarbeit zu den Bewohnerinnen. Dies gilt besonders dann, wenn diese unter kognitiven Einschränkungen leiden. So können Angehörige fachlich unterstützen und gemeinsam können Lösungswege für Pflegeprobleme gefunden werden.

Die Pflegenden hoffen zudem, dass sich die Angehörigen durch eine positive Beziehung in der Einrichtung wohl fühlen und dadurch auch lieber und häufiger zum Besuch der Bewohnerinnen in die Einrichtung kommen. Dieses führt wiederum zumeist zu einer guten Unterstützung der Mitarbeiterinnen und trägt zu einer höheren Zufriedenheit der Bewohnerinnen bei, was sich wiederum positiv auf die Arbeitsbelastungen der Pflegekräfte auswirkt.

Die emotionale Selbstregulation ist im Kontakt mit den Angehörigen die zentrale Strategie der Emotionsarbeit und auch die größte Herausforderung für die Pflegenden. Dabei geht es besonders darum, den Angehörigen zu signalisieren, dass sie nicht stören, dass man ihnen jederzeit helfen möchte. Dazu werden Freundlichkeit, Verständnis und Mitgefühl ausgedrückt. Besonders in Konfliktsituationen wird eine umfängliche emotionale Selbstkontrolle wichtig. Pflegende müssen es trotz Kritik, Beleidigungen und emotionalen Verletzungen schaffen, ihre eigenen Emotionen zu kontrollieren und in der Situation angemessen zu reagieren. Zudem sind sie angehalten, die Angehörigen zu respektieren und ihnen gegenüber mit positiven Emotionen zu begegnen.

> *P1: „Ich war noch gerade am Ausfüllen mit diesem Bogen fürs Krankenhaus bei der gestürzten Bewohnerin und dann kam eine Tochter an, von einer anderen Bewohnerin, und wollte eine Vase haben. Und ich sag':„Die Vasen sind – ach, kommen Sie am besten eben mit!' Das dauert, ja, wie lange dauert das? 20 Sekunden – eben hin zu den Vasen und wieder zurück? Und dann kam eine Kollegin an und sagte:,Mensch, wie kannst du denn nun noch die Ruhe bewahren und der auch noch die Vasen zeigen, warum sagst du ihr nicht, hier brennt der Baum, geht jetzt nicht!' Ich sag':,Wie lange hat das gedauert, vielleicht 20 Sekunden? Das kann ich dann auch eben noch zwischendurch.' (...) Ich bewahre einfach Ruhe und versuche nett und höflich zu sein. Meine Befürchtung ist, wenn ich ihr jetzt keine Vase gebe, dann rennt die zum Heimleiter, dann kommt der – ach, das bringt alles nichts, was soll das? (...)." (P1, Z. 548 ff.)*

Methodisch werden hier überwiegend Strategien des Oberflächenhandelns angewandt. Durch die immer kürzer werdende Verweildauer der Bewohnerinnen, die abnehmende Anzahl der Besuche durch die Angehörigen, das steigende Arbeitspensum der Pflegenden und die immer größer werdenden Bewohnergruppen, die die Pflegefachkräfte versorgen, wird es immer schwieriger gelungene Beziehungen aufzubauen. Diese bilden jedoch die Voraussetzung für die Anwendung von Strategien des Tiefenhandelns. Strategien des Oberflächenhandelns werden zudem angewandt, wenn die Beziehung zu den Angehörigen durch Konflikte gekennzeichnet ist.

Von automatischen Emotionsanpassungen, die mit Strategien des Tiefenhandelns verknüpft werden können, wird daher nur vereinzelt berichtet. In dem Zusammenhang wird dann auch über positive Angehörigenbeziehungen berichtet, die entstehen, wenn Angehörigen viel Zeit in der Einrichtung verbringen. Von der Anwendung von Strategien des emotionalen Tiefenhandelns berichten die Pflegenden, wenn es um das Erleben von Mitgefühl geht. Pflegende versuchen, sich gerade bei Problemen oder Konflikten auf die Ebene der Angehörigen zu stellen und dadurch zu erfahren, wie es der Angehörigen in ihrer Situation geht und was eine Pflegekraft in dieser Situation für sie tun kann. Oftmals können Pflegende hierdurch Störungen und Unzufriedenheit der Angehörigen und der Bewohnerinnen besser verstehen und haben die Möglichkeit, negative Verhaltensweisen der Angehörigen und der Bewohnerinnen eher sachlich als persönlich zu nehmen.

> *P11: [P berichtet über eine schwierige Situation mit einem Angehörigen] „(...) ich bin ihm wirklich in den Hintern gekrochen. Das war aber auch die beste Methode. Der war nachher so was von gepinselt. Und dadurch habe ich auch gemerkt, warum der so ist. Und wenn man dann sich selbst mal in die Lage versetzt, dann kann man das auch verstehen, weil wenn es um die eigenen Eltern geht, ist das was ganz Anderes. Und seitdem ich immer mehr versuche, die Angehörigen in ihrer Situation zu verstehen und zu überlegen: Wenn es da um meine Mama gehen würde oder um meinen Papa, dann bin ich auch nicht mehr Schwester [eigener Name]. Dann bin ich auch nur noch die Tochter und reagiere auch ganz anders. Das ist das, sowas tut sauweh. Zum Teil, wenn man die Eltern im Altenheim hat, wenn die Eltern krank sind oder dement werden, wenn die Eltern einen nicht mehr erkennen. Und da versuche ich immer wieder daran zu denken, wenn ich mit, auch gerade mit schwierigen, Angehörigen zu tun habe. Das hilft echt gut." (P11, Z. 254)*

Im Kontakt mit Angehörigen erfahren die Pflegenden auch Wertschätzung positive Rückmeldung und Lob. Dies wirkt entlastend und beeinflusst positiv die Motivation und die Arbeitszufriedenheit. Lob und positive Rückmeldung geben Pflegenden das Gefühl von Sicherheit, womit das Selbstvertrauen im Beruf gestärkt wird. Die gezielte Wahrnehmung von positiver Rückmeldung der Angehörigen nutzen einige Pflegende als Strategie zur Entlastung.

Ein Kernproblem der Pflegenden ist die wenige Zeit für die Angehörigen. Der Alltag stellt nur wenige Spielräume für die Arbeit mit Angehörigen zur Verfügung. Zeiten, wie beispielsweise Sprechzeiten für Angehörige, die die Pflegenden für die Beziehungsarbeit, Beratung und Begleitung der Angehörigen nutzen können, sind nicht vorgesehen. Die befragten Pflegenden geben an, dass die Angehörigenarbeit zwar ein Teil ihrer Tätigkeit ist, allerdings nur implizit als Arbeitsleistung bewertet wird. Zwar wird von den Führungskräften erwartet, dass die Angehörigenarbeit durchgeführt wird, aber konkrete Gestaltungsmöglichkeiten oder eine Zieldimension, die mit der Angehörigenbegleitung verfolgt werden soll, gibt es in den Einrichtungen nicht. Angehörigenarbeit gehört zu den täglichen Anforderungen der Pflegepraxis, wird aber eher als Schattenarbeit betrachtet und bekommt als Tätigkeit nur wenig Beachtung.

Diese Definition von Angehörigenarbeit als Schattenarbeit führt im Zusammenspiel mit den kürzer werdenden Präsenzen der Angehörigen dazu, dass nur wenig Möglichkeiten bestehen, positive Beziehungen zu den Angehörigen aufzubauen. Gerade aufgrund der mangelnden zeitlichen Ressourcen können Kontakte zu den Angehörigen als Störungen und Unterbrechungen der „eigentlichen Arbeit“ empfunden werden, obwohl dies nicht nach außen gezeigt werden darf. Für die Emotionsarbeit bedeutet dies, dass oftmals nur Möglichkeiten der Anwendung von oberflächlichen Handlungsstrategien mit den bereits aufgezeigten potentiellen negativen Folgen bestehen. Angehörige und die Arbeit mit Angehörigen werden vor dem Hintergrund von den Pflegenden als Beanspruchung erlebt und werden seltener zu der Ressource und Entlastung, die sie für sie werden könnte.

11.3 Beziehungen im Team

Eine adäquate, bewohnerorientierte pflegerische Versorgung erfordert eine koordinierte Zusammenarbeit im Team. Die erfolgreiche pflegerische Arbeit setzt beispielsweise voraus, dass Absprachen oder gemeinsame Zielsetzungen getroffen und auch eingehalten werden und die Arbeit sinnvoll verteilt wird. Die Erfolge der pflegerischen Arbeit werden daher zumeist als positive Ergebnisse des gesamten Teams wahrgenommen. Dies führt dazu, dass die Pflegenden im Pflegeheim sehr stark von ihren Teamkolleginnen bzw. der Zusammenarbeit mit ihnen abhängig werden. Die Entwicklung einer optimalen Zusammenarbeit und einer damit einhergehenden positiv wahrgenommenen Atmosphäre im Team wird durch die Veränderungen des sozialen und einrichtungsbezogenen Kontexts erschwert. In den Interviews werden deutliche Hinweise auf schwierige Situationen im Team erkennbar, wie beispielsweise Kommunikationsprobleme oder auch belastende Atmosphären durch die kontextuelle Einbettung, die zudem mit Gefühlen der Beanspruchung einhergehen können. Gleichzeitig lassen sich aus den Schilderungen der Befragten auch Hinweise ableiten, wie eine gelungene Zusammenarbeit und eine positive Teamatmosphäre aussehen, die nicht belastend, sondern im Gegenteil entlastend wirken.

Verschiedene Facetten der Emotionsarbeit spielen in der Herstellung gelungener Beziehungen im Team, einer optimalen Zusammenarbeit und bei der Entwicklung einer positiv wahrgenommenen Teamatmosphäre eine entscheidende Rolle. Die Ergebnisse verdeutlichen, dass der Kontext einen relevanten Einfluss auf die Ausformung der Emotionsarbeit ausübt. Die Emotionsarbeit kann nicht die Probleme in der Organisation per se lösen, sondern in den Interviewaussagen werden komplexe Wechselwirkungen zwischen Bedingungen in der Organisation und der Ausformung der Emotionsarbeit sichtbar.

Um die Relevanz von Emotionsarbeit in der Zusammenarbeit mit Kolleginnen und deren Einbettung in den Arbeitskontext zu verdeutlichen, werden zuerst die Situation der Teams in den Einrichtungen und negative und positive Facetten der Zusammenarbeit beschrieben, wodurch ein Verständnis für die Situation von Pflegenden vermittelt werden soll. Im Fokus dieser Ausführungen steht das Zusammenspiel des Teams bzw. der damit einhergehenden Teamatmosphäre mit der Entwicklung von Belastungen, Beanspruchungen und mit Möglichkeiten der Entlastung. In einem abschließenden Abschnitt werden diese Ausführungen systematisch im Zusammenhang mit den Forschungsfragen zur Bedeutung von Emotionen, Emotionsarbeit sowie Belastung, Beanspruchung und Entlastung diskutiert.

11.3.1 Belastungen des Teams durch die Arbeitssituation in der Pflege

Eingebettet in die sich verändernden sozialen und einrichtungsbezogenen Kontexte der stationären Versorgung werden in den Interviews sehr spezifische Belastungen erkennbar, die nicht nur die individuelle Situation der Versorgung der Bewohnerinnen betreffen, sondern auch einen starken Einfluss auf die Zusammenarbeit und damit die Situation im Team ausüben. Dies soll im Folgenden auf der Basis spezifischer Anforderungen und Situationen aufgezeigt werden.

Als spezifische Belastung und auch Herausforderung für das Team insgesamt wird häufig der Dienstausfall von Kolleginnen genannt, deren Arbeitsaufgaben vom Team zusätzlich zu der schon aufgrund des Personalmangels vorhandenen hohen Arbeitsbelastung übernommen werden müssen. Besonders ältere Mitarbeiterinnen können vermehrt aufgrund von Krankheiten nicht zum Dienst kommen. Die Mitarbeiterinnen, die teilweise unbezahlt diese zusätzlichen Dienste übernehmen (müssen), können die freie Zeit zwischen den Diensten nicht zur Erholung oder für private Angelegenheiten nutzen. Ein möglicher Anstieg der Belastung gilt auch für Pflegende der gleichen Schicht, die die Tätigkeiten der ausfallenden Kolleginnen teilweise zusätzlich ausführen müssen. Die Mitarbeiterinnen, die die Krankheitsausfälle kompensieren, können wiederum durch die Überlastsituation selbst und eventuell sogar zeitgleich erkranken – dies gilt besonders für psychische Erkrankungen bis hin zum Burn-out – und die belastende Situation für das Team weiter verstärken.

Nicht nur der Personalmangel und die Ausfälle belasten die einzelnen Mitglieder eines Teams, sondern auch die fachlichen Anforderungen, denen nicht immer nachgekommen werden kann. Pflegende werden angehalten, Aufgaben zu übernehmen, die sie nicht kennen oder lange nicht ausgeführt haben, wie beispielsweise die Versorgung von zentral venösen Zugängen oder eines Tracheostoma. Die Leitungskräfte erwarten, dass Pflegende aufgrund ihrer Qualifikation diese Aufgaben ohne weitere Einarbeitung übernehmen können. Um diesen Erwartungen oder auch dem Druck der Anforderungen zu entsprechen, führen Mitarbeiterinnen diese sie fachlich überfordernde Aufgaben aus, wohl wissend, dass sie für ihr Tun die volle Verantwortung tragen.

> *P3: „Wir haben auch schon Bewohner gehabt, die nur noch ein, zwei Tage da sind. Oder dass ganz klar gesagt wird, die kommen jetzt zum Sterben, so aus dem Krankenhaus. Die kommen jetzt zum Sterben und dann ist das so. Ja und die dann auch wirklich fast 'ne Intensivpflege brauchen, das haben wir auch schon gehabt. Wo wir auch schon fast, wo wir gar keine Ausbildung für haben. Zentralen Venenkatheter, hab' ich nie gelernt in der Ausbildung. Aber manchmal wird einfach erwartet, dass man das kann und dann steht man da – ganz toll. Bei dem Venenkatheter haben wir Gott sei Dank eine Fortbildung bekommen. (...) was hab' ich 'ne Angst ausgestanden, als ich das erste Mal den versorgt habe, den Dreivenenkatheter (...)." (P3, Z. 307 ff.)*

Risiken einer fachlichen Überforderung werden im besonderen Maße erkennbar, wenn Schülerinnen und Praktikantinnen, die aufgrund mangelnder Zeitressourcen keine ausreichende Anleitung durch die Fachkräfte erfahren können, in komplexe Pflegesituationen geraten, die ihre Kompetenzen überschreiten.

> *P8: „In der Schule hatten wir das mit dem Katheter legen auch noch nicht durchgenommen. In der Praxis sollte ich dann einen Katheter legen. Und dann habe ich mich vorbereitet also es durchgelesen, dieses Theoretische und dann hieß es: ‚Jetzt geh mal da und da hin und leg den Katheter!' Und das war eine Bewohnerin, die wohl anscheinend echt Angst davor hatte. Die hatte wirklich Angst. Die ist richtig hysterisch geworden und hat geschrien und hat sich so verkrampft und ich stand da. Ganz allein ohne eine Anleiterin oder sonst irgendwas. Ich sollte den Katheter legen. Und ich denk so: ‚Oh Gott, wo fange ich jetzt an? Oh Gott, wirklich, wo fange ich an¿ Und dann habe ich es irgendwie geschafft. Aber auch nicht so richtig, also mir der Hygiene und so war das nicht richtig. Weil das ging alle irgendwie nicht. Und dann kam ich da schweißgebadet irgendwann raus, so nach einer Stunde oder so. Ja, die anderen Bewohner mussten dann ja auch noch gemacht werden. Und dann wurde ich von der einen Pflegekraft richtig angemacht und dies und das und dann ging gar nichts mehr an diesem Tag. Gar nichts mehr! Und dann hieß es nur: ‚Du bist im zweiten Lehrjahr, du musst das können!' Solche Sachen. (...)." (P8, Z. 585).*

Zur Bewältigung der hohen quantitativen und fachlichen Arbeitsanforderungen und des damit einhergehenden Leistungsdrucks durch die Dienstgeber oder die

Behörden setzen sich Mitarbeiterinnen oft gegenseitig „unter Druck". Wechselseitig geprüft wird beispielsweise, ob die Arbeitszeit „effizient" eingesetzt und nicht „verschwendet" wird. In Einzelfällen wird berichtet, dass von einzelnen Pflegenden der Anspruch des Teams stärker als die eigenen Vorstellungen einer adäquaten Versorgung der Bewohnerinnen gewichtet wird.

> *P7: „Das hältst du nicht durch bis 67. Das ist unmöglich. Wenn du mehr Zeit hättest, z. B. morgens für jeden bettlägerigen Bewohner 'ne Dreiviertelstunde mehr, dann wäre das was anderes. Aber du musst wirklich Tempo zeigen. Wenn du das im Pflegeheim nicht schaffst, dann bist du auch nicht beliebt. Dann arbeitet doch keiner gerne mit dir. Du musst schon schnell sein." (P7, Z. 45)*

Langsam arbeitende Mitarbeiterinnen, Kolleginnen mit Defiziten in der Flexibilität, in der Fachlichkeit oder in der physischen Leistungsfähigkeit werden als Belastung gesehen und sind im Team weniger anerkannt.

> *P5: „Und es geht auf die Psyche, wenn du dann mit Kollegen arbeitest und mit denen aufeinander eckst oder was, das kannst du nicht haben. Ich hatte auch mal Hektik und da war auch eine junge Kollegin da und eigentlich kann ich gut mit unseren jungen Mädels, wir schmeißen uns da auch mal Worte hin und her – ich kann das eigentlich verknusen. Ich bin halt nicht die schnellste im Team, das nervt mich auch.‚Unsere (eigener Vorname) ist mal wieder nicht schnell genug,' und so weiter. Wenn man das ein paar Mal gehört hat – manchmal sieht man das ja ganz locker, aber irgendwann ist ein Punkt erreicht, dann ist der Punkt erreicht! Dann ist das Maß voll. Dann fühlt man sich nur noch angegriffen. Ich bin dann in den Keller gegangen und habe nur noch geheult. Ich konnte einfach nicht mehr. Alles war aus. Ich bin dann auch einfach nach Hause gefahren." (P5, Z. 490 f.)*

Diese Pflegenden wiederum bemerken selbst, dass die eigenen Schwächen von ihren Kolleginnen nicht akzeptiert werden und spüren somit einen beträchtlichen Leistungsdruck. Dies gilt vor allem dann, wenn eigene Schwächen nicht eigenständig behoben werden können. Pflegende sorgen sich daher zunehmend darüber, dass sie ihren Kolleginnen zur Last fallen könnten und möchten nicht durch Inkompetenz oder Langsamkeit zur Teambelastung werden. Damit einher geht auch der Anspruch, alle Aufgaben in der vorgegebenen Arbeitszeit zu schaffen und möglichst nicht krank zu werden.

> *P14: „Naja, die Anforderungen der Leitung sind auch größer geworden, dadurch, dass der MDK auch größere Anforderungen an uns stellt. Der Druck ist wesentlich größer geworden, auch untereinander. Da wird immer gesagt:‚Ich schaffe viel mehr Bewohner als du in der kurzen Zeit!' Ja toll!*

I: Da gibt's schon einen kleinen Wettbewerb.

P14: „Ja, ja, logisch! Die Geschwindigkeit der einzelnen im Team ist ein großes Thema (P14, Z. 344)

Das zunehmende Arbeitspensum resultiert letztendlich auch darin, dass im Team weniger gemeinsame private Aktivitäten durchgeführt werden, die sich positiv auf die Entwicklung des Teamzusammenhalts ausüben können. Vor dem Hintergrund der hohen Belastung wünschen sich viele Pflegende einen deutlichen Abstand zum Arbeitskontext und genießen diesen. Gleichzeitig werden die verbliebenen privaten Aktivitäten immer stärker in einen beruflichen Kontext gestellt. Aufgrund von fehlenden Austausch-, und Reflexionsmöglichkeiten während der Arbeitszeit geben die Befragten an, dass bei privaten Treffen oder während der Pausen unter den Kolleginnen nur über berufliche Fragen gesprochen wird. Damit werden private Aktivitäten nach der Meinung einiger Befragten zu einer verlängerten Arbeitsphase und der private Kontakt weiter begrenzt.

P6: „Ich treff' mich nicht mehr mit meinen Kollegen. Ich habe wirklich keine Lust mehr, in meiner Freizeit über Bewohner X oder Bewohner Y zu reden und darüber nachzudenken, was man anders machen kann, damit der Arbeitsalltag noch besser funktioniert. Warum soll ich darüber in meiner Freizeit nachdenken? Ich brauch auch wirklich Abwechslung und nicht noch mehr Gerede über die Sachen, die ich im Job erlebe." (P6, Z. 359)

11.3.2 Schwierigkeiten in der Zusammenarbeit mit den Teamkolleginnen

Eine Grundvoraussetzung für eine fachlich adäquate und bewohnerorientierte Versorgung durch das Team der Pflegenden sind die Einhaltung von gemeinsam getroffenen Absprachen zu pflegerischen Abläufen, zielorientierten Vorgehensweisen zur Mobilisation und präventiver Pflege, Zeiträume und Geschwindigkeit der Durchführung der Versorgung oder Formen wechselseitiger Unterstützung, Diese Zusammenarbeit im Team wird zur entscheidenden Voraussetzung für eine angemessene Versorgung.

Diese Zusammenarbeit im Team kann Gefühle der Beanspruchung hervorrufen bzw. verstärken oder auch eine Ressource im Pflegealltag darstellen (vgl. Abschnitt 11.3.4). Die Qualifikation und Kompetenzen der Mitarbeiterinnen, die Gestaltung der Zusammenarbeit zwischen den unterschiedlich qualifizierten Pflegekräften, die Einstellungen zur Arbeit und ethische Grundhaltungen der

Pflegenden selbst werden entscheidend dafür, ob die Arbeit im Team als belastend oder entlastend erlebt wird. Dies gilt gerade in der Situation eines hohen Leistungsdrucks, wie dies in der Pflege häufig vorkommt.

Wie bereits beschrieben werden in der stationären Altenpflege vermehrt Mitarbeiterinnen mit heterogenen Kompetenzprofilen eingesetzt, denen im pflegerischen Alltag auch unterschiedliche Aufgaben und Verantwortlichkeiten zugeteilt werden. Eine gute Besetzung des Teams ist daher nicht nur von der Anzahl der Pflegenden abhängig, sondern von der Kompetenz und Passung der Mitarbeiterinnen und einer gelungenen Zusammenarbeit unter den Kolleginnen. Als schwierig erweist sich eine Besetzung des Teams oder einer Schicht mit vielen Aushilfen und Praktikantinnen, die ohne Anweisung nicht selbstständig agieren können und dürfen. Belastend fürs Team ist es ebenso, wenn Mitarbeiterinnen ihre Kompetenzgrenzen nicht einhalten und Aufgaben von höher qualifizierten Pflegekräften übernehmen, die dann von den Fachkräften verantwortet werden bzw. deren Mängel von den Fachkräften wieder ausgeglichen werden müssen. Ein Beispiel dafür ist der Umfang mit der Dokumentation. Gerade von nicht fachlich ausgebildetem Personal wird die Relevanz der Dokumentation nicht erkannt, was dazu führen kann, dass diese unvollständig und fehlerhaft geführt wird und bei Prüfungen durch die Kolleginnen optimiert werden muss.

Die Übernahme der Verantwortung für die Ausführung der Tätigkeiten durch die Hilfskräfte wird vor dem Hintergrund des Rückgangs des Fachpersonals und des gleichzeitigen Anstiegs des Zeitdrucks immer schwieriger und auch belastender. Das Dilemma für Fachkräfte ist, dass sie die Verantwortung für die pflegerischen Aufgaben der Hilfskräfte übernehmen müssen, jedoch oftmals keinen Einfluss auf die Qualität der Hilfskräfte haben und letztlich auch wenig Möglichkeiten haben, die Aufgaben je nach Kompetenz der Kolleginnen zu verteilen.

P3: [P berichtet von Ablaufplänen für die Aufgabenstruktur der Pflegenden] „Im Grunde ist es gut, dass jeder weiß, was er zu tun hat, und man sich darauf verlassen kann. Also, dass eine Struktur da ist. Also alle wissen, was sie zu tun haben. Das ist gut. Denn wir haben auch Mitarbeiter, die würden sonst ziellos so rumlaufen und nicht wissen, was sie machen sollen. Das braucht man schon, also diese Struktur ist wichtig." (P3, Z. 200 f.)

Die Beanspruchung, die durch die Übernahme der Verantwortung der Tätigkeiten der Hilfskräfte erlebt wird, verstärkt sich noch durch die mangelnden Zeitressourcen, die den Fachkräften für die Anleitung und Kontrolle zur Verfügung stehen. Fachkräfte beklagen die begrenzten Möglichkeiten, neue und unerfahrene Mitarbeiterinnen anzuleiten und einzuarbeiten. Dies erhöht die Unsicherheit der

Hilfskräfte und ist auch mit einem höheren Fehlerpotential verbunden. In Situationen großen Zeitdrucks und damit in Stresssituationen sind die Hilfskräfte häufig sich selbst überlassen und handeln zumeist so, wie es ihnen intuitiv sinnvoll erscheint.

> *P2: „Sonntagabend musste ich jemanden ins Krankenhaus verlegen, da kam mein Kollege runter – äh, der ist auch Helfer:‚Soll ich dir noch was helfen¿ Ich sag': ‚Ja, die und die muss ich noch....' ‚Ja, gehe ich hin.' Am nächsten Morgen komme ich bei den einen Bewohner:‚Wo warst du gestern Abend? Ich habe auf dich gewartet, nichts ist hier fertig. Musste mich allein zu Bett bringen, das ist ja unmöglich!' Ich sag':‚Wieso war mein Kollege denn nicht hier¿‚Weiß ich doch nicht, hab' keinen gesehen!' Ja! Wenn ich so die Leute ins Bett bringe, dann bin ich auch schnell fertig. Und da habe ich gedacht, so, jetzt hast du dich wieder darauf verlassen und bist wieder im Grunde enttäuscht worden – das ist nicht meine Art. Ich mag das nicht. Und die Bewohner merken sich das." (P2, Z. 254)*

Weiterhin haben Fachkräfte oft keine Zeit während eines Dienstes, mit allen Bewohnerinnen in Kontakt zu treten. Sie können daher die fachliche Kompetenz der Helferinnen im Alltag nicht wirklich einschätzen und nicht überprüfen, ob die Bewohnerinnen von den Helferinnen adäquat versorgt werden. Die Fachkräfte berichten über Dossierungsfehler bei der Medikamentenabgabe, Abweichungen von den Pflegestandards und die Nicht-Einhaltung des vorgegebenen Pflegeziels verbunden mit der Gefahr, dass Bewohnerinnen beispielsweise an Kompetenzen und Mobilität verlieren. Trotzdem werden die Fachkräfte angehalten, die Dokumentation von Tätigkeiten zu leisten und mit ihrer Unterschrift zu besiegeln, die sie nicht selbst durchgeführt haben und Beobachtungen und Aussagen zu dokumentieren, die sie nur über Dritte erhalten haben.

Beanspruchend wird nicht nur die Zusammenarbeit in dem sehr heterogen qualifizierten Team erlebt, darüber hinaus können spezifische Charakteristika der Pflegenden zum Beanspruchungserleben beitragen. Neben den jüngeren Mitarbeiterinnen, die noch sehr viel Anleitung benötigen, können auch ältere Mitarbeiterinnen für das Team zu einer Belastung werden. Ältere Mitarbeiterinnen, die an ihre Belastungsgrenzen kommen oder körperliche Einbußen haben, benötigen Unterstützung durch die Kolleginnen, wie beispielsweise die Übernahme von bestimmten Arbeitsaufgaben.

Pflegende beschreiben auch Gefühle der Beanspruchung in der Zusammenarbeit mit Kolleginnen, die sich für die Arbeit nicht mehr eignen. Mit Sorge wird hier von Kolleginnen berichtet, die aufgrund von eigenen psychischen Erkrankungen nicht mehr fähig sind in sozialen Berufen zu arbeiten, dieses aber sowohl von den Betroffenen als auch von den Leitungskräften nicht erkannt wird. Ähnlich schwierig erweist sich auch, mit Kolleginnen zusammenzuarbeiten, die das Interesse an dem Beruf und auch den Spaß an der Arbeit verloren haben. Häufig zeigen diese eine sehr negative Form des Umgangs mit den Bewohnerinnen, was ebenfalls von den Kolleginnen ausgeglichen werden muss (vgl. Abschnitt 11.1)

> *P3: „Wir haben eine demente Bewohnerin, die ist immer in die Zimmer gelaufen. Und dann stand da ein Bewohner, der hat so den Arm ausgestreckt. Und die Demente lief immer wieder gegen diesen ausgetreckten Arm. Und meine Kollegin hat sich das angeguckt und hat gelacht. Ich hab' gedacht, ich spinne. Statt die Bewohnerin da wegzuholen und ihr einen anderen Weg zu zeigen. Aber die Demente ist immer wieder gegen den Arm gelaufen und alle haben sich über sie lustig gemacht. Immer wieder wurde sie etwas zurückgeschubst und dann ist die wieder los, gegen den Arm. Ich hab' gedacht, ich flippe aus und da bin ich auch wirklich laut geworden." (P3, Z. 549)*

Die Befragten berichten auch kritisch von Kolleginnen, die eine adäquate ethische Grundhaltung gegenüber der Tätigkeit vermissen lassen. Sie sprechen dabei von „extrinsisch motivierten Kolleginnen"[1], die den pflegerischen Beruf als eine beliebigen Job oder Gelderwerb betrachten und kein inhaltliches Interesse an einer pflegerischen Tätigkeit oder an alten Menschen haben. Diese können sich oft nicht in die Situation der Bewohnerinnen einfühlen. Aufgrund des Mangels an Pflegepersonal und daher der begrenzten Möglichkeiten der Auswahl nimmt der Anteil der extrinsisch motivierten Pflegenden in der Altenpflege zu.

> *P3: „Oder die eine Bewohnerin die ruft immer,Kaffee!,Ich möchte wohl nen Kaffee!' Das ist bei der wohl so drin. Gut, Kaffee war immer das höchste Wohl früher. Gab's ja auch nicht so oft. Ja, die hat meine Kollegin dann Frau Bohnenkaffee genannt. [lautes entsetztes Stöhnen]. (…) kein Respekt, keine Wertschätzung. Frau Bohnenkaffee kommt wieder. Ätzend. Ich finde das wirklich schlimm." (P3, Z. 572 f.)*

[1]In den Interviews wird von Kolleginnen berichtet, die sich nicht freiwillig für den Beruf entschieden haben, sondern beispielsweise aufgrund von fehlenden Alternativen die Arbeit in der Pflege angenommen haben um ein Einkommen zu sichern. Besonders wurde hier die Pflegeassistenz erwähnt. Die schulische Ausbildung wird häufig genutzt um einen höheren Schulabschluss zu erwerben und nicht aus Interesse für das Arbeiten im Bereich Pflege. Auch kommt es vor, dass die Personen aus monetären Gründen in dem Arbeitsfeld auch nach der Qualifikationsphase verbleiben.

Als emotional anstrengend werden weiterhin Umgangsweisen der Kolleginnen empfunden, die nicht mit den eigenen Ansprüchen an die Arbeit bzw. den Leitgedanken der Einrichtung zur pflegerischen Arbeit konform sind.

P4: „Im Moment haben wir ein sehr gemischtes Team. (...) Aber mit den jungen Leuten, also da sehe ich ein bisschen schwarz. Also die jungen Leute, die nehmen sich nicht mehr die Zeit und die haben auch nicht mehr so das Hintergrundwissen.,Wie soll ich das wissen, wie das da im Krieg gewesen ist¿ [P macht eine Kollegin in einem gereizten und leicht aggressiven Ton nach]. Natürlich können die das nicht wissen, aber ich muss mich da ein bisschen orientieren um die Leute zu verstehen. Wenn jemand Essen im Schrank versteckt, dann hat das einen Grund, weil der irgendwann mal gehungert hat. Und immer Angst hatte, dass er nicht genug zu essen kriegt.,Ist ja 'ne Sauerei, gibt's ja nicht!' [P macht eine Kollegin mit einem empörten Tonfall nach]. Die verstehen das nicht, und die wollen das immer – das stelle ich wirklich immer wieder fest – schnell mit Medikamenten gelöst haben und das kannst du nicht lösen. Das kannst du nicht lösen, das kannst du nur lösen, indem du sagst, du kriegst jedes Mal so viel wie du willst zu essen und auch nachts. Demenzkranke haben einen hohen Energiebedarf und wie oft schmiere ich nachts Brote. Die sagen nachts, dass sie Hunger haben und die haben auch Hunger, die essen die Brote auch auf. Du musst denen das immer wieder sagen, dass die jederzeit was zu essen bekommen können und nichts verstecken brauchen. Aber in der Demenz ist diese Information nach kurzer Zeit wieder weg. Und das sind so Sachen, da denke ich immer, da müssen die sich ein bisschen mehr reindenken, die jungen Leute. Da stirbt ein bisschen der Respekt." (P4, Z. 200)

In diesen Situationen müssen negativ wahrgenommene Verhaltensweisen der Kolleginnen, wie beispielsweise eine mangelnde Kontrolle der negativen Emotionen gegenüber den Bewohnerinnen, ertragen und kompensiert werden. Daher wünschen sich die Pflegenden mehr Selbstkontrolle gerade von diesen Kolleginnen, denn bei vielen Mitarbeiterinnen sind die Unlust und die mangelnde Motivation im Umgang mit Bewohnerinnen deutlich zu erkennen.

P4: [P4 berichtet, dass jüngere Kollegen private Probleme mit zur Arbeit nehmen und dort ihre negativen Stimmungen ausleben] „(...) und ich hab das letztens auch zur ihr gesagt. Ich sagte: ‚Mensch, ich weiß das selber. Ich habe drei Töchter. Ich weiß selber was Liebeskummer ist! Ich habe das selbst dreimal durchgemacht bei meinen Damen. Da war jedes Mal Weltuntergangsstimmung. Das verstehe ich ja auch. Man hat auch immer private Probleme.' Ich sagte: „Aber das kannst du hier nicht an den Leuten auslassen. Die können da nichts für. Und wir auch nicht, also wir Kollegen. Wir können da auch nichts für!' Ich sagte: ‚Das musst du für dich klar kriegen!'. ‚Ja, aber wie soll ich das denn? Aber ich mach das doch gar nicht¿ Ich sagte: ‚Das musst du gar nicht. Und das ist doch ebenso, dieses Zwischenmenschliche, das fühlen die Bewohner, das kommt bei denen auch, wenn du nichts dazu sagst." (P4, Z. 208)

Die befragten Pflegenden beklagen zudem, dass es vermehrt dazu kommt, dass der Zusammenhalt im Team zurückgeht und Mitarbeitende sich weniger von Kolleginnen unterstützt fühlen. In dem Zusammenhang werden die Teammitglieder häufig als „egozentrisch" beschrieben, die ihre eigenen Interessen ohne Berücksichtigung der Kolleginnen im Team durchsetzen. Ein Beispiel dafür ist die Durchführung von Pausen ohne Absprache. Dies wird besonders dann negativ erlebt, wenn diese für die Zeit der Pause allein für den Wohnbereich zuständig sind.

> *P2: „Ja, oder wenn die Pause machen, dann wollen die auch alle zusammen Pause machen [‚Alle zusammen' meint das gesamte Team, das während des Dienstes auf dem Wohnbereich arbeitet]. Ich sag':‚Ich will nicht zusammen Pause machen. Ihr geht nach draußen um zu rauchen und ich steh' dann da und wenn jemand klingelt, kann ich dort hingehen.' Nein, verstehen die nicht. Das sind so banale Sachen, die können einen unheimlich tierisch hochbringen." (P2, Z. 94)*

Weiterhin beharren einige Kolleginnen darauf, pünktlich die Tätigkeit zu beenden und in den Feierabend zu gehen, selbst wenn die Aufgaben noch nicht erledigt sind. Auch bestehen Mitarbeiterinnen darauf, bestimmte Dienste nicht mehr leisten zu müssen, da diese mit ihrem Privatleben kollidieren, ohne daran zu denken, dass diese Dienste von Kolleginnen vermehrt übernommen werden müssen. Die Bereitschaft, Dienste von Kolleginnen zu übernehmen nimmt ab, Kolleginnen verweisen zunehmend auf die bereits erfüllte Sollarbeitszeit und versuchen, in ihrer Freizeit nicht erreichbar zu sein. Dieses führt auch dazu, dass einige Pflegende möglichst wenig von ihren Freizeitaktivitäten berichten, da sie befürchten, dass Kolleginnen sich absichtlich krankmelden und sie zur Übernahme von Diensten verpflichtet werden.

> *P10: „Ich war zur Hochzeit eingeladen. Und da hab' ich mich gefreut auf diese Hochzeit, diese blöde Hochzeit! Wohoho! Ja, war ich letztlich auch nicht hin. Konnte ich nicht. Die eine Kollegin hat dann erst mal krankgefeiert, die war nur an dem Tag krank. Nur an dem Tag – obwohl sie wusste, dass ich was vorhatte. Ich glaube, sie hat es extra gemacht. Das war auch nicht das erste Mal. Und das ist schade, dass man solche Kollegen hat, die es schaffen, einen sogar das Privatleben noch zu vermiesen." (P10, Z. 551)*

Der Rückgang der Teamgemeinschaft spiegelt sich auch in den zunehmenden Konkurrenzen zwischen den einzelnen Teammitgliedern. Es geht nicht mehr primär um die Teamleistung, sondern um die Darstellung der Leistung und Kompetenz jeder einzelnen Mitarbeiterin. Weiterhin nimmt die wechselseitige Kritik zwischen den Pflegenden zu; so wird oft der effiziente Einsatz von Zeitressourcen zwischen Teammitgliedern diskutiert. Gleichzeitig nimmt die wechselseitige Fürsorge und Unterstützung ab. Die Befragten berichten, dass überbelastete Mitarbeiterinnen vom Team kaum wahrgenommen werden und auch nicht vom Team unterstützt werden. Gleichzeitig wird die Freundlichkeit und insbesondere Gutmütigkeit einiger Kolleginnen ausgenutzt. So wird beispielsweise Hilflosigkeit gezeigt, um die Unterstützung dieser Kolleginnen zu erhalten. Besonders vom Team benachteiligt fühlen sich Nachtschichtmitarbeiterinnen. Diese erhalten oft weniger Informationen und werden häufig nicht mit einbezogen. Nachtwachen haben einen geringen Stellenwert im Team, werden für inkompetent gehalten und erfahren daher nur wenig Wertschätzung.

Das Team hat oftmals hohe Erwartungen an die Leitungskräfte, wenig Verständnis für verzögerte Erledigungen von Aufgaben und unterstützt die Leitungskräfte weniger in ihren Aufgaben.

P2: „(…) Inzwischen sag' ich schon meine Meinung, wenn irgendwas nicht in Ordnung ist. Wenn meine jungen Kollegen meinen, die müssen mit Händen in der Hosentasche herumlaufen, dann sag' ich das auch der Pflegedienstleitung (…). Meinen Mund halten, das kann ich nicht mehr, das will ich auch nicht und ja, dafür bin ich einfach zu lange da und das könnten auch alle meine Kinder sein, die hier arbeiten.“ (P2, Z. 90)

11.3.3 Konflikte im Team

Im Zusammenhang mit den Schwierigkeiten in der Zusammenarbeit wird in den Interviews die Entwicklung einer negativen Atmosphäre im Team beschrieben, die durch Demotivation, Missmut, Konkurrenz, üble Nachrede, Überforderungen und Unzufriedenheit mit der Arbeit der Kolleginnen gekennzeichnet ist. Auch die Bereitschaft, sich gegenseitig zu helfen, sinkt mit dem Anstieg der Arbeitsbelastung. Diese negative Teamatmosphäre und die schwierige Zusammenarbeit im Team erleben Pflegende als Beanspruchung.

P4: [P berichtet, dass ihre Schwiegermutter in der Einrichtung als Bewohnerin wohnt und kurz vor Dienstbeginn (Nachtdienst) in der Einrichtung verstarb] „(…) und meine Tochter, mein Mann und ich waren auch dabei und haben uns alle an die Hand gefasst und dann schlief sie ein. Ist auch in Ordnung. Ich hab' so geheult – ja, ist halt was anderes, wenn es die eigene Familie ist. (…) Und obwohl ich die Nacht vorher gearbeitet habe und den ganzen Tag bei meiner Schwiegermutter saß und im Grunde noch gar nicht geschlafen hatte. Dass meine Schwiegermutter sterbend ist und an diesem Tag sterben würde, wussten alle meine Kollegen. Und

> *mein Team hat es nicht geschafft für mich einen Ersatz zu suchen. Ich musste die Nacht durcharbeiten. Und das war so hart. Da habe ich auch nur funktioniert. Und nur eine Helferin – nicht mal eine examinierte Kraft – hat dann gesagt:‚Ich bleib' mal hier und helfe dir!' (…). Der eine Kollege hat dann gesagt, dass er versucht habe die anderen zu erreichen und das sich keiner gemeldet habe, außer eine, die aber erst um halb elf da sei – halb elf sei ja besser als gar nicht. Aber die Kollegin ist nicht gekommen. (…) Meine Schwiegermutter ist um Viertel nach acht eingeschlafen und dann musste ich mich umziehen und los. Die hätten den ganzen Tag Zeit gehabt was zu organisieren, aber nix. Und am nächsten Tag mussten wir auch als Angehörige alles erledigen, da war gar nichts mit schlafen – daran war gar nicht zu denken." (P4, Z. 355 ff.)*

Die mit den Schwierigkeiten in der Zusammenarbeit einhergehenden Konflikte im Team betrachten Pflegende als zeit- und energieaufwendige Anstrengung und nicht als eine Möglichkeit der Weiterentwicklung. Die Befragten geben beispielsweise an, dass in den Teams häufig negativ über (nichtanwesende) Dritte gesprochen wird und es damit zu Unstimmigkeiten und Konflikten im Team kommt. Besonders beklagt werden dabei Verhaltensweisen von Kolleginnen, wie beispielsweise langsames Arbeitstempo, Verwendung von zu viel Zeit bei einzelnen Bewohnerinnen und nicht erledigte Aufgaben.

> *P2: „Einige Kollegen haben mir dann nach ganz langer Zeit gesagt:‚Als du angefangen bist, da haben wir gedacht:‚Hoffentlich müssen wir nicht so oft mit der zusammenarbeiten'. Ja. Total enttäuscht. Verletzt und trotzdem irgendwie weitergemacht." (P2, Z. 60)*

Diese üblen Nachreden können soweit führen, dass Probleme von Teammitgliedern eigenständig konstruiert oder unangemessene, dramatisierende Darstellungen von Geschehnissen verbreitet werden. Durch diese konflikthaften Handlungsweisen wird die Stimmung im Team deutlich negativer. Häufig wird berichtet, dass im Gegensatz dazu der offene und direkte Austausch im Team über diese Kritikpunkte an den Kolleginnen oder auch über mögliche eigene Fehler fehlt, die damit sie nicht erkennbar werden, verborgen werden.

In den Interviews werden noch weitere Situationen benannt, die leicht zu Konflikten im Team führen können. Teamkonflikte entstehen beispielsweise durch Konkurrenzkämpfe der Mitarbeiterinnen. So gibt es in einigen Einrichtungen kleine untereinander konkurrierende Gruppen, die das Team splitten. Dieses ist sehr belastend gerade für Auszubildende, Praktikantinnen oder Aushilfskräfte, die die Dynamik zwar sehen, nicht vollständig ins Team gehören und sich nur schwer verhalten können.

Ferner können Ungerechtigkeitsempfindungen Einzelner zu Teamkonflikten führen. So fühlen sich Mitarbeiterinnen beispielsweise von Kolleginnen oder von den Leitungskräften weniger beachtet, haben das Gefühl, dass andere bessere Aufgaben erhalten bzw. weniger Arbeit leisten müssen oder fühlen sich auch in der Einteilung der Dienste benachteiligt. Konflikte können auch durch die Hierarchien ausgelöst werden. Hilfskräfte berichten, dass sie sich degradiert fühlen, wenn sie von den Fachkräften angewiesen werden, die körperlich anstrengenden Arbeiten (auch Botengänge) für diese zu übernehmen, während die Fachkräfte viel Zeit am Schreibtisch verbringen. Besonders junge Fachkräfte fühlen sich den Pflegehelferinnen gegenüber überlegen und nutzen ihr Machtpotential, um Forderungen an die Helferinnen zu stellen, die diesen kaum gerecht werden können. Ebenso bergen Veränderungen im Team Potentiale für die Entstehung von Konflikten. Mitarbeiterinnen, die die Einrichtung verlassen, können das Gleichgewicht des Teams in Gefahr bringen. Ebenso können durch die Anstellung neuer Mitarbeiterinnen Konflikte entstehen. Dies gilt beispielsweise dann, wenn diese als zu forsch erlebt werden, die Arbeit des Teams nicht wertschätzen, viel kritisieren und Änderungsvorschläge einbringen, ohne die bewährten Abläufe zu kennen.

Generell finden sich auch Aussagen darüber, dass in manchen Teams die Persönlichkeiten der Pflegenden nicht gut zueinander passen, wodurch die Zusammenarbeit und die berufliche Tätigkeit des Einzelnen erschwert werden. Konkret wird an den Persönlichkeiten der Pflegenden beispielsweise beklagt, dass es Mitarbeiterinnen gibt, die von ihrer Unfehlbarkeit überzeugt sind und nur wenig Einsicht in eigene Schwächen zeigen. Konflikte entstehen auch, wenn sich die Kolleginnen gegenseitig misstrauen, weil sie erfahren haben, dass Teammitglieder unehrlich und unzuverlässig sein können und sich nicht an Absprachen und Vorgaben halten.

Die beschriebenen Konflikte sind Bestandteile der beruflichen Realität der Pflegenden. Pflegekräfte verfolgen trotz der beschriebenen Konfliktpotentiale die Realisierung eines harmonischen Arbeitsbereichs. Sie beschreiben eine gute Arbeitsatmosphäre zunächst als wertvoll an sich. Wichtiger für das Bedürfnis nach Harmonie ist jedoch, dass die gelungene Zusammenarbeit im Team als eine Grundvoraussetzung der Durchführung einer angemessenen Versorgung betrachtet wird. Für diese Herstellung einer positiven Teamatmosphäre ist die Regulation der eigenen negativen Emotionen eine zentrale Voraussetzung. Dieses gilt gerade im Umgang mit Konflikten, da hier ein großes Potential für die Entstehung von negativen Emotionen besteht (vgl. Abschnitt 11.3.5). Gespräche am Arbeitsplatz mit als empathisch empfundenen Kolleginnen oder auch im privaten Umfeld werden wiederum als eine Möglichkeit der Entlastung wahrgenommen. Strukturierte Entlastungsmöglichkeiten, wie beispielsweise Mediationen oder Teamsupervisionen werden in den Einrichtungen der befragten Pflegenden jedoch nicht angeboten.

11.3.4 Das Team als Ressource

Kolleginnen oder das gesamte Team können hingegen ebenso, als Ressource wahrgenommen werden. Die Notwendigkeit einer guten Zusammenarbeit und einer positiven Atmosphäre im Team werden gerade im Zusammenhang mit der Arbeitsbelastung erwähnt. So wird oft beschrieben, dass das Team als Puffer gesehen wird, um Beanspruchungsspitzen abzufangen und ertragbar werden zu lassen. Es wird von Teams berichtet, die sich gegenseitig stark unterstützen und beispielsweise flexibel bei einem notwendigen Tausch der Dienste sind. Dieses ermöglicht den Pflegenden, dass sie an ihren wichtigen privaten Ereignissen teilnehmen können. In einigen Einrichtungen können sich die Pflegenden ihre Dienstzeiten in Absprache mit dem Team selbst aussuchen und können so ihren Wunschdienstplan gestalten. Mitarbeiterinnen können damit die notwendige Erholung von der Arbeit durch Freizeitaktivitäten finden. Ebenso wird berichtet, dass in einigen Teams die Aufgabenverteilung gemäß den Vorlieben der einzelnen Mitarbeiterinnen gestaltet wird. So können sich Pflegende die von ihnen zu versorgenden Bewohnerinnen aussuchen, bzw. mit Kolleginnen wechseln, wenn sie eine Gruppe von Bewohnerinnen als zu belastend erleben.

> *P1: „Dienste tauschen, das klappt eigentlich immer. Da ist keiner dabei, der auf seinen Dienstplan pocht und unflexibel ist – das ist echt gut. Ja, und die ganzen sonstigen Absprachen, wer was zu erledigen hat. Wenn man sagt, ich hab' da keine Lust drauf, dann übernehmen das die Kollegen. Die wissen auch, dass ich z. B. dieses oder jenes nicht gerne mag und dann übernehmen die das auch gerne für einen – das mache ich bei meinen Kollegen dann aber auch. Also, wir nehmen uns gegenseitig halt auch blöde Arbeiten ab. Man entlastet sich dadurch auch gegenseitig." (P1, Z. 280)*

Positiv erlebt wird auch, wenn das Team zusammenhält und sich gemeinsam gegen die oft vorliegende Unterbesetzung wehrt. So werden Überlastungsanzeigen angefertigt und eingereicht. In einigen Teams sind die Mitglieder bereit, auch spontan für ausfallende Kolleginnen einzuspringen oder auch in Krisen- oder Notsituationen bereits früher zur Arbeit zu kommen oder länger zu bleiben, um die Kolleginnen zu unterstützen.

P8: „(...) Ich hatte das letztens, da hat meine Kollegin, die Nachtwache hatte, die hat mich dann um vier Uhr morgens angerufen. Da war jemand aus dem Bett gefallen und sie hat den nicht hoch gekriegt. Ich hatte zwar Frühdienst an dem Tag, aber sie wusste nicht, was sie machen sollte. Sie konnte den nicht einfach auf dem Boden liegen lassen – jedenfalls nicht drei Stunden lang. Ich bin dann einfach deutlich früher zum Dienst gefahren und hab' ihr geholfen." (P8, Z. 161)

Kolleginnen im Team können auch wechselseitig Aufgaben anderer Kolleginnen übernehmen, wenn diese aufgrund unterschiedlicher Gründe nicht entsprechend der Absprachen und Regelungen durchführbar waren. Ferner ist es auch möglich, in der Zusammenarbeit mit kompetenten Kolleginnen sehr schwierige Situationen gemeinsam zu lösen. Der Zusammenhalt in multiprofessionellen Teams führt darüber hinaus zur Unterstützung über Bereiche hinweg. Pflegende können beispielsweise bei einem akuten Personalmangel von Mitarbeiterinnen des Betreuungsdiensts unterstützt werden.

Pflegende tauschen sich gerne mit den Kolleginnen über Geschehnisse und Beanspruchungssituationen aus dem Arbeitsalltag aus. Hier erleben sie Verständnis und die Kompetenz die Erfahrungen nachzuvollziehen, da die Kolleginnen die Arbeitsbedingungen, Belastungssituationen und die Bandbreite des Tätigkeitsfeldes kennen und dadurch zu guten Zuhörerinnen und Beraterinnen bei berufsbezogenen Fragestellungen werden.

P5: „Mit den Kollegen kann ich mich stundenlang unterhalten. Die verstehen mich auch, weil die ja den ganzen Kram hier auf dem Wohnbereich kennen, auch so die Bewohner und alles und die anderen Pappenheimer und so. Ja, da kann man sich ganz gut auskotzen und wenn man mal unsicher ist, können die auch ganz gut beraten. Das kann mein Mann nicht – der hört nur zu. (...) bisschen nervig mit den Kollegen ist aber schon, dass man oft kein anderes Thema hat. Immer und überall geht es ums Altenheim." (P5, Z. 402 f.)

P3. [P berichtet davon, dass sie einen besonderen Gesprächsbedarf hat, wenn ein Bewohner auf dem Wohnbereich verstorben ist] „(...) und im Team ist es ja noch viel einfacher über solche Situationen zu sprechen. Weil die ja auch selber solche Situationen kennen und auch ihre Sichtweise noch mal schildern können und Tipps geben können, vor allem die Älteren:‚Ganz einfach, mach' das doch so und so.' Wir haben ja quasi auch bei uns drei ältere Kollegen, die sich besonders auch für die Hospizarbeit interessieren, das ist echt enorm hilfreich, besonders für uns Jüngeren." (P3, Z. 743)

In dem Zusammenhang werden ebenfalls pflegerische Mitarbeiterinnen mit besonderer Expertise (Wundexpertin, Inkontinenzbeauftragte, Palliative Care Fachkraft, Praxisanleiterin) als Entlastung empfunden. Diese unterstützen die Pflegenden bei speziellen Fragestellungen und Problemen. Das Fehlen von Mitarbeiterinnen in der Pflege mit bestimmten Expertisen oder Angehörige weiterer Professionen, wie Sozialarbeiterinnen zur Betreuung und Aktivierung dementiell erkrankter Bewohnerinnen oder Seelsorgerinnen in der Versorgung Sterbender in den Einrichtungen wird von den befragten Pflegenden nicht nur als Belastung, sondern auch als Qualitätsdefizit wahrgenommen.

Die geschilderten alltäglichen Erfahrungen verdeutlichen, dass Teams und die einzelnen Kolleginnen eine Ressource der Entlastung bei der Durchführung der Arbeit und der Verarbeitung der Erfahrungen sein können. Pflegende fühlen sich durch gute Teams unterstützt, nicht allein gelassen und haben das Gefühl, Kolleginnen an ihrer Seite zu haben. Eine gute Zusammenarbeit im Team verknüpfen die Befragten mit einer positiven Teamatmosphäre. Als relevante Elemente einer positiven Teamatmosphäre lassen sich auf der Basis der Interviewaussagen ein gemeinschaftliches Teamverständnis, eine ruhige und harmonische Atmosphäre, positive Beziehungen und ein ehrlicher, verlässlicher und loyaler Umgang, gegenseitige Unterstützung, eine gute Zusammenarbeit gerade in Krisenzeiten und eine gute Gesprächskultur zusammenfassen.

Die Auswirkungen einer positiven Teamatmosphäre bestehen darin, dass die Zusammenarbeit im Team Spaß macht, dass eine positive Stimmung in der Einrichtung herrscht, und dass sich die Mitglieder im Team geborgen fühlen. Das Team wird damit auch zu einer wichtigen Ressource für die psychische Entlastung der Pflegenden. Gerade die Reflexion mit Kolleginnen über psychisch anstrengende Arbeitssituationen und die damit einhergehende Entlastung ist relevant für die Erhaltung der Gesundheit der Pflegenden. Damit verbunden sind niedrige Fluktuationen, hohes Engagement der Pflegenden und eine große Bereitschaft, sich freiwillig einzubringen.

11.3.5 Teams – von der Ressource zur zunehmenden Beanspruchung?

Die Zusammenarbeit im Team ist nicht nur die entscheidende Voraussetzung für die Durchführung der Versorgung, sondern kann auch als vorteilhaft erlebt werden. Kolleginnen können um Unterstützung oder um Hilfe gebeten werden, oder Entscheidungen bzw. Handlungsweisen können mit Kolleginnen diskutiert werden. Mit den Kolleginnen können Pflegende Pausen verbringen und sich auch außerhalb der Arbeit über die Arbeitsprozesse austauschen und gemeinsam Erlebnisse in Gesprächen reflektieren. Teams erweisen sich demnach als eine wichtige

Ressource für Altenpflegende. Dies gilt besonders zum Abbau von psychischen Beanspruchungen.

> *P13: „(…) und ich hab' wirklich an mir gezweifelt. Ich dachte, dass der Bewohner mit seiner harten und unfreundlichen Kritik Recht hatte. Der hat mich aus dem Stand damit zum Heulen gebracht und, was noch schlimmer war, zum tagelangen Nachdenken über die Situation. (…) Wenn ich meine Kollegen nicht hätte, würde ich an solchen Sachen kaputtgehen. Aber ich hab' da wirklich nette Leute, mit denen ich sowas bereden kann, die auch ehrlich zu mir sind und die schaffen es auch immer wieder die Situationen, die ich beschreibe, etwas zu neutralisieren, sodass ich im Nachhinein auch erkennen kann, dass auch das Verhalten des Bewohners nicht ganz fair war." (P13; Z. 522)*

Anzunehmen wäre demnach, dass die Teamarbeit in den Einrichtungen gefördert werden müsste. Dieses scheint aber nicht der Fall zu sein. In den Einrichtungen, aus denen die befragten Pflegenden kommen, wurden keine Maßnahmen zur Teamstärkung oder zur strukturellen Förderung von Teams unternommen. Ob und wie gut Teams funktionieren, scheint etwas, mit Zufälligkeit zu tun zu haben. Die Interviewergebnisse lassen sogar noch eine weitergehende Aussage zu, denn, indem durch „effiziente", an ökonomischen Vorgaben orientierte Dienstplangestaltung und Aufgabenverteilung die Entwicklung von Teamstrukturen und die Teamzusammenarbeit eher aufgehoben oder zumindest erschwert werden, verlieren die Pflegenden das „emotionale Zuhause" im Arbeitskontext. Mit dem zunehmenden Aufbruch von positiv wahrgenommenen Teamstrukturen in den Einrichtungen entfällt somit eine zentrale Entlastungsmöglichkeit für Pflegende. Aufgrund der Interviewergebnisse wird dies als Konsequenz der Personalsituation – der geringen Personalkapazität, dem Fachkräftemangel und der damit einhergehenden begrenzten Möglichkeit der Auswahl passender Kolleginnen –, dem ansteigenden Arbeitspensum und der zunehmend heterogenen Qualifikationsstruktur in den Teams erkennbar. In den Interviews verknüpfen die Befragten jedoch oft nicht selbst die schwierige Teamentwicklung und der damit einhergehende Rückgang der Bedeutung des Teams als Entlastungsfaktor mit den genannten Kontextfaktoren.

Gerade aufgrund der hohen Bedeutung der Zusammenarbeit und der Atmosphäre im Team für die Durchführung der Pflege und der Entlastung der Pflegenden selbst, beschreiben die Befragten verschiedene Methoden zur Entwicklung einer positiven Teamatmosphäre, wie beispielsweise die Förderung eines Gemeinschaftsgefühls durch gemeinsame Aktionen, Projekte während der Arbeitszeit oder auch gemeinsame Treffen außerhalb der Arbeitszeit.

P2: „Wir haben einen inoffiziellen Club inzwischen bei uns, einige aus unserer, bzw. die meisten aus unserer Schicht, wir verstehen uns einfach blendend, wirklich richtig gut. Und da wir ja auch immer zur gleichen Zeit alle frei haben, sind wir letztes Jahr mit angefangen, sind wir mal zusammen zum Weihnachtsmarkt gefahren, haben so eine Kohltour gemacht, solche Sachen. Immer wenn irgendwas ansteht. Oder ein Theater besucht, – da sind wir mal hingefahren und haben zugeguckt. Wo die anderen erst mal neidisch waren:,Wieso macht ihr das? Was soll das¿ Oder Sonntagsabend – jeder hat Hunger – lass uns Pizzaessen fahren, so die Gemeinschaft zu fördern. Letztes Jahr hieß es schon mal, dass wir nicht mehr zusammen arbeiten dürfen, weil wir uns zu gut verstehen. Ja, aber das haben wir auch nicht eingesehen." (P2, Z. 518)

Eine zentrale Rolle für die Entwicklung und Aufrechterhaltung einer positiven Zusammenarbeit im Team nimmt die Emotionsarbeit im pflegerischen Alltag ein. Emotionsarbeit wird gezielt in schwierigen Situationen im Alltag eingesetzt, um die Entstehung von Konflikten zu vermeiden, positive Beziehungen zu den Kolleginnen zu fördern und die Möglichkeiten der Zusammenarbeit zu optimieren. Als Methode wird hier insbesondere die emotionale Selbstkontrolle angewandt, die dazu beiträgt, trotz schwieriger Situationen und Konstellationen unter Kolleginnen eine freundliche Arbeitsatmosphäre zu schaffen und damit die Zusammenarbeit erst zu ermöglichen.

Wie schon oben dargestellt, wird die Personalstruktur im Team gerade was die Qualifikation, Kompetenz und Persönlichkeiten angeht als mehr und mehr heterogen erlebt, während die Möglichkeiten der Auswahl von ins Team passenden Pflegenden gerade aufgrund des Personalmangels immer schwieriger wird. Die Versorgung der Bewohnerinnen setzt ein funktionierendes Team in einer positiven Teamatmosphäre voraus. Eine Grundvoraussetzung dazu wird in der gezielten positiven Gestaltung der Kooperation und Kommunikation miteinander gesehen. Um dieses Ziel zu erreichen, wird es als erforderlich beschrieben, die eigenen Emotionen zu regulieren, denn nur so kann man sich schnell auf die unterschiedlichen Kolleginnen einstellen.

P11: „Wenn ich da an [Anm. der Autorin: Name einer Kollegin] denke, ja, die mag mich nicht. Ich sie aber auch nicht wirklich. Im Dienst sind wir aber echt oft zusammen. Nützt ja nichts, ich muss sie ja nicht heiraten, da muss man das irgendwie hinbekommen. Und ich weiß, sie redet gerne über ihre Katzen und son Zeug. Und damit der Dienst besser flutscht, bin ich nett und wenn es mal ruhiger ist, dann frag ich nach den Katzen. Sie freut sich dann und ich weiß, dass das ausstrahlt auf die Arbeit mit mir zusammen. Also dann kann ich ihr auch mal was sagen, was sie machen soll und so." (P11, Z. 301)

P1: „ich weiß ja, dass die [Anm. der Autorin: Bezug zu einer Kollegin] langsamer ist. Und weil ich das weiß, brauche ich mich da ja nicht immer drüber aufregen, sondern akzeptiere das halt, dass die weniger schafft und ich ihr auch weniger Aufgaben geben muss, sonst ist die total überfordert und schaltet ab. Wenn man das weiß, ist das einfacher." (P1, Z. 239)

Formen der Emotionsregulation werden auch zur Verbergung von negativen Emotionen im Arbeitskontext angewandt. Pflegende versuchen beispielsweise belastende Emotionen aus dem privaten Kontext von der Arbeit fern zu halten, um die Kolleginnen damit nicht zu belasten.

P5: Der [Anm. der Autorin: Bezug Kollege] muss ja auch nicht täglich seine Ehekrise bei uns im Team ausbreiten und alle mit runterziehen. Klar, der hat echt eine Katastrophe zuhause, will ich auch nicht mit tauschen. Aber das bringt ja auch nichts, wenn es das auch hier noch dreißigmal bespricht." (P5, Z. 249)

Ebenso werden Überforderungen, die aus dienstlichen Gründen im privaten Kontext entstehen nicht thematisiert. So wird beispielsweise selten angesprochen, dass ein zusätzlicher Dienst, der aufgrund eines Dienstausfalls einer Kollegin notwendig wurde, die Pflegende selbst überfordert. Weiter werden auch Enttäuschungen über Verhaltensweisen der Kolleginnen, die beispielsweise durch mangelnde Zusammenarbeit und Unterstützung, inadäquates fachliches Handeln, niedriges Engagement oder auch generell nicht nachvollziehbare Handlungsweisen entstanden sind, vor den Kolleginnen selbst oder dem Team verborgen, um Konflikte zu vermeiden.

Einige Pflegende berichteten, dass sie „anstrengende Tage" bereits an der Dienstplanung erkennen können, da die Zusammenarbeit mit eher langsamen und weniger kompetenten Mitarbeiterinnen einen relevanten Indikator für einen anstrengenden Arbeitstag darstellt. Dieses wird allerdings nicht offen thematisiert, sondern die Pflegenden versuchen im Gegenteil, die Kolleginnen zu motivieren und zu stützen.

P1: „(...) heute hatte ich mit einer Kollegin Dienst, aus dem Hauptstamm, Teilzeitkraft, examiniert. Da weiß man, wenn die da ist, die hat immer Angst, dass sie nicht fertig wird mit der Arbeit. Egal ob da was zwischenkommt oder nicht. Und da lassen sich dann die Schüler, Praktikanten und Helfer schnell von anstecken. Und dann ist wieder alles stressig und hektisch. (...) ich sag' ihr das auch, dass wir es schaffen. Und wir sind auch immer um halb zwei fertig – aber die glaubt das einem ja nicht und ist immer gestresst und nervös.

I: „Sie müssen also Ihre Kollegin noch zusätzlich motivieren, beruhigen oder aufbauen – also Sie müssen sich um die Kollegin noch kümmern?"

Beobachtete Konflikte zwischen Bewohnerinnen und Kolleginnen werden möglichst loyal kommentiert, um die Beziehung zu den Kolleginnen nicht zu gefährden. Auch der empfundene Ärger, der durch wahrgenommene Konflikte oder Konkurrenzen im Team entsteht, wird nicht nach außen gezeigt, sondern zugunsten des Teams in den Hintergrund gestellt. Die Pflegenden schildern ebenso, dass sich negative Emotionen, wie beispielsweise eine demotivierte Stimmung bei einzelnen Kolleginnen auf die eigene Arbeitsmotivation niederschlägt, oder negative Emotionen, Stress und Hektik sich von den Kolleginnen auf die Bewohnerinnen übertragen. Hier erscheint die Kontrolle der eigenen Emotionen als ein wichtiger Mechanismus zur Vermeidung einer Eskalation.

Die Befragten wünschen sich daher generell von den Pflegenden, dass häufiger auf Formen der emotionalen Selbstkontrolle zurückgegriffen wird. Dies wird als ein Ansatz gesehen, Konflikte zu reduzieren, die Zusammenarbeit und die pflegerische Versorgung in einer freundlichen Teamatmosphäre aufrechtzuerhalten. Kolleginnen, die dies nicht umsetzen können, werden als Belastung für das Team wahrgenommen. Diese Kontrolle der eigenen Gefühle sollte auch nach langer Berufstätigkeit noch gegeben sein.

> *P14: „(...) Die Kraft schwindet irgendwann. Man merkt es schon, dass man nicht mehr so ganz so schnell ist wie am Anfang. Dass man auch nervlich gar nicht mehr so belastbar ist wie am Anfang. Da reicht schon so ein bisschen, irgendeine Kritik von Kollegen, die vielleicht anders aufgefasst wurde von mir und ich raste aus. (...) und das war früher anders!" (P14, Z. 513)*

Die Interviewergebnisse belegen, dass vergleichbar mit den Beziehungen zu den Bewohnerinnen oder Angehörigen auch die Beziehungen zu den Kolleginnen anspruchsvoll sind, mit hohen Sensitivitätsanforderungen einhergehen und gestaltet werden müssen. Als Voraussetzung für die Teamarbeit wird ein freundlicher und wertschätzender Umgang mit den Kolleginnen gesehen. Pflegende versuchen daher potentielle negative Emotionen den Kolleginnen gegenüber zu maskieren, um die Teamarbeit, auf die sie angewiesen sind, nicht zu gefährden. Diese Anforderung der emotionalen Selbstregulation wird durch die schon beschriebenen zumeist negativen Veränderungen in der Zusammensetzung und den Bedingungen der Teamarbeit immer wichtiger. Die Pflegenden berichten von einer zunehmenden Tendenz, in herausfordernden Teamzusammensetzungen mit Kolleginnen zu arbeiten, zu denen es schwierig ist, eine authentisch erlebte Sympathie- und Vertrauensebene zu gestalten. Die notwendige Maskierung der eigenen Gefühle kann als eine zentrale Strategie des emotionalen Oberflächenhandelns betrachtet werden.

Als ebenso wichtig wird jedoch die Sensibilität gegenüber der individuellen Situation der Kolleginnen in den Interviews beschrieben. Pflegende erleben auch wirklich Mitleid gegenüber ihren Kolleginnen in schwierigen beruflichen und privaten Situationen und können empathisch agieren, wenn Kolleginnen beispielsweise Ungerechtigkeiten erleben. Die häufigere Anwendung von Tiefenhandlungsstrategien, die eine mehr authentische Darstellung der eigenen Gefühle und damit eine automatische, nicht-gesteuerte Anpassung der Gefühle an die Situation und die Kolleginnen erlauben würde, setzt Veränderungen in den Einrichtungen voraus. Als eine zentrale Voraussetzung dafür benennen die Pflegenden, zeitliche Ressourcen im pflegerischen Alltag, die einen Raum eröffnen für die Entwicklung optimaler Strukturen der Zusammenarbeit und der gewünschten Atmosphäre angepasst an das individuelle Team. Wichtig wird zudem, dass die Teams nicht zur groß sind, die Wohnbereiche nicht so weitläufig, dass man sich selten begegnet bzw. ein häufiger Wechsel der Pflegenden oder eine große Anzahl von Aushilfen die Entwicklung eines gemeinsamen Teamverständnisses erschwert. Auch die bewusste Zusammensetzung eines Teams bis hin zu einer adäquaten Mischung von Fachkräften und Helferinnen spielt eine zentrale Rolle. Hinzu kommt eine gezielte Förderung der Entwicklung eines Teams bzw. der Zusammenarbeit im Team durch die Einrichtungen. Teams können damit stärker zu einer Ressource im pflegerischen Alltag werden, die nicht die Belastung und Gefühle der Beanspruchung bei den Pflegenden verstärken, sondern im Gegenteil diese reduzieren.

11.4 Beziehungen zu den Führungskräften

Unterschiedliche Facetten der Emotionsarbeit gewinnen auch eine große Relevanz in der Gestaltung der Beziehungen zu den Vorgesetzten. Die besondere Herausforderung der Gestaltung der Beziehung zu den Führungskräften liegt in deren Einbettung in das hierarchische Gefüge der Einrichtungen. In den Einrichtungen lassen sich grundlegend zwei Leitungsebenen unterscheiden, die im Alltag der Pflegenden eine hohe Bedeutung erlangen. Die Pflegedienstleitung führt den Bereich Pflege in den Einrichtungen und beschäftigt sich u. a. mit Personal- und Bewohnermanagement, Angehörigenarbeit, strategischer Weiterentwicklung der Pflege und Qualitätsmanagement. In den meisten Einrichtungen folgt als nächste Leitungsebene die Wohnbereichsleitung, d. h. die Abteilungsleitungen in den einzelnen Wohnbereichen. Die Leitungsfunktion ist in den Einrichtungen der Befragten sehr heterogen ausgestaltet, wobei die größten Unterschiede die Einbettung der Leitungsfunktion in weitere Arbeitsaufgaben betrifft. In den meisten Einrichtungen wird die Funktion der Pflegedienstleitung auf der Basis einer Vollzeittätigkeit ausgeführt. In einigen Einrichtungen wird diese Funktion jedoch als Teilzeitaufgabe definiert und mit weiteren Aufgaben in der Pflege verbunden. Die Wohnbereichsleitungen arbeiten noch überwiegend in der Pflege mit und übernehmen lediglich stundenweise Leitungsaufgaben für ihren Wohnbereich.

Die Analyse der Interviews ergab, dass Führungskräfte auf beiden Ebenen von den Pflegenden sowohl als Quellen der Beanspruchung als auch der Ressource erlebt werden. Als Beanspruchung erleben Pflegende die Konflikte mit den Leitungskräften, die in unterschiedlichen Facetten des Alltags virulent werden können. Grundlegende Konflikte in der Zusammenarbeit zwischen Leitungskräften und Pflegekräften entstehen in der Umsetzung der im Organigramm vorgegebenen, jedoch unterschiedlich gestaltbaren und auch gestalteten hierarchischen Beziehung, die mit unterschiedlichen Wahrnehmungen und Erwartungen der Pflegenden und Vorgesetzten verknüpft ist. In den Interviews wird deutlich, dass dies im Alltag häufig in bestimmten Konfliktfeldern eingebettet erfolgt, die nicht nur die tägliche Arbeit erschweren, sondern auch als emotional oder psychisch beanspruchend erlebt werden und umfangreiche Emotionsarbeit erfordern. Eine besondere Bedeutung gewinnen hier die unterschiedliche Definition von Prioritäten der Führungskräfte und Pflegekräfte sowie die Inkongruenzen und Widersprüche, die die Pflegenden im Alltag bei der Umsetzung von vorgegebenen Prioritäten erleben, die ihren eigenen diametral entgegenstehen. Weiterhin werden schwierige Formen der Kommunikation oder Verhaltensweisen der Führungskräfte genannt. Die Ergebnisse zeigen auch, wie die Führungsposition nicht nur gestaltet werden kann sondern auch sollte, damit sie zu einer Ressource wird, die von den Pflegenden positiv und entlastend wahrgenommen wird. Im Folgenden werden zunächst schwierige Ausformungen der Vorgesetzten-Mitarbeiterinnen Beziehung dargelegt, die in verschiedenen Konfliktfeldern zusammengefasst werden. Im Anschluss daran wird gezeigt, welche Facetten von Vorgesetztenverhalten als entlastend bewertet werden. Im abschließenden Abschnitt werden vor dem Hintergrund zentraler Ergebnisse die Bedeutung und Ausformung der Emotionsarbeit im Alltag systematisch diskutiert.

11.4.1 Konfliktfelder im Kontakt mit Vorgesetzten

11.4.1.1 Konfliktfeld: Die Beziehung zwischen Pflegenden und Leitungskräften

In den Interviews wurde deutlich erkennbar, dass bestimmte Pfade des beruflichen Aufstiegs, die Gestaltung von Nähe und Distanz der Führungskräfte und bestimmte Handlungsweisen der Vorgesetzten Hürden für die Etablierung einer als positiv wahrgenommenen Pflegende-Vorgesetzte Beziehung darstellen. Eine häufig genannte Hürde stellen Rollenkonflikte dar, die sich aufgrund der Aufstiegspfade in der Altenpflege entwickeln. Rollenkonflikte entstehen dann, wenn Pflegende aus dem Team zur Führungskraft aufsteigen und damit zu Vorgesetzten von ehemaligen Kolleginnen werden. Einige dieser Leitungskräfte nehmen ihre Rolle als Führungsperson nicht wahr, setzen sich zu wenig durch, übernehmen keine Führung, fühlen sich weiterhin als Mitglied im Pflegeteam und kennen zum Teil ihre Leitungsaufgaben nicht.

Ein weiteres, damit verknüpftes Risiko liegt darin, dass diese Leitungskräfte von den Pflegenden nicht akzeptiert werden oder sie die Rolle der Leitung nicht vollständig annehmen, indem sie beispielsweise weiterhin Freundschaften zu ehemaligen Teammitgliedern pflegen und diese Mitarbeiterinnen favorisieren. Andere Mitglieder des Teams fühlen sich dadurch benachteiligt und ungerecht behandelt.

> *P5: „Und die jetzt bei uns Pflegedienstleitung macht, die hat früher auch die Ausbildung bei uns gemacht, hat bei uns auch als Altenpflegerin mitgearbeitet. Es ist natürlich so, jetzt musst du in ihr jetzt nicht deine Kollegin – also teilweise kannst du in ihr deine Kollegin sehen, aber auch teilweise ist sie auch dein Chef. Und das ist schwierig und das kann nicht jeder. Aber das muss man abgrenzen. Wenn sie wirklich was sagt, dann müssen wir das auch tun, dann muss das auch so sein. Jedenfalls das kann nicht jeder umsetzen." (P5, Z. 272)*

> *P8: „(...) Und bei uns im Team war echt richtig Unruhe. Und dann sind da so Kollegen bei, die kennen sich von der Ausbildung und die schleimen dann so rum. Und dann kriegst du das so mit, wie die sich zusammen austauschen, dann wird gegen die eine Schicht gemeckert und gegen die andere und da hab' ich dann auch mal gesagt:‚Sie sind hier Pflegedienstleitung und irgendwo mit den Mitarbeitern ist ein Punkt erreicht da sind Sie Pflegedienstleitung und nicht irgendeine Privatperson. Das geht nicht, Sie sind unsere Vorgesetzte. Was hier manchmal abläuft, das geht nicht!' Das hab' ich ihr dann auch gesagt, weil da wird immer eine vorgezogen, weil die sich vielleicht kennen, immer vorgezogen und da wird nicht so viel Druck gemacht oder da wird über viele Sachen hinweggeguckt und bei uns oder bei den anderen da wird immer, weißt du, immer Druck, Druck, Druck!" (P8, Z. 126)*

Erfahrungen von Benachteiligungen stellen generell eine grundlegende Schwierigkeit in der Etablierung einer positiven Vorgesetzten-Mitarbeiterin Beziehung dar. Die Befragten schildern, dass der Umgang mit Mitarbeiterinnen von Sympathie und Antipathie geprägt sein kann. So werden an einige Mitarbeiterinnen vermehrt unbeliebte Aufgaben und Dienste übertragen. Ebenso können in der Kommunikation Antipathien der Leitungskräfte gegenüber den Mitarbeiterinnen deutlich hervortreten.

> *P10: „(...) also man rechnet das für sich selber aus, dass man alle 14 Tage ein freies Wochenende hat. Das hab' ich aufgegeben (...). Ich arbeite jedes Wochenende. Jedes Wochenende! Das ist normal, dass ich im Wochenende einen Tag frei habe. Sonst arbeite ich immer jedes Wochenende. Und das ist richtig beschissen. Und auch immer genau an den Wochenenden, wo ich mir ausgerechnet habe ‚da ist irgendwas Besonderes' – da habe ich grundsätzlich Nachtdienst. Ich habe sie [Bezug: Leitungskraft] auch mal gefragt, ob sie mich ärgern will, das ist jetzt gerade ein paar Wochen her, weil in dem Ort, aus dem ich komme, ist Markt und ich habe nun das ganze Marktwochenende Nachtdienst. Ich habe sie gefragt, ob sie mich ärgern will. Ich bin mir sicher, dass sie das extra macht. Sie mag mich nicht und so rächt sie sich (...)." (P10, Z. 305 ff.)*

Als eine weitere Hürde betrachten die Befragten sehr hierarchieorientierte Handlungsweisen, die ebenfalls negativ bewertet werden. Oftmals wird berichtet, dass sich Leitungskräfte brüskieren, wenn Pflegende nicht gemäß ihren Vorstellungen agieren. Hierhin gehört ebenfalls die Forderung, dass die Pflegenden sich an die Vorgaben und die Regeln der Organisation halten sollen, diese keinesfalls in Frage stellen oder sogar ablehnen sollen. Manche Regeln sind dabei aus der Perspektive der Pflegenden nicht nachvollziehbar. Genannt werden hier beispielsweise, dass Privatgespräche während der Arbeit untersagt sind oder dass befreundete Kolleginnen nicht zusammenarbeiten dürfen. Mit der Erwartung der prinzipiellen Einhaltung der Kommunikationsstruktur gemäß den Vorgaben im Organigramm sind in konflikthaften Situationen Probleme verbunden. Pflegende müssen sich beispielsweise selbst bei Konflikten oder konflikthaften Beziehungen mit den Vorgesetzten direkt an diese Vorgesetzten wenden, wenn die Zuständigkeiten im Organigramm so definiert werden.

> *P13: „(...) zu unserer Heimleitung kann man immer kommen, man wird immer angehört, die interessiert sich für einen und meint das auch so und das ist echt gut. Wenn ich was habe, dann gehe ich auch vorrangig zu ihr und nicht zur Pflegedienstleitung. Aber das kommt bei unserer Pflegedienstleitung nicht so gut an, weil eigentlich müsste ich erst mit ihr sprechen und nicht mit der Heimleitung (...)." (P13, Z. 260 f.)*

Als sehr negativ wird weiter wahrgenommen, wenn die Leitungskräfte keinen, nur geringen oder keinen adäquaten Zugang zum Team finden. Als Ursachen dafür werden negative, als unpassend wahrgenommene Verhaltensweisen benannt, die den alltäglichen Umgang erschweren. Dazu gehören Arroganz, extreme Abgrenzung gegenüber den Mitarbeiterinnen, Unnahbarkeit, Stimmungsschwankungen, cholerische Verhaltensweisen, respektloser Umgang, mangelnde Wertschätzung der Mitarbeiterinnen, Unehrlichkeit sowie mangelndes Eingeständnis eigener

Fehler. Nur selten vorkommender Kontakt und damit einhergehende Kommunikationsprobleme können ebenso dazu führen, dass die Leitungen nicht akzeptiert werden, was prinzipiell als problematisch beschrieben wird. Gerade wenn die Leitungskräfte die Probleme der Pflegenden und der Praxis nicht sehen und nicht ernst nehmen, führt es dazu, dass diese sich nicht verstanden und ernstgenommen fühlen. Besonders zu der Heimleitung und Geschäftsführung oder in größeren Einrichtungen auch zur Pflegedienstleitung besteht oftmals kaum oder kein Kontakt. Häufig glauben die befragten Pflegenden, dass ihre Geschäftsführung wenig über ihre Arbeit und Probleme weiß und erwarten auch deshalb keine Unterstützung von ihnen. Einige Pflegende sehen ihre Leitung als „Gegner" in der Umsetzung ihrer Arbeit an, da von diesen Seiten immer mehr Forderungen bei gleichzeitig zurückgehenden Ressourcen ausgesprochen werden.

11.4.1.2 Konfliktfeld: Kommunikation

Eine zentrale Facette einer Führungstätigkeit ist die Kommunikation mit verschiedenen Akteurinnen im beruflichen Alltag, wobei der Kommunikation mit den Mitarbeiterinnen eine große Bedeutung zukommt. Gerade in der Kommunikation mit den Mitarbeiterinnen treten in den Interviewaussagen erhebliche Probleme hervor, die im pflegerischen Alltag zu Konflikten und darauf aufbauend zu Belastungen bzw. Beanspruchungserleben führen. Als ein grundlegendes Problem der Kommunikation mit der Vorgesetzten nennen die Befragten die Dominanz von Kritik, während positives Feedback, Lob oder Anerkennung nur selten erfolgen. Schwierig gelten auch unangemessene oder fehlgeleitete Formen der Kommunikation.

Nach Aussagen der Befragten schließt die Kritik der Leitungskräfte ein breites Spektrum von pflegerischen Aktivitäten und Ereignissen im Alltag ein. Eine häufig vorkommende Kritik der Leitungskräfte besteht in der Forderung nach mehr effizientem pflegerischem Handeln, die oftmals in Konflikt mit den eigenen Standards der Pflegenden hinsichtlich einer adäquaten Versorgung der Bewohnerinnen stehen. Als Beispiele werden hier genannt die Kritik an einer falschen Prioritätensetzung der Pflegekräfte in den täglichen Aufgaben sowie mangelnde Effizienz in den Abläufen und Verschwendung von zeitlichen Ressourcen in der Arbeit. Tätigkeiten im psychosozialen Bereich werden nicht als Teil der regulären Arbeitsaufgaben betrachtet.

Ein weiterer häufig vorgebrachter Kritikpunkt bezieht sich auf den Umgang der Pflegenden mit Bewohnerinnen und Angehörigen. Den Ausgangspunkt der Kritik bilden hier neben eigenen Beobachtungen der Leitungskräfte selbst auch Beschwerden der Angehörigen. Weitere Kritik kann sich auch auf die

Arbeitseinstellung allgemein beziehen. So kritisieren die Leitungskräfte mangelndes Engagement, wobei die Befragten berichten, dass dies auch die Forderung von unbezahlter Mehrarbeit bzw. die Bereitschaft einschließt, ohne weitere Vergütung die Arbeitsaufgaben zu beenden. Ebenso können (mangelnde) fachliche Kompetenzen zum Inhalt der Kritik werden. Nach Ansicht der Pflegenden führt dies auch zu hohen, unangemessenen Ansprüchen der Leitungskräfte. Die Befragten berichten schließlich, dass die Kritik der Leitungskräfte lediglich in deren „schlechter Stimmung" begründet sein kann.

Die Pflegenden erleben die vorgebrachte Kritik oft als negativ und fühlen sich dadurch verunsichert oder auch irritiert. Dies gilt besonders dann, wenn die Pflegenden sich zu Unrecht kritisiert fühlen. So schildern sie Situationen, in denen sie die Kritik nicht nachvollziehen können, sie diese für falsch halten oder diese nicht kongruent mit der eigenen Selbsteinschätzung ist. Sie beklagen zudem, dass Kritikpunkte undifferenziert gegenüber dem gesamten Team geäußert werden und nicht überprüft wird, inwieweit eine einzelne Pflegekraft verantwortlich ist. Hierhin gehört auch, dass Pflegende für Fehler verantwortlich gemacht und kritisiert werden, auf deren Entstehung sie keinen Einfluss haben.

> *P2: [P erzählt begeistert von einer goldenen Hochzeit, die vor einiger Zeit im Pflegeheim gefeiert wurde] „(...) Müssen wir da einen Kranz machen? Die hatten ja Hochzeitstag. Der Mann ist dement und wir haben dann im Zimmer einen Kranz gemacht und dann:‚Och, ja, das ist ja schön!' Und vor der Tür haben wir dann einen Kranz gebunden und goldene Blumen drangemacht, und dann die 50 davor. Richtig so, als wenn es deren Häuschen wäre. Dann haben wir da im Zimmer Gottesdienst gefeiert und das war einfach schön. Einfach so auch die Rituale, die die auch zuhause sonst gefeiert hätten, dieses einfach im Pflegeheim umzusetzen. (...) Heute bringe ich mich für so was nicht mehr mit ein. Weil es kaputtgemacht wurde. Kaputtgemacht, durch die Aussagen vom Chef (...) Jetzt haben wir eine, die für die Betreuung und Veranstaltungen und solche Sachen zuständig ist. Und ja, die macht so was jetzt und gut." (P2, Z. 604 ff.)*

Häufig werden sehr viele Kritikpunkte gleichzeitig vorgebracht. Eine zu umfassende und nicht als konstruktiv wahrgenommene Kritik birgt die Gefahr, dass Pflegende nicht mehr den Aussagen und der Einschätzung der Führungskraft vertrauen und diese für sie „unwichtig wird".

> *P2: „(...) und dann hat der Pflegedienstleiter mir nach fast zwei Jahren gesagt, dass er mit meiner Arbeit nicht zufrieden sei. Ich müsse mehr leisten, müsse anders was leisten und ja. Ich für meine Begriffe fand, dass ich mit meiner Stellvertretung wunderbare Sachen geleistet hatte, weil ohne irgendwas zu wissen, immer wieder im dunklen Tal und so ins kalte Wasser geschmissen zu werden, ohne dass*

man genau wusste, was Sache ist (...) Die Bewohner waren alle gut zufrieden, die Angehörigen waren auch super zufrieden. Nur mein Chef war nicht gut zufrieden. Das konnte ich irgendwie auch nicht verstehen. (...). Ich musste meiner Mutter immer sagen, dass ich keine Zeit habe, meinen Kindern auch. Gut, und nach dieser Rückmeldung von meinem Chef, wo er wirklich meinte, dass meine Arbeit nichts wert sei, da habe ich gedacht: ‚Das habe ich nicht nötig'. Ich wäre am liebsten ganz weggegangen (...) die Arbeit an sich gefiel mir ja wohl. Ich habe dann die Leitungsfunktion aufgegeben, hab' meine Stunden reduziert und bin dann auf einen anderen Wohnbereich gewechselt. Heute interessiert es mich nicht mehr, was mein Chef meint. Wenn die Bewohner zufrieden sind, weiß ich, dass ich meine Arbeit gut gemacht habe." (P2, Z. 40 ff.)

Eine Interviewpartnerin berichtet, dass sie den Arbeitsbereich wechselte, weil die Kritik der Leitung zu umfassend war. Zu viel Kritik kann auch zur Folge haben, dass der Spaß, die Kreativität und auch das Engagement für die Erfüllung der Aufgaben verloren gehen. Auch Selbstwertprobleme der Mitarbeiterinnen können die Folge von gehäufter Kritik sein. So berichten einige Pflegende, dass die Leitungskräfte ihnen das Gefühl geben, unfähig und inkompetent zu sein.

P13: „(...) die muss uns Examinierten auch einfach mal arbeiten lassen. Weil in akuten Situationen müssen wir entscheiden, aber sie (Bezug Leitung) diktiert uns unsere Arbeit vor und sagt uns:‚Kümmern Sie sich jetzt bitte darum! Und dann machst du das, und dann das!' Sie gibt auch an verschiedene Kollegen Sachen weiter, die die in Bezug auf diese Bewohnerin machen sollen und dann hörst du aber schon wieder von einem Kollegen:‚Ich soll das und das machen, sagt die Leitung.' Dann hat sie schon wieder andere damit reingeholt. Sie wartet gar nicht ab, dass man die Aufgabe erfüllt, oder sie gibt mir nicht die Chance diese Aufgabe zu erfüllen, weil sie dazwischen schon wieder irgendwelche Sachen macht, wo wir erst mal nichts von wissen, die kriegst du dann irgendwann raus. Ja, und dann kommt so'n Kuddelmuddel und du fühlst dich nicht ernst genommen. Für mich bedeutet das dann, ich bin da nicht fähig zu, das zu machen oder diese Aufgabe zu erfüllen. Sie gibt mir das Gefühl, ich bin da nicht fähig zu und das finde ich nicht gut und da gehe ich dann auch hin und sage das dann auch. Weil irgendwann kann man sich diese Sachen nicht mehr gefallen lassen. Entweder sagt sie, ich soll mich drum kümmern, um diese Aufgabe. Ich hab' dann auch mein Berufsbild dafür und ich möchte das dann ausführen, dann muss sie mich auch lassen und mir das Vertrauen zukommen lassen, dass ich es mache." (P13, Z. 192)

Die Befragten fügen hinzu, dass auf die Kritik umfassende Sanktionen folgen können, die angedroht oder wirklich durchgeführt werden. So wird genannt, dass Mitarbeiterinnen aufgrund von Fehlverhalten unattraktive Dienste erhalten, eine unpassende und maßregelnde Ansprache von der Leitung erfahren, bestimmte

Mitarbeiterinnen nicht mehr zusammenarbeiten dürfen, Mitarbeiterinnen offiziell eine Abmahnung erhalten oder ihnen eine sofortige Entlassung aus dem Arbeitsverhältnis angedroht wird. In einer Einrichtung werden bei unpassenden Verhaltensweisen kleine Geldbeträge in die Mitarbeiterinnenkasse eingezahlt. Eine weitere Sanktionsmaßnahme, die genannt wurde, war die persönliche Ausgrenzung. So berichtet eine Pflegekraft, dass sie nach einem Konflikt mit einer Vorgesetzten von dieser missachtet wird.

> *P16: „Unsere Leitung verteilt auch gerne mal Abmahnungen, also die sagt wirklich dauernd:,Wenn ihr das so und so nicht macht, dann bekommt ihr 'ne Abmahnung!' Super ist das [ironisch]! Das ist so gar nicht mein Ding. Jeder macht Fehler, ich mache auch Fehler, aber die ganze Zeit so zu drohen ist echt nicht mein Ding." (P16, Z. 214)*

> *P7: „Also wir hatten mal einen Chef, der hat uns während der Pflege belauscht. Da haben wir jemanden im Bett gepflegt und haben dabei Privatgespräche geführt. Derjenige Bewohner war dement und wir haben so gesprochen:,Was machst du am Wochenende¿ und so. Da kam dann gleich 'ne Mail ins ganze Haus:,Privatgespräche mit den Bewohnern sind verboten.' Oder wenn mal ein Stück Kuchen übrig bleibt, das schmeißt man dann ja weg. Mein Gott, dann hat das irgendeiner gegessen. Da kam auch sofort 'ne Mail:,Das ist ein Abmahnungsgrund!' Wenn man laufend solche blöden E-Mails bekommt – furchtbar." (P7, Z. 174)*

In der Kommunikation dominiert diese vielfältige Kritik, während Lob oder Anerkennung nur selten erfolgen. Die pflegenden Mitarbeiterinnen erfahren häufig keine Wertschätzung ihrer Tätigkeit und fühlen sich nicht ernstgenommen, da aufgrund der hierarchischen Herangehensweise eine Kommunikation auf Augenhöhe fehlt. Ebenso wird berichtet, dass die Art und Weise der Kommunikation zwischen Leitung und Mitarbeiterinnen unpassend, aggressiv, laut und verletzend sein kann. So werden Mitarbeiterinnen beschimpft und die eigene Unzufriedenheit der Leitung wird an den Pflegenden „ausgelassen".

> *P13: „Ich weiß jetzt auch nicht mehr wann, aber ich weiß, es war ein Tag, da sind Sachen wohl nicht gelaufen oder ich war auch vorher nicht dagewesen. Ich wusste da überhaupt nichts von, wurde ins Büro zitiert, vor allen Dingen schon mit dieser Art, so unfreundlich, darein und dann stand ich da und sie steht vor mir und macht mich da fertig bis zum Gehtnichtmehr: ,Und das machen Sie jetzt alle so und so, sofort!' Du stehst da erst uns bist erst mal geschockt. Wieso kriege ich eigentlich immer einen mit, ich habe da überhaupt nichts mit zu tun? Da fängst du an zu heulen, was schon blöd ist dann, aber anstatt zu sagen:,So, ich komme gerne wieder, wenn Sie sich beruhigt haben und mit mir anständig sprechen!' Weil keiner hat das Recht, dich so in das Büro zu zitieren und so mit dir zu reden, weil*

wir sind ja keine Kinder mehr, oder keine Jugendlichen. Selbst dann macht man es dann nicht so. ‚Können Sie mir das anständig sagen¿ Nein, man ärgert sich, man nimmt das auf, man gibt dann noch irgendwas von sich, fängt an zu heulen, geht raus, ist gefrustet und so bin ich dann auch nach Hause gefahren.“ (P13; Z. 313)

Ein weiteres Problem liegt darin, dass Mitarbeiterinnen und Leitungen häufig zu wenig kommunizieren, was zu Missverständnissen und Irritationen führt. Eine überwiegende schriftliche Kommunikation via E-Mail und indirekte Kommunikation über Dritte führt ebenso zu Konflikten. In einigen Interviews wurde dargelegt, dass eine offene und klare Kommunikation vermisst wird, so werden Fehler und Konflikte nicht direkt angesprochen. Auch mangelnde Absprachen sind für Pflegende enttäuschend und führen zu vermehrten Fehlern. So kommt es vor, dass Leitungen dieselben Aufgaben an mehrere Pflegende delegieren oder dass sie die Aufgaben von Pflegenden übernehmen, ohne diese darüber zu informieren. Die Zurückhaltung von für die Durchführung der Arbeit relevanten Informationen von Seiten der Leitungskräfte wird auch als machtstrategische Vorgehensweise beschrieben. Viele Pflegende berichten, dass die Leitungen das ungleiche Machtverhältnis zwischen Pflegende und Leitung nutzen, um so ihre Vorstellungen durchzusetzen. Die ungleichen Machtverhältnisse resultieren darin, dass die Mitarbeiterinnen „unter Druck geraten“, für sich keine Wahlmöglichkeiten mehr sehen und sich letztlich dem Willen der Vorgesetzten fügen.

11.4.1.3 Konfliktfeld: Führungsverhalten

Die bisherigen Ergebnisse verweisen auf Schwierigkeiten und Konflikte in der Etablierung der Leitungsposition und auf grundlegende Kommunikationsprobleme, die durch mangelnde Kommunikationskompetenz entstehen können. Auf der Basis der Interviewaussagen lassen sich noch weitere Konfliktfelder im Zusammenhang mit dem Führungsverhalten zusammenfassen. Grundlegend für die Auswahl wird dabei, dass das Verhalten der Leitungskräfte als negativ und konfliktbeladen beschrieben wird und damit als belastend erlebt werden. Diese lassen sich in folgende Bereiche zusammenfassen:

<u>Erfahrungs-, Wissens- und Organisationsdefizite:</u> Einige der befragten Pflegenden sind der Ansicht, dass ihre Leitungen nur wenig über die praktischen Abläufe wissen und auch generell über wenig Fachwissen verfügen. Aufgrund dessen können diese Leitungskräfte nur begrenzt die pflegerische Praxis weiterentwickeln und sind auch nur bedingt in der Lage, das Pflegeteam fachlich zu beraten und zu unterstützen. Mit Sorge führen die Befragten aus, dass es zu Qualitätsdefiziten durch eine fachlich inkompetente Leitung kommt. Als Beispiele werden genannt,

dass Expertenstandards nicht implementiert werden und Stabstellen – wie Hygienebeauftragte oder Qualitätsmanagerin – personell und inhaltlich nicht besetzt werden.

Für die Pflegenden nur schwer zu ertragen ist es zudem, wenn sich Leitungen mit fachlichen Defiziten in die Arbeitsabläufe und Handlungen der Pflegenden einmischen und das korrekte Tun der Mitarbeiterinnen zur Diskussion stellen. Ebenso werden als praxisfern wahrgenommene Innovationen, die von der Leitung durchgesetzt werden, als belastend beschrieben. So berichtet eine Pflegekraft, dass die Leitung oft ineffektive Änderungen in der Dokumentation vornimmt und alle Mitarbeiterinnen angehalten sind, die gesamten Dokumente daran anzupassen. Besonders enttäuschend ist die späte Erkenntnis der Leitungskraft, dass diese Intervention unnötig war.

Weiter werden unerfahrene und nicht organisierte Leitungspersonen negativ beschrieben, die in ihrer Tätigkeit unsicher sind und die Unterstützung des Teams benötigen, um ihren Zuständigkeitsbereich zu erkennen und um eigene Fehler zu verhindern.

> *P8: „(…) wie bei unserer Wohnbereichsleitung. Die ist bei uns – also die arbeitet auch. Also die hat jetzt keine Bürotage oder sonst irgendwas. Die arbeitet ihre Tage auch am Wochenende. Mit der haben wir dann ja eigentlich immer was zu tun. Die ist auch eher eine Kollegin. Also man merkt den Unterschied zwischen Kollegin oder Wohnbereichsleitung nicht. (…) Vorher war eine andere Wohnbereichsleitung da – da konnte man das merken, die hat sich schon etwas abgehoben von uns. Aber bei der jetzigen merkt man das nicht. Die ist keine Führungskraft. (…). Führungskraft ist eigentlich dann unsere Pflegedienstleitung – aber die ist auch neu und ganz jung und fragt uns eigentlich immer, was sie machen muss. Da kann man die auch nicht ernst nehmen, die hat keinen Plan.“ (P8, Z. 405 ff.)*

So können diese Leitungskräfte den Personalbedarf in Stresssituationen oft nicht einschätzen und haben Schwierigkeiten, Dienstpläne fristgerecht herauszugeben, mit der Konsequenz, dass die Mitarbeiterinnen ihre freie Zeit nicht planen können. Zudem werden Vorgesetzte negativ beschrieben, die nicht klar kommunizieren können, womit Zuständigkeiten ungeklärt bleiben oder Aufgaben mehrfach vergeben werden. Dieses verunsichert die Mitarbeiterinnen und führt zu Unruhen und Konflikten im Team.

Angst vor „Macht- und Kontrollverlust“: Die Angst vor „Macht- und Kontrollverlust“ erleben viele Pflegende bei ihren Leitungen in unterschiedlichen Ausformungen. So gibt es Leitungen, denen es schwer fällt verantwortliche Aufgaben komplett an die Pflegenden abzugeben. Nebenbei und ohne Absprache intervenieren sie in die Pflegehandlungen ihrer Mitarbeiterinnen und stiften damit Verwirrung, Unruhe und verursachen damit Misserfolge, die letztendlich dazu führen, dass die Mitarbeiterinnen glauben, als inkompetent eingeschätzt zu werden.

Ebenfalls negativ werden Leitungen beschrieben, die ihren Fokus auf die Kontrolle der Mitarbeiterinnen richten. Pflegehandlungen, Dokumentation und der Aufenthaltsort der Mitarbeiterinnen während des Dienstes werden kontrolliert. Die Kontrolle durch die Leitung geht bis zu einer gesetzlichen Grauzone; so wird beschrieben, dass Mitarbeiterinnen von der Vorgesetzte heimlich beobachtet und belauscht werden. Auch schaffen es einige Leitungskräfte nicht, während ihrer Abwesenheit die Kontrollfunktion abzugeben. Sie rufen weiter im Wohnbereich an und geben telefonisch ihre Anweisungen an die Mitarbeiterinnen weiter. Viele Pflegende geben zudem an, bei neuen Planungen, Projekten, Weiterentwicklungen nicht beteiligt zu werden. Die Befragten interpretieren dies ebenfalls, als eine Angst vor Kontrollverlust.

Weiterhin hervorgebracht wird, dass Leitungskräfte Mitarbeiterinnen durch die Androhung oder Durchführung von Sanktionen maßregeln, um die eigene Macht und Kontrolle zu erhalten (vgl. Abschnitt 11.4.1.2). Durch den Einsatz von Sanktionen soll das hierarchische Machtverhältnis gegenüber den Mitarbeiterinnen gezeigt und damit bekräftigt werden. Leitungskräfte, die ihre Machtposition zu sehr in den Vordergrund stellen, wirken auf Pflegende dominant, mächtig und einschüchternd. Viele Pflegende geben an, Antipathien bis hin zur Angst vor diesen dominanten Leitungspersonen zu erleben und daher den Kontakt zu den Führungskräften zu meiden.

Als eine weitere Verhaltensweise, die die Machtposition der Leitungskraft verdeutlichen soll, beschreiben die Befragten „das Ausüben von Druck". Pflegende nehmen dabei direkten und indirekten Druck durch die Leitung wahr. Eine Pflegende beschreibt, dass ihre Leitung damit die maximale Leistung und Belastbarkeit der Mitarbeiterinnen prüft.

> *P2: „Ich glaube gar nicht, dass er schlecht mit meiner Arbeit zufrieden war. Die wollten einfach ein bisschen mehr rauskitzeln. So gucken, was noch geht. Oder er wollte mich testen, wie weit ich mich wehren würde. In der Zeit habe ich mich noch nicht gewehrt. Das habe ich erst später gelernt. Er hat gesagt, ich habe vieles anders gemacht und neu gemacht und insofern einiges umgestellt. Er konnte mir aber auch nicht wirklich was vorhalten, denn ich habe ohne Kenntnisse in Sachen Führung das gemacht – ich hatte keine Ahnung, und dafür war es bombastisch, was wir geleistet haben. Muss ich ganz ehrlich sagen." (P2, Z. 594)*

Angst vor Veränderungen: Die Befragten berichten auch, dass Leitungskräfte Angst vor Veränderungen haben können und daher nicht in der Lage sind, innovative Lösungsideen für die Praxis zu entwickeln. In vielen Fällen fehlt auch das Interesse an den Ideen der Pflegenden. Zwar möchten die Leitungen, dass die Mitarbeiterinnen an Fort- und Weiterbildungen teilnehmen, dennoch werden die sich im Anschluss daran entwickelnden Ideen der qualifizierten Mitarbeiterinnen weder angehört noch umgesetzt. Die Pflegenden erleben dieses Desinteresse ihrer Leitungen als sehr enttäuschend. Frustrierend ist auch, dass die Leitungen wenig innovativ und kreativ bei der Gestaltung der Karrierewege der Pflegenden sind. So absolvieren Pflegende beispielsweise mehrjährige Weiterbildungen, ohne eine Perspektive zu erkennen, dieses Wissen in der Praxis anzuwenden.

Falsche Prioritäten: Im Gegensatz zu den Pflegekräften hat für viele Führungskräfte die effiziente Erfüllung aller Aufgaben im geplanten Zeitrahmen eine höhere Bedeutung als die Zufriedenheit der Bewohnerinnen und die Qualität der pflegerischen Arbeit. Es gilt die Bewohnerinnen effizient zu versorgen, wobei dabei die psychosoziale Begleitung der Bewohnerinnen nicht berücksichtigt werden soll. Die wirtschaftlichen Ziele scheinen, über dem Versorgungsauftrag der Bewohnerinnen zu stehen.

> *P1: „Im Moment kriegt man halt mit, dass sie ja gucken, wo die Stunden sparen können. Also Sparpotentiale werden angeschaut. Und das man guckt, dass man nur befristete Verträge vergibt, statt feste Verträge. Daran ist die Leitung interessiert." (P1, Z. 407)*

Das Primat der vermeintlichen Effizienz wird auch in der Dienstplangestaltung erkennbar. Zur Erhöhung der Flexibilität werden Mitarbeiterinnen häufig in Teilzeit angestellt. Die Zufriedenheit der Mitarbeiterinnen sowie Kenntnisse und Vorstellungen darüber, wie die Mitarbeiterinnen an die Organisation gebunden werden können bzw. wie die Qualität der Versorgung durch den häufigen Wechsel der Pflegenden leidet, werden hierbei oftmals außer Acht gelassen. Viele Leitungskräfte sehen sich auch nicht als zuständig für die Weiterentwicklung der Pflege an, sondern ihr Fokus liegt auf die Erfüllung der Vorschriften (z. B. durch den MDK oder das Heimgesetz).

Zu wenige Unterstützung der Pflegenden: Pflegende fühlen sich von ihrer Leitung oft zu wenig in ihrer Arbeit und bei der Behebung von möglichen Fehlern unterstützt. Fehler werden nicht konstruktiv diskutiert und es werden zumeist keine Hilfestellungen und Lösungswege angeboten. Wahrgenommene Fehler führen häufig zu einer Suche nach Schuldigen für ein Problem, die mit Vorwürfen auch an das Team insgesamt einhergehen kann. Die Pflegenden geben auch an, dass sie sich unsicher sind, ob die Leitung bei auftretenden Schwierigkeiten hinter ihnen steht. So werden Erlebnisse geschildert, in deren Verlauf die Leitungskräfte im Konfliktfall die Angehörigen unterstützten und nicht die Pflegenden und ihre Herangehensweise geschützt haben. Auch berichtet eine Pflegende, dass die Unterstützung bei der Einarbeitung in neue Aufgabenbereiche fehlt und bei Fehlern häufig Kritik und keine Unterstützung für eine verbesserte Praxis erfolgt. Kritik und nicht Formen der Unterstützung dominieren ebenfalls die Teambesprechungen. Einige Pflegende hatten den Eindruck, dass die Leitungen deutlich weniger belastet sind als die Mitarbeiterinnen in der Pflege und sind enttäuscht darüber, dass sie ihre freien Kapazitäten nicht in die alltägliche Pflege einbringen.

> *P10: „Also in anderen Einrichtungen hat mir der Pflegeberuf besser gefallen. Also, das ist auch so wegen der Leitung hier (…). Jetzt gefällt mir mein Beruf nicht mehr so, also sie [Bezug: Weiblichen Leitungskraft] nimmt mir den Spaß am Beruf gerade. Der Beruf wird durch sie ein bisschen madig gemacht, sagen wie es mal so. Aber der Beruf als solches gefällt mir gut, aber die Ausübung in der aktuellen Einrichtung ist so ein bisschen problematisch." (P10, Z. 071 ff.)*

11.4.1.4 Konfliktfeld: Erwartungen

Als weiteres zentrales Konfliktfeld können die wahrgenommenen Erwartungen der Leitungen an die Mitarbeiterinnen identifiziert werden. Viele der befragten Pflegenden führen aus, dass sie sich aufgrund der Erwartungen überfordert und unter starken Druck gesetzt fühlen. Die hohen und aus der Perspektive der Leitungskräfte unerfüllten Erwartungen bilden auch den Hintergrund für die häufig vorkommende Kritik in der Kommunikation (vgl. Abschnitt 11.4.1.2). Überforderungen und Kritik zeitigen oft einen gegenteiligen, negativen Effekt, denn die Mitarbeiterinnen werden damit eher demotiviert.

Im Folgenden werden die Erwartungen dargestellt, die als überfordernd oder nicht-erfüllbar geschildert werden. Dabei muss unterschieden werden, ob die Pflegenden dies nicht erfüllen können oder nicht wollen, da sie andere Ziele und Prioritäten verfolgen. Besonders Letzteres ist interessant aus der Perspektive der Emotionsarbeit, denn so werden Mitarbeiterinnen dazu gedrängt gegen ihre innere Überzeugung, Aufgaben auszuführen oder auf eine bestimmte Art und Weise umzusetzen. Der Konflikt zwischen den durchgeführten Handlungen und den eigenen Werten kann als Inkongruenz erlebt werden.

Pflegende nehmen an sie gestellte Anforderungen, die sie entsprechend der eigenen Wahrnehmungen nicht leisten können, als Beanspruchung wahr. Die Abweichungen und Fehler und die damit verknüpfte Kritik der Leitungskräfte betrachten sie als „persönliches Scheitern“, das mit Vorstellungen mangelnder eigener Kompetenz oder auch des Versagens einhergeht. Zu derartigen Überforderungssituationen gehört es, wenn Führungskräfte erwarten, dass Pflegende wirtschaftlich, strukturiert, zeiteffizient arbeiten und ihre Aufgaben selbstständig priorisieren können. Pflegende bringen im Gegensatz dazu hervor, dass die Aufgaben vielfältig und umfangreich (pflegerische, hauswirtschaftliche, organisatorische und administrative Tätigkeiten) sind. Vor dem Hintergrund erleben sie, dass die Erwartungen der Leitung aufgrund von engen Personal- und Zeitressourcen oft unrealistisch sind. Pflegende geraten in solchen Situationen häufig unter einen hohen Erwartungsdruck, erleben Stress und scheitern häufig bei dem Versuch, alle Aufgaben zu erledigen und werden dafür kritisiert.

Ein weiteres Beispiel sind die Erwartungen der Führungskräfte an die Dokumentationsarbeit. Hier erwarten die Leitungen, dass die Dokumentation zu jeder Zeit aktuell und vollständig ist. Gerade in dem Bereich setzen Pflegende und Leitungskräfte ihre Prioritäten unterschiedlich. Die Leitungen benötigen die Dokumentation als Leistungsnachweis für die Sicherstellung der Finanzierung, womit die vollständige Dokumentation einen hohen Stellenwert bekommt. Pflegende hingegen stufen die Arbeit mit der Dokumentation als nachrangig ein und konzentrieren sich primär auf die Versorgung der Bewohnerinnen. Besonders bei Zeitknappheit wird die Dokumentation vernachlässigt.

> *P1: „(...) das ist halt belastend, wenn die Bewohner und diese Anforderungen zum Schreibkram zeitgleich kommen, dann belastet es mich schon. Ich versuche die Priorität bei dem Bewohner zu behalten, aber ich glaube, die Dokumentation sollte vielleicht wichtiger sein.“ (P1, Z. 444)*

Ein weiteres Beispiel sind die Erwartungen an die hohe Kompetenz der Pflegenden. So wird erwartet, dass neue Mitarbeiterinnen nach sehr kurzer Zeit eine erfahrene Pflegefachkraft vertreten können und dass neue Mitarbeiterinnen, Praktikantinnen und Auszubildende nach einer knappen Einarbeitungszeit als vollwertige Pflegekraft eingeplant werden können. Es wird erwartet, dass die Pflegefachkräfte die fachliche Verantwortung für die Durchführung von spezifischen Pflegeaufgaben übernehmen und auch selten vorkommende Pflegehandlungen, die eine hohe Spezialkompetenz erfordern, ohne Schulungen der beauftragten Mitarbeiterinnen leisten können.

Ein zentrales Problem ist hier die Erfahrung von Inkongruenzen, d. h. die Erwartungen der Leitungskräfte an die Durchführung der Pflegehandlungen und deren Prioritäten stehen im Gegensatz zum eigenen ethischen und fachlichen

Standard. So wird häufig berichtet, dass Leitungen die psychosozialen Interaktionen mit den Bewohnerinnen nicht als Arbeit anerkennen. Pflegende werden kritisiert, weil sie während der Arbeitszeit Gespräche mit den Bewohnerinnen führen oder sie werden dazu angehalten, ausschließlich Informationen zu den physischen Belangen der Bewohnerinnen im Rahmen der Dienstübergaben zu vermitteln. Auch soll nicht vorgeplante Zeit an ruhigeren Arbeitstagen für die administrativen und hauswirtschaftlichen Tätigkeiten genutzt werden und nicht für die Erfüllung psychosozialer Bedürfnisse der Bewohnerinnen verwendet werden. Eine Pflegende erzählt, dass sie zunehmend dazu angehalten wird, funktional zu arbeiten, anstatt sich ganzheitlich um die Bewohnerinnen zu kümmern. Für die Pflegenden ist die psychosoziale Begleitung der Bewohnerinnen wichtig und stellt ein zentrales Element für die eigene Arbeitsmotivation dar.

Leitungen verlangen von den Mitarbeiterinnen auch ein hohes Maß an Engagement und Flexibilität, um Personalengpässe und –ausfälle kompensieren zu können. Hierzu gehört, die telefonische Erreichbarkeit, die Bereitschaft, spontan Dienste zu übernehmen oder auch zeitlich kurze Zwischendienste bzw. geteilte Dienste auszuführen. Hinzu kommt die Erwartung, dass nicht erledigte Aufgaben der vorherigen Schicht beendet werden und bei ruhigen Diensten bereits mit den Aufgaben der nachfolgenden Schicht begonnen wird. Diese Erwartungen an Einsatzbereitschaft und Flexibilität werden als belastend wahrgenommen.

P11: „Mir hat mal meine Wohnbereichsleitung gesagt:‚Eine Altenpflegerin hat keine Freizeit. Und du schreibst mir jetzt hier deine Handynummer hin und wenn ich dich anrufe, dann hast du ranzugehen!'." (P11; 219)

In einer Situation wird sogar beschrieben, dass es für die Fachkräfte keinen festgelegten Dienstplan gibt und die Mitarbeiterinnen auf Abruf arbeiten müssen. Eine andere Pflegende schildert, dass die Ablehnung von zusätzlichen Diensten gegenüber der Vorgesetzten begründet werden muss. Die Vorgesetzte wiederum diskutiert und bewertet die vorgebrachten Gründe. Sehr belastend aus der Perspektive der Pflegenden ist zudem, wenn die Leitungen den Grad der Überforderung im Team und auch die Anzahl der Überstunden ignorieren und die schon schwierige Situation der Pflegenden nicht beachtet oder ernst nimmt.

Darüber hinaus erwarten Führungskräfte bestimmte Umgangsweisen mit den Bewohnerinnen. So sollen Mitarbeiterinnen zu den Bewohnerinnen freundlich und höflich sein und eine passende Wortwahl und Ansprache wählen. Die Versorgung soll sich zudem an den Wünschen der Bewohnerinnen orientieren. Prinzipiell gilt es Konflikte mit den Bewohnerinnen zu vermeiden, auch wenn dies in der Konsequenz präventive Pflege erschwert oder sogar verhindert und damit beispielsweise schon vorhandene Einschränkungen der Mobilität der Bewohnerinnen stärkt.

11.4.1.5 Konfliktfeld: Empathie und heterogene Prioritäten

Die heterogenen Prioritäten in der Versorgung zwischen Pflegenden und den Leitungskräften führen zu Konflikten und dem Gefühl der Pflegenden, von den Leitungskräften in ihrer Arbeit nicht unterstützt zu werden. Die Wahrnehmung gegensätzlicher Vorstellungen und einer mangelnden Unterstützung betrifft unterschiedliche Facetten der Organisation der Pflegearbeit. Einige Pflegende gehen sogar so weit, dass sie die Vorgesetzten als Gegner oder Hindernis bei einer adäquaten Durchführung der eigenen Arbeit wahrnehmen. Besonders beklagt wird, dass die Leitungen wenig Verständnis für die Situation und die Beanspruchung der Pflegenden haben und sich zu wenig, in die Situation der Pflegenden einfühlen können. In der folgenden Tabelle werden zentrale als nicht-empathisch wahrgenommene Verhaltensweisen der Führungskräfte, die Perspektive der Mitarbeiterinnen und der konkrete Wunsch nach Empathie systematisch auf der Basis der Interviewergebnisse zusammengefasst (tab. 11.2).

11.4.2 Die Beziehung zu den Führungskräften als Ressource

Die bisherigen Ausführungen fokussierten auf negativ wahrgenommene Handlungsweisen der Leitungskräfte. In den Interviews wurde jedoch auch deutlich, dass Leitungskräfte von den Pflegenden ebenso als Ressourcen wahrgenommen werden können und damit zur Entlastung der Pflegenden beitragen. Zentral dabei wird die erfahrene Unterstützung im Alltag, die in eine positiv erlebte Beziehung eingebettet ist. Die Wahrnehmung der Unterstützung der Leitungskraft in der täglichen Arbeit, kann das Erleben von (emotionaler) Beanspruchung abmildern. Im Folgenden werden Situationen dargestellt, in denen die Leitungskräfte von den Pflegenden als Ressource wahrgenommen werden.

11.4.2.1 Positiv wahrgenommene Beziehungen

Die Pflegenden gaben in den Interviews an, dass ihnen die Beziehung zu den Leitungskräften wichtig ist. Viele der Befragten beschreiben ein gutes Verhältnis zu ihrer Leitung (Wohnbereichsleitungen, Pflegedienstleitung, Heimleitung). Besonders die Beziehungen zu den Wohnbereichsleitungen werden zumeist als kollegial beschrieben, da in vielen Einrichtungen die Wohnbereichsleitungen in der täglichen Pflege mitarbeiten und von den Pflegenden deshalb eher als Kollegin

Tabelle 11.2 Empathie-Wünsche der Pflegenden von ihren Leitungen

Verhalten Leitung	Perspektive Mitarbeiterinnen	Empathie-Wunsch
Die Leitung lässt Mitarbeiterinnen in unterschiedlichen Bereichen rotieren, damit die Mitarbeiterinnen auf allen Bereichen eingearbeitet und flexibler einsetzbar sind.	Mitarbeiterinnen wünschen sich mehr Routine und möchten gerne in ihrem Team mit ihren Bewohnerinnen und Gewohnheiten arbeiten.	Leitungskräfte sollen verstehen, dass es anstrengend ist, sich permanent auf andere Kolleginnen, Bewohnerinnen und Angehörige einzustellen. Das Arbeiten im festen Team wirkt sich positiv auf die Arbeitszufriedenheit aus.
Die Leitung mischt sich in die Arbeit der Pflegenden ein und bringt damit Unruhe in den Tagesablauf.	Pflegende fühlen sich durch die permanente Kontrolle als inkompetent und sehen dies als Ausdruck dafür, dass die Leitungskräfte sie für unfähig halten.	Die Vorgesetzten sollen erkennen, dass zu viel Kontrolle demotivierend wirkt und sie sollen, dem Team mehr Vertrauen entgegenbringen.
Die Leitung kritisiert das Team auf Dienstbesprechungen.	Pflegende, die nach einem anstrengenden Dienst mit zu wenig Personal Kritik erfahren, können diese nicht konstruktiv aufnehmen.	Leitungen sollen sensibel mit Kritik umgehen und nach anstrengenden Diensten auch das Personal wertschätzen.
Die Leitungen sind an wirtschaftlichen Arbeitsweisen interessiert und kennen Hintergründe, Zusammenhänge und Folgen der Marktsituation. Als notwendig erachtete Einsparungen werden auch im Personaleinsatz und in der Gestaltung der Arbeitsorganisationen umgesetzt.	Pflegende priorisieren die Versorgung und Begleitung der Bewohnerinnen und benötigen zur Umsetzung mehr personelle und zeitliche Ressourcen. Erfahrbar wird im Gegensatz dazu eine zunehmend strukturierte Praxis mit dem Ziel, ressourceneffizient zu arbeiten. Dies behindert wiederum die Umsetzung einer individuen-orientierten und qualitativ hochwertigen Pflege behindert.	Pflegende kennen die wirtschaftlichen Herausforderungen, möchten davon aber nicht dominiert werden und wünschen sich, dass sich die Leitungskräfte, trotz des ökonomischen Drucks, für die Mitarbeiterinnen und für die Bewohnerinnen einsetzen.

(Fortsetzung)

Tabelle 11.2 (Fortsetzung)

Verhalten Leitung	Perspektive Mitarbeiterinnen	Empathie-Wunsch
Die strategische Weiterentwicklung der Pflege sehen Leitungskräfte als Teil ihrer Leitungsfunktion. Pflegende sollen sich auf das operative Geschäft konzentrieren.	Pflegende sind daran interessiert, dass sich ihre Einrichtung weiterentwickelt, möchten bei Innovationen mitwirken und in die Veränderungsprozesse mit einbezogen werden.	Pflegende möchten mit einbezogen werden und wünschen sich Vorgesetzte, die verstehen, dass Pflegende gute Ideen zur Verbesserung ihres Arbeitsplatzes einbringen können.
Die Leitungen tragen die Verantwortung für die Erfüllung der Organisationsziele. In erster Linie geht es um die Sicherstellung der Bewohnerversorgung. Hierzu ist es wichtig, dass das Personal optimal eingesetzt ist und gut arbeitet. Die Leitungsebenen erwarten von Mitarbeiterinnen die Bereitschaft (auch kurzfristig) Dienste zu übernehmen, ein hohes Engagement, Flexibilität im Einsatz und hohe Fachlichkeit.	Pflegende möchten ihren Beruf als Erwerbsarbeit sehen. Sie möchten Freizeit ohne Unterbrechungen, Planungssicherheit für ihr Privatleben und auch nach der Arbeit noch Energie für ihr Privatleben zur Verfügung haben.	Die Leitungskräfte sollen verstehen, dass Pflegende ihren Beruf als Erwerbstätigkeit sehen und ein Recht auf Privatleben und Freizeit haben, und nicht jederzeit für Dienste zur Verfügung stehen wollen und können.
Die Leitungen anerkennen die Macht und Dominanz der Konkurrenz auf dem Pflegemarkt. Die Zufriedenheit der Kundinnen und das tadellose öffentliche Bild sind für sie wichtig und haben Priorität.	Pflegende haben wenig Verständnis dafür, dass Vorgesetzte im Konfliktfall die Bewohnerinnen und Angehörigen unterstützten und nicht auf der Seite der Mitarbeiterinnen stehen.	Leitungsebenen sollen verstehen, dass Pflegende für die Qualität in der Einrichtung verantwortlich sind und für diese Arbeit auch ihre emotionale Unterstützung, beispielsweise in Form von Rückhalt in Konfliktsituationen benötigen.

angesehen werden. Die Pflegenden kennen zudem häufig die Pflegedienstleitungen und akzeptieren diese in ihrer Aufgabe als Führungskraft. Insbesondere Führungskräfte, die in ihrer Führungsfunktion klar auftreten geben den Pflegenden Sicherheit, denn sie werden als kompetente Ansprechpartnerinnen gesehen, die unterstützen können, wenn es zu Herausforderungen kommt. Einige Pflegende erzählen auch, dass Leitungskräfte an den Mitarbeiterinnen als Menschen interessiert sind und ein ehrliches Interesse an dem Privatleben der Pflegenden haben.

P16: „Unsere Pflegedienstleitung, muss ich ganz ehrlich sagen, ist wirklich offen in vielen Sachen auch. Was gut ist, sie geht jeden Morgen rum, begrüßt die Bewohner, geht auch zu den Mitarbeitern und fragt:,Ist irgendwas¿ Und sie merkt ganz genau, sie hat wirklich einen Sinn dafür, sie merkt ganz genau, wem es nicht gut geht oder wenn da irgendwas ist. Weil sie auch den Kontakt hält. Sie geht auch zum Beispiel bei den Übergaben mit hinein, um alles eben halt auch zu registrieren auch so. Und das ist schon, also sie sieht schon was Sache ist. Also, finde ich auch gut, dass sie das so macht. Dass sie jeden Morgen durch die Einrichtung geht und für jeden ansprechbar ist. Sie hat natürlich auch ihre geschlossenen Türen, was auch wirklich wichtig auch für sie ist." (P16; Z. 186)

Besonders positiv wird erwähnt, wenn die Leitung in der Einrichtung präsent ist und einen guten Kontakt zu den Mitarbeiterinnen pflegt, sich für die Anliegen der Mitarbeiterinnen Zeit nimmt und diese auch ernst nimmt. Ebenfalls wichtig ist, dass Mitarbeiterinnen in Entscheidungsprozesse einbezogen werden. Sie erleben, dass ihre Meinungen, Ideen und Anliegen relevant sind und diese berücksichtigt werden, wobei sie dies als Wertschätzung der Leitung ihnen gegenüber wahrnehmen. Schon eine einfache Begrüßung und ein regelmäßiger Smalltalk werden bei den Pflegenden als Wertschätzung wahrgenommen, und tragen zur Entwicklung einer positiven Beziehung zwischen Pflegenden und Leitungskräften bei.

Positive Beziehungen zu den Führungskräften sind für Pflegende wichtige Ressourcen in ihrer beruflichen Tätigkeit. Sie wirken entlastend bei Gefühlen der Beanspruchung, da die Pflegenden Rückhalt und Unterstützung für ihre Handlungen erfahren und die Sicherheit gewinnen, dass sie gute Arbeit leisten.

11.4.2.2 Leitungskräfte als Unterstützerinnen

In vielen Interviews berichten die Pflegenden positiv, dass ihre Vorgesetzten sie im Alltag unterstützen. Die positiv bewerteten Formen der Unterstützung lassen sich thematisch zusammenfassen. Positiv werden Leitungskräfte bewertet, die über eine hohe fachliche und über eine ausgeprägte beratende und kommunikative Kompetenz verfügen und diese nützen, um Pflegende bei fachlichen

Herausforderungen zu unterstützen. Die Befragten bringen zudem vor, dass Leitungskräfte, die dies mit einem sicheren Auftreten verbinden können und damit Sicherheit ausstrahlen, zudem den Pflegenden Ängste und Unsicherheiten nehmen können. Die Praxisnähe der Führungskräfte gewinnt dabei einen positiven Einfluss auf die mögliche fachliche Unterstützung, diese ist beispielsweise dann gegeben, wenn die Leitung die Bewohnerinnen kennt und auch an den Dienstübergaben teilnimmt. Über die Pflegekompetenz hinaus werden die Leitungskräfte als unterstützend gesehen, die zudem über Kompetenzen im Bereich der Konfliktbewältigung verfügen. In einem Fall wird davon berichtet, dass die Leitung das Team im Umgang mit Konflikten und prekären Situationen coacht, damit das Team diese Situationen künftig selbstständig lösen kann.

Über die Beratung hinaus freuen sich die Pflegenden darüber, wenn in sehr belastenden und anstrengenden Situationen Leitungskräfte sich an der Pflege beteiligen und ihre administrativen und organisatorischen Aufgaben in diesen Situationen vernachlässigen. Die regelmäßige Nachfrage der Leitungen, ob Pflegende Unterstützung benötigen, wird ebenfalls positiv bewertet. Als Entlastung beschreiben Mitarbeiterinnen weiter, wenn sie bei Schwierigkeiten im Arbeitsalltag Unterstützung erfahren. Beispielsweise wird genannt, dass sie den Mitarbeiterinnen helfen, den Wohnbereich zu wechseln, wenn dieser für die Mitarbeiterinnen als zu anstrengend empfunden wird. Es wird auch davon berichtet, dass Mitarbeiterinnen bei privaten Problemen während der Arbeit von der Leitung mehr Freiräume erhalten, um die emotionale Stabilität der Mitarbeiterinnen nicht zu gefährden.

Auch als angemessen wahrgenommene Formen des Umgangs werden als Unterstützung genannt. Lob, Anerkennung, Wertschätzung und Zutrauen werden positiv bewertet. Pflegende fühlen sich damit in ihrer Arbeit und Kompetenz ernstgenommen und in ihrem Tun bestärkt. In einem Interview wird beschrieben, dass eine Leitungskraft Anerkennungsgespräche mit den Mitarbeiterinnen führt. In einem weiteren Interview wird von einer Vorgesetzten berichtet, die besonders nach anstrengenden Arbeitstagen die Pflegenden lobt. Die Befragten berichten von Leitungskräften, die versuchen, ihre negativen Emotionen aus anderen Kontexten zur Seite zu stellen, um die Mitarbeiterinnen damit nicht zu belasten. Viele Führungskräfte geben ihren Mitarbeiterinnen regelmäßig Rückmeldung, so dass sie ihr Leistungsverhalten richtig einschätzen können. Pflegende benötigen diese Rückmeldung, Lob und konstruktive Kritik für die Bewältigung und Weiterentwicklung ihrer Arbeit. Dies gilt besonders für neue Mitarbeiterinnen während der Phase ihrer Einarbeitung. Daher wird positiv und anerkennend von Vorgesetzten berichtet, die mehrere Gespräche zur Einarbeitung mit neuen Mitarbeiterinnen führen. Wichtig für die Akzeptanz der Führungskraft ist die Einschätzung, dass ihre Handlungsweisen gegenüber den Mitarbeiterinnen gerecht sind und nicht einzelne Pflegende bevorzugt oder benachteiligt werden, beispielsweise bei der Gestaltung des Dienstplans.

11.4.3 Abhängigkeit, Beobachtung und Bewertung der Arbeit – Pflegende in der Zusammenarbeit mit den Führungskräften

In den bisherigen Ausführungen wurden verschiedene Facetten der Beziehungen zwischen Führungskräften und Mitarbeiterinnen im Alltag beschrieben, die auf der Basis einer angespannten, konflikthaften Beziehung mit Belastungen und auf der Basis einer positiven, unterstützenden Beziehung hingegen mit Gefühlen der Entlastung einhergehen. Abschließend soll dies mit der Rolle und der Ausformung der Emotionsarbeit als ein zentrales Element der Gestaltung der Beziehungen verknüpft werden.

In der Praxis der Pflegenden geht die Schere zwischen Wunsch von Führungsverhalten und Führungspersönlichkeiten und der empfundenen Realität weit auseinander. Die befragten Pflegenden wünschen sich Leitungskräfte, zu denen sie eine vertrauensvolle Beziehung aufbauen können und von denen sie Empathie und Wertschätzung erfahren. Sie wünschen sich Unterstützung bei fachlichen Herausforderungen und bei Teamkonflikten. Sie erwarten von den Führungskräften, dass sie die Interessen der Pflegenden in der Einrichtung auch gegenüber der Geschäftsleitung vertreten und sich so für vermehrte Personal- und Zeitressourcen einsetzen. Hinzu kommt die Erwartung an eine hohe Kompetenz in den Bereichen Pflegekompetenz, Management und Kommunikation.

Die erlebte Realität ist im Gegensatz dazu wie bereits im Abschnitt 11.4.1 dargestellt, durch unterschiedliche Konfliktfelder im Arbeitsalltag gekennzeichnet, die von den Pflegenden als Beanspruchung wahrgenommen werden. Besonders hervorzuheben sind hier die unterschiedlichen Perspektiven auf die Prioritäten in der pflegerischen Arbeit. Vor dem Hintergrund der knappen vorhandenen Ressourcen erleben Pflegende durch die Erwartungen und Anforderungen der Leitung einen starken Anforderungsdruck und fühlen sich beansprucht. Weitere Konfliktfelder sind negativ bewertete Facetten des Führungsverhaltens und Kommunikationsprobleme. Diese Verhaltensweisen der Führungskräfte führen dazu, dass Mitarbeiterinnen das Vertrauen zu ihren Vorgesetzten verlieren, sich von ihnen verletzt bis gedemütigt fühlen und so führt letztlich das Verhalten zu hohen Einbußen im Bereich der Motivation.

P2: „Der Tag, wo diese Überlastungsanzeige ausstand, der war echt hart. Und wo wir dann dieses Gespräch mit dem Chef hatten, wo ich genau wusste, dass er sich angegriffen fühlt. Und dass es dann im Grunde nur gegen mich ging. Da hatte ich – das Gespräch war um halb zwei. Ich hatte an dem Tag auch Spätschicht – bis viertel nach zwei dauerte das Gespräch, bis drei Uhr hatte ich Pumpensausen. Und danach war's auch gut:,Jetzt ist es abgearbeitet und jetzt ist auch gut.' Und danach konnte ich auch ganz normal weiterarbeiten. Hab' mir erst dann die Bewohner genommen, wo ich keine Probleme sah und hab' danach die Bewohner genommen, die halt schwieriger sind." (P2, Z. 566)

Die Pflegenden sind in den Einrichtungen in eine Hierarchie eingebunden und damit abhängig von Entscheidungen der Führungskräfte. Gerade der fehlende professionelle Status der Pflegekräfte bzw. ihrer Fachausbildung verstärkt diese Abhängigkeit. Gemäß ihrer Rolle beobachten und bewerten Führungskräfte die Arbeitsleistungen der Pflegenden. Bei vielen Pflegenden ruft dies Angst und Sorge hervor, die mit Erfahrungen von Ungerechtigkeit und dementsprechend mit Misstrauen verbunden sind. Die Führungskräfte verfügen über Macht und gewinnen einen hohen Einfluss auf den Arbeitsbereich der Pflegenden. Sie beeinflussen zudem erheblich die Zufriedenheit im Beruf und die Arbeitsbelastung der Pflegenden. Die Pflegenden selbst sind sich der Einflussnahme der Führungskraft auf die eigene Berufszufriedenheit bewusst. In einigen Interviews wird sehr deutlich aufgezeigt, dass letztlich die Beziehung zu den Leitungskräften über die Arbeitszufriedenheit entscheidet. Die meisten Pflegenden geben wiederum an, dass eine positive Beziehung zu den Leitungskräften die Arbeit erheblich erleichtert. Neben Angst, Sorge und Belastung erkennen sie damit auch das Potential der Führungskräfte, zu einer Ressource zu werden und sie zu entlasten. Vor diesem Hintergrund sind Pflegende daran interessiert, eine positive Beziehung zu den Führungskräften zu gestalten.

Die Emotionsarbeit bildet ein zentrales Element im Umgang mit den Leitungskräften und dabei insbesondere bei der Beziehungsgestaltung. Eine zentrale Relevanz nehmen dabei die emotionale Selbstregulation oder emotionale Selbstkontrolle ein. Pflegende verbergen häufig tatsächlich empfundene Emotionen und stellen zweckgebunden positive Emotionen dar verbunden mit dem Ziel, gemocht zu werden, keine weiteren Konflikte entstehen zu lassen oder die Rolle der Führungskraft zu stärken.

P10: „Ich lächle unseren Chef immer nett an und grüße ordentlich und dabei denke ich:,Du Arsch, du hast keine Ahnung, was hier läuft' (...)." (P10, Z. 200)

Besonders in Konflikten wird von der Anwendung von Strategien emotionaler Selbstkontrolle berichtet. Auf der Basis der emotionalen Selbstkontrolle als zentraler Facette der Strategien des Oberflächenhandelns werden positive Gefühle, wie Freundlichkeit, Akzeptanz und Verständnis suggeriert, die von den Pflegenden nicht wirklich erlebt werden. In keinem Interview wird davon berichtet, dass Pflegende versuchen, Tiefenhandelstrategien, d. h. den Ausdruck authentischer Emotionen bei der Konfliktbewältigung anzuwenden.

Pflegende beschreiben auch Situationen oder Bedingungen, in denen sie sich um eine neutrale Beziehung zu den Vorgesetzten bemühen. Dieses ist oft der Fall, wenn es in der Vergangenheit einen Konflikt zwischen Leitung und Pflegekraft gab und es dadurch zu einer gefühlten Gleichgültigkeit gekommen ist. So wird angegeben, dass die Beziehung zwischen Pflegenden und Leitung rein sachlich geworden ist und dieses vor Verletzbarkeit schützt. Diese Mitarbeiterinnen schreiben den vorgebrachten Meinungen oder Rückmeldungen der Vorgesetzten keine Relevanz mehr zu. Zum Kriterium des Erfolgs ihrer Arbeit werden ausschließlich die Rückmeldungen von Bewohnerinnen und Angehörigen. In einem Interview wird auch vorgebracht, dass die Pflegenden in dieser Situation konsequent nach den Vorgaben der Leitung arbeiten, um Konflikte zu vermeiden.

Im Umgang mit Konflikten können die Pflegenden jedoch auch die emotionale Selbstkontrolle verlieren und den Führungskräften die tatsächlich erlebten Emotionen zeigen. Dies bewerten sie jedoch als gescheiterte Selbstkontrolle und erleben dies als Beanspruchung. Die negativen Emotionen, die aus dem Konflikt und der Auseinandersetzung entstehen, wirken oft nach und können bei den Pflegenden noch Tage und Wochen später präsent sein. Auch diese Spillover-Situationen, besonders im Kontakt mit Führungskräften, erleben Pflegende als Beanspruchung. Insgesamt werden Spillover-Situationen von den Pflegenden häufig erwähnt, wenn sie Gefühle wie Enttäuschung, Wut oder Traurigkeit in den Konfliktsituationen erleben.

P13: [Situationsbeschreibung nach kritischem Gespräch mit Leitung] „(…) weil dann such ich auch immer für mich ein bisschen Platz, wo ich allein bin, weil die anderen kriegen das auch auch mit. Und wenn man dann immer wieder fragt, das ist dann diese Situation, wo ich dann so fertig bin, dass ich mich nicht beruhigen kann, dass ich immer wieder anfange. Ich kann nicht einfach dann, das ist wohl, weil ich dann so voll bin mit Sachen, die sich vielleicht auch aufgestaut haben von Vortagen vielleicht, wo man meint, die sind vielleicht nicht so schön gewesen, aber irgendwo hat es sich ja doch aufgestaut, wo man dann nicht mehr davonkommt, dann muss ich für mich sein. (…) Und wenn ich unten dann nur in den Keller reingehe oder mal nach draußen gehe oder einfach zur Toilette gehe und mich da einschließe, dass ich eben für mich bin, dass ich versuche mich zu beruhigen. Wenn das dann auch geklappt hat und ich bin dann auch so'ne halbe Stunde und es kommt dann wieder jemand oder sie dann an und sagt:,Ich möchte eben mit Ihnen sprechen!' Dann muss ich sagen:,Nein! Ich kann das jetzt nicht! Wenn, dann morgen!' Weil dann kommt es auch wieder hoch. Und dann sag' ich:,Schluss, das möchte ich nicht mehr!' Und wenn ich dann nach Hause komme, dann kann ich da mit meinem Mann drüber sprechen (...)." (P13, Z. 321 ff.)

Pflegende kontrollieren ihre Emotionen nicht nur zielgerichtet oder aus eigener Motivation heraus. Die Einrichtungen selbst erwarten von den Pflegenden bestimmte Verhaltensweisen gegenüber den Führungskräften und der Organisation. So wird beispielsweise erwartet, dass die vorgegebene Kommunikationsstruktur eingehalten wird und Pflegende ihre direkte Vorgesetzte nicht, auch nicht in direkten Konfliktsituationen übergehen. Über keine weitere direkte Ansprechpartnerin zu verfügen, erleben die Pflegenden als einen hohen Grad der Abhängigkeit. Weiterhin wird von den Pflegenden Loyalität zum Arbeitgeber und den Vorgesetzten erwartet. Pflegende sollen sich über ihren Arbeitgeber in der Öffentlichkeit positiv äußern und Entscheidungen der Geschäftsleitung mittragen.

P4: „Dass mit der Fusion und wie die da mit uns umgegangen sind, das war echt unglaublich. Aber wehe du hast auch mal was Negatives dazu gesagt, auch draußen meine ich. Das war absolut tabu. Loyal sein, das war wichtig und alles mittragen und schön finden, auch wenn es noch son Mist war." (P4, Z. 499)

Darstellungsregeln werden von der Leitung für die Pflegenden auch im Umgang mit Bewohnerinnen definiert. Hier wird für Pflegende verbindlich beschrieben, wie sie sich im Umgang mit den Bewohnerinnen verhalten sollen.

P6: „Bei uns ist das geregelt. Man muss freundlich zu den Bewohnern sein und eine Beschwerde von denen heißt direkt ein Gespräch mit der Leitung. Da kann man machen was man will, auch wenn es ungerecht in der Situation war. Bei uns ist das ein oberstes Gebot 'Nett sein zu den Bewohnern', ja, sonst gibt's einen drauf." (P6, Z. 243)

Automatische Gefühlsregulation, d. h. die Darstellung der erlebten Emotionen nach außen und damit Strategien des Tiefenhandelns erfolgen ausschließlich, wenn die Beziehung zu den Leitungskräften positiv wahrgenommen wird. Die Möglichkeiten und insbesondere zeitliche Ressourcen für den Aufbau von positiven Beziehungen werden somit entscheidend darüber, ob authentische Gefühle im täglichen Umgang ausgedrückt werden können. Dies wiederum trägt zum Abbau von Gefühlen der Beanspruchung bei. Von positiven Beziehungen wird überwiegend in der Beziehung zu den Wohnbereichsleitungen, weniger zu den Pflegedienstleistungen und sehr selten zu den Geschäftsleitungen gesprochen.

Die emotionale Beanspruchung in der Zusammenarbeit mit den Führungskräften speist sich aus den vielen genannten, unterschiedlichen Konfliktfeldern, dem hohen Anteil an Oberflächenhandeln zur emotionalen Selbstkontrolle und den starken emotionalen Beeinträchtigungen, die besonders zu Spillover-Situationen werden.

P8: „ich habe ja gewusst, dass Altenpflege ein Knochenjob ist und bestimmt auch so psychisch nicht einfach mit den Bewohnern und Angehörigen. Aber nie hätte ich gedacht, dass das anstrengendsten an meinem Job die ständigen Probleme mit meiner Pflegedienstleistung sind.“ (P8, Z. 435)

12 Diskussion der Forschungsergebnisse

Ein zentraler Ausgangspunkt der vorliegenden Untersuchung bildet der Ansatz von Hochschild (2006) zur Bedeutung von Emotionsarbeit im Dienstleistungsbereich, deren Einbettung in die Gestaltung der Arbeitsaufgaben sowie als Konsequenz die Entwicklung emotionaler Erschöpfung. In ihren Forschungen zur Situation der Stewardessen fand Hochschild, dass diese neben ihren Tätigkeiten eine zusätzliche Leistung – Freundlichkeit und eine angemessene emotionale Reaktion auf die Fluggäste – erbringen müssen. Diese zusätzliche Leistung – Emotionsarbeit – unterliegt wie andere Facetten der Tätigkeiten bestimmten normativen Erwartungen des beruflichen Umfelds und erfordert eine anstrengende Koordination von Verstand und Gefühl, die an bedeutsamen individuellen Ressourcen zehrt und damit mit emotionaler Erschöpfung einhergehen kann (vgl. Abschnitt 3.2.3). Hochschild (2006) benennt als gemeinsame Merkmale von Berufen im Dienstleistungsbereich zu deren Anforderung Emotionsarbeit gehört; den Kundenkontakt, den Auftrag an Mitarbeitende, bei den Kundinnen bestimmte Emotionen hervorzurufen und ein bestimmtes Maß an Kontrolle der Arbeitgeber über das Gefühlsverhalten der Mitarbeiterinnen. In den wenigen bisher vorhandenen, vertiefenden Forschungen zur Emotionsarbeit im Bereich der Pflege wurde deutlich, dass die Interaktionen und Kommunikation mit den Kundinnen, d. h. den Zupflegenden dauerhafter, tiefergehend und mit komplexen, professionellen Pflegezielen verknüpft sind, die weit über die zumeist wirtschaftlich orientierten Ziele eines Kundenkontakts bei Stewardessen hinausgehen (vgl. Unger 2014; Abschnitt 3.2.4).

Eine wichtige Erweiterung des Ansatzes von Hochschild (2006) stellen daher Konzepte und Forschungen der Pflegewissenschaft zur Bedeutung von Beziehungen zwischen den Pflegenden und den Zupflegenden dar, die Hinweise auf die Komplexität der Interaktionen und Kommunikation im pflegerischen Alltag

C. Schmedes, *Emotionsarbeit in der Pflege*,
https://doi.org/10.1007/978-3-658-31914-4_12

geben und damit eine pflegeadäquate Vertiefung des Phänomens Kundenkontakt gestatten (vgl. Abschnitt 2.1, 2.2, 3.2.4, 4.1.1 und 4.2.3). Beziehungen zwischen Pflegenden und Zupflegenden bzw. auch deren Angehörigen entwickeln sich abhängig vom Kontext pflegerischer Arbeit, der in der Untersuchung als sozialer und betrieblich-institutioneller Kontext definiert wird. Insbesondere die Ökonomisierung, d. h. die dominante Orientierung an Wirtschaftlichkeitserfordernissen und betriebswirtschaftlichgeprägten Vorstellungen der Organisation pflegerischer Arbeit sowie der Definition von Pflegequalität wurde als einflussreich für die Gestaltung der Beziehungen angenommen und bestätigt. Während die Bedeutung des Kontexts insbesondere aus der Perspektive der Ökonomisierung durchaus ein erforschtes Thema der Pflegewissenschaft darstellt, betritt die vorliegende Arbeit mit der systematischen Untersuchung des Zusammenspiels von Beziehungen, Emotionsarbeit und dem durch Ökonomisierung geprägten Kontext wissenschaftliches Neuland. Darüber hinaus wurde die Emotionsarbeit mit prozessorientierten Ansätzen zum Zusammenspiel von Belastungen, Ressourcen und Beanspruchungserleben in einem eigenständigen Modell verknüpft (vgl. Kapitel 5). Die Untersuchung dieses Zusammenspiels aus der Perspektive der Emotionsarbeit kann, zur Belastungs-, und Beanspruchungsforschung eine eigenständige, innovative Perspektive hinzufügen. Die Ergebnisse der Forschung sollen im Folgenden zusammengefasst unter den zentralen Themen der Untersuchung – Bedeutung der Beziehungen, Emotionen und Emotionsarbeit, emotionale Belastung und Formen des Umgangs mit diesen, Einfluss des Kontexts stationärer Versorgung – diskutiert werden.

Die Pflegenden sind in komplexe, anspruchsvolle und beanspruchende Beziehungen eingebunden

Die vorliegende Arbeit zeigt eindrucksvoll, dass Pflegende in verschiedene, sehr heterogene Beziehungsstrukturen eingebunden sind. Im Fokus der Pflegewissenschaft stehen die Beziehungen zwischen Pflegenden und Zupflegenden bzw. den Angehörigen. Diese Forschungsarbeit hat hingegen erbracht, dass die Beziehungen zu Kolleginnen und Führungskräften ebenso ein wichtiger Teil der Beziehungsstruktur am Arbeitsplatz sind. Letztere – Beziehungen zu Kolleginnen und Führungskräften – sind bisher ein Thema der Arbeits-, und Organisationspsychologie und werden noch selten in der Pflegewissenschaft thematisiert. Diese Trennung von Forschungsthemen fördert eine fragmentierte Untersuchung der verschiedenen Beziehungen in der Pflege. Damit können Überschneidungen oder auch das Zusammenspiel der verschiedenen Beziehungen am Arbeitsplatz nicht systematisch erforscht werden. Die vorliegende Untersuchung verdeutlichte jedoch die hohe Relevanz dieser verschiedenen, komplexen Beziehungsstrukturen und deren Interaktionen.

Die Ergebnisse bestätigen zunächst die vorliegenden Erkenntnisse der Pflegewissenschaft zur entscheidenden Bedeutung, die die Pflegekräfte dem Aufbau von Beziehungen zu den Bewohnerinnen und auch den Angehörigen als Teil der pflegerischen Arbeit zuschreiben. Charakteristisch für diese Beziehungen sind die hohen Sensitivitätsanforderungen; d. h. in den Interaktionen ist es besonders erforderlich, die Gefühle des Anderen wahrzunehmen und die eigenen Gefühle danach auszurichten. Die hohen Sensitivitätsanforderungen haben sowohl positive als auch negative Auswirkungen für die Pflegenden. So wird von den befragten Pflegenden besonders die Vielseitigkeit und Heterogenität der Bewohnerinnen als interessanter Aspekt der Arbeit wahrgenommen. Auch der Umgang mit kommunikationseingeschränkten Bewohnerinnen wird oft als positive Herausforderung benannt. Der gelungene Aufbau der Kommunikation mit Bewohnerinnen, die beispielsweise stark dementiell verändert sind, wird als Erfolg der Arbeit bewertet und führt dazu, dass Pflegende stolz auf ihre Handlungen sind. Die steigenden Anforderungen an die Pflege und den Aufbau der Beziehungen durch die immer stärker pflegebedürftigen, multimorbiden Bewohnerinnen wird gerade im Kontext der geringen Zeitressourcen für den Beziehungsaufbau häufig als beanspruchend erlebt.

Interessant ist die Betrachtung der Beziehung zwischen Pflegenden und Führungskräften. Das Verhältnis zwischen Pflegenden und Führungskräften erscheint oft konfliktgeladen. Hier stehen sich das Bedürfnis der Pflegenden nach Unterstützung und Orientierung in der pflegerischen Arbeit den Zielsetzungen der Führungskräfte gegenüber, die die Umsetzung der Anforderungen von außen – des Pflegemarkts, der Vorgaben der Pflegeversicherung und der Dominanz von Wirtschaftlichkeitserwägungen – in den Vordergrund stellen. Die Pflegenden fühlen sich vor dem Hintergrund mit den komplexen Anforderungen einer pflegerischen Tätigkeit sowie dem Umgang mit den Zielinkongruenzen alleingelassen (zu Zielinkongruenzen siehe unten). Stattdessen wünschen sie sich Wertschätzung gegenüber ihrer anspruchsvollen Beziehungsarbeit mit den Bewohnerinnen und eine Unterstützung in der Gestaltung ihrer Tätigkeiten im Alltag von den Führungskräften.

Überraschend war, dass die Unzufriedenheit mit den Führungspersonen so stark verbreitet ist, dass Pflegende hier besonders viele Ressourcen in die Emotionsregulation investieren müssen und dies überwiegend als sehr beanspruchend wahrgenommen wird. In der aktuellen Praxis in der Altenpflege gehen die Karrieren zur Wohnbereichsleitung und auch zur Pflegedienstleitung sehr schnell, basieren häufig auf der Bewertung der Fach-, und nicht der Führungskompetenz und werden zudem auch nur wenig durch den entsprechenden Erwerb von Führungsqualifikationen unterstützt.

Die Aussagen zu den Kolleginnen im Team bestätigen zunächst die bisher vorliegenden positiven Ergebnisse der Forschung. Das Team kann zu einer wichtigen Ressource im Alltag werden und damit auch dem Erleben psychischer Beanspruchungen entgegenwirken. Allerdings wird berichtet, dass in der Praxis die Teamentwicklung zu wenig gefördert wird. Zudem wird die Kollegialität im Team und damit der positive Einfluss durch die Veränderung der Rahmenbedingungen – Zusammensetzung des Teams, zu wenig Zeit für Kommunikation etc. – zunehmend in Frage gestellt.

Auch wenn positiven Effekte von den Pflegenden in den Interviews klar benannt wurden, dominieren insgesamt die negativen Auswirkungen der anspruchsvollen Beziehungen. Die Komplexität des Zusammenspiels der verschiedenen Beziehungen mit Bewohnerinnen, Angehörigen, Teammitgliedern und Führungskräften wird weniger unterstützend als beanspruchend erlebt. Dies gilt ebenso für die steigenden Anforderungen an die Beziehungsarbeit mit den vermehrt multimorbiden Bewohnerinnen mit einem hohen, und komplexen Pflege-, und Betreuungsbedarf. Pflegende müssen sich zudem im Alltag häufig sehr schnell an wechselnde Beziehungserfordernisse anpassen. Diese reichen beispielsweise vom Wechsel der Begleitung eines Sterbenden, der Anteilnahme gegenüber den Angehörigen bis zur einfühlsamen Betreuung einer demenzerkrankten Bewohnerin, die sich in ihrer inneren Welt möglicherweise gerade in ihrer Jugend befindet und parallel der konflikthaften Kommunikation mit Kolleginnen und Vorgesetzten. Diese Parallelität der Beziehungen nimmt je nach Quantität der Bewohnergruppen und Art des Krankheitszustands der Bewohnerinnen zu. Besonders durch den Personal- und Fachkräftemangel verantworten Pflegende immer größere Bewohnergruppen, womit die Quantität und die Heterogenität der geforderten Interaktionen ansteigen.

Die Beziehungsgestaltung verliert in der derzeitigen Gestaltung der Pflege an Relevanz

Trotz der hohen Bedeutung der Beziehungen im pflegerischen Alltag findet sich im Alltag immer weniger Raum für deren gezielte Gestaltung. Abhängig von der Ausformung der Beziehungen können diese sehr positiv oder auch sehr negativ auf den Alltag einwirken, d. h. die Beanspruchungen, die mit den pflegerischen Tätigkeiten verknüpft sind verstärken oder reduzieren. Die Interviews zeigen, dass der derzeitige betrieblich-institutionelle und soziale Kontext die positive Ausgestaltung der Beziehungen behindert und damit die negativen Effekte dominieren.

Die Ergebnisse verweisen darauf, dass es einen Zusammenhang zwischen den Kontextfaktoren und der Entwicklung emotionaler Beanspruchung gibt, wobei die Beziehungen und deren Gestaltungsmöglichkeiten als vermittelnde Variable einzuordnen sind.

Die Aussagen zum negativen Einfluss des Kontextes auf die Möglichkeiten der Entwicklung einer Beziehung zu den Bewohnerinnen bekräftigen die vorhandenen Erkenntnisse der Forschung. Durch die Arbeitsverdichtung und die Gestaltung des Personaleinsatzes bzw. der Pflegearbeit im Pflegebereich reduziert sich die Zeit für die Beziehungsarbeit, was durch die sinkende Verweildauer von multimorbiden und pflegeintensiven Bewohnerinnen noch zusätzlich erschwert wird. In der ökonomie-orientierten Pflegepraxis wird die Pflege tätigkeitsorientiert betrachtet. Dieses ist beispielsweise in der Abrechnung und Überprüfung der Pflegeleistungen festzustellen oder auch bei der Berechnung von Personalstellen. Den einzelnen pflegerischen Tätigkeiten wird ein Zeit- und/oder Geldwert hinterlegt und so wird Pflege kalkulierbar. Die psychosozialen, kommunikativen und emotionalen Tätigkeiten und damit auch die Aufgaben im Beziehungsaufbau werden hierbei nicht hinreichend erfasst, werden unsichtbar und können aufgrund der engen zeitlichen Vorgaben immer weniger realisiert werden. Dies steht im Widerspruch zu den eigenen Vorstellungen der Pflegenden gegenüber einer adäquaten Pflegearbeit, wie sie auch im Rahmen der Pflegeausbildung vermittelt wird. Die Pflegenden erleben die reduzierte Relevanz und Möglichkeiten zur Beziehungsarbeit als eine zunehmende Entfremdung vom eigenen Pflegeberuf.

Die Anforderungen einer tätigkeitsorientierten Pflege werden durch die Handlungsweisen der Führungskräfte verstärkt. Orientiert an den Vorgaben, die von außen an die Einrichtungen herangetragen werden, versuchen die Führungskräfte, die Aufgaben besser zu strukturieren. In dieser sehr tätigkeitsbezogenen Herangehensweise „verschwinden“ die Anforderungen und Tätigkeiten im Rahmen des Beziehungsaufbaus. Die Handlungsweisen der Vorgesetzten wirken somit verstärkend auf die Entwicklung von Beanspruchungen bei den Pflegekräften.

Die Auflösung der Teamstrukturen ist ein weiteres Beispiel in dem erkennbar wird, dass die Beziehungsgestaltung in der Pflege durch die Rahmenbedingungen an Bedeutung verliert. Trotz der hohen Bedeutung der Zusammenarbeit mit den Kolleginnen für die Ausführung der pflegerischen Versorgung und der Reduktion des Beanspruchungserlebens wird die Teamentwicklung bzw. der Erhalt der Teamstruktur in den Einrichtungen zu wenig gefördert. Diese Schutzräume, die ein Team für die Pflegenden bieten kann, können sich damit auflösen und sich negativ auf die Gesundheit der Pflegenden auswirken (vgl. Abschnitt 11.3.4).

Zielinkongruenzen begünstigen Handlungsunsicherheiten der Pflegenden
Pflegende stoßen während ihrer Arbeit auf unterschiedliche Zielinkongruenzen, die Handlungsunsicherheiten auslösen und die subjektiven Beanspruchungen der Pflegenden steigen lassen. Zielinkongruenzen entstehen, wenn persönlich bedeutsame Ereignisse inkongruent mit den Zielen, Wünschen und Normen einer Person sind. Zielinkongruente Ereignisse gefährden eine Zielerreichung und lösen negative Emotionen (beispielsweise Angst, Ärger) aus (vgl. Abschnitt 3.2.1.3). Diese Inkongruenzen werden durch die Kontextfaktoren gespeist und entstehen auf verschiedenen Ebenen:

1) Inkongruenzen auf der Organisationsebene:

- Vorhandene Zeitressourcen versus Qualitätsvorgaben und erkennbare Fehlerpotentiale. Die Pflegenden erkennen sehr klar Fehlerpotentiale und mögliche Qualitätsmängel in ihrer eigenen Tätigkeit. Aufgrund der begrenzten Zeitressourcen kann diesen nicht durch entsprechende Handlungsweisen entgegengearbeitet werden. Im Gegenteil, im Alltag wird ständige Priorisierung, Sekundierung, Reduktion und Kompensation von Aufgaben gefordert
- Bewohnernahe versus administrative Aufgaben. Hier stellt sich die Frage nach der Priorität insbesondere der Dokumentation, wie sie gerade im Rahmen der Pflegeversicherung gefordert wird, und den Zielen der Pflegenden, die den bewohnernahen Aufgaben Priorität einräumen.

2) Inkongruenzen zwischen den Anforderungen der betrieblichen Organisation und dem Kenntnisstand der Profession

- Beziehungsorientierte Pflegearbeit versus tätigkeitsorientiertes Verständnis von Pflege. Die Definition der pflegerischen Versorgung in der betrieblichen Organisation als Tätigkeit, die auf verschiedenen, klar definierbaren Aufgaben fußt, steht im Gegensatz zu den Erkenntnissen der Pflegeforschung, die eine ganzheitliche, auf einer Pflegebeziehung basierende pflegerische Versorgung betont.
- Zunehmende Strukturierung, Standardisierung von Abläufen versus individueller Versorgungsbedarf von (psychisch)kranken und pflegeintensiven Bewohnerinnen. Diese Zielinkongruenz spiegelt ebenfalls den Gegensatz einer betriebswirtschaftlich definierten Organisation der Pflege und den in der Pflegeprofession entwickelten Ansätze einer individuenorientierter Versorgung wider.

- Wahrnehmung als Dienstleisterin versus professionelle Pflegefachkraft bzw. Angehörige eines Heilberufs. In der stärker betriebswirtschaftlichen Herangehensweise werden die Bewohnerinnen als Kundinnen und die Pflegenden als Dienstleisterinnen betrachtet. Die daraus resultierenden Forderungen der Bewohnerinnen können im Gegensatz zu den Anforderungen an eine Versorgung stehen, wie sie in der Pflegeprofession definiert werden.

3) Inkongruenzen zwischen den Anforderungen der Organisation und den eigenen Vorstellungen zu guter Pflege

- Eigener Anspruch der Pflegenden an eine adäquate Pflege und Vorgaben der Einrichtungen. Häufig stehen die Vorgaben zur Durchführung pflegerischer Tätigkeiten im Gegensatz zu den Vorstellungen der Pflegenden hinsichtlich einer adäquaten Versorgung
- Definition von Arbeitszeit versus Freizeit. Im betrieblichen Alltag werden von den Pflegekräften zunehmend unbezahlte Mehrarbeit, ungeplante Überstunden, spontane Dienstübernahmen oder administrative Arbeit im freiwilligen Homeoffice gefordert. Die Pflegenden stehen diesen Anforderungen kritisch gegenüber, denn die Grenzen zur Freizeit werden zusehends unscharf. Die altruistischen Motive der Pflegekräfte erschweren eine Grenzziehung.

Die Pflegende erleben diese Inkongruenzen als Teil ihrer Arbeitsrealität. Die erlebten Handungsunsicherheiten, die aus den Inkongruenzen der persönlichen Ebene, der Professions- und der Organisationsebene entstehen, müssen durch Emotionsarbeit reguliert werden. Zu einer zentralen Zielsetzung der Emotionsarbeit wird es dabei, die Unsicherheiten zu maskieren, d. h. nicht nach außen sichtbar werden zu lassen. Diese Widersprüche spielen eine zentrale Rolle für das Vorkommen und die Ausformung von Emotionsarbeit und als Konsequenz für die Entstehung von psychischen und physischen Beanspruchungen.

Die Emotionsarbeit ist in der Arbeit der Altenpflege facettenreich

Ein zentrales Ergebnis der vorliegenden Arbeit ist, dass die Emotionsarbeit in der Pflege sehr facettenreich ist, in unterschiedlichen Zusammenhängen auftritt und von erheblicher Relevanz ist. Die Emotionsarbeit erweist sich als ein zentraler Gegenstand alltäglicher pflegerischer Arbeit. In den bisherigen Ausführungen wurde schon beispielhaft auf diese Bedeutung der Emotionsarbeit verwiesen. In diesem Abschnitt sollen verschiedene Facetten der Emotionsarbeit zusammengefasst werden.

Bisher wurde deutlich, dass Emotionsarbeit eine zentrale Rolle im Aufbau, der Gestaltung von Beziehungen sowie der Interaktion und Kommunikation im pflegerischen Alltag einnimmt. Emotionsarbeit wird notwendig für die gezielte Anpassung der eigenen Emotionen an die Emotionen der Interaktionspartnerinnen, was eine grundlegende Voraussetzung für den täglichen Umgang darstellt. Gerade der häufige Wechsel der mit verschiedenen Beziehungen einhergehenden Anforderungen – Parallelität der Beziehungen – erfordert auch eine schnelle Anpassung der eigenen Emotionen an die veränderten Situationen (zur Parallelität der Beziehungen siehe oben). Dies reflektiert die weit höhere Komplexität der Anforderungen an die Emotionsarbeit im Pflegealltag im Vergleich zum beruflichen Alltag von Stewardessen, wie sie von Hochschild (2006) beschrieben wird. Es fügt auch den Aussagen von Unger (2014) zur Unterscheidung von Emotionsarbeit im Arbeitsalltag von Stewardessen und Pflegekräften mit der komplexen Parallelität der Beziehungen eine weitere Dimension hinzu.

Emotionsarbeit wird ebenso zentral für den Umgang mit den Zielinkongruenzen und die Maskierung der damit verknüpften Handlungsunsicherheiten (siehe oben). Diese Erfahrung von Inkongruenzen und Handlungsunsicherheiten wird durch die an betriebswirtschaftlichen Erfordernissen orientierten Handlungsweisen der Führungskräfte verstärkt, womit wiederum die Anforderungen an die Emotionsarbeit steigen. Gerade konflikthafte Emotionen mit den Führungskräften bilden eine erhebliche Herausforderung an die Emotionsarbeit im Alltag.

Besonders die negativen Emotionen, die den Berufsalltag begleiten, werden von den Pflegenden hervorgehoben. Pflegende erleben regelhaft negative Emotionen in ihrem beruflichen Alltag. Hierzu ist zu beachten, dass negative Emotionen im Arbeitskontext hemmende Wirkungen haben können. Situationen, in denen negative Emotionen handlungshemmende Auswirkungen auf die Pflegenden haben, gehören zum beruflichen Erleben der Pflegenden.

> *P13: „(...) und jetzt setze ich mich gar nicht mehr für die Einrichtung ein. Also, ich mache meinen Job mit den Bewohnern und alles gut, aber darüber hinaus setze ich mich jetzt nicht mehr ein. Es ist schon kränkend, wenn man sich engagiert und es wird von der Leitung überhaupt nicht gesehen. Und dann bekommt man noch einen Anranzer dazu. Nö, das geb' ich mir nicht mehr. Ich bin von der Motivation her raus." (P13, Z. 192)*

Vor dem Hintergrund nehmen die Pflegekräfte die Gestaltung von Emotionen – die eigenen und die Emotionen des Gegenübers – als bedeutsames Ziel ihrer Arbeit wahr. Durch diese beidseitige Steuerung von Emotionen versuchen die Pflegenden, Zufriedenheit bei Bewohnerinnen, Angehörigen und Führungskräften herzustellen. Die Bewohnerinnen sollen sich wohl und geborgen fühlen.

Angehörige und Kolleginnen sollen motiviert werden, die Arbeit der Pflegenden zu unterstützen. Die Zusammenarbeit mit den Führungskräften soll auf einer freundlich-kooperativen Basis erfolgen. Der Emotionsarbeit wird daher eine zentrale Rolle im Aufbau, der Gestaltung und der Stabilität von Beziehungen zugeschrieben.

Emotionen werden auch als eine Voraussetzung zur Arbeit betrachtet. Hierzu zählen beispielsweise der Erhalt der häufig intrinsischen Motivation zur pflegerischen Arbeit, das Zurückstellen von starken „privaten“ Emotionen, um die Arbeitsatmosphäre nicht negativ zu beeinflussen und auch die Reflexion und Entlastung starker Arbeitsbelastungen im privaten Umfeld, um handlungsfähig für kommende Arbeitsepisoden zu sein. Darüber hinaus wird Emotionsarbeit bedeutsam, um sich gedanklich und emotional auf die Arbeitsanforderungen, auf die Kolleginnen und die Bewohnerinnen einzustellen. Damit sollen Ängste, Stresserleben und Überforderungen abgeschwächt werden. Bei den dafür notwendigen Prozessen der Regulierung der Emotionen werden von den befragten Pflegerinnen Strategien des Oberflächen- und Tiefenhandelns, aber auch die automatische Emotionsregulation angewandt. Besonders die Strategien des Oberflächenhandelns werden in einem hohen Ausmaß verwendet.

Oberflächenhandeln ist eine häufig angewandte, gesundheitlich belastende Regulationsstrategie von Emotionen

Bei der Emotionsregulation Oberflächenhandeln werden als situativ wünschenswert wahrgenommene Emotionen ausgedrückt, die die Dienstleisterin nicht empfindet. Pflegende berichten in den Interviews davon, dass sie Strategien des Oberflächenhandelns mit allen Interaktionspartnerinnen anwenden, um den Arbeitsfluss und eine positive Stimmung zu erhalten. Ob es das aufgesetzte Lächeln bei den Bewohnerinnen, der gespielte neutrale oder mitfühlende Blick im Gespräch mit den Angehörigen, die Darstellung von Kooperationsbereitschaft gegenüber den Vorgesetzten oder die gezielte Herstellung einer positiven Stimmung im Team ist. Strategien des Oberflächenhandelns bestehen bei den Pflegenden darin, die Emotionen zu regulieren und situativ anzupassen, beispielsweise auch durch Simulanz nicht vorhandener Emotionen oder der Maskierung vorhandener. Strategien des Oberflächenhandelns kommen häufig in Interaktionen in schwierigen Beziehungssituationen vor. Dies trifft beispielsweise zu, wenn bisher zu Bewohnerinnen oder Angehörigen noch keine Beziehung aufgebaut werden konnte bzw. der Aufbau einer positiven Beziehung schwerfällt. Gegenüber Kolleginnen und Führungskräften wird die Strategie des Oberflächenhandelns häufig angewandt, wenn Abhängigkeiten erlebt werden. Die Darstellung – nicht empfundener – positiver Emotionen soll eine freundliche oder positive Atmosphäre herstellen oder die eigene emotionale Befindlichkeit verbergen.

Ein interessantes Ergebnis dieser Arbeit ist, dass das Ausmaß an Oberflächenhandeln durch die veränderten Anforderungen durch die Bewohnerinnen und die angespannte Personal- und Zeitsituation zugenommen hat. Die begrenzten Zeitressourcen und die tätigkeitsorientierte Definition von Pflege im sozialen und betrieblichen Kontext erschweren den Aufbau von Beziehungen. Im Gegensatz zur Strategie des Oberflächenhandelns setzt der Einsatz von Tiefenhandelsstrategien; d. h. der Ausdruck empfundener – sich automatisch einstellender oder gezielt hervorgerufener Gefühle – eine positive Beziehung voraus. Die Entwicklung und positive Gestaltung von Beziehungen zu den entscheidenden Interaktionspartnerinnen (Bewohnerinnen, Angehörigen, Kolleginnen, Führungskräfte) werden im pflegerischen Alltag nicht nur nicht gefördert, sondern darüberhinausgehend durch die knappen Personal-, Zeitressourcen sowie die betriebswirtschaftliche Organisation der pflegerischen Versorgung erschwert. Denn durch diese Veränderungen fehlen die zeitlichen Spielräume zum Aufbau von Beziehungen und diese werden somit oberflächlicher. Strategien des Oberflächenhandelns können hingegen auch in kurzen Interaktionen ohne eine Beziehungsdimension geleistet werden. Wenn es den Pflegenden zunehmend nicht mehr gelingt die Beziehungen zu den Bewohnerinnen und den Angehörigen herzustellen, so nimmt der Einsatz von Strategien des Oberflächenhandelns zu.

Mit der Anwendung des Oberflächenhandelns sind allerdings gesundheitsschädigende Auswirkungen verbunden. Der Ausdruck von nicht wirklich erlebten Emotionen hat zur Folge, dass dargestellte und erlebte Emotionen sich widersprechen, dieses Phänomen wird als emotionale Dissonanz bezeichnet. Die emotionale Dissonanz wird als eine Ursache für die Entwicklung der Erkrankung Burn-out betrachtet. Insgesamt geht die Emotionsforschung davon aus, dass die Folgen von Oberflächenhandeln Stress, Unwohlsein, Zunahme an psychischen Beschwerden sein können. Dies zeigt negative Auswirkungen auf die Arbeitszufriedenheit und kann zu Depersonalisation, emotionaler Erschöpfung und letztlich Burn-out führen (vgl. Abschnitt 3.2.3.1).

In der vorliegenden Untersuchung wird eine erlebte Beanspruchung durch eine vermehrte Anwendung von Strategien des Oberflächenhandelns von den Befragten nicht direkt benannt. Die Befragten beschreiben allerdings die Zunahme an herausfordernden Beziehungssystemen sowie deren schwierige Gestaltung im derzeitigen betrieblichen Kontext. Diese fehlenden Möglichkeiten von Beziehungsgestaltung werden als Beanspruchung erlebt.

Die Pflegenden haben ein Wissensdefizit hinsichtlich der Anwendung von emotionsregulierenden Tiefenhandelstrategien

Die Anwendung der Regulationsstrategie des Tiefenhandelns durch die Pflegenden im Alltag kann in der Arbeit nachgewiesen werden. Unter Tiefenhandeln wird verstanden, dass eine situationsangemessene Emotion vorliegt; d. h. ein situationsangemessenes Gefühl wird empfunden oder ein erwünschtes, situationsangemessenes Gefühl kann tatsächlich hergestellt werden und beide können zudem in der Situation ausgedrückt werden. Als Strategien des Tiefenhandelns mit dem Ziel die Gefühle tatsächlich zu empfinden wurden in den Interviews die Aufmerksamkeitskontrolle, die Abschwächung und Intensivierung der Emotionen, die kognitive Um(be)wertung der Emotionen und die Verdrängung von Emotionen beschrieben. Die Übernahme der Perspektiven des Gegenübers oder auch die humorvollen Reaktionen, können beispielsweise das Erleben von Emotionen intensivieren, abschwächen oder zu einer Neubewertung führen. Die Pflegenden führen diese Strategien nicht bewusst durch und können sie in den Interviews nicht benennen, ihnen ist zudem die Bandbreite der verfügbaren Strategien nicht bekannt. Damit können diese Strategien des Tiefenhandels nicht gezielt adäquat für eine Situation ausgewählt werden, sondern sie werden unreflektiert, zufällig und geprägt von den Erfahrungen und den Intuitionen der Pflegenden angewandt.

Aus der Emotionsforschung ist bekannt, dass sich aus der Strategie des Tiefenhandelns keine negativen Auswirkungen auf die Gesundheit der Individuen ergeben, weil hier die situationsangemessenen Gefühle bei den Pflegenden tatsächlich entstehen und nicht aufgesetzt oder gespielt werden (vgl. Abschnitt 3.2.3.1). Durch die mangelnde Kenntnis von Strategien des Tiefenhandelns können die Pflegenden diese nicht gezielt einsetzen und damit erfolgreicher mit der Regulierung von Emotionen und emotionalen Beanspruchungen umgehen. Durch die häufige Anwendung von Oberflächenhandeln sind Pflegenden durch die Emotionsarbeit gesundheitliche Risiken ausgesetzt. In den Interviews tritt deutlich hervor, dass die Pflegenden keine Schulung bezüglich der Anwendung von Tiefenhandelsstrategien zur Emotionsregulation erhalten und ihnen daher die Handlungsalternativen im Umgang mit Emotionsarbeit nicht zur Verfügung stehen.

Die Emotionsarbeit bekommt in der Pflegepraxis zu wenig Aufmerksamkeit

Dass Schulungen zur Anwendung bestimmter Regulationsstrategien der Emotionsarbeit nicht stattfinden, kann auch damit begründet werden, dass die Emotionsarbeit selbst nur wenig Aufmerksamkeit im pflegerischen Alltag bekommt. Dieses ist ein weiteres Ergebnis dieser Arbeit, das damit die vorhandenen wissenschaftlichen Diskussionen und Erkenntnisse bestätigt. Emotionsarbeit zählt zu den nicht sichtbaren, nicht bewussten und zum Teil verdrängten Anteilen der pflegerischen Arbeit. Die Anwendung wünschenswerter Strategien der Emotionsarbeit kann das Erleben von Beanspruchungen und die gesundheitlichen Konsequenzen von nicht-wünschenswerten Strategien der Emotionsarbeit deutlich abschwächen. Daher kann angenommen werden, dass Kenntnisse zu einem bewussten Umgang von Emotionsarbeit im Praxisfeld Pflege positiv zur Gesunderhaltung der Pflegenden und zur Qualität der personenbezogenen Dienstleistungen beitragen könnten. Davon gehen auch weitere Autoren aus, so meint Nerdinger (2012), dass die Bewusstmachung der Gefühle der Pflegende als Voraussetzung zum feinfühligen Umgang mit den Emotionen von Bewohnerinnen einhergeht. Er schlägt vor, dass Mitarbeiterinnen besser auf die emotionalen Anforderungen ihrer Tätigkeit vorbereitet werden sollten und auch adäquate Techniken der Emotionsarbeit vermittelt bekommen sollten (Nerdinger, 2012). Geißner und Kellnhausen (2004) stellen die Notwendigkeit der Fokussierung von Emotionen dar und beschreiben, dass Pflegende lernen müssen die eigenen Gefühle von denen der Bewohnerinnen zu unterscheiden und Gefühle adäquat auszudrücken (Geißner und Kellnhausen, 2004). Gemäß Hochschild (2006) wird die Emotionsarbeit als psychisch erschöpfend wahrgenommen, da diese Art von Arbeit insbesondere bei der Anwendung von Regulationsstrategien des Oberflächenhandels mit einer Entfremdung des eigenen Selbst einhergeht. In dieser Arbeit konnte diese Gefährdung nicht eindeutig bestätigt werden, allerdings wurden Aspekte des Handelns gegen die eigene Überzeugung und auch beobachtbare Entfremdung bei Kolleginnen festgestellt.

Auch wenn das Management der Gefühle nicht explizit von den Pflegenden selbst als Beanspruchung wahrgenommen wird, kann davon ausgegangen werden, dass eine indirekte Beanspruchung dennoch stattfindet. In vielen Interviews wird von Spillover Erlebnissen berichtet. Pflegende kennen das Gefühl von emotionalen Ausbrüchen oder Gedankenschleifen nach Dienstende. Spillover gilt in der Emotionsforschung als Folge von Emotionsarbeit. Dieser Effekt wird von Pflegenden ebenso wie erlebte Handlungseinschränkungen erlebt. Spillover Erlebnisse wurden häufig in Zusammenhang mit Konflikten und Auseinandersetzungen der unterschiedlichen Sozialsysteme beschrieben, aber auch im Kontext von stark emotionalen Erlebnissen.

Explizite emotionale Darstellungsregeln werden von den Pflegenden gefordert

Während die Vermittlung von Kenntnissen zu unterschiedlichen Emotionsstrategien vernachlässigt wird, nehmen Pflegende emotionale Darstellungsregeln oder normative Anforderungen gegenüber der Emotionsarbeit von Seiten des

Betriebs bzw. des Arbeitgebers wahr. Damit ist auch die Einbettung in hierarchische Beziehungen verbunden. Besonders in Bezug auf die Beziehungen zu den Bewohnerinnen und Angehörigen beschreiben Pflegende, dass diese Beziehungen ungleich sind; d. h. Pflegende haben in diesen Beziehungen weniger Rechte als ihre Gegenüber. Dies bedeutet, dass die Aufgaben der Emotionsregulation und damit eines situationsangemessenen Ausdrucks von Gefühlen den Pflegenden zugeschrieben werden. Dieses Ungleichgewicht wird als Teil der Arbeit verstanden. Die Pflegenden beschreiben damit indirekt, dass die Emotionsarbeit einen Tauschwertcharakter hat und vor dem Hintergrund von den Pflegenden eine Emotionsregulation verlangt wird. Das Verlangen von Emotionsdarstellungen geschieht allerdings implizit. Nur vereinzelt wird in den Interviews berichtet, dass es beispielsweise Führungskräfte gibt, die konkrete Bedingungen an die emotionalen Ausdrucksweisen der Pflegenden stellen. Meistens wird berichtet, dass es keine explizit geäußerte Erwartung, sondern eher einen Verhaltenskodex gibt, der an das Berufsprofil Pflege gekoppelt ist. Pflegende orientieren sich oft an implizite Darstellungsregeln, die sich anhand der organisatorischen und berufsbedingten „Vorgaben“ ableiten, allerdings konnten von den meisten der Befragten die Darstellungsregeln nicht eindeutig konkretisiert werden. Dabei konnten weder die konkreten Absender, noch Details zu den erwarteten Darstellungsregeln benannt werden. Eher scheint es so zu sein, dass die Pflegenden sich an „gedachten“ oder aus den Berufs- und Organisationserfahrungen interpretierbaren Regeln zur Emotionsdarstellung orientieren. Diese wenig konkreten Darstellungsregeln führen zu Unsicherheiten bei den Berufsangehörigen. Das fehlende Wissen über gewünschte Verhaltensweisen resultiert darin, dass Pflegende ihr Verhalten nicht auf der Basis von Vorgaben betrachten können und so wenig Möglichkeiten haben zu reflektieren, ob das Verhalten den gewünschten Normen entspricht.

Die Pflegenden nutzen individuelle Entlastungsstrategien, um die eigene psychische Gesundheit zu stabilisieren

Pflegende nutzen Entlastungsstrategien zur Bewältigung der beruflichen Anforderungen und damit zum Erhalt ihrer psychischen Gesundheit. Beispielsweise wird der geplante und gezielte Einsatz von Teamarbeit und die damit mögliche geteilte Verantwortung als entlastend bewertet. Kolleginnen können als Unterstützerinnen gesehen werden, die sich bei auftretenden Unsicherheiten, bei einem hohen Arbeitspensum und hohen Beanspruchungen gegenseitig helfen. Eine gelungene Zusammenarbeit im Team gestattet auch die Verteilung von als beanspruchend wahrgenommenen Tätigkeiten.

Ebenso wird die Einhaltung des eigenen Arbeitsrhythmus, die Einhaltung von ruhiger und konzentrierter Arbeitsfähigkeit als hilfreich empfunden. Förderlich ist es zudem, Aufgaben entsprechend den eigenen Vorstellungen zu priorisieren und damit, eine situative Anpassungsfähigkeit der Arbeitsweise herzustellen. In anspruchsvollen Situationen zu wissen, welche Aufgaben priorisiert werden müssen und auch die Möglichkeit zu haben in belastenden Situationen sich auf die Akteurinnen einzulassen, sind zentrale Ressourcen.

Auch über innere Überzeugungen als Strategien zur Entlastung berichten die Pflegenden. So wird als entlastend empfunden, wenn der Glaube daran, dass „Richtige zu tun" ausgeprägt ist, sowie die eigene Intuition als verlässlich wahrgenommen wird. Ebenso ist die Bewertung der eigenen Arbeit mit dem Gefühl „das Bestmögliche getan zu haben" hilfreich für die Verarbeitung von beanspruchenden Situationen. Sein „Bestes zu geben" ist auch daran gekoppelt, die eigenen Ansprüche an Perfektion zu reduzieren, die Leistung anhand der zu Verfügung stehenden Ressourcen zu betrachten und zu bewerten.

Zudem wird die Einstellung zur Arbeit thematisiert. Diese beeinflusst das Erleben von Beanspruchungen. Gelassenheit und eine gewisse Humorfähigkeit scheinen, wichtige persönliche Einstellungen zur Gesunderhaltung der Pflegenden zu sein. Zu Einstellungen gehören auch eigene Grundregeln oder Leitgedanken, die viele Pflegende für sich und ihre Arbeitsleistung definieren. Pflegende versuchen anhand ihrer Leitgedanken, ihre Arbeit durchzuführen und diese Regeln nicht zu durchbrechen. Ebenfalls haben die Einstellungen zu Krisen und Schicksalsschlägen Auswirkungen auf das Erleben von Beanspruchungen. So wird in mehreren Interviews berichtet, dass die Akzeptanz von Krankheit, Pflegebedürftigkeit und das Sterben als Teil des Lebens, eine Einstellung sein kann, die Pflegende im Alltag stabilisiert.

Direkt im Anschluss an die Arbeit, besonders an Arbeitstagen, die als anspruchsvoll erlebt werden, versuchen Pflegende, sich abzulenken und sich zu erholen, indem sie gezielt ihr eigenes Wohlbefindens steigern wollen. Einige Befragte geben an, dass sie nach der Arbeit oft Gesprächsbedarf haben und nach Möglichkeiten zum Austausch im privaten Kontext suchen. Damit wollen sie beanspruchende Situationen verarbeiten. Auch Fortbildungsmöglichkeiten werden als entlastende Strategien angeführt. Eine höhere Fachkompetenz kann die Handlungsunsicherheiten und damit Beanspruchungen verringern.

Eine weitere Strategie im Umgang mit Beanspruchungen ist es, sich die Motivationsquellen der Arbeit zu vergegenwärtigen. Die meisten Pflegenden gewinnen ihre Motivation zur Tätigkeit aus der bewohnernahen Arbeit, der Freude an der Arbeit mit Menschen und dem Gefühl, eine sinnerfüllende Tätigkeit auszuüben.

Den Pflegenden fehlt es an Möglichkeiten der strukturellen emotionalen Entlastung

Im Gegensatz zu den individuell entwickelnden Strategien berichten Pflegende, dass der betriebliche und weitergehend auch der soziale Kontext ihnen keinen Rückhalt und keine Möglichkeit der Entlastung bietet. Sie beschreiben, dass ihre anspruchsvolle und komplexe Arbeit keine entsprechende Wertschätzung und Belohnung erfährt und sie in der Ausführung nur wenig unterstützt werden. Damit sind fehlende Handlungsspielräume, fehlende Ressourcen, fehlende personale und kollegiale Unterstützung und auch das Fehlen von Rückmeldungen für die Arbeitsleistungen gerade auch durch die Führungskräfte gemeint. Verknüpft mit einem hohen Arbeitspensum, das sich in hohen Belastungen äußert, fördert dies das Erleben von Beanspruchungen seitens der Pflegenden. Letztlich kann das Ungleichgewicht zwischen positiven unterstützenden und negativen beanspruchenden Umgebungsfaktoren zu psychischen Erkrankungen führen (vgl. Abschnitt 3.1).

Zur Entlastung emotionaler Belastungen gibt es keine strukturellen Angebote in den Einrichtungen. Die Möglichkeiten sich von beruflichen Stressoren zu entlasten ist also vom privaten sozialen Umfeld, von der Kollegialität des Teams und von den individuellen Methoden, die die einzelnen Mitarbeitenden für sich finden, abhängig. Damit einher geht eine gewisse Zufälligkeit von Entlastungsmöglichkeiten, bei denen Mitarbeitende mit schwächeren Entlastungsmöglichkeiten im privaten und sozialen Umfeld benachteiligt sind. Die Emotionsarbeit mit ihren gesundheitsschädigenden Auswirkungen erhält in der Praxis keinen Raum, keine Aufmerksamkeit und gesundheitsförderliche Emotionsstrategien werden nicht entwickelt, angeboten oder trainiert.

Ökonomisch orientierte Arbeitsweisen blockieren den Fortgang der Professionalisierung in der Pflege

Die in der Arbeit dargestellten hohen Anforderungen, die aus dem betrieblichen und sozialen Kontext erwachsen, können als „starker Druck" von den Pflegenden erlebt werden. Infolgedessen können sich diese eher an den betriebswirtschaftlich-ökonomischen Vorgaben der Einrichtungen und weniger an den professionellen Erkenntnissen orientieren. Damit erschweren sie auch die Weiterentwicklung der Pflege als autonome professionelle Tätigkeit. Die Pflegenden haben häufig die finanziellen Engpässe in der Pflege und die Anspannung durch die Marktsituation so stark verinnerlicht, dass sie praxisnahe, in der Einrichtung umsetzbare Lösungen der Personalsituation vorschlagen und damit zulassen, dass ihre Professionalität, die aus dem Berufsstand abzuleiten ist, verloren geht. Müller (2016) beschreibt, dass Pflegende altruistisch handeln, indem sie unsichtbare Aufgaben – bspw. in der Beziehungsarbeit – durchführen, die nicht vergütet werden, und damit ein System aufrechterhalten, das sie eigentlich kritisieren. Auch Wettreck (2001) beschreibt, dass diese altruistische Haltung Pflegender dazu führt, dass sich der Beruf und die Arbeitsbedingungen nicht wirklich aus eigener Kraft der Berufsgruppe verbessern lassen. Die Einschätzungen von Müller (2016) und Wettreck (2001) können in dieser Arbeit bestätigt werden.

Ähnliches gilt auch für Verarbeitung und Reflexion dieser anspruchsvollen Aufgaben. In den Interviews selbst war es auffallend, dass auch viele Pflegenden ihre Arbeit ausschließlich über ihre konkreten Tätigkeiten definieren und sehr wenig über die diffusen, unsichtbaren Anteile ihrer Arbeit sprachen. In Verbindung mit der Ressourcenknappheit ist hier festzustellen, dass diese diffusen Arbeitsanteile nicht nur allmählich weniger ausgeführt werden, sondern damit auch Pflegehandlungen rationalisiert werden können. Der pflegetherapeutische, ganzheitliche Ansatz geht hierbei verloren, d. h. Pflegende arbeiten nicht mehr nach professionellen Zielen, wie die Erhaltung und Förderung der Kompetenzen, sondern fokussieren sich auf die Durchführung der Arbeitsaufgaben. Im System der Altenhilfe wird dieses Vorgehen gefördert, beispielsweise durch die Verwendung von To-do-Listen, um die Arbeit effizienter zu gestalten, durch den vermehrten Einsatz von Hilfskräften und die damit verbundene Teilung von Arbeitsprozessen, bis hin zu einem funktionalen Ansatz von Pflege, wie es sich auch in der Vereinfachung der Dokumentation mit Hilfe der Anwendung des Strukturmodells reflektiert[1].

[1]Für die Entbürokratisierung der Pflegedokumentation wurde das „Strukturmodell" entwickelt. Nachdem es sich in einem umfassenden Praxistest bewährt hatte, erfolgte seit 2015 die bundesweite Einführung. Mit dem Strukturmodell wird der Dokumentationsaufwand erheblich reduziert, ohne fachliche Qualitätsstandards zu vernachlässigen oder haftungsrechtliche Risiken aufzuwerfen. Dem Strukturmodell wurde 2014 durch einen Beschluss der Vertragspartner nach § 113 SGB XI bescheinigt, dass es mit den geltenden „Maßstäben und Grundsätzen zur Sicherung und Weiterentwicklung der Pflegequalität" (§ 113 SGB XI) sowie mit den Qualitätsprüfrichtlinien (QPR) des Spitzenverbands Bund der Pflegekassen vereinbart ist.

13 Weiterentwicklung der Forschung: Zukünftige Forschungsfelder

Die vorgestellten Ergebnisse können wichtige Impulse für eine Weiterentwicklung der Forschung geben. Dies betrifft insbesondere Forschungen zur Relevanz und Heterogenität von Beziehungen, zur Einbettung der Emotionsarbeit und zum Einfluss des Kontexts.

Forschungen zu Beziehungen

Weiterführende Forschungen zur Relevanz und dem Einfluss der Beziehungen in der pflegerischen Arbeit sollten sowohl die einzelnen Beziehungen getrennt – Pflegekräfte zu Bewohnerinnen, Angehörigen, Vorgesetzten und den Kolleginnen im Team – als auch deren Zusammenspiel einschließen. Die Beziehungen zwischen Pflegekraft und Vorgesetzten bzw. Pflegekraft und Kolleginnen stellen bisher in der Pflegewissenschaft vernachlässigte Themenbereiche dar. Einen Ausgangspunkt für die pflegewissenschaftliche Forschung könnten dazu die Erkenntnisse der Arbeits-, und Organisationspsychologie zur Bedeutung von Vorgesetzten und Kolleginnen gerade für die Entlastung und Belastung im Arbeitsalltag liefern. In einer pflegewissenschaftlichen Perspektive können die Forschungen stärker auf die Herausforderungen im pflegerischen Alltag hin spezifiziert werden. Gerade die Beziehung Pflegekraft und Vorgesetzte erwies sich in den vorliegenden Ergebnissen als sehr schwierig und trug eher zur Entstehung von Gefühlen emotionaler Beanspruchung, Demotivation oder Unzufriedenheit mit der Arbeitssituation bei. Im Gegensatz waren die entlastenden und positiven Effekte nur wenig ausgeprägt. Vertiefende Forschung sollte differenzierter analysieren, welche Führungsverhaltensweisen, in welcher Situation von den Mitarbeiterinnen eher belastend bzw. entlastend wahrgenommen wird. Wichtig wäre darüber hinaus zu untersuchen, welche spezifischen Rahmenbedingungen für die Entwicklung dieser Führungsverhaltensweisen gerade in der stationären Pflege, wie beispielsweise.

C. Schmedes, *Emotionsarbeit in der Pflege*,
https://doi.org/10.1007/978-3-658-31914-4_13

die Gestaltung von Führungskarrieren, ursächlich sind. Eine sinnvolle methodische Herangehensweise könnten Betriebsfallstudien liefern, die Einrichtungen mit eher positiv oder eher negativ bewertenden Führungskräften systematisch aus der Perspektive der Mitarbeiterinnen, der Führungskräfte oder auch auf der Basis von Beobachtungsstudien vergleichen.

Auch die Forschungen zum Team oder Teamentwicklung in der Pflegeforschung bedürfen gerade aus einer Beziehungsperspektive einer Weiterentwicklung. Forschungen zur Teamarbeit in der Arbeits-, und Organisationspsychologie und zur Teambildung in der Pflegeforschung können hier zum Ausgangspunkt genommen werden. Diese Erkenntnisse belegen die hohe Bedeutsamkeit des Teams für die Bewältigung der Herausforderungen und die großen Möglichkeiten der Ent-, aber auch Risiken der Belastung. Die Ergebnisse der vorliegenden Studie zu den zunehmend schwierigeren Beziehungen im Team und der eher zurückgehenden Kapazität der Teams zur Bewältigung der Herausforderungen beizutragen, erfordern eine stärkere Analyse der Prozesse der Teambildung und damit der Gestaltung der Beziehungen unter den gegebenen Rahmenbedingungen in der stationären Pflege. Neben einer dezidierten Erfassung der fördernden oder erschwerenden Rahmenbedingungen könnten ethnografische Forschungen zu einer ganzheitlichen Perspektive verhelfen und auch die Kultur, die vorhandenen Werte und Überzeugungen sowie deren Wahrnehmung durch die verschiedenen Teammitglieder erfassen. Zudem ist der betriebliche und soziale Kontext für das Verständnis der gegenwärtigen Kultur wesentlich. Dieses Verständnis lässt sich optimal gewinnen, wenn ein intensiver Austausch mit den Teammitgliedern und ebenso Beobachtungen im Alltag über den Umgang miteinander über einen längeren Zeitraum möglich sind.

Die Beziehungen zwischen Pflegenden und Zupflegenden sind schon über einen längeren Zeitraum ein zentrales Thema der Pflegewissenschaften. Trotzdem können die vorliegenden Ergebnisse Impulse für eine Erweiterung der Forschungsthemen liefern. Die Beziehungen zu den Bewohnerinnen waren durch sehr hohe Sensitivitätsanforderungen gekennzeichnet. Interessant wäre es hier noch intensiver zu erforschen, inwieweit Pflegende die Beziehungen mit hohen Sensitivitätsanforderungen ebenso als Ressource wahrnehmen können, bzw. was sie dabei unterstützen könnten, diese Beziehungen als Ressourcen und weniger als Beanspruchung zu erleben. Mit Hilfe des Forschungsverfahren Grounded Theory könnte induktiv eine Theorie entwickelt werden, die diesen Zusammenhang abbilden kann. Hier kann auch der Kontext, der eine entscheidende Rolle in dem Zusammenhang spielen wird, einbezogen werden.

Ein zentrales, bisher kaum untersuchtes Thema ist das Zusammenspiel der verschiedenen heterogenen Beziehungen am Arbeitsplatz. Die Erkenntnisse zur

Parallelität der Beziehungen der vorliegenden Forschung können nur einen ersten Ausgangspunkt bieten. Auch hier können intensive Betriebsfallstudien, die auch stärker ethnographische Herangehensweisen umfassen, vertiefende Erkenntnisse über die Dimensionen des komplexen Zusammenspiels liefern.

Forschungen zur Emotionsarbeit

Die Ergebnisse verdeutlichen die hohe Bedeutung von Emotionsarbeit am Arbeitsplatz in der Pflege, die Einbettung in die verschiedenen Beziehungen und den Kontext sowie den Effekt auf das Erleben von Beanspruchungen. Trotz dieser hohen Bedeutung ist die Emotionsarbeit in der Pflege noch kaum vertiefend in all ihren Facetten und in ihren Zusammenhängen erforscht worden. Die Ergebnisse der Studien verweisen darauf, dass diese komplexe Betrachtung die Voraussetzung dafür liefert, das Vorkommen und die Relevanz von Emotionsarbeit im pflegerischen Alltag nachzuvollziehen.

Diese weiterführenden Studien können durch die Zuspitzung auf bestimmte Fragenkomplexe spezifiziert werden. Dies betrifft die Anwendung der Strategien zur Emotionsregulation, der Zusammenhang zur gesundheitlichen Situation oder auch die Ursachen für die generelle Missachtung dieser Thematik in der Pflegepraxis und der Politik. Ein Ergebnis der Arbeit ist, dass aufgrund von knappen zeitlichen Ressourcen für die Beziehungsgestaltung, zunehmend mehr Strategien des Oberflächenhandelns angewandt werden. Hier würden sich Forschungen anbieten, die sich besonders mit dem Zusammenhang von Strategien der Emotionsarbeit und der Entstehung von Berufsunfähigkeit im Pflegebereich beschäftigen und so einen kausalen Zusammenhang zwischen Arbeitsunfähigkeit oder Erkrankung und dem Oberflächenhandeln als Emotionsregulationsstrategie herstellen. Um dieses Phänomen zu untersuchen und starke Aussagen zu generieren, eignen sich quantitative Forschungen im nicht-experimentellen Forschungsdesign, wie beispielsweise in Wechselbeziehungsstudien, spezifischer in Korrelationsstudien. So könnte man die Wechselbeziehung zwischen psychische Erkrankungen von Pflegenden und Anwendung von Oberflächenhandeln untersuchen, um so einen tieferen Einblick in das Phänomen zu gewinnen und zu überprüfen, ob die Variablen kovariieren. Ergänzend könnte hier geforscht werden, wie die Anwendung von gesundheitlich weniger belastenden Emotionsstrategien gefördert werden könnte. Dies reicht von Schulungen der Pflegenden bis hin zur Veränderung der Organisation der pflegerischen Tätigkeit und der Verbesserung der Personalsituation, denn zeitliche Ressourcen für einen gelungenen Beziehungsaufbau bilden einen wichtigen Ausgangspunkt.

Eine grundlegende Thematik betrifft die Frage der Ursachen für die Vernachlässigung der Thematik von Emotionsarbeit, Beziehungen und ihren Zusammenhang zur gesundheitlichen Situation im Alltag der stationären Versorgung. Hier würden sich qualitative Forschungen, beispielsweise mit phänomenologischen Methoden eignen. Die Bedeutung und die Erfahrungen der Emotionsarbeit bei den Pflegenden könnte intensiver in Erfahrung gebracht werden und ein Verständnis für die geringe Aufmerksamkeit der Thematik ließe sich dadurch konstruieren.

Forschungen zum Kontext

Eine umfangreiche, bereits vorliegende Forschung betrachtet den Kontext aus der Perspektive der Ökonomisierung und deren Konsequenzen für den betrieblichen Alltag. Als ein zentrales Ergebnis der vorliegenden wissenschaftlichen Diskussion können die deutlich erkennbaren Widersprüche und die Kritik an dem Transfer von Ansätzen aus dem privaten Dienstleistungsbereich in den öffentlich finanzierten Bereich der Pflege festgehalten werden. Die Erkenntnisse zu Handlungsinkongruenzen im pflegerischen Alltag und deren Zusammenhang zu Belastungen und Beanspruchungserleben in der vorliegenden Forschung können Impulse für eine Weiterentwicklung der Forschung geben.

Die befragten Pflegenden sind aus helfenden Motiven in den Pflegeberuf gegangen. Ihre Tätigkeiten sind allerdings häufig mit Zielinkongruenzen zwischen den eigenen Werten einer guten pflegerischen Versorgung, den professionellen Ansätzen und den stärker ökonomisch orientierten Herangehensweisen im Alltag der stationären Einrichtungen konfrontiert. Das Thema Zielinkongruenzen als Arbeitsbelastung in der Pflege ist in Deutschland noch wenig erforscht. Wichtig ist in dieser Thematik, die sozialen und betrieblichen Ebenen mit einzubeziehen. Denn wie sich auch in der vorliegenden Arbeit zeigt, entwickeln sich diese Inkongruenzen im Zusammenspiel mit den betrieblich-institutionellen und gesellschaftlichen Rahmenbedingungen. Internationale Forschungen werden hier daher nur unzureichend einen klaren Blick auf das Feld der Altenhilfe in Deutschland geben. Methodisch schlage ich eine qualitative Forschung vor, die die Zielinkongruenzen und deren Zusammenhang zu Belastungen vor dem Kontext erforschen und einordnen kann. Hier wären ethnographische Methoden interessant, um einen intensivere emische Sichtweise für das Phänomen zu bekommen.

14 Handlungsempfehlungen für die Praxis

Die Ergebnisse haben die Bedeutung der heterogenen Beziehungsstrukturen in der Pflege, die damit verbundene Emotionsarbeit sowie die Effekte auf die Entstehung emotionaler Belastung sichtbar gemacht. Diese zentralen Elemente pflegerischer Tätigkeiten werden jedoch im pflegerischen Alltag noch kaum beachtet. Die Stärkung der Wahrnehmung dieser Elemente, deren Akzeptanz als zentraler Teil einer professionellen pflegerischen Versorgung, die Stärkung des Umgangs mit Emotionen und Emotionsregulation können nur durch das Zusammenspiel von Entwicklungen auf unterschiedlichen Ebenen erfolgen. Im Folgenden soll dies aus der Perspektive der Einrichtungen – der Praxisorte – der Pflegenden selbst und der Politik, die die entscheidenden Rahmenbedingungen bestimmt, diskutiert werden.

Handlungsempfehlungen für die Praxisorte

In den Einrichtungen gibt es einige Ansätze, die die Wahrnehmung und Akzeptanz von Emotionen und Emotionsarbeit als zentralen Teil pflegerischer Arbeit und einen angemessenen Umgang mit Emotionen fördern könnten. Dazu gehören Qualifikationen oder Schulungen für die Pflegenden selbst, betriebliche Gesundheitsförderung, Führungskräfteentwicklung sowie die grundlegende Betrachtung der pflegerischen Tätigkeit.

Charakteristisch für die pflegerische Tätigkeit ist der hohe Anteil an Beziehungsarbeit mit hohen Sensitivitätsanforderungen in der alltäglichen Interaktion, der hohe Anforderungen an Emotionsarbeit stellt. Zur Bewältigung dieser Aufgaben bilden gezielt eingesetzte situationsangemessene Strategien der Emotionsarbeit ein entscheidendes Werkzeug. Die Forschungsergebnisse haben erbracht, dass die Pflegekräfte zu wenig über die Strategien wissen und sie daher nicht gezielt einsetzen können. Schulungen zu dem Thema könnten zu einer wichtigen Brücke

C. Schmedes, *Emotionsarbeit in der Pflege*,
https://doi.org/10.1007/978-3-658-31914-4_14

werden. Pflegende sollten die Vor- und Nachteile und die Einsetzbarkeit von Emotionsarbeit in konkreten Situationen sowie weitere Strategien der Beziehungs- und Interaktionsarbeit kennen. Besonders wichtig ist es, die negativen Folgen von hohen Sensitivitätsanforderungen, von emotionaler Dissonanz und der verschiedenen Strategien des Oberflächenhandelns zu kennen. Gleichzeitig sollten als sinnvolle, gesundheitsförderliche Alternativen Strategien des Tiefenhandelns vermittelt werden.

Ein weiterer thematischer Schwerpunkt bildet das Thema der emotionalen Beanspruchung mit einem Fokus auf deren Ursachen und gelungenen Strategien des Umgangs. Zur Vermeidung der Entstehung emotionaler Beanspruchungen sind vertiefende Schulungen zu zentralen Themen der pflegerischen Tätigkeit wichtig, wie der Umgang mit Bewohnerinnen mit herausfordernden Verhaltensweisen oder Kommunikationseinschränkungen sowie dementiell erkrankten Bewohnerinnen und die Möglichkeiten nonverbaler Kommunikation.

Des Weiteren müssen die gesundheitsbelastenden Beanspruchungen, die sich aus der Arbeit mit Menschen, besonders auch aus der Regulierung der Emotionen, ergeben wahrgenommen, akzeptiert und als bedeutsam eingestuft werden. Denn hiermit gehen mögliche negative Konsequenzen für die Handlungsfähigkeit der Pflegenden einher. Die Emotionsarbeit sollte einen zentralen Platz in der betrieblichen Gesundheitsförderung erhalten. Ein vielversprechender Ansatz dazu wäre es, den Pflegenden Möglichkeiten zur emotionalen Entlastung während der Dienstzeit durch eine stärkere Reflexion der eigenen Arbeitssituation einzuräumen. Hier wären beispielsweise die Einzel- und Gruppensupervision, (ethische) Fallbesprechungen, arbeitsentlastende Rituale für Mitarbeitende sowie die kollegiale Beratung sinnvolle Methoden.

Die Themen Alter, Krankheit, Pflegebedürftigkeit, Sterben und Tod sind Gegenstände der täglichen Arbeit, hier bedarf es von den hauptamtlichen Akteurinnen eines guten reflexiven Umgangs mit der Thematik, welcher sich auch auf die Kommunikation und Begleitung von Angehörigen und Bewohnerinnen positiv auswirken könnte. Dazu gehören Rituale der Trauerverarbeitung für Mitarbeitende bis hin zu reflexiven Betrachtungsweisen von ehemaligen und verstorbenen Bewohnerinnen. Die Auseinandersetzung der Pflegenden mit dem eigenen Alter, möglicher Pflegebedürftigkeit sowie Sterben, Tod und Trauer kann Sensibilität und emotionale Distanz stärken.

Die hohe Relevanz der Handlungsweisen der Führungskräfte steht im großen Widerspruch zur gezielten Entwicklung der Führungskompetenzen bzw. der Führungspositionen in den Einrichtungen. Eingebettet in eine generelle Stärkung der Führungskompetenzen der Vorgesetzten soll die gezielte Schulung der Bedeutung von Emotionsarbeit, Emotionsregulation und emotionalen Belastungen zu einem zentralen Thema der Führungskräfteentwicklung werden. Besonders diejenigen unter den Führungskräften, die mit dem Team der Pflegekräfte arbeiten, sollten in den Bereichen Emotionsarbeit und im Umgang mit emotionalen Beanspruchungen und Entlastungsmöglichkeiten geschult werden. In ihren eigenen Handlungsweisen können sie damit gezielt zu einer Entlastung der Pflegenden beitragen und sie können zudem die Mitarbeiterinnen auf die Notwendigkeit, Möglichkeiten oder Strategien der Emotionsregulation hinweisen. Wünschenswert wäre es zudem, wenn Pflegende durch ihre Führungskräfte Sicherheit, Struktur, Klarheit für ihre Handlungsweisen bekämen, sowie ihnen die Möglichkeit zum Austausch eröffnet würde. Die noch seltenen Führungskräfte, die als Trainer und Coach fungieren, die Mitarbeiterinnen individuell begleiten, um deren Autonomie zu fördern und deren Motivation aufrecht zu erhalten und die Teams in der Zusammenarbeit zu unterstützen, werden in der Praxis benötigt und von den Pflegekräften geschätzt. Gemäß dem „Existentiellen Burn-out-Modell" benötigen Mitarbeitende Unterstützung, um autonom und sicher handeln zu können. Dadurch werden berufliche Erfolgserlebnisse gesichert und das Gefühl der existentiellen Bedeutung gestärkt.

Die Grundlage für eine erfolgreiche Durchführung der genannten Maßnahmen bildet die Betrachtung der pflegerischen Versorgung als einer ganzheitlichen, beziehungsbasierten Tätigkeit. In dieser Perspektive bedeutet Pflege Beziehungsarbeit und darin eingebettet den gezielten Umgang mit den eigenen und den Emotionen der Bewohnerinnen sowie die Anwendung der entsprechenden gesundheitsförderlichen Emotionsregulationen. Dieser Grundgedanke muss bei der Auswahl, Qualifikation und Weiterqualifizierung der Mitarbeitenden, sowie auch bei der Finanzierung pflegerischer Arbeit berücksichtigt werden.

Betrachtet man die Pflege nicht tätigkeitsorientiert, sondern als Prozess, in dem der Anteil an Beziehungs- und Emotionsarbeit erheblich ist, wird schnell ersichtlich, dass Pflege nicht aus fragmentierten Tätigkeiten besteht und damit auch kein Job mit „Jedermannsqualifikation" ist. Diese Kombination aus Fachkompetenz und sozialer Kompetenz wird zukünftig gerade aufgrund der sich verändernden Zusammensetzung der Bewohnerinnen noch entscheidender für die Durchführung einer ganzheitlichen, individuenorientierten Versorgung werden. Die Vermittlung dieser Fachkenntnisse benötigt für ihre Realisierung jedoch Möglichkeiten der autonomen Gestaltung der Pflege durch die Pflegekräfte selbst. Dies reduziert zudem die emotionale Beanspruchung, denn Verfügen die Beschäftigten über genügend Selbstbestimmung, haben sie die Möglichkeit solche Emotionen zu zeigen, die der jeweiligen Situation angemessen sind. Da sie in diesem Fall ihre Gefühlsdarstellung selbst steuern können, erleben sie weniger emotionale Dissonanz und eine geringere Belastung (Nerdinger, 2012).

Handlungsempfehlung für die Pflegenden

Die Pflegenden selbst können ebenso einen wichtigen Beitrag zur Realisierung einer beziehungsbasierten, ganzheitlichen und weniger belastenden Versorgung leisten. Den Ausgangspunkt bildet dabei, dass die Pflegenden selbst die beruflichen psychosozialen und emotionalen Anteile der Pflegearbeit als tatsächliche Arbeit ernst nehmen und auch nach außen selbstbewusst als anspruchsvolle Aufgabe vertreten. Die Emotionsarbeit als „Regulation eines einheitlichen, gefühlsintegrierenden Arbeitshandelns" (Hacker, 2009) ist weder Kassenleistung noch im Arbeitsvertrag festgeschrieben. Sie umspannt die geistige und körperliche Arbeit und ist keineswegs ausdrücklicher, abtrennbarer oder gar gesondert entlohnter Teil der vertraglich vereinbarten Tätigkeit (Unger, 2014). Dies schließt auch ein, dass Pflegende sich nicht von Dritten beispielsweise den Leitungskräften eine Aufgabenhierarchie vorschreiben lassen, die Beziehungstätigkeiten als Nebenbei-Aufgaben definiert. Unger (2014) beschreibt es sehr treffend:

> *„Zweifellos ist Emotionsarbeit nicht die konstituierende Tätigkeit in Pflegeeinrichtungen. Denn ein misslungener Verband oder gar eine fehlerhafte Medikamentengabe sind trotz emotionaler Zugewandtheit des Dienstleistenden keine gute Dienstleistung. Und dennoch gilt das Gegenteil auch im umgekehrten Fall. Ein nach Behandlungsleitlinien ausgerichtetes, korrektes Heilvorgehen macht einen Patienten nicht so gesund wie die Kombination aus beiden. Dieser Aspekt ist gerade hinsichtlich strenger wirtschaftlicher Zielsetzungen ernst zu nehmen. Emotionsarbeit ist nicht ein Extra, sondern trägt konkret dazu bei, die Produktivität, die im Gesundheitswesen zentral durch den Heilerfolg bestimmt wird, zu steigern."* (Unger, 2014, S. 310)

Die Bedeutung die Pflegende diesen Aufgaben zuschreiben, muss auch mit der Forderung einhergehen, dass die Ausführung dieser Aufgaben als Teil der pflegerischen Tätigkeit anerkannt, in den zeitlichen Vorgaben berücksichtigt wird und nicht vom Engagement und von der Bereitschaft unbezahlt länger in der Einrichtung bleiben einzelner Pflegenden abhängig ist.

Die Forschungsergebnisse haben gezeigt, dass Pflegende individuell Möglichkeiten der Entlastung entwickelt haben, die Einrichtungen hingegen keinerlei strukturellen Angebote bereithalten. Vor dem Hintergrund ist es sinnvoll, wenn auch die Pflegenden Möglichkeiten zur Entlastung während der Arbeitszeit erhalten. Eine strukturelle Entlastung fördert die personale Kompetenz, die dafür benötigt wird, um mit den emotional belastenden Situationen, mit Krisen sowie Schmerz-, Leidens- und Sterbephasen der Bewohnerinnen angemessen umzugehen, sowie einen angemessenen Umgang mit Abhängigkeit, Macht und Ohnmacht sowie Nähe und Distanz zu finden und letztlich auch um auf institutionelle

Umstände, die häufig über die Belastungsgrenzen der Einzelnen und der Teams hinausgehen, nicht mit psychisch und körperlich ungesunden Lebensweisen persönlich zu reagieren (Bomball, Niebuhr, 2016). Solange die strukturelle personale Kompetenz nicht in ausreichender Maße in den Organisationen gefördert wird, ist es ratsam, sich mit Kolleginnen zu strukturierten Austauschgesprächen zu treffen, um die Erlebnisse zu reflektieren und zu verarbeiten. Der Austausch mit Kolleginnen ist ratsam, weil dadurch eine Möglichkeit geschaffen werden kann, die beruflichen Erlebnisse zu verarbeiten und das Privatleben dadurch entlastet werden kann. Gelingt dieses im Kolleginnenkreis nicht, so ist es wichtig, sich andere soziale Unterstützer zu suchen, die bereit sind, die Erlebnisse zu besprechen. Soziale Unterstützung kann die negativen Folgen emotionaler Dissonanz abschwächen. Austauschmöglichkeiten über berufliche Erlebnisse stärken das Selbstwertgefühl, lassen Dissonanzgefühle abschwächen oder regen zum Nachdenken über Handlungsalternativen an.

Die große Hoffnung von Pflegenden besteht darin, dass sich im Kontext Pflege einiges für die Berufsgruppe positiv verändert. Damit sich Strukturen im betrieblichen Bereich verändern können, bedarf es oftmals bundes- oder landespolitischer Entscheidungen. Der Pflegeberuf wird zu einem erheblichen Maß politisch gestaltet. Jeder Pflegekraft ist daher zu raten, sich aktiv in sozial- und berufspolitische Initiativen einzubringen, um so über die Zukunft des Berufes mitgestalten zu können und dafür zu sorgen, dass die Weichen in die richtige Richtung gestellt werden.

Handlungsempfehlungen für die Politik

Die Pflegeselbstverwaltung sorgt dafür, dass über Kosten, Qualität und Personaleinsatz im System der Pflege entschieden wird und dabei die Marktsituation im Fokus bei den Entscheidungen steht. Bewohnerinnen und Angehörige haben hier keinen Einfluss und so bleibt die Pflegeselbstverwaltung ein System im System der Pflege, welches wenig transparent für die Nutzerinnen der Angebote ist. Eine Reform der Pflegeversicherung, in dem möglicherweise die Pflegeversicherung mit der Krankenversicherung wieder enger gekoppelt werden (weil wie in Abschnitt 4.2.2 beschrieben, das Klientel zunehmen medizinisch und pflegerisch und nicht ausschließlich pflegerische und soziale Betreuung benötigen) ist hilfreich, um Gelder zugunsten der stationären Pflege umzuschichten. Die medizinische Behandlungspflege sollte in Pflegeheimen von der Krankenversicherung finanziert werden. Dadurch würde mehr Geld im System Pflege zur Verfügung stehen.

Die derzeitige Diskussion zu einer besseren Personalausstattung ist, vor dem Hintergrund der begrenzten Personalressourcen zu begrüßen. Gerade im

Zusammenhang mit den geplanten Reformen wäre es wünschenswert, wenn die Sozialversicherung die gesamten Personalkosten inkludieren würde, ohne diese Kostensteigerungen beim Personal als Umlage an die Bewohnerinnen weiterzugeben. Derzeit ist es so, dass die Forderungen aus den Gewerkschaften, den Mitarbeitervertretungen von Pflegeeinrichtungen, den Betriebsräten und Berufsverbänden und Kammern an eine bessere Bezahlung von Pflegenden und dem Anstieg von Personalzahlen eine Kostensteigerung für die Bewohnerinnen zur Folge hätte, die dazu führen würde, dass die stationäre Pflege für viele nicht mehr finanzierbar wäre. Eine verbesserte Personalausstattung und eine verbesserte öffentliche finanzielle Ausstattung der Pflege bilden daher eine gemeinsame, zentrale Stellschraube für eine Verbesserung der Rahmenbedingungen. Wie in Kapitel 4 dargestellt gibt es die größten Schwierigkeiten aufgrund von zu geringen Ressourcen im System der Pflege.

Damit Pflegende autonomer handeln können, wäre auch eine Fortschreitung der Professionalisierung in der Pflege wünschenswert. Hierzu würde die Akademisierung und Weiterqualifizierung von Pflegenden gehören, mit der Möglichkeit mehr Eigenverantwortung und erweiterte Handlungsmöglichkeiten zu erhalten. In den Nachbarländern Großbritannien, Frankreich und in den Niederlanden ist die Advanced Nursing Practice[1] bereits umgesetzt. Hiermit verknüpft ist auch eine Neuordnung von Aufgaben, so können bestimmte diagnostische und therapeutische Leistungen für definierte Bewohnergruppen von qualifizierten Pflegekräften zu erbringen sein (Lehmann, Behrens, 2016). In Deutschland sehen die Richtlinien nach §63 Abs. 3c SGB V vor, die Möglichkeit der Übertragung von ärztlichen Tätigkeiten auf die Berufsgruppe Pflege anhand von Modellvorhaben zu erproben (Igl, 2016). Im Zusammenhang der Modellvorhaben nach §63 Abs. 3c SGB V sind in den entsprechenden Heilberufegesetzen Vorschriften eingefügt worden, die man in ihrer Funktion als Teilapprobationen für die Ausübung von Heilkunde verstehen kann (§1 Satz 1 AltPflG; §1 Satz 2 KrPflG). Diese Vorschriften ermächtigen die Berufsangehörigen, die über entsprechende Kompetenzen im Rahmen der Modellvorhaben verfügen, zur Ausübung heilkundlicher

[1] Im Konzept der Advanced Nursing Practice agieren Advanced Nurse Practitioners (ANPs) im Sinne einer erweiterten Pflegepraxis weitgehend eigenständig. Ihr Handeln fußt auf einem pflegerischen Verständnis. Sie übernehmen Aufgaben, die von einer anderen Profession, z. B. der ärztlichen nicht (mehr) hinreichend wahrgenommen werden können und solche Aufgaben, die durch den gesellschaftlichen, v. a. demografisch-epidemiologischen Wandel, neu entstanden sind (de Jong, 2008). ANPs zeichnen sich durch Expertenwissen und Know-how in komplexen Handlungssituationen aus. Sie verfügen über Entscheidungsfindungskompetenz sowie über Kenntnisse wissenschaftlicher Methoden und Fähigkeiten zur Verbesserungen der Pflegepraxis (Schober, Affara, 2008).

Tätigkeiten. Das heißt auch, dass diese Berufsangehörigen selbstständig auf diesen Gebieten werden können (Igl, 2016). Denkbar wären demnach für die Pflegenden Teilapprobationen für heilkundliche Aufgaben.

Wichtig ist, dass zukünftig der Erwerb der Befugnisse über den Bereich der Delegation hinausgehen müsste, und eine Neuallokation von Aufgaben aus dem medizinischen, hin zum pflegerischen Bereich vereinbart werden. Eine Neuordnung von Aufgaben im Gesundheitswesen zugunsten der Pflegenden könnte das Image der Pflege verbessern und damit auch das Vertrauen der Klientinnen in die Berufsgruppe. Dadurch gäbe es die Chance für mehr Autonomie und Handlungsmöglichkeiten, die eine prozesshafte Pflege mit inkludierter Beziehungsarbeit ermöglicht.

Ein weiterer Schritt zu mehr Unabhängigkeit der Berufsgruppe ist die Festlegung einer Berufsordnung und die Etablierung einer bundesweiten berufsständischen Vertretung. Im neuen Pflegeberufegesetz sind erstmals die vorbehaltenen Tätigkeiten[2] für Pflegende definiert. Eine bundesweite Berufsordnung für die Pflegeberufe gibt es derzeit in Deutschland nicht. Unterstützend daran tätig werden könnten die berufsständigen Vertretungen, beispielsweise Landespflegekammern. Derzeit entstehen in einigen Bundesländern Pflegekammern. Wichtig hierbei ist, dass die Pflegekammern im Heilberufegesetz verankert sind. Die Anerkennung von Pflege als Heilberuf ist ein wichtiges Signal für die Professionalisierung des Berufs und letztlich auch für die Möglichkeit, möglichst unabhängig handeln zu können. In Niedersachsen ist dieses nicht gelungen und so gibt es ein eigenes Kammergesetz für die Heilberufe in der Pflege (PflegeKG). Somit werden in Niedersachsen Heilberufe und Heilberufe in der Pflege getrennt betrachtet.

[2]In §4 des Pflegeberufegesetzes sind die vorbehaltenen Tätigkeiten definiert. Damit werden pflegerische Aufgaben im Sinne der Erhebung und Festlegung des individuellen Pflegebedarfs, die Organisation, Gestaltung und Steuerung des Pflegeprozesses und die Analyse, Evaluation, Sicherung und Entwicklung der Qualität der Pflege als Aufgaben, die nur von examinierte und akademisch qualifiziertem Pflegepersonal durchgeführt werden dürfen. (Pflegeberufegesetz)

Glossar

Abjektion Verachtung. Beatrice Müller (2016) stellt in ihrer Arbeit dar, dass im Bereich Pflege durch den Kapitalismus der Wert der Pflege verachtet und die Pflegearbeit verkürzt wird und z. B. die Beziehungsarbeit als Wert der Tätigkeit nicht beachtet wird.

Adhärenz Einhalten, Befolgen, früher auch Compliance genannt. Die Adhärenz bezeichnet das Ausmaß, in dem das Verhalten einer Person mit den mit der Pflegekraft (oder Therapeuten) vereinbarten Empfehlungen übereinstimmt.

Advanced Nurse Practitioners (ANPs) ANPs agieren im Sinne einer erweiterten Pflegepraxis weitgehend eigenständig. Ihr Handeln fußt auf einem pflegerischen Verständnis. Sie übernehmen Aufgaben, die von einer anderen Profession, z. B. der ärztlichen nicht (mehr) hinreichend wahrgenommen werden können und solche Aufgaben, die durch den gesellschaftlichen, v. a. demografisch-epidemiologi-schen Wandel, neu entstanden sind. ANPs zeichnen sich durch Expertenwissen und Know-how in komplexen Handlungssituationen konsultiert. Sie verfügen über Entscheidungsfindungskompetenz sowie über Kenntnisse wissenschaftlicher Methoden und Fähigkeiten zur Verbesserung der Pflegepraxis.

Affekt Der Affekt ist eine vorübergehende Gemütserregung oder „Gefühlswallung", die durch äußere Anlässe oder psychische Vorgänge ausgelöst wird. Anders als bei einer Stimmung ändert sich die Gefühlstörung dabei meist jedoch nur für kurze Zeit. Typische Affekte sind z. B. Zorn, Hass und Freude. Affekte haben eine Ausdrucksdimension, eine körperliche und eine motivationale Dimension.

Allokation Platzieren, Zuteilen. Unter Allokation versteht man allgemein die Zuordnung von beschränkten Ressourcen zu potenziellen Verwendern. In der Diskussion von Aufgabenverteilungen im Gesundheitswesen geht es hier um

C. Schmedes, *Emotionsarbeit in der Pflege*,
https://doi.org/10.1007/978-3-658-31914-4

die Zuteilung von Aufgaben (inkl. aller Kompetenzen) an bestimmte Berufsgruppen.

Altenpflegeheime der dritten Generation Pflegeheime dieser dritten Generation entwickelten sich ab den 1980er-Jahren. Hier nahm neben der Pflege nun auch das Wohnen einen deutlich höheren Stellenwert ein. Sie orientierte sich am Leitbild Wohnraum. Es sollten Lebensräume entstehen, in denen der Blick nicht länger allein auf die Defizite der Bewohner gerichtet sein sollte, sondern vielmehr auf die Förderung der verbleibenden Ressourcen. Individualität und Privatsphäre wurden verstärkt ermöglicht und es entstanden großzügige Wohn- und Schlafbereiche.

Altruismus Altruismus bedeutet in der Alltagssprache Uneigennützigkeit, Selbstlosigkeit, durch Rücksicht auf andere gekennzeichnete Denk- und Handlungsweise. Der Begriff ist ein Gegenbegriff zu Egoismus und umfasst demnach eine absichtliche Verhaltensweise, die einem Individuum zugunsten eines anderen Individuums mehr Kosten als Nutzen einbringt. Altruistisches Verhalten kann ein Leitbild bzw. Ideal im religiösen Kontext darstellen (Nächstenliebe).

Automatische Emotionsregulation Unter der automatischen Gefühlsregulation versteht man, dass die geforderte Emotion bei Dienstleisterinnen automatisch und ohne die bewusste Regulation eigener Emotionen auftritt. In diesem Fall hat die Dienstleisterin die geforderten Gefühle tatsächlich – dies ist insbesondere dann der Fall, wenn für die Person der Dienstleisterin die geforderte Emotion in der Situation durch geeignete Reize ausgelöst wird.

Aversion (Klientenaversion) Abneigung oder Ablehnung. Eine Aversion bezeichnet die Neigung, auf bestimmte Reize mit Unlust zu reagieren. Eine Aversion kann gegenüber jeder Art von Reizen oder Objekten bestehen, zum Beispiel auch gegenüber bestimmten Menschen. In der Burn-out Forschung wird die Aversion gegenüber Klienten als ein Leitsyndrom der Erkrankung verstanden.

Bedingungsfaktoren Unter Bedingungsfaktoren werden im Existential Model of Burn-out (Pines, Aronson, 1988) die Umweltfaktoren verstanden, die die Motivation der Arbeitenden beeinflussen. Gemäß dem Modell erzielen motivierte Personen in einer unterstützenden Umwelt Perfektion, sodass der Sinn in der getätigten Arbeit erkannt wird. Dieselben Personen scheitern in einer stressvollen Umwelt und erleiden Misserfolg.

Beweislastumkehr Es gilt grundsätzlich, dass jede Partei die Beweislast dafür trägt, dass die tatsächlichen Voraussetzungen der ihr günstigen Rechts-norm gegeben sind. So muss der Käufer z. B. beweisen, dass eine Sache beschädigt war. Mit dem Gesetz und der Beweislastumkehr jedoch ist die Beweislast beim

Verkäufer. So muss der Leistungserbringer (z. B. Pflegekraft) beweisen, dass die Versorgung einwandfrei geleistet wurde (z. B. durch die Dokumentation).

Bezugspflege Die Bezugspflege beschreibt eine ganzheitlich orientierte Vorgehensweise innerhalb der Arbeitsorganisation der Kranken- und Altenpflege, bei der die Zuordnung einer Pflegekraft zu einer bestimmten Gruppe Pflegebedürftiger den Arbeitsablauf innerhalb einer Pflegeeinheit strukturiert. Wesentliches Prinzip der Bezugspflege ist die dezentrale und am Pflegeprozess orientierte Delegation der Verantwortung für alle pflegerischen Tätigkeiten an eine bestimmte examinierte Pflegekraft, der sogenannten Bezugspflegekraft. Dies umfasst ebenfalls die patientenbezogene Administration und die Arbeitsorganisation zugeordneter Pflegehilfskräfte, Auszubildender und anderer Hilfskräfte sowie die zeitweise Übergabe an die Funktionspflege benachbarter Fachbereiche der Diagnose oder Therapie. Die Bezugspflege ist im Gegensatz zur tätigkeitsorientierten Funktionspflege oder dem System der zeitlichen Verantwortlichkeit für eine Schicht, die als Bereichspflege oder Gruppenpflege bezeichnet wird, ein an den Patienten orientiertes und auf den Pflegeprozess ausgerichtetes Pflegesystem.

Care Arbeit (Sorgearbeit) Care Arbeit bezeichnet Tätigkeiten des Sorgens und Sichkümmerns. Care-Arbeit umfasst bezahlte und unbezahlte Arbeit. Sie orientiert sich an den Bedürfnissen anderer Personen. Unter Care-Arbeit fallen beispielsweise Kinderbetreuung oder Altenpflege, es werden aber auch familiäre Unterstützung, häusliche Pflege und freundschaftliche Hilfen als Care-Arbeit verstanden.

Dekubitus Ein Dekubitus ist ein Bereich lokaler Schädigung der Haut und des darunter liegenden Gewebes aufgrund von längerer Druckbelastung, die die Durchblutung der Haut stört.

Depersonalisierung (Entfremdung) Die Person hat eine distanzierte und zynische Haltung im Beruf. Die Menschen, die ihr im Beruf begegnen, werden zu Objekten.

Drittes Lebensalter In der Gerontologie wird das Alter im Dritten und Vierten Lebensalter unterschieden. Das Dritte Lebensalter umfasst chronologisch die Zeit zwischen 60 und 80 Jahren und geht häufig mit guter Gesundheit und hoher Selbstständigkeit einher.

Emotionale Ansteckung Eine emotionale Ansteckung liegt vor, wenn die nonverbal, durch Mimik, Gestik, Körpersprache und paralinguistischen Merkmalen ausgedrückten Emotionen einen unmittelbaren Einfluss auf die Emotionen der anderen haben.

Emotionen Emotionen bezeichnen eine Gemütsbewegung im Sinne eines Affektes. Sie sind ein psycho-physiologisches, auch psychisches Phänomen, das durch die bewusste oder unbewusste Wahrnehmung eines Ereignisses oder einer Situation ausgelöst wird. Das Wahrnehmen geht einher mit physiologischen Veränderungen, spezifischen Kognitionen, subjektivem Gefühlserleben und reaktiver Verhaltenstendenz des Menschen.

Emotionsarbeit Unter Emotionsarbeit wird der Versuch verstanden, die Emotionen zu verstärken, abzuschwächen oder umzuwandeln oder eine Emotion hervorzurufen.

Evidenzbasierte Pflege Die evidenzbasierte Pflege beschreibt evidenzbasierte Verfahren zur objektiven Beurteilung krankenpflegerischer Maßnahmen. Das vorrangige Ziel evidenzbasierter Pflege ist es, eine Grundlage zu schaffen, um Pflegebedürftigen die beste und wirksamste Pflege zukommen zu lassen. Die pflegerische Handlung soll nicht allein auf Traditionen, Überlieferungen oder auf Erfahrung, sondern auch auf wissenschaftlichen Belegen beruhen.

Expansionsthese Die Expansionsthese nimmt an, dass die Lebenserwartung durch die gesunkene Mortalität gesteigert wird. Die gewonnenen Lebensjahre gehen aber mit gesundheitlichen Beeinträchtigungen einher, sodass der Gewinn an Lebensjahren mit einem Mehr an Krankheit und Behandlungsbedarf erkauft wird.

Extrinsische Motivation Die extrinsische Motivation ist eine der Quellen der Motivation. Sie beschreibt die instrumentelle Motivation. Das Verhalten des Menschen ist im Wesentlichen geleitet von der Aussicht auf konkrete Vorteile oder Belohnungen von außen (extrinsisch).

Fassungsarbeit Bei unheilbar Kranken gehen in der letzten Lebensphase die therapeutisch zielgeleiteten Pflegemaßnahmen über zur Trostbehandlung, um physische und psychische Leiden zu reduzieren. Abhängig von der Intensität der Beziehung zu dem sterbenden Patienten wird dann eine noch weitere Form der Emotionsarbeit geleistet, die Fassungsarbeit, sowohl bei sich selbst als auch bei Mitarbeiterinnen. Dieser Typ der Emotionsarbeit muss jedoch ebenso geleistet werden, wenn eine zu verrichtende Pflegemaßnahme für die Patientinnen z. B. außerordentlich unangenehm oder schmerzhaft ist.

Gefühle Der Begriff der Gefühle erfasst die unterschiedlichsten psychischen Er-fahrungen und Reaktionen, die sich beschreiben und damit auch versprachlichen lassen, wie u. a. Angst, Ärger, Komik, Ironie sowie Mitleid, Eifersucht, Furcht, Freude und Liebe.

Gefühlsarbeit Die Gefühlsarbeit beschreibt den Einfluss auf die Gefühle des Gegenübers. Patienten sollen sich durch die Gefühlsarbeit ernst genommen und wichtig fühlen und sich nicht als Objekt oder unwichtig vorkommen. Im Gegensatz zur Emotionsarbeit, mit der die Beeinflussung der eigenen Gefühle einhergeht, geht es bei der Gefühlsarbeit um die Beeinflussung der Gefühle anderer.

Hochaltrigkeit/hochaltrig Hochaltrigkeit ist das Erscheinungsbild einer Bevölkerung, in der eine große Zahl der Menschen hohen Alters ist. Als hochaltrig werden dabei pragmatisch Menschen angesehen, die älter als 80 Jahre sind (Viertes Lebensalter).

Intrinsische Motivation Die intrinsische Motivation ist eine der Quellen der Motivation. Sie beschreibt die Motivation, eine bestimmte Lernhandlung auszuführen, die der individuelle Mensch selbst in irgendeiner Weise als interessant oder ermutigend betrachtet.

Kompressionsthese Die Kompressionsthese altersspezifischer Krankheitsbetroffenheit nimmt an, dass sich der gesundheitliche Zustand der Bevölkerung durch einen verbesserten Arbeits- und Gesundheitsschutz, durch den medizinisch-technischen Fortschritt sowie durch die zunehmende Inanspruchnahme von präventiven Leistungen verbessern wird. Demnach erhöht sich die Lebenserwartung bei gleichzeitiger Verkürzung der Krankheitsphase. Die durch eine höhere Lebenserwartung gewonnenen Jahre werden so vornehmlich in Gesundheit verlebt. Erst kurz vor dem Ableben treten chronisch-irreversible Krankheiten auf.

Medizinalfachberufe Medizinalfachberufe oder auch Gesundheitsfachberufe sind Bezeichnungen für nichtärztliche, nichtpsychotherapeuthische Berufe im Gesundheitswesen, die Tätigkeiten in der Gesundheitsförderung, in der medizinischen Therapie und Diagnostik sowie in der Rehabilitation beinhalten.

Multimorbidität Unter Multimorbidität versteht man das gleichzeitige Bestehen mehrerer Krankheiten bei einer einzelnen Person.

Oberflächenhandeln Das Oberflächenhandeln ist eine Emotionsregulationsstrategie. Die Strategie des Oberflächenhandelns, wird angewandt, wenn die Dienstleisterin ein Gefühl zum Ausdruck bringen muss, dass sie zunächst einmal nicht hat. Also die Darstellung des emotionalen Ausdrucks in Mimik, Gestik und Körperhaltung, wobei jedoch die tatsächlichen Gefühle unberührt bleiben.

Paralinguistische Merkmale Paralinguistische Merkmale sind Merkmale einer Person, die über die Sprache transportiert werden, aber selbst nicht die Inhalte der Sprache sind. Stress, Angst, Wut oder ein Akzent können z. B. über die Sprache zum Ausdruck kommen. Dank der paralinguistischen Eigenschaften der Sprache kann man nicht nur die gesprochenen Inhalte verstehen, sondern auch unterscheiden (oder zumindest vermuten) in welchem geistigen Zustand sich die Person befindet, woher sie kommt, oder auch wie sie ausgebildet ist. Aus der gehörten Sprache entnimmt man das Geschlecht und auch das Alter des Gesprächspartners.

Pflegegrad Mit dem Pflegestärkungs-gesetz 2 erfolgte zum 1. Januar 2017 die Umstellung der Pflegestufen auf die Pflegegrade. Die Umstellung von Pflegestufen auf Pflegegrade hat zum Ziel, Bedürfnisse von Demenzkranken stärker zu berücksichtigen, außerdem werden insgesamt höhere Leistungen für Pflegebedürftige vorgesehen. Bei den Pflegestufen richtete sich die Einstufung wesentlich nach dem Zeitaufwand der Pflegepersonen. Mit dem neuen Pflegebedürftigkeitsbegriff wird der Grad der Selbstständigkeit der Pflegebedürftigen in sechs Bereichen eingeschätzt, was eine ganzheitlichere Form der Begutachtung erlaubt: Hilfe bei alltäglichen Aktivitäten, psychosoziale Unterstützung, Hilfsbedarf in der Nacht, Hilfsbedarf tagsüber, Unterstützung bei krankheitsbedingten Verrichtungen (Medikamenteneinnahme o. ä.), Hilfsmanagement (Organisation der Hilfeleistungen).

Pflegestufe Das Pflegeversicherungsgesetz unterteilte von 1995 bis 2016 den Pflegebedarf hilfebedürftiger Menschen in drei Stufen: Pflegestufe 1 (erhebliche Pflegebedürftigkeit), Pflegestufe 2 (schwere Pflegebedürftigkeit), Pflegestufe 3 (schwerste Pflegebedürftigkeit). Je nach Pflegestufe bestanden für Pflegebedürftige unterschiedliche Leistungsansprüche.

Phänomenologie Die in der Tradition von Husserl, Schütz und Luckmann entwickelten Ansätze einer Phänomenologie der Lebenswelt beschäftigen sich mit der Art und Weise, wie in natürlichen Kontexten gemeinsam Sinn konstituiert wird und wie Verstehensprozesse ablaufen. Dabei wird subjektiven Interpretationen im Verständnis und in der Herstellung von Sinn große Bedeutung beigemessen. In der Phänomenologie werden „kleine soziale Lebenswelten" untersucht und analysiert. Phänomenologie ist sowohl eine Philosophie als auch eine Forschungsmethode. Der Zweck von phänomenologischer Forschung besteht darin, Erfahrungen so zu beschreiben, wie sie gelebt werden.

Prekarisierung Die Prekarisierung beschreibt die stetige Zunahme der Zahl von Arbeitsplätzen mit zu geringer Einkommenssicherheit, also Arbeitsplätze, mit denen der Betroffene nicht seine Existenz bestreiten kann. Neben mangelnder Arbeitsplatzsicherheit, niedrigen Löhnen, Teilzeitbeschäftigung, befristeten Verträgen sowie mangelndem Kündigungsschutz gehört auch eine mangelnde Interessenvertretung (keine gewerkschaftliche Bindung bzw. fehlender Betriebsrat) zu den strukturellen Ursachen.

Psychische Ermüdung Unter Psychischer Ermüdung wird eine vorübergehende Beeinträchtigung der psychischen und körperlichen Funktionstüchtigkeit verstanden, die je nach Höhe, Dauer und Verlauf von vorangegangener psychischer Beanspruchung, eintreten kann.

Segregation Trennung, Teilung, Aufspaltung. Die Segregation bezeichnet den Vorgang der Entmischung von unterschiedlichen Elementen in einem Beobachtungsgebiet. Man spricht dann von Segregation, wenn sich die Tendenz zu einer Polarisierung und räumlichen Aufteilung der Elemente gemäß bestimmter Eigenschaften beobachten lässt. Das Beobachtungsgebiet ist entlang bestimmter Merkmale segregiert, wenn eine bestimmte Gruppe in Teilen des Beobachtungsgebietes konzentriert auftritt, in anderen dagegen unterrepräsentiert ist. Hier z. B. der hohe Anteil von Frauen in Pflegeberufen, hingegen aber in der Führungsrolle Männer stark vertreten sind.

Sensitivitätsanforderungen Unter Sensitivitätsanforderungen wird die Wahrnehmung der Gefühle von Interaktionspartnerinnen beschrieben. In Interaktionen ist es erforderlich, die Gefühle des anderen wahrzunehmen, um die eigenen Gefühle danach zu richten.

Spillover Mit Spillover werden die Auswirkungen von Aktivitäten auf andere Ebenen und Bereiche verstanden. Hier das Erleben von Beanspruchung der beruflichen Ebene im privaten Kontext.

Stimulus Evaluation Checks Bei den Stimulus Evaluation Checks handelt es sich um fünf Subsysteme, die bei emotionalen Prozessen beteiligt sind: Ein informationsverarbeitendes Subsystem (1) evaluiert den Reiz durch Wahrnehmung, Gedächtnis, Vorhersage und Evaluation verfügbarer Informationen. Ein unterstützendes Subsystem (2) reguliert den internen Zustand durch die Kontrolle von neuroendokrinen, somatischen und autonomen Zuständen. Ein leitendes Subsystem (3) plant, bereitet Aktionen vor und wählt zwischen konkurrierenden Motiven aus. Ein handelndes Subsystem (4) kontrolliert motorischen Ausdruck und sichtbares Verhalten. Ein Monitor-Subsystem (5) kontrolliert die Aufmerksamkeit, die den gegenwärtigen Zuständen zuteilwird und leitet das resultierende Feedback an die anderen Subsysteme weiter. (Die Stimulus Evaluation Checks entsprechen der Theorie von Scherer.)

Stressoren Als Stressoren oder Stressfaktoren werden alle inneren und äußeren Reize bezeichnet, die Stress verursachen, und dadurch den Betroffenen zu einer Reaktion der aktiven Anpassung veranlassen. Der Organismus interpretiert die auf ihn einwirkenden Reize und ihre Auswirkungen für die jeweilige Situation und bewertet sie entweder positiv (Eustress) oder negativ (Distress).

Tauschwertcharakter Mit dem Tauschwertcharakter ist die Annahme gemeint, dass das ungleiche Gefühlserleben zwischen Kunden und Dienstleister durch Bezahlung ausgeglichen wird. Der Dienstleister erhält Geld dafür, dass er emotional mehr aushalten muss. Die Emotionsarbeit wird also gegen Geld verkauft und besitzt daher einen Tauschwertcharakter.

Taylorismus Als Taylorismus bezeichnet man das Prinzip einer Prozesssteuerung von Arbeitsabläufen, die von einem auf Arbeitsstudien gestützten und arbeitsvorbereitenden Management detailliert vorgeschrieben werden. Eine flexible Aufgabenerfüllung kann durch Taylorismus behindert werden. Der Taylorismus beinhaltet folgende Aspekte: Detaillierte Vorgabe der Arbeitsmethode: „one best way“, exakte Fixierung des Leistungsortes und des Leistungszeitpunktes, extrem detaillierte und zerlegte Arbeitsaufgaben, Einwegkommunikation mit festgelegten und engen Inhalten, detaillierte Zielvorgaben bei für den Einzelnen nicht erkennbarem Zusammenhang zum Unternehmungsziel sowie externe (Qualitäts-)Kontrolle.

Tiefenhandeln Das Tiefenhandeln wird als eine innere Produktion eines gewünschten, für richtig und notwendig erachteten Gefühls verstanden. Und/oder die Unterdrückung eines empfundenen, aber nicht gewollten Gefühls. Bei dauerhafter Selbstinduktion, die immer mit einem Willensakt verbunden ist, werden diese Gefühle dann wirklich erlebt. Das Tiefenhandeln ist also eine Strategie, die auszudrückenden Gefühle tatsächlich zu empfinden.

Trostarbeit Die Trostarbeit hat zum Ziel die physischen und psychischen Leiden zu reduzieren. Bei unheilbar Kranken in der letzten Lebensphase ist die Trostarbeit oft ein Schwerpunkt der therapeutisch zielgeleiteten Pflegearbeit.

Überlastungsanzeige Die Überlastungsanzeige ist ein Begriff, der dem deutschen Arbeitsschutzrecht zuzurechnen ist. Eine Überlastungsanzeige bzw. Überlastung ist nicht ausdrücklich in Gesetzen, Verordnungen oder Tarifverträgen geregelt oder definiert, dennoch sind Arbeitnehmer nach §15 bzw. §16 Arbeitsschutzgesetz verpflichtet, ihrem Arbeitgeber eine Überlastung anzuzeigen, wenn daraus eine Gefährdung der eigenen Gesundheit bzw. Sicherheit oder der von anderen Personen ausgehen kann:

Uno-actu Prinzip Bei Dienstleistungen, die nach dem Uno-actu Prinzip ausgestaltet sind, muss die Leistung interaktiv produziert werden, also im Kontakt mit den Kundinnen. Die Beziehungsgestaltung bei Dienstleistungen, die gemäß diesem Prinzip funktionieren, ist sehr relevant.

Versorgungslücke Differenz zwischen den für die Versorgung (einer Bevölkerung) benötigten (lebensnotwendigen) Gütern einerseits und den zur Verfügung stehenden andererseits. Hier angewandt am Beispiel Pflege, Versorgung und Betreuung älterer Menschen mit Hilfe- und Pflegebedarf.

Viertes Lebensalter In der Gerontologie wird das Alter im Dritten und Vierten Lebensalter unterschieden. Das vierte Lebensalter beginnt etwa ab dem 80. Lebensjahr und geht häufig mit Krankheit, Pflegebedürftigkeit und Verlust der Selbstständigkeit einher.

Literaturverzeichnis

Afram, B.; Stephan, A.; Verbeek, H.; Bleijlevens, M.; Suhonen, R.; Raamat, K.; Cabrera, E.; Soto, M.E.; Hallberg, I.; Meyer, G.; Hamers, J. (2014): Reasons for Institutionalization of People With Dementia: Informal Caregiver Reports From 8 European Countries (Original Study). Journal of the American Medical Directors Association. Volume 15, Issue 2, February 2014, Pages 108–116.

Aiken, LH; Clarke, SP; Cheung, RB; Sloane DM; Silber, JH (2002): Hospital Nurse Staffing and Patient Mortality, Nurse Burnout, and Job Dissatisfaction. JAMA. 2002;288(16):1987–1993.

Aiken, LH; Clarke, SP; Cheung, RB; Sloane DM; Silber, JH (2003): Educational Levels of Hospital Nurses and Surgical Patient Mortality. JAMA. 2003;290(12):1617–1623.

Aiken, LH; Sermeus, W; van den Heede, K; Sloane, DM; Busse, R; McKee, M et al. (2012): Patient safety, satisfaction, and quality of hospital care: cross sectional surveys of nurses and patients in 12 countries in Europe and the United States. In: BMJ (Clinical research ed.) 344, e1717. https://doi.org/10.1136/bmj.e1717.

Aiken, LH; Sloane DM, Bruyneel L; van den Heede K; Griffiths P, Busse R, Diomidous, M; Kinnunen J; Kózka M; Lesaffre E; McHugh MD; Moreno-Casbas MT; Rafferty AM, Schwendimann R; Scott PA; Tishelman C; van Achterberg T; Sermeus W (2014): Nurse staffing and education and hospital mortality in nine European countries. A retrospective observational study. The lancet 383 (9931). S. 1824–1830.

Allen, JA; Pugh, DS; Grandey, AA; Groth M (2010): Following Display Rules in Good or Bad Faith? Customer Orientation as a Moderator of the Display Rule-Emotional Labor Relationship. Online verfügbar unter: https://www.tandfonline.com/doi/abs/10.1080/08959281003621695. Zuletzt geprüft am 14.11.2018.

Altman, I; Taylor, DA (1973): Social penetration. The development of interpersonal relationships. New York: Holt, Rinehart and Winston.

Amiri, E; Ebrahimi, H; Vahidi, M; Asghari Jafarabadi, M; Namdar Areshtanab, H (2018). Relationship between nurses' moral sensitivity and the quality of care. Nurs Ethics. Online verfügbar unter: https://doi.org/10.1177/0969733017745726. Zuletzt geprüft am 18. November 2018.

Amrhein, L (2002): Machtbeziehungen und soziale Konflikte in der stationären Altenpflege. In: Backes, Gertrud M.; Clemens, Wolfgang: Zukunft der Soziologie des Alter(n)s. VS Verlag für Sozialwissenschaften. Leske und Budrich, Opladen. S. 183–218.

C. Schmedes, *Emotionsarbeit in der Pflege*,
https://doi.org/10.1007/978-3-658-31914-4

ANA (2015) Code of ethics for nurses with interpretive statements. American Nurses Association (ANA), Silver Spring, Maryland.

Anderson, P; Heinlein, M (2004): "Nun hat er es endlich hinter sich". Über den Umgang mit dem Sterben im Altenheim. In: Wolfgang Dunkel und G. Günter Voß (Hg.): Dienstleistung als Interaktion. Beiträge aus einem Forschungsprojekt Altenpflege – Deutsche Bahn – Call Center. München: Hampp (Arbeit und Leben im Umbruch, 5), S. 61–76.

Anderson, P; Heinlein, M (2004): Ein Blick in die Alltagspraxis im Pflegeheim. Über Möglichkeiten einer praxisnahen Form von Kundenorientierung. In: Wolfgang Dunkel und G. Günter Voß (Hg.): Dienstleistung als Interaktion. Beiträge aus einem Forschungsprojekt Altenpflege – Deutsche Bahn – Call Center. München: Hampp (Arbeit und Leben im Umbruch, 5), S. 31–48.

Arend, S (2018): Die Neuvermessung der deutschen Langzeitpflege. In: Thomas Klie und Stefan Arend (Hg.): Arbeitsplatz Langzeitpflege. Schlüsselfaktor Personalarbeit. Heidelberg: medhochzwei (Gesundheitswesen in der Praxis), S. 1–40.

Arnold, MB (1960): Emotion and Personality. Vol. 1: Psychological Aspects. New York: Columbia University Press 1960.

Augurzky, B; Mennicken, R (2011): Faktenbuch Pflege – Die Bedeutung privater Anbieter im Pflegemarkt. Forschungsprojekt im Auftrag des Arbeitgeberverbandes Pflege. Rheinisch-Westfälisches Institut für Wirtschaftsforschung (RWI). Essen.

Auth, D. (2013): Ökonomisierung der Pflege: Formalisierung und Prekarisierung von Pflegearbeit. In: WSI-Mitteilungen: Zeitschrift des Wirtschafts- und Sozialwissenschaftlichen Instituts der Hans-Böckler-Stiftung. – Baden-Baden: Nomos Verlagsgesellschaft. – Bd. 66.2013, 6, Seite 412–422.

Averill, JR (1979): Anger. Lincoln, Nebr.: University of Nebraska Press 1979.

Backes, GM.; Clemens, W (2002): Welche Zukunft hat die Soziologie des Alter(n)s? In: Backes, Clemens: Zukunft der Soziologie des Alter(n)s. VS Verlag für Sozialwissenschaften. Leske und Budrich, Opladen. S. 7–32.

Backes, GM; Clemens, W (2002): Zukunft der Soziologie des Alter(n)s. VS Verlag für Sozialwissenschaften. Leske und Budrich, Opladen.

Backes, GM; Clemens, W (2008): Lebensphase Alter. Eine Einführung in die sozialwissenschaftliche Alternsforschung. 3., überarb. Aufl. Weinheim: Juventa-Verl. (Grundlagentexte Soziologie). Online verfügbar unter: http://www.gbv.de/dms/bs/toc/569301157.pdf. Geprüft am 03.04.2016.

Badura, B (1990): Interaktionsstreß. Zum Problem der Gefühlsregulierung in der modernen Gesellschaft. In: Zeitschrift für Soziologie 19 (5), S. 317–328.

Badura, B; Greiner, W; Rixgens, P; Ueberle, M; Behr, M (2008): Sozialkapital. Grundlagen von Gesundheit und Unternehmenserfolg. Berlin, Heidelberg: Springer-Verlag.

Badura, B; Klose, J; Macco, K; Schröder, H (Hg.) (2010): Fehlzeiten-Report 2009. Arbeit und Psyche: Belastungen reduzieren – Wohlbefinden fördern; Zahlen, Daten, Analysen aus allen Branchen der Wirtschaft. Berlin: Springer (Fehlzeiten-Report, 2009).

Badura, B; Schellschmidt, H; Vetter, C (Hg.) (2005): Gesundheitsmanagement in Krankenhäusern und Pflegeeinrichtungen. Zahlen, Daten, Analysen aus allen Branchen der Wirtschaft. Berlin: Springer (Fehlzeiten-Report, 2004).

Bakker, AB; Schaufeli, WB (2000): Burnout Contagion Processes Among Teachers 1. Journal of Applied Social Psychology, 30(11), 2289–2308.

Baltes, PB (2006): Alter (n) als Balanceakt im Schnittpunkt von Fortschritt und Würde: Vortrag gehalten anlässlich der Öffentlichen Jahrestagung des Nationalen Ethikrates: Berlin, 27. Oktober 2005. In Schwerpunkt: Selbstbestimmtes Sterben (pp. 210–225). Gesellschaft für kritische Philosophie.

Barbalet, J (2013): Adam Smith: Theorie der ethischen Gefühle. In: Konstanze Senge und Rainer Schützeichel (Hg.): Hauptwerke der Emotionssoziologie. Wiesbaden: Springer VS, S. 333–339, zuletzt geprüft am 24.06.2016.

Barrett, LF (2006): Solving the emotion paradox: Categorization and the experience of emotion. Personality & Social Psychology Review, 10, 20–46.

Bartholomeyczik, B; Halek, M; Hunstein, D; Isfort, M; Roser, JM; Hebart-Herrmann, M; Wagner, A (2007): Kommentar zur "Grundsatzstellungnahme Pflegeprozess und Dokumentation" des Medizinischen Dienstes der Spitzenverbände der Krankenkassen. PrinterNet, 9(1), 62–65.

Bartholomeyczik, S (2014): Altern und Pflege. In: Becker, S.; Brandenburg, H.: Lehrbuch Gerontologie. Huber, Bern, S75–96.

Bartholomeyczik, S; Halek, M (2017): Pflege von Menschen mit Demenz. In: Jacobs, Kuhlmey, Greß, Klauber, Schwinger (Hg.): Schwerpunkt: Die Versorgung der Pflegebedürftigen. 1. Auflage. Stuttgart: Schattauer; Schattauer Verlag (Pflege-Report, 2017), S. 51–62.

Batson, CD (2009): These things called empathy: eight related but distinct phenomena.

Bauer, R (2002): Kongruente Beziehungspflege – Ein Modell zur Gestaltung professioneller Beziehung in der Pflege. PPH, 8(01), 18–24.

Bauer, R (2004): Beziehungspflege. Professionelle Beziehungsarbeit für Gesundheitsberufe. Unterostendorf: Ibicura.

Bauer, U (2007): Gesundheit im ökonomisch-ethischen Spannungsfeld. In: Jahrbuch für kritische Medizin (44), S. 98–119. Online verfügbar unter: http://www.med.uni-magdeburg.de/jkmg/wp-content/uploads/2013/03/JKM_Band44_Kapitel07_Bauer.pdf. Geprüft am 14.04.2017.

Bechtel, P (Hg.) (2012): Pflege im Wandel gestalten – eine Führungsaufgabe. Lösungsansätze, Strategien, Chancen. Berlin: Springer.

Becker, S; Brandenburg, H (Hg.) (2014): Lehrbuch Gerontologie. Gerontologisches Fachwissen für Pflege- und Sozialberufe;– eine interdisziplinäre Aufgabe. 1. Aufl. s. l.: Verlag Hans Huber.

Becker, W; Meifort, B (1997): Altenpflege – eine Arbeit wie jede andere? Ein Beruf fürs Leben?: Dokumentation einer Längsschnittuntersuchung zu Berufseinmündung und Berufsverbleib von Altenpflegekräften. Bielefeld: Bertelsmann (Berichte zur beruflichen Bildung Qualifikationsforschung im Gesundheits- und Sozialwesen, 200).

Beermann, B (2010): Nacht- und Schichtarbeit. In: Bernhard Badura, Jochim Klose, Katrin Macco und Helmut Schröder (Hg.): Fehlzeiten-Report 2009. Arbeit und Psyche: Belastungen reduzieren – Wohlbefinden fördern; Zahlen, Daten, Analysen aus allen Branchen der Wirtschaft. Berlin: Springer (Fehlzeiten-Report, 2009).

Beermann, B (2010): Nacht-und Schichtarbeit. In: Badura, B; Klose, J; Macco, K; Schröder, H (Hg.): Fehlzeiten-Report 2009. Arbeit und Psyche: Belastungen reduzieren – Wohlbefinden fördern; Zahlen, Daten, Analysen aus allen Branchen der Wirtschaft. Berlin: Springer (Fehlzeiten-Report, 2009).

Behrens J, Langer G (2010): Evidence-based Nursing and Caring. Bern: Huber 2010.

Behrens, J; Horbach, A; Müller, R (2007): Wie lange verbleiben Pflegende nach der Ausbildung in ihrem Beruf? In: Pflegewissenschaft 9.

Behrens, J; Horbach, A; Müller, R (2009): Forschungsstudie zur Verweildauer in Pflegeberufen in Rheinland-Pfalz (ViPb). Berichte aus der Pflege. Hg. v. Soziales Gesundheit Familie und Frauen Ministerium für Arbeit. Martin-Luther-Universität Halle-Wittenberg. Halle an der Saale. Online verfügbar unter: http://www.masgff.rlp.de/uploads/media/Bericht_Nr._12_Studie_Verweildauer_2009.pdf. Geprüft am 02.12.2016.

Benedix, U; Medjedovic, I (2014): Gute Arbeit und Strukturwandel in der Pflege: Gestaltungsoptionen aus Sicht der Beschäftigten (No. 6). Reihe Arbeit und Wirtschaft in Bremen.

Berger, B; Tegtmeier, U (2015): Durch interne Qualitätsentwicklung zur guten Pflege. In Brandenburg, Hermann; Güther, Helen (Hg.): Lehrbuch Gerontologische Pflege. Bern: Hogrefe Verlag. S. 195–214.

Berger, B; Tegtmeier, U (2016): Durch interne Qualitätsentwicklung zur guten Pflege. In: Brandenburg, Güther (Hg.): Lehrbuch Gerontologische Pflege. 1. Auflage. Bern: Hogrefe Verlag, S. 195–214.

Bernhard, M (2014): Personalentwicklung in der Altenhilfe dargestellt am Praxisbeispiel der Unternehmensgruppe Mediana/Seniana. In: Renate Tewes und Alfred Stockinger (Hg.): Personalentwicklung in Pflege- und Gesundheitseinrichtungen. Erfolgreiche Konzepte und Praxisbeispiele aus dem In-und Ausland. Berlin: Springer, S. 83–95.

Berscheid, E; Snyder, M; Omoto, AM. (1989): The Relationship Closeness Inventory. Assessing the closeness of interpersonal relationships. In: Journal of Personality und Social Psychology 57, S. 792–807.

Bettig, U; Frommelt, M; Roes, M; Schmidt, R; Thiele, G; Aner, K et al. (Hg.) (2015): Personalentwicklung in der Pflege. Analysen – Herausforderungen – Lösungsansätze. Heidelberg: medhochzwei (Gesundheitswesen in der Praxis).

Bettig, U; Frommelt, M; Roes, M; Schmidt, R; Thiele, G; Engelen-Kefer, U et al. (Hg.) (2017): Pflegeberufe der Zukunft: Akademisierung, Qualifizierung und Kompetenzentwicklung. Ringvorlesung Management und Qualitätsentwicklung im Gesundheitswesen. Heidelberg: medhochzwei (Gesundheitswesen in der Praxis).

BGW-DAK Gesundheitsreport 2003. Arbeitsbedingungen und Gesundheit von Pflegekräften in der stationären Altenhilfe (2003). Hg. v. Berufsgenossenschaft für Gesundheitsdienst und Wohlfahrtspflege. Hamburg.

Bickel, H (2000): Demenzsyndrom und Alzheimer Krankheit. Eine Schätzung des Krankenbestandes und der jährlichen Neuerkrankungen in Deutschland. In: Gesundheitswesen 62 (4), S. 211–218.

BKK Gesundheitsreport 2016 (2016): Gesundheit und Arbeit. Zahlen, Daten, Fakten – mit Gastbeiträgen aus Wissenschaft, Politik und Praxis von … BKK Gesundheitsreport 2016. 1. Auflage. Berlin: MWV Medizinisch Wissenschaftliche Verlagsgesellschaft (BKK Gesundheitsreport, 40.2016).

Blättner, B; Grewe, HA (2017): Gewalt in der Versorgung von Pflegebedürftigen. In: Jacobs, Kuhlmey, Greß, Klauber und Schwinger (Hg.): Schwerpunkt: Die Versorgung der Pflegebedürftigen. 1. Auflage. Stuttgart: Schattauer; Schattauer Verlag (Pflege-Report, 2017), S. 195–204.

Blüher, S; Schnitzer, S; Kuhlmey, A (2017): Der Zustand Pflegebedürftigkeit und seine Einflussfaktoren im hohen Lebensalter. In: Klaus Jacobs, Adelheid Kuhlmey, Stefan

Greß, Jürgen Klauber und Antje Schwinger (Hg.): Schwerpunkt: Die Versorgung der Pflegebedürftigen. 1. Auflage. Stuttgart: Schattauer; Schattauer Verlag (Pflege-Report, 2017), S. 3–12.

Blum, K; Müller, U; Schilz, P (2004): Wiedereinstieg ehemals berufstätiger Pflegekräfte in den Pflegeberuf. Online verfügbar unter: https://www.dki.de/sites/default/files/publikationen/wiedereinstieg_pflegekraefte1.pdf. Geprüft am 14.04.2017.

Böcken, J; Braun, B; Amhof, R; Schnee, M (2006): Gesundheitsmonitor 2006. Gesundheitsversorgung und Gestaltungsoptionen aus der Perspektive von Bevölkerung und Ärzten. Gütersloh: Verl. Bertelsmann Stiftung.

Böcken, J; Braun, B; Repschläger, U (Hg.) (2013): Gesundheitsmonitor 2013. Bürgerorientierung im Gesundheitswesen. 1. Aufl. s. l.: Verlag Bertelsmann Stiftung.

Bode, I (2013): Disorganisierter Wohlfahrtskapitalismus: Die Reorganisation des Sozialsektors in Deutschland, Frankreich und Großbritannien. Springer-Verlag.

Bogai, D; Hirschenauer, F (2015): Demografischer Wandel und Pflegearbeitsmarkt. In: Bettig, Frommelt, Roes, Schmidt, Thiele, Aner et al. (Hg.): Personalentwicklung in der Pflege. Analysen – Herausforderungen – Lösungsansätze. Heidelberg: medhochzwei (Gesundheitswesen in der Praxis), S. 1–67.

Bogai, D; Seibert, H; Wiethölter, D (2016): Die Entlohnung von Pflegekräften. Große Unterschiede zwischen Berufen und Regionen. In: Jacobs, Kuhlmey, Greß, Klauber, Schwinger und Becka (Hg.): Pflege-Report 2016: Schwerpunkt: Die Pflegenden im Fokus. s. l.: Schattauer Verlag, S. 91–108.

Bogai, D; Wiethölter, D (2015): Die Berufsbindung im Gesundheitswesen in Berlin und Brandenburg. In: Bettig, Frommelt, Roes, Schmidt, Thiele, Aner et al. (Hg.): Personalentwicklung in der Pflege. Analysen – Herausforderungen – Lösungsansätze. Heidelberg: medhochzwei (Gesundheitswesen in der Praxis), S. 55–74.

Böhle F; Glaser (Hrsg.) (2006): Arbeit in der Interaktion – Interaktion als Arbeit. VS Verlag für Sozialwissenschaften.

Böhle, F; Stöger, U; Weihrich, M (2015): Interaktionsarbeit gestalten. Vorschläge und Perspektiven für humane Dienstleistungsarbeit. Hans Böckler Stiftung, Düsseldorf. Berlin.

Bomball, J, Schwanke, A, Stöver, M, Schmitt, S; Görres, S (2010): „Imagekampagne für Pflegeberufe auf der Grundlage empirisch gesicherter Daten" -Einstellungen von Schüler/innen zur möglichen Ergreifung eines Pflegeberufes. Ergebnisbericht. Erstellt im Auftrag des Norddeutschen Zentrums zur Weiterentwicklung der Pflege. Online verfügbar unter: http://www.ipp.uni-bremen.de/downloads/abteilung3/Image_Abschlussbericht.pdf, Zugriff, 20-11.2018.

Bomball, J; Niebuhr, AMA (2016): Was hält Pflegende gesund? Der Beitrag personaler Kompetenz zur Gesunderhaltung von Pflegenden: eine salutogenetische Analyse. Lage: Jacobs Verlag.

Bornewasser, M (2014): Dienstleistungen im Gesundheitssektor: Produktivität, Arbeit und Management. – Wiesbaden: Springer Gabler.

Bornheim-Gallmeister, N (2013): Positive Emotionen in der Arbeitswelt: eine vergleichende Untersuchung über das Verhältnis von Rahmenbedingungen und Arbeitserleben in der stationären Altenpflege (Doctoral dissertation, Staats-und Universitätsbibliothek Bremen).

Bradley, JR; Cartwright, S (2002): Social Support, Job Stress, Health, and Job Satisfaction Among Nurses in the United Kingdom. In: International Journal of Stress Management 9 (3), S. 163–182.

Braeseke, G; Bonin, H (2016): Internationale Fachkräfte in der Pflege. In: Jacobs, Kuhlmey, Greß, Klauber, Schwinger, Becka (Hg.): Pflege-Report 2016: Schwerpunkt: Die Pflegenden im Fokus. s. l.: Schattauer Verlag, S. 245–259.

Brandenburg, H; Güther, H (Hg.) (2015): Lehrbuch Gerontologische Pflege. 1. Auflage. Bern: Hogrefe Verlag.

Brandstätter V; Otto, JH (Hrsg.) (2009): Handbuch der Allgemeinen Psychologie – Motivation und Emotion (Handbuch der Psychologie) Hogrefe Verlag.

Bräutigam, C; Evans, M; Hilbert, J (2015): Personalbedarf in Wohn- und Versorgungsformen für Pflegebedürftige. In: Jacobs, Kuhlmey, Greß, Schwinger und Blüher (Hg.): Pflege-Report 2015. Schwerpunkt: Pflege zwischen Heim und Häuslichkeit. Stuttgart: Schattauer (Pflege-Report, 2015), S. 109–120.

Brosch, T; Scherer, KR (2009): Komponenten-Prozess-Modell–ein integratives Emotionsmodell. In: Brandstätter; Otto (Hrsg.) (2009): Handbuch der Allgemeinen Psychologie – Motivation und Emotion (Handbuch der Psychologie) Hogrefe Verlag. S. 446–456.

Bührmann AD, Fachinger, U; Welskop-Deffaa, EM (Hrsg) (2018): Hybride Erwerbsformen: Digitalisierung, Diversität und sozialpolitische Gestaltungsoptionen. Springer Fachmedien, Wiesbaden.

Bundesagentur für Arbeit (2014): Der Arbeitsmarkt in Deutschland. Fachkräfteanalyse Dezember 2014. Nürnberg.

Bundesministerium für Familie, Senioren Frauen und Jugend (Hg.) (2002): Risiken, Lebensqualität und Versorgung Hochaltriger – unter besonderer Berücksichtigung demenzieller Erkrankungen. Vierter Bericht zur Lage der älteren Generation der Bundesrepublik Deutschland. Online verfügbar unter: http://www.bmfsfj.de/bmfsfj/generator/Redaktion BMFSFJ/Broschuerenstelle/Pdf-Anlagen/PRM-21786-4.-Altenbericht-Teil-I,property=pdf,bereich=bmfsfj,sprache=de,rwb=true.pdf. Geprüft am 23.10.09.

Bundesministerium für Gesundheit (2016): Pflegekräftemangel. Online verfügbar unter: https://www.bundesgesundheitsministerium.de/index.php?id=646#c3331. Geprüft am 13.04.2017.

Bundesministerium für Gesundheit (2017) PG2-Statistik: Leistungsempfänger der Sozialen Pflegeversicherung nach Altersgruppen, Geschlecht und Pflegestufen. Online verfügbar unter: https://www.bundesgesundheitsministerium.de/themen/pflege/pflegeversicherung-zahlen-und-fakten.html. Geprüft am 20.11.2018.

Bundesministerium für Gesundheit (2018): Beschäftigte in der Pflege. Online verfügbar unter: https://www.bundesgesundheitsministerium.de/index.php?id=646#c3331. Geprüft am 06.11.2018.

Bundesministerium für Gesundheit (2019): Konzertierte Aktion Pflege. Inline verfügbar unter: https://www.bundesgesundheitsministerium.de/fileadmin/Dateien/3_Downloads/K/Konzertierte_Aktion_Pflege/0619_KAP_Vereinbarungstexte_AG_1-5.pdf. Geprüft am 27.12.2019.

Bundesministerium für Gesundheit (Hrsg.) (2014): Daten des Gesundheitswesens. Online verfügbar unter: https://www.bundesgesundheitsministerium.de/fileadmin/Dateien/5_Publikationen/Gesundheit/Broschueren/140813_DdG_2014_Internet_pdf.pdf. Geprüft am 20.11.2018.

Burisch, M (2010): Das Burnout-Syndrom. Theorie der inneren Erschöpfung; [zahlreiche Fallbeispiele, Hilfen zur Selbsthilfe] (4., aktualisierte Aufl.). Berlin, Heidelberg. Springer-Verlag.

Burisch, M (2014): Das burnout-syndrom. Berlin Heidelberg: Springer.

Burns, N; Grove, SK (2005): Pflegeforschung verstehen und anwenden. 1. Aufl. München: Elsevier, Urban und Fischer.

Büscher, A; Blumenberg, P (2018): Nationale Expertenstandards in der Pflege – Standortbestimmung und künftige Herausforderungen. In: Hensen, P; Stamer, M (Hrsg): Professionelle Qualitätsentwicklung im interdisziplinären Gesundheitswesen: Gestaltungsansätze, Handlungsfelder und Querschnittsbereiche. Springer Fachmedien, Wiesbaden, S. 93–117.

Büscher, A; Dorin, L (2014): Pflegebedürftigkeit im Alter. Unter Mitarbeit von Wolfgang von Renteln-Kruse und Adelheid Kuhlmey. Berlin: De Gruyter (Praxiswissen Gerontologie und Geriatrie kompakt, v.3).

Büscher, A; Wingenfeld, K; Igl, G (2018): Weiterentwicklung der gesetzlichen Qualitätssicherung in der Sozialen Pflegeversicherung. In: Jacobs, Kuhlmey, Greß, Klauber und Schwinger (Hg.): Pflege-Report 2018. Qualität in der Pflege. Berlin: Springer Open (Pflege-Report, 2018), S. 37–44.

Büssing, A; Glaser, J (2003): Arbeitsbelastungen, Burnout und Interaktionsstress im Zuge der Reorganisation des Pflegesystems. Büssing, A./Glaser, J.(Hg.): Dienstleistungsqualität und Qualität des Arbeitslebens im Krankenhaus. Hogrefe Verlag, 101–129.

Büssing, A; Glaser, J; Höge, T (1999): Erfassen und Bewerten psychischer Belastungen bei Beschäftigten im Pflegebereich. Entwicklung eines Screeningverfahrens für den Arbeits- und Gesundheitsschutz im Krankenhaus. Bericht aus dem Lehrstuhl für Psychologie. TU München. München (49).

Büssing, A; Glaser, J; Höge, T (2005): Belastungsscreening in der ambulanten Pflege. Wirtschaftsverlag NW.

Buxel, H (2011): Jobverhalten, Motivation und Arbeitsplatzzufriedenheit von Pflegepersonal und Auszubildenden in Pflegeberufen. Ergebnisse dreier empirischer Untersuchungen und Implikationen für das Personalmanagement und -marketing von Krankenhäusern und Altenpflegeeinrichtungen. Studienbericht. Münster. Online verfügbar unter: https://www.fh-muenster.de/oecotrophologie-facility-management/downloads/hol ger-buxel/2011_Studie_Zufriedenheit_Pflegepersonal.pdf. Geprüft am 04.03.2017.

Cacioppo, JT; Hughes, ME; Waite, LJ; Hawkley, LC; Thisted, RA (2006): Loneliness as a apecific rist factor fpr depressive symptoms. Cross-Sectional and longitudinal analyses. In: Psychology an Aging 21, S. 140–151.

Carver, C (2003): Pleasure as a sign you can attend to something else. Placing positive feeling within a general model of affect. In: Psychological Review (17), S. 241–261.

Carver, C; Scheier, MF (1990): Origins and functions of positive and negative affect: A control-process view. In: Psychological Review 97, S. 19–35.

Chen MM; Grabowski DC (2015): Intended and Unintended Consequences of Minimum Staffing Standards for Nursing Homes. Health Economics 24(7):822–839.

Christensen, K; Doblhammer, G; Rau, R; Vaupel, JW (2009): Ageing populations: the challenges ahead, Lancet, 374, 2009, S. 1196–1208.

Clore, GL; Ortony, A (2000): Cognition in emotion. Always, sometimes, or never? In: Lane, RD.; Nadel, L.(Hrsg): cognitive neuroscience of emotion. New York: Oxford University Press. S. 24–61.

Coburger, S (2009): Arbeitsbedingungen, Erfolgserfahrungen und Arbeitszufriedenheit bei Pflegekräften der stationären Altenhilfe. Untersucht in einem bayerischen Sozialzentrum. Univ., Diss.–Lüneburg, 2008. Frankfurt a. M.: Lang (Europäische Hochschulschriften-Reihe 11,Pädagogik, 984).

Cohen-Mansfield, J (1995): Stress in Nursing Home Staff. A Review an a Theoretical Model. In: The Journal of Applied Gerontology 14 (4), S. 444–466.

Cohen-Mansfield, J, Dakheel-Ali, M, Marx, MS, Thein, K; Regier, NG (2015): Which unmet needs contribute to behavior problems in persons with advanced dementia?. Psychiatry research, 228(1), 59–64.

COMPASS (2010): „Private Pflegeberatung". Studie zu Erwartungen und Wünsche der PPV-Versicherten an eine qualitativ gute Pflege und an die Absicherung bei Pflegebedarf. COMPASS-Versichertenbefragung 2010. Online verfügbar unter: https://www.wir-pfl egen.net/wp-content/medien/Statement-von-Elisabeth-Beikirch.pdf. Zuletzt geprüft am 13.11.2018.

Conradi, E (2001): Take care. Grundlagen einer Ethik der Achtsamkeit. Frankfurt, New York: Campus Verlag.

DAK Gesundheitsmanagement: DAK-Gesundheitsreport 2003_neu.doc. Online verfügbar unter: http://epub.sub.uni-hamburg.de/epub/volltexte/2011/7869/pdf/report2003.pdf. Geprüft am 13.04.2017.

Darmann-Finck, I; Reuschenbach, B (2018): Qualität und Qualifikation. Schwerpunkt Akademisierung der Pflege. In: Jacobs, Kuhlmey, Greß, Klauber, Schwinger (Hg.): Pflege-Report 2018. Qualität in der Pflege. Berlin: Springer Open (Pflege-Report, 2018).

Darwin, C (1872, 2007): The expression oft he emotions in man an animals. Mineola, New york. Dover Publications Inc.

Dasch, B; Blum, K; Gude, P; Bausewein, C (2015): Sterbeorte: Veränderung im Verlauf eines Jahrzehnts. Eine populationsbasierte Studie anhand von Totenscheinen der Jahre 2001 und 2011. Deutsches Ärzteblatt 29–30, 496–504.

de Jong, A. (2008): Advanced Nursing Practice als zukunftsweisendes Konzept. In: Petra Siffert (Hg.): Handlungsfeld Pflege – was heute für morgen anzudenken ist. Wien: facultas.wuv, S. 44–54.

Decker, O (Hg.). Sozialpsychologie und Sozialtheorie: Band 1: Zugänge. Springer-Verlag, 2018.

Derryberry, D; Tucker DM (1994): Motivation the focus of attention. In: Niedenthal; Kitayama – The heart's eye, S. 167–196.

Deutscher Berufsverband für Pflegeberufe, DBfK e. V. (2016): Wer gesundpflegen soll, muss gesunderhalten werden! Online verfügbar unter: https://www.dbfk.de/de/presse/meldungen/2016/Wer-gesundpflegen-soll-muss-gesunderhalten-werden.php?utm_sou rce=newsletter&utm_medium=email&utm_campaign=PB-NL122016&utm_content=Link%20zu%3A%20. Geprüft am 04.03.2017.

Deutscher Berufsverband für Pflegeberufe, DBfK e. V. (2017): DBfK fordert 'Pausenkultur' in der Pflege. Online verfügbar unter: https://www.dbfk.de/de/presse/meldungen/2017/DBfK-fordert-Pausenkultur-in-der-Pflege.php. Geprüft am 12.05.2018.

Deutsches Institut für angewandte Pflegeforschung (DIP) (2018): Akademisch oder nicht? – Welches Pflegepersonal brauchen wir? – Statement. In: Die Schwester Der Pfleger 47. Jahrg. 02|08. Online verfügbar unter: https://www.dip.de/fileadmin/data/pdf/projekte/Isf ort_Akademisch_oder_nicht_DSDP_022008.pdf. Geprüft am 12.12.2018.
DGB-Index Gute Arbeit (2018): Arbeitsbedingungen in der Alten- und Krankenpflege. Online verfügbar unter: https://index-gute-arbeit.dgb.de/++co++df07ee92-b1ba-11e8-b392-52540088cada. Geprüft am 27.12.2019.
Dickinson, A; Dearing, MF (1979): Appetitive-aversive interactions and inhibitory process. In: Moore, J. W., Dickinson, A.; Boakes, R. A 1979 – Mechanisms of learning and motivation, S. 203–231.
Diefendorff, JM, Erickson, RJ, Grandey, AA, Dahling, JJ (2011): Emotional display rules as work unit norms: A multilevel analysis of emotional labor among nurses. Journal of Occupational Health Psychology, Vol 16(2), Apr 2011, 170–186.
Diener, E (1984): Subjective well-being. In: Psychological Bulletin 95, S. 542–575.
Dietz, H (2013): Jack Katz: How Emotions Work. In: Konstanze Senge und Rainer Schützeichel (Hg.): Hauptwerke der Emotionssoziologie. Wiesbaden: Springer VS, S. 187–193, zuletzt geprüft am 24.06.2016.
Dietz, H (2013): Martha Nussbaum: Upheavals of Thought. The Intelligence of Emotions. In: Konstanze Senge und Rainer Schützeichel (Hg.): Hauptwerke der Emotionssoziologie. Wiesbaden: Springer VS, S. 244–248.
Doblhammer, G; Dethloff, A (2012): Die demografische Entwicklung in Deutschland als Herausforderung für das Gesundheitswesen. In: Christian Günster, Joachim Klose, Norbert Schmacke und Sabine Bartholomeyzik (Hg.): Versorgungsreport 2012. Schwerpunkt: Gesundheit im Alter. Stuttgart: Schattauer, S. 3–22.
Dormann, C; Kaiser, D (2002): Job conditions and customer satisfaction. In: European Journal of Work and Organizational Psychology 11 (4), S. 257–283.
Dörner, K (2007): Leben und sterben, wo ich hingehöre. Dritter Sozialraum und neues Hilfesystem. 4. Aufl. Neumünster: Paranus-Verl. (Edition Jakob van Hoddis). Online verfügbar unter: http://deposit.d-nb.de/cgi-bin/dokserv?id=2867862&prov=M&dok_var=1&dok_ext=htm. Geprüft am 01.03.2014.
Dörner, K (2009): Leben und sterben, wo ich hingehöre. In: Fix und Kurzke-Maasmeier: Das Menschenrecht auf gute Pflege. Selbstbestimmung und Teilhabe verwirklichen. Freiburg im Breisgau: Lambertus, S. 49–56.
DPR, DGP (Deutscher Pflegerat, Deutsche Gesellschaft für Pflegewissenschaft) (2014): Arbeitsfelder akademisch ausgebildeter Pflegefachpersonen. Online verfügbar unter: https://deutscher-pflegerat.de/Fachinformationen/2015-04-17-DGP-Papier_final.pdf. Geprüft am 13.11.2018.
Dunkel W (1988): Wenn Gefühle zum Arbeitsgegenstand werden: Gefühlsarbeit im Rahmen personenbezogener Dienstleistungstätigkeiten. In: Soziale Welt, 39. Jhrg., H. 1, S. 66–85.
Dunkel, W; Voß, GG (Hg.) (2004): Dienstleistung als Interaktion. Beiträge aus einem Forschungsprojekt Altenpflege – Deutsche Bahn – Call Center. München: Hampp (Arbeit und Leben im Umbruch, 5).
Eckardt, R; Steinhagen-Thiessen, E: Kämpfe, S; Buchmann, N (2014): Polypharmazie und Arzneimitteltherapiesicherheit im Alter. Zeitschrift für Gerontologie und Geriatrie, 47(4), 293.
Ekman, P (1992): An argument for basic emotions. Cognition and Emotion, 6, S. 169–200.

Ekman, P; Friesen, WV (1982): Felt, false, and miserable smiles. In: Journal of Nonverbal Behavior, Volume 6, Issue 4, S. 238–252.

Engelen-Kefer, U (2017): Die Situation der Pflegekräfte im internationalen Vergleich. In: Bettig, Frommelt, Roes, Schmidt, Thiele, Engelen-Kefer et al. (Hg.): Pflegeberufe der Zukunft: Akademisierung, Qualifizierung und Kompetenzentwicklung. Heidelberg: medhochzwei (Gesundheitswesen in der Praxis), S. 7–24.

Engelkamp, G (2001): Beanspruchung und Belastung der Altenpflege bereits im Ausbildungsstadium ? Eine prospektive Studie mit Altenpflegeschülerinnen und –schülern. Online verfügbar unter: http://archiv.ub.uni-heidelberg.de/volltextserver/1827/2/Dissertation_Engelkamp.PDF. Geprüft am 15.11.2018.

Ensink, G (2014): „Und trotzdem möchte ich nichts Anderes tun“: Die kognitive Repräsentation des Pflegeberufs bei Pflegefachkräften in der stationären Altenpflege. Online verfügbar unter: http://archiv.ub.uni-heidelberg.de/volltextserver/17435/1/Dissertation-G%20Ensink-Endfassung-14%2009%2009.pdf. Geprüft am 01.11.2015.

Entzian, H; Giercke, KI; Klie, T; Schmidt, R (Hrsg.) (2000): Soziale Gerontologie: Forschung und Praxisentwicklung im Pflegewesen und in der Altenarbeit. – Frankfurt am Main: Mabuse-Verlag.

Euler, HA (2009): Evolutionäre Psychologie. In: Brandstätter Veronika; Otto, Jürgen H. (Hrsg.): Handbuch der Allgemeinen Psychologie – Motivation und Emotion (Handbuch der Psychologie) Hogrefe Verlag. S. 405–411.

Eylmann, C (2015): Es reicht ein Lächeln als Dankeschön: Habitus in der Altenpflege. Vol. 12. Vandenhoeck & Ruprecht.

Falkenstein, K (2001): Die Pflege Sterbender als besondere Aufgabe der Altenpflege. Univ., Diss.–Kassel. Hagen: Kunz.

Feil, N (1993): “Ausbruch in die Menschenwürde.” Validation – einfache Techniken, um Menschen mit Altersverwirrtheit/Demenz vom Typus Alzheimer zu helfen. Wien: Verlag Altern & Kultur.

Fischer, AW (2006): Beanspruchungsmuster im Pflegeberuf. Eine Studie an österreichischem Pflegepersonal im Schnittpunkt von persönlichkeits-, gesundheits- und arbeitspsychologischem Herangehen. Dissertation Humanwissenschaftlichen Fakultät der Universität Potsdam. Potsdam. Online verfügbar unter: http://opus.kobv.de/ubp/volltexte/2006/776/pdf/fischer_diss.pdf. Geprüft am 03.02.2010.

Fix E.; Kurzke-Maasmeier S (2009): Das Menschenrecht auf gute Pflege. Selbstbestimmung und Teilhabe verwirklichen. Freiburg im Breisgau: Lambertus.

Flick, U (2010): Qualitative Sozialforschung. Rowohlts Enzyklopädie, Hamburg.

Flieder, M (2002): Was hält Krankenschwestern im Beruf? Eine empirische Untersuchung zur Situation langjährig berufstätiger Frauen in der Krankenpflege. Zugl.: Bremen, Univ., Diss., 2002 u.d.T.: Flieder, Margret: Älterwerden in der Pflege. Frankfurt am Main: Mabuse-Verl. (Mabuse-Verlag Wissenschaft, 60).

Försterling, F (2009): Attributionale Ansätze. In Brandstätter Veronika; Otto, Jürgen H. (Hrsg.) (2009): Handbuch der Allgemeinen Psychologie – Motivation und Emotion (Handbuch der Psychologie) Hogrefe Verlag. S. 429–434.

Frei, M.; Kampe, C.; Papies, U (2010): Beschäftigtenstrukturanalyse der Berlin-Brandenburger Gesundheitswirtschaft. Ein Kooperationsprojekt. Potsdam: LASA Brandenburg GmbH (LASA-Studie, 48).

Frerichs, F.; Freundlieb, A.; Krämer, K.; Sporket, M.; Wienold, K (2004): Stationäre Altenpflege. Personalstrukturen, Arbeitsbedingungen, Arbeitszufriedenheit. Forschungsgesellschaft für Gerontologie e. V. Dortmund. Online verfügbar unter: http://www.ffg.uni-dortmund.de/medien/publikationen/FFG%20Arbeitsbedingungen%202004.pdf. Geprüft am 03.02.2010.

Friebertshäuser, B.; Bitzan, M (1997): Sozialpädagogik im Blick der Frauenforschung. Weinheim: Dt. Studien Verl. (Einführung in die pädagogische Frauenforschung, 3).

Friedrichs, J (1990): Methoden empirischer Sozialforschung. (14. Aufl.) [Original:(1973)] Opladen: Westdt. Verl.

Frieling, E.; Sonntag, K (1999): Lehrbuch Arbeitspsychologie (2. überarb. Auflage). Bern: Hans Huber.

Frijda, NH.; Kuipers, P.; ter Schure, E (1989): Relation emong emotion, appraisal, and emotional action readiness. In: Journal of Personality and Social Psychology 10, S. 187–198.

Galatsch, M.; Dichter, M.; Schmidt, SG.; Hasselhorn, HM (2009): Schichtformwechsel in der Altenpflege. Eine Analyse longitudinaler Daten der NEXT-Studie. 7. Internationale Konferenz Pflege und Pflegewissenschaft. Ulm, 25.09.09. Online verfügbar unter: www.next.uni-wuppertal.de. Geprüft am 28.01.2010.

Gallup Institut (2016): Engagement Indes Deutschland 2015. Gallup GmbH. Online verfügbar unter: http://www.gallup.de/183104/engagement-index-deutschland.aspx. Geprüft am 04.03.2017.

Geißner, U.; Kellnhauser, E (2004): Gefühlsarbeit in der Pflege. In: Kellnhauser: Thiemes Pflege. Verlag C.H. Beck. S. 12–17.

Giesenbauer, B.; Glaser, J (2006): Emotionsarbeit und Gefühlsarbeit in der Pflege—Beeinflussung fremder und eigener Gefühle. In Arbeit in der Interaktion—Interaktion als Arbeit (pp. 59–83). VS Verlag für Sozialwissenschaften.

Gilberg, R (2000): Hilfe- und Pflegebedürftigkeit im höheren Alter. Eine Analyse des Bedarfs und der Inanspruchnahme von Hilfeleistungen. Zugl.: Berlin, Freie Univ., Diss., 1997. Berlin: Max-Planck-Inst. für Bildungsforschung (Studien und Berichte/Max-Planck-Institut für Bildungsforschung, 68).

Glaser, BG.; Strauss, AL (1974): Interaktion mit Sterbenden: Beobachtungen für Ärzte, Schwestern, Seelsorger und Angehörige. Vandenhoeck & Ruprecht. Göttingen.

Glaser, J.; Höge, T (2005): Probleme und Lösungen in der Pflege aus Sicht der Arbeits-und Gesundheitswissenschaften. Baua.

Golombek; F (2011): Einflussfaktoren auf die Verweildauer im Beruf und die Standortwahl des Arbeitsplatzes bei Gesundheits- und Krankenpflegern. In: Heilberufe SCIENCE (1).

Görgen, T (2010): Sicherer Hafen oder gefahrvolle Zone. Kriminalitätserfahrungen im Leben alter Menschen. Verlag für Polizeiwissenschaft.

Görres, S.; Seibert, K.; Stiefler, S (2016): Perspektiven zum pflegerischen Versorgungsmix. In: Jacobs, Kuhlmey, Greß, Klauber, Schwinger, Becka (Hg.): Pflege-Report 2016: Schwerpunkt: Die Pflegenden im Fokus. s. l.: Schattauer Verlag, S. 3–18.

Gosserand, RH.;Diefendorff, JM (2005): Emotional display rules and emotional labor: The moderating role of commitment. Journal of Applied Psychology, 90, 1256–1264.

Gray B (2009): The emotional labour of nursing – defining and managing emotions in nursing work. Nurs Educ Today 29(2):168–175. https://doi.org/10.1016/j.nedt.2008.08.003.

Greß S.; Stegmüller K (2016): Gesetzliche Personalbemessung in der stationären Altenpflege: Gutachterliche Stellungnahme für die Vereinte Dienstleistungsgewerkschaft (ver.di). Fulda, pg-papers: Diskussionspapiere aus dem Fachbereich Pflege und Gesundheit 1/2016.

Greß, S.; Jacobs, K (2016): Kosten und Finanzierung von Maßnahmen gegen Fachkräftemangel in der Pflege. In: Jacobs, Kuhlmey, Greß, Klauber, Schwinger, Becka (Hg.): Pflege-Report 2016: Schwerpunkt: Die Pflegenden im Fokus. s. l.: Schattauer Verlag, S. 263–274.

Greß, S.; Stegmüller, K (2018): Personalausstattung, Personalbemessung und Qualität in der stationären Langzeitpflege. In: Jacobs, Kuhlmey, Greß, Klauber, Schwinger (Hg.): Pflege-Report 2018. Qualität in der Pflege. Berlin: Springer Open (Pflege-Report, 2018), S. 155–162.

Gronemeyer, R (2002): Wohin mit den Sterbenden?: Hospize in Europa-Ansätze zu einem Vergleich (Vol. 3). LIT Verlag Münster.

Gross JJ.; Levenson RW (1997): Hiding feelings: The acute effects of inhibiting negative and positive emotion. Journal of Abnormal Psychology, 106, S. 95–103.

Günster, C.; Altenhofen, L (Hg.) (2011): Versorgungs-Report: Schwerpunkt: Chronische Erkrankungen. Stuttgart: Schattauer (Versorgungs-Report, 1.2011).

Günster, C.; Klose, J.; Schmacke, N.; Bartholomeyzik, S. (Hg.) (2012): Versorgungsreport 2012. Schwerpunkt: Gesundheit im Alter. Stuttgart: Schattauer.

Gutzman, H.; Schäufele, M.; Kesseler EM.; Rapp, MA (2017): Psychiatrische und psychotherapeutische Versorgung von Pflegebedürftigen. In: Jacobs, Kuhlmey, Greß, Klauber, Schwinger (Hg.): Schwerpunkt: Die Versorgung der Pflegebedürftigen. 1. Auflage. Stuttgart: Schattauer; Schattauer Verlag (Pflege-Report, 2017), S. 107–118.

Hacker, W.; Reinhold, S (1999): Beanspruchungsscreening bei Humandienstleistern. Harcourt Test Service. Frankfurt am Main.

Hackmann, T (2010): Arbeitsmarkt Pflege: Bestimmung der künftigen Altenpflegekräfte unter Berücksichtigung der Berufsverweildauer. Sozialer Fortschritt, 59(9), 235–244.

Hähner-Rombach, S (Hg.) (2011): Gesundheit und Krankheit im Spiegel von Petitionen an den Landtag von Baden-Württemberg 1946 bis 1980. Stuttgart: Steiner (Medizin, Gesellschaft und Geschichte Beiheft, 40).

Hankele, S (2018): Pflegepraktiker beim Podiumsgespräch. In: Thomas Klie und Stefan Arend (Hg.): Arbeitsplatz Langzeitpflege. Schlüsselfaktor Personalarbeit. Heidelberg: medhochzwei (Gesundheitswesen in der Praxis), S. 191–196.

Hasseler, M.; Stemmer, R.; Macsenaere, M.; Arnold, J.; Weidekamp-Maicher, M (2016): Entwicklung eines wissenschaftlich basierten Qualitätsverständnisses für die Pflege-und Lebensqualität. Abschlussbericht.

Hasselhorn, HM (2005): Berufsausstieg bei Pflegepersonal. Arbeitsbedingungen und beabsichtigter Berufsausstieg bei Pflegepersonal in Deutschland und Europa. Bremerhaven, Dortmund: Wirtschaftsverl. NW Verl. für Neue Wiss.; Bundesanstalt für Arbeitsschutz und Arbeitsmedizin. (Schriftenreihe der Bundesanstalt für Arbeitsschutz und Arbeitsmedizin, Übersetzung, 15). Online verfügbar unter: http://www.baua.de/nn_8514/de/Publikationen/Uebersetzungen/Ue15,xv=vt.pdf. Geprüft am 22.04.2012.

Hasselhorn, HM (Hg.) (2005): Berufsausstieg bei Pflegepersonal. Arbeitsbedingungen und beabsichtigter Berufsausstieg bei Pflegepersonal in Deutschland und Europa. Bremerhaven, Dortmund: Wirtschaftsverl. NW Verl. für Neue Wiss; Bundesanstalt für

Arbeitsschutz und Arbeitsmedizin (Schriftenreihe der Bundesanstalt für Arbeitsschutz und Arbeitsmedizin Ü, Übersetzung, 15).

Hatfield, E.; Cacioppo, JT.; Rapson, RL (1994): Emotional contagion, New York.

Häusler, E (2015): Profession Pflege. Entwicklungen und Herausforderungen. Sternenfels: Wissenschaft & Praxis (Schriften zu Gesundheitsökonomie/Gesundheitsmanagement, 2).

Heckhausen, J.; Heckhausen, H (2018): Entwicklung der Motivation. In: Jutta Heckhausen und Heinz Heckhausen (Hg.): Motivation und Handeln. Berlin, Heidelberg: Springer, S. 493–540.

Heckhausen, J.; Heckhausen, H (2018): Motivation und Handeln: Einführung und Überblick. In: Jutta Heckhausen und Heinz Heckhausen (Hg.): Motivation und Handeln. Berlin, Heidelberg: Springer, S. 1–12.

Heckhausen, J.; Heckhausen, H (Hg.) (2018): Motivation und Handeln. Berlin, Heidelberg: Springer.

Heidbrink, H.; Lück, HE.; Schmidtmann, H (Hg.) (2009): Psychologie sozialer Beziehungen. 1. Aufl. Stuttgart: Kohlhammer (Sozial-, Persönlichkeits-, Arbeits- und Organisationspsychologie).

Heijden, B. v.d.; Kümmerling, A.; NEXT-Studiengruppe (2005): Das soziale Arbeitsumfeld von Pflegekräften. In: Hans-Martin Hasselhorn (Hg.): Berufsausstieg bei Pflegepersonal. Arbeitsbedingungen und beabsichtigter Berufsausstieg bei Pflegepersonal in Deutschland und Europa. Bremerhaven, Dortmund: Wirtschaftsverl. NW Verl. für Neue Wiss; Bundesanstalt für Arbeitsschutz und Arbeitsmedizin (Schriftenreihe der Bundesanstalt für Arbeitsschutz und Arbeitsmedizin Ü, Übersetzung, 15).

Heine, R (2009): Gewalt gegen Pflegende. In: Elisabeth Fix und Stefan Kurzke-Maasmeier: Das Menschenrecht auf gute Pflege. Selbstbestimmung und Teilhabe verwirklichen. Freiburg im Breisgau: Lambertus, S. 155–161.

Heinlein, M.; Anderson, P (2004): Der Bewohner als Kunde? Wie Pflegekräften den Kundenbegriff deuten und was man daraus lernen kann. In: Wolfgang Dunkel und G. Günter Voß (Hg.): Dienstleistung als Interaktion. Beiträge aus einem Forschungsprojekt Altenpflege – Deutsche Bahn – Call Center. München: Hampp (Arbeit und Leben im Umbruch, 5), S. 49–60.

Heller, W (1994): Arbeitsgestaltung, Stuttgart.

Hener, C (2015): Vertrauen schaffen. Beziehungsgestaltung in der Pflege. In: Die Schwester, der Pfleger 54 (11), S. 44–45.

Hensen, P.; Stamer, M (Hrsg) (2018): Professionelle Qualitätsentwicklung im interdisziplinären Gesundheitswesen: Gestaltungsansätze, Handlungsfelder und Querschnittsbereiche. Springer Fachmedien, Wiesbaden.

Herbrik, R (2013): Anselm Strauss: Gefühlsarbeit. In: Konstanze Senge und Rainer Schützeichel (Hg.): Hauptwerke der Emotionssoziologie. Wiesbaden: Springer VS, S. 346–350, zuletzt geprüft am 24.06.2016.

Hessel, A.; Gunzelmann, T.; Geyer, M.; Brähler, E (2000): Inanspruchnahme medizinischer Leistungen und Medikamenteneinnahmen bei über 60jährigen in Deutschland. – gesundheitliche, sozialstrukturelle, soziodemographische und subjektive Faktoren. In: Zeitschrift für Gerontologie und Geriatrie 33 (4), S. 289–299.

Heyden, B.; Salinger, F.; Zwick, M.; Esslinger, AS (2018): Das Pflege-Magnethaus. Antwort auf den Fachkräftemangel in der Langzeitpflege. In: Thomas Klie und Stefan

Arend (Hg.): Arbeitsplatz Langzeitpflege. Schlüsselfaktor Personalarbeit. Heidelberg: medhochzwei (Gesundheitswesen in der Praxis), S. 97–114.

Higgins ET: (1997): Beyond pleasure and pain. American Psychologist, 52. S. 1280–1300.

Hintzpeter, B; List, SM.; Lampert, T.; Ziese, T (2011): Entwicklung chronischer Krankheiten. In: Christian Günster und Lutz Altenhofen (Hg.): Versorgungs-Report: Schwerpunkt: Chronische Erkrankungen. Stuttgart: Schattauer (Versorgungs-Report, 1.2011), S. 3–28.

Hoch, HJ.; Zoche, P (Hg.) (2014): Sicherheiten und Unsicherheiten. Soziologische Beiträge. Berlin: LIT-Verl. (Zivile Sicherheit – Schriften zum Fachdialog Sicherheitsforschung, 8).

Hochschild, AR (1990): Das gekaufte Herz. Frankfurt/Main [u. a.]: Campus-Verl.> (Theorie und Gesellschaft).

Hochschild, AR. (2006): Das gekaufte Herz. Die Kommerzialisierung der Gefühle. Erw. Neuausg. Frankfurt/Main: Campus-Verl. (Campus-Bibliothek).

Hoffer, H (2017): Der neue Pflegebedürftigkeitsbegriff im Recht der Pflegeverscherung. Paradigmenwechsel (auch) für die pflegerische Versorgung. In: Klaus Jacobs, Adelheid Kuhlmey, Stefan Greß, Jürgen Klauber und Antje Schwinger (Hg.): Schwerpunkt: Die Versorgung der Pflegebedürftigen. 1. Auflage. Stuttgart: Schattauer; Schattauer Verlag (Pflege-Report, 2017), S. 13–24.

Hoffmann, F., Michaelis, M (1999): Körperliche und psychische Erkrankungsrisiken im Altenpflegeberuf: Arbeitsmedizinische Erkenntnisse. In: Andreas Zimber und Siegfried Weyerer (Hg.): Arbeitsbelastung in der Altenpflege. Göttingen: Verl. für Angewandte Psychologie (Schriftenreihe Organisation und Medizin).

Höhmann, U (2010): Zum Verhältnis von finanziellem Druck und professionellen Inhalten: Ungenutzte Gestaltungschancen bei der Qualitätsentwicklung in der stationären Altenpflege. Köhler-Offierski, A, Edtbauer R et al.(Hg): Gestaltung und Rationalisierung, 6, 161–177.

Höhmann, U (2012): Zur Diskussion: Qualitätsentwicklungaktivismus oder aktive Transformationsstrategien des Managements in der stationären Altenpflege. Pflege & Gesellschaft, 2012, S. 363–366.

Höhmann, U (2014): Die Pflegedokumentation in der stationären Altenhilfe. Paradoxe Sicherheiten. In: Hans J. Hoch und Peter Zoche (Hg.): Sicherheiten und Unsicherheiten. Soziologische Beiträge. Berlin: LIT-Verl. (Zivile Sicherheit – Schriften zum Fachdialog Sicherheitsforschung, 8), S. 235–256.

Höhmann, U.; Lautenschläger, M.; Schwarz, L (2016): Belastungen im Pflegeberuf. Bedingungsfaktoren, Folgen und Desiderate. In: Klaus Jacobs, Adelheid Kuhlmey, Stefan Greß, Jürgen Klauber, Antje Schwinger und Denise Becka (Hg.): Pflege-Report 2016: Schwerpunkt: Die Pflegenden im Fokus. s. l.: Schattauer Verlag, S. 73–90.

Höhmann, U.; Schilder, M.; Metzenrath A.; Roloff, M (2010): Problemlösung oder Problemverschiebung? Nichtintendierte Effekte eines Gesundheitsförderungsprojektes für Pflegende in der Klinik. Ergebnisausschnitte einer Evaluation. In: Pflege und Gesellschaft 15 (2), S. 108–125.

Horstmann, G.; Dreisbach, G (2017): Allgemeine Psychologie2 kompakt. 2., vollständig überarbeitete Auflage. Weinheim [u. a.]: Beltz.

Hülsheger, UR.; Lang, JWB.; Maier, GW (2010): Emotional labor, strain, and performance: Testing reciprocal relationships in a longitudinal panel study. Journal of Occupational Health Psychology 15, 505–521.

Hülsheger, UR.; Schewe, AF (2011): On the costs and benefits of emotional labor: A meta-analysis of three decades of research. Journal of Occupational Health Psychology, 16, 361–389.

Hülsken-Giesler, M.; Meis, M., Gövercin, M., Költzsch, Y.; Hein, A., Marschollek, M., Remmers, H (2010): Bedarferhebung zur Entwicklung assistiver Technologien für pflegebedürftige und sturzgefährdete Patienten – pflegewissenschaftliche Implikationen. In: Tagungsband des 3. Deutschen AAL-Kongresses 2010, Paper 16.5. Berlin, Offenbach: VDE.

Hurrelmann K (2006): Handbuch Gesundheitswissenschaften. 4., vollst. überarb. Aufl. Weinheim: Juventa-Verl. (Juventa-Handbuch), S. 1169–1200.

HWK Planungsgesellschaft (2007): Zukunft für das Krankenhaus. Szenarien zur mittelfristigen Entwicklung der Krankenhausorganisation. Online verfügbar unter: http://www.bosch-stiftung.de/content/language1/downloads/Studie_Zukunft_Krankenhaus_Kurzversion.pdf. Geprüft am 18.04.2017.

IAW (Institut für Angewandte Wissenschaftsforschung e. V. (2011): Evaluation bestehender Minestlohnregelungen – Branche: Pflege. Abschlussbericht an das Bundesministerium für Arbeit und Soziales. Tübingen.

Igl G.; Naegele G.; Hamdorf S (2007): Reform der Pflegeversicherung – Auswirkungen auf die Pflegebedürftigen und die Pflegepersonen. Münster: Lit-Verl. (Sozialrecht und Sozialpolitik in Europa, 2).

Igl, G (2016): Rechtsfragen der Kooperation und Koordination der Berufe im Kontext der Langzeitpflege. In: Klaus Jacobs, Adelheid Kuhlmey, Stefan Greß, Jürgen Klauber, Antje Schwinger und Denise Becka (Hg.): Pflege-Report 2016: Schwerpunkt: Die Pflegenden im Fokus. s. l.: Schattauer Verlag, S. 229–244.

Igl, G (2017): Pflegeberufegesetz statt Pflegeberufsgesetz. In: Uwe Bettig, Mona Frommelt, Martina Roes, Roland Schmidt, Günter Thiele, Ursula Engelen-Kefer et al. (Hg.): Pflegeberufe der Zukunft: Akademisierung, Qualifizierung und Kompetenzentwicklung. Heidelberg: medhochzwei (Gesundheitswesen in der Praxis), S. 1–6.

Infratest-Umfrage (12/2012): Befragung zur ARD Themenwoche „Leben mit dem Tod". Ergebnisse online verfügbar unter: https://www.infratest-dimap.de/de/umfragen-analysen/bundesweit/umfragen/aktuell/grosse-mehrheit-fuer-sterbe-begleitung-durch-aerzte/. Geprüft am 01.04.2014.

INIFES, Internationales Institut für Empirische Sozialökonomie (Hrsg.) (2015): Das Gesundheits- und Sozialwesen – eine Branchenanalyse. Online verfügbar unter: https://kofa.verdi.de/++file++57dfe528af08981 1ec593f00/download/Branchenanalyse%20Gesundheit%20-%20Sozialwesen%2011.%202015.pdf. Geprüft am 12.12.2016.

Institut DGB-Index Gute Arbeit (Hg.) (2018): Arbeitsbedingungen in der Alten- und Krankenpflege: So beurteilen die Beschäftigten die Lage. Ergebnisse einer Sonderauswertung der Repräsentativumfragen zum DGB-Index Gute Arbeit. Online verfügbar unter: https://index-gute-arbeit.dgb.de/++co++df07ee92-b1ba-11e8-b392-52540088cada. Geprüft am 10.12.2018.

Institut für Demoskopie Allensbach (2005): Allensbacher Berufsprestige Skala 2005 – Allensbacher Berichte. Online verfügbar unter: https://www.ifd-allensbach.de/uploads/tx_reportsndocs/prd_0512.pdf. Geprüft am 14.11.2018.

Institut für Wirtschaft, Arbeit und Kultur (2009): Berufsverläufe von Altenpflegerinnen und Altenpflegern. Zentrale Studienergebnisse im Überblick. Online verfügbar unter: http://www.aaa-deutschland.de/pdf/AP_berufsverlaeufe_broschuere.pdf. Geprüft am 18.04.2017.

Isfort, M (2008): Akademisch oder nicht? – Welches Pflegepersonal brauchen wir? (Statement). In: Die Schwester Der Pfleger 47. Jahrg. 02|08.

Isfort, M (2018):Fachkräftesicherung. Was tun? Heilberufe 70 (1). S. 38–39.

Isfort, M.; Weidner, F.; Neuhaus, A.; Brühe, R.; Kraus, S.; Köster, V.; Gehlen, D (2011): Pflege & Gesellschaft: Zur Situation des Pflegepersonals in Zur Situation des Pflegepersonals in deutschen Krankenhäusern–Ergebnisse des Pflege-Thermometers 2009.

Isfort, M; Weidner, F; Neuhaus, A; Kraus, S; Köster, VH; Gehlen, D (2010): Pflege-Thermometer 2009. Eine bundesweite Befragung von Pflegekräften zur Situation der Pflege und Patientenversorgung im Krankenhaus. Herausgegeben von: Deutsches Institut für angewandte Pflegeforschung eV (dip), Köln, 12.

Jacobs, K.; Kuhlmey, A.; Greß, S.; Klauber, J.; Schwinger, A (Hg.) (2017): Schwerpunkt: Die Versorgung der Pflegebedürftigen. 1. Auflage. Stuttgart: Schattauer; Schattauer Verlag (Pflege-Report, 2017).

Jacobs, K.; Kuhlmey, A.; Greß, S.; Klauber, J.; Schwinger, A (Hg.) (2018): Pflege-Report 2018. Qualität in der Pflege. Berlin: Springer Open (Pflege-Report, 2018).

Jacobs, K.; Kuhlmey, A.; Greß, S.; Klauber, J.; Schwinger, A.; Becka, D (Hg.) (2016): Pflege-Report 2016: Schwerpunkt: Die Pflegenden im Fokus. Schattauer GmbH. s. l.: Schattauer Verlag.

Jacobs, K.; Kuhlmey, A.; Greß, S.; Schwinger, A.; Blüher, S (Hg.) (2015): Pflege-Report 2015. Schwerpunkt: Pflege zwischen Heim und Häuslichkeit. Schattauer GmbH. Stuttgart: Schattauer (Pflege-Report, 2015).

Jaehde, U.; Thürmann, PA (2012): Arzneimitteltherapiesicherheit in Alten-und Pflegeheimen. Zeitschrift für Evidenz, Fortbildung und Qualität im Gesundheitswesen, 106(10), 712–716.

Jenull, B.; Brunner, E.; Mayr, M.; Mayr, M (2008): Burnout und Coping in der stationären Altenpflege. Ein regionaler Vergleich an examinierten Pflegekräften. Pflege, 21(1), 16–24.

Jonas, K; Brodbeck, FC (Hg.) (2014): Sozialpsychologie. Berlin: Springer (Lehrbuch).

Juthberg, C.; Eriksson, S., Norberg, A., Stundin, K (2008): Stress of conscience an perceptions of conscience in releation to burnout among care providers in older people. In: Journal of Clinical Nursing 17 (14), S. 1897–1906.

Kälble, K.; Pundt, J (2016): Pflege und Pflegebildung im Wandel. Der Pflegeberuf zwischen generalistischer Ausbildung und Akademisierung. In: Klaus Jacobs, Adelheid Kuhlmey, Stefan Greß, Jürgen Klauber, Antje Schwinger und Denise Becka (Hg.): Pflege-Report 2016: Schwerpunkt: Die Pflegenden im Fokus. s. l.: Schattauer Verlag, S. 37–50.

Kalytta, T.; Metz, AM (2003): Stationäre und teilstationäre Altenpflege – Belastungen und Beanspruchungen der Pflegekräfte. In: Wirtschaftspsychologie (4), S. 41–45.

Karremans, JC.; Finkenauer, C (2014): Affiliation, zwischenmenschliche Anziehung und enge Beziehung. In: Klaus Jonas und Felix C. Brodbeck (Hg.): Sozialpsychologie. Berlin: Springer (Lehrbuch), S. 401–467.

Kast, Rudolf (2018): Moderne Personalarbeit. Ein Paradigmenwechsel. In: Thomas Klie und Stefan Arend (Hg.): Arbeitsplatz Langzeitpflege. Schlüsselfaktor Personalarbeit. Heidelberg: medhochzwei (Gesundheitswesen in der Praxis), S. 41–56.

KDA-Positionen (2005): Umstrukturierung im Bestand stationärer Einrichtungen. In: ProAlter 37 (4), S. 22–24.

Kellner, A. (2011): Von Selbstlosigkeit zur Selbstsorge: eine Genealogie der Pflege (Vol. 4). LIT Verlag Münster.

Kellnhauser, E. (2004): Thiemes Pflege. Verlag C.H. Beck.

Kellnhauser, Edith (2016): Der Gründungsprozess der Landespflegekammer Rheinland-Pfalz. Vorgehensweise, Registrierung der Mitglieder & Wahl der Vertreterversammlung. Hannover: Schlütersche.

Keltner, D.; Haidt, J. (1999): Soziale Funktionen von Emotionen auf vier Ebenen der Analyse. Kognition und Emotion 13 (5), S. 505–521.

Kirsch, M.; Faller, G. (2008): Gewalt gegen Beschäftigte in der stationären Altenpflege – ein unbekanntes Problem? In: Public Health Forum 16 (61), S. 23–24.

Kitwood, Tom M. (2016): Demenz: der personzentrierte Ansatz im Umgang mit verwirrten Menschen. Bern: Hogrefe, 2016.

Klein, Gaugisch, 2005, S. 8.

Kleina, Thomas; Horn, Annett (2015): Gesundheitsförderung bei Pflegebedürftigkeit. Potenziale und Herausforderungen in der stationären Langzeitversorgung. In: Klaus Jacobs, Adelheid Kuhlmey, Stefan Greß, Antje Schwinger und Stefan Blüher (Hg.): Pflege-Report 2015. Schwerpunkt: Pflege zwischen Heim und Häuslichkeit. Stuttgart: Schattauer (Pflege-Report, 2015), S. 97–108.

Kleinbeck, Uwe (1996): Arbeitsmotivation. Entstehung, Wirkung und Förderung. Weinheim: Juventa-Verl. (Grundlagentexte Psychologie).

Kleres, Jochen (2013): Jack M. Barbalet: Emotion, Social Theory, and Social Structure. In: Konstanze Senge und Rainer Schützeichel (Hg.): Hauptwerke der Emotionssoziologie. Wiesbaden: Springer VS, S. 38–44, zuletzt geprüft am 24.06.2016.

Klie, Thomas; Arend, Stefan (Hg.) (2018): Arbeitsplatz Langzeitpflege. Schlüsselfaktor Personalarbeit. medhochzwei Verlag GmbH. Heidelberg: medhochzwei (Gesundheitswesen in der Praxis).

Klie, Thomas; Heislbetz, Claus (2018): Herausforderung Pflege: Menschen für Berufe für Menschen gewinnen. Prognosen, Analysen und Perspektiven für die Langzeitpflege. In: Thomas Klie und Stefan Arend (Hg.): Arbeitsplatz Langzeitpflege. Schlüsselfaktor Personalarbeit. Heidelberg: medhochzwei (Gesundheitswesen in der Praxis), S. 115–190.

Kliner, Karin; Rennert, Dirk; Richter, Matthias; Bogai, Dieter (Hg.) (2017): Gesundheit und Arbeit – Blickpunkt Gesundheitswesen. BKK Gesundheitsatlas 2017. BKK Dachverband. Berlin: MWV Medizinisch Wissenschaftliche Verlagsgesellschaft.

Knieps, Franz; Pfaff, Holger (Hg.) (2017): Digitale Arbeit – digitale Gesundheit. Zahlen, Daten, Fakten: mit Gastbeiträgen aus Wissenschaft, Politik und Praxis. Unter Mitarbeit von Elke Ahlers. BKK Dachverband; MWV Medizinisch Wissenschaftliche Verlagsges. mbH & Co. KG. Berlin: Medizinisch Wissenschaftliche Verlagsgesellschaft (BKK Gesundheitsreport, 2017).

Knoblauch, Hubert; Herbrik, Regine (2013): Erving Goffman: Social Embarrassment and Social Organization. In: Konstanze Senge und Rainer Schützeichel (Hg.): Hauptwerke der Emotionssoziologie. Wiesbaden: Springer VS, S. 140–143, zuletzt geprüft am 24.06.2016.

Köhler-Offierski, Alexa (Hg.) (2010): Gestaltung und Rationalisierung. Freiburg i. Br.: FEL Verl. Forschung – Entwicklung – Lehre (Evangelische Hochschulperspektiven, 6).

Kojer, Marina (2016): Kommunikation. Kernkompetenz der palliativen Geriatrie. In: Marina Kojer, Martina Schmidl und Gian Domenico Borasio (Hg.): Demenz und Palliative Geriatrie in der Praxis. Heilsame Betreuung unheilbar demenzkranker Menschen. 2. Aufl. 2016. Wien: Springer, S. 11–20.

Kojer, Marina; Schmidl, Martina; Borasio, Gian Domenico (Hg.) (2016): Demenz und Palliative Geriatrie in der Praxis. Heilsame Betreuung unheilbar demenzkranker Menschen. 2. Aufl. 2016. Wien: Springer.

Kopizer A et al. (2014): Weiterentwicklung der Versorgungssqualität im Pflegehotel St. Johann am Beispiel des Einzugs. Online verfügbar unter: https://www.zhaw.ch/storage/gesundheit/institute-zentren/ipf/projekte/pflegehotel-st-johann/141013_Schlussbericht-web_p58.pdf, zuletzt geprüft am 06.07.2017.

Kopp, Johannes (2016): Beziehung, soziale. In: Johannes Kopp und Anja Steinbach (Hg.): Grundbegriffe der Soziologie. 11. Auflage. Wiesbaden: Springer VS, S. 39–40, zuletzt geprüft am 24.06.2016.

Kopp, Johannes; Steinbach, Anja (Hg.) (2016): Grundbegriffe der Soziologie. 11. Auflage. Wiesbaden: Springer VS.

Koppitz, A., Kipfer, S., Naef, R., Petry, H., Ilg, B., Gyr, A., … & Imhof, L. (2014): Weiterentwicklung der Versorgungsqualität im Pflegehotel St. Johann am Beispiel des Einzugs (Swiss Admission into Nursing Home Study, SANS).

Krampe, E. M. (2003): Arbeit im Gesundheitswesen:„Reformen "auf Kosten der Beschäftigten. PROKLA, Zeitschrift für kritische Sozialwissenschaft, 33(132), 389–410.

Krenn, Manfred, et al. "Partizipation oder Delegation von Unsicherheit." Partizipationschancen in entgrenzten Arbeitsfeldern–IT-Dienstleistungen und mobile Pflege. Forba-Forschungsbericht, Wien (2005).

Kruse, Andreas (2007): Pflege als gesellschaftliche und ethische Herausforderung der Seniorenpolitik im Blick auf Menschen mit Pflegebedarf und pflegende Personen. In: Gerhard Igl, Gerhard Naegele und Silke Hamdorf: Reform der Pflegeversicherung – Auswirkungen auf die Pflegebedürftigen und die Pflegepersonen. Münster: Lit-Verl. (Sozialrecht und Sozialpolitik in Europa, 2), S. 6–17.

Kruse, Andreas; Martin, Mike (Hg.) (2004): Enzyklopädie der Gerontologie. Alternsprozesse in multidisziplinärer Sicht. 1. Aufl. Bern: Huber (Psychologie-Handbuch).

Kruse, Andreas; Schmitt, Eric (1999): Konfliktsituationen in Alten- und Pflegeheimen. In: Andreas Zimber und Siegfried Weyerer: Arbeitsbelastung in der Altenpflege. Göttingen: Verl. für Angewandte Psychologie (Schriftenreihe Organisation und Medizin), S. 155–169.

Kuhlmey, A.; Blüher, S (2015): Pflegebedürftigkeit. Herausforderung für spezifische Wohn- und Versorgungsformen. Eine Einführung in das Thema. In: Klaus Jacobs, Adelheid Kuhlmey, Stefan Greß, Antje Schwinger und Stefan Blüher (Hg.): Pflege-Report 2015. Schwerpunkt: Pflege zwischen Heim und Häuslichkeit. Stuttgart: Schattauer (Pflege-Report, 2015), S. 3–14.

Kuhlmey, A.; Schaeffer, D. (Hg.) (2008): Alter, Gesundheit und Krankheit. Handbuch Gesundheitswissenschaften. 1. Aufl. s. l.: Verlag Hans Huber.

Kuhlmey, A.; Suhr, R.; Blüher, S.; Dräger, D (2013): Das Risiko der Pflegebedürftigkeit: Pflegeerfahrungen und Vorsorgeverhalten bei Frauen und Männern zwischen dem 18. und 79. Lebensjah. In: Jan Böcken, Bernard Braun und Uwe Repschläger (Hg.):

Gesundheitsmonitor 2013. Bürgerorientierung im Gesundheitswesen. 1. Aufl. s. l.: Verlag Bertelsmann Stiftung, S. 11–38.
Kuis EE.; Hesselink G.; Goossensen A (2014) Can quality from a care ethical perspective be assessed? A review. Nurs Ethics 21(7):774–793.
Kümpers, S. & B. Wolter (2015): Soziale Teilhabe pflegebedürftiger älterer Menschen in innovativen Wohnformen. In: Jacobs K., Kuhlmey, A., Greß, S. & A. Schwinger (eds.): Pflegereport 2015. Stuttgart: 135–146.
Kuratorium Deutsche Altershilfe (Hrsg) (2012): PflegeWert. Wertschätzung erkennen, fördern, erleben. Köln: Kuratorium Deutsche Altershilfe.
Küsgens, I. (2005): Krankheitsbedingte Fehlzeiten in Altenpflegeberufen. Eine Untersuchung der in Altenpflegeeinrichtung tätigen AOK-Versicherten, 2003. In: Bernhard Badura, Henner Schellschmidt und Christian Vetter (Hg.): Gesundheitsmanagement in Krankenhäusern und Pflegeeinrichtungen. Zahlen, Daten, Analysen aus allen Branchen der Wirtschaft. Berlin: Springer (Fehlzeiten-Report, 2004).
Lahmann, N.; Müller-Werdan, U.; Raeder, K.; Kuntz, S.; Latendorf; A (2017): Der Zustand Pflegebedürftigkeit. Pflege und Versorgungsprobleme geriatrischer Patienten. In: Klaus Jacobs, Adelheid Kuhlmey, Stefan Greß, Jürgen Klauber und Antje Schwinger (Hg.): Schwerpunkt: Die Versorgung der Pflegebedürftigen. 1. Auflage. Stuttgart: Schattauer; Schattauer Verlag (Pflege-Report, 2017), S. 187–194.
Landtag Nordrhein-Westfalen (Hg.) (2005): Situation und Zukunft der Pflege in NRW. Bericht der Enquete-Komission des Landtages Nordrhein-Westfalen. Online verfügbar unter: https://www.landtag.nrw.de/portal/WWW/GB_I/I.1/EK/EKALT/13_EK3/Abschlussbericht/Abschlussbericht_gesamt_Teil_1.pdf. Geprüft am 06.06.2017.
Lane, RD.; Nadel, L (Hrsg): Cognitive neuroscience of emotion. New York: Oxford University Press.
Lehmann, Y.; Behrens, J (2016): Akademisierung der Ausbildung und weitere Strategien gegen Pflegepersonalmangel in europäischen Ländern. In: Klaus Jacobs, Adelheid Kuhlmey, Stefan Greß, Jürgen Klauber, Antje Schwinger und Denise Becka (Hg.): Pflege-Report 2016: Schwerpunkt: Die Pflegenden im Fokus. s. l.: Schattauer Verlag, S. 51–72.
Luderer, C.; Meyer, G (2018): Qualität und Qualitätsmessung in der Pflege aus ethischer Perspektive. In: Klaus Jacobs, Adelheid Kuhlmey, Stefan Greß, Jürgen Klauber und Antje Schwinger (Hg.): Pflege-Report 2018. Qualität in der Pflege. Berlin: Springer Open (Pflege-Report, 2018), S. 15–22.
Maier, J (2011): Mehr als Schwester Stefanie. In: CNE Magazin (4), S. 17–19.
Maslach, C.; Jackson, SE (1981): The measurement of experienced burnout. In: Journal of Occuptional Behavour 2 (2), S. 99–113.
Maurer, A (2016): Dominanz von Markt, Wettbewerb und Kostenoptimierung: Ökonomisierung. In: Hermann Brandenburg und Helen Güther (Hg.): Lehrbuch Gerontologische Pflege. Unter Mitarbeit von Anton Amann. 1. Auflage. Bern: Hogrefe Verlag, S. 179–194.
Mayring, P (1999): Zum Verhältnis qualitativer und quantitativer Analyse. In Methoden der Umweltbildungsforschung (pp. 13–25). VS Verlag für Sozialwissenschaften.
Mayring, P (2010): Qualitative Inhaltsanalyse. Grundlagen und Techniken. Neuausgabe. s. l.: Beltz Verlagsgruppe.

MDS, Medizinischer Dienst des Spitzenverbandes Bund der Krankenkassen (2000): MDK-Anleitung zur Prüfung der Qualität nach § 114 SGB XI in der ambulanten und stationären Pflege. MDS eV, Essen.

Mees, U (1991): Die Struktur der Emotionen. Hogrefe, Verlag für Psychologie.

Mees, U (1999): Sprache, Gefühle und Handlungen. Handlungstheorie. Begriff und Erklärung des Handelns im interdisziplinären Diskurs, 287–317.

Mees, U (2006): Zum Forschungsstand der Emotionspsychologie–eine Skizze. Emotionen und Sozialtheorie. Disziplinäre Ansätze, 104–123.

Mees, U.; Schmitt, A (2003): Emotions-Psychologie: theoretische Analysen und empirische Untersuchungen. BIS Verlag.

Merten, J (2009): Emotional Expression. Handbuch der allgemeinen Psychologie–Motivation und Emotion. Göttingen, 422–428.

Meyer A., et al (1987): Qualität von Dienstleistungen. Entwurf eines praxisorientierten Modells. Marketing. In: Zeitschrift für Forschung und Praxis (3), S. 187–195.

Meyer-Kühling, I (2016): Bedürfnisbegegnung in der stationären Altenpflege. Eine qualitative Studie zum 'Ich sein Dürfen' von Pflegeheimbewohnern. 1. Aufl. s. l.: Tectum Wissenschaftsverlag.

Michie, S.; Williams, S (2003): Reducing work-relates psychological ill-health and sichness absence. a systematic literature review. In: Ocupational and Environmental Medicine (60), S. 3–10.

Missen K.; McKenna, L.; Beachamp, A (2014): Satisfaction of newly graduated nurses enrolled in transition-to-practice programmes in their first year of employment. JAN 2014; 70(11):2419–33.

Moers, M (2012): Leibliche Kommunikation. Krankheitserleben und Pflegehandeln. In: Pflege und Gesellschaft 17 (2), S. 111–119.

Montverde, S (2013): Pflegeethik und die Sorge um den Zugang zu Pflege. In: Pflege 26 (4), S. 271–280.

Moore, JW.; Dickinson, A.; Boakes, RA (1979): Mechanisms of learning and motivation: A memorial volume to Jerzy Konorski.

Morris, AJ.; Feldman, DC (1996): The Dimensions, Antecedents, and Consequences of Emotional Labor. Academy of Management ReviewVol. 21, No. 4. Online verfügbar unter: https://journals.aom.org/doi/abs/10.5465/amr.1996.9704071861. Zuletzt geprüft am 13.11.2018.

Morse, JM.; Field, PA.; Zegelin, A (1998): Qualitative Pflegeforschung. Anwendung qualitativer Ansätze in der Pflege. Wiesbaden: Ullstein Medical.

Müller, B (2016): Wert-Abjektion. Zur Abwertung von Care-Arbeit im patriarchalen Kapitalismus – am Beispiel der ambulanten Pflege. 1. Auflage. Münster: Westfälisches Dampfboot (Arbeit – Demokratie – Geschlecht, 24).

Neckel, S (2013): Arlie Russell Hochschild: Das gekaufte Herz. Zur Kommerzialisierung der Gefühle. In: Konstanze Senge und Rainer Schützeichel (Hg.): Hauptwerke der Emotionssoziologie. Wiesbaden: Springer VS, S. 168–175, zuletzt geprüft am 24.06.2016.

Needleman J.; Bauerhaus, P.; Pankratz SV.; Leibson, CL.; Stevens, S.; Harris, M (2011): Nurse Staffing and Inpatient Hospital Mortality. N engl J Med 2011; 364. S. 1037–1045.

Nerdinger FW (2014a): Dienstleistungstätigkeiten. In: Nerdinger, Blickle, Schaper (Hg.): Arbeits- und Organisationspsychologie. 2014. Berlin: Springer (Springer-Lehrbuch).

Nerdinger, FW (2011): Psychologie der Dienstleistung. Göttingen: Hogrefe.

Nerdinger, FW (2012): Emotionsarbeit im Dienstleistungsbereich. In: Report Psychologie 37 (1), S. 8–18. Online verfügbar unter: http://www.wirtschaftspsychologie-aktuell.de/friedemann-nerdinger-emotionsarbeit-report-psychologie.pdf. Geprüft am 24.06.2016.

Nerdinger, FW (2014): Arbeitsmotivation und Arbeitszufriedenheit. In: Friedemann W. Nerdinger, Gerhard Blickle und Niclas Schaper (Hg.): Arbeits- und Organisationspsychologie. 2014. Berlin: Springer (Springer-Lehrbuch).

Nerdinger, FW (2014): Organisationstheorien. In: Friedemann W. Nerdinger, Gerhard Blickle und Niclas Schaper (Hg.): Arbeits- und Organisationspsychologie. Berlin: Springer (Springer-Lehrbuch), S. 42–54.

Nerdinger, FW.; Blickle, G.; Schaper, N (2014): Arbeits-und Organisationspsychologie . Heidelberg: Springer.

Nerdinger, FW.; Blickle, G.; Schaper, N (Hg.) (2014): Arbeits- und Organisationspsychologie. Berlin: Springer (Springer-Lehrbuch).

Nerdinger, FW.; Röper, M (1999): Emotionale Dissonanz und Burnout. Eine empirische Untersuchung im Pflegebereich eines Universitätskrankenhauses. Zeitschrift für Arbeitswissenschaft, 53, 187–193.

Niedenthal, PM.; Kitayama, S (1994): Heart's Eye. San Diego: Academic Press.

Nolting, HD; Grabby, Y.; Genz H.; Kordt, M (2006): Beschäftigtenfluktuation bei Pflegenden. Ein Vergleich der Bedeutung von arbeitsteiligen Stress, organisationalen und individuellen Faktoren für die Absucht zum Berufswechsel und zum innerberuflichen Arbeitsplatzwechsel. In: Pflege 19, S. 108–115.

Nowossadeck, S (2013): Demografischer Wandel, Pflegebedürftige und der künftige Bedarf an Pflegekräften. Bundesgesundheitsblatt-Gesundheitsforschung-Gesundheitsschutz, 56(8), 1040–1047.

Nübling, M.; Stössel, U.; Michaelis, M (2010): Messung von Führungsqualität und Belastungen am Arbeitsplatz: Die deutsche Standardversion des COPSOQ (Copenhagen Psychosocial Questionnaire). In Fehlzeiten-Report 2009 (pp. 253–261). Springer, Berlin, Heidelberg.

Omery, A (1983): Phenomenology: A method for nursing research. Advances in nursing science, 5(2), 49–64.

Oppolzer, A (2010): Psychische Belastungsrisiken aus Sicht der Arbeitswissenschaft und Ansätze für die Prävention. In: Bernhard Badura, Jochim Klose, Katrin Macco und Helmut Schröder: Fehlzeiten-Report 2009. Arbeit und Psyche: Belastungen reduzieren – Wohlbefinden fördern Zahlen, Daten, Analysen aus allen Branchen der Wirtschaft. Berlin, Heidelberg: Springer-Verlag Berlin Heidelberg (Springer-11773/[Dig. Serial], 2009), S. 13–22.

Ortony, A.; Clore, GL, Collins, A (1988): The cognitive structure of emotions.

Overlander, G (2001): Die Last des Mitfühlens. Aspekte der Gefühlsregulierung in sozialen Berufen am Beispiel der Krankenpflege. Univ., Magisterarbeit–Hannover, 1992. 4. Aufl. Frankfurt am Main: Mabuse-Verl. (Mabuse-Verlag Wissenschaft, 14).

Palm R., Holle B (2016): Forschungsbericht der Studie Demenz-Monitor. Umsetzung demenzspezifischer Wohn- und Betreuungskonzepte in Einrichtungen der stationären Altenhilfe. Witten.

Panksepp, J (2005): Affective consciousness: Core emotional feelings in animals and humans. Consciousness and cognition, 14(1), 30–80.

Peplau, H (2009): Zwischenmenschliche Beziehungen in der Pflege: ausgewählte Werke. Bern, Huber-Verlag.

Peters, M (2018): Sozialpsychologie des Alters. In Sozialpsychologie und Sozialtheorie (pp. 11–26). Springer VS, Wiesbaden.

Pick, P.; Brüggemann, J.; Grote, C.; Grünhage, E.; Lampert, T (2004): Schwerpunktbericht zur Gesundheitsberichterstattung des Bundes. Pflege. Hg. v. Robert Koch Institut. Berlin: Robert-Koch-Institut.

Picker Institut Deutschland (Hrsg.). Online verfügbar unter: http://www.pickerinstitut.de/schlechtes-arbeitsklima-wirkt-sichnachteilig-auf-Bewohnerenzufriedenheit-aus.html; Hamburg, 2013; (Stand: 08.01.2015). Geprüft am 20.04.2016.

Pines, A.; Aronson, E (1988): Career burnout: Causes and cures. Free press.

Pleschberger, S.; Müller-Mundt, G (2017): Palliativversorgung von pflegebedürftigen Menschen. In: Klaus Jacobs, Adelheid Kuhlmey, Stefan Greß, Jürgen Klauber und Antje Schwinger (Hg.): Schwerpunkt: Die Versorgung der Pflegebedürftigen. 1. Auflage. Stuttgart: Schattauer; Schattauer Verlag (Pflege-Report, 2017), S. 165–186.

Plümpe, J (2000): Berufskunde Altenpflege. Lehrbuch für die Altenpflegeausbildung. Hannover: Schlüter (M-Art-Edition, 2).

Plutchik, R (1980): Emotion. A psychoevolutionary synthesis. New York: Harper and Row.

Pohlmann, M (2005): Beziehung pflegen. Hans Huber, Bern.

Pokorski, J.; Schoot E. v. d., Wickström, G., Pokorska, J., Hasselhorn, HM., NEXT-Studiengruppe (2005): Die Bedeutung der Arbeit für das Pflegepersonal in Europa. In: Hans-Martin Hasselhorn (Hg.): Berufsausstieg bei Pflegepersonal. Arbeitsbedingungen und beabsichtigter Berufsausstieg bei Pflegepersonal in Deutschland und Europa. Bremerhaven, Dortmund: Wirtschaftsverl. NW Verl. für Neue Wiss; Bundesanstalt für Arbeitsschutz und Arbeitsmedizin (Schriftenreihe der Bundesanstalt für Arbeitsschutz und Arbeitsmedizin Ü, Übersetzung, 15).

Prognos AG (2012): Pflegelandschaft 2030. Hg. v. Vereinigung der Bayerischen Wirtschaft e. V. Online verfügbar unter: https://www.prognos.com/fileadmin/pdf/publikationsdatenbank/121000_Prognos_vbw_Pflegelandschaft_2030.pdf, zuletzt geprüft am 26.06.2017.

Rabe-Kleberg, U (1997): Frauen in sozialen Berufen – (k)eine Chance auf Professionalisierung? In: Barbara Friebertshäuser und Maria Bitzan: Sozialpädagogik im Blick der Frauenforschung. Weinheim: Dt. Studien Verl. (Einführung in die pädagogische Frauenforschung, 3), S. 59–69.

Ravaeli, A.; Sutton, RI (1987): Expression of emotion as part of the work role. Academy of management review, 1987, 12. Jg., Nr. 1, S. 23–37.

Rehbock, T (2000): Braucht die Pflege eine eigene Ethik? In: Pflege 13 (5), S. 280–289.

Reichertz, J (2013): Paul Ekman: Gefühle lesen. In: Konstanze Senge und Rainer Schützeichel (Hg.): Hauptwerke der Emotionssoziologie. Wiesbaden: Springer VS, S. 103–107, zuletzt geprüft am 24.06.2016.

Reisenzein, R (2009): Emotional experience in the computational belief–desire theory of emotion. Emotion Review, 1. Jg., Nr. 3, S. 214–222.

Remmers, H (2010): Transformationen pflegerischen Handelns – Entwurf einer theoretischen Erklärungsskizze. In: Kreutzer, S. (Hrsg.): Transformation pflegerischen Handelns. Institutionelle Kontexte und soziale Praxis vom 19. bis 21. Jahrhundert. Bd. 5 der Schriftenreihe: Pflegewissenschaft und Pflegebildung. Hrsg. v. H. Remmers. Vandenhoek & Ruprecht unipress, Universitätsverlag Osnabrück. Göttingen, 33–64.

Remmers, H.; Dütthorn, N.; Garthaus, M (2014): Projektbericht: Neue Pflege – Pflegerische Betreuung im Kontext rehabilitativer, präventiver und palliativer Pflegepotenziale, in: Hoppe, H.-P. (Hrsg.): Pflege im Umbruch, Hannover, S. 45–75.

Richard, N (1999): Integrative Validation. Brücken bauen in die Welt dementiell Erkrankter. Hannover: Vincentz Verlag,.

Richter, M.; Kliner, K.; Rennert, D (2017): Stationäre Versorgung. In: Franz Knieps und Holger Pfaff (Hg.): Digitale Arbeit – digitale Gesundheit. Zahlen, Daten, Fakten: mit Gastbeiträgen aus Wissenschaft, Politik und Praxis. Unter Mitarbeit von Elke Ahlers. Berlin: Medizinisch Wissenschaftliche Verlagsgesellschaft (BKK Gesundheitsreport, 2017), S. 199–266.

Richter, P.; Hacker, W (1998): Belastung und Beanspruchung: Streß, Ermüdung und Burnout im Arbeitsleben. Asanger.

Richter, R. (2017): Die neue soziale Pflegeversicherung-PSG I, II, I: Pflegebegriff, Vergütungen, Potenziale. Vincentz Network GmbH & Co. KG, 2017.

Riedel, A.; Behrens, J.; Giese, C.; Geiselhart, M.; Fuchs, G.; Kohlen, H.; Pasch, W.; Rabe, M.; Schütze, L (2017): Zentrale Aspekte der Ethikkompetenz in der Pflege. Ethik in der Medizin, 29. Jg., Nr. 2, S. 161–165.

Rieder, K (1999): Zwischen Lohnarbeit und Liebesdienst: Belastungen in der Krankenpflege. Juventa-Verlag, 1999.

Robert Koch Institut (Hrsg.) (2015): Gesundheit in Deutschland. 2015.

Rohmann, A.; Niedenthal, PM.; Brauer, M.; Castano, E.; Leyens, JP (2009): The Attribution of Primary and Secondary Emotions to the In-Group and to the Out-Group: The Case of Equal Status Countries. The Journal of Social Psychology, Volume 149, 2009 – Issue 6, S. 709–730.

Rohmert, W (1984): Das Belastungs-Beanspruchungs-Konzept. In: Zeitschrift für Arbeitswissenschaft 4, S. 193–200.

Rösch, E.; Kittelberger, F (2016): Hospizkultur und Palliativkompetenz in stationären Einrichtungen entwickeln und nachweisen. Eine Einführung. 1. Auflage. Stuttgart: W. Kohlhammer Verlag (Umsorgen, 6).

Rothermund, K; Eder, A (2011): Allgemeine Psychologie: Motivation und Emotion. 1. Aufl. Wiesbaden: VS Verlag für Sozialwissenschaften/Springer Fachmedien Wiesbaden GmbH Wiesbaden (Basiswissen Psychologie).

Rothgang, H., Iwansky, S., Müller, R., Sauer, S.; Unger, R (2010): Barmer GEK Pflegereport 2010. Schwerpunktthema: Demenz und Pflege. BARMER GEK Schriftenreihe zur Gesundheitsanalyse, 5.

Rothgang, H.; Borchert, L.; Müller, R.; Unger, R (2008): GEK-Pflegereport 2008. Medizinische Versorgung in Pflegeheimen. Schriftenreihe zur Gesundheitsanalyse, 66.

Rothgang, H.; Müller, R.; Unger, R (2012): Themenreport "Pflege 2030". Was ist zu erwarten – was ist zu tun? Bertelsmann Stiftung. Bielefeld. Online verfügbar unter: https://www.bertelsmannstiftung.de/fileadmin/files/BSt/Publikationen/GrauePublikationen/GP_Themenreport_Pflege_2030.pdf. Geprüft am 09.06.2017.

Rothgang, H.; Müller, R.; Unger, R (2013): Schwerpunktthema: Reha bei Pflege. Siegburg: Asgard-Verl.-Service (Schriftenreihe zur Gesundheitsanalyse, 23).

Röverkamp, J (2016): Gewalt zwischen Pflegenden und Patienten. ein systematischer Blick auf ein Tabuthema. In: Pflegezeitschrift 69 (2), S. 96–102.

Rudman A.; Omne-Pontén, M; Wallin, L.; Gustavsson, PJ (2010): Monitoring the newly qualified nurses in Sweden: the Longitudinal Analysis of Nursing Education (LANE) study. Human Resources for Health 8:10. Online verfügbar unter: https://human-resources-health.biomedcentral.com/articles/10.1186/1478-4491-8-10. Zuletzt geprüft am 13.11.2018.

Russell, JA (2003): Core affect and the psychological construction of emotion. Psychological review, 110(1), 145.

Sachverständigenrat zur Begutachtung der Entwicklung im Gesundheitswesen (2007): Kooperation und Verantwortung – Voraussetzung einer zielorientierten Gesundheitsversorgung. Online verfügbar unter: http://dipbt.bundestag.de/dip21/btd/16/063/1606339.pdf. Geprüft am 12.11.2018.

Sachverständigenrat zur Begutachtung der Entwicklung im Gesundheitswesen (Hrsg) (2012): Wettbewerb an der Schnittstelle zwischen ambulanter und stationärer Gesundheitsversorgung. Sondergutachten. Online verfügbar unter: http://www.svr-gesundheit.de/fileadmin/user_upload/Gutachten/2012/GA2012_Kurzfassung.pdf. Geprüft am 18.04.2017.

Sachverständigenrat zur Begutachtung der Entwicklung im Gesundheitswesen (Hrsg) (2014): Bedarfsgerechte Versorgung – Perspektiven für ländliche Regionen und ausgewählte Leistungsbereiche. Online verfügbar unter: https://www.svr-gesundheit.de/fileadmin/user_upload/Gutachten/2014/SVR-Gutachten_2014_Langfassung.pdf. Geprüft am 12.11.2018.

Sachverständigenrat zur Begutachtung der Gesamtwirtschaftlichen Entwicklung (Hrsg) (2011): Herausforderungen des demografischen Wandels. Expertise im Auftrag der Bundesregierung. Wiesbaden: Statistisches Bundesamt. Online verfügbar unter: https://www.sachverstaendigenrat-wirtschaft.de/fileadmin/dateiablage/Expertisen/2011/expertise_2011-demografischer-wandel.pdf. Geprüft am 18.04.2017.

Sasso L, Bagnasco A, Aleo G, Catania G, Dasso N, Zanini MP, Watson R (2017) Incorporating nursing complexity in reimbursement coding systems. The potential impact on missed care. BMJ Qual Saf 26(11):929–932.

Schäffer D.; Wingenfeld K. (2004): Pflegerische Versorgung alter Menschen. In: Andreas Kruse und Mike Martin: Enzyklopädie der Gerontologie. [Alternsprozesse in multidisziplinärer Sicht]. 1. Aufl. Bern: Huber (Psychologie-Handbuch), S. 477–490.

Schallberger, U.; Pfister, R (2001): Flow-Erleben in Arbeit und Freizeit Eine Untersuchung zum "Paradox der Arbeit" mit der Experience Sampling Method (ESM). In: Zeitschrift für Arbeits- und Organisationspsychologie A&O (45), S. 176–187. Online verfügbar unter: https://doi.org/10.1026//0932-4089.45.4.176.

Schaper, N (2014): Wirkungen der Arbeit. In: Nerdinger, Blickle, Schaper: Arbeits- und Organisationspsychologie. Springer Verlag, Berlin, Heidelberg. S. 517–540.

Schäufele, M, Köhler, L, Hendlmeier, I, Hoell, A.; Weyerer, S (2013): Prävalenz von Demenzen und ärztliche Versorgung in deutschen Pflegeheimen: eine bundesweite repräsentative Studie. Psychiatrische Praxis, 40(04), 200–206.

Schäufele, M.; Köhler, L.; Lode; S (2007): Menschen mit Demenz in stationären Pflegeeinrichtungen: aktuelle Lebens- und Versorgungssituationen. In: Schneekloth, Wahl: Möglichkeiten und Grenzen selbstständiger Lebensführung in stationären Einrichtungen (MuG IV), S. 169–232. Online verfügbar unter: http://www.bmfsfj.de/bmfsfj/generator/RedaktionBMFSFJ/Abteilung3/Pdf-Anlagen/abschlussbericht-mug4,property=pdf,bereich=bmfsfj,sprache=de,rwb=true.pdf. Geprüft am 22.10.2009.

Scherer, K., Dan, E.; Flykt, A (2006): What Determines a Feeling's Position in Af-fective Space? A Case for Appraisal. Cognition & Emotion, 20(1), 92–113.

Scherer, KR.; Schorr, A.; Johnstone, T (2001): Appraisal processes in emotion. Theory, methods, research. Oxford, New York: Oxford University Press (Series in affective science).

Schmidt, B (2015): Burnout in der Pflege. Risikofaktoren – Hintergründe – Selbsteinschätzung. 2., überarbeitete Auflage. s. l.: W. Kohlhammer Verlag.

Schmidt-Atzert, L.; Peper, M.; Stemmler, G (2014): Emotionspsychologie. Ein Lehrbuch. 2., vollständig überarbeitete und erweiterte Auflage. s. l.: W. Kohlhammer Verlag.

Schneekloth U., Wahl, HW (2007): Möglichkeiten und Grenzen selbstständiger Lebensführung in stationären Einrichtungen (MuG IV), S. 169–232. Online verfügbar unter: http://www.bmfsfj.de/bmfsfj/generator/RedaktionBMFSFJ/Abteilung3/Pdf-Anlagen/abschlussbericht-mug4,property=pdf,bereich=bmfsfj,sprache=de,rwb=true.pdf. Geprüft am 12.11.2018.

Schneekloth, U.; Törne von I (2009): Entwicklungstrends in der stationären Versorgung – Ergebnisse der Infratest-Repräsentativerhebung. In: Ulrich Schneekloth und Hans-Werner Wahl (Hg.): Pflegebedarf und Versorgungssituation bei älteren Menschen in Heimen. Stuttgart: W. Kohlhammer (Palliativmedizin, Geriatrie), S. 43–157.

Schneekloth, U.; Wahl, HW (Hg.) (2009): Pflegebedarf und Versorgungssituation bei älteren Menschen in Heimen. Stuttgart: W. Kohlhammer (Palliativmedizin, Geriatrie).

Schneekloth, U.; Wahl, HW. (2006): Entwicklungstrends beim Hilfe- und Pflegebedarf in Privathaushalten – Ergebnisse der Infratest-Repräsentativerhebung. Selbstständigkeit und Hilfebedarf bei älteren Menschen in Privathaushalten.

Schober, M.; Affara, F (2008): Advanced nursing practice (ANP). 1. Aufl. Bern: Huber (Pflegepraxis).

Schön, B (1979): Quantitative und qualitative Verfahren in der Schulforschung. In: Schön, B./Hurrelmann, K. (Hrsg.): Schulalltag und Empirie. Weinheim/Basel 1979, S. 17–29.

Schön, B.; Hurrelmann, K (Hrsg.) (1979): Schulalltag und Empirie. Neuere Ansätze in der schulischen und beruflichen Sozialisationsforschung. Weinheim/Basel 1979.

Schöniger, U (2002): Zur pflegerischen Perspektive der Hospizarbeit. In: Gronemeyer, R. Wohin mit den Sterbenden?: Hospize in Europa-Ansätze zu einem Vergleich (Vol. 3). LIT Verlag Münster. S. 213–231.

Schröder, W (2018): Interessenvertretung in der Altenpflege. Springer. Online verfügbar unter: https://webcache.googleusercontent.com/search?q=cache:PHJayXe09LwJ:https://www.springer.com/cda/content/document/cda_downloaddocument/9783658194062-c2.pdf%3FSGWID%3D0-0-45-1615626-p181188626+&cd=4&hl=de&ct=clnk&gl=de (zuletzt überprüft am 01.12.2018).

Schröppel, H (2009): Ethikkomitees und Ethische Fallbesprechungen in der Pflege. In: Elisabeth Fix und Stefan Kurzke-Maasmeier: Das Menschenrecht auf gute Pflege. Selbstbestimmung und Teilhabe verwirklichen. Freiburg im Breisgau: Lambertus.

Schuler, H; Kanning, UP (Hg.) (2014): Lehrbuch der Personalpsychologie. 3., überarbeitete und erweiterte Auflage. Göttingen, Bern, Wien, Paris: Hogrefe.

Schuler, H; Sonntag, K; Bengel, J (Hg.) (2007): Handbuch der Arbeits- und Organisationspsychologie. Göttingen: Hogrefe (Handbuch der Psychologie, / hrsg. von J. Bengel …; Bd. 6).

Schulz, E (2012): Pflegemarkt. Drohendem Arbeitskräftemangel kann entgegengewirkt werden. In: DWI Wochenbericht 2012 51/52, S. 3–17.

Schulz, E (2016): Wer pflegt? Personen- und Professionen-Mix in ausgewählten europäischen Ländern. In: Klaus Jacobs, Adelheid Kuhlmey, Stefan Greß, Jürgen Klauber, Antje Schwinger und Denise Becka (Hg.): Pflege-Report 2016: Schwerpunkt: Die Pflegenden im Fokus. s. l.: Schattauer Verlag, S. 19–36.

Schürmann L., Gather, C (2018): Pflegearbeit im Wandel. In: Bührmann AD, Fachinger, Uwe; Welskop-Deffaa, EM (Hrsg).: Hybride Erwerbsformen: Digitalisierung, Diversität und sozialpolitische Gestaltungsoptionen. Springer Fachmedien, Wiesbaden, S. 157–187.

Schwartz, FW.; Bitzer, EM.; Dörning, H.; Walter, U (2006): Evaluation und Qualitätssicherung im Gesundheitswesen. In: Klaus Hurrelmann: Handbuch Gesundheitswissenschaften. 4., vollst. überarb. Aufl. Weinheim: Juventa-Verl. (Juventa-Handbuch), S. 1169–1200.

Schweiger, K (2011): Schwerpunkte in der akademischen Ausbildung der Pflege-Vergleichende Betrachtung der Curricula in den Pflegewissenschaften an Fachhochschulen in Österreich, der Schweiz und Deutschland. (https://people.fh-burgenland.at/handle/20.500.11790/897).

Schwerdt, R (2002): Gute Pflege. Pflege in der Beurteilung von Menschen mit Pflegebedarf. Reihe Pflegepositionen. Kohlhammer, Stuttgart.

Schwinger, A (2016): Die Pflegekammer. Eine Interessensvertretung für die Pflege? In: Klaus Jacobs, Adelheid Kuhlmey, Stefan Greß, Jürgen Klauber, Antje Schwinger und Denise Becka (Hg.): Pflege-Report 2016: Schwerpunkt: Die Pflegenden im Fokus. s. l.: Schattauer Verlag, S. 109–126.

Schwinger, A.; Jürchott, K.; Tsiasioti, C (2017): Pflegebedürftigkeit in Deutschland. In: Klaus Jacobs, Adelheid Kuhlmey, Stefan Greß, Jürgen Klauber und Antje Schwinger (Hg.): Schwerpunkt: Die Versorgung der Pflegebedürftigen. 1. Auflage. Stuttgart: Schattauer; Schattauer Verlag (Pflege-Report, 2017), S. 255–304.

Schwinger, A.; Jürchott, K.; Tsiasioti, C.; Rehbein, I. (2016): Pflegebedürftigkeit in Deutschland. In: Klaus Jacobs, Adelheid Kuhlmey, Stefan Greß, Jürgen Klauber, Antje Schwinger und Denise Becka (Hg.): Pflege-Report 2016: Schwerpunkt: Die Pflegenden im Fokus. s. l.: Schattauer Verlag, S. 275–328.

Schwinger, A.; Tsiasioti, C (2018): Pflegebedürftigkeit in Deutschland. In: Jacobs, Klaus; Kuhlmey, Adelheid; Greß, Stefan; Klauber, Jürgen; Schwinger, Antje (Hg.): Pflege-Report 2018. Qualität in der Pflege. Berlin: Springer Open (Pflege-Report, 2018). Seite 173–204.

Schwinger, A.; Tsiasioti, C.; Klauber, J. (2017): Herausforderndes Verhalten bei Demenz. Die Sicht der Pflege. In: Klaus Jacobs, Adelheid Kuhlmey, Stefan Greß, Jürgen Klauber und Antje Schwinger (Hg.): Schwerpunkt: Die Versorgung der Pflegebedürftigen. 1. Auflage. Stuttgart: Schattauer; Schattauer Verlag (Pflege-Report, 2017), S. 131–152.

Schwinger, A.; Waltersbacher, A.; Jürchott, K. (2015): Pflegebedürftigkeit in Deutschland. In: Klaus Jacobs, Adelheid Kuhlmey, Stefan Greß, Antje Schwinger und Stefan Blüher (Hg.): Pflege-Report 2015. Schwerpunkt: Pflege zwischen Heim und Häuslichkeit. Stuttgart: Schattauer (Pflege-Report, 2015), S. 201–248.

Scott, BA.; Barnes, CM (2011): A multilevel field investigation of emotional labor, affect, work withdrawel, and gender. Academy of Management Journal, 54, 116–136.

Senge, K (2013): Stephen Fineman: Emotion in Organizations. In: Konstanze Senge und Rainer Schützeichel (Hg.): Hauptwerke der Emotionssoziologie. Wiesbaden: Springer VS, S. 121–129, zuletzt geprüft am 24.06.2016.

Senge, K.; Schützeichel, R (Hg.) (2013): Hauptwerke der Emotionssoziologie. Wiesbaden: Springer VS.

Senghaas-Knobloch, E (2000): Fairness und Fürsorglichkeit in Familie und Betrieb. In: Feministische Studien extra 18, S. 67–80.

Sickau, S.; Thiele, G (2017): Die pflegerische Arbeit und der Umgang mit deren Anforderungen. 37–50. In: Uwe Bettig, Mona Frommelt, Martina Roes, Roland Schmidt, Günter Thiele, Ursula Engelen-Kefer et al. (Hg.): Pflegeberufe der Zukunft: Akademisierung, Qualifizierung und Kompetenzentwicklung. Heidelberg: medhochzwei (Gesundheitswesen in der Praxis).

Siegrist, J.; Rödel, A (2005): Arbeitsbelastungen im Altenpflegeberuf. unter besonderer Berücksichtigung der Wiedereinstiegsproblematik. Zusammenfassung der Ergebnisse einer Literaturrecherche und bibliographische Hinweise. Düsseldorf. Online verfügbar unter: http://www.bgf-institut.de/altenpflege/PDF/Anhang%203%20PflegeprojektSiegristLit-Recherche.pdf. Geprüft am 17.08.2017.

Siffert, P (Hg.) (2008): Handlungsfeld Pflege – was heute für morgen anzudenken ist. Wien: facultas.wuv.

Simon, M (2011): Beschäftigungsstrukturen in Pflegeberufen. Eine Analyse der Entwicklungstrends im Zeitraum 1999 bis 2009. In: Pflege und Gesellschaft 16 (4), S. 339–371.

Simon, M., Tackenberg, P.; Hasselhorn HM.; Kümmerling A., Büscher, A.; Müller BH (2005): Auswertung der ersten Befragung der NEXT-Studie in Deutschland, zuletzt geprüft am 18.10.2016.

Slotala, L (2011): Ökonomisierung der ambulanten Pflege. Eine Analyse der wirtschaftlichen Bedingungen und deren Folgen für die Versorgungspraxis ambulanter Pflegedienste. Wiesbaden: VS.

Speisman, JC.; Lazarus, RS., Mordkoff, A.; Davison, L (1964): Experimental reduction of stress based on ego-defense theory. The Journal of Abnormal and Social Psychology, 68(4), 367.

Stahl K.; Nadj-Kittler M (2015): „Gute Pflege braucht gute Bedingungen. Mit Qualifikation, Wertschätzung und Führung gegen Überlastung und Fachkräftemangel“ Picker Institut, Hamburg.

Statista, 2018: Geschlechteranteil in Führungspositionen im Pflegebereich in Deutschland nach Sektoren im Jahr 2016. Online verfügbar unter: https://de.statista.com/statistik/daten/studie/596073/umfrage/geschlechteranteil-in-fuehrungspositionen-in-der-pflege-in-deutschland-nach-sektoren/.

Statistisches Bundesamt (2013): Pflegestatistik 2011. Pflege im Rahmen der Pflegeversicherung, Deutschlandergebnisse. Statistisches Bundesamt, Wiesbaden.

Statistisches Bundesamt (2015): 13. koordinierte Bevölkerungsvorausberechnung. Online verfügbar unter: https://www.destatis.de/bevoelkerungspyramide/#!y=2049&v=2&g. Geprüft am 18.10.2016.

Statistisches Bundesamt (2017): Pflegestatistik 2015. Pflege im Rahmen der Pflegeversicherung, Deutschlandergebnisse. Statistisches Bundesamt, Wiesbaden.

Statistisches Bundesamt (2018): Pflegestatistik 2017. Pflege im Rahmen der Pflegeversicherung, Deutschlandergebnisse. Statistisches Bundesamt, Wiesbaden.

Steinke, I (1999): Kriterien qualitativer Forschung. Ansätze zur Bewertung qualitativ-empirischer Sozialforschung. Weinheim, München: Juventa.

Steppe, H (1990): Das Selbstverständnis der Krankenpflege. Deutsche Krankenpflege-Zeitschrift, Beilage: Pflegeforschung, 5, 2–11.

Steudter, E (2015): Die gelungene Beziehung – Voraussetzung guter Pflege. In: NOVAcura 46 (4).

Stockinger, A (2014): Personalentwicklung im Fokus von Kliniken und Pflegeeinrichtungen. In: Renate Tewes und Alfred Stockinger (Hg.): Personalentwicklung in Pflege- und Gesundheitseinrichtungen. Erfolgreiche Konzepte und Praxisbeispiele aus dem In- und Ausland. Berlin: Springer, S. 5–13.

Strauss, AL (1987): Qualitative analysis for social scientists. Cambridge University Press.

Strauss, AL.; Fagerhaug, SY.; Suczek, B.; Wiener, CL (1980): Gefühlsarbeit. Ein Beitrag zur Arbeits- und Gefühlssoziologie. In: Kölner Zeitschrift für Soziologie und Sozialpsychologie 32, S. 627–651.

Tackenberg P.; Knüppel J.; Wagner F (2009): Wie sieht es im Pflegealltag wirklich aus? Fakten zum Pflegekollaps Ausgewählte Ergebnisse der DBfK-Meinungsumfrage 2008/09. Online verfügbar unter: https://www.dbfk.de/media/docs/download/Allgemein/Wie-sieht-es-im-Pflegealltag-wirklich-aus_2009.pdf. Geprüft am 18.10.2016.

Techtmann, G (2015): Die Verweildauern sinken. Statistische Analysen zur zeitlichen Entwicklung der Verweildauer in stationären Pflegeeinrichtungen. Online verfügbar unter: http://www.alters-institut.de.

Teti, A (2015): Wohnen im Alter. Versorgungsformen in der Pflege. In: Klaus Jacobs, Adelheid Kuhlmey, Stefan Greß, Antje Schwinger und Stefan Blüher (Hg.): Pflege-Report 2015. Schwerpunkt: Pflege zwischen Heim und Häuslichkeit. Stuttgart: Schattauer (Pflege-Report, 2015), S. 15–26.

Tewes, R (2014): Zukunft der Personalentwicklung in der Pflege. In: Renate Tewes und Alfred Stockinger (Hg.): Personalentwicklung in Pflege- und Gesundheitseinrichtungen. Erfolgreiche Konzepte und Praxisbeispiele aus dem In- und Ausland. Berlin: Springer, S. 215–240.

Tewes, R; Stockinger, A (Hg.) (2014): Personalentwicklung in Pflege- und Gesundheitseinrichtungen. Erfolgreiche Konzepte und Praxisbeispiele aus dem In- und Ausland. Berlin: Springer. Online verfügbar unter: http://dx.doi.org/10.1007/978-3-642-37324-4.

Theobald, H; Szebehely, M; Preuß, M; Leidig, HA. (2013): Arbeitsbedingungen in der Altenpflege. Die Kontinuität der Berufsverläufe – ein deutsch-schwedischer Vergleich. Berlin: Ed. Sigma (Forschung aus der Hans-Böckler-Stiftung, 155).

Thürmann, PA (2017): Einsatz von Psychopharmaka bei Pflegebedürftigen. In: Klaus Jacobs, Adelheid Kuhlmey, Stefan Greß, Jürgen Klauber und Antje Schwinger (Hg.): Schwerpunkt: Die Versorgung der Pflegebedürftigen. 1. Auflage. Stuttgart: Schattauer; Schattauer Verlag (Pflege-Report, 2017), S. 119–130.

TNS Emnid-Umfrage, 2010.

TNS Infratest Sozialforschung (2017). Abschlussbericht zur Studie zur Wirkung des Pflege-Neuausrichtungs-Gesetzes (PNG) und des ersten Pflegestärkungsgesetzes (PSG I). München.

Tourangeau, AE., Cummings, G., Cranley, L. A., Ferron, E. M.; Harvey, S. (2010): Determinants of hospital nurse intention to remain employed: broadening our understanding. Journal of advanced nursing, 66(1), 22–32.

Travelbee, J (1997): Interpersonale Aspekte der Pflege. Pflegetheorien. Beispiele aus den USA. Bern ua: Huber, 99–122.

Tronto, J (2011): A feminist democratic ethics of care and global care workers: Citizenship and responsibility. Feminist ethics and social policy: Towards a new global political economy of care, 162–177.

Turner, J (2013): Edward Lawler/Shane Thye/Jeongkoo Yoon: Social Commitments in a Depersonalized World. In: Konstanze Senge und Rainer Schützeichel (Hg.): Hauptwerke der Emotionssoziologie. Wiesbaden: Springer VS, S. 201–208, zuletzt geprüft am 24.06.2016.

Unger, A (2014): Professionelle Pflegedienstleistungen im Spannungsfeld von Emotion, Emotionsarbeit und Effizienz. In Bornewasser, Manfred: Dienstleistungen im Gesundheitssektor: Produktivität, Arbeit und Management. – Wiesbaden: Springer Gabler, S. 297–326.

Van Maanen, J (2011): Tales of the field: On writing ethnography. University of Chicago Press.

Voges, W (2002): Pflege alter Menschen als Beruf. Soziologie eines Tätigkeitsfeldes. Wiesbaden: VS Verlag für Sozialwissenschaften.

Voss, C (2013): Agnes Heller: Theorie der Gefühle. In: Konstanze Senge und Rainer Schützeichel (Hg.): Hauptwerke der Emotionssoziologie. Wiesbaden: Springer VS, S. 163–167, zuletzt geprüft am 24.06.2016.

Watzlawick, P; Bavelas, JB; Jackson, DD (2011): Pragmatics of human communication. A study of interactional patterns, pathologies, and paradoxes. New York u. a.: W.W. Norton.

Wegge, J (2004): Führung von Arbeitsgruppen. Hogrefe Verlag.

Wegge, J (2007): Emotionen und Arbeitszufriedenheit. In: Heinz Schuler, Karlheinz Sonntag und Jürgen Bengel (Hg.): Handbuch der Arbeits- und Organisationspsychologie. Göttingen: Hogrefe (Handbuch der Psychologie, / hrsg. von J. Bengel ...; Bd. 6), S. 272–279.

Wegge, J (2014): Gruppenarbeit und Management von Teams. In: Heinz Schuler und Uwe Peter Kanning (Hg.): Lehrbuch der Personalpsychologie. 3., überarbeitete und erweiterte Auflage. Göttingen, Bern, Wien, Paris: Hogrefe, S. 933–984.

Weidner, F (1995): Professionelle Pflegepraxis–ausgewählte Ergebnisse einer Untersuchung auf der Grundlage eines handlungsorientierten Professionalisierungsverständnisses. Pflege, 8(1), 49–58.

Weißert-Horn, M; Landau, K (1999): Arbeitswissenschaftliche Methoden und ausgewählte Ergebnisse zur Beanspruchungssituation in der Altenpflege. In: Andreas Zimber und Siegfried Weyerer: Arbeitsbelastung in der Altenpflege. Göttingen: Verl. für Angewandte Psychologie (Schriftenreihe Organisation und Medizin), S. 125–137.

Westerfellhaus, A (2012): An Absurditäten kaum zu überbieten. Kma – Das Gesundheitswirtschaftsmagazin, 17(02), 18–18.

Wettreck, R (2001): „Am Bett ist alles anders "–Perspektiven professioneller Pflegeethik. Münster/Hamburg.

WHO – Weltgesundheitsorganisation- Regionalbüro für Europa (2016): Depressionen in Europa: Fakten und Zahlen. Online verfügbar unter: http://www.euro.who.int/de/healthtopics/noncommunicable-diseases/mental-health/news/news/2012/10/depression-ineurope/depression-in-europe-facts-and-figures.

Wingenfeld, K (2008): Stationäre pflegerische Versorgung alter Menschen. In: Adelheid Kuhlmey und Doris Schaeffer (Hg.): Alter, Gesundheit und Krankheit. Handbuch Gesundheitswissenschaften. 1. Aufl. s. l.: Verlag Hans Huber, S. 370–381.

Wingenfeld, K, Büscher, A; Gansweid, B (2008): Das neue Begutachtungsassessment zur Feststellung von Pflegebedürftigkeit. Abschlussbericht zur Hauptphase, 1. Online verfügbar unter: http://www.uni-bi.de/gesundhw/ag6/downloads/Abschlussbericht_IPW_MDKWL_25.03.08.pdf. Geprüft am 22.04.2017.

Wingenfeld, K; Schnabel PE (2002): Pflegebedarf und Leistungsstruktur in vollstationären Pflegeeinrichtungen. Landespflegeausschuss Nordrhein-Westfalen. Düsseldorf.

Wingenfeld, K (2012): Versorgungsbedarf in der stationären Langzeitpflege. In: Christian Günster, Joachim Klose, Norbert Schmacke und Sabine Bartholomeyzik (Hg.): Versorgungsreport 2012. Schwerpunkt: Gesundheit im Alter. Stuttgart: Schattauer, S. 99–109.

Wingenfeld, K (2015): Qualität und Qualitätsbeurteilung in der pflegerischen Langzeitversorgung. In: Klaus Jacobs, Adelheid Kuhlmey, Stefan Greß, Antje Schwinger und Stefan Blüher (Hg.): Pflege-Report 2015. Schwerpunkt: Pflege zwischen Heim und Häuslichkeit. Stuttgart: Schattauer (Pflege-Report, 2015), S. 85–96.

Wissenschaftsrat (WR) (2012) Empfehlungen zu hochschulischen Qualifikationen für das Gesundheitswesen. Online verfügbar unter: https://www.wissenschaftsrat.de/download/archiv/2411-12.pdf. Geprüft am 12.11.2018.

Wolf-Ostermann, K, Gräske, J (2008): Psychische Belastungen in der stationären Langzeitpflege. In: Public Health Forum 16 (61), S. 15–16.

Zander, B; Busse, R (2012): Das Arbeitsumfeld als (Qualitäts-)Indikator für Patienten- und Pflegeergebnisse. In: Peter Bechtel (Hg.): Pflege im Wandel gestalten – eine Führungsaufgabe. Lösungsansätze, Strategien, Chancen. Berlin: Springer, S. 109–122.

Zank, S; Hedtke-Becker, A (Hg.) (2008): Generationen in Familie und Gesellschaft im demographischen Wandel. Europäische Perspektiven. 1. Aufl. s. l.: Kohlhammer Verlag.

Zapf D (2002) Emotion work and psychological well-being. Hum Resour Manage Rev 12(2):237–268.

Zapf, D; Isic, A; Fischbach, A; Dormann, C (2003): Emotionsarbeit in Dienstleistungsberufen. Das Konzept und seine Implikationen für die Personal-und Organisationsentwicklung. Innovative Personal-und Organisationsentwicklung, 1, 266–288.

Zapf, D; Machowski, S; Trumpold, K (2009): Hoher Einsatz mit Nebenwirkungen. Emotionsarbeit in Serviceberufen. Personalführung, 42(6), 18–29.

Zapf, D; Holz, M (2006): On the positive and negative effects of emotion work in organizations. European Journal of Work and Organizational Psychology, 15, 1–28.

Zapf, D; Trumpold, K; Elien, C; Keck, A; Weber, A (2008): Reconsidering emotion regulation strategies in service work. Symposium "Service Work, Emotional Labor an Emotional Regulation". Institute of Work Psychology. Sheffield, U. K., 18.06.2008.

Zeh, A, Schablon, A; Wohlert, C; Richter, D; Nienhaus, A (2009): Gewalt und Aggression in Pflege- und Betreuungsberufen–Ein Literaturüberblick. Das Gesundheitswesen, 71(08/09), 449–459.

Zellhuber, B (2005): Altenpflege – ein Beruf in der Krise?: eine empirische Untersuchung der Arbeitssituation sowie der Belastungen von Altenpflegekräften im Heimbereich. Köln: Kuratorium Deutsche Altershilfe, 2005.

Zimber, A; Albrecht, A; Weyerer, S (1999): Die Beanspruchungssituation in der stationären Altenpflege nach Einführung der Pflegeversicherung. Ergebnisse einer Verlaufsstudie. In: Zeitschrift für Arbeitswissenschaft 53 (3), S. 194–200.

Zimber, A (1998): Beanspruchung und Stress in der Altenpflege: Forschungsstand und Forschungsperspektiven. In: Zeitschrift für Gerontologie + Geriatrie: mit European Journal of Geriatrics. – Heidelberg: Springer Medizin. – Bd. 31.1998, 6, Seite 417–425.

Zimber, A (2000): Gesundheitsförderung in der Altenpflege: Effekte eines Qualifizierungsprogramms für Mitarbeiter und Leitungskräfte. In Entzian et al.: Soziale Gerontologie: Forschung und Praxisentwicklung im Pflegewesen und in der Altenarbeit. – Frankfurt am Main: Mabuse-Verlag. Seite 95–108.

Zimber, A; Albrecht, A; Weyerer, S (2000): Die Beanspruchungssituation in der stationären Altenpflege. In: Pflege aktuell (5), S. 272–275.

Zimber, A; Schäufele, M; Weyerer, S (1998): Alten- und Pflegeheime im Wandel: Alltagseinschränkungen und Verhaltensauffälligkeiten der Bewohner nehmen zu. Das Gesundheitswesen: Sozialmedizin, Gesundheits-System-Forschung, medizinischer Dienst, public health, öffentlicher Gesundheitsdienst, Versorgungsforschung. – Stuttgart: Thieme. – Bd. 60.1998, 4, Seite 239–246.

Zimber, A; Weyerer, S (1999): Arbeitsbelastung in der Altenpflege. Göttingen: Verl. für Angewandte Psychologie (Schriftenreihe Organisation und Medizin).

Zukunftsfond, G; Köcher, R (2012): Generali Altersstudie 2013: Wie ältere Menschen leben, denken und sich engagieren. Bpb Bundeszentrale für Politische Bildung.

CPSIA information can be obtained
at www.ICGtesting.com
Printed in the USA
LVHW042031261020
669857LV00018B/2606